# 現代
# 經濟分析史

[英] Roger Buckhouse 原著
晏智傑 譯

# 序

　　這部書問世已多年，至今仍不失其價值。作者以很少篇幅扼要論述了古典經濟學最主要的成果及其發展進程，而後將其餘篇幅全部用於論述1870年以後直到現在的西方經濟學的發展。這對欲瞭解當代西方經濟學發展史的讀者來說是十分有益的。

　　全書結構清晰，層次分明。一方面，以各個時期的主流和正統派學說為主線，兼及非主流及非正統；另一方面，以19世紀90年代為界，對此前的論述以人物或學派為序，對此後的則以論題為序。這對專題研究很有參考價值。

　　作者對各時期經濟理論的論述不拘泥於各學派各學說的詳情細節，而著力於扼要概括地指出其基本點和主要層次，並注意歷史的和邏輯的聯繫與比較，提綱挈領，給讀者描繪了一幅完整而生動的圖景，又為欲知其詳者指出了進一步探討的門徑，附於書末的參考書目還提供了一份內容豐富的書單。

　　此外，作者對方法論很注意，這也是該書一大特點和優點。

　　以上各點，在該書譯者前言中已經提及，這裡予以重申。

晏智杰

# 譯者前言

任教於英國伯明翰大學經濟系的羅杰·巴克豪斯（Roger Buckhouse）的《現代經濟分析史》（1985年初版）是一部很有價值的著作。同歷來及新近同類著作相比，本書具有許多獨到之處。

首先，論述的截止日期很近。作者以很少篇幅扼要論述了古典經濟學最主要的成果及其發展進程，而後將其餘篇幅全部用於論述1870年至今的西方經濟學的發展。在國外出版的大量同類著作中，重點放在1870年以後者固然不少，但多半止於二戰前，對二戰後的發展則嫌過簡——雖然分散的論述數不勝數，但綜合與概括的研究著作相對不多。而這部著作的一大特點即在於，對1939—1980年的論述幾乎同1870—1938年一樣多。

其次，全書結構清晰，層次分明。一方面，以各個時期的主流和正統派學說為主線，兼及非主流及非正統；另一方面，以19世紀90年代為界，對此前的論述以人物或學派為序，對此後的則以論題為序。當然，對作者劃分主流和非主流、正統與非正統，以及對論題的歸納，可以有不同的看法，但不可否認的是，這種編排和結構確有其令人耳目一新的感覺。

再次，作者對各時期經濟理論的論述也很有特色，不拘泥於各學派各學說的詳情細節，而著力於扼要概括地指出其基本點和主要層次，並注意歷史的和邏輯的聯繫與比較，給讀者描繪了一幅完整而生動的圖景，又為欲知其詳者指出了進一步探討的門徑，附於書末的參考書目還提供了一份內容豐富的書單。在考察經濟理論的過程中，作者比較注意產生

各種理論的歷史環境，也沒有忘記考察這些理論對經濟政策的影響。為了讓讀者有更深入和切實的理解，作者特意闢出兩章（第19章和第29章）論述了英國的經濟學及經濟政策。

最後，作者對方法論很注意。在緒論中即對西方科學哲學的最新發展（波珀、庫恩和拉卡托斯的學說）做了評介。在第22章對此又做了進一步的論述。還有一章集中評介了新古典經濟學有關方法論的主要著作。可以看出，作者不論是在經濟學理論上，還是在研究方法論上，都注意反應和吸收西方經濟學發展中的歷史成果和最新成果。

譯者相信，本書中譯本的出版會對中國想瞭解西方經濟學的發展及其前景的讀者助益頗多。原書是為大學生和研究生而寫的教材，中國大學生和研究生同樣會發現它是一本重要的有價值的參考書。

我要特別感謝我的正念大學的女兒晏嬰，她幫我整理和編排了篇幅很大的參考文獻及索引。

晏智杰

1989年春節

該書英文版於1987年重印。已有西班牙文譯本和義大利文譯本問世。

2016年9月30日補記

# 作者序言

　　本書旨在敘述經濟分析發展到今天的歷程。為此，需要把大部分篇幅讓給1870年以來的發展過程。這種做法有一個不利之處，即勢必要壓縮論述18世紀和19世紀初期經濟學的篇幅，而這方面的內容在經濟思想史的眾多論著中歷來佔有「光榮」地位。不過，要想理解今天經濟學的性質，付出這樣的代價還是值得的。

　　集中敘述20世紀經濟學的發展還有另外兩個問題：第一，20世紀特別是二戰後時期，經濟學家人數和經濟文獻數量有了迅猛增加，因此，同先前各時期相比，有必要更多地倚重於各種概括的評述和第二手文獻。儘管我已盡可能多地追溯到原始資料，但如果沒有大量第二手資料，本書仍是寫不出來的。第二，由20世紀多數經濟學所具有的技術性質引起的問題。例如，在考察古典經濟學時，可以有理由設想，學生們已經具備了理解有關的技術問題所需要的經濟理論和數學知識。當我們考察諸如戰後一般均衡論或社會選擇論時，要想勾畫出現代經濟學的廣闊前景，便不能以同樣方式討論技術性問題。所以，本書將力圖解釋經濟學家們已經或將要做什麼，但除非十分必要，本書將不會深入探討技術性細節。

　　在考察20世紀經濟學時，以論題為線索是基本的方法。只有這樣，才能說明各種思想在這個時期的發展。這對1945年以後的時期尤其適合：經濟學家數量之多，使得僅僅敘述幾位主要人物顯然是很不妥當的。這種以論題為線索的方法儘管是必要的，但也有其缺陷，它難以勾勒出一幅在各個時期都有貢獻的經濟學家的著作的圖景。例如，對於薩繆爾森的著作在第4篇各章中都有討論。

　　儘管我採取世界主義的立場，但除了突出的例外，著重點仍是英語

國家的經濟學。這在一定程度上反應了這個事實：經濟學專業的「主導軸」在19世紀末20世紀初雖已分散到許多國家，但它日益定位在美國。對於試圖採取世界主義態度來說，只有關於經濟學政策的兩章是例外，我在這裡只注意英國。因為制定經濟政策取決於經濟和政治環境（在一定程度上，經濟理論卻並非如此），所以有必要集中於某個特定國家，於是我選擇了自己最熟悉的英國。

本書的重點放在經濟理論中「新古典」主流內部的發展上，它從馬歇爾以來居於支配地位。不過，這種經濟學並沒有遇到挑戰，因此有兩章用於敘述替代的學說。但這種編寫並不意味著在這兩章之外的東西構成某種單一的正統。不僅對「主流」經濟學的範圍幾乎不可能做出令人滿意的規定，而且在其內部也一直有數不清的變動。所以，儘管我用了「主流」和「非主流」這樣的說法，但這絕不是因為有任何確定的界限存在，而不過是為了敘述的方便而已。

在本書寫作過程中，我得到許多人的幫助。在註釋和參考書目說明（附於書末）中我已指出了我想致謝的已出版著作。此外，許多同事為我提供了參考資料或意見，我要在此感謝評閱本書草稿的各位朋友，他們向我提供了許多建議和看法，幫我去掉了許多錯誤和模糊之處。必須特別指出的是丹尼斯·奧布萊恩，他批閱了全部書稿，他的評論意見使每章都得到完善。當然，他和其他人都不對本書仍然會存在的錯誤和不當之處負責，儘管本書許多可取之處應歸功於他們；其中的缺點或錯誤只能由我本人負責。最後，我還要感謝我的妻子梅里達和我的兒子羅伯特對我的理解和支持。

# 目　錄

1 緒論 ----15
　1.1 經濟分析史 ----15
　1.2 科學哲學的若干概念 ----16
　1.3 本書研究方法 ----22

## 第一篇　背景：1870年前的政治經濟學

2 亞當·斯密 ----29
　2.1 政治經濟學是斯密主義者的創作 ----29
　2.2 斯密的體系 ----30
　2.3 增長論 ----31
　2.4 價值和分配 ----34
　2.5 經濟政策 ----38
　2.6 斯密的遺產 ----38

3 李嘉圖的價值論與分配論 ----42
　3.1 引言 ----42
　3.2 穀物模式 ----43
　3.3 勞動價值論 ----45
　3.4 工資基金與機器 ----48
　3.5 結論 ----48

4 取代李嘉圖經濟學的各種學說 ----52
　4.1 法國學派 ----52

4.2　英國人對勞動價值論的批判 ----54
　　4.3　工資與利潤 ----57
　　4.4　幾位德國人的貢獻 ----58
　　4.5　約翰·穆勒 ----59
　　4.6　結論：1870年的政治經濟學 ----60

**5　貨幣與商業危機 ----64**
　　5.1　背景 ----64
　　5.2　金塊爭論 ----65
　　5.3　關於銀行業的爭論 ----68
　　5.4　薩伊定律 ----69
　　5.5　商業危機 ----71

**6　國際貿易與經濟政策 ----76**
　　6.1　貿易理論 ----76
　　6.2　英帝國 ----80
　　6.3　經濟政策 ----83

# 第二篇　新體系：1870—1890年

**7　杰文斯 ----91**
　　7.1　引言 ----91
　　7.2　杰文斯的體系 ----91
　　7.3　經濟理論：效用和個人利益的機制 ----92

7.4 統計著作 ----94
7.5 社會改革 ----96
7.6 杰文斯和英國古典經濟學 ----97

8 瓦爾拉斯 ----100
3.1 瓦爾拉斯的體系 ----100
8.2 純粹經濟學 ----101
8.3 社會改革和國家的作用 ----105
8.4 評價 ----106

9 門格爾和奧地利學派 ----110
9.1 引言 ----110
9.2 價值理論 ----110
9.3 門格爾的體系 ----113
9.4 方法 ----114
9.5 奧地利學派 ----116

10 馬歇爾 ----120
10.1 引言 ----120
10.2 價值論和分配論 ----121
10.3 經濟發展 ----125
10.4 自由企業和國家 ----126
10.5 馬歇爾的方法 ----127
10.6 結論 ----129

## 11 克拉克 ----132
- 11.1 引言 ----132
- 11.2 《財富的哲學》----132
- 11.3 《財富的分配》----134
- 11.4 評價 ----136

## 12 馬克思 ----139
- 12.1 引言 ----139
- 12.2 剝削與價值 ----141
- 12.3 再生產圖表 ----143
- 12.4 資本主義的前途 ----147
- 12.5 結論 ----148

## 13 19世紀70年代：轉折點 ----152
- 13.1 邊際革命 ----152
- 13.2 經濟學專業 ----154
- 13.3 結論 ----156

# 第三篇　新古典時期：1890—1939年

## 14 均衡分析 ----161
- 14.1 引言 ----161
- 14.2 消費者和需求 ----161
- 14.3 經濟均衡 ----166

14.4　生產和分配 ----175

14.5　資本和利息 ----179

14.6　結論 ----187

## 15　福利經濟學 ----191

15.1　引言 ----191

15.2　功利主義福利經濟學 ----192

15.3　非功利主義福利經濟學 ----198

15.4　後來的一些發展 ----199

## 16　貨幣和商業循環 ----203

16.1　引言 ----203

16.2　1930 年前的貨幣理論 ----204

16.3　1910 年前的商業循環理論 ----209

16.4　1910—1930 年的商業循環理論 ----212

16.5　1930—1936 年的貨幣和就業理論 ----220

16.6　結論 ----227

## 17　國際貿易和殖民地 ----232

17.1　背景 ----232

17.2　貿易純理論：1870—1914 年 ----232

17.3　貿易純理論：兩次大戰之間 ----235

17.4　轉帳結構 ----237

17.5　匯率理論 ----240

17.6　英帝國和殖民地的發展 ----243

**18　挑戰主流的經濟學說 ----249**
　　18.1　英國歷史主義經濟學 ----249
　　18.2　德國歷史主義經濟學 ----255
　　18.3　美國制度主義：凡勃侖 ----258
　　18.4　美國制度主義：米契爾 ----264
　　18.5　美國制度主義：康門斯 ----266
　　18.6　馬克思主義經濟學 ----270
　　18.7　結論 ----274

**19　英國的經濟學和經濟政策 ----283**
　　19.1　背景 ----283
　　19.2　1914年前的稅制改革 ----285
　　19.3　1914年前的失業政策 ----288
　　19.4　金本位和就業政策，1918—1939年 ----291
　　19.5　結論 ----299

**20　新古典經濟學的範圍和方法 ----306**
　　20.1　引言 ----306
　　20.2　約翰·內維爾·凱恩斯 ----306
　　20.3　奧地利人的方法 ----309
　　20.4　羅賓斯 ----311
　　20.5　哈欽森 ----313

## 第四篇 現代時期：1939—1980 年

**21　20 世紀 30 年代：轉折點** ----321

**22　範圍和方法** ----324
 22.1　證僞 ----324
 22.2　維護抽象論證 ----326
 22.3　知識成長理論 ----328

**23　微觀經濟理論** ----332
 23.1　背景 ----332
 23.2　一般競爭均衡 ----336
 23.3　進一步的發展 ----341
 23.4　結論 ----348

**24　新福利經濟學** ----352
 24.1　新福利經濟學，伯格森和薩繆爾森 ----352
 24.2　阿羅和社會選擇理論 ----356
 24.3　福利經濟學和公共政策 ----360
 24.4　結論 ----366

**25　增長和資本** ----369
 25.1　增長理論 ----369
 25.2　資本理論 ----375

25.3 結論 ----382

## 26 貨幣、就業和通貨膨脹 ----386
26.1 凱恩斯體系的發展 ----386

26.2 貨幣和通貨膨脹 ----391

26.3 合理預期和新古典宏觀經濟學 ----397

26.4 商業循環 ----400

26.5 結論 ----403

## 27 國際貿易和發展 ----407
27.1 貿易純理論 ----407

27.2 匯率和收支平衡 ----414

27.3 20世紀60年代中期以前的發展經濟學 ----416

27.4 20世紀60年代中期以來的發展經濟學 ----421

## 28 各種非主流經濟學 ----430
28.1 引言 ----430

28.2 制度主義 ----431

28.3 「奧地利」經濟學 ----435

28.4 後凱恩斯主義經濟學 ----439

28.5 馬克思主義和激進經濟學 ----445

28.6 芝加哥學派 ----449

**29 1939—1980年英國的經濟學和經濟政策 ----457**
    29.1 引言 ----457
    29.2 採納凱恩斯主義政策 ----457
    29.3 凱恩斯主義政策的衰落 ----461
    29.4 貶值、歐洲共同體和增長 ----464
    29.5 結論 ----466

**30 當代經濟學 ----470**
    30.1 經濟學及其過去 ----470
    30.2 當代經濟學狀況 ----471
    30.3 結論 ----475

**參考文獻說明 ----477**

**參考文獻縮寫表 ----484**

**參考文獻 ----486**

**人名索引 ----541**

**事項索引 ----556**

# 1 緒論

## 1.1 經濟分析史【1】*

熊彼特在其堪稱經典性的著作（1954年）中對經濟分析史下了這樣的定義：它是「人們為理解經濟現象所做的智力努力的歷史，或者，同樣地它是經濟思想中分析的或科學方面的歷史」[1]。按此定義，經濟分析史雖比全部經濟思想史窄些，但比單純的經濟理論史寬些，例如，歷史的和統計的著作也包括在內。

經濟分析史是重要的，這有多種理由，其中一些理由對其他科學也適用，另一些則只適用於經濟學。前一類理由中，就有熊彼特所描述的對任何學科的歷史的最高要求：「它在人類思維的方式上對我們教益頗多。」[2]不過，更直接有關的理由是，需要給當代經濟學一個正確的位置。同其他學科一樣，經濟學的結構既非有計劃的，也非推想出來的。當經濟學家們探尋新的研究路線，拋棄或修改舊的方法，發展新的技術等時，經濟學的結構就成長和發展起來了。即使在經濟學某些特定分支內部，我們也會發現各種並不總是一致的不同方法彼此共存（例如，在微觀經濟學中，就有廠商理論和一般競爭均衡理論）。研究這些思想的歷史，考察它們是如何和為何發展的，就能給它們一個正確的位置。

有兩個原因使得經濟分析史對經濟學家來說尤為重要。第一個原因是，與自然科學的情形有所不同，經濟學的對象是不斷變化的。不僅經濟學家們關注的各種課題會由於政治和社會變化而變化，而且經濟本身也在變化。例如，現

---

\* 全書【】中的數字表示原書頁碼，與本書索引所標頁碼相對應，後同。

在英國經濟的結構同斯密時代就大不相同。此外,人類行為本身也不可能設想為一成不變的,人們一旦意識到種種新的可能性(例如,發現了一種新的統計學規則),他們便可能改變他們的行為。由於所有這一切變化,歷史的觀察在經濟學中就比在自然科學中顯得更加重要。

經濟學說史顯得如此重要的第二個原因涉及方法論。同其他社會科學相比,經濟學的特徵之一,是它有一個龐大的有條理的抽象理論體系,它的許多內容還是用數學語言表述的。然而,在對它的解釋上,在決定取捨的標準上,仍存在著實質性的分歧。儘管【2】多數經濟學家讚同經驗檢驗的概念,但對它的解釋也是各式各樣的。經濟學史可用來追尋這類方法論問題。由於方法論十分重要,所以我們先對這方面的問題加以考察。

## 1.2 科學哲學的若干概念

**證偽和知識增長**

科學理論和經驗證據的關係,也許是科學哲學最重要的問題;經驗證據怎能用來評價科學理論呢?在這裡,最重要的學說(就它關係到大多數經濟學家來說)是波珀的學說[3]。波珀科學哲學的核心概念是**證偽性**。他論證說,經驗觀察絕不能證實一種科學概括是真的。這是因為,儘管我們可以得到許多證據來支持一種理論,但絕不可能保證下一個觀察不會出現和該理論相抵觸的情形。對一種理論所做的成功檢驗不足以駁倒(原文如此。疑為「證實」之誤——譯者)這種理論。這種檢驗可以看作是對該理論的「認可」(即增加了我們對它的信心),但這同證明一種理論是真的還不是一回事。不可能通過收集經驗證據來證實一種理論,這就是所謂**歸納問題**。

波珀在解決這個問題時指出,雖然經驗觀察不能用來證實一種理論,但卻能用來反駁這種理論。因此,他認為,科學理論的決定性特徵不是可證實性(因為發現證據證實一種理論是容易的),而是可證偽性。波珀即以此可證偽性作為劃分科學與非科學的標準。在波珀看來,科學的陳述至少在原則上是可被證偽的:的確存在著某些事件,一旦它們出現,就會同這種理論相抵觸。另外,非科學的陳述不可能被證偽,因為它從未排除任何可能發生的事情。

除了提出一種區分科學和非科學的標準以外,波珀對證偽的注重使他強調科學知識的增長。在波珀看來,科學知識不是已被確認為真理的知識,它不過

是一種概括，這種概括比迄今反駁它的各種嘗試都富有生命力。科學正是通過不斷地排除各種虛假【3】假設而進步的，它的著眼點在於注重知識的增長。波珀的貢獻可以概括為，他「**以這種新的難免錯誤的——批評的增長問題**」替代了「**古典的合理性的核心問題即陳舊的基礎問題（我們怎樣才能知道我們的知識是真理）**」[④]。

不過，實際情況要複雜得多，因為虛假性總是一個疑難問題。讓我們從經濟學方面舉一個例子，即關於對某物（比如香蕉）的需求曲線向下傾斜的假設。如果有人依據經驗資料指出它是向上傾斜的，那麼可以舉出許多理由說明經濟學家們為什麼會拒絕接受這種向來受排斥的理論。①資料可靠嗎？——價格和數量測得準不準？②統計程序是否有問題——被估價的該不是需求曲線而是供給曲線吧？③本該假定「其他條件不變」，但也許收入變動了，或口味因為某種原因改變了？④這個理論被表述得是否正確也是一個問題。這些細節比起一般的教訓來說是次要的。這個一般的教訓是，按照波珀的說法，因為使任何理論「免除」批評總是可能的，所以駁回一種理論成了決定性的事情。[⑤]

從此開始，論證可以沿著不同方向或路線展開，其中兩種與這裡有關。一種方向是波珀採取的。他主張，科學家應當採納的方法論法則，即是拒絕採用任何特定的策略以維護他們的理論。不過，他也承認，運用這種法則必須小心謹慎，因為如果沒有一個人維護這些理論，那麼，在一種新理論有時間對科學做出貢獻之前便會很快被拋棄[⑥]。另一種論證路線是更貼近地研究各種理論被拒絕或被接受的環境與條件。如果採取這種方法，有關的要素就多得多了。例如，全體一致地拒絕一種理論，可以簡單地通過把所有持異議者「開除」出去的辦法來達到，也可以通過把他們打入「另冊」，宣布他們的觀念一錢不值的辦法來達到。這又涉及科學共同體的社會學，它是庫恩著作的基礎。下面我們就來考察庫恩的觀點。

### 常規科學與科學革命

**常規科學**在托馬斯·庫恩關於科學知識增長的論述中是一個基本概念。所謂常規科學，按庫恩的定義，是指「以一項或多項以往的科學成就為基礎的研究，這些成就為進一步實驗提供了基礎，從而為特定的科學共同體所一度承認」[⑦]。作為這類「範例」（exemplars）或「範式」（paradigms）的例證，庫恩引證了亞里士多德的《物理學》、牛頓的《原理》和拉沃依西爾的《化學》。

对于这样构成进一步研究基础的科学成就来说，它必须具备两个特征：必须毫无先例地长久地吸引一群追随者；必须为科学家们留下尚待解决的各种问题，即它是完全开放的。

常规科学具有若干重要特点，主要的一点是它放弃批评性论述，也就是说，存在【4】着一系列未被质疑的假定和一系列应予遵循的程序。这就是常规科学存在于其中的专业母体（disciplinary matrix）。在制定常规科学过程中，科学家们不是遵循一系列明确的法则，而是参照一种范例。由于提供了最初的科学成就，而且所得的成果被毫不怀疑地接受了，所以不需要法则[8]。即使科学家们想这样做，适宜于支配研究成果的法则也难以（如果不是不可能的话）明确表达出来[9]。

问题完全不在于可以从波珀理论推论出来的这种非批判性态度，而仅仅在于这种非批判性态度（按照库恩所说）允许把这种理论应用到大量问题上，从而使世界的许多细微之处得以考究。如果科学家们把他们的全部时间花在论证基础性东西上，他们就绝不可能对许多「细小」的现象加以研究。在常规科学内，大多数研究采取了「释疑」的形式。释疑是这样的研究，其结果一般预先已知，而且知道有一种解答，并按一定的法则进行[10]。库恩把这样的疑点分为三个主要方面：确认事实（这样做之所以必要，或是因为它们本身有意义，或是因为有助于确立所说的范式比其他范式更具有优越性）；把范式应用到新领域；重新阐述范式涉及的各种观点。最初的阐述可能是笨拙的，难以运用到一些问题上。

这样的常规科学对科学共同体的性质具有一定含义。接受某一特定形式的常规科学会导致对某一研究领域的严格限制，不接受其基本假定的人会被排除在有关的科学共同体之外[11]。相关教育变成了学习解决该范式所提出的各种疑点，因为各种假定条件是该共同体内成员所共同采取的，所以教科书是重要的[12]。同时，专业人员也要依据解决该范式所提出的研究疑点来评判，因为不能解决疑点不会使人对这个范式像对这位失败的科学家一样失去信心[13]。

在库恩看来，常规科学在多数时候都是沿着这条路线令人满意地进步的，但是**危机**也不时地出现。危机的主要因素是「反常」现象的发现：它们是一些不能以范例来解释的棘手的事实[14]。在多数时候，这些反常事例可以略而不计，因为它们不过是些暂时还不能以该理论来解释的事实而已。当反常事例涉及该范式的基础，或者当它因为外部的原因而变得重要时（例如，科学家不

能解釋的反常事例卻是公眾希望解釋的），反常事例會引起一場危機。庫恩指出，這種情形會使有關科學家感到難堪，他們不知道該怎麼辦，他們可能不再遵循這種範式。[15]

一場危機的出現也可能不是因為一種範式不能解釋某種反常事例，而是因為對【5】該理論所做的必要修正使它反而變得不能令人滿意了。這方面的一個經典性例證，就是哥白尼以前的天文學。按此學說，行星的運動可以予以解說，但是只有通過引進日益複雜的體系才能辦到。問題在於，這個體系的複雜性的增加比其預見的準確性的增加要快得多，這就表明整個體系基本上是有缺陷的[16]。最後，一種反常可能激起一場危機，只是因為這種反常在一段相當長時期內一直存在[17]。

一場危機的結果是對有關理論的大量特定的修改以及對該範式所做的不同表述[18]。當某一課題的根基遭到損害時，即會出現混亂。科學家們顯然是偶然地找到答案的，甚至轉向哲學時也是如此；這些答案在常規科學中是沒有地位的[19]。一種新的範例終於從對範式的這些新的表述中形成了。這涉及從根本上重建這一領域，常規科學的一個新時期開始了[20]。不過，對庫恩來說，只有在**革命的科學**時期，即該科學的基礎受到懷疑時，波珀關於理論要經由經驗性證據來檢驗的觀點才是適用的。

按庫恩的理解，科學革命是指用一種範式取代另一種範式。其間的連續性在於，這種代替並不是由為新理論和新範式提供了基礎的那種範式預先提出來的[21]。同時，其間又有一定的決裂，這種決裂，按庫恩的說法，比一種理論代替另一種理論要豐富些。範式的變化不僅涉及世界觀的變化[22]，而且涉及僅依據邏輯和證據所不能做的決定[23]。理由是「各種範式之間存在著非本質的差別」[24]。因為常規科學不可能為在兩個範式之間做出純理性選擇提供信息，所以常規科學的危機「不可能通過精細加工和解說而終結，而是通過相對偶然的和類似於格式塔轉變的非結構性事物來結束的」[25]。因為在一種範式向另一種範式的轉變中摻進了非理性因素，所以在單個的範式之外來談論科學進步是困難的[26]。

**科學研究綱領**

庫恩對於在什麼條件下理論與經驗證據的矛盾會導致該理論被拋棄這一問題的回答，促使他研究科學家們實際行動的方式。儘管他用自己的措辭描繪了

常規科學，為適合於這一類型的科學活動找出了許多理由，然而，他仍離開了波珀對一種規範理論的研究，即科學活動應當怎樣進行，卻轉而研究了它實際是怎樣進行的。【6】於是出現了一種不同的思路，它跟蹤著波珀的方法，試圖解釋在怎樣的條件下，由於更縝密地考察科學理論結構而拋棄了某些理論。這種思路促使拉卡托斯得出了他的**科學研究綱領**概念[27]。

拉卡托斯指出，估價單位應是**研究綱領**，而不是單個理論，甚至也不是一系列理論。他認為，一個研究綱領包含兩個主要部分；以往所接受的各種假定條件的**硬核**，這些假定條件在該研究綱領持續期間被認為是無可質疑的；**正面啟發法**是「解決問題的有力工具，它闡明問題，預見反常並按照預想計劃把它們順利地轉變成例證」[28]。研究綱領的這種硬核受著輔助假設的**保護帶**的保護，牛頓科學即是一例。除了由牛頓的力學定律和萬有引力定律組成的硬核外，還包含著模擬反常現象的工具。拉卡托斯說：「例如，假定一顆行星沒有按正常軌道運行，牛頓主義科學家便會核查他關於空氣折射、光在磁爆中的傳播的猜測，以及構成該綱領所有部分的其他成百個猜測。他甚至可能虛構一顆迄今未知的行星，計算它的位置、重量和速度，以便解釋這種反常現象。」[29]

除了改變這種評價的單位以外，拉卡托斯還改變了評價標準。他指出，如果存在著一個更好的研究綱領取而代之的話，那麼後者就會被拋棄。「更好者」比其對手具有更豐富的經驗內容。這意味著它應能解釋其對手能解釋的一切，還能預見到其對手不能預見的某些新奇事實。在這個範圍內，一個新解釋的事實可以被看作是一個新事實，儘管一種理論最終會被指望預見到許多新奇事實[30]。

就這種標準容許對一種理論做出特定修改，容許有較不重要的不一致來說，一方面，它比波珀的證偽標準要寬容些：它容許一種研究綱領時間的擴延；另一方面，它又比波珀的證偽標準要狹窄些：它要求一種**研究綱領**要比對手做出更好的預測。假如一種更好的研究綱領出現了，某種研究綱領可能在沒有被證偽的情況下被拋棄；或者，在反常現象業已變得明顯之後它還被保留著，只是因為沒有更好的綱領可用；在這些情況下，區分證偽和拋棄的標準是什麼呢？拉卡托斯的方法論承認，許多理論被證明為虛假，這是說它同某些事實不符，但這並不能把它們推入非科學之例。

如果證偽不能作為劃分科學與非科學的標準，那麼應當以什麼取代它呢？拉卡托斯主張利用**進化的**和**退化的**研究綱領之間的區別。對任何一種研究綱領

來說，都會出現反常現象，也都需要考慮到對它要做的修改（可以被認為是特定的）。在被做出這類修改【7】和不做出這類修改的理論之間是沒有嚴格區別的，但是，這類特定修改在預見新奇事實與否方面卻是有區別的。如果一種研究綱領預見到某些新奇的、迄今未知的事實，則它**在理論上**是**進化的**。如果這些預見被證實，則它**在經驗上**是**進化的**。例如，某項修改引進牛頓研究綱領，結果預測到存在著從不知曉的行星，這些預見得到了證實。拉卡托斯的區分標準是一種歷史的標準，它涉及理論隨時代而演進的途徑。

拉卡托斯方法的另一個暗含意思是，在一種研究綱領中，方法論法則會為進一步的研究指明路線，這裡考慮到了理論研究相對的自發性[31]。解決庫恩疑點的次序不僅由當前的反常現象決定，而且由理論上的種種考慮決定。決定科學追蹤軌跡的是數學問題而不是反常[32]。這些理論研究得出有意義的可以檢驗的理論，或預見到新的事實，可能需要幾十年時間[33]。

### 重複發現

要考察的最後一個概念是默頓的**重複發現**。默頓指出：「科學家們彼此獨立做出類似發現的例證在科學史中是數不勝數的。有時候這些發現是同時做出或幾乎同時做出的；有時候一位科學家自以為做出了新發現卻不知這項發現早在許多年前已由別人做出了。這些偶然事件表明，當必不可少的知識和工具在人類文化寶庫中累積起來，相當多研究者的注意力集中到某一問題時，這些發現最終就成了不可避免的事情。這個問題的提出，或是由於社會需要，或是由於科學自身的發展，或是兩者兼而有之。」[34]默頓提出假設，即我們應當預期到重複發現是一種普遍現象。他說：「在原則上，獨立重複發現這種模式是科學中占支配地位的模式，絕非單個的稀奇的或異常的現象……在科學史上單獨一人做出獨一無二的發現，才是需要加以解說的個別情況。」[35]其理由在於，科學是一種社會活動。科學家們通過他們所繼承的知識同過去的科學家相溝通；通過同其他科學家的相互影響以及對某些特定思想和問題的關注，他們又與同時代人聯繫起來[36]。這樣，通過科學家們「對撞擊著他們所有人的許多同樣的社會力量和智力做出反應」[37]，便出現了重複發現。

默頓注意到如下事實：許多發現，常常是被忽視多年，直到又被重新發現之後才做出來的。它們只是被若干獨立工作的科學家重新發現時才被並入科學之中。默頓【8】認為，這是因為重複發現有更多機會被人得知[38]。

默頓的思想除了可用於分析經濟學史的許多特定事件以外，還可用於抵消下述觀點。這種觀點認為，經濟思想史只是（或者主要是）涉及最初提出特定概念的那些人的。盡可能準確地描述經濟思想發展中的優先權當然是重要的，不過，經濟學像其他任何科學一樣，也是一種社會活動。所以，一種思想得到普遍傳播的日期可能比包含這種思想的最早的文獻的日期更為重要。一旦發現了後來思想的久被遺忘的先驅，主要興趣就在於說明它們為什麼會被忽視，就像闡釋這些思想本身一樣。

## 1.3　本書研究方法

**科學哲學和經濟分析史**

　　經濟分析史可以根據科學哲學的某種特定的方法來評價經濟思想。以庫恩的「範式」或拉卡托斯的「研究綱領方法論」來敘說歷史，這種方法不是沒有價值，但這卻是以未經證明的假定來辯論問題了，因為所選擇的這種方法在多大程度上適合於經濟學還有待證明。例如，假定證明的結果是，拉卡托斯的科學研究綱領方法論不適用於經濟分析史，一個可能的結論是，經濟學的歷史應當反過來予以判斷。或者得出結論說，這種方法對經濟學是不合適的。

　　也還存在這種方法可否解釋一切的問題。其他方法是否也像庫恩的範式一樣有效？檢驗這種方法適用性的標準是否能完全有說服力地用於檢驗其他方法？例如，經濟學如果可以分成幾大塊，每一塊都以庫恩的範式或拉卡托斯的研究綱領方法論來加以檢驗，那麼，我們就有許多方法將它們加以劃分。我們可以把亞當·斯密以來的經濟學作為一個整體加以研究，也可以將它劃分為古典經濟學、邊際主義經濟學和凱恩斯主義經濟學。我們還可以按時代劃分為後馬歇爾廠商理論，或新古典增長論。「證實」一種方法應當是容易的，因為總有那麼多適合於它的可能途徑。

　　那麼，為什麼不完全放棄這種科學哲學？首先，科學哲學確實提出了一些有用的概念和思想，提出了一些值得思索的問題。例如，即使我們可以得出結論，說邊際革命不是庫恩意義上的科學革命，但在得出這一結論的過程中我們可以學到一些東西。【9】其次，儘管在這樣做時要極端小心謹慎，但經濟分析史在估價各種可供選擇的方法時還是有用的。如果經濟學家從未遵循看來是正確的方法論原理，那麼這也是有很多理由的（當然也可能是一些不太重要的理由）。

**以下各章**

本書側重於熊彼特所謂的「科學思想的起源」「人們努力理解經濟現象在一種無窮的序列中產生、改進和消失的過程」[39]。儘管經濟分析史不單是以某一種方法論來分析的，但它毫無疑問是批判的。用布勞格的話來說，「批判就暗合著判斷標準，我的標準就是現代經濟理論的標準」[40]。這種說法雖是十分重要的，但也必須做出兩點重要修正：[41]

（1）經濟學所涉及的不單是邏輯，而且有一系列假定。因此，在評價以往理論時僅僅從邏輯結構上考察是不夠的，儘管這很重要。還必須檢驗經濟學家所做的各種假定，在這裡，現代經濟理論所能提供的指導甚少。如果我們評論現代理論本身，它當然就特別重要了。重要的是要為下述可能性敞開大門：乍一看在邏輯上可能是不一貫的東西，也許正是同現代經濟學的假定不相符合的那些假定的結果。

（2）對經濟學理論來說，還有著比形式的和邏輯的結構更多的東西。例如，兩位經濟學家可能採用某種特定的聯立方程式，卻以不同的方式解它們。正因為如此，要更多地注意經濟學家們考察問題的方式，更多地注意他們的「體系」（作為一個整體）。這樣做不是「相對主義」[42]。因為並不要求某種特定哲學或特定條件以任何方式去「證明」有缺陷的經濟理論。相反地，把經濟學家的體系作為一個整體加以考察，將哲學方法同我們所說的純經濟理論加以區別，會有助於區分依據一定的哲學前提（為了它們的確實性）而提出的主張和僅僅依據經濟邏輯所提出的主張。

以下各章側重於現代經濟分析，特別是大約19世紀70年代以來經濟學的發展。任何劃分界線都是任意的，不過，以70年代或者稍後以及20世紀30年後期劃界是最好的[43]。由於本書旨在闡釋現代經濟學，因此，對1939年以後的時期給予了同其以前時期同樣的分量。另外，如果把19世紀70年代作為一個轉折點，而不進一步追溯，也不可能理解後來的許多重要發展。這就是把英國古典經濟學也包括在內（儘管很簡要）的理由。因為古典經濟學源於亞當・斯密者甚多，所以本書把他作為分析的出發點。

註釋：

① 熊彼特（1954），第 3 頁。【415】【請注意，此為英文原書頁碼。原書將各章註釋均集中置於書末，查看多有不便，現移到各章之末，下同——譯者註】。
② 同上書，第 5 頁。
③ 關於經濟學中科學哲學的更開闊的前景，參看第 22 章。
④ 拉卡托斯（1970），第 91 頁。
⑤ 波珀（1972），第 30 頁。
⑥ 同上。
⑦ 庫恩（1962），第 10 頁。
⑧ 同上書，第 47-48 頁。
⑨ 同上書，第 44 頁。
⑩ 同上書，第 37-39 頁。
⑪ 同上書，第 19 頁。
⑫ 同上書，第 46-47 頁。
⑬ 同上書，第 80 頁。
⑭ 同上書，第 6 章。
⑮ 同上書，第 67-68 頁。
⑯ 同上書，第 68 頁。
⑰ 同上書，第 83 頁。
⑱ 同上書，第 83 頁。
⑲ 同上書，第 87-88 頁。
⑳ 同上書，第 85 頁。
㉑ 同上書，第 97 頁。
㉒ 同上書，第 111 頁。
㉓ 同上書，第 94、135 頁。
㉔ 同上書，第 107 頁。
㉕ 同上書，第 122 頁。
㉖ 同上書，第 162 頁。
㉗ 參考拉卡托斯（1970 和 1974b）
㉘ 拉卡托斯（1974a），第 4 頁；（1974b），第 149 頁。
㉙ 拉卡托斯（1974a）。

㉚ 拉卡托斯（1970），第 71 頁。
㉛ 參考拉卡托斯（1970），第 49-52 頁。
㉜ 同上書，第 50 頁。
㉝ 同上書，第 65 頁
㉞ 默頓（1963），第 371 頁。
㉟ 默頓（1961），第 356 頁。
㊱ 默頓（1963），第 376 頁。
㊲ 同上書，第 375 頁。
㊳ 默頓（1963），第 380 頁。
㊴ 熊彼特（1954），第 6 頁。
㊵ 布勞格（1978），第 1 頁。
㊶ 請注意布勞格對這裡引述的句子所加的重要評論。
㊷ 關於相對主義和絕對主義，參看布勞格（1978），第 2 頁以下。
㊸ 參閱第 13 章和第 21 章。

# 第一篇 背景：
# 1870年前的政治經濟學

# 2 亞當·斯密

## 2.1 政治經濟學是斯密主義者的創作【13】

為了理解19世紀70年代興起的現代經濟學所由產生的經濟學，我們必須追溯到亞當·斯密。斯密的重要性向來被描述為「在經濟學的整個發展中是無與倫比的」①。他對英國古典政治經濟學（從詹姆士·穆勒、李嘉圖和馬爾薩斯，到約翰·斯圖亞特·穆勒和加尼斯）的影響是明顯的；儘管這些經濟學家修改了斯密的思想，但是他們的政治經濟學仍舊停留在斯密主義的模式之內。斯密的影響還越過了英國國界，在這方面，他的英國後繼者們是無法與他比擬的。李嘉圖的《政治經濟學及賦稅原理》（以下簡稱《原理》）（1817）從未達到亞當·斯密的《國民財富的性質和原因的研究》（以下簡稱《國富論》）（1776）的成就，而穆勒的《政治經濟學原理》（1848）則顯然試圖對《國富論》予以加工和充實新的內容。此外，斯密的影響也超越了古典時期，19世紀後半期和20世紀許多經濟學家都曾從斯密著作中獲得不少教益②。

《國富論》是重要的，因為它包含了構成古典政治經濟學的許多要素：它不僅包含了古典的價值論和分配論的基本要素，而且包含了基本的古典政策規定。不過，比這更為重要的是，斯密論證了一種貫穿於整個古典經濟學的經濟制度，這種制度基於「一種自然的、有效的、在競爭經濟或市場中始終起作用的自我調節機制」③。他表明，只要政府維護法律、正義和保證財產制度，各人對個人利益的追求將會比政府干預制度更有效地促進一國財富的增長。

強調斯密在經濟思想史上地位的極其重要固然是正確的，但是，如果像一些古典經濟學家（特別是麥克庫洛赫和穆勒）所說的那樣，把斯密看作是經濟學的奠基人就錯了④。18世紀中期，當斯密形成他的思想時，已經有大量的

文獻涉及經濟學的所有方面：同加利阿尼、普芬道夫和哈欽森聯繫在一起的主觀價值論；配第和洛克奠立了勞動價值論的起源；有大量文獻談到貨幣，從17世紀中期一些小冊子作者（例如米斯爾頓和托馬斯·曼）的著作，到洛克、勞和坎梯隆等人的著作；【14】甚至自我均衡機制的觀點在17世紀的文獻中也已提出來了。此外，斯密從他的同時代人（特別是休謨和像魁奈、杜爾閣這樣的重農主義者）那裡也獲益匪淺。的確，斯密借助於他人之處如此之廣泛，以致熊彼特覺得可以說《國富論》「實際上沒有（包含）什麼新穎的思想」[5]。

## 2.2 斯密的體系

**哲學**

雖然18世紀和19世紀的許多經濟學家是哲學家（其中最著名者除斯密之外就是穆勒和西季威克），但是他們的經濟學整個來說能夠獨立於他們哲學的其餘部分而被理解。不過，對斯密來說，情況不是如此。他的政治經濟學體系只是其廣泛的哲學體系的一部分，他的哲學體系包括倫理學、法學、政治學和經濟學[6]。其中有兩點同他的經濟學有關。斯密對追求個人利益的有益後果的強調，來自他更一般的目的論的宇宙觀，按照這種觀點，引導天意的行為是能夠看出來的。例如，「看不見的手」一詞只是他在《道德情操論》（1759，這本書是斯密發揮其倫理體系的主要著作）中用於說明引導天意的許多名詞之一[7]。不過，更加重要的是，斯密在《道德情操論》中發展了一種基於「同情心」的自然正義理論：人能夠用其他人的觀點來看待事物。以這種方式引出的正義觀構成了法律和個人行為的基礎。正是在這種正義的範圍內，斯密才斷言追求個人利益的有益後果。對他來說，個人利益是同正義觀念交織在一起的，追求個人利益是為了虛榮心，就像為自己一樣：「使我們感興趣的是虛榮心，而非安逸和享樂。但是虛榮心總是基於這種信念，即我們都是關心和滿意的對象。」[8]例如，自然正義排除了雇主們勾結起來壓低工資；否則，競爭就不可能導致利益的和諧。

**關心經濟增長**

從其著作《國富論》的全名《國民財富的性質和原因的研究》可以看出，

斯密所關心的首先是經濟增長。對經濟增長的這種關心構成了他的「看不見的手」的理論及其經濟自由主張的基礎。因此，儘管斯密對相互依賴和看不見的手的強調會使我們聯想到現代的一般靜態均衡論，但是只在這個範圍來解釋斯密就不對了[9]。對斯密來說，競爭並非我們所理解的完全競爭，而是更加動態的東西；它消除了超額利潤，擴展了市場，增加了生產率，使資本湧向更有利【15】可圖的投機事業。同樣，他的「看不見的手」的理論所關注的並非資源的最優化和靜態配置，而是提出促進增長的條件。

斯密對增長的關心以及他的自由放任政策主張，使一些歷史學者把他看作是工業革命的預言者，這場革命把斯密主義和古典經濟學同正在興起的產業階級的利益聯繫起來[10]。這是一種極大的誤解。首先，儘管《國富論》問世於1776年，再版於1784年，但其基本思想早在18世紀50年代即已提出；而這時很難說已開始了「工業革命」。其次，斯密從未提及（甚至在再版中也未提及）蒸汽動力的應用或使棉紡織工業革命化的紡軸的發明[11]。另外一些人走向另一個極端，把斯密描述為只關心農業經濟，這也是不對的：儘管農業仍居統治地位，但工業在整個18世紀都在發展。正是工業發展的這個早期階段，而不是「工業革命」本身，乃是《國富論》寫作的背景。因此，斯密強調的是分工而不是機械化作為提高生產率的源泉，他注重的是流動資本而不是對機器的投資[12]。

## 2.3 增長論

**定義**

斯密以人均收入，即每年消費的「生活必需品和便利品」同消費者人數的比例來定義他所關心的國民財富[13]。人均收入取決於如下兩個因素：「第一，一般地說，一國國民勞動的熟練、技巧和判斷力；第二，從事有用勞動的人數同不從事有用勞動的人數的比例。」[14]初看起來似乎如此，但立刻會提出斯密計算國民收入的方法問題，因為斯密所說的是勞動力在生產性勞動和非生產性勞動之間的分配，而不是就業和失業人數之比。斯密劃分生產性勞動與非生產性勞動的標準是勞動是否能夠保留「任何痕跡或價值……供日後獲得等量服務之用」[15]。這樣，非生產性勞動就包括許多勞動者（從家僕到軍人）以及君主本人[16]。這種劃分在現代經濟學中是沒有意義的，因為上述服務能夠計入國民

產品並估價其生產成本。斯密未將這些服務算進國民收入,所以他對生產性勞動和非生產性勞動的區分是有意義的（Make sense）。【16】

這樣解釋國民產品同斯密的資本觀點有關。他認為資本是使生產得以持續而必須具備的儲備品。他說:「織匠在織成並賣掉他的織物之前,要不是他自己或別人事先有所儲備,足以維持他的生活,並提供給他工具,他是完全不可能織出什麼東西的。」[17]「儲備品」（斯密以此稱呼累積的財富）包括:消費品（用以維持勞動者生活）;固定資本（有用的機器、可獲利的建築物、土地改良以及社會成員「獲得的有用能力」）、流動資本（中間產品）[18]。生產性勞動定義的要點在於,唯有這種活動能夠增加這種儲備品的數量,從而增進未來生產的潛力。可觸知性不是區分生產性勞動和非生產性勞動的唯一標準,如果（例如）生產的是維持勞動所不需要的奢侈品,那麼這種可觸知物品的生產也是非生產性的。這些解釋是同斯密關於累積和增長的看法相聯繫的,不過,在考察這些觀點之前,我們需要先看一下他對分工的看法。

### 分工

斯密根據經驗觀察指出,在影響人均收入的兩個因素中,更重要的是前者即「勞動生產力」[19]。他認為,使勞動生產力增長的最重要的原因是分工[20]。單個工廠內部的分工是人們熟知的,但對斯密來說,更為重要的是交換所許可的分工。人可以專門生產一種東西,而經由交換獲得他們需要的其他物品。分工的範圍取決於市場大小[21]。市場的發育又促進了生產率。正是在這一點上,斯密引出了與交換有關的現象,如價值、價格和貨幣等。

### 累積和成長

斯密用一種簡單的總量模式分析了同市場範圍和分工如此緊密聯繫在一起的資本累積過程。一國經濟從一定量過去累積的資本開始,它們被用於支持生產產品的生產勞動者。這些產品可能被非生產勞動者消費掉,也許生產的是奢侈品;【17】或者可能被加到用於支持下一期間的生產勞動者的資本上。如圖 2.1 所示。

通過這個過程,資本可能增加,該國經濟因而得以發展。增長率取決於兩個因素:生產勞動的生產率,以及生產勞動同非生產勞動之比例[22]。後者是同產品在消費和儲蓄之間的分割相一致的。對此需要稍加評論。

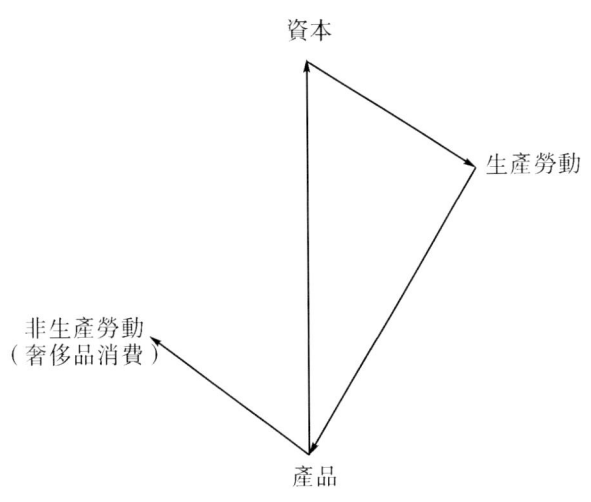

圖 2.1　斯密的增長論

第一，斯密所用的這些概念與現代概念並不完全吻合。維持勞動者所必需的消費來自資本，並通過儲蓄支付。現代國民收入核算將它們包括在消費之內。斯密的第二個因素同現代概念（例如凱恩斯的消費傾向）不相吻合的另一個表現在於如上所述，斯密把非生產勞動的「產品」從他的產品定義中排除出去了，但在現代的收入核算中它們卻包括在內。

第二，正是以此模式為基礎，斯密得出如下結論：①「資本增加的直接原因是節儉而不是勤勞」；②「每年的節省就像實際花費的一樣，通常都被消費掉了」[23]。他指出，節省不會被貯藏起來，因為這沒有什麼意義。這意味著，貨幣在斯密體系中唯一的作用就是充當交換的仲介。貨幣本身作為資本儲備的一個要素，同其他要素一樣，對生產率也發生作用。對貨幣的一定量需求在任何時候都是存在的，貨幣供應要與此相適應。銀幣在必要時會進入或退出這個國家。如果用紙幣作為交換仲介，就會減少對銀幣的需求；紙幣增加會引起流通的銀幣等量減少（如果銀幣紙幣的流通速度不同，紙幣之增加便不需要銀幣之等量減少）。至於銀幣的價格，這是由生產它的成本決定的。

**國際貿易**

斯密的國際貿易理論是他的經濟增長論的一個組成部分，因為他把國際貿易看作擴大市場【18】從而增進分工的一種途徑。他採用了「絕對利益」論，認為商品應在其可以最便宜生產的地方生產。這種觀點只有在資本和勞動被假

定能在各國之間和各國內部轉移的條件下才有意義。生產成本的差別被認為是起因於各國的土地條件和自然資源的不同。國際貿易被認為基本上同國內地區間的貿易一樣。

如果物品的確是可以在其最便宜生產的地方進行生產，那麼，一國便沒有理由不去發現比它國內市場所能吸收的產品更多的生產。這就引起了下述看法，即國際貿易應被視為處理剩餘產品的一種方式，這就是所謂「剩餘（產品）出路」（Vent for surplus）論。

**更廣泛的課題**

上述模式只是斯密成長論的一部分。它的前提條件是，存在著一種穩定的制度組織，特別是法律和財產保障制度。此外，成長論也是微觀經濟學的內容，因為資源（資本和勞動）應被有效地配置。為了理解這些方面，我們需要先對斯密的價值論，特別是對其中與收入在各階級之間的分配有關的部分有所瞭解，它會使我們回到成長論。

## 2.4 價值和分配

**價值**

《國富論》中的價值論，其重要性在於，它是價值問題上全部古典討論的來源。意味深長的是，斯密自覺和公開地拒絕了前人（特別是哈奇森和普芬道夫）的主觀價值論，而偏愛生產成本論。下面是最重要的一段：「應當注意，**價值**一詞有兩種不同含義。它有時表示特定物品的效用，有時又表示購買其他物品的能力，這是某物所有權的轉讓。前者可叫作『使用價值』；後者可叫作『交換價值』。使用價值極大的東西，往往很少或沒有交換價值。相反地，**交換價值極大的東西往往很少或沒有使用價值。**沒有什麼比水更有用的了，但難得用水購買任何東西；也不會拿任何東西與水交換。反之，【19】鑽石幾乎無使用價值，但必須以很大量其他物品才能與之交換。」[24] 與前人和後繼者不同，斯密不把效用解釋為主觀的，即提供滿足的屬性，而解釋為客觀有用性，這使他輕而易舉地排除了價值和效用之間的聯繫。

斯密一開始就明確指出，他所關注的是解釋支配**相對**價格的法則。為此，他分三步：考察交換價值的「真實尺度」；把這個「真實價格」分解為它的組

成部分；闡明市場價格和這個價格的關係。

### 交換價值的真實尺度

斯密開始時指出，一個商品的價值就是它實際的代價，即其所有者為獲得它而經歷的「辛苦和麻煩」。這使斯密把商品對其所有者的價值解說成「能使他購買或支配的勞動量」[25]。然而，既然商品的價值就是它的「實際代價」，那麼，以此來估計價值就不可行了，因為實際代價不僅取決於工作時間，而且取決於製造商品中所忍受的困苦和運用的技巧。用其他物品來衡量價值是唯一可行的辦法，顯而易見的選擇是貨幣（金與銀）和穀物（生活必需用品）。斯密說，穀物就長期來說是較好的尺度，就短期來說，白銀則是更好的尺度。他在這裡的標準是，哪一個能更接近於實際代價的變動：短期內是白銀，因其有效穩定的價值；長期內就是穀物了。這些討論是有意義的，因為它澄清了斯密價值論的目的。斯密並沒有把可支配的勞動作為一種交換價值，而是作為福利隨時間推移而變動的一種尺度。

### 價格的組成部分

雖然所支配的勞動可衡量商品的真實代價，但它並不等於生產該商品所需要的勞動。在使用資本的地方，利潤要素還必須包括在內。此外，同樣的道理，使用土地也要求支付地租。這樣，價值就由三部分所構成——工資、利潤和地租——每部分都是一個生產要素的供給價格。斯密解釋說，在「最初野蠻」的社會狀態下，因為資本和土地不為私人佔有，全部產品就屬於勞動者[27]。在這種社會中，一個商品的價值（支配的勞動）會等於生產它所需要的勞動：勞動價值論。但是，儘管斯密著作中的這些段落被後來的勞動價值論者（首先是馬克思）所提及，斯密卻一直沒有提倡勞動價值論。事實上，通過說明勞動價值論僅僅運用於沒有資本和土地自由耕種的狀態，他對這種價值論提出了非難。他自己的支配勞動論與交換價值論是大不相同的[28]。

### 市場價格和自然價格【20】

一種商品的自然價格被解釋成剛足以支付所使用勞動的正常工資、土地的正常地租和資本的正常利潤率[29]。但是，實際的或市場的價格並不總是等於自然價格，因為市價取決於同斯密所謂對商品的有效需求相比的商品上市量。當

市價超過自然價格時，某種要素所獲報酬必定多於正常報酬，從而刺激生產更多的這種商品；市價低於自然價格，生產勢必縮減。斯密得出結論：「因此，自然價格可以說是中心價格，一切商品價格都不斷受其吸引。」[30]當市價等於自然價格時，供給將等於需求。

### 工資

既然以生產成本來計算價值，斯密於是進而說明如何決定成本。首先是工資。他的理論是，對勞動的需求和勞動的供給決定實際工資，即勞動者獲得之生活必需品和方便品的數量。對勞動的需求取決於「預定用於支付工資的基金」[31]。這個基金不是固定不變的，它會隨國民財富的增加而增加（高利潤使它增加），對價格變動做出反應（假定穀物價格低廉，農場主將使用雇工而不出售穀物，從而增加工資基金）[32]。另外，供給取決於實際工資；供給豐裕會使人口增長，匱乏會使人口減少[33]。貨幣工資則由實際工資（由勞動的供求所決定）和供應品的價格之乘積決定[34]。

供求的作用導致下述狀態，即平均工資水準首先取決於社會是前進還是倒退。在一個進步的社會中，利潤、工資基金和對勞動的需求都是高的。結果是，競爭會帶來高的實際工資以及不斷增加的人口。另外，在一個靜止和倒退的社會中，來自勞動供給的壓力會壓低實際工資，造成貧窮和人口的不斷減少。不列顛和中國的對比就是明證。

### 利潤

斯密說：「資本利潤的增減，同勞動工資的增減，取決於同樣的原因，即社會處於增長還是減退的狀態。但是，這些原因對二者的影響是不同的。」[35]資本增長所引起的競爭使工資提高而利潤降低。亨利八世以來，不列顛的經濟發展了（資本品的長期增長即是證明），但利潤率卻下降了。【21】後面這一點是斯密從他所考察的利息率的長期下降中得出來的，儘管二者並不相等，但可作為利潤率的代表。斯密對利潤率下降的解釋是，勞動的短缺引起哄抬工資，從而使利潤下降。不過，他在《國富論》的後面部分提出了另一種解釋，即投資機會有限[36]。

斯密的工資論和利潤論極其類似，這一點因下述事實更加強了：當他著手考察工資率和利潤率在不同行業之間的差別時，他是把二者放在一起研究

的[37]。他說,在完全自由條件下,「勞動和資本在不同用途中總的利弊,在同一地區,或是完全相同,或是不斷接近於相同」[38]。在具體論及工資時,斯密提出了造成差異的五項條件:不同職業的舒適性、職業培訓費用、工作的變動性、所負責任的輕重以及成功的可能性,其中只有最後一條與利潤有關。斯密由此得出結論:不同行業之間的利潤率會比工資率更接近於一致。

限制自由會造成不平等,這既適於利潤也適於工資,雖然二者性質不同。斯密對此類限制是堅決反對的。

### 地租

對斯密來說,地租是一種剩餘,是從產品價值中減去土地以外的其他各項投入以後剩下的收入。他說:「地租……自然是租地人依照土地的實際情況所能支付的最高價格。在商定契約條件時,地主極力設法使租地人所得的農產品份額不超過足以提供種子、支付勞動以及購置和維持耕畜及其他農業的資本,並提供當地農業資本的普通利潤。」[39]他把這描述為壟斷地租,該地租不決定於「地主可能投入改良土地的所得」(土地的供給價格),而決定於「農場主能夠支付」的數額[40]。該地租隨土地肥沃程度及土地位置而變動。

在發揮這種地租論時,斯密把穀物和利用土地生產出來的其他商品(特別是肉類和礦產品)截然分開。做此區分的基礎是,生產食物的土地總被看作足以生產出地租[41]。同時,食物生產創造它自己的需求,因為人口會同食物量成比例地增長[42]。這意味著土地總是能夠被用於生產食物。假定土地用於生產其他物品,則支付的地租也必定同生產穀物的土地所支付的一樣多,這又意味著生產穀物的土地支付之地租調節著其他地租。【22】如果其他地租較高,這是由於適宜的土地短缺。

### 進步和分配

在斯密看來,進步會以利潤的減少為代價而使工資和地租增加,這是長期支配古典經濟學家的一種觀點。但是,斯密得出這個結論的思路與他的後繼者的思路大不相同,因為他們沒有以農業報酬遞減為前提[43]。斯密則暗中假定穀物生產報酬不變,因為他認為,穀物價值平均來說維持不變:一方面,農業生產的改良會提高勞動生產率;另一方面,耕畜(「農業的主要工具」)價格也提高了,結果二者的作用相互抵消了。[44]地主所得份額的提高是由於:①土地改良增加了農產品的總價值。②飼料價格的提高提高了耕畜價格,從而提高了地租。

同時，工業改良降低了製造品價格，從而提高了地租的實際價值。資本的競爭導致了工資增加和利潤下降。引起分配領域永久變化的資本競爭在農業中沒有發展起來。這同後來的古典經濟學家們所描述的圖景是很不一樣的。

## 2.5 經濟政策

眾所周知，斯密主張**自由放任**政策，主張撤除對國內和國際貿易的人為障礙。他以其所謂自然自由體系同「商業體系」和「農業體系」（重農主義）相對照。理由之一是分配的效率。他爭辯說，資本將會轉移到那些能提供最大利潤前景的貿易部門，就是會實際發生在對貿易沒有人為障礙的地方[45]。同樣理由也適用於勞動。這樣，斯密就能夠說，干預（無論是對外貿的關稅還是對勞動轉移的限制）是不可取的[46]。更進一步的理由是從斯密的資本累積和增長模式中引出來的。人為地鼓勵工業是反生產的，因為鼓勵資本離開農業會減少使資本淨增加的剩餘。增長要求資本的淨增加，而不單是它的再分配，因此農業是重要的。此外，試圖超過流動所需量而累積貨幣是對一國資源的浪費。斯密責備商業體系錯誤地混同了貨幣與財富。

【23】另外，斯密並不主張無限制地追求個人利益意義上的**自由放任**。如前所述，斯密假設存在著一種正義的結構，這有雙重含義。一是說追求的個人利益是同正義觀念交織在一起的個人利益，這種觀念來自對人類福利的同情：競爭應限於一定的表現形式。二是說正義的結構暗含著它對國家的作用遠大於單純維持一種法律和制度結構的作用。經濟中廣泛的調節和干預（從調節壟斷、提供道路、橋樑和運河到立法限制在殖民地聚斂土地）還是必要的。

## 2.6 斯密的遺產

**方法**

以上只涉及斯密著作的理論部分，沒有論及他的經濟學方法。《國富論》的一個特點就是把理論同豐富的經驗材料（不僅有當時英國經濟方面的，而且有世界各地的）結合在一起。之所以要強調這一點，是出於三點理由：①上述特點是《國富論》取得成功和長久保持價值的一個主要原因。許多從未讀過更抽象著作的人讀了它。②它告訴了我們斯密自己對方法的態度。雖然他的理論體系是令人印象深刻的，他的方法也不完全是演繹的，但他並未遠離

具體事實。③《國富論》方法之所以重要，在於它說明了為什麼各類經濟學家（古典時期從李嘉圖到瓊斯，後來從維克塞爾到坎寧安）會把斯密當作先驅者。具有歷史傾向的經濟學家可能把他的方法看作歸納的，而其他人則可能把他的方法看作主要是演繹的。

**理論**

斯密在經濟理論領域的主要貢獻是提供了這樣一種體系，其中，價格形成、生產和分配是相互依存的。雖然按瓦爾拉斯的術語來說，那是一種很大的誤解，但是，在一定範圍內，它確是一種一般均衡體系：生產成本價值論表現出分配和價格之間的聯繫；而「自然的」和「正常的」這些名詞顯然指的是均衡價值。斯密有時責備循環論證——價格決定成本，成本決定價值——但這是他試圖不用聯立方程式來描述一般均衡體系的結果。【24】

斯密關於分配和成長之間聯繫的課題被他的後繼者（特別是李嘉圖）繼承。但是，斯密對該課題的處理沒有決定他發揮自己理論的方式，因為他提出了各種不同的觀點。儘管以上所述集中地描述了一種連貫統一的理論，然而《國富論》包含著對價值和分配的許多其他解釋的暗示。在我們看來，斯密雖沒有提出一種勞動價值論，但對於想在他的著作中發現勞動價值論基礎的經濟學家們也確有足夠的材料。他雖然拒絕以效用解釋價值，但效用價值論者仍能在他的著作中找出把他作為先驅者的足夠根據。分配問題上也有大量類似暗示。例如，他提出了工資基金論、生產率論和生活資料論。這些觀點彼此不一定一致，但它們為《國富論》的發揮提供了各種途徑。對他的利潤論和地租論也可以這樣說。除了這裡考察過的各方面外，還有他的貿易理論。在貨幣領域，斯密的貢獻最少，從某種意義上說，他還比不上休謨。即使如此，斯密關於儲蓄構成支出的學說卻有極大的影響，他關於真實票據的學說引起了後來的爭論。

斯密方法的多重性使各類經濟學家受惠於他，同樣，他的理論的多重性為經濟學後來的發展提供了廣闊的餘地。這些發展受到了斯密利用理論來推動富於想像的政策規定的鼓舞。

**註釋：**

① 奧布賴恩（1976b），第 133 頁。【416】

② 例如，西季威克，尼科爾森。參看奧布賴恩（1976b）。

③ 哈欽森（1978），第 24 頁。

④ 參照：吉得和利斯特（1909），第 50 頁。

⑤ 熊彼特（1954），第 185 頁。

⑥ 這是個未能完成的計劃。

⑦ 奧布賴恩（1976b）。

⑧ 斯密（1759）引自斯金納（1979），第 105 頁。

⑨ 鮑利（1973）在這方面同坎梯隆做了一個有趣的比較。

⑩ 例如，羅爾（1973）。

⑪ 布勞格（1978），第 39-40 頁。

⑫ 霍蘭德（1973），第 3 章；馬塞厄斯（1983）。

⑬ 斯密（1776），第 1 頁；參照第 4 頁註 2。

⑭ 同上。

⑮ 同上，第 352 頁。

⑯ 例如，運輸業和零售業算作是生產性的。

⑰ 同上，第 291 頁。

⑱ 同上，第 296-298 頁。請注意，貨幣在此宜作技術手段。

⑲ 同上，第 1-2 頁。

⑳ 同上，第 7 頁。

㉑ 同上，第 21 頁。

㉒ 變量的含義如下：

　　$X^t$——$t$ 時期的產量

　　$L^t$——$t$ 時期雇用的勞動

　　$P$——生產性勞動的生產率

　　$w$——工資率

　　$k$——產量中歸於生產性勞動的部分

兩個基本關係是：

$X^t = PL^t$ 和 $L^t = kX^{t-1}/w$。

從中可得下列方程：

$X^t = k(P/w) X^{t-1}$。

增長率為：$k(P/w) - 1$。

㉓ 同上，第 359 頁。

㉔ 同上，第 32-33 頁。

㉕ 同上，第 34 頁。

㉖ 同上，第 54-56 頁。

㉗ 同上，第 53-54 頁；參照第 72-73 頁。

㉘ 第 40 頁上有一句話可解釋為支持勞動價值論。但請與第 37-38 頁比較一下。

㉙ 斯密，(1776) 第 62 頁。

㉚ 同上，第 61 頁。參看奧布賴恩（1975），第 80-81 頁圖解。

㉛ 同上，第 77 頁。

㉜ 同上，第 92-93 頁。

㉝ 同上，第 88-89 頁。

㉞ 同上，第 95 頁。

㉟ 同上，第 98 頁。

㊱ 同上，第 375 頁。

㊲ 同上，第 10 章。

㊳ 同上，第 111 頁。

㊴ 同上，第 161 頁。

㊵ 同上，第 162 頁。人們一向批評斯密忽視土地所有者之間的競爭。如果假定土地所有者總是有權選擇耕種他自己的土地，那麼壟斷的解釋更適當。

㊶ 同上，第 180 頁。

㊷ 同上，第 182 頁。

㊸ 同上，第 103-104 頁。薩繆爾森以斯密分析殖民地情況為例證明斯密設想過報酬遞減。但這不是斯密在《國富論》中研究地租時所說的情形。對斯密這種顯然不一致的說法的一種辯解也許是，一旦土地被充分開發，便會使報酬不變，而在達到這種狀態以前，報酬將較高或遞減。【417】

㊹ 同上，第 208 頁。

㊺ 同上，第 2 篇，第 V 章。

㊻ 以斯密的貿易理論為基礎也能得出同樣的論證。

# 3 李嘉圖的價值論與分配論

## 3.1 引言

【25】古典經濟學無疑是由斯密開創的，他的《國富論》可能是直到1848年約翰・穆勒的《政治經濟學原理》問世以前流傳最廣的經濟學論著。不過，古典經濟學遠非限於對斯密觀點的加工，它比這要豐富得多。斯密對資本累積和增長的關注依然在，但體現這種思想的理論大為改觀了，這種思想本身也經歷了重要變化。這些變化既是一系列新前提（其中一些是作為對經濟條件變化的反應而採納的）的結果，又是一些新方法運用的結果。在這些新前提中，最重要的是為人口論和地租論打下基礎的那些分析前提，因為在《國富論》中儘管也能找到馬爾薩斯人口論和農業邊際生產率遞減律的某些蛛絲馬跡，但是，它們在斯密理論中的作用同其在古典理論中的作用相比是微不足道的。方法論方面最重要的變化是李嘉圖引進了抽象的純演繹的論證方法。

**人口與地租**

古典的分配論和增長論的兩個基本要素之一是馬爾薩斯的人口論。馬爾薩斯的《人口論》於1798年初版，後來又多次再版。這個理論的中心論題是人口對資源的壓力。假如出生率不為「預防性限制」所壓低，那麼，「積極的限制」勢必起作用，結果是死亡率上升。這個理論暗含著如下論點：工資絕不可能遠離（或在很長時期離開）生活所需之水準。如果工資上漲，人口必定更快增加，從而引起勞動供給的增加，把工資拉回到維持基本生活資料的水準。如果工資跌落到低於維持基本生活資料的水準，人口勢必減少，直至工資回升到維持基本生活資料的水準。儘管對這個理論的解說，特別是對「生活

資料」的解說，在馬爾薩斯著作和古典經濟學中大相徑庭，但馬爾薩斯理論中的某些觀點卻為大多數古典派的經濟著述打下了基礎。

馬爾薩斯的人口論，加上拿破侖戰爭期間可耕地的短缺（當時，由於戰爭的需求和拿破侖對英國的封鎖，谷價和地租狂漲），為古典經濟學的另一個基本要素——級差地租理論——提供了背景。這個理論雖然早在 1777 年就已被安德森提出來了，但只是在馬爾薩斯和威斯特於 1815 年發現它後才變得廣為人知。【26】

**李嘉圖的方法**

雖然古典的增長論、價值和分配論的基本要素能在斯密、馬爾薩斯、威斯特等人的著作中找到，但把這些要素總括成一個嚴密的邏輯體系卻是李嘉圖的成就，他是斯密之後古典經濟學最偉大的建築師。雖然他並未脫離斯密建立的一般結構，但李嘉圖提出的是一個截然不同的體系。斯密和李嘉圖體系之間差別的主要原因是，李嘉圖用的是長鏈的純演繹法，而斯密用的卻是同經驗觀察交錯並存的短鏈論證方法。在這方面，詹姆士·穆勒是李嘉圖的導師，穆勒要求把經濟學命題搞得像歐幾里得幾何學一樣的確定。這當然不是李嘉圖的論證具有抽象性質的唯一原因，因為他還採納了一種「典型案例」方法，他的大部分理論的論證方法使用了高度簡化前提下的長期均衡條件。

雖然有這種感覺，既可以認為李嘉圖在一種新理論中體現了斯密關於經濟增長過程的看法，但也有同樣重要的另一個感覺，即這些看法本身業已變化了。斯密全力強調的是通過增進分工和資本累積實現增長的可能性，李嘉圖及其眾多後繼者注重的卻是增長的障礙。看法上的這種變化部分地可以歸咎於斯密和李嘉圖所處的經濟環境不同：這肯定能夠解釋某些新的前提條件。但是，可以說李嘉圖新的抽象法在一定程度上也應受責備，因為分工和技術進步的可能性，比起收入分配、儲蓄和資本累積之間的較多機械性的關係，更經受不起李嘉圖演繹法的檢驗。

## 3.2　穀物模式

**收入分配**

雖然李嘉圖並不是通常所謂李嘉圖地租理論的創始者，但是，正是李嘉圖

最早為該理論成為嚴密連貫的體系奠定了基礎。這個體系的核心是所謂「穀物模式」；李嘉圖最初使用這個模式是在馬爾薩斯論地租的小冊子[①]問世後不久發表的《論利潤》（1815）一文中[②]。為得出李嘉圖的模式，【27】我們假定對食物（農產品）的需求完全沒有彈性，只由人口多少而定；假定資本和勞動以固定比例用於農業[③]。資本可看作是流動資本，由收穫之前維持勞動者所需要的食物儲備所構成。又假定用於土地的資本和勞動服從於土地報酬遞減律，如圖 3.1 所示。

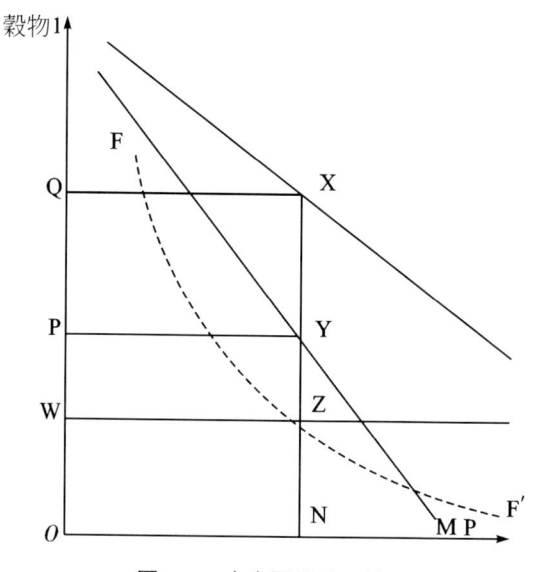

**圖 3.1　李嘉圖的分配論**

已知勞動力數量為 ON，我們即可讀出平均產量 OQ，總產量為矩形 OQXN。地租，依照李嘉圖所說，是土地所有者所獲得的剩餘，即比生產率最低耕地有較高生產率耕地的剩餘，這意味著總地租是矩形 PQXY。換句話說，勞動和資本總共獲得它們結合的邊際產品是 OP，還剩下不作為地租的產量怎樣在工資和利潤之間分配的問題了。我們可以依據馬爾薩斯的觀點，以工人所需之生活資料決定工資，即 OW。總工資是矩形 OWZN，剩餘部分 WPYZ 即是利潤。

這個理論決定了農業利潤，但依李嘉圖所說，它也決定了工業利潤率，因為利潤率如有差別，資本家會將資本從農業轉移到工業，或者相反，以求得利潤的增加。這使李嘉圖得出了構成其經濟學核心的結論：「資本的一般利潤完全取決於用於土地的最後一份資本的利潤。」[④]

【28】對李嘉圖來說，農業報酬遞減律調節著整個經濟的利潤率。這暗含著兩重意義。①如果所使用的資本和勞動增加（要記住，它們被假定以固定比例投入生產），利潤就必定下跌，不僅因為勞動和資本的平均產量減少了，而且地租的份額增加了。②如果工資率提高了，那麼它唯一的影響是壓低利潤。利潤和工資之間存在著一種反比例關係。

### 資本累積和增長

只需給這種分配模式加上關於各階級儲蓄行為的假定條件，即可容易地將它轉化為增長模式。李嘉圖假定，工人和地主消費掉他們的全部收入，而資本家則將他們的收入全部儲蓄起來。這意味著，只要利潤是正數（如圖3.1中的ON），資本就會增加。資本增加時，就業也會增加，因為勞動供給對工資是完全有彈性的。當資本和勞動增加時，它們的平均產量會下降，地租會上漲。因為工資率不可能下降，所以地租的上漲必定以利潤的跌落為代價。這個過程繼續到利潤降低到零時，累積即告終止。資本累積僅僅對地主有利。

### 穀物模式

然而，這個理論所依據的是前面未曾提及的一個不能令人滿意的假定，即農業投入和產出的是單一商品——穀物或小麥。特別是，實際工資只指穀物，資本只含穀物品[5]。要瞭解這一點的意義，我們必須假定，製造業生產率的增加降低了與農產品（穀物）價格有關的工業品價格。如果李嘉圖的理論站得住腳，那麼，製造業生產率的這一提高絕不影響利潤率。然而，假定（例如說）工資取決於穀物價格和工業製品價格（工人生活資料可能由食物和衣服構成），以穀物表示的工資率將下降，這將提高利潤率。因此只有在工資固定以穀物表示的條件下，李嘉圖的理論才有效。由此可見，李嘉圖對「穀物模式」（即假定穀物是唯一的投入和唯一的產出）的要求不只是一種簡化的方便，因為利潤只取決於農業報酬率的說法對李嘉圖的原理是不能令人滿意的。

## 3.3 勞動價值論

### 李嘉圖體系中的價值【29】

比較一下李嘉圖和斯密二人的價值論，很容易看出，李嘉圖想尋求一種比

斯密理論更有嚴密邏輯性的理論。不過，這只能說明他們二人在價值論上的一部分差別。在斯密體系中，價值論是用來說明一國經濟的各部分是互相依存的，它是他的「一般均衡體系」的一部分。斯密關注的是發現一個價值的絕對標準，因為他想估價福利隨時間推移而發生的變化。於是穀物被選作長期之中較好的價值尺度，貨幣則是短期中較好的尺度。李嘉圖的情況就截然不同了，這起因於他試圖放鬆穀物模式的假定條件時所面對的各種問題。他需要一種價值論，為的是能夠加總，以便通過描述一種多商品的經濟而得到類似於穀物模式的模式。為發現這樣的理論，他才轉向勞動價值論，並以非斯密主義的方式解說價值。李嘉圖說：「一個商品的價值，或者它將予以交換的任何其他商品的數量，取決於生產它所必要的相對勞動量。」⑥

在較詳細地考察李嘉圖的價值論之前，我們需要指出他的價值論同他的地租論的關係。為了得出他的價值論，李嘉圖的第一步就是以下述假定排除開地租：「規定穀物價值的是用不支付地租那份資本生產穀物所必需的勞動量。」⑦

這樣一來，價值就能被減到兩個要素——工資和利潤。與此相關的問題是，它要求全部地租都是由價格決定的剩餘。在李嘉圖的理論中，對工資物品的需求完全沒有彈性，工人以固定比例消費物品，這不會引起問題：土地沒有可供選擇的用途，它的供給價格是零。但是，一般來說，土地可以有其他用途，這意味著生產成本將包括土地在各種用途上所得到的地租——它的供給價格。

### 不變的價值尺度

工資與利潤成反比例，農業利潤率規定工業利潤率，這是李嘉圖經濟學的兩個中心原理。同把這些結果普遍運用到多種商品經濟相關的問題是，當收入分配變化時，相對價值從而總產品的價值可能變化。其中的原因涉及資本，也涉及資本與勞動在不同行業中結合的比例各異這一事實。一方面，假定工資率上升，利潤率下降。對於運用很高資本—勞動比例方式生產的商品來說，利潤率的降低將超過工資率的上升，於是它們的價值會降低。另一方面，對於勞動密集的商品來說，價值會增加。

李嘉圖的目的是要發現這樣一種商品，在收入分配變化時，它的價值不變。如果他發現了這種商品，他也就發現了一種絕對的價值尺度，因為用這個商品來衡量產品價值時將不受收入分配變化的影響。【30】結果是，假定實際

工資率（用這個不變尺度衡量）上升，利潤一定下降，因為依照不變價值尺度的定義，產品的價值不會變化。這暗含著如下意義：如果用不變的價值尺度來衡量價值，那麼，穀物模式所預示的東西就會轉移到多種商品模式上。

李嘉圖認識到，這樣一種不變的尺度必須是以整個經濟的平均資本—勞動比例生產的，雖然他多次想用穀物或黃金，但沒有理由表明這兩種商品中的任一種或當時的任何其他商品是以平均的資本—勞動比例生產的。李嘉圖根本沒有找出這種對他的模式來說如此重要的不變的價值標準。只有斯拉法（1960）解決了這個問題，他提出了一個想像的「標準商品」，它包含由一國經濟所生產的一組適當構成的物品[8]。

### 資本

因資本在李嘉圖以後經濟思想史上具有重要意義，有必要稍微離題，考察一下李嘉圖的資本觀點及其與價值問題的關係。李嘉圖爭辯說，商品價值所包含的不僅是直接投在生產上的勞動，而且還有「投在協助這種勞動的器具、工具和工場建築上的勞動」[9]。有兩種觀察生產和資本的方法，因而也有兩種（如上所述）表述商品價值的方法。一種方法是把資本看作生產中所使用的資本和中間產品的價值。價值或價格可表示如下：

$$P_0 = L_w + (L+r)(P_1 K_1 + P_2 K_2 + \cdots),$$

其中，$P_0$ 是產品價格，$L$ 是所使用的勞動量，$w$ 是工資率，$r$ 是利潤率，$P_1$ 和 $K_1$ 是生產中所使用的資本品的價格和數量。換句話說，我們把生產看作包含同時皆可獲得的各種物品。

李嘉圖所用的另一種方法是把商品化為「標明日期的勞動」（「datedlaboury」）。例如，為了生產出一塊麵包，需要在麵包房花去一定的勞動，但在此前還必須磨出麵粉；再往前還得生產出小麥……還得耕作；等等。照此看來，一種商品的價值是生產它所需所有勞動的總和。然而，按照這種對生產的看法，勞動價值論會遇到一些問題，因為我們需要區分出勞動運用的不同日期，才能計算出適當的利息代價。商品價格可表示如下：【31】

$$P_0 = w \left[ L_0 + (L+r) L_{-1} + (L+r)^2 L_{-2} + \cdots \right],$$

其中，$L_0$，$L_1$，$L_2$……分別表示現時、上一時期、上上時期等所用之勞動。

以不同的資本—勞動比例生產不同商品時所出現的問題，在生產的不同時間結構的形式上又冒出來了。只要求現時勞動所生產的商品的價格不會受利息

率上升的影響，而要求在成品之前花費許多年勞動的商品的價格則大受利息率的影響。雖然李嘉圖的問題集中於勞動價值論，但他提出的問題是所有研究資本問題的經濟學家都迴避不了的[10]。

## 3.4 工資基金與機器

用馬爾薩斯的生活資料理論來解釋工資會引起的問題是，該理論是一種長期理論。為了說明短期的工資，通常的辦法是工資基金說。這個學說像其他工資學說一樣，雖然也可追溯到斯密，但歸之於李嘉圖可能更好。李嘉圖沒有用過「工資基金」一詞，但有這個概念，他用流動資本來表示用於雇傭勞動的那部分資本。在這一說法中，工資基金被十分明確地解釋為農業經濟中的一部分資本，它包含從去年收成中節省下來以雇傭工人的食物以及新收成得到之前的生活資料。如果我們假定，預計支出工資的這筆基金是固定的（資本家的消費不變），則對勞動的需求曲線將是矩形雙曲線，$W=F/N$，其中 $F$ 是工資基金。這種曲線如圖 3.1 中 $FF'$ 所示。已知勞動供給（短期中無彈性），即可得出工資率，可用它決定收入在利潤和工資之間的分配。

儘管工資基金說在古典經濟學中被廣泛用於證明提高工資只能通過資本累積（也可獲高利潤），不能通過工人的團結；但是，對這一理論的更有意義的應用之一，是李嘉圖用它表明，機械化（至少在短期內）與工人階級利益是對立的[11]。他的論證是，採用機器會使流動資本轉移為固定資本。由於不再用勞動去生產食物，資本家便可以用一部分勞動力去生產機器。【32】結果是，在下一個時期，因為食物產量低於前一時期，所以用來雇傭勞動的食物基金減少。這或是減少就業，或是降低工資率。只有在以後的各時期，由於採用機器，提高了生產率，流動資本量才得以補充。

## 3.5 結論

**李嘉圖和斯密**

斯密對李嘉圖的影響是巨大的，不僅在分析儲蓄、資本累積和增長的聯繫的各種方法上受到斯密的啟迪，而且李嘉圖的許多特殊的假定也能追溯到斯密。不過，斯密賦予這些假定的意義遠比不上李嘉圖所賦予的意義：實際工資

與人口增長之間的聯繫；流動資本與就業之間的聯繫；農業報酬遞減。去掉斯密體系中的一些特徵並從中編製一種模式（只著重於可由單一函數關係研究檢驗）的結果，是把斯密理論轉變成了截然不同的某種東西。斯密（至少在多數場合）假定工業報酬遞增和農業報酬不變，李嘉圖則假定工業報酬不變，農業報酬遞減。斯密以資本累積和技術進步說明增長，李嘉圖則全力強調資本累積。這樣一來，不僅李嘉圖的模式與斯密的大不相同，更不同的是他對經濟發展性質持有非常悲觀的看法。

### 李嘉圖的地位

李嘉圖無疑是經濟思想史中最重要的人物之一，但人們對他的影響的性質持有不同看法。熊彼特曾論及經濟推理中的「李嘉圖的缺陷」：「總的相互依存這個廣泛觀念曾縈繞在杜能的腦際，但也許從未使李嘉圖有片刻困惑。他的興趣在於得到具有實際意義的明確結果。為此，他把那個總體系切成碎片，又捆扎成盡可能大的幾個部分，再把它們放進冷庫——於是盡可能多的東西就被冰凍和『假定』起來，接著他把一種簡化了的假定堆到另一個假定上，直到用這些假定把一切都整理一番之後，得出少數總變量，表明他根據這些假定所揭示的各種單一的單向關係之間的關係；這樣，最後，所希求的結果幾乎作為同義語就出現了。」[12]熊彼特接著引述了李嘉圖關於利潤只取決於小麥價格的原理，指出這個原理只在其他條件都給定的情況下才是真實的。另一個很好的例證是上面已經概述的關於機器的討論。在那裡有許多極端限制性的假定，它們在一定程度上是非常隨意的，而這些假定對於結果卻是很重要的。【33】

熊彼特的這個評論自然很對，但對於19世紀初期的經濟學狀況而言未免過分嚴厲了[13]。發展斯密的經濟學從來有許多途徑，而保證（至少在英國）朝著演繹推理的路線，利用邏輯分析得出（盡可能嚴密地）各種假定條件含義的，應當首推李嘉圖。用布勞格的話來說，「如果經濟學基本上是一種分析機械和一種思想方法，而不是一堆實際的成果，那麼，可以毫不誇張地說，李嘉圖發明了經濟學的方法」[14]。這說明為什麼19世紀許多傑出經濟理論家（其中包括在經濟學方法上與李嘉圖很不相同的人）都承認他的傑出地位。這些經濟學家的典範包括馬克思、瓦爾拉斯、馬歇爾和維克塞爾。

熊彼特和布勞格的看法雖然看上去是互相抵觸的，但他們實際上都是正確的。可用以下論斷將這兩種看法協調起來：對李嘉圖經濟學的質疑，不在於

他運用了抽象法，甚至也不在於他用了簡化的假設，因為對他那個時代來說，很難看出還有什麼其他辦法可用於嚴密的演繹推理；質疑在於對從這些簡化模式所做出的預言的過分相信。李嘉圖及其追隨者所要求的不僅是揭示出一定的假設條件的含義，而且是描述出經濟實際運行的規律。在同歐幾里得幾何學和牛頓力學比較時，他們想暗示經濟學遵循著類似方法，而且，政治經濟學原理是以類似於歐幾里得和牛頓原理確定性建立起來的。可以說，正是李嘉圖推理的這個方面為熊彼特的責備敞開了大門，也是李嘉圖經濟學成為如此眾多爭論的對象之原因。用一位現代評論者的話來說：「他的極大的理性活力給古典經濟意識打下了深深的烙印。除非我們瞭解這些烙印發源的體系，否則便簡直不可能閱讀並理解古典經濟文獻。」[15] 不僅如此，對1870年後也是這樣，因為李嘉圖的體系雖已被拋棄了，但李嘉圖的影響卻延至19世紀末和以後[16]。

### 註釋：

① 參看奧布賴恩（1975），第126頁註49。

② 這是這篇論文人所共知的縮寫標題。

③ 因為勞動和資本以固定比例使用，所以在橫坐標上既可用資本，也可用勞動。一個增加，另一個也增加。

④ 李嘉圖（1817），第21頁。

⑤ 假如一組農產品中的各部分總是依照固定比例生產和消費，那麼，它們也將按照固定量生產和消費。

⑥ 李嘉圖（1817），第55頁。

⑦ 同上，第130頁。

⑧ 進一步的討論，參看斯拉法（1960）。

⑨ 李嘉圖（1817）。

⑩ 如果資本依其耐用性的不同而運用於不同的各產業，或流動資本與固定資本的比例在各工業部門不同，也會出現同樣的問題。

⑪ 這個論證只出現在李嘉圖《原理》第三版。他早先一直認為機械化不會損害工人。

⑫ 熊彼特（1954），第473頁。

⑬ 比較一下凱恩斯的評論：第334頁。

⑭ 布勞格（1978），第 140 頁。

⑮ 奧布萊恩（1975），第 45 頁。指出如下情況是重要的：李嘉圖的影響遠遠超過價值論和分配論。

⑯ 自斯拉法（1960）以來，一直有復活李嘉圖的興趣。但這種興趣的性質是完全不同的。參看第 384-385 頁。

# 4 取代李嘉圖經濟學的各種學說

## 4.1 法國學派

**薩伊**

【34】薩伊的主要貢獻之一,是向歐洲讀者詳細解釋了斯密的《國富論》——許多人認為這部著作包含著十分驚人的思想,但編寫得很差[①]。薩伊的《政治經濟學概論》在1803—1826年出了好幾版。不過,薩伊並不僅僅是一位斯密思想的傳播者和通俗化者。除了廣為人知的市場定律之外[②],他還發展了一種效用價值論,以及與此相關的生產觀點,這種觀點與李嘉圖的觀點是大相徑庭的。

薩伊爭辯說,價值不決定於成本,而決定於效用和稀缺。成本只是通過影響供給和價格的下限而影響價值。薩伊用這種價值決定於效用的理論得以說明,生產的實質在於創造效用,而不創造商品。商品是合乎要求的,只是因為它們帶來了效用。這樣,薩伊就既反駁了重農主義者,也反駁了斯密的生產性勞動概念。他指出,各種服務,正像工業和農業一樣,也是生產性的,因為它們也帶來效用。

與此有關的是對生產中各要素所起作用的不同觀點。依照薩伊的看法,生產是三類要素(即人的勤勞、自然和資本)共同合作生產產品的過程。這三類要素因其在生產中的作用而各有其價值。從這種生產觀點出發,薩伊看到了企業家的重要和突出作用,認為正是他們把各種要素帶到一起並組織生產[③]。

不過,薩伊沒有完全採納主觀價值觀點。因為在他區分價值的兩種類型時,他把價值視為物品內在的某種東西。「自然財富」的價值是自然界賦予

的,而「社會財富」是由資本和勞動的勞作而創造的。薩伊爭辯說,只有社會財富必須被支付,因此只有社會財富才給予商品以交換價值。自然財富不反應在交換價值(價格)中。正因為如此,薩伊在批評斯密時指出,區分使用價值和交換價值與經濟學是不相干的[④]。

薩伊雖相信效用價值論並用這一理論攻擊過李嘉圖[⑤],但沒有以解決價值難題的方式來處理這個問題。他的效用論確實是以排除了導致邊際效用理論的研究路線來表述的[⑥]。他對李嘉圖學說(認為效用不過是商品價值的一個前提而不是原因)的挑戰是無效的。【35】但薩伊卻因此而在法國經濟學中樹立了一種很不同於英國李嘉圖傳統的傳統;在法國,勞動價值論從未能扎根。薩伊強調稀缺性是價值的決定因素,他把生產看成各種不同要素協同合作的過程,以及他對企業家作用的強調,直到19世紀70年代瓦爾拉斯著作問世時,都仍然是法國經濟學的特點。

### 古爾諾

古爾諾的《財富理論的數學原理研究》(1838),是19世紀上半期經濟學方面最有名的著作之一。他拒絕薩伊關於效用和稀缺性的觀點,認為它們對經濟學過於含糊不清。對他來說,價值純粹是相對的:「我們只能以同其他商品的關係來確定一種商品的價值。在這個意義上,只有相對價值。」[⑦]衡量價值的尺度是任意選擇的。他決定「不像大多數理論家那樣回到人類的搖籃時期」,而把向下傾斜的需求曲線,$D=F(p)$,作為他的出發點。他認為,在需求曲線既定條件下,售賣者將會從其產品出賣中追求最大限度收入。古爾諾用下述公式表示只有一個售賣者時利潤最大化條件:

$$D+(dD/dp)\{p-d[\phi(D)]/dD\}=0,$$

其中,$\phi(D)$ 表示作為產量函數的成本。這同邊際成本等於邊際收入的條件是一樣的[⑧]。

如果古爾諾就此停止,他將會預見到後來的經濟學家煞費苦心重新發現的許多東西[⑨]。但是他更進一步,用不同的特殊的方法去分析競爭。在分析了壟斷以後,古爾諾進而研究雙頭壟斷,假定每個壟斷者都以對方的產量為已知。然後他逐漸增加生產者人數,達到一定足夠數量時,均衡價格就出現了:

$$p-\phi'k\ (D_k)=0,$$

這表示對廠商 K 來說,價格必須等於邊際成本。他以此結果,用代數公

式和供求曲線得出比較的統計結果，例如成本增加對價格的影響。其中一些結果常同馬歇爾聯繫在一起。

跟他的大多數同代人不同的是，古爾諾不把壟斷和競爭看成是兩個彼此分開的必須給予不同分析的現象。對他來說，壟斷和競爭是寡頭壟斷受到限制的場合。此外，古爾諾還領悟到了一般均衡思想，即所有的價格和數量都是相互依存的，可用聯立方程式加以描述。但他以為分析這種相互依存關係超出了數學分析的能力。【36】

**杜普特**

杜普特是對經濟學做出過貢獻的眾多法國工程師中的一位[10]。在涉及估價諸如道路和橋樑這類公共工程項目的價值問題時，杜普特得出了邊際效用概念以及與它有關的需求曲線。雖然他和古爾諾是同時代人，但彼此似乎都不知曉對方的著作。在試圖解決公共投資項目的價值問題時，杜普特確定，薩伊錯誤地排除了斯密對使用價值和交換價值的區分。按薩伊的邏輯，成本下降，得自某物品的效用也會下降。杜普特則爭辯說，效用**至少**同價格一樣大，而不會等於它（原文如此——譯者註）。其次，一種商品之不同增量會有不同的效用。杜普特以這些思想得出了消費者剩餘的概念，他稱之為「留給消費者的效用」，如需求曲線下方的面積所示。

此外，杜普特還提出了壟斷問題。他用需求曲線和他的效用尺度研究了成本變動對壟斷價格的影響，壟斷對消費者的代價以及價格歧視。

## 4.2 英國人對勞動價值論的批判

**貝利**

李嘉圖的《原理》是直接討論的對象。馬塞特夫人獲得極大成功的《政治經濟學對話》（1817）[11]和詹姆士·穆勒的《政治經濟學原理》（1821）[12]以更易理解的形式闡釋了李嘉圖的思想。麥克庫洛赫為《愛丁堡評論》和《不列顛百科全書》撰文推進了李嘉圖思想的傳播。但是，李嘉圖經濟學從一開始就是被批評的對象，不過，早期的這些批評大部分都被忽略了。馬爾薩斯從未設法有效地闡明他的觀點。薩伊的《概論》可能為反對李嘉圖提供了一個焦點，但該書的譯者普林塞特所強調的卻是看法一致的一面，而不是存在分歧的

一面。李嘉圖的主要追隨者則千方百計地想在政治經濟學的各個組成部分之中求得統一，以便增強它的權威性。托倫斯表述了當時（1821）廣泛抱有的一種期望，他寫道：「關於政治經濟學，爭論的時期正在過去，一致的時期即將到來。20年中難得對其任何基本原理發生懷疑。」[13]【37】

使這種希望破滅的著作在1825年問世了，它就是塞繆爾·貝利的《對價值性質、尺度和原因的批判考察：主要是關於李嘉圖先生及其追隨者的著作》。貝利在這裡批評了價值問題上的主要著作家——李嘉圖、馬爾薩斯和詹姆士·穆勒，批評他們沒有充分注意到他們所使用的術語的含義。在貝利看來，其結果是混亂和含糊不清。貝利指出：「混亂和含糊不清是這些重大課題的大多數作者的特徵，這足以使學生在這門科學的入口處放棄他的研究。用詞沒有確定意義，不加適當的解釋引進術語，往往剛剛提出定義就馬上放棄了，起初不加檢驗的原理，以口頭上的簡化代替實際的簡化——所有這些障礙是到處可見的。」[14]

貝利以下面的論述開始他的論證：「價值，在其終極意義上，應該意味著對持有某物品的估計。」[15]他由此出發不是得出一種效用概念，而是得出以下結論：「只有當物品同時被看作選擇或交換的對象時，這種特有的價值感覺才能升起……價值除了僅僅表示兩個物品作為可交換的商品相互間的比例之外，不表示任何肯定的或內在的東西。」[16]因為價值是商品之間的一種比例，不是商品內在的東西，所以研究不變的價值尺度就是虛幻的了。

當貝利進而揭示價值的原因時，他把商品分成三類：①出於自然的或偶然的條件而被壟斷或免除了競爭的商品。②某些人比其他人佔有更大的方便，因而，除非以更多成本，否則其他人的競爭便不可能增加生產的商品。③競爭不加限制地發生作用的商品[17]。值得指出的是，貝利的「壟斷」不僅包括「真正的」壟斷即只有單一供給者，而且包括商品有限供給的情形，即使這種供給是由若干人提供的也罷。他的第二和第三類商品是分別以增加的和不變的成本加入競爭的商品。

貝利認為，價值存在的原因在不同場合是不同的。這個論斷的新奇之處不在於他斷言不同類型商品的價值由不同的要素決定，因為李嘉圖在其《原理》一開始就指出，某些商品的價值取決於稀缺性。但李嘉圖把稀缺性的作用限於「勞動不能增加其數量」的商品[18]，大多數商品的價值仍依存於生產所需之勞動。貝利的貢獻在於表明稀缺性是一種普通的情形：「稀缺性，換句話說，

【38】壟斷或免除競爭,並不是不重要的價值源泉……我們已經看到,它是價值的一種最廣泛的源泉,交換的許多最重要物品的價值必須以此作為它的來源。」[19]例如,地租即可以稀缺性加以解釋。李嘉圖所謂特殊場合被包括在貝利的更一般的理論之中。

**西尼爾**

儘管貝利的攻擊產生了重要影響,但李嘉圖經濟學仍有生命力;許多經濟學家在讚揚貝利的同時,又發現了使李嘉圖的道路得以延續的理由[20]。一般的看法是,貝利企圖毀滅政治經濟學,卻沒有提供什麼取而代之的東西。然而有一位經濟學家看到了貝利觀點的意義,他就是納索·威廉·西尼爾。

可以說西尼爾想把以李嘉圖為代表的一方與以薩伊和貝利為代表的另一方顯然分歧的思想路線協調起來。對西尼爾來說,價值取決於具有效用的物品,取決於它們能從一人手中轉移到另一人手中,還取決於它們的供給有限。他附和貝利說,價值取決於限制商品供給的那些原因,因為這給它們以效用。在需求方面,他發揮了薩伊的效用觀點,對邊際效用遞減做出明確的陳述。西尼爾說:「很明顯,我們所向往的主要不是在於量的增加,而是在於內容的多樣性。不但任一類商品所能提供的愉快總有其一定的限度,而且在達到這個限度之前,它所能提供的愉快早已在迅速地遞減。同類的 2 件物品所提供的愉快,很少會比 1 件所提供的增加 1 倍,10 件所提供的,更不會達到 2 件所提供的 5 倍。」[21]但是,西尼爾沒有把這同需求曲線聯繫起來。

在市場的供給方面,西尼爾研究了成本和供給的聯繫,因為他明確分析了稀缺性和遞增生產成本之間的關係。生產成本提供了價格調整的範圍:現有生產者的成本是價格的下限,潛在生產者的成本是價格的上限。在不變成本的場合(這兩種成本相同),成本和價格必定相符合。同貝利一樣,西尼爾以壟斷來定義供給無彈性的場合,不管其原因是遞增成本還是單一生產者的存在。在分析商品分類的各種情形時(受到貝利分析的影響),西尼爾強調了需求的重要性。例如,隨著成本遞增,價格會與邊際的成本相一致,而這個邊際的位置是由需求決定的。

**朗菲爾德**

提出李嘉圖經濟學代替物的另一位經濟學家是朗菲爾德(1834),他通過

供給與需求把效用和成本聯繫起來，朗菲爾德指出：「每件物品的價值決定於需求和供給……任何商品的生產成本以及它的效用對其價格則有間接的影響。生產成本通過對供給的影響而影響價格，因為除非預期售價超出生產成本，否則人們便不會生產商品。效用有一定作用（儘管不易計算），因為需求完全歸因於效用（在該詞廣義上）。」[22]【39】

朗菲爾德明確區分了效用和價格，理由是，個人將只會為那些「對他更有效用」的東西而交換商品[23]。他比同時代著作家更明確地把交換看作效用最大化過程[24]。但在分析需求時，朗菲爾德轉向了馬爾薩斯的「需求強度」概念[25]。需求強度是某人願為1單位商品支付的最高價格。他以此明確解釋了價格和需求量之間的反方向關係。他甚至進一步指出（以不同的說法），富人的需求彈性小於窮人的需求彈性[26]。這樣，朗菲爾德就把馬爾薩斯的需求強度概念「作為一種繞過發現效用對價格影響的困難的方法，因為他儘管像許多人一樣看到了邊際效用遞減現象，但是他未能以表明效用對交換價值精確影響的方式從中做出結論」[27]。交換價值的所有主要因素這裡都有了，但是沒有把它們聚攏到一起。

## 4.3　工資與利潤

**西尼爾**

除了對勞動價值論的這些攻擊之外，還試圖對李嘉圖分配論提出替代物。這樣做的背景是，從1830年（特別是1831年）戶口調查結果來看，馬爾薩斯主義是不太恰當的。於是一些經濟學家謀求發展一種工資理論，是一種利潤論，使之不依存於下述假設：人口迫使工資保持在生活資料水準。做出這兩種嘗試的是西尼爾和朗菲爾德。

同他的價值論相一致，西尼爾看到，稀缺性也會影響生產要素的價值。土地之要求地租即因其稀缺，即使它們具有相同的產出能力[28]。同樣理由也適用於其他要素，例如資本品[29]。土地不再被看作是生產要素中的唯一要素。為了解說利潤，西尼爾提出了「忍欲」一詞，以之表示「不同於勞動和自然作用的一種行為，其報酬對資本是必要的，它對利潤的關係，猶如勞動對工資的關係」[30]。忍欲是資本供給的基礎，而其需求則受資本生產率的影響[31]。【40】

**朗菲爾德**

朗菲爾德也完整地提出了地租論、利潤論和工資論。仍是通過他的供給與需求結構，他得出了邊際生產率結論：「資本家或設備所有者獲得的利潤，將是勞動者借助資本和不借助資本所能完成的工作員之差額。」[32]當資本量增加時，資本家不得不使用「較低級的」勞動者。他說：「利潤率一定是由資本效率最低的場合來決定的⋯⋯單獨一件工具的利潤將等於最弱的勞動者使用或不使用此工具所達到的工作量的差額。」[33]朗菲爾德後來又引進了兩個要素，隨著資本量增加，這些要素會使資本的生產率下降；為了給增加的資本尋求使用場合，不得不提高機械化程度，這樣，資本成本便會比資本效率提高得快；當生產增加時，該產品的價格將下降。這種說法儘管不完整（因為他簡單地假定資本的供給是有限和既定的），但朗菲爾德仍然得出了一種供求利潤理論，依此理論，對資本的需求取決於邊際生產率，它會隨資本增加而遞減[34]。

朗菲爾德的工資論同樣基於供給與需求，而對勞動的需求則取決於勞動生產率[35]。勞動的供給被看作是既定的——「現今存在的勞動者子孫後代」——馬爾薩斯主義所關注的事情被拋在一邊[36]。他的創新之處在於假定工資取決於打了折扣的勞動生產率。朗菲爾德說：「（勞動者的）勞動的最終價值，可以說是被雇主打了折扣的⋯⋯（資本家）獲得利潤只同下述時間長度成比例，這段時間是資本家支付工資和獲得該物品的價格（在他處理該物品情況下）之間所經歷的時間。」[37]因此，朗菲爾德推翻了李嘉圖的說法，現在，工資成了剩餘，是從勞動的生產率中減去利潤之後剩下來的。

## 4.4 幾位德國人的貢獻

好幾位德國經濟學家也對效用和需求的生產率理論做出過重要貢獻，特別是赫爾曼、曼戈爾茨、杜能和戈森。從後來發展的觀點來看，杜能和戈森的兩本著作具有重要意義。【41】

在《孤立國》（出版於 1826 年）一書中，杜能發揮了一種被熊彼特稱為輝煌的創造性的經濟理論[38]。如書名所示，他提出的是一個區劃問題。他的出發點是一個孤立的地區，那裡的土地有同等肥沃的程度，沒有遷移的障礙，中心是個城鎮。由此出發，像李嘉圖運用抽象法一樣，杜能運用微分法得出了邊際生產率利潤論和工資論。他還像古爾諾一樣，看到了所有經濟量的相互依

賴，以及用聯立方程式表示這一關係的必要性。

戈森的貢獻在於提出了效用最大化的數學理論（1854），從而預示了傑文斯後來著作中的許多內容。戈森第一定理是邊際效用遞減規律，並以代數和幾何圖式表示之。戈森第二定理是效用最大化的最重要條件：物品必在其各種用途之間做這樣的分配，使其邊際效用在各種用途上都相等。但他的著作直到傑文斯1878年發現它之前，一直遭到冷遇；傑文斯之後若干年，門格爾和瓦爾拉斯也得出了類似結論。

## 4.5　約翰·穆勒

**穆勒的「中途建築」**

本章要討論的最後和最重要著作是約翰·穆勒的書。儘管穆勒在保持李嘉圖傳統的活力方面發揮了作用，但他在這樣做時也加進了許多其他觀點，致使李嘉圖理論發生了幾乎超出人們認知的轉變。熊彼特恰當地描述穆勒的《政治經濟學原理》（1848）是李嘉圖經濟學和馬歇爾經濟學之間的「中途建築」[39]。

價值對穆勒來說，也像對貝利和西尼爾一樣，是一個相對的概念，其決定是以供給和需求來分析的[40]。他沒有用代數或幾何圖式，而以表格明確分析了供給和需求，從而澄清了早先爭論中出現的許多混亂。儘管他仍然只把效用看作價值的一個條件，而不是價值的源泉，從而表明他還堅持生產成本論，但穆勒承認稀缺性（通過需求）對價值的影響。

在分析稀缺性對價值的影響時，穆勒步斯密之後塵，區分了市場價值（只依存於供求）和自然價值（市場價值圍繞它而波動）。他認為自然價值是符合於生產成本還是取決於稀缺性，這要視供給的條件而定。可見，穆勒儘管還保留了李嘉圖理論的痕跡，但他的思想已發生了重大改變，以致失去了原有的意義。【42】在他看來，地租不是生產成本的一部分，除非它代表一種稀缺價值（土地在農業內部有各種可供選擇的用途），或土地被用於農業以外的其他用途。同樣，雖然生產所需勞動量是成本中最重要的要素，但其他各要素也是重要的。

**生產與分配**

在生產論與分配論方面，李嘉圖的影響是最強大的，然而，即使在這裡，

穆勒也引進了一些新的東西。他的討論依然限於斯密的增長論框架內，而且繼續保持著生產勞動和非生產勞動的區分，以之作為解釋資本累積的關鍵。資本累積率，穆勒和斯密都認為取決於生產性地使用勞動力的比例。因為穆勒聲稱生產勞動進行的是財富的生產，而不僅是商品的生產，產品的關鍵特徵在於它的耐久性，而不在於它的物質特性，所以他延展了這個概念，把獲得熟練技能也包括在內了。一方面，得自生產勞動的效用可以體現在自然物品中，也可體現在人自身之中；另一方面，他又聲稱，把生產勞動界說為物質產品的生產也無妨。

在分配論上，穆勒接受了西尼爾的忍欲說，即把忍欲說成對現在消費的節欲。忍欲不僅包括決定不消費現在的收入，而且包括決定抑制對所繼承的資本的消費。時間偏好被用來解釋為什麼這種忍欲需要得到報酬。接受西尼爾的觀點同穆勒強調價值存在的原因是生產成本而不單是勞動的觀點是吻合的。然而，穆勒分配論中最引人矚目的是他的工資理論。儘管側重點很不相同，但馬爾薩斯對人口增長的強調在穆勒著作中還是有頗多反應。工資基金被作為限制家庭人口的理由，因為人口增長勢必減少工資。這是對古典傳統中強調完善分配的可能性而不強調工資減至生活資料費用的一種蔑視。

然而，穆勒的確採用了被證明是李嘉圖工資理論重要弱點的學說：非競爭集團理論。非競爭集團指的是這樣的工人集團，在每個集團內部存在競爭，但在各集團之間不存在競爭，因為工人不能從一個集團轉移到另一個集團。儘管這在穆勒的《政治經濟學原理》中是次要的，但由於加尼斯（1874）而變得突出了，後者以該理論對抗後來對李嘉圖體系的攻擊。【43】這個理論的意義的增強是因為假定勞動同質性（或至少假定工資差別是外因所造成）對李嘉圖的價值論和分配論來說是至關重要的。工資基金論提供了一種平均工資本理論。勞動價值論只有在勞動是一種同質的要素時才有意義。同質勞動的假定一旦被放棄，整個李嘉圖的價值和分配研究（不單是工資論）就為諸如杰文斯的攻擊敞開了大門[⑪]。

## 4.6 結論：1870 年的政治經濟學

從本章所得到的最重要的結論是，李嘉圖經濟學即使在英國也不是沒有遇到挑戰。在貝利和西尼爾的影響下，李嘉圖經濟學已經發生了一些重要變化。

雖然李嘉圖主義是吸引人的，但穆勒的《政治經濟學原理》比李嘉圖經濟學更令人鼓舞。李嘉圖經濟學在英國以外的國家並沒有完全立住腳。儘管李嘉圖經濟學的成功是有限的，但也未出現某種嚴密的替代物，最接近於這種替代物的是受薩伊鼓舞的法國傳統。出現某種替代的、以效用為基礎的價值理論的障礙，是無法解決斯密的價值反論。除了某些個別的經濟學家以外，把效用和價值聯繫起來的有關問題尚未解決。造成這種情況的原因，部分地可歸結為方法的局限，而且，薩伊研究效用和價值的方法，即把價值反論作為與經濟學不相干的問題予以排除，不可能是有助益的。

可以得出的另一個有關古典政治經濟學的主要結論是斯密的地位。薩伊的政治經濟學，正像李嘉圖的一樣，是從《國富論》發展而來的。古典政治經濟學關於價值和分配的許多觀點，都可以在《國富論》中找到（即使僅僅是萌芽）。穆勒對價值論的陳述十分清楚地表明，古典經濟學受惠於斯密之處遠遠超過受惠於李嘉圖之處。儘管穆勒本人受惠於李嘉圖，但穆勒的《政治經濟學原理》基於斯密的《國富論》模式甚於李嘉圖《原理》的模式。用一位評論家的話來說：「說到底，古典經濟學沒有李嘉圖是可以理解的（他的影響從 1830 年起——如果不是更早的話——不斷減弱），然而，若沒有亞當·斯密和《國富論》，古典經濟學便全然不可理解了。」[42]

儘管李嘉圖學說結構的許多部分已經變得面目全非了，但李嘉圖體系仍延續到 19 世紀 60 年代。這應歸功於穆勒的影響。他的《政治經濟學原理》是能同斯密的《國富論》相媲美的第一部著作。不過，同樣重要的是，政治經濟學在這一時期已贏得了巨大的聲望。儘管英國古典政治經濟學的代表者們在許多技術問題上有意見分歧，但他們具有同樣的自由價值觀，對經濟政策持有大體相同的態度。在還沒有任何一種令人信服的替代學說的情況下，政治經濟學和李嘉圖經濟學在一定程度上是同一的，後者從前者的巨大聲望中獲益匪淺。

然而，19 世紀 60 年代和 70 年代，形勢發生了變化，政治經濟學四面楚歌[43]。政治經濟學，不管對不對[44]，向來是同自由放任主義聯繫在一起的；但是，隨著對社會問題的日益增長的關注，對國家干預的日漸增長的要求，上述態度就顯得不太恰當了。還出現了來自主張更多歷史方法的作者對演繹理論的攻擊，而李嘉圖經濟學是這種理論的一個典範[45]。以此為背景，【44】10 年來或更早時可能被撤到一邊的一些理論批評在這時也有了更大的意義。1869 年

穆勒對工資基金理論的放棄，其意義就在這裡。批評穆勒的論據並不比數十年來提出的許多理論更有說服力。同樣，穆勒的讓步本身也並不比 20 年前他在《政治經濟學原理》中對一些非李嘉圖主義者所做的讓步更重要。只是在變化了的環境下，穆勒在工資基金論上的讓步被抓住罷了。古典政治經濟學已經不合時宜了。

註釋：

① 吉得和利斯特（1909），第 106 頁。
② 參看第 51 頁。
③ 資本家和企業家在 19 世紀初期的英國通常是合二而一的，這個事實一直被用來說明為什麼企業家概念從未在英國經濟學中變成突出的概念。參看布勞格（1958）。【418】
④ 鮑利（1973），第 144 頁。
⑤ 同上，第 144-146 頁。
⑥ 同上，第 146 頁。
⑦ 古爾諾（1838），第 20 頁。
⑧ 同上，第 57 頁。
⑨ 參看第 140 頁以下。
⑩ 參看埃克隆和赫伯特（1983）。
⑪ 第 1 版是 1816 年，早於李嘉圖的《原理》。
⑫ 參看哈欽森（1978），第 2 章，關於穆勒和李嘉圖的關係。
⑬ 托倫斯（1821），第 XIII 頁。引自布勞格（1958），第 52 頁。
⑭ 貝利（1825），第 VII-VIII 頁。
⑮ 同上，第 1 頁。
⑯ 同上，第 2、4 頁。
⑰ 同上，第 185 頁。
⑱ 李嘉圖（1817），第 56 頁。
⑲ 貝利（1825），第 229 頁。
⑳ 參看布勞格（1958），第 55-58 頁。
㉑ 西尼爾（1836），第 12 頁。引自奧布賴恩（1975），第 101 頁。
㉒ 朗菲爾德（1834），第 110 頁。

㉓ 同上，第 28 頁。

㉔ 鮑利（1973），第 150 頁。

㉕ 朗菲爾德（1834），第 111 頁以下。朗菲爾德在寫這些時可能還沒有看到西尼爾對邊際效用遞減的表達。參看鮑利（1973），第 153 頁。

㉖ 朗菲爾德（1834），第 115 頁。

㉗ 鮑利（1973），第 153 頁。

㉘ 西尼爾（1830），第 178 頁。

㉙ 同上，第 166-167 頁。

㉚ 同上，第 153 頁。

㉛ 同上，第 153、187 頁。

㉜ 朗菲爾德（1834），第 191 頁。

㉝ 同上，第 192 頁。

㉞ 同上，第 193 頁。

㉟ 同上，第 210 頁。

㊱ 同上，第 209 頁。

㊲ 同上，第 210-211 頁。

㊳ 熊彼特（1954），第 466 頁。

㊴ 同上，第 603 頁；參看布勞格（1978），第 9 章，特別是第 167 頁。

㊵ 參見穆勒對他的價值論的總結，(1848)，第 3 篇，第 6 章。

㊶ 參見第 76 頁。

㊷ 奧布萊恩（1983），第 89-90 頁。

㊸ 參見哈欽森（1953），第 1 章。

㊹ 參見第 64 頁以下。

㊺ 參見第 212 頁以下。

# 5 貨幣與商業危機

## 5.1 背景

**休謨和斯密【45】**

18世紀後半期貨幣經濟學方面的重要人物不是斯密而是休謨（1752）。休謨貨幣理論的兩個方面值得一提。最重要的是價格——硬幣——流動機制。該機制起作用的方式是，貿易不平衡會引起硬幣（金或銀）從一國流出或流入。這會使價格水準發生變動，從而改變該國在貿易中的競爭性，後者又反過來糾正原先貿易的不平衡。由此可見，主張貿易盈餘的「重商主義」政策是自拆臺腳；即使有盈餘，也只是暫時的，因為金屬塊的流入會抬高國內價格水準，減少出口和增加進口，從而消除盈餘。休謨著作的第二個重要方面是，休謨步貨幣問題論著中長期傳統之後塵[①]，認為貨幣變動在短期和長期中會有很不同的效果。短期內貨幣供應增加可能刺激工業，因為價格會比成本提高得快；但在長期中，當價格和成本的關係轉向正常時，貨幣擴張的唯一效果就是提高價格水準。

斯密瞭解休謨的貨幣理論，但在其《國富論》中很少用到它。斯密強調的是所謂真實票據理論，就是說，提供的貨幣僅僅是為了真正的商業目的，其效果不會是通貨膨脹，因為貨幣只會增加到滿足實際的貿易需要。換句話說，只有物品已經在進行購買時，貨幣才被提供出來。同斯密主張真實票據理論一樣重要的是他的這句名言：花掉的儲蓄同消費一樣多，就是說，儲蓄被轉移成投資，沒有窖藏。這不僅為古典派強調儲蓄是資本累積的原因，也為否認一般過剩的可能性提供了背景，這在討論貿易循環和商業危機中是重要的。

**事件**

19世紀頭10年間對貨幣問題的討論很熱烈，促使這種情出現的是英國在法國革命之後同法國的戰爭中所帶來的貨幣問題。特別重要的是1797年停止現金支付：英鎊不再能以固定價格兌換成黃金。在後來20年的大多數時間中，金塊價格仍然高於票面價值（即英鎊仍低於其以黃金表示的名義價值）。這些年份也是通貨膨脹的年份，不過，儘管人們知道貨幣的實際價值下跌了，也可得到有關的指數，但沒有用來衡量通貨膨脹。

【46】這些事件觸發了激烈的爭論——關於金塊價格、英格蘭銀行發行的貨幣量、收支平衡、歉收和政府的戰爭支出之間關係的性質。還有這樣的政策問題：應否恢復英鎊的可兌換性？如果應該，如何恢復？這些正是1810年前後所謂金塊爭論的議題。

戰爭於1815年結束，英鎊於1818—1821年恢復兌換。事情來得相當快，但關於貨幣問題的爭論仍在進行，因為還存在如何經營管理可兌換貨幣的問題，即如堅持英鎊可兌換，英格蘭銀行應依據什麼原則來經營？討論的結果是1844年銀行特許法案。

但是由於以下兩個理由，它們仍是重要的：①它們構成了後來貨幣經濟學討論的背景。在貨幣理論中有一種巨大的連續性，最重要的例證是桑頓（1802）提出的所謂貨幣和價格的間接聯繫機制，這是19~20世紀貨幣理論上大多數最重要貢獻的主題。儘管這一理論的形式變化了，但是它的實質一直未變。②這些討論的意義在於，它們影響了英國和世界上多數國家的經濟活動所造就的貨幣結構。到1914年，英國在世界貨幣體系中起著這樣的作用：英格蘭銀行的政策會影響許多國家。

## 5.2 金塊爭論

**桑頓**

貨幣經濟學領域中功績最大的是亨利·桑頓。他在《論大不列顛紙幣信貸的性質》（1802）中分析了紙幣的作用。直到幾乎一個世紀之後維克塞爾的著作問世時為止，桑頓的上述著作都是無與倫比的。桑頓的出發點是，他把紙幣信用（紙幣和票據）看作是收支表中的一個項目。紙幣和票據是流通的，票據流通較慢，因為它們有利息。但是紙幣和票據的流通速度取決於信心。

【47】例如，在「不信任的季度」，對紙幣的需求將會增長。希克斯的判斷是：「總而言之，（在桑頓的著作中）存在的流動偏好，與 1802 年時任何人可以得到也應當得到的一樣多。」②儘管桑頓是一位金塊主義者，因為他把金塊價格看作英格蘭銀行是否過度發行通貨的試金石，但他承認這不適用於短期。信心的波動可能引起對貨幣需求的波動，從而引起金塊價格的波動，而不顧英格蘭銀行的行動。在桑頓看來，可能影響金塊價格而又與貨幣供應的任何變動無關的另一個因素是收支平衡。通貨可能流向國外，如果由於罕見的國外支付而壓低了匯兌（提高了金塊價格）的話。歉收後的穀物進口，向反對拿破侖的外國政府支付津貼，都是 1800 年後 15 年間發生停兌的重要原因。黃金「外部枯竭」的可能性（由於收支逆差）以及「內部枯竭」的可能性（對紙幣喪失信心所引起）——兩者皆可改變金塊價格——意味著，桑頓不曾嚴格堅持認為，金塊高價暗示著通貨發行過度。過度發行只是金塊高價的一個可能的原因。

不過，桑頓的主要貢獻不在這裡，而在於他分析了貨幣變動影響經濟的所謂間接機制。他的論證是：貨幣擴張是經由銀行體系把借貸成本降低到資本可獲得的利潤率之下來實現的。可以到手的不斷增加的銀行信貸提高了對物品的需求，使價格水準上升。只要借貸利率仍然低於資本利潤率，這個過程就會延續，一旦利率回升到等於利潤率，這個過程即告停止。該經濟將有較高的貨幣儲備和較高的價格水準③。

這種說法假定對商品需求的提高將引起價格的上升。雖然這對長期來說是正確的，但桑頓承認，短期中貨幣的變動會導致價格水準的變化。桑頓指出：「不過，銀行券顧客數目突然大量減少的趨勢會造成不尋常的和暫時的困難，以及由此而來的價格下跌。但是這種價格下跌將可能不伴隨出現工資率的相應下降，因為價格的這種下跌和困難能理解為暫時的，而我們知道，工資率並不像物品價格那樣易變。」④正因為如此，桑頓認為，在一定條件下，通貨膨脹（而不是通貨緊縮）可能是對付危機的適當辦法：通貨枯竭（無論是轉入窖藏還是流向國外）可能需要通過增發通貨來對付，以免出現困難。⑤

【48】這就是穩健的金塊主義者的立場，它構成了 1810 年金塊報告的依據，桑頓是該報告的主要作者之一。儘管該報告要求恢復現金支付，但它仍承認，影響英鎊的因素很多，不單是流通中通貨的數量。

**李嘉圖**

更嚴密的金塊主義者的立場是李嘉圖在其《金塊高價》（1810）中執行

的，他認為，貿易逆差以及金塊高價的唯一原因，是過度發行通貨。這是基於休謨的下述觀念：在價格——硬幣——流動機構作用下，金銀從一國轉移到另一國，致使價格水準在不同國家達到均等。李嘉圖指出，英國的情況是，過度發行已經降低了紙幣價值。增加流通中紙幣的效果是，減少流通中的硬幣數量，增加市場上的金塊數量，從而降低金塊價格。

如同他在價值和分配論方面一樣，李嘉圖處理這裡的問題時也是措辭簡練的，桑頓對金塊主義者立場的許多論證都被置於一旁。儘管李嘉圖運用過桑頓關於間接機制的原理，但他注重於長期，在這種場合，利率取決於「不由貨幣所構成的那部分資本的豐裕或短缺」[6]。在李嘉圖看來，保持低利率的唯一辦法是增加資本供給，而不是通貨膨脹。他說：「利潤只能通過不構成流通媒介的資本之競爭而降低。」[7]李嘉圖假定，桑頓的間接機制發生作用是很迅速的。儘管他認為所需之貨幣收縮將逐步發生，但他堅決主張恢復現金支付。他把通貨緊縮看作是以減少債券價值來欺騙公眾的手段。李嘉圖爭辯說，賦予英格蘭銀行調整和規定某種類型財產（即以貨幣來表示的債務）價格的權力是錯誤的，因為這會使它不安全。

**反金塊主義者**

反金塊主義者的貢獻甚少。他們所看重的是國外支付同匯率之間的聯繫問題，也只是被穩健的金塊主義者（例如）桑頓作過有效的分析。斯密的真實票據理論被他們運用過，但是無效，這至少是因為時代變化了。通貨不再是斯密假定的可以兌換，大多數借貸不是以真實票據而是以政府債務相清償。更重要的是，數量論的支持者們從來沒有解釋清楚，價格水準如何決定、票據貼現的利率如何決定。真實票據理論的問題在於，【49】假定貨幣供給取決於真實票據的數量，那麼，價格水準就不能決定了。例如，假定價格水準加倍了，則每次交易的價格將會加倍，從而為貼現而得到的「真實」票據的價值也會加倍，結果是加倍地提高了貨幣供給。價格水準無論怎樣，總要發行足夠數量貨幣來支持它。正如桑頓所說，如果貼現率保持低下，借貸需求和信用擴張將會無限制增長，因為信用擴張將提高價格（由於增加了對借貸的需求，從而進一步擴大了信用水準）。

## 5.3 關於銀行業的爭論

**銀行特許辯論**

19世紀英國建立貨幣正統的第二步,是繼恢復現金支付之後關於如何管理通貨的爭論。在面臨19世紀20年代和30年代一連串危機的情況下,英格蘭銀行謀求維持可兌換性所遭遇的種種難題,使上述爭論十分引人注目,而且在1844年銀行特許法案之前來得正是時候。一種辦法是所謂通貨學派提出來的,其主要成員有羅伯特·托倫斯、詹姆士·彭寧頓和奧弗斯頓勛爵,儘管他們方案的細節屢有變動,但基本思想是「通貨原理」:流通中銀行券數量應當相當於在同樣條件下金屬幣數量。法則應規定通貨供給同黃金儲備之間的聯繫,撤銷英格蘭銀行的特權,迫使它對黃金流動的變動迅速做出反應。

這個理論有兩方面值得著重指出:①它是基於下述觀念:減少通貨數量的波動將會減少經濟活動的波動,因為繁榮期中信貸的擴張是引起經濟更大波動的一個原因[8]。使通貨對黃金虧損更快地做出反應,使它更像金屬幣一樣活動,這個波動的原因即可消除。在這裡必須採納金屬幣應服從於波動這一假定。②非常仔細地研究了發行銀行券同黃金流動從而回收支平衡的聯繫。正如奧弗斯頓所說:「貴金屬的進出口量,是金屬幣量應予增加或減少的相當精確的尺度。」[9]

與此相反的是銀行學派,其主要成員是托馬斯·圖克。圖克從如下方面批評了通貨原理:【50】通貨學派過分強調了銀行券和鑄幣在一國經濟中的作用,而許多交易卻是在完全沒有它們的情況下進行的。更重要的理由是,發行紙幣的銀行不可能直接改變流通中的貨幣量。他爭辯說,銀行券「只是發行給由於真正需要黃金而想優先據有銀行券的人……因此,銀行券的數量是需求的結果而非原因。」[10]假定銀行發行了過量紙幣,那麼,當人們用它交換現金或所需物品時又會回來。圖克指出,在可兌換通貨與不可兌換通貨之向有著巨大的差別,在前一種場合,被持有的只是銀行券,因為同黃金相比,人們更喜歡持有銀行券;在後一種場合,政府強迫公眾接受他們不願持有的紙幣。儘管銀行學派熱衷於「回流理論」,即通貨發行超過公眾希望擁有量時會回到發行的銀行,但它不過是真實票據理論的再現,而且服從於相同的目標。

與此有關的是,強調收入(而不是貨幣)消費決定。此外,因為支出顯示出利息是無彈性的,所以消費多半要依靠貨幣供給,即使這改變了利息

率⑪。但是，圖克反對低利率是通貨膨脹的原因這一觀點的主要理由是，它同經驗觀察不相符。圖克說，這個理論「是真理的反面」，因為它認為價格在低利率時下降；圖克把這個現象歸因於低利率對成本的影響⑫。

這些討論的成果是 1844 年皮爾提出的銀行特許法案，該法案暗含著通貨原理。把銀行業務和銀行的發行部門分離開來，規定發行超過固定數額銀行券必須有黃金的支持，旨在保證黃金外流必須以減少銀行券發行相配合。這在下面還要從討論商業循環的角度進一步加以研究。

## 5.4　薩伊定律

### 差別

薩伊定律一詞可以在兩種含義上使用。瓦爾拉斯定律顯示，依據定義，所有過剩需求額必定是零。由此可以得出，對貨幣的過剩需求必定等於所有其他商品過剩供給之和。對薩伊定律（有時被稱為薩伊恆等式）的一個解釋是，它意味著對貨幣的過剩需求任何時候都是零：一般生產過剩（所有物品過剩供給）是不可能的。較軟的一個解說是（有時稱為薩伊方程式），當一般生產過剩暫時發生時，有一種達到均衡的趨勢，在這種均衡狀態下，對貨幣的過剩需求是零。

### 薩伊和詹姆士・穆勒【51】

儘管像古典經濟學中的許多觀點一樣，這裡所談的基本觀點也可以追溯到斯密的《國富論》，但是，提出現今所謂薩伊定律的功績應歸於薩伊（1803）和詹姆士・穆勒（1808）。薩伊的論據是，生產本身會創造對其他產品的需求，因為生產者想售賣其產品的理由也就是他們想購買其他產品的理由。他們出售自己產品並不是想得到貨幣。當我們把交易作為一個整體來觀察時，物品從來是彼此直接交換的⑬。不清楚的是，薩伊究竟指的是上述兩種含義中的哪一種。一種看法認為物品的過剩供給在任何時候都被看作是零；另一種看法認為薩伊把這看作是一種均衡條件⑭。

同薩伊對該市場法則的含糊不清的表述形成鮮明對照的是，詹姆士・穆勒的說法明確得多。穆勒斷言一般生產過剩是不可能的。他的理由是，對物品的需求來自收入；生產增長時，收入也增加了。穆勒說：「但是整個國家的共同

支付方式是由什麼構成的呢？它們不存在於該國年產品或該國居民的年收入之中嗎？但是，如果一國的購買力正好是由它的年產品來衡量，則情形無疑會是這樣：你增加的年產品越多，通過你擴大國家市場的實際行動，該國的購買力和實際的購買就越多。」[15]他進而斷言一般過剩需求是不可能的。他說：「無論如何，任何國家在任何時候所創造的物品增量，恰好相當於同一時候所創造的新增購買力。因而一國絕不會自然地出現資本或商品的過剩儲備。」[16]對穆勒來說，一種商品的生產過剩暗含著另一種商品的生產不足，暗含著生產的不平衡，而不是需求的短缺[17]。

穆勒對薩伊定律的說明表示，儘管他把它作為一個恒等式，但其內容是指長期增長。薩伊定律能被用於說明需求不構成增長的障礙。因而穆勒能夠斷言，持續增長不取決於擴張國外市場：增長過程本身就會擴大國內市場的需求。貿易的宗旨不在於獲取剩餘產品[18]，而在於獲得不同於國內生產的商品。

### 馬爾薩斯和李嘉圖

當凱恩斯在《就業、利息和貨幣通論》中指出馬爾薩斯是他的一位先驅者，而對李嘉圖的成功深表嘆息時，馬爾薩斯的消費不足理論變得突出了[19]。然而，馬爾薩斯的論證與凱恩斯的論證是大不相同的。馬爾薩斯所用的下述論證是錯誤的：因為工人的所得少於他們所生產的，所以奢侈的消費就是支撐需求所必要的了。【52】可以爭辯說，只是因為投資和資本家的消費，需求才足以使產品價值保持在工資以上。但更重要的是馬爾薩斯關於保持平衡增長所遇困難的論證。假定儲蓄太高，資本會累積得太快，供給將比需求增長得快。結果，利潤會被壓得低於維持累積正常進行所必要的比率。利潤下降的一個理由是，假定勞動的供給無彈性，生產的擴張便使工資提高。馬爾薩想增加非生產消費，並不是為了鼓勵需求而減少投資，以致把累積率減到可忍受的水準。可見，馬爾薩斯所談的問題更接近於哈羅德—多馬的增長模式，而不是更接近於凱恩斯的《就業、利息和貨幣通論》的模式。

李嘉圖對薩伊定律的運用是很不相同的。他的體系的主題是利潤率和實際工資率之間的反比例關係。這是他下述論斷的基礎：利潤率下降的唯一原因是不斷升高的穀物成本。李嘉圖以此反對斯密關於資本競爭壓低利潤率的理論。李嘉圖認為，因為生產創造它本身的需求：「由此可以得出結論……需求是無限的，資本的利用只要能帶來利潤，便也是無限的，無論資本多麼豐裕，除了

工資提高以外，沒有別的適當理由使利潤下跌……提供食物的不斷增加的困難以及工人人數的不斷增加之必要，是工資上升的唯一適當和持久的原因。」[20]

### 約翰・斯圖亞特・穆勒

在薩伊定律問題上，如像在古典經濟學的其他許多方面一樣，李嘉圖的觀點並不能作為整個古典經濟學的代表，因為大多數古典經濟學家都理解薩伊定律作為一個長期均衡條件和作為一個短期恒等關係之間的區別。更能代表古典派對薩伊定律態度的是約翰・穆勒。在《政治經濟學若干未決問題》（1844）中，約翰・穆勒明確表述了薩伊定律的均衡說法。在考察對物品有效需求額必定是零這一論證時，穆勒說：「這一說法顯然是以假定物物交換為基礎的，而且該假定是完全無疑的……然而，如果假定在交換中使用了貨幣，那麼這些命題就不再是完全正確的了。」[21]在承認貨幣只是用來購買商品之後，穆勒指出：「利用貨幣的後果，甚至貨幣的效用，就在於使一次的相互交換（物物交換）行為分解為兩個彼此分離的行為或活動；其中之一可以立即實行，而另一個則延至一年之後，或者無論什麼時候，貨幣總是最方便的。」【53】這樣一來，就可能出現下述情形：「有時候，想盡快地脫手，將商品出售，但也有同樣的傾向，盡可能長久地延期所有的購買。」[22]對穆勒來說，如同對所有其他古典經濟學家一樣，薩伊定律是用來反對「一國可能非常快地累積資本」這種理論的[23]，他沒有用它來論證一般生產過剩絕不會發生。

## 5.5 商業危機

### 奧弗斯頓和圖克

商業危機早已司空見慣，但只是從19世紀20年代起，這種危機才被看作是波動或循環運動的某些階段。注意並試圖加以解釋的兩位經濟學家是奧弗斯頓勛爵和托馬斯・圖克。奧弗斯頓（1837a）區分了循環的10個階段：「我們發現（商業狀況）受著各種周而復始的條件的制約；它顯然週期性地出現在確定的循環之中。首先我們發現它處在靜止（quiescence）狀態——接著是改進（improvement）——信心增強（growing confidence）——繁榮（prosperity）——激動（excitement）——貿易過度（overtrading）——震動（convulsion）——艱難（pressure）——停滯（stagnation）——困難（distress）——

又以靜止告終。」[24]

奧弗斯頓認為，一方面，波動的根源是各種實際的而非貨幣的因素。他說：「通貨數量的波動永遠不會是價格和貿易狀況波動的根本和激動人心的原因。人心的浮動和自信的特點；對供求相對量的錯誤估算；季節變換；口味及時尚的變化；法令和政治事件；同我們有積極貿易關係的其他國家條件的變動（令人激動或沮喪）；對這些同情心的各種傷害（群眾往往因此被推到激動或沮喪狀態）；——所有這些，或者其中一部分，一般來說就是……貿易狀況變動不定的最初的激動人心的原因。」[25]

另一方面，儘管貨幣因素不是波動的起始原因，但信貸波動是聯結循環各不同階段的主要因素，信用擴張使價格上漲，引起通貨枯竭和取消兌換，結果使利率上升和信用收縮[26]。在奧弗斯頓看來，信用的波動加重了循環，這使他得出結論：儘管通貨是「次要的角色」，它難得發生波動，但是，「它對抑制或加快商業擺動的速度方面可能而且常常發生相當大的影響」[27]。奧弗斯頓把商業活動中的波動比擬為「大洋中洶湧的波濤」；他認為，貨幣改革（依照通貨原理，即按照收支平衡狀態發行銀行券，【54】逆循環而動）能把波動限制在一定範圍內，減輕（雖不能完全消除）波動造成的損害[28]。根據銀行原理（滿足「貿易的需要」）便不能達此目的。

圖克在其《價格史》（1838）中也提出了關於循環的著名觀點。他強調的是供求關係的意義以及儲備品的變化。圖克說：「處於上升狀態的、最終會達到非常大範圍的市場，在相當長時間內，出於預期短缺或預計消費比率不高而使供給下降，從而常常首先停滯，繼而又被相反的狀態所取代；同樣地，長期的處於下降狀態的市場，最終會發生儲備品的減少，而消費卻擴大了；這種情勢是市場狀況得以改善的先兆，也是各貿易部門繁榮期將至的先兆，這些部門以往的困境是由於價格低落造成的。」[29]

儘管說法不同，許多論證也不見得準確，但是，在這兩本寫於19世紀30年代的著作中可以發現後來關於循環問題討論中包含的許多論題[30]。

### 約翰·斯圖亞特·穆勒

將古典派在循環問題上的觀點加以綜合的是約翰·穆勒（《政治經濟學原理》，1848）[31]。穆勒的理論主要是一種投機性的循環理論。依照這種理論，對利潤的預期促使人們利用信貸以增加購買商品，這反過來提高了價格，從而證

實了先前對利潤的預期，使支出進一步增加。穆勒步桑頓之後，明朗區分了借貸利息率和預期投資利潤率，投資被看作是對這兩個比率之間分歧的一種反應。在穆勒看來，價格最初的上升是有根據的，但是這個投機過程往往導致價格過度高漲。當投資者覺察到價格升得太高，開始賣而不買時，下降趨勢就到來了。價格跌落，商業發現自己處境困難。

　　穆勒認為，一方面，信貸擴張為價格上漲打下了基礎；但是，他遠不如奧弗斯頓那樣強調流通中銀行券的數量問題。現金和銀行券不過是信貸的一種形式，甚至不是最大者。另一方面，穆勒也沒有圖克走得那樣遠，以為貨幣不影響價格。穆勒認為，貨幣和價格之間的聯繫取決於預期的情況。在市場靜止狀態下，圖克關於增發的銀行券會流回到銀行的看法是正確的：人們已經有了花銷的工具，但是不選用它[32]。當市場處於投機狀態時，穆勒看到，增發銀行券會使價格進一步上漲[33]。

　　穆勒認為銀行特許法案的一個實際目的就是通過防止貨幣過度擴張來減輕商業危機。但在談及這個問題時，他指出不是所有的危機都牽扯到投機活動。【55】例如，關於1847年危機，他認為起因於相當大部分資本信貸市場的收縮，這又歸因於棉花的高價和對食物的空前的進口[34]。此外，穆勒批評銀行特許法案，因為信貸擴張只在不景氣時才是適當的。穆勒引用了圖克的下述論斷：只是在價格開始下落之後，「對資本的不斷增加的需求才會發生，市場利息率才上升，對英格蘭銀行的貼現才日益關注」[35]。穆勒的結論是：「在大多數場合，銀行券和其他可兌換紙幣的倍增並不伴隨和助長投機活動；但是當潮流倒轉時，投機便會盛行起來，並且會開始感到各種困難。」[36]穆勒相信增發銀行券能縮小緊縮的影響範圍，而把銀行券發行同黃金聯繫起來不能達此目的，所以穆勒把銀行特許法案所帶來的種種益處看作是「用更大的損害換來的」[37]。

　　通貨原理的擁護者們贏得了勝利，因為1844年銀行特許法案是以他們的觀點為依據的，根據該法案進行的安排持續到1914年。不過，對這個結論必須做兩點修正：①曾經有若干機會（雖然很少），就像危機中那樣不得不停止實施該法案。在此期間，銀行券發行超過了法案規定的範圍，這種不同的做法卻足以恢復信心。②有兩個因素使該法案的規定所受的限制遠比沒有這兩個因素時較少。19世紀中葉金礦的發現引起了通貨供給的增長；支票的巨大增加使得對通貨供給的限制的意義大為縮小。可見，儘管該法案仍在生效，但對它的批評（如穆勒提出的批評）並非完全錯誤的。

**註釋：**

① 例如，洛克（1691），勞（1705），坎梯隆（1730）。【419】

② 希克斯（1967），第 177 頁。

③ 參見第 172-173 頁。

④ 桑頓（1802），第 118-119 頁。

⑤ 參見桑頓對 1797 年危機的分析，他在這裡維護暫停現金支付的決定。

⑥ 李嘉圖（1810），第 22 節。長短期交叉進行是他的著作（不僅是他的貨幣經濟學）的特點。

⑦ 同上。請注意這寫於他的《論利潤》以前，參見第 26 頁。

⑧ 參見第 53 頁。

⑨ 奧弗斯頓，引自圖克（1844），第 8 頁。

⑩ 圖克（1844），第 70 頁。

⑪ 同上，第 82 頁。

⑫ 同上，第 84 頁。

⑬ 薩伊（1803），第 113-114 頁。

⑭ 同上，第 116 頁，117 頁的論述相比較。

⑮ 穆勒（1808），第 135 頁。

⑯ 同上，著重點是新加的。

⑰ 同上，第 137 頁。

⑱ 同上，第 138 頁。請注意，穆勒在這裡想反對斯密的「剩餘出口」理論。

⑲ 凱恩斯（1936），第 362-363 頁。

⑳ 李嘉圖（1817），第 296 頁；參見第 3 章。

㉑ 穆勒（1844），第 69 頁。

㉒ 同上，第 70 頁。

㉓ 同上，第 73 頁。

㉔ 奧弗斯頓（1837a），第 44 頁。

㉕ 奧弗斯頓（1857），第 167 頁。

㉖ 同上，（1857），第 294 頁以下。

㉗ 同上（1857），第 167 頁。

㉘ 奧弗斯頓（1837b），第 36 頁。

㉙ 圖克和紐馬奇（1838），第 2 卷，第 214 頁。

㉚ 參見第 16 章關於更新近的理論。參閱熊彼特（1954），第 738-747 頁，關於其他古典理論的詳情。

㉛參照熊彼特的評價（1954），第 747 頁。他指出，馬歇爾對穆勒的主張沒有進行更多的加工。漢森（1964）也把穆勒同後來的著作聯繫起來。

㉜穆勒（1848），第 654 頁。

㉝同上，第 655 頁。

㉞同上，第 320 頁。

㉟同上，第 323 頁。

㊱同上。

㊲同上，第 401 頁。

# 6 國際貿易與經濟政策

## 6.1 貿易理論

**古典貿易理論**

這裡要討論古典貿易理論的三個方面：李嘉圖的比較優勢學說、穆勒的互惠理論以及影響國際轉帳機制的兩種主要觀點。不過，指出下面一點是重要的：古典理論的這些方面雖然對理解以後的爭論極為有關，但它們並不構成完整的古典貿易理論。古典派對國際貿易的討論是非常廣泛的[①]。例如，麥克庫洛赫就遵循斯密在增長範圍內分析貿易的方法[②]，假定國際因素的變動性，並以絕對優勢來解釋貿易。馬爾薩斯則同李嘉圖的生產性效率看法相反，強調的是從貿易中能夠獲得的效用。此外，貿易討論往往同政策爭論糾纏在一起，從戰時的貨幣問題到商業政策和帝國問題。

**比較優勢**

貿易純理論的古典討論的出發點是李嘉圖《原理》第七章，這是因為，儘管這個理論所依據的比較優勢理論最早是托倫斯提出來的[③]，促使它被廣泛接受的是李嘉圖。在李嘉圖理論中，關鍵性的假設條件（這不同於斯密的假定條件）是，各種生產要素在各國內都是流動的，但在各國之間不可流動[④]。這意味著，決定各國間貿易物品的相對價格的法則不同於各國內部相對價格的決定法則[⑤]。李嘉圖理論是從一種實物交換經濟的遠景中發揮出來的；在這種經濟中，有兩種獲取商品的途徑：一種是直接生產，另一種是生產出口品並以之交換所需商品。當一單位勞動用於出口生產比用於國內生產能為本國生產更多商品時，該國將會選擇通過貿易得到這些物品。這就是說，各種商品生產所

需的相對勞動成本在國與國之間是不同的。

這一點在李嘉圖有名的例證中得到了極好的說明,其中生產成本假定如下:[6]

|  | 英國 | 葡萄牙 |
| --- | --- | --- |
| 酒 | 120 人 1 年 | 80 人 1 年 |
| 衣服 | 100 人 1 年 | 90 人 1 年 |

在這個例子中,葡萄牙在兩種商品上的生產效率都比英國高;但是,如果貿易條款規定酒被估價得高出 8/9 單位的衣服,那麼葡萄牙就願通過貿易獲得衣服,而不是在國內生產它。假定貿易條款調整到 1 單位衣服比 1 單位酒(舉此數字只是為了簡化),葡萄牙 90 人 1 年的勞動能直接生產 1 單位衣服;但如用於生產酒以便出口,則同量勞動可生產 90/80 = 1.125 單位的酒,這些酒可交換到 1.125 單位衣服。依照這個比率,英國亦可從貿易中獲利,因為英國能夠通過貿易以低於本國生產的成本取得 1 單位酒。

在一種實物經濟中,上述論證可以直接適用,但在貨幣經濟中,貿易將取決於貨幣價格,而不是相對勞動成本。李嘉圖這裡的論證涉及貨幣——流動機制。在上述例證中,假定勞動的黃金價格在英國和葡萄牙是一樣的,商人們將在葡萄牙購買衣服和酒(比英國價格便宜),以便海運到英國。這些物品必須以黃金支付,結果是硬幣從英國流向葡萄牙,這反過來又提高了葡萄牙的價格,降低了英國的價格。黃金的流動和價格的變動將持續到貿易平衡時為止,這只有在英國衣服更低廉,葡萄牙酒更低廉時才能發生。換句話說,黃金流動機制將保證一國擁有比較優勢的物品比等值的外國商品售賣得少,而它具有比較劣勢的物品卻售賣得多。用李嘉圖的話來說:「貨幣在各國的分配數量都剛好只是調節有利的物物交換所必需的數量。」[7]因此,貨幣經濟中的貿易能以分析實物經濟貿易的方法來進行分析。

**相互需要**

古典貿易理論中同後來的發展相關的第二個方面是穆勒的相互需要理論。他首次發表於《論政治經濟學中若干未決問題》[8],後來又在《原理》的一章中加以發揮,埃杰沃斯描述該章為「偉大的一章」[9]。穆勒的出發點是李嘉圖的框架,其中「所有的貿易實際上都是實物交易」[10],而且生產要素在各國之間不能流動。穆勒指出,儘管李嘉圖的理論能夠解釋各國為什麼願意進行貿

易,但它不能解釋物品實際交易的價值:相對價值可以處於兩國比較成本所調節範圍內的任何一點。穆勒的解救辦法是回到他所謂的供求「先前的法則」上去[11]。他的結論是:「當兩國同時以兩種商品交易時,這些商品相對於彼此的交換價值將調整到符合雙方消費者的愛好和環境的水準,在這種情況下,每國所需從鄰國進口的物品量,將恰好足以相互支付。」[12]因為沒有哪個國家準備進行在生產成本上不如本國的那些項目的交易,因此,這一機制會使相對價值處於比較成本所規定的界限之間。

在研究了兩個國家和兩種商品的場合併得出上述結論之後,穆勒進而擴大了這一理論,引進了運輸成本,更多國家和更多商品,發現同樣的規律——他稱為「國際需求方程式」仍然適用[13]。特別重要的是,他還分析了需求和成本條件的變化。他發現對一國出口需要的增長會改善貿易條件,而對進口需要的增長則會使其惡化[14]。最極端的情況是,當一國希望出口的物品比鄰國想進口的多(不管價格如何)時,相對價值將等於那個國家的相對成本:得自貿易的所有好處將自然地增加到它的鄰國身上。生產成本的變動顯得更複雜,因為它的效果取決於相對價值變動時需求如何變動[15]。穆勒分析了三種情形,分別與有彈性、無彈性和彈性為1的需求相適應,他發現成本減少的後果在每種情況下都有所不同[16]。

**李斯特和保護主義**

古典貿易理論的一個替代物是由弗里德利希·李斯特在其《政治經濟學的國民體系》(1841)中提出的。他批評古典理論是反歷史主義的,批評他們沒有認識到不同國家處在不同的發展階段。李斯特為保護主義政策進行申辯,認為一個國家能夠通過執行保護主義政策來發展它的「生產力」。同一國現時的財富相比,他更重視其「生產力」,理由是,增加生產力比增加現時消費更重要。

儘管李斯特是古典政治經濟學的批評者,但他對保護主義的關注同古典的貿易理論並不是不可相容的,例如,約翰·穆勒就接受過弱小工業對貿易的影響的看法,儘管同李斯特相比,他賦予這種看法小得多的意義。

**轉帳機制**

古典的轉帳機制討論引起了金塊爭論,因為經濟學家們關注的是單方面轉

帳對金塊價格的影響[17]。最著名的古典轉帳機制理論是休謨的價格—硬幣—流動機制，桑頓曾用它來反對強硬的金塊主義立場。按照這種觀點，單方面支付將引起硬幣外流。這會使支付國價格下跌，接受國價格上漲。這些價格變動將使支付國達到國際收支盈餘，足以支付這種轉帳。

不過，休謨的價格—硬幣—流動機制不僅僅是出現在古典討論中的轉帳機制，它還表露了這樣一種觀念：單方面轉帳直接導致的是需求從支付國轉帳到接受國，而同任何硬幣流動無關。在戰時的通貨討論中，這種需求轉帳機制表現在桑頓和威特利的著作中[18]。但引起對需求轉帳機制最透澈分析的課題是在愛爾蘭，在這裡，實際的租金由愛爾蘭人支付給了英格蘭的不在所有者（absentee landlords）。

對這個問題的早期論述是福斯特提出來的（1804）[19]。他的理由是，不在者的匯款使需求從國內轉移到國外市場，並沒有任何黃金流動或匯率的變化。關於不在土地所有者，他指出：「從理論上考察不在者的影響的最正確的方式也許是，假定他們繼續留在愛爾蘭，他們仍生產出一定量產品，其價值等於他們的租金，而且**在愛爾蘭消費掉**這些租金。但是，如果他們生活在英格蘭，他們生產的產品量與在愛爾蘭時相等，卻**在英格蘭消費掉**它們。在兩種情況下，愛爾蘭工業產品同對這些產品的消費是相等的。」[20]雖然在兩種場合被消費的愛爾蘭產品數量相等，但消費者不同。當他生活在英格蘭時，消費愛爾蘭產品的不是所有者，「他是使別人變成愛爾蘭其他種類產品消費者的原因」[21]。雖然這種機制是為愛爾蘭設計的，福斯特還是把同樣邏輯用於戰爭經費和對外借貸的分析。所有這些轉移的需求，以及由此引起的出口方面的等量的增加，都與硬幣流動或匯率變動無關。

對不在者的匯款和對外借貸的這些論述，得到了一些最重要的古典經濟學家的讚同，其中包括約翰·穆勒、麥克庫洛赫、西尼爾和加尼斯[22]。

指出下面這一點是重要的：雖然關於轉帳機制的這些討論集中於由此轉帳引起的需求的轉移，但是它們與凱恩斯主義的收入調節機制不是一回事。前者著重於借貸或匯款本身所代表的需求的轉移，而凱恩斯的下述想法卻未覺察到：收入的變化將大於貿易平衡所要求的變化。不過，因為古典經濟學家沒有乘數概念，所以難以區分任何收入調節機制和直接的需求轉移。

我們還沒有說到李嘉圖[23]。他堅持金塊主義者立場的理由有時被作為對需求轉帳機制的支持。一種替代的解釋（同李嘉圖經濟學的其餘部分更為一致）

是，他的理由同轉帳機制問題並不相干。轉帳機制是一個短期問題：通過這種機制調整到均衡。而李嘉圖研究的是長期問題。例如，他認為，金塊將不會出口，作為對歉收的反應，因為人們知道歉收只是暫時的：如果他們長時間等待，局勢就會明朗，金塊運動將沒有必要。同樣，李嘉圖研究的是外債存量（stock），而不是外債流量（flow）。李嘉圖習慣把長期和短期套在一起，這造成一種誤解，似乎他的理論同轉帳問題有關。

## 6.2 英帝國[24]

這裡談及英帝國出於兩個理由：①它是古典理論政策應用的主要地區，特別是貿易分配和增長理論的運用。②它激起了古典經濟學家關於歐洲以外世界的發展的觀點，這是後來的帝國主義論和經濟發展論的重要背景。

### 斯密與邊沁

從 1776—1820 年，不列顛經濟學家以及更一般來說的激進的觀點，對英帝國和政府謀求恢復由於喪失美洲殖民地而被瓦解的舊殖民體系是持批評態度的。在這方面發揮了壓倒一切影響的是斯密的《國富論》。斯密在這部著作中對英帝國殖民制度的批評主要是循著兩條線進行的：①絕對優勢理論暗含著這樣的思想：各國如從最便宜的貨源進口貨物，即可從貿易中獲得最大利益。而殖民制度所涉及的保護關稅和對貿易的限制卻意味著不能從最便宜的供應地，而要從帝國內更破費的供應地購買貨物。②殖民制度所創造的壟斷人為地抬高了殖民地貿易所得的利潤率，把資本從其他的各種活動中吸引走了。由於把貿易轉移到不太有利的渠道，「該國工業……也從更有利的產業被轉移到較少優勢的產業，它的年產品的交換價值不是增加，而是按照立法者的意願，必然被每項這樣的規定所減少」[25]。這並不是說，開發殖民地從未增加歐洲各國的財富。斯密指出，通過不斷擴大市場範圍，貿易擴張和殖民地確實帶來了有利的後果。問題在於，由於創造了壟斷，從殖民冒險獲得的利益要比沒有壟斷的情形為少[26]。假定沒有重商主義者對貿易的限制，國內經濟結構就會大不相同，因為國內和歐洲貿易將會大得多。

儘管斯密批評殖民冒險以及隨之而來的殖民制度，但他指出，獲得新的殖民地有助於保持利潤率。在斯密看來，資本累積可以增進資本的競爭，從而降

低價格，提高工資，進而降低利潤率[27]由於殖民擴張為一部分資本提供了出路，因而有助於防止利潤率下降。但是，如果過分強調這一點，也會迷失方向。原因有二：①斯密並未被利潤率下降的前景所嚇倒。②他相信，改良的願望加上分工，意味著離任何靜止不變的狀態仍然很遠。

邊沁是繼斯密之後反帝國主義的主要代表者[28]，他雖然受惠於斯密者甚多，但也提出了若干自己的見解。在經濟方面，邊沁引述薩伊定律的說法[29]，指出在殖民地使用的資本，在國內也能得到同樣有利的使用[30]。因此，他不同意斯密關於殖民地能為剩餘資本提供出路的結論。通過強調把資本儲備品（而不是斯密的更一般的市場範圍觀念）作為經濟活動水準的決定者，邊沁就向更嚴密的貿易作用的觀點前進了一步[31]。此外，邊沁強調了各種政治因素。他宣稱，作為他的普遍和平計劃的一部分，殖民地的解放會減少國際衝突[32]。

不過，觀其一生，還不能說邊沁堅持反殖民主義立場。他對薩伊定律的嚴密解說為下述觀點開闢了道路，即承認資本累積可能先於國內投資機會[33]。資本輸出被看作是防止利潤率下降的一種可能的解救辦法。

李嘉圖及其追隨者也是反對殖民主義的，雖然他們的根據有所不同。在貿易和利潤率方面均持不同觀點的李嘉圖[34]，否認資本在殖民地的出路能夠影響全面的利潤率。此外，在反對限制貿易的同時，李嘉圖也承認下述可能性：儘管建立了殖民地貿易的壟斷機制，一國仍能以犧牲殖民地為代價，採用於己有利的貿易條款而獲利。麥克庫洛赫的反應反應了經濟形勢的變化[35]，他認為李嘉圖的論證雖然在原則上是正確的，但不適用英國的情況。法國革命前，英國不過是許多殖民強國中的一個，但在1815年以後其貿易霸權地位就是無可爭議的了。另外，美國獨立後貿易的巨大增長說明，殖民法規對繁榮貿易是不必要的[36]。反對殖民地貿易限制的呼聲對經濟學家不普遍了，因為這些限制已經變得無關緊要了。

### 霍頓和有組織地移民

反對建立殖民地的浪潮在19世紀20年代低落下去，殖民問題的討論轉向了形形色色的移民方案，其中較為突出的是霍頓的方案[37]。向殖民地移民被看作是減輕貧困和減少濟貧費用的一種手段。霍頓的方案提出給貧民移民一定的財政援助，幫助他們在加拿大建立農場。他指出這樣做所花的費用，即使在扣除了給他們足夠維持到自立的資本之後，也能在不多幾年內從濟貧費中節省

下來。

霍頓方案的討論集中於工資基金，以及人口增長對該方案實施可能引起的生活水準提高的反應。霍頓以工資基金論立論：假定該方案能夠在財政上自給，便可在不減少工資基金的情況下遷移貧民，並使實際工資得以提高。批評者指出，該方案不可能在財力上自給，工資基金將會減少，從而可能使情況變得更糟。即使工資基金不被減少，也可以說，在國內對貧民加以生產性使用比把他們送到殖民地要好。此外，在所有這些工資基金討論的背後，還存在著馬爾薩斯的異議，即人口增長將會填補移民留下的任何空白。

### 威克菲爾德和有組織地殖民

威克菲爾德和殖民地改革運動在19世紀30年代提出的殖民方案雖然也涉及向殖民地移民的問題，但它同霍頓的方案還是很不一樣的，因為它所關注的是殖民地本身，而不單是該方案對殖民地宗主國家的影響。這種差別的出現，源於其更接近於斯密時代而不是李嘉圖及其追隨者時代的經濟發展遠景。威克菲爾德的論據也就是斯密的論據，即進步是同專業化，特別是同威克菲爾德所謂「普遍的結合」（涉及資本累積、市場擴張和分工的一種過程）聯繫在一起的[38]。威克菲爾德指出，許多殖民地面臨的主要問題是人口分散於廣大地域，致使市場未發展得足以促進分工[39]。有限的專業化意味著勞動生產力的發展不如歐洲，這又抵消了更豐饒土地的有利效果。威克菲爾德還搬出了斯密的供求利潤論以及貿易為剩餘產品提供出路的思想。威克菲爾德的關鍵性概念是「生產領域」，這是一個描述利用資本和勞動範圍的有伸縮性的名詞。儘管適宜土地的獲取是決定生產領域的一個重要因素[40]，但生產領域可以擴展。假定繼續擴展生產領域，資本和勞動便能在不改變利潤率和工資率的條件下得到增加[41]。

威克菲爾德的殖民計劃涉及兩件事[42]：①政府在殖民地必須規定「足夠的」土地價格。這樣做的目的在於建立土地對勞動的最優比率；這會遏止過度地使用土地並迫使新移民在他們自己成為地主之前的許多年間充當雇傭勞動者。②來自出賣土地的款項應用於資助向殖民地移民，從而把出賣土地和移民聯繫起來。這樣做的目的在於使移民計劃能夠「自我調節」，使人口增長和土地利用相平衡，結果是專業化，以及土地相對於勞動顯得過多時利用更有效的技術[43]。

从经济发展的角度来看，威克菲尔德的方案有合理之处，但它还有另一面。该方案的目的是把欧洲的等级社会移植到殖民地；威克菲尔德期望以此吸引欧洲中产阶级和工人阶级移民到殖民地。在威克菲尔德看来，在一个土地低廉的国家产生出的平等社会，在文化上是一种倒退[44]。他并不是美国社会制度的赞美者。

威克菲尔德的方案得到了大多数古典经济学家的支持，其中包括约翰·穆勒。只有一位主要经济学家坚决反对威克菲尔德的方案，他就是麦克库洛赫[45]。麦克库洛赫认为，一定程度的（土地）集中是必要的，但威克菲尔德的方案会引起过分的集中。通过下述办法即可使土地达到足够的集中：土地转让只同移民的资本成比例，规定凡移民不能改良土地者必须把土地归还给国家。不仅如此，土地低廉是重要的，因为低廉土地是殖民地所特有的主要优势。对土地征收高价势必把殖民地推回到旧国家的状态。

与威克菲尔德形成对照的是，麦克库洛赫坚信移民是懂得他们利益所在的，他们要求低廉土地是正确的。与此观点相吻合的是，麦克库洛赫支持建立新殖民地但不赞成保持对殖民地的控制[46]。他对英国控制殖民地（如印度）持强烈批评态度。他认为这会造成损失，这不仅因为军事开支，而且因为它们破坏了正常贸易。从殖民地贸易中所获好处能够在没有维持殖民地代价的条件下得到。

## 6.3 经济政策

英国古典政治经济学时期有时被认为是自由放任年代。在这些年代，在斯密和李嘉图的影响下，各国政府撤除了对经济的重商主义限制，将干预保持在最低限度。例如，斯密的著作广泛传播，好几届首相（从诺芝到皮特）向他讨教。保护关税在19世纪20年代以后被撤除了，这个运动由于1846年《谷物法》的废除而达到顶点。在接下来的时期，一系列商业条约把自由贸易制度扩展到整个欧洲。政治经济学由于这个运动及其所展示的前景而赢得了信誉。

在对待经济政策态度上，斯密的影响确实是深刻的，他坚决主张贸易自由也是无疑的，但如果把他描绘成一位鼓吹纯粹的教条式的**自由放任**的人就错了[47]。斯密看到，如果要使竞争带来有利结果，必须把它限制在一定范围之

內。古典政治經濟學有一根深蒂固的觀念，即實施對競爭的限制的必須是政府，因為人們普遍認為，有一些活動，如果政府不管，誰也管不了。有影響的經濟學家們主張國家干預的領域不僅包括國防、審判和實施條約這樣顯而易見的方面，而且包括公共衛生、教育、規定食品質量以及交易標準、提供醫療、修建道路、港口、橋樑、燈塔以及設立郵政局[43]。

在承認斯密影響的同時，也應看到他並非對經濟政策產生決定性影響的唯一的人，也還有另外一些人，其中特別重要的是邊沁。雖然他堅決主張自由放任，但他對這個一般原則比斯密和李嘉圖提出了更多的例外。不僅如此，邊沁的功利主義標準，即最大多數人的最大福利原理，以及他的改革熱情，可以看作是為政府機器功能的轉變提供了思想基礎，這種轉變發生在19世紀中葉。沒有這個轉變，國家作用在20世紀的巨大擴展是不可能實現的。

把19世紀初期作為自由放任時代的看法為什麼會如此流行呢？可以舉出若干理由。

第一，斯密對重商主義以及政府有組織地謀求控制貿易方式和經濟活動進行了犀利的批判。斯密的追隨者也持這種態度。然而，即使在這裡，事情也比初看上去複雜得多。例如，斯密對某些重商主義限制是維護的：高利貸法（徵收最大限度的利息率）有助於防止浪蕩公子從投標基金中拿走生產投資基金。航海法有助於維持海員水手的供給，這對國防是重要的。

但更重要的是這個事實：一些重商主義限制遭到反對，與其說是因為它們空泛許諾**自由放任**，不如說是因為它們有利於共同體的一方而損害另一方。

第二，有時過分誇大了李嘉圖的作用。李嘉圖在一定程度上是其他主要古典經濟學家所無法比擬的。他是直接從高度簡化的模式中做出政策結論的。他讚成一種嚴格的貨幣法則，並以坦率的馬爾薩斯主義為基礎反對濟貧法，儘管在這兩個課題上他讚成逐步實行。古典政治經濟學中更典型的人物，如西尼爾、麥克庫洛赫和約翰·穆勒，他們所用的簡單的理論模式帶有更多的限制。李嘉圖在經濟理論上的重要性並不意味著他應被看作古典派對政策的態度的代表。

第三，有這樣一些人物和組織，他們對**自由放任**的態度受到的限制較少。例如，有赫伯特·斯賓塞的強烈個人主義哲學，也有福音教派基督徒，他們以倫理說教來責備政府企圖減輕競爭的後果。但這些人往往不全是經濟學家，即使是的話，也很難說是主要的。而主要的經濟學家（如西尼爾和麥克庫洛赫）

則是非常慎重的。這些擁護**自由放任**理論家的出現意味著，加尼斯反對把政治經濟學同特定的政策要求聯繫起來的警告是明智的。

第四，反穀物法的辯論以及科布登為首的曼徹斯特學派支配了19世紀中葉的貿易政策討論。當外國經濟學家攻擊自由貿易時，常把它們稱為「曼徹斯特主義」。但這個運動不是由經濟學家領導的。儘管許多經濟學家對廢除穀物法抱同情態度，但他們也有不少保留。擁護自由貿易不僅基於經濟理由。這對科布登來說尤其如此，因為他擁護自由貿易既基於純經濟論證，又基於他的和平主義；對他來說，自由貿易是增進和平和減少軍國主義的一種手段。

不過，在解釋古典經濟學家對**自由放任**態度有關問題上的主要理由也許是他們的著作經歷時間太久。從斯密的《國富論》（1776）到加尼斯的《基本原理》（1874）實際上是一個世紀，在此期間發生了許多空前的變化。斯密時代決策者們所面臨的經濟與社會問題，同19世紀上半期急速發展的工業化和都市化所帶來的問題是截然不同的。經濟學家所關注的大部分立法，都是試圖處理與都市化有關的新問題。在這些問題上，經濟學家們更普遍地受到教育觀念的影響，這種觀念是因時而異的。因此，對**自由放任**所出現的似乎抵觸的陳述，簡單的解釋就是時代變遷了。經濟學家們對工廠立法的態度就是一個例子[49]。他們通常讚成對童工和女工勞動時間立法，也讚成勞動條件立法，但不讚成對成年男工勞動時間立法，因為這有時是由對各自的行為負有責任的人們之間的契約規定的。然而，即使在這裡，經濟學家們也遠非教條主義者。他們像對其他問題一樣，對工廠立法採取了一種公正的實用主義態度，它隨時代而變化，並對他們面臨的新環境做出反應。

註釋：

① 參見奧布萊恩（1975）。

② 參見第128頁。

③ 奧布賴恩（1975），第174-175頁。

④ 李嘉圖（1817），第152-153頁。【420】

⑤ 同上，第152頁。

⑥ 同上，第153-254頁。

⑦ 同上，第158頁；參見第155頁。

⑧ 這些論文寫於 1829—1830 年。

⑨ 埃杰沃斯（1894），第 7 頁。

⑩ 穆勒（1848），第 250 頁，引自布勞格（1971）。

⑪ 同上，第 251 頁。

⑫ 同上，第 255 頁。

⑬ 同上，第 261 頁。

⑭ 同上。

⑮ 同上，第 263 頁以下。

⑯ 值得一提的是，這一章的最後幾節（後來各版新加的）多年間被忽視了，因為經濟學家們可能沒有弄懂它們的意思。埃杰沃斯（1894）和瓦伊納（1937）也許是最突出的例子。在這些部分，穆勒所面對的是貿易條件不確定的問題，這個問題的出現，是由於他通過一種特殊場合來處理它。在該場合，需求彈性是 1（穆勒，1848，第 268 頁），參見奇普曼（1966）。

⑰ 參見第 47 頁以下。

⑱ 惠特利（1807）；參見瓦伊納（1937），第 296-297 頁。

⑲ 參看梅森（1955），第 529 頁以下各頁。

⑳ 引自梅森（1955），第 530 頁。

㉑ 同上。

㉒ 參看梅森（1855），第 531 頁；奧布賴恩（1970），第 208 頁以下；瓦伊納（1937），第 297 頁以下；費特（1968）和奧布賴恩（1975）。

㉓ 以下論述摘自梅森（1957）。

㉔ 這一部分主要依據溫奇（1965）的觀點。

㉕ 斯密（1776），第 424 頁；引自溫奇（1965）。

㉖ 溫奇（1965），第 12 頁。

㉗ 參見第 21 頁。

㉘ 同上，第 25 頁。

㉙ 參見第 50 頁以下各頁。

㉚ 溫奇（1965），第 32 頁。

㉛ 同上，第 30 頁。

㉜ 同上，第 26 頁。

㉝ 哈欽森（1958）；溫奇（1965），第 33 頁。

㉞ 參見第 27 和 56 頁。

㉟ 溫奇（1965），第 41 頁。

㊱ 同上，第 48 頁。

㊲ 同上，第 51 頁以下各頁；戈什（1964）。

㊳ 威克菲爾德（1833），註釋 I，特別是第 328 頁。請注意，相對於斯密的「勞動分工」，威克菲爾德更喜歡「勞動結合」一詞；這兩種說法是一個意思。

㊴ 參見斯密（1776），第 3 篇，第 1 章。

㊵ 威克菲爾德（1833），第 375 頁。

㊶ 同上，第 376 頁。

㊷ 溫奇（1965），第 99 頁。

㊸ 威克菲爾德（1833），第 522 頁。關於土地很便宜的殖民地缺乏效率的例證。

㊹ 同上，第 467-468 頁。

㊺ 奧布賴恩（1970），第 342-343 頁。

㊻ 同上，第 336 頁以下各頁。【421】

㊼ 參看第 22 頁。

㊽ 奧布賴恩（1975），第 275 頁。

㊾ 奧布賴恩（1975）。

# 第二篇　新體系：1870—1890年

# 7 杰文斯

## 7.1 引言

【68】通常認為，現代經濟學始於 19 世紀 70 年代所謂「邊際的」「邊際效用」或「主觀主義」的革命；當時，古典的以成本為基礎的理論被基於效用最大化的理論所取代①。不過，作為對價值的一種解說，邊際效用論幾乎同時來自杰文斯、門格爾和瓦爾拉斯等三人的著作；而且每人都面臨著很不相同的背景。因此，在他們的著作分享著某些重要特徵的同時，在一些方面把它們看作是提出了三種不同的體系，而不是同一體系的三種不同的說法就顯得很重要了。

【69】儘管邊際主義經濟學（或者我們願意的任何稱呼）來自杰文斯、門格爾和瓦爾拉斯的著作，但是，19 世紀末期形成的經濟學說的一些重要方面都不能追溯到這三個人。因此，馬歇爾經濟學被看作是一種不同的體系，雖然馬歇爾可能從杰文斯著作中吸取了邊際效用思想，但是馬歇爾經濟學有其一系列重要特點；如若不然，則馬歇爾之後半個多世紀經濟學的發展肯定就不可理解了。對克拉克來說也是這樣，即使他的邊際效用理論就其主觀上來說是首創的，但畢竟晚了 10 年以上。克拉克的重要性不僅在於他把一些重要思想引入經濟學中，而且在於他在美國經濟學中所起的作用。美國經濟學家在理論經濟學發展中開始發揮日益增長的作用正是從 19 世紀晚期發端的。最後，由於顯而易見的理由，對馬克思的著作應做單獨的論述。

## 7.2 杰文斯的體系

威廉·斯坦利·杰文斯，如凱恩斯所說，顯示了一個經濟學家所必要的

「多面性」②。他以其邊際效用價值論，成為所謂「邊際革命」的首創者中最知名者；而對他的同時代人來說，他為人所知則主要是作為一個統計學家，他在19世紀60年代就可能枯竭的資源（煤）和金礦發現對價格水準的影響的問題發表了眾所周知的著作。儘管他的興趣多種多樣（他還是一名合格的化學檢驗師、氣象學家、一部流傳甚廣的有關科學方法的著作的作者），然而在其著作中存在著一個體系。他的著作的統一基於以下兩個論題：一是他對科學方法的觀點，二是他抱著邊沁功利主義觀念③。【70】

19世紀後半期，古典經濟學家的演繹法和歷史學派的歸納法之間隔著一道鴻溝④。杰文斯否認歸納和演繹彼此不可相容：「歸納不過是演繹的逆用而已。」⑤他爭辯說，科學的偉大成就應歸功於「牛頓的方法，即把演繹論證與經驗證明結合起來的方法」⑥，而且，這種方法對經濟學也適用。正是他的科學哲學（不僅僅是折中主義）使他得出了經濟學應包含多種論題這一看法。它的核心是抽象的演繹科學，研究類似於物理學運動規律的普遍法則。不過，經驗的科學歸納同樣重要，它通過考察這些一般的普通法則的應用來檢驗它們。杰文斯認為無論從哪種研究方式得到的知識都是不確定的，減少這種不確定性的唯一途徑就是累積準確的統計資料，用以證明經濟法則。這樣注重證明使得杰文斯更接近於當代經濟學而非古典經濟學。

貫穿杰文斯著作的另一條線索是邊沁的功利主義。功利主義標準被用於判斷有關社會改革的各種建議，這使得杰文斯離開了「自由放任」而轉向了國家干預主義。但是，很重要的一點是，杰文斯也把經濟學的核心純理論看作包含著「效用和個人利益的機制」⑦。效用最大化原則對經濟學，一如運動法則對物理學。這種觀點導致了一種新的遠景，資源配置問題成了其中的主要問題。杰文斯並沒有完全忽視古典經濟學家關注的各種問題，例如，他關於煤的著作，研究的就是一種稀缺資源對長期增長所暗含的意義，但他認為這些課題主要是一種經驗的問題。同效用是經濟學的主要問題這個看法有關的另一看法是，杰文斯認為，因為經濟學處理的是數量，所以它本質上是數學的。這個看法把杰文斯同以穆勒和加尼斯為代表的英國古典正統觀念區分開來了。

## 7.3 經濟理論：效用和個人利益的機制

按照邊沁的說法，快樂與痛苦是支配人類行動的基本動力，它們包含著

「促使我們行動的各種力量」[8]。但是，儘管經濟學討論的問題被視作享樂最大化，杰文斯爭辯說，更合適的是集中於效用，集中於物品增加快樂和減少痛苦的能力。一個物品的效用或有用性不僅取決於該物品本身，而且取決於各種條件；它有時僅僅取決於有關的個人，而且只涉及有關物品的效用。杰文斯明確拒絕了任何客觀的個人之間比較效用的可能性。【71】

在《政治經濟學理論》（1871）中，杰文斯在解釋效用最大化的機制以前，運用數學很精心地區分了總效用和邊際效用，他稱後者為「效用程度」[9]。他指出，一種商品的邊際效用會隨著該商品消費的增加而減少，由此可以得出結論：某人如能以兩種方式使用一種商品，則他將會把這種商品在兩種用途之間做這樣的分配，即使該商品在兩種用途上的最後效用程度相同。但是，個人能增加其效用的更有利的方式是通過交換、通過勞動和運用資本。

杰文斯認為，交換總會增加效用，因為，如果交換的任何一方認為效用是減少的，他便會退出交換。在商品是不可分割的場合（如房屋），交換會發生在這種時候：對雙方來說，所得物品的效用超過交換了的物品效用。在交換量變動不定的場合，交換問題更複雜，杰文斯為此提出了一個所謂「無差別法則」：一種商品的所有單位必定依照同一價格進行交換。他還據此得出了交換均衡的條件。這個條件用更現代的符號可以表示如下：

$$MU_X^A/MU_Y^A = MU_X^B/MU_Y^B = y/x$$

當某人（A 和 B）正在交換商品 X 和 Y，交換量是 x 和 y[10]。在這裡沒有用價格，Y/X 是相對價格，或如杰文斯所說，是「兩個商品的交換比例」。杰文斯用此方式是為了避免在古典派文獻中含糊不清的價值概念。在古典派文獻中，「價值」一詞的含義更寬泛。

儘管得出以上人們熟知的價格與邊際效用之間的比例關係，但杰文斯的理論仍有一種嚴重的不足。為表現所有的雙邊交換，他以兩個「貿易體」的交換予以解說，這些貿易體可以是個人，也可以是團體。在雙頭壟斷（產量被決定）和競爭之間，杰文斯並沒有做出明確的嚴格的區分。

杰文斯以同樣方式分析了通過勞動增加效用的問題。他表明，在均衡狀態下，勞動的邊際效用必定等於該勞動所得產品的邊際效用，即

$$dl/dt = (du/dx)(dx/dt)$$

其中，$l$ 是勞動的負效用，$t$ 是勞動小時數，$x$ 是生產量，$u$ 是該產量的效用[11]。必須注意，杰文斯對勞動下的定義不同尋常，勞動不是指工作時間數，

而是指工作的負效用。這個方程式不過【72】表示，勞動的邊際負效用等於產量的邊際效用與勞動的邊際生產率之乘積。將這個理論普遍化，使之包含兩種或更多商品的生產，它便同交換理論融為一體。其結果就是兼有邊際效用和邊際生產率的一般均衡體系，雖然邊際生產率在此還不明顯。交換比率（相對價格）「依存於用最後效用程度來測定的生產力和需求的大致比例」[12]。用現代的符號可將上述條件歸納如下：

$$MPL_Y/MPL_X = MC_X/MC_Y = P_X/P_Y = MU_X/MU_Y$$

其中，符號含義不說自明[13]。由此可得比較靜態的結果。杰文斯指出，他的結果類似於古典的地租論，是沿著相似路線對地租論的擴充。

增加效用的第三種方式是運用資本。杰文斯認為，資本包括「維持各種有工作的勞動者所必要的各種商品」[14]，它的重要性在於保證生產持續一段時間。因而資本具有兩個尺度：一個是投資資本量，另一個是投資的時間。較長的生產過程被假定比起較短的生產過程更有生產性。假定我們把產出作為投入資本的時間 $t$ 的函數 $F(t)$，則導數 $F'(t)$ 是正值。換句話說，如果所選擇的生產過程要求投入資本的期間較長，則產出就會較高。杰文斯以栽培樹木和釀酒為例證[15]。不過，產出隨資本投入期間的增加而增長有一定限度，因為隨著 $t$ 的增加，杰文斯指出，$F'(t)$ 會減低到零。

杰文斯由此得出他的邊際生產率利息論，利息率公式如下：

$$r = F'(t)/F(t)$$

等式右側表示產出增長的百分比；產出增長來自一個生產期間投入資本的時間的延長，它是對延長的 $t$ 的邊際報酬。當利息率是延長的 $t$ 的邊際成本時，這個方程式不過是邊際成本等於邊際收入，這適用於杰文斯的模式。

## 7.4 統計著作

**煤的問題**

【73】前已述及，使杰文斯在其同時代人中獲得聲譽的不是他關於效用論的著作，而是他的統計著作。其中最有名的是《煤的問題》（1865），當時英國正處於發展的高峰，其原因如杰文斯所說是在於「最近20年來空前未有的商業改革」[17]。他在這本書中對英國能否維持這種繁榮表示懷疑，因為這種繁榮是以煤的供給為基礎的，而煤正迅速地枯竭。

他的論據是對馬爾薩斯論據的發展：「同種生物在相同條件下會以相同的幾何比率增加。」[18]隨著穀物法的廢止，食物可通過貿易源源不斷地得到供給，而煤卻成了有限的要素。對煤的需求是大量的，而且還會更大：「煤的新應用是無止境的。」[19]他的結論是：「假定我們的健康和進步要聽命於煤的傲慢支配的話，那我們就不僅會停頓不前，而且必然要向後倒退。」[20]杰文斯以詳盡的統計材料表明，到那時為止，英國的工業一直在無止境地擴展，並以不變的比率在發展。儲備煤應予考慮，它們的生命已近完結。

這個論據的自然結果應是主張從自由貿易中尋求出路，但杰文斯強調這是不可能的。他說：「剝奪了那種資源（煤），而把希望寄托於自由貿易的人肯定是微不足道。」[21]理由是，貿易依存於比較成本（李嘉圖、詹姆斯·斯圖亞特的觀點）。英國能從進口穀物的自由貿易中獲益，是因為廉價的煤在製造品出口中提供了一種比較利益。煤的運輸成本意味著，一旦本國的煤告罄，這個利益即會消失。杰文斯爭辯說，對煤資源枯竭前景的適當對策應是付清國債，削減該國多餘的生產能力，抑制該國過快的發展從而減輕將來的困難。

杰文斯關於煤的問題的見解是有意義的，因為它表明，儘管杰文斯沒有把它看作經濟學理論的組成部分，儘管他的研究方法很不同於古典經濟學家的方法，但他對古典派的成長問題也是關注的。馬爾薩斯主義的論據作為一種經驗法則從統計方面得到了驗證，而且考慮到變化的條件對它加以改變。不重視技術進步的可能性以及煤的代用品的發展，說明了他的結論為何至今未獲支持。但是，作為一種融理論和統計為一體的應用經濟學，杰文斯的這部著作是值得注意的。

**貨幣**

杰文斯的小冊子《金價連續跌落及其社會後果》（1863）雖未受到公眾對其關於煤的著作那樣多的注意，但卻是一部更值得注意的統計著作。他在這裡討論了加利福尼亞新發現的金礦【74】是否使金價更加跌落的問題。應當區分杰文斯論據的4個方面：①什麼是金價跌落；②以統計材料確認這個事實；③解釋這個現象的原因；④說明它的後果。在今天看來，前兩個已是不成問題的問題了，因為金價跌落應被看作是價格水準等值的上漲，還可用標準的方法計算出近似指數值。但對杰文斯來說情況就不是這樣了。

針對上述第一個問題，杰文斯說：「假定價格平均有了些微上漲，**這就表**

示金價值的跌落。」[22]這個回答在今天看來是不說自明的,但當時還有爭論。加尼斯爭辯說,價值應從成本方面下定義,而不應以相關事物下定義[23]。這反應了他們各自價值論的不同。為了證明價格上漲,杰文斯對各種不同商品制定出指數,分析了指數的變動,指出這些指數均表明了價格的上漲。為了確定金礦發現的後果,杰文斯還以 1845—1850 年這五年一個完全的循環的平均值作為基數。他的結論是,金的價值跌落了大約 10%,儘管有些含糊不清(主要來自所用指數的不確定性)[24]。

**波動**

杰文斯的統計著作研究的第三個領域是波動問題。他以歸納方法,分析和測定了產業循環和季節波動。他關於產業循環的太陽黑子爆發理論在當時是頗費斟酌的,因為那時一般認為氣候同太陽黑子有關。杰文斯試圖證明,氣候變動,通過影響收成,同產業循環有關。在發現了這方面的一些證據之後,杰文斯還想用一個較長時期的考察更透澈地驗證這個理論。他先觀察了印度的收成,以及通過產業波動對歐洲經濟活動的影響[25]。我們可能覺得杰文斯過分迷戀於他的理論,以至於忽視了相反的證據,但杰文斯所遵循的方法畢竟是當代許多經濟學家都會讚同的。

## 7.5 社會改革

杰文斯處理經濟政策的方法是功利主義的。在《關於勞動的狀況》(1882)中,杰文斯說:「所通過的任一項法律,或甚至任一項單獨法案,只要增加人類福利總量而又沒有什麼不良後果,則這種狀況是正當的。」[26]但是,如上所述,對杰文斯來說,功利主義標準不僅僅是一種客觀的科學的標準:「我們不能指望在功利主義評價上取得一致意見,至少會有許多爭論。」[27]【75】杰文斯的功利主義為對國家干預的日益增長的實用主義態度提供了證明。他早期的著述顯示了強烈的個人主義。他「把所有商業交易的自由看作改進立法的精神」[28],而對慈善事業(包括「我們的全部醫藥慈善事業」在內)持批評態度,因為這會損害自助精神。他認為 1832 年濟貧法是「任何一屆政府所通過的最糟糕的措施之一」,他擔心「人類的任何錯覺會使我們放鬆應用它的嚴格性」[29]。相反地,杰文斯在他最後的著作中爭辯說,行為最大自

由原理「不能提出一種正確的指導見解。一個階級或一部分人影響另一階級或另一部分人的方式（產業的、環境衛生的或政治的）是如此錯綜複雜，以致難以存在任何立法干預的限度」[30]。需要干預的事情如此之多，有必要設立一個新的經濟學分支，說明「自由放任」的界限。

杰文斯態度的這一變化發生在他發現了越來越多的干預的場合之時，他的觀點受其精心設計的經驗性方法的支配，這種研究強調需要準確詳盡的資料；他讚成為此進行一件一件的社會實驗。他的國有化觀點表明，他是依據各場合的利弊而決定取捨的：他讚成郵政部門國有化，讚成俄國國營鐵路業，但認為英國鐵路系統國有化將帶來災難。

杰文斯沒有把壟斷作為說明干預必要性的一個理由，他的改革建議不包括那些個人選擇不適宜的領域：無知、家長制、公共物品和外部的事物（externalities）。不過，工會的壟斷是杰文斯所關注的，他認為，工會提高工資的唯一途徑是通過壟斷力量，為一小部分人的利益而向共同體的其他人徵收賦稅。但他不要求鎮壓工會，他認為「關於勞動的立法幾乎總是階級立法……其大部分的效果都是壓制較下層階級」[31]。他還評價了工會的其他職能，例如提供保險，他受到1881年職工會會議發生的有關產業立法爭論的鼓舞，他鼓勵產業協作的合作或其他形式。

在貿易和稅收方面，杰文斯仍遵循著古典傳統，儘管他朝集體主義挪動了一步。他仍是自由貿易的擁護者，他繼續支持比例稅，考慮到他的功利主義，這些也許是令人驚異的。

## 7.6　杰文斯和英國古典經濟學

【76】杰文斯在《政治經濟學理論》再版序言的末尾批評李嘉圖和穆勒的那段話是廣為人知的。杰文斯說：「真正的經濟學體系最終建立之時，人們將會看到，能幹但固執的李嘉圖已把經濟學之車開上了錯誤的路線。而在這條路線上進而把車開到混亂地步的，是他的同樣能幹和固執的後繼人約翰·斯圖亞特·穆勒。有些經濟學家例如馬爾薩斯和西尼爾對真正的學說有較好的理解（雖未擺脫李嘉圖的錯誤），但他們已被李嘉圖—穆勒學派的統一和勢力逐出了這個領域。」[32]

暫且不提這樣描述古典經濟學是否恰當，但它確實提出了杰文斯和李嘉圖

及穆勒如何準確區別的問題。

包含在《政治經濟學理論》中的經濟學，截然不同於古典的勞動價值論或生產成本價值論，更不同於包含在工資基金論中的工資聚集論。對古典派理論具有決定意義的是如下簡化條件：不同類型的勞動可以化為一種共同的、同質的「勞動」，不同類型勞動之間的比例保持不變。隨著19世紀經濟所發生的變化，這些假定不再站得住腳了，而去掉這些假定也就使整個古典派體系失去了根基。如果勞動的價值基本上是變動的，那就不再可能利用勞動成本價值論或一般平均工資率理論了。杰文斯取而代之的理論亦是如此。按照這個理論，勞動的價值決定於產品的價值。這種理論應被視為企圖取代一種理論上不恰當的體系，而不是企圖取代古典派理論，以一種理論上和政治上更可接受的理論代替之。

儘管杰文斯與古典經濟學家的分歧涉及整個經濟學，既有價值論和分配論，也有利用數學的問題，這些都是確實無疑的[34]。但注意到如下兩點是重要的：①古典經濟學內部的一致，比杰文斯前述引語所暗含的要少得多。②在經濟學的其他一些領域，不一致就更少了。《煤的問題》是一本在方法上同古典派一致的著作，杰文斯關於貨幣和價格的著作得到了加尼斯大大的讚賞，但加尼斯在價值論上同杰文斯是截然不同的。杰文斯對加尼斯的經驗性著作同樣深表尊重。可見，儘管經濟理論和經濟政策有了重要變動，但仍有一種實際的連續性。[35]

註釋：

① 參看第123-125頁。
② 凱恩斯（1933）。
③ 布萊克（1973）。
④ 參看第212頁以下各頁。
⑤ 杰文斯（1879），第Ⅷ頁。
⑥ 同上，第Ⅸ頁。
⑦ 杰文斯（1871），第90頁。
⑧ 同上，第91頁。
⑨ 同上，第110頁。

⑩ 同上，第 148 頁。

⑪ 同上，第 194 頁。

⑫ 同上，第 202 頁。

⑬ 同上，第 205 頁。

⑭ 同上，第 226 頁。

⑮ 同上，第 236 頁。

⑯ 同上，第 241 頁。

⑰ 杰文斯（1865），第 241 頁。

⑱ 同上，第 149 頁。

⑲ 同上，第 151 頁。

⑳ 同上，第 155 頁。

㉑ 同上，第 222 頁。

㉒ 杰文斯（1863），第 20 頁。

㉓ 參看布萊克（1960），第 219 頁。

㉔ 加尼斯（1874）。

㉕ 杰文斯（1875，1878）。

㉖ 杰文斯（1882），第 12 頁。

㉗ 同上，第 171 頁。

㉘ 杰文斯（1872—1881），第 2 卷，第 287 頁。

㉙ 杰文斯（1883），第 191-192 頁。

㉚ 杰文斯（1882），第 14 頁。

㉛ 同上，第 33-34 頁。

㉜ 杰文斯（1871），第 72 頁。

㉝ 參看第 36 頁以下。

㉞ 德·馬奇（1973），布萊克（1960）。

㉟ 參看第 241 頁以下。

# 8 瓦爾拉斯

## 8.1 瓦爾拉斯的體系【77】

一方面，與他的同時代人杰文斯一樣，里昂·瓦爾拉斯也把抽象演繹的理論作為經濟學的中心，就如同運動法則在物理學中的地位那樣。雖然這種純經濟學（如他所稱呼的）就其結果來說與杰文斯的理論有許多共同之處，但它們的起源是大不相同的：瓦爾拉斯理論不以邊沁功利主義為基礎，而基於企圖說明「假設的自由競爭制度之下」的價格決定[①]。他把自由競爭假定作為進而描述現實世界如何運行的第一步，其作用類似於力學中所用的摩擦裝置的假定[②]。為證明這種做法是合理的，他問道，有哪位物理學家會挑選陰霾天氣來觀察星空呢？[③]

另一方面，瓦爾拉斯分析自由競爭，除了想制定出資本主義經濟如何運作的模式之外，還抱有其他動機：他想描繪一個依照某些公平原理進行活動的經濟。在自然法哲學中，區分了兩類公平：分配公平，涉及財富在人們中間的分配；交易公平，或叫交換公平。對交換公平來說，要求被交換物品的價值必須相等，否則，一方得益，另一方受損。要使交換公平，必須滿足兩個條件：①任一商品無論何時何地都必須有一致的價格；②一個商品的價格必須等於它的生產成本。這兩條只有在自由競爭下才能得到滿足。因此，如果瓦爾拉斯能夠闡明某個經濟在自由競爭下如何運行，他也就闡明了一種非公平的形式（源於不等價交換）如何被消除。換句話說，瓦爾拉斯想創造一種「現實的烏托邦」。現實者在於它必須服從於實際經濟制度所受的同樣壓力；烏托邦者在於它以公平為基礎[④]。

這就是瓦爾拉斯的純經濟學，見於其 1874 年和 1877 年分別出版的《純粹

經濟學綱要》（以下簡稱《綱要》）。他另分割出的經濟學分支是應用經濟學和社會經濟學。應用經濟學研究生產者之間的關係，不考慮競爭，社會經濟學研究財產、分配和正義。瓦爾拉斯在其《應用經濟學研究》（1896）和《社會經濟學研究》（1898）中探討了這些問題。這是兩本論文集，代替了作者原計劃寫的《綱要》第2、3卷。【78】

瓦爾拉斯體系的哲學基礎以及他所用的許多術語都來自他的父親奧古斯特·瓦爾拉斯。賈菲說，里昂·瓦爾拉斯「一點也沒有離開」其父的哲學[5]。強調價值取決於稀少性（rarete）即源於其父，儘管這種觀點在法國傳統中有其淵源[6]。不過，固守其父的用語在一定程度上也帶來了麻煩，例如，他在討論效用時就有些糾纏不清[7]。

瓦爾拉斯體系的另一個同樣重要的方面是利用數學，他的方法就是列出一系列方程式加以說明。他認為經濟學家通過對適當的聯立方程式求解，便可得出實際經濟通過不同過程達到的同一套價格。主要的範例是古爾諾提供的[8]。除了分析壟斷以外，古爾諾還討論了完全競爭和兩個商品彼此的交換。瓦爾拉斯從兩方面擴充了古爾諾的分析。他以邊際效用擴大了古爾諾已經提出的需求曲線；他又把這個分析擴大到包括無數市場在內的均衡，既有消費品市場，又有要素服務和貨幣市場。對為許多市場制定一個一般均衡體系這個任務，古爾諾有意避開了，認為這在數學上太困難[9]。

這些變化比那些技術性變化重要得多。它們使瓦爾拉斯得出了杰文斯和門格爾也得出的（即便是通過不同的途徑）結論：「以價格同最後慾望滿足（邊際效用）的比例性為基礎的交換理論……構成了整個經濟學大廈的基礎。」[10]

正是邊際效用決定著產品價格，從而間接地決定著生產要素價格。邊際效用把各種東西聯結在一起。

## 8.2 純粹經濟學

瓦爾拉斯的一般均衡體系是分幾步建立起來的。在《綱要》的連續各部分中，他提出了一些方程式體系，用以首先分析兩個商品的交換，然後分析許多商品的交換。在這樣做了以後，他引進了生產、資本化和信貸，最後是流通和貨幣。建立起這些方程式體系後，他進而分析經濟進步、壟斷和賦稅。

### 交換和商品價格

在考察第一步即交換理論時，瓦爾拉斯得出了與他父親觀點相同的結論，即效用取決於 rareté 或稀少性。不過，他的父親僅到此為止，並未從中引出富有啓發性的理論。瓦爾拉斯則進了一步，他把稀少性等同於「最後慾望滿足程度」即邊際效用。他指出，在均衡狀態下，相對價格恰等於相應的稀少性比例。這樣，他便把其父的思想轉變成了類似於杰文斯理論的東西。不過，他的理論的某些方面（即使在兩個商品的場合）仍與杰文斯的有所不同。①他從邊際效用得出了需求曲線，杰文斯沒有這樣做。他的理論在這方面更接近於馬歇爾。②肯定是受古爾諾的影響，他對競爭提出了一個更明確的說明。③他對如何達到均衡的闡述更細緻。這就是所謂 tâtonnement 即摸索理論。從任意給定的價格開始，在過度需求場合，它使商品價格上升，在過度供給場合，它使價格下降，這個過程最終達到供給與需求的均衡。他把這個「摸索」過程看作是對價格決定問題的「實際的」解答；通過這個過程，市場可以出現一套價格，並且同經濟學家通過對一組供求方程式求解所得出的價格是一致的。

### 生產和要素服務價格

交換理論即使擴大到許多商品，仍只是第一步，下一步是引入生產。對瓦爾拉斯的生產論來說，具有決定性意義的是區分耐久資源（資本物品、土地、人力資本）和它們所提供的**服務**。【79】首先要規定生產資源服務的價格。這裡的關鍵是企業家，他們購買要素和服務、生產和銷售商品。商品價格超出生產成本，則企業家會增加生產以獲利。同樣，帶來虧損的商品的生產將會縮減。這樣，企業家就把產品和要素服務市場聯繫起來了。例如，對一種產品的需求增加，意味著它的價格將會上漲，從而促使企業家增加它的生產；這又會增加對生產該產品所需用的要素的需求，提高它們的價格。瓦爾拉斯爭辯說，在產品和要素服務市場同時進行的「摸索」過程，在下述條件下將會達到均衡：①供給和需求在所有市場上都相等；②每個商品的價格等於其生產成本，企業家（以企業家資格）既不盈也不虧。同杰文斯一樣，瓦拉爾斯也證明要素價格本質上是可變的，因為它由這些要素參與生產的產品之價值（稀少性）所決定。

### 利息率和固定資本物品的價格

生產要素服務的價格是其所有者所獲不斷增加的收入或租金。瓦爾拉斯把

來自資本物品的**純收入**定義為從這種租金中減去保險金和折舊補貼。一項資產的**報酬率**是來自該資產的純收入除以該資產的購買價格之商[11]。如果有競爭，則各種資產的報酬率是相同的。【80】如把這種共同的報酬率稱為利息率，則資本物品的價格必定等於市場上對要素服務所決定的純收入（租金減去折舊費和保險費）除以利息率之商[12]。新資本物品的生產將取決於它們的價格（以上述方法決定）與生產成本之比例。土地價值也這樣決定，唯一的區別在於土地數量固定不變。

關於資本物品價格決定的這個說法還未說明利息率。瓦爾拉斯指出，利息率將取決於對新資本物品的供給和需求。對資本物品的需求來自儲蓄者，儲蓄是收入超過消費。瓦爾拉斯認為，利息率提高時儲蓄增加。在把儲蓄引進他的模式時，瓦爾拉斯想避開奧地利人的時差利息論路線[13]，而傾向於增加一種想像的商品，一種年金或證券，構成持續不斷的純收入。消費者的需求假定不是個人的資本物品，而是獲得連續不斷的純收入的權利，其價格是利息率的倒數[14]。新資本物品的供給是生產的數量，利息率上漲時，其價值會降低。利息率的均衡價值同該體系中的其他各種價格同時由供給與需求決定。

### 最大限度滿足

在建立一般均衡體系過程中，瓦爾拉斯發揮了（也分為幾個階段）他的最大限度滿足理論。這個理論是，在自由競爭條件下，如能實現以下兩個條件，消費者便可獲得「他們慾望的最大可能滿足」：①每種服務和每個產品在市場上有單一價格；②每種產品的售價等於其生產成本。[15]這個結果不僅擴及消費品的生產和消費，而且擴及新資本品的生產和使用，此時它們的報酬率必定平均化以獲得最大限度的滿足。

在解釋這一學說時必須要小心謹慎，因為瓦爾拉斯並沒有賦予最大化滿足以馬歇爾學說的含義[16]。瓦爾拉斯的自然法哲學在此具有關鍵作用，因為他所提出的上述「兩個條件」是交換公平的條件。瓦爾拉斯的理論**不**否認通過財富的適當分配增加福利的可能性。儘管還不能把提出「帕累托最適度」[17]思想歸功於瓦爾拉斯，但他的理論確比馬歇爾的最大限度滿足理論更接近於「帕累托最適度」。試圖以馬歇爾的說法來解釋瓦爾拉斯理論的經濟學家會毫不意外地發現它的缺點[18]。

### 流動資本與貨幣【81】

瓦爾拉斯以需要持有流動資本品儲備的方式,來構建需要持有貨幣的模式。他假定貨幣能為持有者帶來「實際的服務」,生產者和消費者樂於從他們所持有的貨幣中得到好處。由此可以做出需求函數,並把它們毫不困難地並入供給和需求方程式的整個體系中。

因為貨幣具有特殊意義,所以有必要較詳細地考察一下瓦爾拉斯的說法。他在《綱要》初版中用了一種類似於費希爾所用的交換方程式[19],其中對貨幣的需求與對流通的需要有關。但從第二版後,瓦爾拉斯則代之以 encaisse desiree(所企求的現金平衡)概念,得出了一種同凱恩斯後來所用的現金平衡方程式相一致的方程式[20]。正是在第三版,他懂得了如何把這種方程式同他的體系的其餘部分綜合起來,即把貨幣看作流動資本,能產生一種實際的服務或作為能產生效用的資本。瓦爾拉斯就這樣預示了貨幣經濟學的某些方面,由於忽視瓦爾拉斯的著作,經濟學家們在 20 世紀重新發展了這些方面的理論[21]。由於瓦爾拉斯以這種方式把貨幣引進他的體系,因而他進一步考察了兩種商品作為貨幣(復本位制)和紙幣流通的含義。熊彼特 1910 年談及瓦爾拉斯的復本位制研究時指出,它「沒有古典派(理論)的缺點」「長期內它都是權威性的」[22]。

### 經濟進步

瓦爾拉斯的靜態一般均衡體系以引進貨幣而告完成。《綱要》下一步是用它來分析經濟進步,即分析資本累積和人口增長的後果[23]。他為此假定經濟仍處於均衡,但資本累積和人口增長不斷地改變著這種均衡。除了對瓦爾拉斯整個經濟學體系的意義之外,這個部分在以下幾方面也是重要的:①正是在這裡,在《綱要》後來各版中,引進了要素價格的邊際生產率論[24]。瓦爾拉斯指出,隨著資本累積,技術系數可能變化,因為用資本代替土地;企業家選擇成本最低的生產方法;要素價格與邊際產品的比例隨著變化[25]。②瓦爾拉斯慎重地用遞減的稀少性來說明進步,因而也就是以不斷提高的生活標準來說明它[26]。因遞減的稀少性與價格(相對稀少性)明顯不同,它可以在任一方向上變動。③最重要的是,瓦爾拉斯在這個部分【82】最接近於英國古典經濟學。他的主要結論被哈羅德描述為「純粹李嘉圖」的[27]。他的這個結論是:「在一個不斷發展的經濟中,勞動的價格(工資)基本保持不變,土地服務的價格

（租金）會有顯著上漲，資本服務的價格（利息）將顯著降低。」[28]儘管得出了這個結論，但他並不接受李嘉圖和穆勒的理論，在接下去的兩章中他反駁了地租、工資和利息問題上的「英國人的理論」。他對古典派理論的敵視在給杰文斯的一封信中表露得更加明顯。他說，只要杰文斯更徹底地改訂他的《政治經濟學理論》[29]，杰文斯一定能毀掉李嘉圖—穆勒體系[29]。瓦爾拉斯對這一理論的批評與杰文斯的批評是一樣的：他把工資基金說作為一種陳詞濫調予以拋棄；他認為英國學派想以一個方程式來規定兩個變量；勞動的價值取決於產品的價值，而不是由別的什麼迂迴方式決定的[30]。

## 8.3 社會改革和國家的作用

在19世紀相信社會理性改造的人們看來，瓦爾拉斯是一位社會改革者和社會主義者。瓦爾拉斯既不接受正統法國經濟學派的個人主義，也不接受馬克思主義的集體主義，而主張把集體主義和個人主義加以綜合。綜合的基礎是他的公正理論，這種理論按賈菲的說法，被他的父親概括為「條件平等，身分獨立」[31]。公正要求不允許任何人為追求不平等地位而損害別人的權利，但因社會的這些不平等地位是有充分根據的，所以他們所得到的條件對每個人來說都應是相同的。

條件平等要求交易公平、交換公平，它們又反過來要求自由競爭，自由競爭的作用在瓦爾拉斯的純經濟學中得到了說明。但瓦爾拉所不曾把自由競爭同自由放任聯繫起來，因為他看到在要求國家干預時維護自由競爭的確是一項「很複雜的任務」[32]。要求國家干預的一個領域是自然壟斷場合，國家必須保證物品依其成本價格售賣。另一個領域是由於消費者的無知或易於上當而引起的，所以他建議控制廣告業務，控制股票交易的不尋常活動。與此類似的是公共物品的領域，對這些物品人人都有相同需求；而且單獨的消費者是國家。需要由國家生產的物品包括保險業、法律、教育和通訊[33]。

除此以外，瓦爾拉斯還增加了另外一個領域，但通常不同上述各領域合在一起，這就是調節價格水準。這也是來自交易公正的要求，如果價格水準波動，消費者通過交換會有盈虧。為使價格水準平穩，瓦爾拉斯主張國家壟斷造幣權；假定這辦不到，則應由國家發行銅鎳鑄幣，以保證流通中的鑄幣由需求來調節，使價格水準保持不變[34]。【83】

條件的平等還要求分配公平，瓦爾拉斯這方面的觀點來自這時期其他一些重要經濟學家的看法。瓦爾拉斯借用了他父親的看法，父子的觀點來自他們的自然法哲學。瓦爾拉斯爭辯說，個人對他自己的勞動產品是有權利的，財富的差別如來自個人能力的差別便是正當的。他又說，財富的另一源泉，土地，按理說是全人類的財產。因為現行制度代表著共同體，所以國家有權得到土地收入。與此有關的是稅收問題，瓦爾拉斯認為它同財產問題是同義的。[35] 徵收勞動所得稅是對個人財產的侵害，因而是不公正的。唯一公正的是對土地徵稅，或對土地收入徵稅。因此，土地由國家所有（無論是通過土地國有化，還是通過單一地租稅）將會解決兩個問題：一是以國家對其有權利的收入形式代替現行的不公正的稅收，二是消除了瓦爾拉斯認為當時法國不平等的主要根源（與壟斷一起）。

不過，土地收入的國有不宜直接實現，因為這會損害現存的土地所有者，他們中的一部分人是用自己的勞動成果購置土地的。這種異議既適用於沒收土地，也適用於稅收。他建議以土地價值的增加計稅，以便「停止對土地的**進一步掠奪**」[36]。此外，因為瓦爾拉斯認為經濟發展會伴隨著租金上漲，所以他相信這部分收入會持續上升，使國家逐漸佔有租金中越來越多的部分。

總之，瓦爾拉斯試圖在其自然法哲學的基礎上，通過把一些權利歸於個人、另一些權利歸於國家的辦法來把集體主義和個人主義加以綜合。雖然他拒絕自由放任的擁護者和馬克思主義者的極端主張，但他對個人主義和集體主義在原則上並無反感。在國家作用問題上，瓦爾拉斯的看法雖與杰文斯和馬歇爾的看法頗多類似，但其哲學基礎已變得陳舊過時了。這一點，連同他完全不可行的簡單的實際政策建議，說明了他為什麼完全不會得到他自己經過慎重考慮的政策觀點[37]。

## 8.4　評價

瓦爾拉斯對經濟學的主要貢獻是他的一般均衡理論。雖然他也有功於（和杰文斯、門格爾一起但又各自獨立地）發展了邊際效用理論，【84】但是，在看出所有價格的互相依賴，**並把這一思想融進競爭經濟的廣泛模式**方面，他比同時代人的貢獻要多。也許因為他對他父親思想的忠誠，使他的效用理論充其量只同杰文斯和門格爾的理論處於同一水準[38]。瓦爾拉斯發揮其體系時所用

的許多概念（例如「計算單位」「摸索」），他對要素服務和要素儲備的區分，至今仍在使用；雖然他對存在著均衡的證明（通過計算方程式），以及對存在著穩定的證明（摸索）已經受到完全正確的批評，但他所看到的問題確是現今許多經濟學家一直企圖解決的問題。用布勞格的話來說：「當今幾乎所有經濟學都是瓦爾拉斯的經濟學。」[39]

雖然對瓦爾拉斯一般均衡論的意義的看法有著廣泛的一致，但對這一理論的解釋仍不盡相同：該理論的目標是實證的抑或是規範的？莫里什馬讚同前者：「瓦爾拉斯的目的在於對現實世界做出一種科學的描繪。」[40]對他來說，《綱要》的關鍵部分是第七篇即論經濟發展的內容，瓦爾拉斯在此使用靜態模式解釋了一國經濟如何隨時間推移而發展。因而莫里什馬認為瓦爾拉斯接近於李嘉圖，把他同馬克思並列為李嘉圖的「最偉大後繼者或批評家」之一。相反地，賈菲認為規範的目標是首要的。因為瓦爾拉斯想解釋一個體系，即使一個人在其中受制於如同現實世界（流行著交易公平）一樣的強迫和壓制，他也只集中於解釋一個想像的體系可能如何運行，而不是發現支配實際經濟行為的法則。因此，賈菲認為第七篇是一種「結尾」，不過是用以表示他的模式可以派上用場。

問題在於，上述兩種解說把瓦爾拉斯體系分為實證和規範兩個方面，而這兩方面都是重要的，因為它們對瓦爾拉斯如此重視的社會改革計劃都是至關重要的。一方面，他的體系的規範方面的重要性在於，正是他的社會正義觀念證明了他的改革計劃的合理性。另一方面，如果瓦爾拉斯體系沒有描繪出（至少是在本質方面）當時經濟實際如何運行，那麼他的改革計劃的好多內容（特別是他的土地國有化計劃）的正確性就不復存在了。因為如果沒有以競爭模式至少從大體上描繪出這個世界，瓦爾拉斯要求以地價增值稅來消除私人土地所有制使失去了依據。換言之，**正因為**瓦爾拉斯的規範經濟學和他賦予他的土地國有化計劃的意義，才使他類似於李嘉圖的經濟發展的結論具有重要意義。

註釋：

① 瓦爾拉斯（1874），第 40 頁。
② 同上，第 84 頁。

③ 同上，第 86 頁。雖然壟斷被定義為實用經濟學的一個方面，但《綱要》中有一節論述壟斷。【422】

④ 賈菲（1978），第 574 頁。

⑤ 賈菲（1975），第 820 頁。

⑥ 參看第 84 頁以下各頁。

⑦ 他區分了「外延的」「含合的」「有效的」和「矩形的」等效用，使這個問題不必要地複雜化了。

⑧ 參看第 35 頁。

⑨ 古爾諾（1838），第 127 頁。

⑩ 瓦爾拉斯（1874），第 44 頁。

⑪ 以 $p$ 表示資產價格，以 $r$ 表示租金。假定折舊費是 $mp$，保險金是 $vp$。得自該資產的純收入是 $r-mp-vp$，其報酬率是 $(r-mp-vp)/p$。

⑫ 利用註⑪的概念，這意味著購買一項資本物品的報酬；$r-mp-vp$，等於在現行市場利息率（$i$）下借出購買價格（$p$）所得的報酬 $ip$。

⑬ 參看第 9、14 章。

⑭ 長期契約報酬也是類似公式。

⑮ 瓦爾拉斯（1874），第 143、255、305 頁。

⑯ 參看第 164-165 頁。

⑰ 參照賈菲（1977），第 379 頁。雖然瓦爾拉斯提出的條件與帕累托最適度是一樣的，但所涉及的價值判斷是很不相同的：瓦爾拉斯的價值判斷是，交換不會改變個人物品基金的尺度（numéraire）價值，所以單一競爭價格本身是一種合乎道德的理想。這同通常用以支持帕累托最適度的價值判斷是很不一樣的。

⑱ 維克塞爾（1906），第 1 卷，第 72 頁以下各頁；參照哈欽森（1953），第 206-207 頁。

⑲ 瓦爾拉斯（1874），第 601 頁及該處參考材料。

⑳ 參看第 175 頁以下各頁。

㉑ 參看第 16 章。

㉒ 熊彼特（1910），第 79 頁。

㉓ 從第 4 版開始才這樣安排材料次序。

㉔ 只是在巴倫於 1894 年向他指出之後，瓦爾拉斯才對可變生產系數的重要性予以重視。瓦爾拉斯（1965），第 2 卷，第 619 頁以下。關於邊際生產率論的歷史，參看第 146 頁以下各頁。

㉕「邊際生產率」本身只在第 4 版後才出現，儘管在前面的各版中已有「可變系數」這一說法。瓦爾拉斯（1874），第 549-553 頁。

㉖ 這是從邊際效用遞減的假定中得出來的。

㉗ 哈羅德（1956），第 316 頁。

㉘ 瓦爾拉斯（1874），第 390-391 頁。

㉙ 瓦爾拉斯的措辭是「mettre en ruines」。瓦爾拉斯（1965），第 1 卷，第 646 頁；杰文斯（1872—1881），第 5 卷，第 95 頁。

㉚ 瓦爾拉斯依據類似理由批評馬克思的勞動價值論。瓦爾拉斯（1896），第 226 頁以下各頁。

㉛ 賈菲（1975），第 882 頁。

㉜ 瓦爾拉斯（1898），第 76 頁。

㉝ 同上，第 198 頁。

㉞ 參看第 171 頁。

㉟ 這也是奧古斯特·瓦爾拉斯的看法；賈菲（1975），第 813 頁。

㊱ 賈菲（1975），第 815 頁。

㊲ 賈菲（1975）發揮了這個論點。

㊳ 參看上述註⑦。

㊴ 布勞格（198），第 587 頁。他還對瓦爾拉斯分析過的一些問題的某些技術方面進行了很好的討論。

㊵ 莫里什馬（1980），第 552 頁，參照（1977），第 4 頁。

# 9 門格爾和奧地利學派

## 9.1 引言【85】

瞭解門格爾的背景對理解他的經濟學是很有必要的，因為他寫作的環境與杰文斯或瓦爾拉斯的處境大不相同。部分由於不同的政治環境，所以自由放任運動以及 19 世紀英、法的思想特徵在奧地利都不明顯[1]。有一些德國經濟學家對經濟理論做出過重要貢獻，但整個說來，操德語的經濟學家的特點恰在於缺乏任何理論體系。雖然亞當·斯密的著作廣為人知，但古典經濟學中的李嘉圖主義部分及其勞動價值論，在德國絕沒有生根[2]。歷史學派在德國處於支配地位，但在奧地利並不盡然[3]。至於對門格爾的積極影響，可以指出的是他有學習法律的背景，經濟學是學法律的學生要學習的。門格爾還深受亞里士多德哲學的影響，這種哲學在當時的奧地利仍在廣泛地講授。

## 9.2 價值理論

**物品和生產結構**

門格爾對經濟理論的貢獻幾乎全包含在他於 1871 年發表的《經濟學原理》中。他在這部著作中的出發點是人類慾望的滿足，他的整個理論均以此為基礎。他論證的第一階段是為財貨下定義。他說：「一物要成為財貨……必須同時具備如下四個前提條件：①人類慾望。②該物品能同慾望滿足具有一定因果聯繫（即具有滿足慾望的能力）[4]。③人類對此因果聯繫的認識。④對能完全用於滿足慾望的物品的支配。」[5]

門格爾強調所有這四條缺一不可。如果一物具有「財貨性質」是人類慾

望賦予的，那麼，那些顯然不滿足人類慾望的物品又該怎麼樣呢？門格爾的回答是，除了直接滿足我們慾望的物品（他稱為第一級財貨）以外，【86】還有一些間接滿足慾望的物品（稱為更高級財貨）。例如，為了充饑，我們需要麵包（第 1 級財貨）；為製造麵包，我們需要麵粉和酵母（第 2 級財貨）；為製造麵粉，我們需要小麥和磨坊（第 3 級財貨）；如此等等。於是門格爾就設想出一種複雜的生產結構，其因果聯繫可從慾望追溯到越來越高級的財貨。較高級財貨的財貨性質來自較低級財貨的財貨性質，最終來自人類慾望[6]。

這種思路使門格爾得以強調一些杰文斯和瓦爾拉斯所忽視的問題：①他把生產要素和中間產品都納入一般經濟理論，而不是分開說明它們。②他強調了較高級財貨（例如小麥和磨石）之間的互補性。③一開始就引進了不確定性和知識的重要性，它們被包括在上述的第三個前提條件中。

### 經濟物品和價值

既然這樣定義財貨，那麼經濟財貨的概念也就可想而知了：經濟財貨是對其需要超過可得數量的物品。人們一旦認識到某種物品是稀缺的，就會設法盡可能多地支配它們，這些物品便構成某個人的財富；人們會利用所支配的這些物品來盡可能充分地滿足他們的慾望，這種現象被門格爾描述為「經濟地利用」（economizing）。

正是在這個階段，門格爾引出了價值概念。他說：「價值是一種財貨或大量財貨對我們所具有的意義，因為我們意識到滿足我們的慾望，有賴於對它們的支配。」[7]可見價值純粹是主觀的，因為它是個人從支配有關財貨所獲得的滿足。當被消費的財貨數量增加時，從每單位財貨所得到的滿足被看作是遞減的。門格爾以表 9.1 說明這一點：【87】

表 9.1

| 被消費的財貨 | I | II | III | … | X |
|---|---|---|---|---|---|
| 從該財貨每新增單位所得的滿足 | 10<br>9<br>8<br>⋮<br>1<br>0 | 9<br>8<br>7<br>⋮<br>0 | 8<br>7<br>6<br>⋮ | …<br>…<br>… | 1<br>0 |

在這張表中，門格爾把最重要的滿足（生命所系）定為10，把最不重要的滿足定為1，其他滿足定在兩者之間。門格爾這裡所描述的顯然是邊際效用遞減，儘管他沒有用這個術語[8]。然後，門格爾提出了一個重要命題。他說：「該財貨總量中的每一部分對這個人的價值，等於他從這個總量的每一等分所得到的各種滿足中最不重要的滿足對他具有的意義。」[9]因此，假定某個消費者有4單位的商品Ⅰ，2單位的商品Ⅲ，則這兩個單位具有相等價值[10]。

作為一種邊際效用價值論，門格爾的這一理論很難說比杰文斯或瓦爾拉斯的理論有任何前進。他超過他們的地方在於，他的理論被擴大到解釋較高級財貨的價值：他明確指出，較高級財貨（包括土地和勞動這些生產要素在內）的價值來自較低級財貨的價值，後者的價值又來自它們所提供的滿足：「較高級財貨價值取決於它們參與生產的較低級財貨的預期價值。」[11]門格爾這就完全拒絕了認為物品價值取決於生產它的物品的價值這個觀點[12]。

門格爾的理論包含著邊際生產率分配論的基礎，「某特定較高級物品一定量的價值……等於我們不支配這一定量特定高級物品時就不會生產的那部分產品所提供的滿足的意義」[13]。在這裡，較高級財貨是互補的，它們的經濟性質可能依存於其他可獲得的有關財貨的數量。不過，總的來說，門格爾看到了使用較高級財貨的比例「在一個較大幅度」上變動的可能性[14]。以不同的比例使用較高級財貨意味著去掉1單位的某高級財貨將不會使複合財貨的價值減低到零；這個單位的財貨價值可以這樣算出，即從有它參與時所得產品之價值減去沒有它參與時所得產品之價值[15]。

這些法則適用於所有高級財貨，包括土地、勞動和資本。正因為如此，門格爾強調說，它對生產要素論是至關緊要的。在這三種要素中，門格爾把資本看作是同生產持續時間有關的一種要素；因為時間允許使用高級財貨，從而增加生產。「無論何地生產經濟財貨，在一定期間支配**資本服務是必需的**」[16]。資本服務價值需要從產品價值中推算出來，以便得出所使用的高級財貨的價值。【88】換句話說，「生產的各技術要素本身的現今價值不等於產品的全部未來價值，而總是表現在維持資本服務和企業活動的邊際上」[17]。

### 交換和價格

篇幅已經過半，交換和價格還未提及。門格爾認為，交換的基礎是雙方均能從中獲益。交換的界限在於任何一方不再能從中獲利之時。交換的這種特徵

即允許得到更多的個人慾望滿足被看作是一種基礎，而價格「不過是這些活動的偶然表徵而已」[18]。

什麼決定價格？在以物易物場合，我們所能說的是，價格將處在雙方對財貨的估價的界限之間，其準確水準將由雙方交易力量決定。在壟斷場合，壟斷者將把他的價格調到獲得最大利潤，通過把持存貨以提高價格。而競爭者則沒有這樣做的刺激，他們願讓更多的產品上市。門格爾對壟斷的解說是分為（買者壟斷和賣者壟斷）兩部分來進行的。

## 9.3 門格爾的體系

門格爾體系的一個方面（有些經濟學家認為這個方面具有重要意義）是他強調時間和不確定性[19]。消費者需要具備他們能從物品中獲得滿足的知識，假定這些物品具有財貨性質的話。同樣，高級財貨的財貨性質有賴於這樣的企業家，他們認識到這些財貨能夠用來生產低級財貨。生產的全過程需要時間，而知識難免有限，不得不面對許多不確定因素。與此有關的是門格爾的競爭觀點，其中包含著動態因素。如果只看上述正常的靜態理論，門格爾的競爭論並不比瓦爾拉斯（甚至不比杰文斯）的理論強。門格爾優於他們的地方在於他把競爭描述為一個動態過程，在此過程中，壟斷是不斷被消除了：「對競爭本身的需要喚起了競爭，如果在這方面不存在社會的或其他障礙的話。」[20]

**制度【89】**

對競爭的需要喚起競爭這個論證，提供了門格爾體系不同於杰文斯或瓦爾拉斯體系的又一特徵的範例，這就是他強調經濟制度的內生性（endogeneity）。經濟制度中最基本的東西也許就是財產。門格爾認為，財產起源於財貨的經濟性質。他說：「財產……不是隨意的發明，只不過是對下述問題的實際可行的解決，這個問題就其性質來說是由於對所有經濟財貨的需求量和可獲得量之間不一致而強加給我們的。」[21]這樣，門格爾就發現了法律秩序（特別是保護所有權）的經濟根源。

交換制度同樣起源於個人行為自發性的結果。特別重要的是貨幣。門格爾認為，人們認識到，如果他們不能直接得到他們想消費的財貨，那麼為得到更多商品而交換商品是有利的。貨幣不是有意計劃的產物，不是任何強迫的產

物，也不是任何協議或對公眾利益關注的結果，而是出於個人的節約行為[22]。

**經濟發展**

關於知識重要性的觀點，以及經濟制度的演進是對個人經濟節約行為的反應的觀點，構成了門格爾有關經濟發展觀點的組成部分：經濟發展伴隨著競爭的增長和交換制度的發展帶來的交換成本的減少。此外，消費者對物品滿足他們慾望的能力瞭解得越來越多，能用於此目的的物品也日漸增多。同時，「想像的財貨」即人們誤認為可滿足慾望的物品的數量不斷減少[23]。因此，門格爾認為技術進步是通過知識增長而實現的：個人學會了如何更有效地把高級財貨用於生產低級財貨，也學會了如何把其他物品變成財貨。隨著越來越多的物品變成財貨，其中就有越來越多的部分變成具有價值的經濟財貨和具有稀少性。由於知識的增加增進了滿足慾望的方法，因而知識的這種增加又增進了福利。

同知識的這種增長相關的是越來越多地使用高級財貨，而且使用越來越高級的財貨。這涉及延長人的預籌活動所占用的期間：人們不得不進行一些只是用於滿足幾十年後的慾望的活動。雖然在門格爾看來這種活動會最終增加消費商品的數量，但它也要求增加現時資本量。隨著資本累積的進行，越來越多原先的非經濟物品，既不稀缺也無價值的物品，變得具備了經濟的性質[24]。

由此可見，門格爾關於經濟活動集中於滿足人類慾望的理論，不僅為解說價格提供了基礎，而且為他的可與亞當·斯密的理論相比的經濟發展理論（就其廣泛性而言）提供了基礎。對經濟發展理論來說，重要的不是價格概念，而是主觀價值概念，它反應著與滿足人類慾望可能性有關的財貨的有效性。全部經濟活動都應以此加以說明。

## 9.4 方法

門格爾撰寫有關方法論著作的背景是他的《原理》在德國遭到忽視，無人問津。占支配地位的歷史學派對理論性著作是不屑一顧的[25]。因此，在《原理》中發揮了經濟觀點之後，門格爾轉而維護理論著作，批評歷史學派的方法論[26]。

門格爾認為理論經濟學是一門不同於歷史經濟學和統計經濟學的學科。這不是關於方法（歸納和演繹）的全部理由，而是關於該學科研究對象的理由。

由於門格爾接受了亞里士多德學說的教育，因而他關注解說經濟現象的本質，他發現這本質在於主觀價值之中。他指出，一般理論所研究的是「**精確法則**」——自然法則——它們在原則上是不可更改的，這同受偶然性支配的「**經驗法則**」形成對照[27]。這些精確法則是關於經濟現象的實質或真正性質的。

門格爾的亞里士多德教育背景也說明了他為什麼強調因果聯繫而不強調互相同時決定。《原理》開頭幾句就說：「一切事物皆受因果律支配。這個偉大原則沒有例外。」[28]整個第一段都是談這個問題。正是在這裡，他提出了財貨，即能同人類慾望有「因果聯繫」的物品[29]。比辭藻華麗更有意義的是，門格爾關於物品具有財貨性質的四個前提條件，同亞里士多德的四個原因（物質的、有效的、形式上的和最終的原因）非常符合[30]。門格爾欲證明人類慾望之滿足是經濟活動之目的，經濟現象的真正性質只能依據這些現象同這個目的之間的關係才能理解，因而經濟學的精確法則是從考察同其最終目的有關的人類活動中得出來的。

依據歸納和演繹之間的衝突來看待門格爾同施莫勒和歷史學派的爭論是不中肯的。門格爾同施莫勒的分歧，在目標上同為達此目標的方法上一樣多。在爭論中，門格爾強調「方法論上的個人主義」（他堅持根據個人的行為去分析總體），他對歷史學派提出的歷史發展的歸納法則所做的批評，同這一點是完全一致的。

對門格爾目標的這種解釋也說明了他同瓦爾拉斯的分歧，這有兩方面。他拒絕把數學用作經濟研究的工具，理由是它無助於把握經濟現象的實質[31]。此外，他堅持目的論觀點，拒絕了瓦爾拉斯所強調的互相決定論，認為後者忽視了經濟活動的目的性。

不過，儘管門格爾要求他的理論成果只有精確性，但對運用這些成果來解釋經濟現象時所具有的局限性是很瞭解的。這種局限性來自他的精確法則只適用於特殊的人類行為，即不存在無知和錯誤的行為。因而他的精確法則只能說明「經濟的」現實，卻不能說明「實際的，部分極不經濟的人類經濟現象」[32]。儘管門格爾主張社會現象是在有機地自發地演進，作為對經濟慾望的回報，但他並沒有說現存制度在何種意義上是理想的，因為不能設想個人不會犯錯誤。

## 9.5 奧地利學派

**維塞爾**

門格爾專注於方法論的研究，因而沒有發展包含在《原理》中的經濟思想；這個任務落在他的追隨者，特別是維塞爾和龐巴維克肩上。聞名遐邇的奧地利學派之建立，得力於此二人者同得力於門格爾本人者一樣多。維塞爾對門格爾思想的發展主要表現在三方面：①他讚同門格爾關於經濟理論是研究經濟現象實質的看法，認為這些實質能通過內省法（introspection）發現出來。②他把門格爾的主觀價值論擴及成本，把成本解釋為主觀機會成本。③他以歸屬理論（the theory of imputation）發展了門格爾的要素價格論。

維塞爾著作的一個重要方面是把主觀價值論用於共產主義國家的問題。對維塞爾的研究具有重要意義的是「自然價值」概念，即根據財貨直接滿足人類慾望的能力，或財貨生產出滿足人類慾望的物品的能力而歸算財貨的價值。這種自然價值不是人為的東西，而是「起源於財貨量與效用之間社會關係」的現象[33]。【92】因此，「自然價值也就是那個為一個完全有組織、最高度合理的社會所承認的東西」[34]。它對一個理想的共產主義國家來說是一個適宜的價值尺度。

交換價值則有所不同，它不僅取決於自然價值，而且依存於其他因素。除了「人類不完善性……過失、欺騙、強暴和機遇」之外，私有財產的存在也影響著交換價值。他說：「對自然價值來說，財貨只是簡單地依據它們的邊際效用來估計；對於交換價值來說，財貨卻要依據邊際效用和購買力的結合來估計。按自然價值，奢侈品被估計得遠比按交換價值為低，而必需品則相對地被估計得比按交換價值高得多。即使認為交換價值是完善的，交換價值仍然是自然價值的一幅漫畫——如果我們可以這樣稱呼它們的話；它破壞了它的經濟對稱，把小的增大，把大的縮小。」[35]

維塞爾還用他的自然價值概念討論社會主義經濟。一方面，他關於交換價值同自然價值不相符合的論證，像庇古後來所做的私人成本和社會成本的區分一樣[36]，能用來作為反對現存經濟秩序的理由。另一方面，自然價值論提供了一個批判馬克思勞動價值論的基礎。他堅信「社會主義者的價值理論幾乎全是錯誤的」[37]。社會主義者把價值歸結為勞動而不是效用；他們忽視生產的土地和資本價值；他們忽視價值在一國經濟的物質控制中的作用。他說：「在自

然經濟制度下，勞動是按它的效用來估價，加上土地和資本的價值，土地地租以及資本利息都要算在成本之內。如果忽視了這些，生產就變得一團糟了。」[38]後來，奧地利人又回到了這個命題，即價值是生產組織的要害[39]。

### 龐巴維克

門格爾的另一位門徒是龐巴維克，熊彼特稱讚他是「經濟科學的最偉大的建築師之一」，如果考慮到他的經濟發展模式的話[40]。龐巴維克為主觀價值論提供了一個解說，他的著作迅即譯成英語，因而成了使奧地利人學說傳到操英語的經濟學家手中的通道。加之他是個雄辯家，因而在19世紀90年代被視為奧地利經濟學的主要代表。還是龐巴維克，在《卡爾‧馬克思及其體系的終結》（1896）一書中對馬克思主義經濟學提出了一個經典性批判[41]。

龐巴維克的經濟發展論集中體現在他的資本論和利息論上。他依據門格爾的資本論，試圖以其生產期間概念測定資本財貨[42]。儘管他在這方面顯然得益於門格爾，但仍有若干重要差別，【93】尤其值得注意的是他更樂於運用總量分析。龐巴維克用了總工資基金概念使其著作的一部分染上了古典的色彩。

### 其他奧地利人

在維塞爾和龐巴維克手上，奧地利傳統已按不同方向在發展，在他們的追隨者手上，這些分野有了進一步的發展[43]。在一端，米塞斯堅守著門格爾和維塞爾所強調的個人主義方法論，以及經濟學和自然科學的區別，等等[44]。雖然他對社會主義的咄咄逼人的批判非常引人注目[45]，但他的教條式觀點使他處在經濟思想的主流之外。比米塞斯更重要的也許是哈耶克，在方法論上的看法，哈耶克與米塞斯日漸產生了分歧，但對競爭過程的性質的觀點卻是一致的[46]。用同門格爾和龐巴維克有關的生產結構的觀點，哈耶克提出了一種資本理論，又用該資本理論在20世紀30年代初發展了一種同凱恩斯的有關理論相匹敵的商業循環理論[47]。與上述這些很不一樣的是熊彼特，他把奧地利人的思想同瓦爾拉斯的一般均衡理論結合起來。不過，熊彼特關於企業家及競爭過程的性質的觀點仍是非常「奧地利」的。在此基礎上建立了他的利潤率論和經濟發展過程理論[48]。

奧地利人的思想在國外的影響同樣重要。馬歇爾讀過門格爾的《原理》並受到他的影響，不過首先是龐巴維克的觀點鼓勵了維克塞爾，後者把龐巴維

克的資本論同瓦爾拉斯的一般均衡論結合起來，而得到了一種經濟過程理論。這個理論免除了龐巴維克在發揮他自己理論時所帶有的許多缺點。可以說，在純理論水準上，直到希克斯的《價值與資本》(1939) 為止，維克塞爾的貢獻是無與倫比的。

註釋：

① 1914 年前奧地利不是一個小的中立國家，而是一個大帝國的中心。【423】
② 參看第 13 頁。
③ 歷史學派的民族特點可以說明為什麼它在奧地利不像它在德國那樣重要；強調民族性在一個多民族國家可能是分裂主義的。
④ 原有的措辭（雖然在英文版中沒有）從門格爾對原因的態度來看是重要的。參看第 90 頁。
⑤ 門格爾（1871），第 52 頁。
⑥ 物品這樣分等級，顯然是為了簡化，使於解說。
⑦ 門格爾（1871），第 115 頁。
⑧ 門格爾拒絕使用「效用」一詞不過是一種詭辯，並不表明反對這個詞。同上，第 118-119 頁。
⑨ 同上，第 132 頁。
⑩ 門格爾並不認為這些尺度比序數具有更多的意義。
⑪ 同上，第 150 頁。
⑫ 同上，第 149 頁。
⑬ 同上，第 164 頁；參照第 165 頁。
⑭ 同上，第 63 頁。
⑮ 同上，第 165 頁。看來門格爾還沒有意識到存在一個加總的問題。
⑯ 同上，第 157 頁；參照第 153 頁。
⑰ 同上，第 161 頁。
⑱ 同上，第 191 頁。
⑲ 參看哈欽森（1981），特別是第 6 章。
⑳ 門格爾（1871），第 217 頁。
㉑ 同上，第 97 頁。
㉒ 同上，第 260-261 頁。

㉓ 這個需求發展觀點同馬歇爾的觀點有某些類似。參看第99頁。

㉔ 同上，第152-155頁。

㉕ 參看第18章。

㉖ 參看哈欽森（1981），第6章；奧爾特（1982）。

㉗ 門格爾（1883）。

㉘ 門格爾（1871），第51頁。

㉙ 參看第85頁。

㉚ 奧爾特（1982）。

㉛ 安托內利（1953）。

㉜ 門格爾（1883），第218頁。

㉝ 維塞爾（1893），第60頁。

㉞ 同上，第61頁。

㉟ 同上，第62頁。

㊱ 參看第166頁。

㊲ 維塞爾（1893），第66頁。

㊳ 同上。

㊴ 參看哈耶克（1935）。

㊵ 熊彼特（1954），第847頁。

㊶ 同上，第234頁。參看哈欽森（1981）。這看來同瓦爾拉斯所用的競爭模式有些類似。【424】

㊷ 參看第151頁以下各頁。

㊸ 參看第265頁以下各頁。

㊹ 參看第266-268頁和第379頁。

㊺ 參看哈耶克（1935）。

㊻ 參看第379頁。

㊼ 參看第189頁。

㊽ 參看第157頁。

# 10 馬歇爾

## 10.1 引言【94】

把馬歇爾的著作列入 19 世紀 70 年代開始形成的新體系之內，對此需要作一些解釋。除了 1879 年問世的一本基礎性教科書以外，馬歇爾的主要著作寫於 1890—1923 年，加上馬歇爾經濟學的綜合性特點（在一個既涉及邊際效用又包含邊際生產率的結構中，馬歇爾把對杰文斯和英國古典經濟學家的洞悉糅合在一起），似乎應把他放在帕累托、費希爾和維克塞爾一邊，而不是杰文斯、門格爾和瓦爾拉斯一邊。不過，有若干理由表明把他列入後一組更合適些。①儘管《經濟學原理》直到 1890 年才出版，但該書的大部分在此之前很久就已經完成了。馬歇爾宣稱，1867—1868 年他已制定出他關於價值和分配的觀點，而且是獨立於同時代人提出來的[①]。②這些觀點已廣為宣揚，並在他的《原理》問世前已為他贏得了聲譽：他的講課影響了學生，當英國的許多經濟學家還沒有成長起來時，這種影響是非常重要的。他對外貿和供求的圖解說明在 1879 年前已自費印行；《工業經濟學》（1879）遠遠越出了對穆勒經濟學的概略介紹。如果我們承認馬歇爾的思想不過是發表得較遲的話，應當說，他在年代上與杰文斯、瓦爾拉斯和門格爾是同時的。

儘管馬歇爾同杰文斯、門格爾和瓦爾拉斯大約同時得出了他的價值論和分配論，儘管他的理論同他們的理論有許多共同之處，但馬歇爾是唯一的一位通過發揮英國古典學派的思想而到此地步的[②]。馬歇爾在 19 世紀 60 年代後期試圖用得自古爾諾和杜能的思想，用數學表述穆勒的理論，他是通過這個途徑而得出他的體系的。這些緣由有助於說明他的體系的若干特徵。

馬歇爾體系的特徵之一是，儘管他對資源配置的微觀經濟學相當關注，但

他主要關心的是分配和成長。《原理》保留了許多亞當‧斯密《國富論》的傳統。斯密的影響更深遠。由於斯密在其成長論中極力強調分工，所以馬歇爾經濟學中的主體也是報酬比例和報酬增長經濟學。

效用是杰文斯、瓦爾拉斯和門格爾體系的基礎，而在馬歇爾體系中卻是次要的，【95】充其量只起一個解說作用。這是馬歇爾經濟學的另一個特徵。在早期著作中，馬歇爾仿效古爾諾從需求曲線而不是從效用出發研究問題③。馬歇爾引入效用是在他閱讀杰文斯《政治經濟學理論》（1871）之前還是之後，不太清楚；但無論如何，在馬歇爾看來效用的作用是次要的，因為馬歇爾絕未準備把慾望作為一種外來的既定的東西。甚至消費者剩餘的思想也不是用來表現效用的，而是作為一種粗略而實際的尺度，與土地租金相類似（在早期著作中，它被稱為消費者租金，「consumers'rent」）。同效用的次要作用相適應的是供給和生產成本的主要作用。馬歇爾在此又一次步了英國古典傳統的後塵。儘管他對杰文斯的著作是尊重的，但他認為杰文斯主張效用決定價值的觀點，比李嘉圖主張生產成本決定價值的觀點更易讓人陷入迷途④。

在詳細考察馬歇爾的學說之前，還有一個方面要注意，這就是他對進化的強調。進化論思想在19世紀60年代的英國被廣泛地討論，馬歇爾受其影響到這樣的地步，以至於他承認斯賓塞和黑格爾的進化論對他自己在《原理》中所表述的思想發生了主要的影響。這種影響表現在，他把連續性概念和逐漸演變的概念視為經濟學的核心，他還想運用動態的生物解剖學而不是靜態的力學方法。不過，需要處理的因素十分複雜，因而有必要一次只研究其中少數幾個。換句話說，就是運用局部均衡分析，它多半又是靜態的。需要著重強調的是，雖然馬歇爾的大部分著作是靜態的局部均衡分析，但它是一種動態的進化的理論，這種理論不宜鑲進現成的「新古典」模式，而馬歇爾認為這種模式是非常重要的⑤。

## 10.2 價值論和分配論

**一般均衡**

馬歇爾在給 J. B. 克拉克的一封信中說⑥，他一生致力於「描述一種現實形式」，就像他在《原理》數學附錄XXI中盡力做的那樣⑦。在這個註中，馬歇爾對一個經濟的供給和需求問題從總體上作了一個鳥瞰。他想表明，他恰好

有適當數量的方程式去決定所有未知數的價值，這就是 n 個商品和 m 個生產要素的價格和數量。從一種簡單場合開始，逐步複雜化，馬歇爾表示他可以得出 2m+2n 個方程式：【96】

第一，需求方程式，涉及每種商品的價格與數量。

第二，把每種商品價格與生產它所用的生產要素的價格聯繫起來的方程式。

第三，表示要素投入和生產產出關係的方程式。

第四，供給方程式，把每要素的供給與其價格聯繫在一起。

中間兩類方程式（第二和第三）表現了廠商行為，可用來得出對要素的需求和商品的供給。

馬歇爾對這個註釋的態度表明了他對同時彼此決定所賦予的意義：要發現一個變量的價值，必須解出所有的方程式。這意味著，要發現一個商品的價格，不僅要考慮到供給和需求，而且要考慮到各商品的價格和各要素的價格，因為要素定價問題是一般價值論的一部分。

**商品價格**

雖然商品價格是一般均衡論的一部分（如上所述），但馬歇爾指出，實際上運用局部均衡分析也是可能的。對於一個商品來說，因為其價格只占消費者支出的小部分，所以對它的供給和需求可被視為仿佛是彼此獨立的。這樣就可以用供給和需求曲線來分析單個商品的價格和產量。不過，供求曲線是靜態的，在此使馬歇爾著迷的問題是供給和需求如何隨時間推移而調整到均衡。他對這個問題的分析是通過劃分不同的時間來進行的。

第一，在極短時間內，市場上有一定量商品，而且沒有時間生產更多的商品。假定商品是鮮貨（例如鮮魚），則無論按什麼價格它都會被售出，如圖 10.1(a) 所示[8]。假定商品可儲藏，則其賣主將有機會把它們儲藏到可望賣到更高價格的時候；因而供給曲線可能是很有彈性的，如圖 10.1(b) 所示，其態勢不取決於生產成本而取決於售賣者對未來價格的預期。這就是說，在很短時間內，無論商品是否鮮貨，生產成本對價格均無直接影響。任何影響（須由預期未來成本和價格）都只是間接的。【97】

第二，如果可把稍長一些時期稱為**短期**，則在這一時期內，廠商可以改變他們的生產，但不能改變熟練勞動的投入和所用機器設置或生產方法。供給將

依存於短期邊際成本，它是不斷上漲的，如圖 10.1(c) 所示。邊際成本和需求共同決定價格。

第三，如果考察更長時期或如馬歇爾所謂長期，則不僅生產可以變化，而且廠商能改變對熟練勞動的使用，改變裝備和生產組織。由於所有的投入和生產方法都可變動，所以報酬遞增極有可能。長期供給價格（馬歇爾視為「在**總的生產過程和上市過程**中邊際增量的總支出，包括風險費和總的管理收入」[9]）可能隨產出增加而下跌，如圖 10.1(d) 所示，而且它同需求曲線可在多處相交。

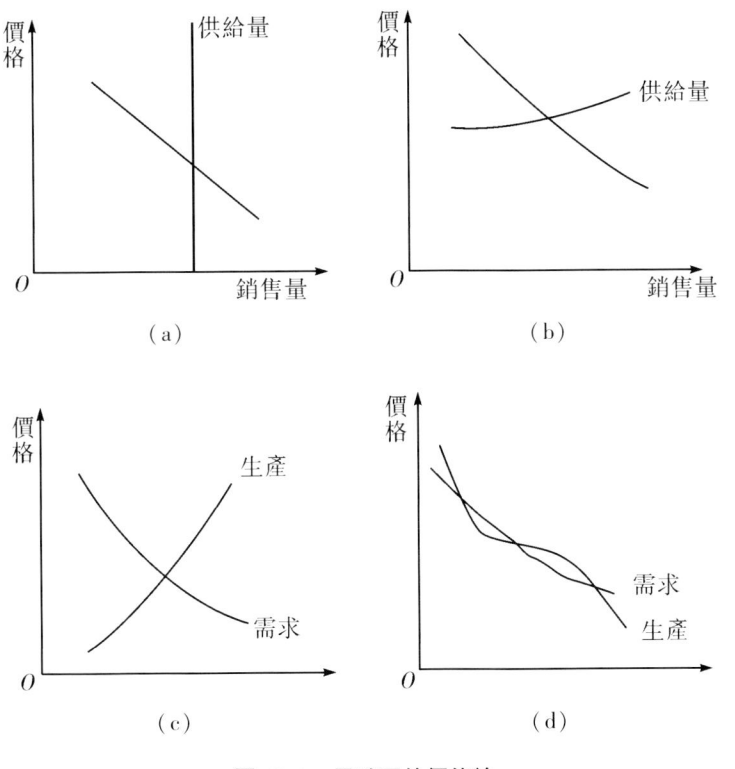

圖 10.1　馬歇爾的價值論

在這一點上，至少對習慣於現代廠商理論的人來說，困難開始了。因為很自然地（在這裡）把長期均衡看作是靜態均衡，其中每個要素都有時間進行調整。完全競爭同與生產規模成比例的報酬遞增的符合也引起了疑問。現在對此疑問的回答通常是：這兩者的符合只有在下述情況下才成立，即導致報酬遞增的生產規模的經濟（節約）對工業來說是內部的經濟，而對廠商來說是外

部的經濟。這在實踐上並不顯得重要。馬歇爾接受這個論證，但更為重要的是，他的長期概念不是靜態的，而且不涉及完全競爭。【98】在他所謂的長期中，仍然有變化發生，即使在「均衡」狀態下也不例外：新廠商加入市場，舊廠商退出；任何個人廠商的成本都在不斷變化。成本是按照「代表性企業」來計算的，這個代表性企業「是由正常的能力來經營的，它能正常地獲得屬於那個總生產量的外部經濟和內部經濟」[10]。他還承認，某些廠商會有它們自己的「特殊市場」，會面對下降的需求曲線[11]。更複雜的情況還在於，馬歇爾指出，許多規模經濟的好處是不可逆轉的——一旦得到便不會喪失，即使產出下降也罷。

本節開頭曾指出馬歇爾想以一種**現實的形式**表述他的一般均衡方程式。這是他的價值論的關鍵。他的目的是解釋正常價值，換句話說，解釋能適用於19世紀後期英國經濟中平均的、長期的和短期的價格。但如果簡單從事，從正常的簡化了的模式得出結果，就可能誤入歧途：研究一種不斷演進經濟所涉及的各種複雜情況必須考慮在內。

### 收入分配

馬歇爾的分配論是以邊際生產率論或要素之間「替代原理」為基礎的，雖然對其意義持懷疑態度。準地租概念用來概括各種要素的租金，因為所有要素價格被同一些普遍原則所支配。不過，他的體系仍然是「古典的」，這表現在兩方面：一方面他十分注意長期的變動——人口增長和資本累積。這些將在下面談到。另一方面他有一個總的分配理論。在考察分配時，馬歇爾沒有預先做出這樣的假定（而在分析商品價格時做出了）：需求和供給是彼此獨立的。因為每個要素是對所有其他要素需求的來源；「國民收入（它是所有要素的總和產品，並隨每種要素的供給而增加）又是對每種要素需求的唯一源泉」[12]。馬歇爾批評工資基金說，認為它「把資本**儲量**和工資**流量**聯繫起來，而沒有反應出勞動借資本之助而生產的產品**流量**和工資**流量**之間的正確關係」[13]。通過這樣重複表述古典派工資基金論，馬歇爾提出了收入循環流量的觀點：事後認識到，這種觀點離凱恩斯的總需求概念已不遠了。

### 國際價值與貨幣

對外貿易是馬歇爾綜合研究的另一領域。彼此依存的供給和需求曲線在此無能為力了。【99】馬歇爾的理論與穆勒的理論很相近，他的主要貢獻是以圖

解表述了穆勒的互相作用的需求論，並用需求彈性概念更透澈地分析了結果[14]。

傳統的貨幣價值論是數量論。馬歇爾在這裡的貢獻是把貨幣論同一般價值論綜合起來，以對現金平衡（決定於持有貨幣的邊際成本）的需求表述了數量論。並指出這同傳統的貨幣流通速度的方法並無二致，雖然更富有成效[15]。

## 10.3　經濟發展

雖然馬歇爾因上節討論的理論而聞名，但他主要關心的是經濟發展，他認為經濟發展問題同人類本性的所有重要問題都聯繫在一起。在《原理》開頭他就寫到，經濟學一方面研究財富，「另一方面，也是更重要的方面是研究人。因為人的性格是由他的日常工作和由此而獲得的物質資源所形成的」[16]。這不僅是一個道德問題，因為它是馬歇爾的發展理論的重要組成部分[17]。

馬歇爾認為經濟增長有賴於資本累積，這需要組織的改善，更大的分工和生產規模的有效節約。經濟增長還有賴於勞動力規模和效率增進。資本累積取決於許多因素，包括產出水準、利潤率、利潤在國民收入中的份額。更新奇的是馬歇爾關於勞動力的觀點，因為他區分了兩類消費或需求。最重要的是同馬歇爾所謂「生活標準」（standard of life）有關的需求。

**「生活標準」**一詞在這裡是指適應需求的活動標準，因此，生活標準的提高，意味著知識能力和自尊心的增加；在開銷方面更謹慎行事，避而不用只滿足食欲而不增加力量的飲食，拒絕有損於身體和道德的生活方式[18]。

一方面，消費的這種增加同生產率的增長聯繫在一起；另一方面，「安逸程度」（standard of comfort）不僅包含這些需求，而且包含「人為需求」，後者無助於效率和性格的改善。

新活動和新需求的同時發展能使人跳出馬爾薩斯主義陷阱。因為現在有了進口食物的新來源，所以農業生產對工資的強制性影響不再成為問題。增加的需求意味著工資的增加不僅是人口增加所致，而且是生活標準的提高。在這種情況下，生活標準的提高將是有效地提高，並使工資水準的提高有可能容忍。假定工資的提高未伴隨效率的增進，則利潤會降低，資本會流向國外。因此，新需求的增長以及與它相關的人的性格的完善，不可分割地同資本累積過程和經濟發展聯繫在一起。

## 10.4 自由企業和國家

【100】馬歇爾關於自由企業與國家的觀點也是建立在關於資源配置的邊際主義論證與對經濟增長的古典式的格外關注之結合上。他對於自由企業問題的邊際主義看法反應在他用消費者剩餘來分析最大化滿足理論:「按照該理論,供給和需求的任一位置皆可被適當地看作最大化滿足的位置。」[19] 不過,在以單獨一段明確表述了該理論的基礎之後,他主要轉向例外情形。①有這樣一個論證(埃杰沃斯有力地提出過[20]):財富從富人到窮人的再分配可以提高總滿足,因為收入的邊際效用是遞減的。②存在著這種可能性:一種稅收制度若使收入增長的產業增加生產,同時使收入減少的產業受損,則它可能提高福利。這分明是馬歇爾學說的思想,只不過加了若干技術性限制。③存在著一個壟斷問題,它可使總需求降低到它的最大化水準之下。

不過,雖然這些情形暗示了自由企業制度中的不完善性,但是馬歇爾看出有其他一些因素會使政府干預的範圍小於初看時所想像的那樣。其中特別重要的是義務的含義和對讚許的希望,因為馬歇爾強烈拒絕把經濟學的基礎置於經濟人的假設上:如果經濟人被理解為機械地和自私地追求經濟利益的話。[21] 利他主義的例證是父母養育子女,雇主教育雇員,儘管這種教育的外部影響同對有關廠商利益的影響一樣大。在討論壟斷時,馬歇爾考慮到壟斷者使其壟斷利潤與消費者剩餘相均衡的場合,認為這是利他主義的明顯例證。

馬歇爾準備引薦國家對經濟的干預,但他這樣做時非常謹慎小心。理由之一是他對促進經濟增長的關注,這個問題在資源配置的靜態模式中沒有出現過。他賦予經濟增長的意義不限於維護古典派傳統看法,因為他強烈意識到英國的經濟地位在強勁對手德國和美國的競爭面前發生的變化。減少企業和主動精神的措施避而未提。因此,他雖然承認規定防止壟斷權力的好處,但是反對「行政的社會主義」,反對國家調節生產,像國有化那樣。

【101】馬歇爾把經濟增長看作財產問題的關鍵,這是他一生著作的基本課題。儘管如此,他的態度與其古典派前輩仍明顯不同,主要區別在於他不認為存在馬爾薩斯主義對提高實際工資水準的障礙。他認為「生活標準」(如前所述)會得到有效提高,因為對工資的收入再分配能提高生產率,而他最為讚許的福利是最能改善人的性格從而提高效率(如教育)的福利。馬歇爾讚

成累進稅，但以不損害企業為條件。馬歇爾認為，對大多數人來說，在有利他主義（「經濟騎士精神」）條件下，經濟增長是一劑良藥，但他承認有一個「社會底層」，他們沒有自助力，有必要由政府給予救濟[22]。

馬歇爾關於自由企業的論述集中在自由企業的經濟效果，但對他來說更重要的也許是自由企業對人的性格的影響。馬歇爾把性格的改進看作頭等重要的事情，他讚揚節儉、理性、勤勞和愛好名譽等美德，認為這些品德同維多利亞時代中期的所有者（經營廠家中「理想的」商人）聯繫在一起。馬歇爾的「附錄A」（在《原理》先前各版中是放在開頭的）關於自由企業和產業成長的敘述，有關道德與社會進步的內容同經濟內容一樣多。因此，即使純經濟論證不曾支持自由企業制度，但其意義也必定超過道德論證。

## 10.5 馬歇爾的方法

馬歇爾關於方法的觀點有特殊意義。這是因為，按哈奇遜的說法，馬歇爾「對英國經濟科學的形成，對提出和表述應當研究的問題以及暗示不必提出的問題，均負有主要責任」[23]。

19世紀70年代在方法論方面爭論得最熱烈的問題集中在演繹和歸納的作用、理論和歷史的作用上[24]。馬歇爾一生傾心於現實主義，尋求理論與歷史的綜合。想把演繹和歸納加以綜合雖為馬歇爾和杰文斯所共有，但他們得出這種看法的方式很不相同。杰文斯把數學的和演繹的理論置於經濟學的中心，輔之以經驗的方法，首先是統計方法。馬歇爾想保持經濟學的理論核心，而使數學盡可能地起次要作用。此外，他對經驗材料的使用同杰文斯的統計方法也很不相同。馬歇爾試圖把經驗觀察的成果（不是通常用統計所表示的）和他的理論結合起來，這種做法在一定程度上更接近於亞當·斯密的方法，而不是更接近於杰文斯的方法。

【102】馬歇爾強調指出，「經濟論證的中心意圖」（而不是任何特定理論）構成經濟學的核心：「經濟理論中唯一稱得上是普遍性的那部分沒有教條。它不是一種具體真理的實體，而是發現具體真理的一種動力，好比是力學理論一樣。」[25]不過，在他把理論看作是理解經濟問題的根本的同時，對孤立地追求純理論表示了強烈的懷疑。他說：「不過我想像不出還有什麼比認為抽象的或一般的或『理論的』經濟學是『合適的』經濟學更有災難性的觀

點了。」[26]

同對純理論的這種幾乎又愛又恨態度相應的是馬歇爾對數學所抱的顯然自相矛盾的看法。一方面，他承認他的理論體系應歸功於他把穆勒的理論翻譯成數學的嘗試；另一方面，他又貶低數學在經濟學中的應用。貶低它的一個理由是，他的「進化論見解」以及他對生物解剖學的偏好，更適於力學的而不是數學的表述[27]。應用數學的障礙在經濟學中同在生物學中的表現相類似：所涉及的體系的複雜性，它在不斷變動以及不可翻轉的性質。因此，馬歇爾想把數學論證保持在簡略水準，並總是把計算結果翻譯為英文。他不願使經濟論證失去同現實的接觸。

同對理論（首先是數學）的這種輕視態度形成對照的是，馬歇爾認為經驗著作（特別是經濟史）起著主要作用。雖然在《原理》相繼的各版中，對經濟史的強調愈益減少，但他的早期著作包含著許多歷史內容，他的最後一部著作《工業和貿易》（1923）包含著大量有關工業組織的事實材料。對歷史的這種強調同馬歇爾對各種經濟制度的歷史聯繫的認識（在一定程度上超過大多數其他「新古典」經濟學家）有關。不過，更重要的是，他對歷史的強調對他的經濟學的性質的影響，因為即使在《原理》中，事實材料同經濟理論也以一種使人聯想起亞當・斯密《國富論》的方式混合在一起。馬歇爾在為《原理》辯護時說，「理論」一詞只適用於第五篇，即論述供給、需求和價值的一般關係的部分[28]。加上他對工業組織的詳情細節抱有極大興趣（這要求花費多年工夫觀察工業條件），使得他想保持理論與實際始終緊密聯繫的要求影響了他所引用的經驗證明的性質。這些經驗證明的大部分是軼事而不是統計資料，是解釋性而不是基本的。他這樣引用經驗材料，同他的某些方法論說明（要求使用數學和統計方法）形成了對照[29]。

馬歇爾強調現實主義，要求保持理論與實際緊密聯繫，其主要用意就在於含糊不清。因為他的目的不是提出一個邏輯嚴謹的抽象模式，他並不強制自己服從於嚴密的各種假設條件。一位評論者曾說，馬歇爾有「離開正文而解釋他的意思的習慣」[30]。例如，在他的局部均衡分析中，「假使其他情況不變」一句常未予以適當說明。【103】更有意思的是他用「經濟自由」而不用競爭，這同他拒不準確指明所考察的競爭的程度有關[31]。他的整個「正常價值」論述都籠罩在含糊不清之中，這裡既不是完全競爭，也不是完全均衡。

從馬歇爾《工業和貿易》一書的題詞「眾多寓於單一，單一寓於眾多」

可以看出他的方法論的線索。儘管他承認有某些共同原因支配著經濟現象，為了得出一種統一的解釋，有必要透澈觀察現實世界的詳情細節，但經濟學的核心理論不可能被簡化。他在 1899 年寫道：「在我看來，眾多是研究的基礎，單一是虔誠和勤勞的信徒追求的天堂。」[32]

因為有這些模稜兩可之處，所以馬歇爾的「現實主義」研究的優點就不像初看上去那樣明顯。為說明由此引起的問題，讓我們看一下薩繆爾森（他也許是戰後主要的經濟理論家）的判斷。他說：「馬歇爾的含糊不清使得我們學科的盎格魯—撒克遜分支的最優秀的頭腦癱瘓了 30 年之久。到 1930 年該學科才剛剛恢復到 1838 年古爾諾已達到的對純壟斷理論的理解……馬歇爾使唯其馬首是瞻的兩代學者犯了錯誤……馬歇爾如此害怕不現實，結果卻以含糊不清和混亂（和被搞亂）而告終。」[33]

從奧地利人或瓦爾拉斯的一般均衡論的觀點來看，找出在特定假設條件下最大化行為的內涵是有真理的成分的[34]。但是馬歇爾關注的比這更多，因為他堅信，靜態均衡條件的分析撇開了現實的某些最重要的方面。因此，從某一點來看，雖然馬歇爾所發揮的局部均衡分析，他所區分的長期與短期，他強調生產過程之不可逆轉性等似乎很含糊甚至混亂，但是，唯有通過這些概念，正式均衡理論才具有了意義。因此，從這一點來看，可以說，馬歇爾未搞亂各種論題，他使古爾諾的更正式的分析對分析現實問題有用了[35]。

馬歇爾方法論的最後一個方面必須予以考慮（就其重要性來說），這就是他對實證和規範區分的態度。雖然他的經濟發展觀點可能暗示了他實際上沒有做到這一點，但他堅持認為，經濟科學必須拋開倫理判斷。雖然他備受各種有力的道德和社會思想的鼓舞，但是他對科學思想有同等的關注。對馬歇爾來說，「科學」並不是空洞的有傾向性的術語，它意味著「觀察和注意……嚴格的區分和劃界」[36]。因而他爭辯說，當某些經濟政策被推薦為最佳政策時，經濟學家卻只說它們本身的權威，【104】不聽其他科學的聲音[37]。這就要求創造一種關於實證—規範區分的科學；馬歇爾提議以「經濟學」替代「政治經濟學」一詞就反應了上述願望[38]。

## 10.6 結論

關於馬歇爾之死，陶西格相當公允地寫道：「馬歇爾的去世，使經濟科學

失去了它的最傑出的代表者。在操英語的國度裡沒有人懷疑他的權威；即使在大陸或其他地方，恐怕也不會有人提到名人時撇開他。在一代人中他的領導地位是確定無疑的。」㊴

儘管馬歇爾的聲譽得自前人，但他在經濟分析史中仍佔有特殊地位。一方面，他顯然是正統派的堡壘和邊際分析的擁護者。但他的思想還有另一方面，據此，他應被列入凡勃侖這樣的抗議者之內，而不是列在維克塞爾、費希爾或帕累托一邊。馬歇爾的思想充滿了進化的觀點，因而他絕不滿足於邊際分析的現有結構。像凡勃侖和其他的美國制度主義者一樣，他拒絕把慾望看作既定的，他所關注的是歷史過程。然而，馬歇爾只是著手將這兩種相反的潮流拉在一起，而他的少數追隨者則試圖實現這個任務。


註釋：

① 對此一直有爭論。參看下文。

② 因為馬歇爾強調和英國古典經濟學家的連續性，所以「新古典」一詞用在馬歇爾身上比用在杰文斯、門格爾或瓦爾拉斯身上更合適。

③ 惠特克（1975）。

④ 參照馬歇爾對杰文斯的評論（1871），重印於馬歇爾（1925）。

⑤ 參看馬歇爾關於經濟學中力學和生物學的類似性的論文，重印於馬歇爾（1925）。

⑥ 馬歇爾（1925），第417頁。

⑦ 馬歇爾（1890）。

⑧ 參照惠特克（1975）和馬歇爾（1879）中的圖解。

⑨ 馬歇爾（1890），第502頁，著重點是新加的。

⑩ 同上，第317頁。

⑪ 同上，第501頁。

⑫ 同上，第665頁。

⑬ 同上，第545頁。

⑭ 馬歇爾（1879）。

⑮ 參看第175頁以下各頁。

⑯ 馬歇爾（1890），第1頁。

⑰ 帕森斯（1931 和 1932）。

⑱ 馬歇爾（1890），第 689 頁。

⑲ 同上，第 470 頁。

⑳ 參看第 167 和 242 頁。

㉑ 惠特克（1977），第 163 頁。

㉒ 馬歇爾（1907）。

㉓ 馬歇爾（1890）。值得一提的是，馬歇爾許多學生捲入了弄清楚英國貧窮程度和範圍的調查。【425】

㉔ 哈欽森（1953），第 70 頁。

㉕ 參看第 212 頁以下各頁。

㉖ 馬歇爾（1925），第 159 頁。

㉗ 同上，第 437 頁。

㉘ 參看上述註 5。

㉙ 馬歇爾（1961），第 2 卷，第 72 頁。

㉚ 馬歇爾（1897）。

㉛ 吉爾博（1952），第 114 頁。

㉜ 馬歇爾（1890），第 9-10 頁。

㉝ 引自惠特克（1975），第 110 頁，科茨（1967a）。

㉞ 熊彼特（1967），第 109，111 頁。

㉟ 參照第 142-143 頁。

㊱ 參照哈耶克的論述，第 379 頁。

㊲ 哈欽森（1981），第 53 頁。

㊳ 馬歇爾（1925），第 165 頁。參照第 244 及以下各頁。

㊴ 陶西格（1924），第 1 頁。

# 11 克拉克

## 11.1 引言【105】

約翰·貝茲·克拉克[1]值得在此引起注意,不是因為他是一位邊際效用的獨立發現者(他確實獨立發揮了杰文斯、瓦爾拉斯和門格爾的概念,儘管克拉克把這個思想歸於克尼斯,後者對門格爾的著作是熟知的[2],如果是以不同情的態度對待的話),而是因為他提出了一個以邊際效用為基礎的、很不同於其歐洲對手們的體系,並且在美國發生了很大的影響。在評價克拉克著作時重要的是記住他的背景:他同其他許多同輩美國人一起曾赴德國學習經濟學[3]。在這些人中,由於亨利·喬治的著作[4],使分配問題成了美國的緊急課題,克拉克致力於研究的正是這個問題。他的分配論對當時正在討論的社會主義理論提供了一種替代物。他的老師(特別是克尼斯)的影響在他的第一本著作《財富的哲學》[5](1886)中表現得很明顯,在第二本著作《財富的分配》中就不太明顯了(1899)。

## 11.2 《財富的哲學》

**批判現存的理論**

同杰文斯一樣,克拉克致力於重建經濟學,他認為當時的經濟學建立在錯誤的前提下;不過他的批判同杰文斯很不相同。他認為:①原來的經濟學忽視了「人性的更好的方面」,人的行動並不像經濟理論「對人的本性所設想的」那樣機械和自私。②效用及其在交換中的作用被誤解了,沒有考慮到下述事實:「社會是一個有機體,在討論影響財富的許多過程時應把社會看作一個統

一體。」⑥因此，克拉克著作的宗旨是：「拓寬財富概念（作為經濟學對象）；發現財富在為人性的更好動機所驅使的體系中的地位；建立一種新的價值論；把社會有機體觀念應用到各個方面；最後，提出若干其他修正。」⑦

### 效用和財富

克拉克理論基於這個觀念：財富包含那些服務於增加福利的物質環境的各種要素。於是定義：「由勞動所創造的滿足慾望能力的是『效用』，如果再加上所有權的話，所創造的便是財富。」⑧效用被劃分為4種：基本效用（新物質的生產）；形式效用（物質形式）；地點效用和時間效用。但是，比這更重要的是，克拉克證明價值（「效用的數量尺度」⑨）取決於有效效用。有效效用是克拉克對邊際效用的說法。

與門格爾的理論也有類似之處，因為克拉克爭辯說，對一種物品的需求創造了對用來創造該物品的需求。克拉克謂之「第二級」的效用和消費，使人聯想到門格爾所謂的「高級財貨」。同門格爾一樣，克拉克也認為交換和分配必須被看作是生產和消費過程的一部分。不過，注意到下述情況是重要的：雖然克拉克有一種歸屬理論，雖然他把產品分為地租、總利潤和工資時談到了需求和供給⑩，但在《財富的哲學》中他無一處接近於邊際生產率觀點。

### 倫理學和社會有機體

雖然克拉克的邊際效用論同門格爾的理論相類似，但他對邊際效用的解釋同他的歐洲同行大相徑庭，因為他認為市場價值可衡量「社會」加於一種商品的價值⑪。至於何以能夠使個人轉變到社會，則未提出。在一個社會內部，通過利他主義和各種倫理要求把個人聯結成團體，據此，克拉克把競爭視為一種機制，通過這種機制，社會（作為一個整體）決定加於物品的價值，通過這種機制，社會把產品分配給它的成員。倫理考慮在此是重要的，因為克拉克鮮明地區分了兩種競爭：一種是「保守的競爭」，在這種競爭中，競爭者謀求提供比對方更好或更低廉的服務；另一種是「殘酷的競爭」，在這種場合，對行為的倫理約束被拋棄了⑫。他指出，沒有倫理制約的競爭的觀點是荒謬的；要發現這種想法就必須倒退到「孤獨穴居者、山洞野蠻人」那裡去⑬。不過，儘管克拉克十分明確地表示，對他來說，「社會」比一種修辭手法要複雜得多⑭，但他對這個名詞的論證並不比直覺方法更進一步。

克拉克把由社會為其自身利益而免費提供的東西稱為非專有效用，在這種看法中暗含著某種社會契約的思想。這些非專有效用包括從鐵路得到的好處、從教堂布道中獲得的教益。

倫理的要求對克拉克的分析同樣是重要的。他把這種要求看作是當時社會所面臨的主要問題：「競爭」（雇主的和雇工的）和競爭崩潰的後果在增加。作為一種補救的建議，【107】克拉克提出，應充分發揮合作經營企業和利潤分成制度，加之仲裁的長處。他把這些制度看作能使社會提出公正要求的辦法，他認為一旦提出這些要求，它們會被普遍接受。

## 11.3 《財富的分配》

### 方法

雖然克拉克不曾放棄社會是一個有機體的思想[15]，但在他的主要著作《財富的分配》中，這個思想的作用微乎其微了。對這本書來說重要的是他區分了靜態和動態[16]。靜止狀態指的是免除了由各種發展（資本累積、人口增長、技術進步和需求增長）所引起的擾亂的狀態；工資、利息和利潤的「靜止的」或「靜止狀態」比率的含義是，它們是實際比率圍繞波動的中心[17]。他認為古典經濟學家所用的「自然的」比率實則是靜止的比率。克拉克讚揚李嘉圖採納了靜態方法，但批評他對這種方法的應用是不自覺的，因而未能十分明確地區分靜態和動態[18]。

克拉克的靜態同李嘉圖的靜態類似之點在於，他也假定資本和勞動完全可變動。不同之點在於，他明確表示他所處理的是一種想像的狀態，抽象掉動態因素以便突出經濟體系中最重要的各種因素。對克拉克來說，經濟學是高度演繹的科學。發展到動態時，克拉克的方法仍然是演繹的。克拉克為比較靜態方法提出了十分明確的描述[19]。

### 邊際生產力和資本

《財富的分配》的主要貢獻是提出了一個透澈的邊際生產力分配理論，這是克拉克通過把李嘉圖地租論普遍化而達到的。由於仔細區分了內含邊際和外延邊際（即在同一塊土地上使用更多的勞動和耕作更多的土地），克拉克於是得出結論：工資決定於勞動的有效產品，即當一個勞動者離去時雇主所受的損

失數，假定雇主可以使剩下的勞動力重新得到最佳配置[20]。如果勞動者是同一的，則每個勞動者的有效產品會等於邊際勞動者的產品，後者又等於無租土地上的勞動產品。

克拉克的邊際生產力論同其他人的理論的區別在於他的資本理論。【108】他的出發點是強調區分個人**資本物品**和作為一種基金的**資本**。資本物品有固定壽命，而資本本身是永存的，因為新的資本物品要支付折舊。雖然個人的資本物品不斷消失，但社會資本基金仍然存在。可見，克拉克試圖提出一種理論，替代龐巴維克的基於生產期間的資本理論[21]。換言之，克拉克提出了一種**同步的**經濟學，根據任何時刻所用的各種要素來分析生產，反之，龐巴維克的則是**預先的**經濟學，集中於生產的時間結構。

克拉克把土地包括在資本之內；他認為地租和資本利息沒有根本的區別：前者說的是對某種物質資本的報酬，後者說的是對社會資本基金的報酬[22]。同勞動一樣，資本的報酬（稱為租金或利息）決定於邊際生產力——利息率，一般來說符合於社會資本最後增量的報酬。

社會資本和資本物品的區分對工資是有影響的，因為在計算勞動的邊際產品時，做何假定會使它有所不同；是假定社會資本基金（資本儲備品的價值）不變，還是假定特殊資本品儲備不變。如指前者，則在雇傭勞動方式上有很大的靈活性，因為裝備品能變得適應於被雇傭的勞動者數。在說明工資率時，克拉克用的是勞動的有效的（或邊際的）產品，而這是在假定社會資本**基金**保持不變時才發現的。

### 動態經濟學

對克拉克來說，靜態研究是任何動態研究的必要前提。他以海洋為例：「靜止的海洋是一種想像，因為從沒有這回事；在波濤洶湧的海洋史上也絕無這樣的時刻，即如果聽任支配海洋的各種勢力發生作用，它們不會使水達到靜止狀態。重力、流動性、壓力使海水趨於平靜……如果我們鳥瞰海水，我們就會禁不住要說，一種有關海洋的靜態哲學就足夠了，而且我們可以把浪潮看作是『干擾勢力』引起的小變動。」[23]

克拉克認為動態研究的任務有兩個：①說明價值、工資和利息對其靜態標準的偏離（好比解釋海水波動）；②說明靜態標準本身的變動（好比說明海洋平均水面的變動）[24]。他認為後者實際上最為重要。

克拉克的動態研究可用其對發明的解釋很好地加以說明。他指出，一項發明開頭會增加企業利潤，從而使經濟超出均衡狀態，同時，靜態均衡將被改變，因為發明會提高均衡的工資率[25]。不過，隨著時間推移，工資會上升，利潤受侵蝕。假定時間充分，利潤會降到零。但實際上很少這樣，因為新發明會不斷出現。克拉克把經濟看作是不斷趨向均衡的運動，而均衡本身也在變動。企業利潤是經濟動態學的課題，它是不均衡而不是均衡的特徵[26]。這沒有使利潤變得無關緊要，因為它是鼓勵發明的誘餌。

儘管經濟像海洋一樣絕不會處於靜態均衡，但靜態模式對指出經濟運轉的方向是非常有價值的。按照克拉克的說法，靜態理論的價值因為下述兩點更加明顯了：①干擾常相互抵消。例如，勞動力增加傾向於壓低工資，而資本增加又會使工資上升。如果勞動與資本都增加，工資所受影響會小於其中任何一個變動之影響[27]。②雖然經濟由全人類構成[28]，但從中劃分出某些部分，對這些部分進行相對快的調整是可能的。從世界作為一個整體的觀點來看，經濟變化是朝一種靜態均衡的方向調整；從一個國家的觀點來看，經濟變化又可看作是外在的變化，看作經濟從一種靜態均衡向另一種靜態均衡的轉變。

**邊際生產率的倫理含義**

與克拉克前一著作相比，《財富的分配》中倫理的考慮少多了，但畢竟還是有的，這表現在以下論證中：隨著競爭，每一要素都會得到它所生產的東西，除此而外的東西便是「制度的掠奪」；財產原則意味著人對他們自己所創造的財產是有權利的[29]。這個論證顯然與社會主義者的下述要求相對抗：在資本主義下，資本家拿走了本該屬於勞動者的一部分產品。

## 11.4　評價

克拉克的經濟學比前面考察的任何經濟學都更多地成為熱烈爭論的對象。他比任何人更多地把邊際生產力論看作是社會主義學說的對立物，這就使他更易於受到基於意識形態的批判。他對邊際效用論的倫理解釋使他受到凡勃侖的公開攻擊[30]，後者攻擊他還因為他關於人性的觀點。克拉克的資本理論（這是靠得住的）也受到各種觀點的攻擊。此外，在解釋他的著作上也存在若干問題，這些問題來自他前後期著作的對照。他對社會有機性質的強調雖在後來的

著作中被人為降低了，但仍然是有的。出現過這樣的情形：他的理論的技術方面被人們做了許多改進，從而變得更重要了。【110】

把克拉克描繪成一個戲劇性地從一個合作經營與基督教社會主義的支持者轉變為一個競爭的支持者，雖有一定道理，但確實誇大其詞了。他對壟斷態度的變化是很有意義的。在寫《財富的哲學》時，他像同時代的許多人一樣，被壟斷的發展驚呆了：問題（他提議用合作經營的解決辦法）不是競爭，而是它的崩潰。在《財富的分配》中，他對競爭的崩潰遠不是那麼關注了，甚至傾向於歡迎壟斷，因為它能導致更大的資本累積。「潛在的」競爭能為價格設置界限，而資本的增長會使競爭保持活力[31]。公眾由於較高壟斷利潤而受的損失會被廠商資本累積的不斷增加抵消。克拉克態度的這種變化是有理由的：競爭制度從中西部（連同他的人民民主環境）移向東海岸的「開發」；或由於競爭制度具有不可抗拒的分析性長處[32]。當聯合還是一項新的未知數時，它令人擔憂，但經驗表明這些擔憂是沒有根據的。[33]

**註釋：**

① 約翰·貝茲·克拉克的兒子約翰·莫里斯·克拉克也是一位著名經濟學家。勿將這父子倆混同。

② 多夫曼（1946—1959），第 3 卷，第 192 頁。

③ 同上。

④ 參看第 147 頁。還可參看多夫曼（1946—1959），第 3 卷。

⑤ 這些出版日期稍有出入，因為大部分內容已見於先前發表的文章中了。

⑥ 克拉克（1886），第 III 頁。

⑦ 同上，第 IV 頁。

⑧ 同上，第 15 頁。

⑨ 同上，第 74 頁。

⑩ 同上，第 107-108 頁。

⑪ 維塞爾的觀點也許最接近於這種觀點。參看第 91 頁以下各頁。

⑫ 同上，第 120 頁。

⑬ 同上，第 151 頁。

⑭ 同上，序言。

⑮ 他仍然認為他對社會價值的強調是他與歐洲同行的區別所在。克拉克（1899），第 376 頁。

⑯ 同上，第 Ⅵ 頁。

⑰ 同上，第 29-30 頁。

⑱ 同上，第 67-70 頁。

⑲ 同上，第 6 章。

⑳ 同上，第 106-107 頁。

㉑ 參看第 14 章，關於龐巴維克、克拉克同他不一致的討論。

㉒ 克拉克（1899），第 334-340 頁。

㉓ 同上，第 401-402 頁。

㉔ 同上，第 404 頁。

㉕ 同上，第 405 頁。

㉖ 同上，第 410 頁。請注意類似於熊彼特的利潤理論。參看第 157 頁。

㉗ 同上，第 418 頁。

㉘ 同上，第 434 頁。

㉙ 同上，第 436 頁。

㉚ 同上，第 9 頁。

㉛ 參看第 227 頁以下。

㉜ 克拉克（1896），第 12-14 頁。

㉝ 參照哈欽森（1953）；賈拉杜（1975）；亨利（1982）。

# 12　馬克思[①]

## 12.1　引言

**馬克思的體系**

馬克思的基本思想是 19 世紀 40 年代的產物，在這個意義上可以說他是約翰·穆勒的同時代人。不過，馬克思的主要著作《資本論》寫得很晚，第一卷和後面幾卷的一些部分寫於 60 年代。第一卷出版於 1867 年，而第二、三卷是在作者去世之後於 1885 年和 1894 年才問世的。正因為如此，把馬克思同杰文斯、門格爾、瓦爾拉斯和馬歇爾排在一起，而不是作為他們的先驅者，是最恰當不過了。

同剛提到的這些經濟學家不同，馬克思未曾要求科學的不偏不倚。他深深地投入社會主義和工人運動之中，而他的經濟學著作則是他的政治活動的一部分。他認為他的著作揭示了資本主義社會的真正性質，而他的「資產階級的」同時代人不過是資本主義的辯護者。他認為知識具有實踐的特性，這是他試圖把科學研究同政治活動結合起來的依據。按照科拉科沃斯基的說法，對馬克思來說，知識「絕不可能脫離它由以產生的實踐和環境之外。離開歷史背景，我們就不可能對這個問題本身做出判斷；冥思苦想也是不可能的」[②]。

馬克思絕不單是一位經濟學家，這不僅因為他的政治許諾，而且因為他所關注的課題非常廣泛。他的思想涉及人類活動的所有方面，經濟活動只是其組成部分。馬克思哲學的突出特點是他的「歷史唯物主義」，即認為各種社會關係的最終決定因素是物質生產條件。為理解馬克思賦予這個概念的意義，有必要考察一下他同黑格爾的關係[③]。

黑格爾一直試圖證明，在哲學、法學和歷史領域存在著一種先驗的進化的

過程。對所有這些進化過程來說，核心是他的「辯證」哲學。因為，論證法則就如同構成各種行為的基準的法律一樣。黑格爾認為，每個概念都是由某種「正題」構成的，從其中引出它的局部否定，即它的「反題」。兩者包含的矛盾發展的結果是，這些概念發生變化，直至形成「合題」。在這個新的「合題」的基礎上又反覆出現上述過程。

對黑格爾來說，歷史演進取決於思想的發展，每個歷史階段都受到時代精神（「Zeitgeist」）的支配。馬克思保留了黑格爾的辯證法，但把精神與物質進化的關係顛倒了過來。對馬克思來說，決定思想演進的是物質演進，每個歷史階段的特點取決於流行的生產方式，而這種生產方式本身又是辯證過程之一部分。這個過程包含著各種內在矛盾，生產方式內部的矛盾最終會導致它被一種新的生產方式代替。

在馬克思看來，他所處的時代占統治地位的生產方式是資本主義，其決定性特徵是生產資料被一個階級佔有，這使他們得以從生產財富的階級手中奪走剩餘。資本主義生產方式內部的矛盾即由資本家階級和工人階級之間不可調和的關係所引起。因此，馬克思經濟學的目的就在於對最終會導致資本主義生產方式崩潰的這些矛盾做出分析。

**馬克思的經濟學**

馬克思最早的經濟學著述是在他當編輯必須對經濟問題發表評論時寫的，也正是在從事這些工作時（19世紀40年代初期），他得出了一些日後成為其著作要點的思想。不過，在這些早期著作中完全沒有勞動價值論。馬克思是通過閱讀恩格斯1844年發表的一篇文章才接觸到古典政治經濟學的，才接觸到「試圖表述私有財產規律的這門已經存在的嚴密的科學」[④]。1844—1847年他發現，他能夠利用李嘉圖的政治經濟學為他業已發展的關於資本主義的看法提供一種嚴密的理論基礎。例如，馬克思關於價值和剝削的觀點就有實質性變化。他在早期著述中把剩餘價值概念描述為「經濟幻影」。1844年，即閱讀了恩格斯文章之後不久，他是這樣解釋剝削的：資本家能夠買賤賣貴。最後，從1847年起，他排除了資本家通過高於價值售賣而獲利的可能性（這是資本主義的偶然特徵而不是基本特徵），因為即使物品按其價值售賣，剝削也會發生[⑤]。不過，在所有這些變化背後，在他的哲學立場及對國家的態度有了實質性變化的背後，馬克思對資本主義的根本觀點未變，價值同私有財產制度密不

可分。這樣，馬克思接過李嘉圖經濟學，利用並發展了它，明確表達了原有的經濟制度觀點[6]。

正是在這種背景下，對馬克思經濟學的解釋就歧見紛爭了。一方面，它可以被看作是他的黑格爾哲學的一部分：把它同他的歷史、哲學和社會的整個觀點聯繫起來。另一方面，因為他的純經濟分析多半來自李嘉圖，所以也可以在「資產階級的」經濟學發展範圍內考察他的思想的經濟方面。我們在下面將遵循這種方法，雖然在這樣做時重要的是不要忘記了更廣闊的歷史背景，對馬克思來說，正是這種背景賦予他的經濟分析一定的意義。

## 12.2　剝削與價值

**若干定義**

價值概念是馬克思整個體系的基礎，是馬克思在《資本論》中討論的首要問題。在討論了使用價值與交換價值的區別之後，馬克思把交換價值定義為體現在商品中的人類勞動，或者是生產商品所要求的「社會必要」勞動量[7]。體現在商品中的勞動可以分為兩部分：直接用於生產某商品的「活」勞動，以及體現在生產過程中使用的中間產品之中的累積勞動。正是這種區分構成了馬克思關於不變和可變資本這個重要區分的基礎。可變資本（v）是用於雇傭勞動的資本，它同生產中所用的活勞動量是一致的。不變資本（c）則代表體現在生產商品中的死勞動量，即各種物質投入品，包括固定資本折舊和中間產品的投入。我們將會看到，馬克思體系中一個重要術語是資本有機構成（k），表示不變資本與總資本的比例（c/c+v）。儘管定義稍有不同，但馬克思的資本有機構成同資本—勞動比率是類似的[8]。

區分不變與可變資本的意義在於，馬克思**假定**，只有活勞動，從而可變資本才產生剩餘，這種剩餘（s）構成資本家的利潤。同這種剩餘有關的兩個比率是：剝削率（e=s/v），表示剩餘價值同可變資本的關係，利潤率（r=s/c+v），表示剩餘價值同總資本的比率。

**剝削**

剝削理論是馬克思整個體系的核心，它以下述觀點為基礎：剩餘價值起因於資本家與工人之間的關係，即起因於資本家按勞動力的價值購買勞動力；勞

動力價值也就是它的生產成本或工人生活資料的價值，它是社會的而不是生理決定的。因為工人生產的商品價值大於勞動力價值，資本家才有剩餘，因此剝削率也就是未支付勞動與支付勞動的比率：【114】假定工人不得不工作 12 小時，又假定只需 4 小時便可生產出他的生活資料，那麼，就有 8 小時是「未支付的」勞動，它構成資本家的利潤。總的來說，剝削率也就是剩餘價值量與勞動力價值之比，或剩餘勞動量與必要勞動量之比。因此，在馬克思看來，由於資本家壟斷了生產資料，所以才出現了剝削。他爭辯說，剝削是剩餘的來源，而剩餘又是利潤的源泉。

**轉形問題**

李嘉圖關注的是，假定勞動—資本的比例在各產業部門不一致，相對價格就不等於相對勞動價值了。在馬克思的圖式中，有關的問題是，假定資本有機構成在各部門參差不齊，便不會同時有相同的剝削率和相同的利潤率。這個結論可從下述公式直接得出：r =（1-k）e。

馬克思對這個問題的解決辦法是，他斷定存在著兩種平行的體系：一個是價值體系，其中的剝削率是一致的；另一個是價格體系，其中的利潤率是一致的[9]。於是在價格的決定上有三步：①剝削率可用來計算價值和資本家階級所獲得的剩餘價值總量。②總的剩餘價值被假定等於總利潤。已知資本品價值，這就可決定平均利潤率。③競爭形成的價格使所有資本家可以得到平均利潤率。馬克思就這樣以一種可稱為**利潤**的勞動理論來解決這個轉形問題，即價值如何轉化為價格的問題。它是以總利潤等於總剩餘價值這個任意的假設為基礎的。對馬克思來說，相對勞動價值不再簡單地決定相對價格[10]；在此意義上，馬克思放棄了勞動價值論。

試舉馬克思的一個例證（作了簡化）說明之[11]。已知 5 個部門（見表 12.1），其資本有機構成各異，所用總資本都是 100。第 1 欄表示不變資本和可變資本；假定剝削率為 100%，便可得出剩餘價值量（第 2 欄）。第 3 欄表示每部門產品的**價值**。剩餘價值總計 110。總資本是 500，平均利潤率為 22%。因為該例證被簡化，每部門有資本 100，這意味著每部門所得利潤等於 22，每部門產品的**售價**是 122。顯然，相對價值不同於相對價格，但仍有這樣的意義：剝削是相對價格的「最終決定者」。【115】

表 12.1

| 部門 | (1)<br>C+V | (2)<br>S=V | (3)<br>O=C+V+S | (4)<br>利潤 | (5)<br>售價 | (6)=<br>(5)-(3) |
|---|---|---|---|---|---|---|
| I | 80+20 | 20 | 120 | 22 | 122 | 2 |
| II | 70+30 | 30 | 130 | 22 | 122 | -8 |
| III | 60+40 | 40 | 140 | 22 | 122 | -18 |
| IV | 85+15 | 15 | 115 | 22 | 122 | 7 |
| V | 95+5 | 5 | 105 | 22 | 122 | 17 |
| 總計 | 500 | 110 | 610 | 110 | 610 | 0 |

## 12.3 再生產圖表

**離題：魁奈的經濟表**

馬克思是 19 世紀評價魁奈經濟表的少數經濟學家之一。這張表是著名的重農主義時期法國經濟學家的主要代表者之一魁奈於 1758—1760 年繪製的[12]，他以圖表說明收入在一國經濟內部的流動以及物品在地主、農業和製造業部門之間的運動。魁奈從已知一定的物品和貨幣開始，然後說明，地主開銷他們的地租，通過我們現在所謂的乘數過程，如何產生出足夠的收入，以便購買所有的農產品和製造業產品，而在最後留給每個部門像開頭一樣多的資財。

魁奈的經濟表以下列各項假定為基礎[13]：

第一，生產階級（農場主）墊付 1,000 英鎊雇傭勞動。用於土地的這種勞動生產出價值 2,000 英鎊的農業純產品[14]，即對最初墊付的 1,000 英鎊生產出 100% 的報酬。這樣，農場主能夠支付給地主（或君主）1,000 英鎊地租，剩下的 1,000 英鎊留作下年墊付。

第二，不生產階級（手工業者）開始時有從農場主購買的原料 500 單位（以英鎊計價）。他們用 500 單位（也以英鎊計價）勞動生產出價值 1,000 英鎊的製造品。由於這個階級不生產剩餘，產出價值等於投入價值，所以被稱為不生育的或不生產階級。【116】

第三，假定地主和生產部門中的工人各以其收入的一半向農場主購買食物，另一半向手工業者購買工業消費品。

第四，假定不生產部門中的工人以其全部收入向農場主購買食物[15]。

從這些假定可以得出一個收入流轉模式。我們可以用一張基金流轉表

(見表 12.2）來分析收入流轉，這比魁奈本人的圖式簡單些。這張表說明了每個部門的收入和開支。其中各項目都是從上述各假定條件中引申出來的。它有下列特點值得指出：①每部門的開支等於它的收入，這意味著它們在流轉結束時所持貨幣額同開頭一樣多。地主在結束時有 1,000 英鎊，構成下一時期的墊付，還有 1,000 英鎊用以購買消費品。②工業品的消費等於生產。這就是說，不生產階級所做的一切只是通過勞動把原料轉變成適於消費的形式，它對生產剩餘沒有貢獻。③所生產的 2,000 單位食物中，1,500 單位作為食品消費了，500 單位由不生產階級買去作為下個時期生產所需的原料。這樣，一國經濟以同開頭完全相同的狀態而告終。

表 12.2

| 收入 | 支出 ||||| 收入 |
|---|---|---|---|---|---|---|
| | 農場主 | 生產部門勞動者 | 地主 | 手工業者 | 非生產部門勞動者 | |
| 農場主 | —[16] | 500(食物) | 500(食物) | 500(食物) | 500(原料) | 2,000 |
| 生產部門勞動者 | 1,000(地租) | — | — | — | — | 1,000 |
| 地主 | 1,000(工資) | — | — | — | — | 1,000 |
| 手工業者 | — | 500（工業品） | 500（工業品） | — | — | 1,000 |
| 非生產部門勞動者 | — | — | — | 500(工資) | — | 500 |
| 總支出 | 2,000 | 1,000 | 1,000 | 1,000 | 500 | |

要注意的是，為使魁奈的體系運轉起來，要求有一系列特定數字，【117】不僅包括消費傾向和投入—產出係數，而且包括兩個部門的相對規模。例如，魁奈假定生產部門的規模是不生產部門的兩倍（依據就業）。可以說，經濟表描繪的是一種靜態均衡，它沒有說明這種情況是怎樣產生的。

**簡單再生產**[17]

馬克思的簡單再生產圖式所處理的情形同上述魁奈的經濟表是一樣的。在研究資本累積以前，馬克思分析了一國經濟年復一年的簡單再生產。他假定產品依其價值進行交換（為簡化），並試圖回答下述問題：「生產中消耗的資本

怎樣在價值上從年產品中得到替換，這個替換的運動怎樣同資本家的剩餘價值消費和工人的工資消費交織在一起？」[18]馬克思把一國經濟分為兩個「部類」或部門，第Ⅰ部類生產投資物品，第Ⅱ部類生產消費品。假定剝削率是100%，馬克思得出下列圖式：

第Ⅰ部類：$4,000c+1,000v+1,000s \longrightarrow 6,000$

第Ⅱ部類：$2,000c+500v+500s \longrightarrow 3,000$

右邊的數字表示兩個部類生產品的價值量。為完成這個模式，馬克思不得不詳細說明工資（可變資本）和利潤（剩餘價值）的開支情況。在這個簡單再生產圖式中，他假定所有工資和利潤都被消費掉，對消費品的總需求是3,000，供給也是這樣。同樣，假定一國經濟在下個時期繼續維持原有規模，則對不變資本的總需求將是6,000，正好等於供給。

表12.3說明，在這個簡單模式中，兩個部類的資本家和工人之間開支的流向。【118】先看第Ⅰ部類資本家。他們為自己的工人支付1,000；從第Ⅱ部類資本家處購買消費品用去1,000；他們彼此購買投資品4,000。這就是第1欄。每部類的工人比較簡單：他們把工資完全用於從第Ⅱ部類資本家購買消費品（第2、4欄）。最後，第Ⅱ部類資本家用2,000從第Ⅰ部類購買投資品，500用於工資，500用於彼此購買消費品。可以看出，收入和支出在所有四種情形下都是相等的。

表 12.3

| 收款人 | 付款人 第Ⅰ部類資本家 | 第Ⅰ部類工人 | 第Ⅱ部類資本家 | 第Ⅱ部類工人 | 收入 |
|---|---|---|---|---|---|
| 第Ⅰ部類資本家 | 4,000 | — | 2,000 | — | 6,000 |
| 第Ⅰ部類工人 | 1,000 | — | — | — | 1,000 |
| 第Ⅱ部類資本家 | 1,000 | 1,000 | 500 | 500 | 3,000 |
| 第Ⅱ部類工人 | — | — | 500 | | 500 |
| 支出 | 6,000 | 1,000 | 3,000 | 500 | |

值得指出的是，如果我們用現代國民收入計算法，則只有第Ⅰ部類產品計入純國民產品，因為不存在純投資，第Ⅰ部類的全部產品均由中間產品和投資替代品所組成。

這個模式還可用下列方程式表示：
$$O_I = C_I + V_I + S_I$$
$$O_{II} = C_{II} + V_{II} + S_{II}$$

如果一國經濟正好是簡單再生產，則資本物品產量一定等於用於生產的資本物品量，即 $O_I = C_I + V_I + S_I$，從中可得出下列條件：$C_{II} = V_I + S_I$。這個公式表示，如果一國經濟正好是簡單再生產，則消費部門對投資物品的需求一定等於投資部門對消費物品的需求[19]。馬克思的例證是有效的，因為他所選擇的各部門的相對規模對設定的場合是適當的[20]。假定剝削率上升，即可看出這一點：剩餘價值會增加，這意味著已知兩個部門的規模，則對消費品的需求會增加，這要求擴大消費品部門以保持供給與需求相等。

**擴大再生產**[21]

簡單再生產對馬克思來說只是分析更重要的場合即資本累積從而在擴大規模上的再生產的前奏[22]。為此，馬克思拋開了剩餘完全被消費掉的假設，而代之以部分用於消費，部分用於累積資本。他還假定勞動力可以盡快地增加，即勞動供給是完全有彈性的。【119】考察一下馬克思所舉許多例證中的任何一個，即可注意到，不僅第 II 部類的規模與前不同了，而且關於資本有機構成的假定條件也改變了（即資本家累積他們的一部分剩餘的假定不是他加以改變的唯一假定）。

第一年

第 I 部類：$4,000c + 1,000v + 1,000s \longrightarrow 6,000$

第 II 部類：$1,500c + 750v + 750s \longrightarrow 3,000$

我們增加的第一個假定是，第 I 部類資本家消費掉利潤的一半，而將另一半累積起來。在他們累積的 500 中，他們將把 400 投於不變資本，把 100 投於可變資本，以維持相同的資本有機構成。現在，馬克思引進了相當特殊的假定，第 II 部類資本家的投資量足以保持供給和對資本物品需求的平衡。如果資本物品量是 6,000，第 I 部類需要 4,400，這意味著第 II 部類資本家必須購進 1,600 單位不變資本；換句話說，他們必須從其剩餘中拿出 100 投於不變資本。因為他們的資本有機構成是 2：1，他們將拿出 50 投於可變資本，留作消費的是 600。這說明下個時期的情況變成了這樣：

第二年

第Ⅰ部類：$4,400c+1,100v+1,100s \longrightarrow 6,600$

第Ⅱ部類：$1,600c+800V+800s \longrightarrow 3,200$

下個時期這一過程重複進行，但始於一個新起點。

第三年

第Ⅰ部類：$4,840c+1,210v+1,210s \longrightarrow 7,260$

第Ⅱ部類：$1,760c+880v+880s \longrightarrow 3,520$

在這些再生產圖式中，馬克思打算提出一種我們現在所謂的增長模式：一個簡單經濟（有兩個部門），在兩個部門的供給與需求均衡的條件下，如何增長。在他的例子中，兩個部門的增長率，第一年分別是10%和6.7%；但第二年兩個部門的增長率均為10%，往後還會繼續上升。換句話說，馬克思已經表明，該經濟會有一個均衡增長道路，沿此道路，兩個部門會以相同比率增長，而且兩個部門的相對規模維持不變。針對著這些再生產圖式的若干假定條件會有強烈的反對意見，特別是關於物品按其價值進行交換，剩餘價值率在兩個部門相同，【120】以及所用的特定生產投資函數等假定[23]。然而，儘管如此，重要的是應當承認，馬克思提出了非馬克思主義經濟學家很久之後才廣泛接觸的一個問題[24]。

## 12.4 資本主義的前途

上述再生產圖式清楚地表明，均衡增長在一種資本主義經濟中何以能夠發生。雖然馬克思用這些圖式表示了資本主義條件下資本何以進行自身的再生產，但是他對資本主義經濟實際上怎樣增長的看法卻大不相同。在他對資本主義前途的預見中，最主要的是認為資本有機構成將穩步提高：資本將日漸增加地代替勞動。它的主要後果也許就是利潤率傾向下降，這來自下述公式：$r(1-k)=e$。假定$k$增加，除非剝削率有等值增長，否則利潤率必定下降。阻止這種傾向的因素是多種多樣的，它們來自剝削率的提高。資本家試圖延長工作日的長度；他們引進革新發明以提高生產率而又不要求增加不變資本；他們試圖把工資壓得低於勞動力價值，而這在高失業情況下是不難辦到的；他們利用對外貿易以圖減少不變資本的成本和生活資料[25]。然而，所有這些因素在馬克思看來充其量對利潤率的下降趨勢只能暫時起作用。例如，資本家延長工作

日的企圖就存在著明顯的生理界限。

依照馬克思所說，不斷發展的機械化和資本累積對工人階級意味著災難。不變資本替代可變資本，把工人拋向街頭，成了馬克思所說的失業後備軍。資本家不得不加重剝削以維持他們的利潤率，這又可能使實際工資率更加低落。即使這一切都未發生，工人階級也會陷入貧困，因為機械化會破壞掉對熟練勞動的要求，它把工作簡化為只是機械的動作，從而引起工作條件的惡化。這又使我們想起馬克思著作的背景是19世紀40年代，那時，英國產業革命的後果或許是最糟糕的時候；不久以後，從大約50年代開始，生活水準就顯然穩步提高了。

馬克思舉出了各種理由，說明資本累積的步伐是不穩定的。技術進步和發明交替出現；產業後備軍由暫時變成永久；產業部門間的不平衡可能發展，結果是物質匱乏。其中任何一個都會使利潤率降到它的正常比率之下，結果是投資下降和生產過剩的危機。在這樣的危機中，剩餘價值會繼續生產出來，但資本家不能將它們全部實現，物品仍然賣不出去。生產過剩不是相對於社會需要，而是相對於資本主義生產的需要而言的。即使利潤率不斷低落，資本家也有累積資本的願望，會使危機變得愈加嚴峻，終於變成永久性衰退，失業後備軍隊伍更加擴大。馬克思預言，對所有這一切的反應是，無產者將團結起來，資本主義將被推翻。

## 12.5 結論

有這樣一種看法，認為馬克思是最後一位古典經濟學家，也是最偉大的古典經濟學家之一[26]。雖然馬克思的理論**遠遠**超出了英國古典經濟學家們所關注問題的範圍，但他的理論結構卻同後者有許多共同點：勞動或成本價值論；收入分配的階級分析；以區分帶來剩餘與不帶來剩餘為基礎的增長理論。在所有的差別背後，存在著馬克思經濟學與李嘉圖經濟學之間強烈的類似。

馬克思超出英國古典傳統的地方在於，他把古典政治經濟學作為他的歷史理論的一部分。我們在這一章集中分析了馬克思的經濟邏輯，馬克思把它運用於一種世界觀，依該世界觀的看法，資本主義不過是一個過渡階段。還可以說，馬克思經濟學的許多最嚴密的預見不是來自他的經濟邏輯，而是來自這些邏輯所處的環境。例如，他關於無產階級貧困化的理論，關於傾向於愈益惡化

的資本主義危機的理論,與其說是根據他的再生產圖式或價值理論,不如說是根據從外部引進的一些從屬性的假定:涉及技術進步的性質,資本家對利潤率下降的反應,等等。一位評論者指出,馬克思的預言或是來自利潤率趨向下降,或是一種特定的東西[27]。整個說來,正式模式對馬克思的預言來說是一種工具或媒介物,而不是這些預言的源泉。

儘管對勞動價值論作了精細加工,但馬克思還是沒有解決李嘉圖價值論面臨的問題。馬克思理論可能糾正了某些技術性問題,但一些基本缺陷仍然存在。促使傑文斯反對李嘉圖的勞動價值論的種種缺點也出現在馬克思的著作中,這意味著馬歇爾一代經濟學家能以反對李嘉圖的同樣理由來反駁馬克思。價格理論能在沒有價值理論情況下成立,因為價值和剩餘價值是看不見的,勞動的利潤理論總的來說是隨意提出的。這樣做的理由像希法亭後來所說的那樣嗎?[28]在希法亭看來,馬克思與邊際效用理論家不同,他認為經濟學的任務是解釋資本主義的進化,而不是決定相對價格。這種說法儘管無疑含有一定真理,【122】但必須指出,假定馬克思要說明剩餘在各階級之間如何分配的話,他就需要解釋價格。不過,下述說法看來也有道理:馬克思對勞動價值論的承諾的基本解釋存在於這個理論的意識形態含義之中。他所做的事遠遠超出以勞動時間來測定價值,因為剩餘價值同勞動價值論具有這樣的含義:利潤構成剝削果實。

註釋:

① 論述馬克思的教科書極多,本章僅限於簡明扼要地介紹馬克思學說中同主流經濟學的發展最有關係的部分。

② 科拉科沃斯基(1978),第1卷,第401頁。

③ 本節大部分採自普里布蘭(1983),第246頁以下各頁。

④ 莫里什馬和凱特弗爾(1978),第10頁。這部分多半採自該書第1章。

⑤ 同上,第3、12-13頁。

⑥ 熊彼特(1954)。

⑦ 參看莫里什馬(1973),第11頁;馬克思(1867—1894),第46-47頁。馬克思需要做出某些類似的假定以避免造成這樣一種不合理的現象:一種商品的價值會簡單地因其花費更多勞動而增加。以下有關《資本論》的註釋只指出

《資本論》的卷數。

⑧ 為了簡化，這裡沒有考慮存量和流量的區別。馬克思用資本週轉率的假定，把資本存量（計算利潤率的基礎）和生產中利用的資本流量（它們計入商品價值）聯繫起來。

⑨《資本論》，第3卷，第9章。

⑩ 一個進一步的問題是，假定我們接受總剩餘價值等於總利潤的說法，那就不能說用價值表現的總產品同用價格表現的總產品是一樣的了。這個問題從這個簡單的例證中是提不出來的，因為其中並沒有把價值和價格分離開來。參看第238頁；又見西頓（1957）。

⑪《資本論》第3卷，第9章，第155頁。在這個例子中，所有產品的價格都一樣的唯一原因是，每個部門的資本相同。換句話說，假定固定資本折舊率是100%，這是沒有意義的。在馬克思的例子中，可變資本的週轉率不同，因而價格各異。

⑫《資本論》第2卷，第19章，第363頁以下各頁。

⑬ 埃爾蒂斯（1975）。

⑭ 在魁奈的經濟表中，總產量為2,500，這是因為其中包括利息支出500（假定等於投資5,000的10%）。這筆利息支付用來補償折舊，那是完全用在生產部門之內的。略去它，不影響各部門之間的平衡，又有簡化之便。

⑮ 參看埃爾蒂斯（1975），第195頁。

⑯ 如果我們接受上述註⑭所提到的折舊的假定，這裡就應當有一筆數額500的支出。

⑰《資本論》第2卷，第20章，第396頁以下各頁。

⑱《資本論》第2卷，第397頁。

⑲ 這個條件是從下述條件引申出來的：對投資物品的供給和需求是相等的；也完全能從下述條件引申出：消費物品產量等於需求（總可變資本加總剩餘價值）。

⑳ 對簡單再生產可表示如下：$V_I/V_{II}=K_{II}/(1+e)$。假定 e 提高，第一部類相對於第二部類必定變小。

㉑《資本論》第2卷，第21章；莫里什馬（1973），第117頁以下各頁。

㉒ 這對馬克思是重要的，與其說因為它有更大的現實性，不如說是因為它對馬克思的黑格爾體系有意義。

㉓ 莫里什馬（1973）第118頁腳註；關於其他課題，參看布勞格（1978），

第 263 頁。

㉔ 參看第 25 章。

㉕《資本論》第 3 卷，第 14 章。

㉖ 當然有一些重要理由說明馬克思不是古典經濟學家。例如，可以把古典經濟學家看作是一種社會學集團，而馬克思顯然不是其中一員。

㉗ 布勞格（1980），第 2 章。

㉘ 參看第 237 頁。

# 13  19世紀70年代:轉折點

## 13.1  邊際革命【123】

**不是一場革命**[①]

儘管杰文斯、門格爾和瓦爾拉斯的著作從後來的發展角度來看,標誌著經濟分析史上的一個重要轉折點,但重要的是不要誇大它所引起的變化。邊際效用理論創立於19世紀30年代,它的意義在50年代就為一些經濟學家所認識。此外,甚至在李嘉圖經濟學的故鄉英國,也有不少經濟學家注重把需求作為價值的決定者。例如,朗菲爾德和西尼爾就指出過主觀價值的情況。穆勒的價值論既強調成本也強調需求,標誌著他同李嘉圖理論的各種抽象原理的意味深長的分離,但對70年代發生在價值理論中的革命仍有一些誤解。

在經濟學的其他方面也有類似情形,甚至更鮮明和強烈。在貿易理論方面,不僅有穆勒的相互需求理論(仍是貿易純理論的重要組成部分),而且還有李嘉圖的比較優勢理論。雖然邊際分析和數學的應用使經濟理論的表述更為精確,並使它得到更充分的發展,但貿易理論的發展沒有出現過中斷。同樣的標誌在貨幣理論和循環理論上也能見到,例如,如果不是考慮到環境變化和不斷改進的技術而留有餘地,便很難把馬歇爾和維克塞爾的貨幣經濟學同桑頓的學說區分開來。

**邊際主義**

儘管經濟理論的發展有連續性,而且這也是**很重要的**,但回顧起來,19世紀70年代仍可看作是經濟分析發展中的決定性轉折點。從19世紀後期以來,以邊際分析為基礎的資源配置理論一直居於經濟理論的中心。儘管存在著

從凡勃侖到西蒙和喬安・羅賓遜的重要批評，但 20 世紀經濟理論的居支配地位的課題一直是經濟均衡體系的發展和利用，在這個體系中，【124】個人的最大化行為通過市場達到某種均衡。此外，數學在經濟學中日益增多的利用首先是同邊際分析聯繫在一起的。這條研究路線顯然是從杰文斯、門格爾和瓦爾拉斯的著作開始的。這並不是說，類似的發展不可能在（例如）戈森著作的基礎上發生，不過它確實沒有發生。

從這個角度來看，杰文斯、門格爾和瓦爾拉斯的著作應被結合到一起，儘管他們之間有許多差別。不過，把他們的著作看作是默頓所謂重複發現也是不對的。依默頓的說法，一項重複發現源於科學家們在共同的環境下工作；他們有共同的背景，受到類似的壓力和影響。杰文斯、門格爾和瓦爾拉斯的情況不是這樣；他們是在三種互不相同的背景下寫作的。19 世紀 70 年代以前，尚無國際廣泛的思想交流；該世紀晚期，這種思想交流才發展起來[2]。

正是這種偏狹性（也許在英國最為明顯），使用庫恩的術語來解釋 19 世紀 70 年代的發展就很不恰當了：庫恩的範例和科學革命論是以存在一種科學共同體為前提的，而這樣一種科學共同體只是在 70 年代以後才開始在國際上發展起來的。只是在瓦爾拉斯和杰文斯發現他們已經獨立發展了類似理論以後，經濟理論才開始變得更具世界性，而且即使是現在，這也是一個緩慢的過程。

### 杰文斯革命

最適用「革命」一詞的國家也許是英國。英國政治經濟學在 19 世紀 60 年代已經顯現出某些庫恩主義危機的徵兆。對古典政治經濟學體系的信心崩潰了，甚至在怎樣進行經濟研究方面也難得有一致的看法。經濟學家們哀嘆在基本理論上缺乏任何一致[3]。哈欽森在描述對英國古典政治經濟學信心的崩潰時指出：「這種情況在經濟理論史上是空前的，相當突然地拋棄了核心的理論，這些理論作為既有的權威的正統理論已經流行很久了。用『革命』這個有點過分的字眼來描述英國在 60 年代和 70 年代初期的這個過程似乎並不誇張」[4]。儘管取代古典政治經濟學的新權威的形成過程是緩慢的，而且杰文斯的思想經歷了一個很長時期才被接受，但是，把這種變化看作是一場革命還是站得住腳的。

奧地利和法國的情形迥然不同。瓦爾拉斯是在一個具有悠久法國傳統

（強調需求和效用的作用）的環境中從事寫作的。門格爾也不曾反對任何既有的權威。用哈欽森的話來說：「門格爾的《原理》標誌著一個重要開端，但並不意味著一種結束，杰文斯的《理論》則不同，它既標誌著開端也標誌著結束。」[5]因此，哈欽森用「杰文斯的革命」一詞表示：①只是在英國發生了「猛烈的『革命的』過程」；【125】②杰文斯在攻擊古典體系以及為最終變成一種新的思想體系奠定基礎方面發揮了最傑出的作用。[6]

## 13.2 經濟學專業

**經濟學專業的形成**

19世紀最後10年間，經濟學變得專業化了。19世紀70年代以後開始寫作的重要經濟學家中，絕大多數是經濟學教授和專家，而在以前不是這樣。例如，斯密是一位道德哲學教授，李嘉圖是股票經紀人，馬爾薩斯是牧師。美國經濟學會成立於1885年，英國經濟學會成立於1891年（後改為皇家經濟學會）。也是在這個時期，重要的經濟學文獻開始發表在專業雜誌上：《政治經濟學雜誌》（1893年創刊），《經濟學季刊》（1886年創刊），《經濟雜誌》（1891年創刊）。

在經濟學專業化的同時，它也愈益國際化了。哈欽森認為杰文斯為他自己的《政治經濟學理論》所寫的再版序言（1879）具有特殊意義。這篇序言的新穎之處在於，他為新思想（邊際效用理論）提供了一個國際證書，目的是「創造一種當代的國際思想市場，並在一定程度上促進國際合作」[7]。還可以指出，新價值論和新分配論的數學特點也有助於思想的國際交流，這種國際交流（19世紀80年代後期和90年代達到高潮）意味著，這個時期的各種學說是在很不同於杰文斯、門格爾和瓦爾拉斯發揮他們思想時的那種比較封閉和孤立的環境中提出來的。哈欽森說：「埃杰沃斯、威斯迪德、奧斯皮茨和利本、維塞爾、龐巴維克、維克塞爾、瓦爾拉斯、帕累托、巴倫和費希爾全都是依靠廣泛的國際知名的文獻才搞出了他們自己的範圍較大的著作。像維克塞爾的《價值、資本和地租》（1893）和帕累托的《教程》（1896）這樣一些著作，雖然也都包含著他們自己的富於獨創性的思想，但基本上是在廣泛地、折中主義地和世界主義地涉獵他們同時代人和直接先驅者著作的基礎上提出來的。」[8]

**英國的偏狹性**

然而，經濟理論朝著更大的世界主義的運動不是沒有波折的。特別重要的是馬歇爾學派，它從19世紀90年代以來開始支配英國經濟學。在馬歇爾主義的影響下，英國經濟學再次變得非常偏狹，【126】歐洲和美國經濟學的某些重要發展，在英國直到20世紀20年代和30年代幾乎不為人知[9]。對外國思想缺乏興趣，從《經濟雜誌》極少發表外國人的文章中即可看出。

英國經濟學的偏狹，其理由之一是馬歇爾對批評的反感。他試圖把經濟學建設成一門科學，而擔心這門科學的威信會被經濟學家中意見的分歧損害。此外，馬歇爾強調尊重過去的權威是為了加強他自己的地位。哈欽森指出，因為「在一代人期間馬歇爾已是英國經濟學的宗師，因而他要維護尊重經濟學大家庭中的長者和出類拔萃者這種好的做法。19世紀80年代中期以後的英國，顯然沒有人比馬歇爾更優秀，而比他更年長者自然也愈來愈少了」[10]。馬歇爾對英國經濟學的支配還由於反對馬歇爾學說的人未找到攻擊的中心。因為各種理由，牛津沒有提供這樣的替代物[11]。因此，當歐洲大陸的各種思想至少開始在英國經濟學家中贏得廣泛支持時，他們是通過倫敦經濟學派（1895年建立）傳進來的[12]。

馬歇爾或奧地利這樣一些學派所遇到的麻煩也許是，他們是建立在一系列的假定條件之上的，而這些條件是絕不可能完全表達清楚的。「除非親自接觸知識的源頭，否則就很難把握注入經濟學術語中的難以捉摸的內涵。」[13]因為不可能簡單地通過閱讀已出版著作來理解構成一種學派著作基礎的種種假定條件，所以，同外行人討論問題是相對困難的。

**美國的經濟學**

下面我們來談談19世紀晚期經濟學專業形成過程中最重要的方面：美國經濟學的形成。19世紀中葉以前，美國經濟學家對經濟分析發展的貢獻是微不足道的，這種情況在該世紀末發生了急遽變化。美國經濟學的重要，不僅在於它迅速發展壯大起來，而且在於它同英國經濟學有著若干重要的差別。

不像英國經濟學在一個時期受劍橋大學支配，美國經濟學從未被單一中心支配。這不僅因為美國地域遼闊，而且這是美國社會具有很不相同的特點的結果，在各學院和個人之間存在著更多的競爭：「19世紀末20世紀初，學術研究精神在總統、行政官員和教授們中間從來沒有這樣盛行過。生產率和效率思

想作為現在熟悉的條件的源泉出現了。【127】在學術圈子裡，出現了從注重教學到注重研究的顯著而漫長的轉變。」[14]這就是美國經濟學極其迅速地專業化的背景[15]。

為什麼美國經濟學的專業化來得如此迅速？一個理由是專業化為所有的職業（不僅是經濟學），提供了「一個重要的進入上層社會的門徑，也增強了在一個缺乏明確階層劃分因而不恭敬的社會中的影響」[16]。此外還有別的理由，其中特別重要的是美國學院所面臨的兩種壓力之間的衝突。一方面，需要說明他們的工作同當時生活的聯繫。另一方面，如果他們對當時具有代表性的課題（白銀、關稅、托拉斯、工會）予以評論，他們便可得到豐厚的報酬，而且不會危及他們的信譽或學術地位[17]。結果是**專業**保守主義：關於專業準則逐漸形成了一致看法，把溫和同學者的優點聯繫在一起。中間派訓練的方法也受到日益側重研究而不是側重教學的鼓勵。

最後，應當指出美國與歐洲（非英國）經濟學的強有力的聯繫。與約翰·貝茲·克拉克同輩的許多經濟學家赴歐（特別是德國）求學。結果是美國經濟學說借自英國、德國和奧地利，新理論和教科書激增[18]。但這些新理論沒有發展成類似於歐洲出現的那種理論學派。

## 13.3 結論

經濟學專業化，以最大化行為為基礎的經濟均衡體系的形成，使 20 世紀經濟學具有一種不同於古典經濟學的特點。美國經濟學的興起，連同其各種明顯的特點，是最重要的發展之一。儘管在英國以外的國家用「革命」一詞描述此種變化不甚妥當，但把這種變化視為經濟學發展中的一個重要轉折點還是有道理的。儘管用需要捍衛某種意識形態，只是為了對抗馬克思主義，來解釋邊際主義思想的被採納是一種誤解，但經濟學專業化和邊際主義興起或許並非無關。視野的稍微收縮，正式分析的範圍的日益擴大，同為經濟學建立一種科學基礎的要求是一致的。

**註釋：**

① 這個標題採自鮑利（1972）。

② 哈欽森（1955），第 3 頁。

③ 參看第 43-44 頁和 212 頁以下各頁。對 1870 年這個課題狀況的經典性材料可見哈欽森（1953），第 1 章。也可參看科茨（1964），第 95 頁以下；哈欽森（1955），第 3 頁以下；哈欽森（1978），第 3 章。

④ 哈欽森（1978），第 75 頁。

⑤ 同上，第 81 頁。

⑥ 同上，第 86 頁。

⑦ 哈欽森（1955），第 7 頁。

⑧ 同上，第 9 頁。

⑨ 同上。又參看科茨（1964，1967a）。

⑩ 哈欽森（1953），第 63-64 頁。

⑪ 科茨（1967a），第 714 頁以下；卡迪什（1982）。

⑫ 參看科茨（1967b）。

⑬ 科茨（1967a），第 710 頁。

⑭ 科茨（1980），第 601 頁。這一部分多半採自這篇論文。

⑮ 美國經濟學會的創立，早於英國皇家經濟學會，這是意味深長的。

⑯ 科茨（1980），第 594 頁。

⑰ 同上，第 602 頁。

⑱ 同上，第 605 頁。為了對美國經濟學內部變化獲得一個印象，可參看米契爾（1969）。

# 第三篇　新古典時期：1890—1939年

# 14 均衡分析

## 14.1 引言【131】

杰文斯、門格爾、瓦爾拉斯和馬歇爾提出的體系全都是靜態均衡體系,其中的價格取決於經濟當事人在競爭市場上的最大化行為。這個著重點與古典經濟學家所強調的著重點大不相同,對古典經濟學家來說,靜態價格決定體系雖然呈現出來,但仍處於成長論和資本累積論的背景之下。本章要討論這種靜態均衡體系的發展。該體系雖在19世紀70年代提出,但遠未達到完善地步。可以說,制定出這個體系是直到1914年為止這一時期最大的成就。

可以用各種不同方式來討論這一發展,因為靜態均衡論曾以極不相同的方式表述,而每種方式都有支持者。觀點分歧涉及效用、成本性質、數學的利用以及相互決定或單向因果決定等問題。同時,1870年後,仍有許多經濟學家固守著陳舊的價值論思路。此外,在收入分配問題上,儘管有個別人嘗試過,但1890年以前一直沒有像商品價格理論那樣得到系統的改革。雖然它們的性質顯著地變化了,但關於效用性質以及經濟均衡應當採取何種方式的討論、關於分配理論的爭論貫穿這一時期的始終。

## 14.2 消費者和需求

消費理論在某種意義上是所有新體系的基礎,因為價值來自最終消費物品的價值,而後者又來自物品滿足慾望的能力。儘管闡述消費理論的方式各異(從杰文斯的邊沁功利主義到門格爾著重於物品滿足人的慾望的能力),但所有這些作者都是根據效用來分析消費行為的。他們都認為邊際效用決定一個商

品的價值；而且一個商品的效用被認為僅僅取決於該商品的消費。【132】

研究這些問題可以採取不同的思路。第一種思路是研究效用的性質：效用可否衡量？如果可以，如何衡量？效用與享樂主義有什麼聯繫？第二種思路是把技術改進引入效用分析，從而對需求做出更透澈的分析。第三種思路是拋棄效用分析，而讚成表現消費行為的選擇方式。在 1880—1939 年這三種思路都被採用過。

### 效用的含義[①]

對於想進一步研究效用性質的經濟學家來說，求助的一個對象是心理學。在杰文斯[②]之後的時期採用這一思路的唯一重要經濟學家是埃杰沃斯。他運用韋伯—費希爾在 1860 年提出的感覺法則作為他衡量「剛可覺察增量」的單位，認為這不僅適用於享樂強度又適用於享樂持續期間。他認為這個「不易覺察的事情或情景彼此的相等」是不言而喻的公理[③]。

然而埃杰沃斯是孤立的，因為心理學家們對享樂主義的興趣甚微。一些作者〔首先是博納（1888）[④]〕警告說，效用分析會不會隨著享樂主義而衰落下去？更正統的經濟學家們對此警告的反應是各式各樣的。一個極端是馬歇爾，他的《原理》初版（1890）中，功利主義是其理論的基礎，這一點顯而易見。但在後來各版中，雖然該課題未曾公開討論，但「快樂」與「痛苦」卻已被較無害的「滿足」和「損害」這些詞取代，而理論實質未受影響。另一個極端有凡勃侖對享樂主義甚至合理選擇概念本身的攻擊（1898，1899）[⑤]。

不過，比上述兩個極端更重要的是經濟學家們謀求擺脫享樂主義來說明消費行為，其中最重要者應數費希爾和帕累托。費希爾認為（1892），戈森、杰文斯和埃杰沃斯把心理學偷偷引進經濟學是「不適當和有害的」，因為這會使經濟學基於下述這個簡單化的假定：「每個人按照他的意願行動。」[⑥] 儘管費希爾還用「效用」一詞，但它不過作為描述行為的一種方式，就是說，A 的效用超過 B 的效用，這不過意味著該人更喜歡 A 而已。至於邊沁，費希爾認為，「他的詞（效用）是更可接受的，但該詞同其**理論**的聯結更少了」[⑦]。費希爾的效用概念同邊沁及杰文斯的效用概念之間的差距有多大，請看下面這段話。費希爾說：「如果我們只尋求**價格**和**商品分配的客觀因素**的話，效用的四個屬性作為數量是完全不重要的。這四個屬性分別是：①一個人的效用能與另一人的比較；②對同一個人來說，在一種消費組合中的邊際效用能與另一組合中的

邊際效用比較;【133】③即使它們可以比較,但總效用和收益不可能加總;④即使可以加總,但不需要決定這個恆定的積分。」⑧

帕累托顯然也獨立地得出了同樣的看法,指出效用函數不可能存在。他認為無差異曲線的斜度(它將等於適當地價格線的斜度)能從預算資料中得出。為由此得出效用函數,還需要:①把無差異曲線斜度的方程式加總,以得出無差異曲線本身;②把這些方程式加總,以得出效用函數。帕累托注意到,第一步在一定條件下可以做到,但無法從無差異曲線得出一個效用函數。同費希爾一樣,帕累托也明確地把行為看成論據,因而認為效用函數不過是表現這些論據的一種方式。因此他主張用「Ophelimite」(滿足欲望的能力)代替「效用」一詞。不過,帕累托很晚才看出這些論證的含義。他早在1892年已注意到這個問題[9],但是在《教程》(1896)中他不但使用「效用」,並且假定不同人之間的效用可以比較。甚至在《講義》(1906)中也沒有完全堅持他對效用衡量問題的態度。儘管如此,帕累托(同費希爾一起)也必然被看作是現代的(序數)效用理論的主要建築師之一。

帕累托因為否認效用可衡量而在19世紀末期的主要經濟學家中屬於少數派。維克塞爾、威斯迪德和埃杰沃斯都認為效用可以衡量,馬歇爾認為在一定特殊情況下效用可以衡量。不過,1900年後,在發揮一種非功利主義消費理論方面有過一些重要成就:約翰遜(1913)顯然獨立於帕累托,依據邊際效用比率分析過消費者選擇,指出經濟學不需要知道任何商品的邊際效用[10];斯盧茨基(1915)曾謀求提出一種完全經驗性的效用概念,他提到過帕累托,但沒有提到約翰遜。但他們的貢獻未受到世人注意,直到20世紀30年代純序數效用概念才被普遍接受[11]。希克斯和艾倫是這種研究的主要倡導者,而蘭格則準確指出了各種類型效用所涉及的前提條件。為理解這些發展,我們需要考慮一下消費理論的其他一些方面。

### 效用和需求

一旦去掉效用理論的功利主義聯繫,它的功能就剩下提供一種需求理論了。瓦爾拉斯和馬歇爾都曾用效用最大化原理得出他們的需求曲線,但他們只是指下述場合:每個物品的效用取決於那一物品本身的消費,即僅適用於分別相加的效用函數[12]。與此相關的問題是,【134】它取消了互補性課題,因為互補性的實質恰在於一個物品的效用取決於消費多少其他物品。因此,用一種更

一般的函數代替分別相加的效用函數就是重要的一步。這樣做的第一位經濟學家是埃杰沃斯（1881）。不過他沒有尋求互補性和效用函數形式之間的聯繫。

最早解釋互補性的是奧斯皮茨和利本（18B9），他們把互補性定義為效用函數的第二級導數：如果一種物品消費的增加提高了另一種物品的邊際效用，它們便是互補的。如果減少了它，它們便是競爭物品。費希爾和帕累托儘管否認效用可衡量（這是上述定義的基礎），但他們還是接受了這個定義。直到1913年約翰遜的文章才提出了不依賴效用衡量的互補性定義，即根據無差異曲線的斜度來說明互補性。現代的定義，即根據交叉替代效應的結果（也就是根據一種物品價格的上漲是增加了還是減少了對另一種物品的需求）來說明互補性，是希克斯和艾倫在1934年提出的。

不過，互補性不是效用函數形式之所以重要的唯一理由。正是因為馬歇爾和瓦爾拉斯假定效用函數是分別相加的，所以他們才能得出需求曲線向下傾斜。而當費希爾和帕累托用更一般的效用函數來分析這個問題時，他們發現，一般來說，需求函數的斜度既可這樣也可那樣。約翰遜和斯盧茨基得出同樣結論，尤其是斯盧茨基對此有透澈研究。斯盧茨基在我們現在所謂的正常物品和低劣物品之間作了區分，他稱之為「相對必要」和「相對不必要」的物品。前者的需求曲線必然向下傾斜，後者的需求曲線可能向下傾斜，但並非必然如此。因為忽視約翰遜和斯盧茨基的著作，所以馬歇爾的需求分析儘管有其局限性，仍被繼續採用。只是當希克斯和艾倫得出他們的成果（獨立於約翰遜和斯盧茨基，雖然他們後來承認這兩人已完全提到了基本問題）時，已經改動的需求理論才被普遍採納。

**無差異曲線**

消費理論的這些發展需要一種不用效用而分析消費者選擇的工具，無差異曲線應運而生。不過，儘管費希爾、帕累托、約翰遜、希克斯和艾倫運用無差異曲線時把它作為一種避免依賴效用的工具，但是最早運用無差異曲線的卻是一位功利主義讚成者埃杰沃斯。因為埃杰沃斯用無差異曲線分析交易，所以這些曲線向上傾斜，【135】表現某個人對一種物品的消費同他必須放棄的另一物品數量的關係。正是費希爾和帕累托從無差異曲線中看到了發揮一種對消費行為進行非功利主義分析的可能性，也正是他們運用了現在已通行的向下傾斜的無差異曲線。費希爾把這些曲線同預算線結合起來[13]，而帕累托則把它們同

強制（可能是直接的，也可能是不直接的）結合在一起。約翰遜則用無差異曲線和預算線得出現在為人所熟知的收入和價格消費曲線[14]。

至於消費理論的又一個方面，希克斯和艾倫也做了許多工作，使分析發展了。他們研究的一個關鍵概念是替代彈性，希克斯、羅賓遜和勒納為分析生產函數發揮了這個概念，但希克斯和艾倫用它來衡量無差異曲線的曲率[15]。他們的貢獻（這無疑是他們著作成功的主因）表明，無差異曲線提供了這樣一種分析需求的方式，即將收入對需求的影響不作任何假定。馬歇爾需求論引起的問題之一是，他一直假定貨幣的邊際效用不變。這使馬歇爾能以貨幣衡量邊際效用，並從邊際效用遞減的假定中得出向下傾斜的需求曲線[16]。費希爾和帕累托認為，無差異曲線能被用來分析需求，但沒有表明這能拋開馬歇爾的假定。做出這一論證的是希克斯和艾倫。

**更激進的研究**

利用無差異曲線和序數效用指數使經濟學家們得以擺脫功利主義。不過，還有一些經濟學家想比這更進一步。卡塞爾（1899，1918a）就是一個。他主張回到古爾諾的思路上去，即從需求函數出發。他認為做出下述假定就夠了：「一旦這些物品的價格固定下來，對該物品中每件的需求也就確定了。」[17]效用對分析經濟問題是多餘的，因為需求函數告訴了我們想知道的一切。持類似看法的還有巴倫（1908）和穆爾（1914）。穆爾在關於統計需求曲線著作中，發現效用理論沒有什麼助益。

這種研究的最重要代表者是薩繆爾森（1938a）。他提出了一種顯示偏好理論。他認為希克斯和艾倫提出的邊際替代率遞減假設，像效用一樣是空洞的概念，因而他主張將消費理論立足於同可觀察的行為更直接相關的假設之上。為此他從卡塞爾、巴倫和穆爾一樣的假定出發，即假定各人選擇購買一定量商品的價格為已知。薩繆爾森更進一步之處在於他做出了更進一步假定（一致性公理）：當一個消費者選擇一定量物品時，可以推想，他或她更喜歡這一批而不是更喜歡所有其他可以作為替代品的物品。【136】這使薩繆爾森能夠得出希克斯和艾倫的所有結果而不用無差異曲線。薩繆爾森的著作傾向於剝去消費理論的一切非本質東西，而把它歸結為一種選擇理論，並就此得出結論。

## 14.3 經濟均衡

### 1870—1914 年

有這樣一種說法，認為經濟均衡概念以及價格和數量取決於各種力量的平衡的觀點，充滿著整個古典經濟學，從亞當·斯密到李嘉圖、穆勒和加尼斯。但這並非全部故事，因為：①古典經濟學家在決定均衡價格時絕沒有使需求起重要作用[18]。②從它的源頭（亞當·斯密《國富論》）開始，古典經濟學即充滿著對增長與發展的關注，結果是，靜態均衡理論的發展成了次要課題。1870 年後，一種周密制定的靜態理論才建立起來[19]。

對經濟均衡性質的最明確的表述無疑是瓦爾拉斯的表述了。儘管杰文斯和門格爾指出過該理論的若干重要方面，但並沒有得到完整的發揮：一方面，杰文斯更為關注的是效用原理，門格爾更感興趣的是價值實質；另一方面，瓦爾拉斯首先關注的是各種市場的互相依存，這自然導致分析一般均衡。雖然瓦爾拉斯像古典經濟學家一樣也分析一個經濟隨時間推移的演進，但他明確表示，這種分析是基於先前的靜態均衡分析的。

瓦爾拉斯比其前輩和同時代人更明確他提出了一種一般競爭均衡理論：廠商是價格接受者，在均衡條件下只能獲得資本的正常報酬率。均衡價格一方面取決於消費者的最大化效用，另一方面取決於表示廠商將投入轉化為產出的能力的技術係數。瓦爾拉斯在英國受到冷遇，但在歐洲大陸卻贏得了有影響的追隨者，其中最重要的就是帕累托和維克塞爾。帕累托使該理論去掉了對效用的依賴，他指出經濟均衡問題的實質是「人的慾望和滿足慾望的障礙之間的對立」[20]。另外，維克塞爾則把瓦爾拉斯的均衡論和龐巴維克的資本理論結合起來，把它擴展為一種邊際生產率分配論。

馬歇爾的思路很不相同，與其說是因為馬歇爾更偏愛與一般均衡分析相對立的局部均衡分析，不如說是因為他喜愛更現實的分析形式。【137】為避免過於抽象，馬歇爾的均衡不是瓦爾拉斯、帕累托和維克塞爾的靜態的、完全的競爭均衡：在馬歇爾的均衡中，新廠商不斷進入，舊廠商逐漸被新廠商代替；存在著不完全的競爭；當廠商沿其供給曲線運動時勢必要發生某些變化。雖然沒有太多東西加進這一理解中，但馬歇爾用「正常利潤」而不用「零利潤」作為分析市場均衡的條件，這確是他的思路的一個特點。同時，他偏重於短小的論證環節以及對現實主義的要求，使他的分析同一般競爭均衡的邏輯相對

立。他對完全競爭均衡的敘述是簡短的,它被放在《原理》的附錄而不是正文中。

在馬歇爾漫長的時期中,儘管出現過某些變化,但在背後仍然存在著一種完全靜態均衡概念,依照這種概念,多種事件能夠預先正確地預測。不過馬歇爾對此持強烈的批評態度。他認為,我們必須把主要原理的簡單和特點更多地歸之於這個原因。該世紀上半期的經濟學說正是從這裡獲得了它們的某些魔力和使其導致錯誤的實際結論的種種傾向[21]。

馬歇爾雖然批評穩定狀態的假定,但他還是把這個概念擴展到包括平衡的增長等問題上,後者最初是由卡基爾提出來的。不過,總的說來,動態問題被擱置一旁。

還有第三種研究競爭均衡問題的方法,它在當時雖無影響,但在20世紀50年代變得重要了。這就是埃杰沃斯依據交易來分析競爭的方法。他從兩個人之間的交易出發得出了契約曲線,表明競爭均衡是該曲線上的某一點,通過逐漸增加捲入交易的人數,埃杰沃斯得以表明,當一國經濟規模增長時,契約曲線就會退縮到競爭均衡。因而競爭均衡可被解釋為在無數人交易中唯一可能的結果。

儘管傾向於假定某種競爭,或是假定瓦爾拉斯的「自由競爭」,或馬歇爾的「經濟自由」,但壟斷和寡頭壟斷問題未被忽視,古爾諾的影響是顯而易見的。他的壟斷理論被馬歇爾接受和擴展:馬歇爾更透澈地分析了成本結構,並認識到靜止的最佳狀態並不適於描述壟斷者行為。用熊彼特的話來說,馬歇爾「對古爾諾的分析框架所增不多(如果有的話)——但是他從中發展了⋯⋯一種**經濟分析**,該分析幾乎阻礙了那種框架和技術上的優秀之作在後來年份中的發展」[22]。古爾諾也影響到這時期關於寡頭壟斷的討論。他的解答(假定雙寡頭壟斷中任一方已知對手的產量)受到許多經濟學家(特別是貝特蘭、馬歇爾和埃杰沃斯)的批評。埃杰沃斯的貢獻在此是最重要的,因為他表明均衡將是不確定的,其結果既涉及生產同一種物品的兩個廠商,也涉及對他們的兩種不同商品的需求。

不過,關於壟斷的這些研究並沒有加進一般經濟均衡的討論之中。帕累托反對瓦爾拉斯把純經濟學限於研究完全競爭,旨在獲得更大的普遍性。但他並沒有成功地把壟斷因素加進他的一般均衡分析中,該分析僅涉及競爭經濟。從表面上看,馬歇爾在免除過分簡單化的完全競爭假定方面取得了更大的成功,

但這個成功在一定程度上是虛幻的，因為他只是通過對他的精確假定的不精確的解釋才做到這一點的。他的一般均衡分析的**正常框架**像他的同時代人做的一樣傾向於假定完全競爭。

### 張伯倫的壟斷競爭

20世紀20年代和30年代，經濟均衡分析有了相當的發展，最著名的發展當推所謂「壟斷競爭革命」。兩本影響尤甚的著作是張伯倫的《壟斷競爭理論》（1933）和羅濱遜的《不完全競爭經濟學》（1933a）。兩者雖各自獨立提出自己的理論，但有共同點：運用了邊際收入曲線和所謂「切線條件」。假定可以自由進入市場，但廠商面臨著對他自己產品的向下傾斜的需求曲線，在這些條件下，當廠商的需求曲線同它的平均成本曲線相切時，均衡即可達到。這意味著在均衡狀態下將會有過剩的生產能力，因為廠商所經營的產量低於平均成本最低的產量。儘管兩位作者都致力於研究一般價值論，但他們的思路很不相同。

張伯倫注重的是，把馬歇爾的著作擴展到處理以廣告和產品差別為特徵的市場結構。在張伯倫看來，廠商所控制的不僅是他們產品的價格，而且是它們的質量和將它們做廣告並推銷出去的數量。因此，張伯倫對市場加以分類時就不僅依據售賣者人數，而且還依據廠商的產品被區分的程度[23]。產品差別意味著，每個廠商（不管它的競爭者如何多）都擁有一定的壟斷權力。張伯倫認為，在這樣一個產品差別世界中，【139】壟斷理論將適於解釋每個廠商產品的市場。不過，競爭並沒有被取消，因為廠商生產替代品的行為將會影響對某種壟斷產品的需求[24]。因為每個廠商的產品是不同的，所以沒有理由期望競爭會完全消除壟斷。

張伯倫的研究有幾點特徵值得強調：①他對寡頭壟斷的注意。在指出競爭與壟斷不應被分開之後，他立即轉向寡頭壟斷理論[25]。他在討論這個問題時強調了寡頭壟斷的相互依賴。壟斷競爭則出現在售賣者人數非常之多以致這種相互依賴可被忽略不計的地方。②「切線條件」（人們對此已談了不少）對張伯倫來說不過是一種特殊場合。為了得出這個特殊場合，有必要做出他所謂的「肯定冒風險的假定」：特別是，廠商集團的每個成員被看作和該集團的其他成員一樣面對同樣的需求曲線和同樣的成本條件[26]。因此，對張伯倫來說，切線條件「主要被用作一種解釋性方法，直接的適用性是很有限的。」[27] ③張伯

倫假定廠商們各自的產品是真正有差別的。因此,壟斷因素就不單是消費者方面不合理行為的結果。這意味著不可能推論說,壟斷競爭暗含著浪費,完全競爭在這種情況下是無用的。

張伯倫的著作成功地表明,經濟學家必須分析不同的市場結構,不單是完全競爭和壟斷。考慮到他破壞了「馬歇爾價格理論的輕率的一般化」,布勞格做出結論:「我們可以公正地說,當代微觀經濟學中的張伯倫革命,就像談論宏觀經濟學中的凱恩斯革命一樣。」[28]不過,張伯倫並沒有做到以一種更一般的價值論來取代競爭理論,因為他的理論仍停留在局部均衡分析的水準。如果我們看一下特里芬的《壟斷競爭和一般均衡理論》(1940),便會非常明確地認識到這一點。特里芬在該書中把壟斷競爭理論看作是架在馬歇爾的局部均衡分析(集中於產業)和瓦爾拉斯的分析(從廠商出發)之間的一座橋樑。特里芬認為,壟斷競爭理論已經撤除了廠商和產業之間「內在的界線」,他認為(這比張伯倫走得更遠)產業或廠商「集團」的概念必須同價值理論脫鉤。不過,這裡尚有不徹底之處,因為,當撤除產業,實現了向一般均衡分析的轉變時,必須考慮到任何變動的宏觀經濟的含義,但張伯倫和特里芬都未做到這一步。

**羅濱遜夫人的不完全競爭【140】**

羅濱遜夫人的《不完全競爭經濟學》的範圍和宗旨十分獨特,正如該書一開頭所說:「『在對經濟分析感興趣的人中,有些人是工具製造者,有些人則是工具使用者。』本書旨在為分析的經濟學家們提供一箱工具。它是有關經濟分析技術的一篇論文,因而對我們有關真實世界的知識只能做出間接貢獻。」[29]張伯倫集中於現實,因而他的幾何圖式在一定意義上對他的主要研究來說是偶然的,但在羅濱遜的書中,幾何方法成了基本方法。不過羅濱遜也沒有限於提供一箱工具:她得出了有關現實世界的結論。在這樣做的地方,她的思路並沒有與張伯倫的思路相類似。產品差別在她的書中不明顯,她用她的方法得出關於福利的結論。當她考察勞動市場上的買主壟斷時,她承認,儘管她聲稱自己的目的在於提供一箱工具,但是,「偏離分析路線並指出若干道德性質的反應的誘惑在此強烈得難以抵擋」[30]。著重點的這個轉變是在她的最後一章完成的,如她指出的那樣,在這章中「我們不再拘泥於價值論,而是已經步入福利經濟學的領域」[31]。她公開地把她的著作同庇古的福利經濟學聯繫起來。

同張伯倫形成強烈對照的是，羅濱遜強調在不完全競爭條件下剝削勞動之不可能，剝削被定義為實際工資率與勞動的邊際產品價值之差額。產品市場上的壟斷，或勞動市場上的買主壟斷才會導致剝削[32]。

羅濱遜著作的直接來源是 20 世紀 20 年代後期對馬歇爾理論的討論。這些討論更多地集中於馬歇爾理論內部邏輯一致性問題，而不是這個理論結構的現實性問題。馬歇爾理論的主要破壞者是斯拉法（1926）、羅賓斯（1928）和庇古（1928b）。

斯拉法的論證是，在長期內，與生產規模成比例的收益，無論是增還是減，均不能同競爭產業的局部均衡分析相適應。如果存在規模的經濟，對產業來說它必定是內部的（否則它們就不會影響供給曲線），對廠商來說它必定是外部的（否則某個廠商能夠無限制地擴張直至支配市場）。在斯拉法看來，這類經濟難得遇見，因而沒有哪種增加報酬的途徑可以同競爭相適應。至於收益的減少，在長期內只能源於要素成本的提高。但是，如果要素成本提高的同時產出也增加了，這將提高其他產業中的成本，通過影響其他產業中的價格而影響需求。然而這就破壞了對馬歇爾的局部均衡分析來說至關重要的前提：供給和需求是相互依賴的。【141】於是斯拉法得出結論：與生產規模成比例的收益必定不變，在此情況下廠商的產出是不確定的。他對這個問題的答案是，經濟學家有必要轉向壟斷理論。

羅賓斯攻擊的是代表性企業概念。馬歇爾曾用此法處理兩類問題：一類源於他的供給曲線不是一種純靜態的圖解法（沿供給曲線運動涉及一往無前的技術進步）；另一類源於他的下述假設：每個產業包含各種廠商。代表性企業（廠商）被用來確定產業對需求變動作何反應。它不是平均企業，只能從上下文來判斷它是代表性的。羅賓斯指出，不僅確認這樣的企業很困難，因為它不是平均值，若是平均值便能以統計加以說明；而且更重要的是，它無助於理解經濟均衡。羅賓斯說：「當我們研究長期利潤理論和管理與經商能力的差別時，我們有何必要考察一個平均的或代表性效率的企業或廠商呢？正像一定量供給可以在效率變動的土地上生產出來一樣，它們的生產也可以受能力變動的經營者的管理。對這個人是正常利潤，而對另一人就不是正常利潤了。**我們沒有必要假定一個代表性廠商或代表性生產者，充其量假定一種代表性土地價格或一部代表性機器或一個代表性工人就行了。**實現均衡所必要的一切，只是每個要素在一條生產線上所獲得的，同在任何其他生產線上所獲得的一樣多；當

然包括勞動、雇傭或投資的所有收益與損失在內。」[33]

這個論證的一個重要方面是，羅賓斯是在一種靜態均衡論的範圍內解釋馬歇爾經濟學的。類似的改變也出現在庇古的著作中（1928），在這裡，馬歇爾的代表性企業被大不相同的「均衡企業」所取代。按庇古的說法，均衡企業是這樣一種企業，假定它處於均衡，則該產業也處於均衡之中。庇古以為這不過是馬歇爾代表性企業的別名，其實它們是不同的概念[34]。從庇古的均衡企業，到以較簡單的產業概念（由一系列相同的企業組成）取代馬歇爾的產業概念相去不遠了，馬歇爾所謂的產業包含一系列不同企業。

對馬歇爾理論的最後攻擊來自哈羅德和羅濱遜。哈羅德（1930）區分了廠商需求曲線和市場需求曲線（這種區分在壟斷和完全競爭條件下是不必要的），然後他得出了邊際收入曲線，它同價格的關係可以用下式表示：$MR = P(1-1/e)$，其中 $e$ 是需求彈性係數[35]。哈羅德指出[36]，這意味著供求分析的破產，因為如果廠商使產量達到邊際收入等於邊際成本，則供給就不僅取決於價格，而且取決於需求彈性。羅濱遜接著提出了這一點（1932、1933a）。她認為找不到一種辦法可以挽救對一個產業的需求曲線這個概念。【142】需求變動對該產業中每個廠商產出的影響，將取決於它對需求彈性有怎樣的影響[37]。這樣一來，馬歇爾經濟學的基礎即長期的正常價格取決於供給和需求的觀念便遭到了破壞。

這些成果固然重要，但更重要的是羅濱遜的方法。像羅賓斯（1928）和庇古（1928）的文章一樣，《不完全競爭經濟學》是靜態均衡理論的一次實驗，它假定「每個人以自覺的方式……從他的經濟利益出發來行動」[38]。在馬歇爾已經發現存在其他動機（甚至利他主義）的地方，羅濱遜則以單一的利潤最大化為前提：「假定任何人在其經濟生活中絕不會採取使其損失大於收益的行動，而總會採取收益超過損失的行動，**這使價值分析成為可能**……整個分析結構都是以這種**單一類型**的磚瓦建立起來的。」[39]這種方法更接近於奧地利學派的均衡分析而不是更接近於馬歇爾的「現實主義」方法。

羅濱遜簡化前提的做法將馬歇爾心愛的許多問題乾脆拋在一邊，因為她的分析是以非常抽象的方式進行的。她一再申明，儘管她有時偏離這一分析路線，但她的目的並不是把握現實世界問題，不過是為經濟學家提供「一箱工具」。她在這方面是成功的，因為她的工具已成了當代微觀經濟學教科書的標準內容。肖夫和羅濱遜於1933年在《經濟雜誌》上的交鋒明確顯示了新舊方

法的對比。肖夫寫道:「如果我們滿足於正在起作用的各種因素的粗略和現成的表現,我們即可相當地接近現實。但是任何想使我們的研究精確的企圖都會使我們的分析達到這樣抽象的地步,以致不可能符合我們願加解釋的實際現象;或者使我們的分析複雜得不便使用[40]。羅濱遜的答覆承認研究方法上有基本區別:「他的現實主義分析法與我們的高度形式主義方法顯然確實不是在相同的範圍內運用的,因而任何想把得自如此不同前提條件的結果反轉過來的企圖就其性質來說都是無用的。」[41]

雖然方法上的這一變化對經濟理論的發展有深遠影響,但它還是可以以強烈對比的方法加以觀察。一種解說[42]強調「新法規」沒有處理時間、信息和不確定性這些至關重要的問題;【143】馬歇爾至少抓住了這些問題,他的方法的局限性可以說是「方法論的不可克服而只能共處的困難」[43]。而內部始終一貫的經濟均衡模式是潛在的危險,因為絕不可能遇到這樣的條件,在這些條件下,才有可能對決定均衡的各種要素加以概括。另外,下面這些經濟學家對方法上這一變化的看法也很不一致,這些人的長處就是他們的理論有內部的一貫性,即使這意味著做出的假定與經驗觀察相違背。例如,薩繆爾森雖然批評了那些對20世紀30年代「發現」邊際收入大驚小怪的經濟學家,但他對馬歇爾的方法也寫了一些嚴厲的東西[44]。

### 寡頭壟斷

在注意到不完全競爭的同時,不應忽視這個事實,即寡頭壟斷在20世紀20年代和30年代也受到了相當注意。張伯倫對寡頭壟斷的興趣已經提到過。對寡頭壟斷的大多數討論來說,就像對上面已指出的張伯倫的討論一樣,出發點是古爾諾、貝特蘭和埃杰沃斯的雙寡頭壟斷模式[45]。有助於明了各種不同模式之間差別的一個概念是「假設變量」;雙寡頭壟斷中的一方根據這個量假定他的對手將改變他自己的產出,從而以同樣規模增加他自己的產出[46]。古爾諾把這種假設變量設想為零,但其他的假設可以使結果出現無數的變動。特別有意義的是斯塔克伯格的模式(1933),其中一個寡頭壟斷者(追隨者)假設產量是零,而另一個(領頭者)則把對方(追隨者)據以實際改變其產出的數量作為他自己的假設變量。

著名的需求曲線論曾獲廣泛讚同。這個理論暗含於張伯倫的分析中,因為他區分了兩種需求曲線:一種需求曲線是,當一個廠商改變他的價格時,該產

業的產出保持不變；另一種需求曲線是，其他廠商改變他們的產出。這兩種交叉的需求曲線離曲折的需求曲線已經不遠了。曲折的需求曲線在羅濱遜的《不完全競爭經濟學》（1933a）中是明確了的[47]。不過，該理論受到廣泛注意只是在 1939 年它出現在斯威齊（美國）和霍爾與希契（英國）著作中的時候[48]，儘管他們的解釋與羅濱遜的解釋並無二致。斯蒂格勒 1947 年宣稱這個理論已獲得廣泛接受，因一些經濟學家把它整理為寡頭壟斷價格論了[49]。

下述假定是重要的：寡頭壟斷指望競爭對手敵得過價格削減而不是價格上漲，這意味著廠商的需求曲線對價格下落比對價格上漲的彈性要小，因為需求曲線在現行價格下是有曲折的。除了它的簡單明瞭之外，這個理論還有若干特徵：①既然邊際收入曲線在現行價格下是不連續的，所以它也就說明了為什麼寡頭壟斷價格對需求變化或成本變化反應遲鈍。斯威齊更進一步用這個理論來說明為什麼價格會更傾向於提高（作為對需求增長的反應），而不是更傾向於下降（作為對需求減低的反應）。②有可能把這個理論同霍爾和希契從觀察廠商定價政策中所獲得的成果聯繫起來。【144】一方面，這表明廠商並不理解需求彈性概念，也不認為需求彈性同他們的價格決定有什麼關係。另一方面，廠商相信，競爭者們相互較量的是價格削減而不是價格上漲。

**完全競爭**

同不完全競爭理論形成對照的是，競爭均衡論在 1914 年已經相當好地制定出來了，不過到 1939 年仍有若干重要發展。

一個發展是研究競爭均衡的發展所要求的條件。這裡的刺激來自卡塞爾（1918a）對瓦爾拉斯的描述一般競爭均衡的方程式體系的再表述。卡塞爾的方程式體系對瓦爾拉斯體系本身的貢獻甚少，它的意義只在於刺激了這一研究。1932—1933 年的三篇論文表明，均衡的存在要求計算許多方程式的問題[50]。尼塞（1932）指出均衡價格可能是負數；斯塔克伯格（1933）指出，假定商品極少而各種要素可能還沒有被制成產品，則所有要素會被充分利用。但更重要的是佐森（1933）的貢獻，他指出有必要以容許下述可能性來修正供給＝需求均衡的條件，即容許在均衡狀態下一種商品的供給可能超過需求，假定該商品的價格是零。這種修正一旦成立，尼塞和斯塔克伯格的問題就消失了。正是這時候朝著更嚴密地研究現代理論的實際特徵邁出了最初的步伐。斯塔克伯格（1933）感到有此必要；數學家沃爾德提出了證據，他分析了包括

卡塞爾模式在內的各種模式以及純交換模式。

雖然競爭均衡概念已被廣泛採用，但**完全**競爭概念只是在20世紀20年代和30年代才被提出來，因為只是在經濟學家們把握不住完全競爭時才對完全競爭作了更適當的規定[51]。庇古（1928b）首先做出了類似於現今的U形平均成本曲線及其有關的邊際收入曲線，他以價格同邊際的和平均的成本相等來定義完全競爭。完全競爭概念自然出現在不完全競爭理論之外：假定一個產業由若干只有相同成本條件的廠商所組成，假定廠商數目足夠大，因為廠商需求曲線完全是彈性的，結果便是完全競爭。這樣，完全競爭便是不完全競爭的一種有限制的場合。在張伯倫那裡，所有廠商生產不同的產品，因而完全競爭概念不易出現。

完全競爭概念（在均衡狀態下的一系列相同的廠商，【145】具有相切於同一U形平均成本曲線的水準需求曲線）僅僅源於張伯倫和羅濱遜，但這一模式的實質像許多其他問題一樣已經暗含於古爾諾的著作（1838）中了。一方面，在第二節所考察的經濟學家中，對廠商與市場的關係感興趣的是馬歇爾，但他選擇了不同的方向；另一方面，他的同時代人雖然發揮了競爭均衡理論，但他們的興趣卻不在廠商與產業的關係上。因此，說競爭均衡論在1914年前已有很好發揮是對的，但把它描述為現代意義上的完全競爭論就不太妥當了。

最後，我們要談到希克斯的《價值和資本》（1939a），這本書大大地復活了人們對一般均衡理論的興趣，這不單單因為他以非數學家可以接受的語言解釋了一般均衡論。希克斯在該書中集中分析了完全競爭場合。他對此所做的解釋非常明確。在考察了一個壟斷者的均衡之後，希克斯指出：「這一切都沒有問題，但必須認識到，整個放棄完全競爭的假定，以及普遍採用壟斷的假定，對經濟理論必定會產生一種破壞性後果。在壟斷條件下，穩定條件不確定，經濟法則所賴以建立的基礎就會被棄置一邊了……我相信，只要我們能夠假定即將談到的大多數企業所面對的市場和完全競爭的市場沒有巨大的區別，才有可能從這一受到沉沒危險的船只中救出一些東西——必須記住受到沉沒威脅的東西就是大部分的一般平衡理論……不過，我們必須瞭解，我們採取的是一個危險的步驟……然而，我個人懷疑，我們因這一理由將會排除的大多數問題用經濟理論的方法是否能作很有用的分析。」[52]

希克斯認為他的《價值與資本》的主要貢獻在於把帕累托的靜態分析和瑞典經濟學家（特別是米爾達爾和林達爾）的動態學說結合了起來，後者對

他的影響是強烈的[53]。該書第一部分集中論述了靜態均衡論，以他同艾倫共同發揮的新的消費理論對帕累托的均衡論重新作了加工。他對穩定性的分析特別重要，他把穩定性同一國經濟的補充性聯繫起來。在討論動態學時，希克斯採納了林達爾研究暫時均衡的方法，按此方法，資本量和預期狀態是已知的。任一時期都會通過資本儲量同它所承繼的過去聯結在一起，又通過預期同未來聯繫起來。在這個部分希克斯得以提出資本、利息和貨幣問題，並且分析整個經濟體系的穩定性。

雖然希克斯認為靜態和動態之間的聯繫是至關重要的，但也認為凱恩斯的《通論》是一個小型的總體的一般均衡模式，這引起了更多注意。希克斯在評論《通論》（1936）時挑出凱恩斯的「預期方法」同米爾達爾和林達爾的方法作了比較，而在他的著名論文《凱恩斯先生和古典學派》（1937）中，他把《通論》解說為具有四個市場的一般均衡模式，這四個市場分別是物品、貨幣、證券和勞動。這些思想在《價值與資本》中得到進一步發揮。該書的若干部分受到凱恩斯的強烈影響。

## 14.4 生產和分配

**邊際生產率**

我可以有根據地斷言，人們現在所理解的邊際生產率理論始於19世紀最後20年。邊際生產率觀點本身不是新東西。李嘉圖的地租論就是一種邊際生產率論；在穆勒和（首先是）杜能的著作中也可以發現邊際生產率論的某些方面。此外，杰文斯和門格爾的著作中也包含著邊際生產率的若干重要因素。但是一些重要發展是在19世紀80年代和90年代，這些發展使邊際生產率論轉變成某種在性質上不同於以往學說的東西：①生產函數概念的出現超出了古典派的報酬法則；②邊際生產率普遍適用於所有要素；③這些發展使生產函數被置於效用函數一邊，因為要素價格的決定方式基本上與產品價格的相同。邊際觀念以此方式擴展和普遍化的結果是，邊際分析變成了普遍接受的東西。而到90年代，儘管有了杰文斯、門格爾和瓦爾拉斯的著作，古典派的影響仍是強烈的。

**關於工資的爭論**

資本與勞動的關係這個「重大的社會問題」在19世紀後半期的英國和美

國曾是一個緊迫的課題。古典經濟學家想以工資基金理論證明，工資決定不受資本家或工會行為的約束，這使工資基金論的實際意義超出了它在整個古典派理論中的意義。正因為如此，穆勒在1869年「收回」工資基金論一舉引起了轟動。但工資基金論並沒有因此而消失，不僅因為加尼斯（他是其中之一）繼續支持它，而且因為還沒有一種大家認可的理論取而代之。

正是通過19世紀80年代和90年代關於工資基金的爭論，對邊際生產率論的許多最重要的貢獻出現了。引發這場爭論的是沃克在70年代中期關於工資基金的論述。西季威克在評論沃克的《工資問題》（1876）的文章（1879）中向沃克發起挑戰，他提出了一個實證的理論以代替工資基金論。【147】沃克對此作了回答（1887），於是爆發了一場廣泛的爭論，主要是在《經濟學季刊》上進行，美國和英國的經濟學家都卷了進去[54]。這場爭論的許多方面已不再有意義，但有兩方面是例外，因為它們說明了這時期靜態均衡理論所發生的變化。

時間因素的重要是大家都承認的，為維護工資基金論必須得假定生產過程中「滯後」現象的存在，類似於農業中投入（播種）和產出（收穫）之間的滯後。許多經濟學家讚成工資基金論的理由就在於認為不能忽視時間因素對經濟過程的意義。只有兩人否認這個滯後並拒絕工資基金論，他們是克拉克和馬歇爾。馬歇爾擺脫開舊的工資基金論經歷了較長一段時間[55]。不過，儘管有克拉克和馬歇爾的有力影響，但在19世紀80年代和90年代幾乎沒有經濟學家站在他們一邊，否認生產中的時間因素。然而到90年代中期，工資基金論已默默無聞了。為什麼會這樣？一種解釋認為是由於邊際生產率論的成長，使工資決定問題可被作為一種統計問題加以處理。另一種解釋認為是由於出現了龐巴維克的資本理論，它使時間問題成了一種資本理論的問題而不是工資經濟學的問題。時間問題的討論顯然超出了工資問題。

但是這場爭論的最重要的方面也許是在爭論範圍之外，即出現了對邊際生產率論的重要貢獻，有三篇文章尤其重要。伍德（1888，1889）認為對勞動的需求像對其他東西的需求一樣，是價格的函數，這就一語道出了邊際生產率分配論的實質，這卻多半被忽視了[56]。1891年霍布森和克拉克，像他們文章標題所表明的那樣（《三種地租法則》和《像地租法則一樣決定的分配》），認為應將地租論普遍應用於各種要素而不單是土地。

關於分配的討論還有一個方面不應忽視，儘管它處在主流學術討論之外，這就是亨利·喬治的《進步與貧困》（1879）。喬治著重論證了地租問題和土

地價值的不勞而獲的增加是當時的基本社會問題。為此,他主張實行單一稅制——地租稅。儘管他對經濟分析貢獻甚少(如果有的話)[57],但他的思想激起了普遍的討論,不僅在他的故鄉美國,而且在英國[58]。當時對地租問題的如此廣泛的討論尤其要歸因於喬治的影響。

### 邊際生產率和生產函數

工資基金爭論基本上是在美國人之間進行的,不僅因為它主要在美國雜誌上進行,而且因為大部分參加者是美國人。英國的經濟學家也是積極的重要的參與者,【148】不過,在另一場部分重複了這些討論的爭論中,主角卻是歐洲經濟學家,這場爭論以很不相同的方式解釋了邊際生產率論。

同美國人(伍德)對邊際生產率理論的最初表述一樣,歐洲人貝里(1891)和埃杰沃斯(1889)對該理論的最初表述也沒有引起人們的注意。貝里的貢獻值得在此稍予詳述。他提出了下列生產函數:$f(g_1, g_2, \ldots l_1, l_2, \ldots c)$,把廠商產量作為各種投入的函數,各種投入包含各種不同類型土地($gk$)、不同種勞動($lj$)和資本($c$)。由此得出每要素的邊際生產率方程式:

$$P_i dfi/dgk = rk$$
$$P_i dfi/dlj = W_j$$
$$P_i dfi/dc = i$$

上式中,$P_i$,$rk$,$W_j$,$i$ 分別表示產出的價格和地租、工資率、利息率。再加上對物品的需求方程式,對要素的供給方程式以及各種要素被完全使用的條件。其結果便是一種方程式數目與未知數數目相等的一般均衡體系,資本、勞動和土地對稱看待,並得出下列反李嘉圖主義的結論:「設想用在**無資本**邊際上操作的勞動者的產品來測定工資,同設想以**無勞動**的資本額來測定利息是一樣正確的。」[59]

在往下的討論中值得注意的是貝里保證產品被分光的方法:投入和產出之間的任何差額構成一種剩餘,被企業家佔有;競爭會使具有相等能力的企業家獲得相等的這種剩餘。

貝里著作的上述兩個特點(對稱地看待各要素;把邊際生產率作為一般價值理論的一部分)更明顯地反應在威斯迪德的《論分配規律的協調》(1894)一書中,該書在 19 世紀 90 年代引起了一場當時最大的爭論。他在序言中讚揚了數學方法,認為它使生產函數一目了然,然後十分明確地說明了他

的意圖：「研究分配規律時，通常的做法是，分別提出某一大類生產要素（土地、勞動和資本），研究該要素在生產中協同動作的特殊條件，作用於支配該要素的人的特殊因素，以及該要素所提供的服務的特殊性質，從所有這些考慮中歸納出調節分配給該要素的產品份額的特殊規律。依照這種方法，不可能將各種分配法則加以協調，【149】也不能確定這樣地給予各要素的份額是否包含了產品以及被這些產品所包含⋯⋯例如，地租率被置於土地肥力之客觀標準之上，而利息率卻被置於對現在和未來的主觀估計之上，這樣一來，土地份額和資本份額就難以加總，也難以確定餘額是否同工資份額相符合。不過，在經濟理論的範圍之下定可予以協調」[60]。至於協調的方法，他說：「現代價值研究已為我們的研究指明了方向。的確，交換價值規律本身就是社會一般資源的分配規律。」[61]

威斯迪德超出別人之處，也是引起爭論之處，在於他謀求證明由邊際生產率所決定的各要素的份額將恰好把產品完全分掉，假定生產函數中與規模成比例的報酬不變或生產函數是線性齊次的[62]。威斯迪德的證明是相當笨拙的，不過被一位評論者弗勒克斯（1894）改進，後者首次用尤勒原理說明這個問題，這已成為標準說法了。

對威斯迪德理論的反應是混雜的。在歐洲大陸經濟學家中，巴倫、帕累托和瓦爾拉斯持敵對態度，他們攻擊線性齊次的假定以及生產要素完全可替代性的假定。這些批評引起了埃杰沃斯的共鳴。他們的許多批評被誤解了，不過也做出了某些發揮。特別是巴倫從下述假定條件中得出了產品被分光的原理：①廠商使成本最小化；②成本等於售價。[63]馬歇爾也持批評態度，不過方式上更為謹慎。他從1879年的《工業經濟學》中就用邊際生產率觀點了，不過他提醒注意，不要以為，邊際生產率論會比工資理論部分提供更多的東西，因為它只分析了要素需求。儘管如此，馬歇爾的《原理》後來各版卻越來越認可邊際生產率論了。例如，威斯迪德關於產品被分光的原理就加進了《原理》第三版。不過，對發展邊際生產率論的主要貢獻不是來自對威斯迪德的批評，而是來自他的最堅定的支持者維克塞爾[64]。維克塞爾探討這個問題時問道，如土地所有者是雇傭勞動者的企業主，情況會怎樣？或者，勞動者是租賃土地的企業主，情況又如何？他的主要貢獻有兩方面：①他不是把遞增、遞減和不變的報酬看作可供選擇的情形，而是看作對生產函數不同範圍的應用。這樣，維克塞爾理論的適用不是因為報酬始終不變，而是因為廠商們達到了生產函數的

這個部分，在這個部分顯示出與規模成比例的報酬不變。②他指出，產品分光是一種均衡條件，而不是任何時候皆可滿足的條件。【150】這一點後來得到了希克斯的認可〔《工資理論》（1932）〕。

從這些討論中形成了生產函數概念，對生產函數求導描述了古典派報酬規律。今天看來這些思想顯而易見，但在當時不是這樣，這可以從存在於其他一些傑出經濟學家所做的許多貢獻中的混亂看出來。引起爭論的一個原因也許是維克塞爾試圖以生產函數的單一性質解釋太多的東西。埃杰沃斯評論道：「這個概括的宏偉使人聯想起哲學的青年時代。司法是一個完全的立方體，這是古代賢人說的；合理行為是齊次函數，現代學者補充說。」[65]威斯迪德沒有一種恰當的廠商理論；如維克塞爾後來所說，理解廠商理論對理解威斯迪德的產品分光原理是重要的。

「生產函數」一詞好像只涉及單一概念，其實不盡然。生產函數既可代表單個廠商的產出與其所用的各種投入的函數關係，也可代表整個經濟，總的社會生產與土地、勞動及資本的總和。在後一場合，這種總和既涉及全部廠商，又涉及全部要素，因而使它成為同非總和的微觀生產函數很不一樣的包含著更多疑問的函數。我們已經看到，貝里用生產函數描述廠商的生產可能性，馬歇爾和瓦爾拉斯也這樣做了。熊彼特的說法，他們是當時唯一主要的經濟學家，他們完全沒有總生產函數概念。在以上討論過的經濟學家之中，只有克拉克、威斯迪德和維克塞爾公開地以總生產函數進行論證。

明確以總的社會生產函數為基礎的邊際生產率分配論的經典表述是在20世紀30年代出現的：它們是希克斯的《工資理論》（1932）和道格拉斯的《工資理論》（1934）。在利用總生產函數的同時，希克斯利用新發展的替代彈性概念分析了分配份額。替代彈性意即相等數量在任一點上的曲率，決定著勞動的增加（例如說）將會增加它在國民收入中的份額，或減少它的份額。道格拉斯的理論亦是如此。他非常明確地提出了一個靜態的、總和的邊際生產率分配論。道格拉斯及其合作者柯布用了一個特殊形式的生產函數，此後被寫成 $Y = AK^{\alpha}L^{1-\alpha}$[66]。因為這個函數的替代彈性為1，所以要素份額僅由生產函數的變量決定。這個函數構成了道格拉斯對收入分配進行廣義計量經濟學研究的基礎。

## 14.5　資本和利息

【151】在以上討論中，資本份額由其邊際產品決定，但是，在為資本下

定義並說明它如何加入生產函數之前，這樣說是沒有意義的。這正是激烈爭論的問題，特別在19世紀最後10年當龐巴維克和克拉克直接提出相反的資本觀念，以及20世紀30年代的主角已是哈耶克和奈特時。在前後這兩個時期，爭論集中於：生產可否被視為一個過程，在此過程中，各種投入被用於不同日期，資本用各種資源投入該生產過程的平均期間來測定，或者，生產可否看作一種同步過程，現時的資本儲備和現時的勞動儲備決定著現時的產出水準。龐巴維克和維克塞爾是前一種觀點的傑出代表，克拉克是後一種觀點的鼓吹者。

**龐巴維克和維克塞爾**

把生產看作是涉及時間的過程這個觀念有一段長久的歷史。我們在李嘉圖那裡發現了這種觀念：構成一個商品的價值的是勞動投入的價值（直接使用和間接使用的都在內，間接者是指「累積起來」的資本），加上比例於應用投入和得到產出之間的時間所花支出的利息。的確，這一點與不同物品的生產過程有不同長度這一事實一起，是勞動價值論無效的理由之一。杰文斯甚至更明確地表述了這個看法，他列出了一個函數，表示產出同平均生產期間（投入勞動的平均時間）的關係，得出利息率即為這個函數的導數：利息率是延伸的生產期間的邊際產品。不過最先提出這個理論的經濟學家是龐巴維克，他在他的兩本廣為流傳的著作《利息理論的歷史和批判》（1884）和《資本實證論》（1889）中提出了這個理論。兩本書很快被譯成英文出版了（1890，1891）。

除了理論本身的性質之外，還有兩點理由可以說明為什麼龐巴維克的著作會受到如此廣泛的批評。一個理由是他的洞察力的性質遠超過他的方法的性質；他犯的一些技術上的大錯，被批判者牢牢抓住了。熊彼特指出，如果一切必要修正都做了的話，龐巴維克的理論除了基本觀念以外就留不下什麼東西了[67]。另一個理由是他把兩個截然不同的問題混為一談了：為利息提出一個因果的解釋；提出一個模式，已知勞動供給和生活資料儲備，則利息率、工資率和生產期間會同時予以決定。我們在下面會考察他的這兩部分理論[68]，不過我們需要先解釋一下他的生產期間概念。【152】

雖然龐巴維克持有物質資本概念（中間性物品儲藏，包括生活資料、物品），但他沒有把資本列為第三個要素，同勞動和土地相對應。後兩者是兩個「原始的」要素，其儲量是由非經濟因素決定的。對龐巴維克來說，資本是生產的，因為它允許採用更迂迴的生產方法，這種方法能從「原始的」要素中

增加產出。他認為，採用更迂迴的生產方法會使投入資本的平均時間延長。延長的生產期間（龐巴維克用它測定資本儲量）將提高兩個「原始的」要素（勞動和土地）的生產率，不過是以遞減比率。資本的功能是提高其他生產要素的生產率。競爭會保證這些要素的收入不是他們的邊際產品，而是邊際產品價值的一個折扣，這剩餘額即是利息。

問題出現了。假定資本是生產的，而且它的供給不是由非經濟因素決定的，那麼，為什麼生產期間不無限擴展，直到利息消失？龐巴維克舉出了三個理由，亦即「利息的理由」：①需求和供應在現在和將來的不同情況（如果人們指望將來境況更好，他們對現在消費的估價會高於對將來消費的估價）；②低估將來（缺乏遠見、缺乏意志力或人生短促無常）；③現在的物品比將來的物品技術上具有的優越性（較長生產過程具有更大生產率）。儘管龐巴維克聲明這三個理由是獨立的，但是可以說，如費希爾所指出的，第三條不是獨立的：利息率取決於貸款的供求，而龐巴維克的第三條理由只影響需求。不過，把這三者合在一起確實為利息提供了一種解說。

最後讓我們看一下龐巴維克如何說明利息率的決定。他的出發點是這個斷言：「現在物品對未來物品的交換構成利息現象的源泉，它不過是一般的物品交換下的一種特殊情形。」他步了門格爾的後塵，從孤立交換開始，在這裡，一筆借貸的價格將處在有關兩個人的估價之間。不過，更重要的是他對市場條件下利息的解說。我們用他的最簡單情況來說明基本點，並稍加評述。他假定資本家是唯一的供給者和基金需求者，工人只是消費者，生活基金即工資基金。拋開龐巴維克的大量例證，我們可以把他假設的各種關係圖解如下（見圖 14.1）：【153】

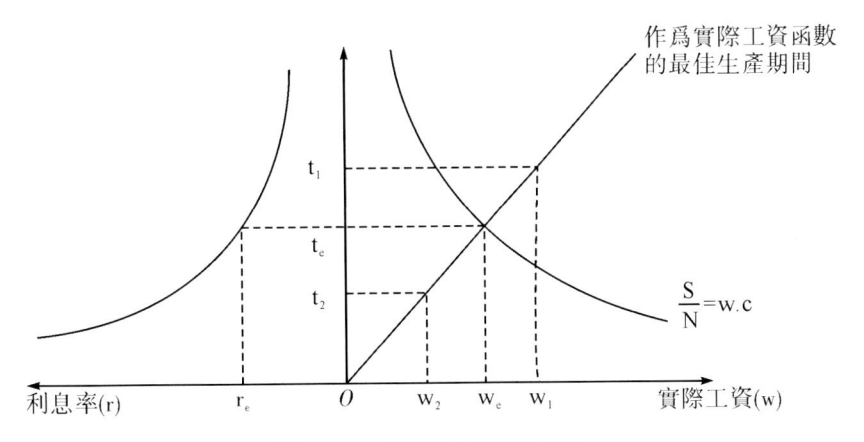

圖 14.1 龐巴維克的利息理論

有三條曲線需要加以考慮：①隨著實際工資提高，最佳（利潤最大化）生產期間將延長：在較高實際工資率下，廠商願利用資本更密集的方法。②與此相適應的是利息率與生產期間的反比例關係：資本密集型生產日益發展，資本邊際產品逐漸下降。③存在著這種條件，生活資料物品儲備將等於工人人數×實際工資率×生產期間。假定實際工資率非常高，例如 $W_1$，[70] 最佳生產期間將上升到 $t_1$，包含著低的利息率（未標明）。已知這個長的生產期間，將會需要生活資料儲備量達到 $W_1t_1N$，這比 S 大（即 $t_1$，$W_1$ 這些點在 S/W＝Wt 的右邊）。這意味著資本家將不能利用全部勞動力，實際工資率看跌。已知生活資料基金固定，雇傭量小於勞動供給，則實際工資將下跌。同樣，如果實際工資太低，比如說 $W_2$，只有一部分生活資料基金（$W_2t_2N$）被利用，則實際工資會上漲。由此可見，有三個因素決定著利息率：①生活基金量（S）；②基金必須供養的工人人數（N）；③增進生產率（伴隨著生產期間的延長）的尺度的等級（曲線的斜度涉及 r、w 和 t）[71]。

這個理論的最堅定的維護者是維克塞爾，他不僅清除了若干技術性缺點，而且提出了一個更優雅的解說。他的主要貢獻在於把龐巴維克的理論同瓦爾拉斯的一般均衡論綜合起來，以及把土地和勞動納入資本與利息理論之中。【154】但他沒有澄清這種資本論所涉及的所有問題。通過他發現的現今所謂的「維克塞爾效應」，他為後輩開拓了批判龐巴維克等人的資本論的道路。維克塞爾利用這個效應（資本供應的變化憑什麼會引起對資本儲備品的重估，改變測定它的單位）解釋了資本邊際產品通常低於利息率的緣由。然而這種理論的全部意義在20世紀50年代以前並沒有得到重視。例如，維克塞爾拋開他的新鮮的正式的理論不顧，卻在結尾時提出，資本的邊際產品等於利息率[72]。

### 克拉克

克拉克對龐巴維克的批判以及他自己的資本觀點的基礎，在於區分作為一種價值基金的資本和資本物品。在克拉克看來，資本是一種體現在資本物品中的「歷久不衰的生產財富基金，它能以貨幣表現之」。在一種合理的經濟中，會有一筆不變的資本基金，但是體現這筆基金的具體資本物品是在不斷變化的：資本物品將磨損掉並被其他資本物品替代。克拉克以瀑布為例說明：「瀑布是由水珠構成的。誰能說瀑布和水是一回事呢？水流走了，瀑布還留在那

兒。水凝成水珠出現在大氣中，最後注入海洋。瀑布卻不會時隱時現。資本物品像水珠一樣是行將消失的因素；而實際的資本像瀑布一樣，由於它不斷磨損又不斷被替換，所以是一種永久的因素。」[73]龐巴維克考察的是個別的資本物品，其中每一種都有一個生產期間，而克拉克爭辯說，資本基金是更為重要的，它沒有時期但卻在不停地動作。杰文斯和龐巴維克認為資本的本質在於允許生產延伸時間，克拉克卻持相反的觀點，認為資本允許生產過程的不同階段同時存在。

儘管克拉克和龐巴維克的資本觀點截然不同，但他們有一點是共同的：都想以一種簡單數字來衡量資本，無論是生產期間還是資本基金的價值。兩人都極力使用總生產模式。可以看到，像在20世紀60年代所做的那樣，同樣的批判對兩人的理論都是適用的：在生產期間消失的條件下，克拉克的資本物品概念也不復存在了。

### 卡塞爾

對資本理論的第三種研究是馬歇爾和卡塞爾提出來的。卡塞爾這方面的著作是《利息的本質和必要性》（1901）。他們把資本同土地和勞動並列一起作為原始的生產要素。這種獨立的或初始的要素（資本與其相適應）可以在「忍欲」（馬歇爾）和「等待」（卡塞爾）中看到。儘管強調時間偏好，但龐巴維克一直拒絕把資本看作像土地和勞動一樣的獨立生產要素。卡塞爾則認為，等待必須被當作獨立要素：它不能被還原成更基本的要素了；它可以被其他要素替代[74]。利息率是一種價格，決定它的因素同決定任何其他物品價格的因素是相同的，它會因等待如同稀缺而上漲，而等待的成果（儲蓄）是對資本投資的需求。為了決定利息率，只需考察等待的需求和供給。

### 費希爾

費希爾也承認受惠於龐巴維克，他雖然拒絕了後者的如下論斷（較長生產過程比較短生產過程有更大的生產率），但是接受了龐巴維克其餘大部分理論。費希爾關於利息問題的解釋，考慮到了龐巴維克的時間觀點以及為未來不同時間的需求所做的預籌。他說：「利息率取決於收入流量的特點：它的大小、構成、可能性以及首先是它在時間上的分配。它可被稱作**收入的未來預籌理論**。」[75]該理論是在《利息率》（1907）中提出來的，此書後來再版為《利息

理論》（1930）。不過前一著作仍是重要的。在《資本與收入的性質》（1906）中，費希爾把資本價值定義為未來收入流量的現在貼現價值。利息率是聯結收入流量和資本價值儲備品的價格。在《估價和利息》（1896）中，費希爾研究了實際利息率和名義利息率之間的區別。

　　費希爾分三步發揮了他的理論。第一步，他假定每個人所面對的收入流量是已知的。已知利息率，則消費者必須選擇這樣一種消費流量，其現在價值與已知的收入流量相同，如圖 14.2 所示（在此只考慮預算線和無差異曲線）。收入和消費之間的差額即是某人對貸款的需求或供給，這依存於利息率。市場均衡要求利息率應能使整個市場上的貸款的需求和供給相等。【156】

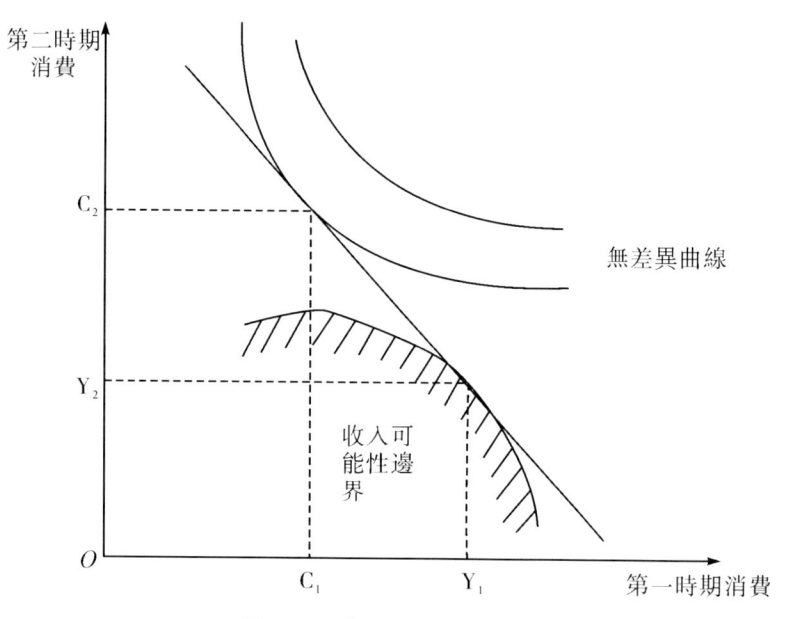

**圖 14.2　費希爾的利息理論**

　　上例中的借貸不是改變收入流量的唯一途徑：「資本財富」的所有者可能將它做各種不同的使用。用克拉克的話來說，資本基金可以和各種不同的物質資本物品相適應，其中每一種物品都會帶來不同的收入流量。不過，費希爾認識到，「當收入流量由於資本的使用的變動而改變時，它的現在價值不可能維持不動」[26]。與克拉克不同的是，費希爾認為，不能把資本儲備品價值看作是一種已知的生產要素。第二步，已知改變收入流量的能力——通過改變資本物品的使用——（費希爾以圖 14.2 中收入可能性邊界說明之），又已知利息率，則個人最佳狀態如圖 14.2 所示。像在早先情況下一樣，貸款的供給和需求可

以計算出來，均衡利息率就出現在這些數值等於零的地方。

最後是第三步，引進了不確定性。費希爾爭辯說，市場會變得細碎，因為不同的利息率適用於不同程度的保險和不同的時間。此外，風險會增加時間偏好。儘管這樣，費希爾還是沒有提出一種詳盡的分析，可以同他對確定條件下利息決定的討論相稱。他滿足於指出風險會對靜態產生擾亂的影響，例如，不是所有的借者和貸者都會面對同一利息率，因而他們的時間偏好比率也就不同。他在《利息理論》中得出的結論值得引述如下，因為它表明了作者對什麼樣的經濟理論有能力起作用的看法，以及對經濟分析局限性的觀點。【157】

費希爾說：「我們必須放棄任何企圖完全表述實際決定利息率的各種因素的做法……簡言之，本書的利息理論僅僅包含了實際起作用的種種原因中簡單的理性的部分。其他或擾亂性原因則不可能這樣簡單理性地加以表述。」[77]研究這些擾亂性原因需要經驗性研究和統計，而不是理性的理論研究。

最後尚需指出兩點：①在《利息理論》中，生產分析被補充以報酬對成本的比例這個重要概念，它與凱恩斯的資本邊際效率實質上相同。這個概念是以資本是收入流量的現在價值這個觀點（對費希爾的著作極為重要）為基礎的。它不是報酬對資本的物質比例，而是由兩個收入流量的比較所決定的可變量。②費希爾的理論是微觀經濟的，這同克拉克與龐巴維克的理論形成對照。雖然他同克拉克一樣也把資本看作價值基金，但類似性到此為止了：在費希爾著作中不存在克拉克所說的社會資本，也沒有同龐巴維克的生產期間相類似的任何東西。

### 熊彼特和奈特

迄今所考察的利潤的唯一方面一直是利息。純利潤不出現在靜態均衡中，因為企業行為使它減少到零。但這一事實並不意味著它不重要。例如，J. B. 克拉克一直爭辯說，企業利潤是一種動態現象，只出現在非均衡狀態下，它之所以重要是由於這種利潤的遠景為革新提供了刺激。不過，對此極為注重的經濟學家是熊彼特。他在《經濟發展理論》（1912）中指出，一種經濟如無革新和技術進步將最終陷入靜止狀態，在這種狀態下不存在對未來的不確定性。革新會打破這種狀態，這將導致意料不到的獲利機會[78]。

奈特持有同樣的觀點。他在《風險、不確定性和利潤》（1921）中利用不確定性（在精心說明的意義上）解釋純利潤（不是利息），即超出所有生產要

素成本的餘額。他區分了兩種不確定性：一種是**可以測定的**不確定性（例如在靠運氣取勝的游戲中），他稱為風險；另一種是**不能測定的**不確定性，他認為此類不確定性才構成真正的不確定性。當人們不知道該如何行動時，這種真正的不確定性是利潤的實體；當人們知道時，這種不確定性連同它的利潤就減少了。

### 哈耶克和奈特

資本理論的爭論在20世紀30年代重新興起，緣起者是哈耶克的《價格和生產》（1931）。哈耶克在本書中用龐巴維克的資本理論解釋商業循環。上升中的循環的性質被看作是生產期間的延伸，它首先是由通貨擴張引起的。一旦通貨擴張停止，在哈耶克看來，危機就到來了，因為長的資本密集的生產過程將變得無利可圖而不得不停止下來。其結果是投資物品相對於消費物品的生產過剩，失業的出現，除非勞動得到新的調整[79]。儘管這裡的關鍵因素是資本物品的剛性，而不是龐巴維克的理論本身，這本書還是挑起了對哈耶克所用資本理論的一場爭論，他的最著名的批判者是奈特，奈特的最早的批判文章發表於1933年[80]。

奈特對龐巴維克、維克塞爾、哈耶克觀點的批判是多方面的。①他指出，龐巴維克對最初要素和第二級要素的區分（來自古典派）被誤解了，勞動和資本之間的關係是「密切合作，互助和缺一不可的」；②不存在具有確定長度和意義的生產期間。在論證第一點時，奈特說：「從歷史的角度來看，生產制度本身的創造，包括勞動者、資本裝備，依次還有『土地』在內，總是一個類似於母雞—雞蛋一類的累積和不間斷的過程，可以追溯到久遠年代；其次，在這個過程中，存在於任何時代的所有生產裝備，包括勞動者在內，都在共同協作的基礎上發揮著作用。」[81]至於上述第二點，奈特有不同的解釋。如上所述，他把生產視為一種過程，該過程有其遙遠的過去，也暗含著無限伸展的未來。與此相關的是，不可能在維持費用和新投資之間做出區分。假定能做出這種區分，那麼剛開始的新過程就能同持續著的舊過程劃分開了。但比這更重要的看法是，在迂迴性和資本物品之間並無必然聯繫。資本物品沒有增加的條件下也可以增加迂迴性。至於靜態，奈特接受克拉克的觀點，即把生產看作一個過程，在該過程中，「社會的生產裝備給予滿足需要的各種服務；這些服務一旦被創造出來就被消費了」[82]。

奈特有些批判是站不住腳的，例如，他關於一種有無限生命力的資本裝備品會使平均生產期間成為無限的觀點。不過，他的下述論斷是正確的：生產期間不可能用於衡量資本儲備品，只有在很特殊的情況下才有例外[83]。至於他自己的資本觀點，則同費希爾的觀點相類似。資本被認為等同於財富，等同於一種消費流量的資本價值。在一種靜態經濟中，這將等於資本物品的成本。改變資本儲備品確實需要時間，但是，改變的比率不像龐巴維克所說的那樣取決於投資結構，而取決於儲蓄額。

## 14.6 結論

【159】1939 年的經濟均衡理論儘管仍然堅定地以杰文斯、門格爾、瓦爾拉斯、馬歇爾和克拉克的思想為基礎，但它已大不同於邊際分析的這些先驅者的思想了。①顯而易見，1939 年時關於消費者行為的最大化模式不再依存於任何享樂主義心理學了。②對市場均衡（競爭的和非競爭的）有了更好的理解。③數學方法的應用更堅定地建立起來了；它在戰後引起了經濟理論的更根本的變化。④在分析以時間和不確定性為特徵的經濟方面取得了長足發展，尤以瑞典學派和希克斯最為著名。⑤造成所有這些進展的是方法論上的重要發展[84]。大多數經濟學家同馬歇爾試圖把歷史和經濟理論融合起來的做法以及門格爾對因果律的探索分道揚鑣了。看一下對計量經濟學的日益增長的興趣，即可發現在價值理論中新制定的方法可能更接近於杰文斯的方法，而不是更接近於他的任何一位同時代人的方法。總而言之，包含在價值理論中的這些發展同半個世紀以前流行的理論截然不同了。

註釋：

① 本章只討論適用於單個人的效用，下章再討論個人之間效用的比較問題。

② 杰文斯（1871），第 112-114 頁。

③ 埃杰沃斯（1881），第 7 頁。

④ 博納（1888），特別是第 24-25 頁；米契爾（1969），第 253 頁。

⑤ 參看米契爾（1969），第 257 頁。

⑥ 費希爾（1892），第 1 頁。

⑦ 同上，第 23 頁。

⑧ 同上，第 89 頁。

⑨ 帕累托（1893）。

⑩ 約翰遜（1913），第 103 頁。

⑪ 熊彼特一直認為，約翰遜不承認帕累托，在義大利經濟學家中受到了斯盧茨基的埋怨。1915 年的環境，部分地說明了斯盧茨基為什麼在說英語的經濟學家中遭到忽視。兩篇論文中的數學對大多數現代經濟學家來說都是很困難的。

【428】

⑫ 分別相加的效用函數可以下式表示：$U = u_1(x_1) + u_2(x_2) + \cdots + u_n(x_n)$，這裡 $x_1, x_2 \cdots x_n$ 表示所消費的 n 物品量。

⑬ 費希爾（1892），第 64-75 頁。

⑭ 巴倫也做出了這種曲線。參看沙克爾（1967），第 81 頁，不過，沙克爾完全忽略了費希爾。

⑮ 希克斯想通過將替代彈性用於生產函數而引出一種新的消費理論。希克斯（1981），第 3-4 頁。

⑯ 參看第 95 頁。

⑰ 卡塞爾（1918），第 82 頁。

⑱ 當然存在著像穆勒的相互需求理論這樣的例外；不過，古典經濟學的讓位也正是同加尼斯對穆勒理論的這個方面的擴展聯繫在一起的。

⑲ 熊彼特（1954），第 963 頁以下各頁，區別了靜態和固定不變狀態。

⑳ 帕累托（1906），第 106 頁。

㉑ 馬歇爾（1890），第 810 頁；哈欽森的引證（1953），第 81 頁。

㉒ 熊彼特（1954），第 978 頁。

㉓ 張伯倫（1933），第 8 頁。

㉔ 同上，第 68 頁。

㉕ 同上，第 3 頁。

㉖ 同上，第 82、110 頁；張伯倫（1937），第 195 頁。

㉗ 張伯倫（1937），第 195 頁。

㉘ 布勞格（1978），第 417 頁。

㉙ 羅賓遜（1933a），第 1 頁。她的觀點引自庇古的著作。

㉚ 同上，第 11 頁。

㉛ 同上。

㉜ 她後來說（1973）說，這曾是她的主要目的。關於這對她後來所關心的問題的影響，參看哈考特（1984），第 641 頁。

㉝ 羅賓斯（1928），第 393 頁。

㉞ 參看奧布賴恩（1983s）。

㉟ 哈羅德、張伯倫和英特馬分別獨立地發現了邊際收入曲線。參看沙克爾（1967）和薩繆爾森（1967a）對此所做的大不相同的評論。

㊱ 哈羅德（1920），第 91 頁。

㊲ 羅濱遜（1932），第 549-552 頁。

㊳ 羅賓遜（1933a），第 15 頁。

㊴ 同上，第 6 頁。著重點新加的。

㊵ 肖夫（1933），第 121 頁。

㊶ 羅賓遜（1933b），第 124 頁。

㊷ 洛斯比（1976）；奧布賴恩（1983a）

㊸ 洛斯比（1976），第 202 頁。

㊹ 參看第 103 頁。

㊺ 參看第 35 頁。

㊻ 這一點，鮑利（1924）已有暗示；費希爾（193）和希克斯（1935b）也利用了它。

㊼ 羅賓遜（1933a），第 38，81 頁。

㊽ 斯威齊（1939），霍爾和希契（1939）。

㊾ 斯蒂格勒（1947），第 410 頁。

㊿ 阿羅和哈恩（1971）；下面的內容大部分來自該書。

(51) 莫斯（1984），第 307 頁。

(52) 希克斯（1939a），第 83-85 頁。

(53) 參看第 191 頁以下。

(54) 這裡以及以下三段多採自戈登（1973）。

(55) 參看馬歇爾（1890），附錄 10。

(56) 參看斯蒂格勒（1965）關於伍德的文章。

(57) 瓦爾拉斯對土地稅收持有類似觀點。

(58) 參看科茨和斯蒂格勒（1969）。

(59) 貝里（1891），第 315 頁。

(60) 威斯迪德（1894），第 7 頁。

(61) 同上。

(62) 線性齊次意味著，假定 Y=F（K，L），則 aY=F（aK，aL），其中 a 是任一正的常數。

(63) 這裡的第一條假定暗含著不變報酬。

(64) 維克塞爾本人（1893）已傾向於得出類似理論，但他並沒有意識到這一點。

(65) 埃杰沃斯（1925），第 1 卷，第 31 頁。

(66) 維克塞爾先前已用過這類函數。【429】

(67) 熊彼特（1954），第 909 頁。

(68) 見下文。

(69) 龐巴維克（1889），第 347 頁。

(70) 同上，第 358 頁。

(71) 同上，第 365 頁。

(72) 參看第 25 章。

(73) 克拉克（1893），第 308 頁。

(74) 卡塞爾（1901），第 89 頁。

(75) 費希爾（1907），第 74 頁。

(76) 同上，第 139 頁。

(77) 費希爾（1930），第 321 頁。

(78) 參看第 108 頁以下。

(79) 參看第 189 頁以下。

(80) 關於這個爭論的眾多作者的名單，參看卡爾多（1938）。

(81) 奈特（1933），第 328 頁。

(82) 同上，第 329 頁。

(83) 參看第 325 頁以下。

(84) 參看第 20 章。

# 15　福利經濟學

## 15.1　引言【160】

　　福利經濟學可以看作是始於 19 世紀末期的經濟學的一個分支。這並不是說以往的經濟學家沒有關注過社會（作為一個整體）福利問題，因為古典經濟學家就曾非常注意這個問題[①]。使福利經濟學在 19 世紀末期開始發展成經濟學的一個分支是有若干理由的。①有必要強調經濟學的實證和規範兩方面的區分，這必然就把福利經濟學同經濟學的實證方面區分開來[②]。②需要更謹慎地解釋國家在經濟生活中的作用。不僅國家起著更大作用，而且社會主義（或集體主義）在 19 世紀末期曾是一個重要課題。必須提出若干標準以估價國家干預的各種措施和建議，而這得求助於福利經濟學。

　　不過，同新的價值論有關的兩個理由是同樣重要的。邊際主義意味著經濟學家們第一次用講究資源配置問題的技術工具武裝起來了，這些工具成了福利經濟學的重要組成部分。但是重要的是這樣一個事實：邊際效用價值論意味著財富不能再被看作是福利的同義語，因為一個商品的效用並不需要等於它的價格。價值（效用意義上的）和價格的這種區分是經濟學家們早就知道的，但只是在邊際效用價值論被廣泛接受之後它的全部含義才變得明顯起來。

　　福利經濟學作為經濟學的一個分支是逐漸發展起來的。邊際效用理論本身在一些先驅者那裡已經有所發現，例如杜皮特的消費者剩餘、巴斯夏的最大限度滿足理論[③]，但是，只是從 19 世紀 70 年代起，有關的課題才在經濟分析的主體中受到系統的研究和探討。經過數年（1940—1950 年）的發展才有了福利經濟學現在這種形式。為現代福利經濟學奠立了基礎的這中間的數年的研究理論恰是本章的研究對象。區分兩種思潮對這裡的研究是有助益的：功利主義

福利經濟學，首先同英國經濟學家西季威克、馬歇爾和庇古等人聯繫在一起；非功利主義的福利經濟學，帕累托是其最主要代表。

## 15.2 功利主義福利經濟學【161】

**邊沁和約翰・斯圖亞特・穆勒**

我們在杰文斯的著作中已經遇到過功利主義福利經濟學[①]，他認為純經濟學即由效用和個人利益機制所構成，他在分析經濟政策時用了功利主義標準。不過，如果我們想理解福利經濟學的發展（在此發展中，關於效用性質的分歧意見起著主要作用），就需要更詳細地考察一下當時的經濟學家們用「效用」這個詞所指的究竟是什麼。為此，不僅要追溯到杰文斯，而且要追溯到邊沁和約翰・斯圖亞特・穆勒。

對邊沁來說，效用是一個很實際的常識性概念。他用這個概念既解釋個人行為（個人追求他們幸福的最大化），又作為一種道德標準（「效用原則」，或最大多數人的最大幸福）。邊沁說：「效用是指任何物品的這種性質：給我們所考察利益的當事者帶來恩惠、利益、好處或幸福（所有這些在這個場合是一回事），或者（同樣也是一回事）能使當事者避免損害、痛苦、禍災或不幸。」[⑤]他又說：「我在通常意義上使用**痛苦**與**快樂**這個詞……痛苦與快樂是人之常情——農民和親王，文盲和哲學家，都是一樣。」[⑥]他沒有看出以這種方式把理論建立在個人感受之上的問題，他爭辯說：「人的感覺是完全有規律的，能夠成為科學研究的對象和一種藝術。」[⑦]

邊沁認識到，一個人從某物得到的快樂（即對他的效用）取決於「個人的特殊感覺」以及「他們所處的外界環境」[⑧]。不過，他認為這些都是實際問題而不是概念問題。例如，在討論刑法時，他說，性格和個人環境的差別一般不會被立法者考慮，但「有些條款可能是由法官制定的……偶然涉及的一些人變得為人所熟知」[⑨]。效用之所以是一個實際的概念，是因為在個人性格和外界環境不能加以確定和衡量（無論直接或間接）的地方，「它們不值得予以注意」[⑩]。這暗含著一種判斷：所有可以確定的特徵對兩個人來說是一樣的，他們的效用也如此。這使邊沁關於每個人作為一個人來考慮的論證有了意義[⑪]。

正因為快樂與痛苦（從而效用）被看作是實用性的普通概念，所以他對

效用衡量問題的討論從現代的觀點來看就非常不能令人滿意了。除了謀求把衡量快樂同最少和最大可覺察的快樂聯繫起來之外，他的討論只涉及效用衡量的機制，而把原理拋在一旁。從未觸及個人之間的比較問題，對功利主義標準的唯一證明也缺乏任何一貫的選擇。【162】

邊沁的功利主義提出了一個問題：誰的判斷應被用作功利主義標準？可以推想，答案是作決定者的判斷。這中間包含著家長式的偏見，就是說，一些人（上述例子中的法官）能夠估價別人經歷的快樂，這一點在約翰·穆勒的著作中公開表露出來了。穆勒爭辯說，只有這些熟悉雙方的人才能比較兩種快樂。於是只有受過教育者才能判斷教育的價值，因為未受教育者不瞭解教育的意義。換言之，個人之間效用比較以少數人、富人和閒散階級的判斷（因而以價值）為基礎[12]。儘管該問題的解決合乎邏輯，但其倫理基礎是值得懷疑的。

總之，對邊沁和穆勒來說，效用是一個實用概念，是有適當資格的人可以認識和衡量的。選擇判斷力基礎的決定問題以及有關的倫理學問題，並沒有以我們今天可以理解的方式去理解[13]。

### 杰文斯

同穆勒一樣，杰文斯也明確地把效用作為對行為的一種解釋，又作為一種道德標準。在否認個人之間效用比較可能性的同時，他以效用最大化來解釋行為。當他轉向社會福利問題時，他承認功利主義標準不是一個客觀標準，而是一個個人判斷問題[14]。在討論實際問題時，對功利主義標準的利用一語帶過，並沒有依據它做出什麼論證。

雖然杰文斯本人否認個人之間比較效用的可能性，但他的後繼者們卻不是這樣。他們可分為兩組：西季威克、馬歇爾和庇古的實用功利主義，與埃杰沃斯有關的更抽象的功利主義。

### 西季威克

可以說，西季威克是福利經濟學中功利主義傳統的始作俑者，而這一傳統在庇古的著作中達到頂峰。西季威克的貢獻有兩方面：①他強調了經濟學的實證和規範兩方面的差別，這對福利經濟學是至關重要的[15]。②古典經濟學家集中於衡量增加國民財富，也就是衡量我們現在認為是福利的東西。西季威克利用杰文斯的價值理論說明，個人效用量（我們可稱之為福利）意義上的財富

同所生產的物品量（以市價估計）意義上的財富並不必然符合。【163】理由有三：其一是價格同**邊際**效用相適應，而計算得自物品消費的效用時，則需以物品數量乘以其**平均**效用而不是**邊際**效用。換句話說，人們是從**非購買效用**中得到好處。西季威克依據從馬歇爾早期著作學來的消費者剩餘對它作瞭解釋。其二是同樣的問題也出現在自由物品的場合，這些物品的價格與邊際效用或平均效用毫不相干。其三是一批物品的總效用取決於它們在個人之間的分配，因為通過再分配，使物品從具有較低邊際效用的消費者（富人）轉到具有較高邊際效用的消費者（窮人）手中，會使總效用上升，儘管消費物品之價值沒有變動。

儘管財富與福利有這些區別，西季威克爭辯說，為了實用起見，也因為與通常用法相吻合，「財富」一詞必須以市場價格來說明，除非在特殊場合，「我們沒有市場標準」[16]。他指出，在相近時間和地點，在共同體之間作比較時，市場價格自然是近似值。這就為西季威克的總體的、古典派的方法提供了證明，依此方法，他首先考察財富的生產，接著是分配和交換。生產的基本問題依據古典派說法被看作是確定影響「已知共同體每個成員年平均產品」的原因[17]。功利主義因為把福利視為個人效用量，所以被用來證明古典經濟學家的總體方法的正確。

這個分析所依據的效用理論與邊沁的效用論有許多共同之處。《倫理學方法論》(1874)沒有長篇大論地討論效用，但效用幾乎是理所當然。至於邊沁和穆勒，他們**假定**，合意的（享樂）的程度「肯定在經驗中是已知的」[18]，而且是可以比較的[19]。不過，西季威克明確拒絕穆勒的家長式方法，理由是各人必須充當他們自己的效用的法官，把「自覺的直接決定」看作是「估價快樂的唯一可以接受的方法」[20]。西季威克承認，個人之間比較效用涉及「不同的幸福量的含糊不清的權衡，政治家們則滿足於這種權衡」[21]。但是，與邊沁一樣，他顯然也把這個主要問題看作是一個實用的而不是概念的問題。

最後，西季威克對實用福利經濟學提出了一套系統的關於經濟政策原理的說法。這個問題也是循著古典派的路子來研究的，依次分析生產和分配。他一開頭系統地研究了「自由放任」體系不會必然使生產最大化的理由；從現今的眼光看來，其中最有意義的恐怕是西季威克在論及「個人利益和社會利益的衝突」時所提出的東西了[22]。【164】①存在著「大量和變動不定的一類情況」，在這種情況下，各人不能為他們向社會提供的服務獲得適當報酬，例如

家務活[23]。②另外，一些企業家所獲報酬卻超過他們為社會提供的利益（例如第二條鐵路線）。③在一些情況下需要大家合作（例如控制疾病）。④不平等可能對效率起反作用（例如低工資影響健康）。⑤各人可能不能為下一代預備足夠供應品。⑥財富最大化（在市場價格下）生產可能並不適應於效用最大化生產，假定價格不反應有關商品效用的話。西季威克指出，上述任何一條都可以要求國家干預，但是抽象原則所提供的不外乎是討論政府干預的一個框架。要得出結論還必須考慮實際的經驗，這具有決定性意義。在每種情況下都必須權衡干預與不干預的利弊。在這樣做時，西季威克發現了政府干預有相當大的範圍。

除了關於生產的這些論述以外，西季威克進而研究了產品的公平與平等分配，作為政府政策的第二個主要方面[24]。他的結論是，「公平」工資（這可以擴及利潤中被看作管理工資的部分）可以定義為「在盡可能少的不平等機會下的市場工資」[25]。儘管機會平等是令人向往的，儘管存在著許多達此目標的途徑（例如提供免費教育），但實際上在實現完全平等道路上有許多障礙。特別重要的是許多再分配計劃對刺激（從而對被分配的財產量）的影響。「我拒絕社會主義，不是因為它會不道德地分割社會產品，而是因為它根本不做分配」[26]。例如，他雖然承認社會可以在社會主義基礎上組織起來，不向資本支付任何利息，但他終究反對這樣做。

### 馬歇爾

既然馬歇爾的方法是功利主義的，所以從他的經濟學中分析出功利主義因素比從杰文斯或西季威克的經濟理論中還來得容易。與西季威克不同的是，馬歇爾十分明確地表示：財富是一筆貨幣價值（國民所得）；它本身就應是研究的對象。效用的形成與消費者剩餘相仿。消費者剩餘最大化與財富最大化被明確區別開來了。

【165】馬歇爾對福利經濟學的重要貢獻是他發揮了消費者剩餘思想。不僅從此它在經濟學中扎了根，而且馬歇爾用它解釋了最大限度滿足理論，證明消費者剩餘在供給和需求的競爭均衡條件下會達到最大化。用熊彼特的話來說，這在福利經濟學中「構成了一個新出發點」，第一次在純理論的水準上考察福利經濟學理論[27]。不過，與此同時，馬歇爾比西季威克明確得多地指出了消費者剩餘的局限性。他指出，只是在收入的邊際效用不變的條件下，消費省

剩餘才能用來衡量效用；而且，只有在收入的邊際效用對所有的個人相同時，不同的個人的消費者剩餘額才能說符合於效用額。因此，馬歇爾把這個概念的使用限於這些條件大體滿足之處：「整個說來，經濟學研究的絕大多數事件以大體相等的比例影響所有不同的社會階級是偶然的；所以，假定由兩個事件引起的幸福量的貨幣尺度是一樣的，則在這兩種場合的幸福量之間一般來說就沒有任何大的差別。」[28]

這種研究同邊沁和西季威克的強烈實用性功利主義有許多共同點。

### 庇古

實用的完整的福利經濟學研究在庇古的著作中達到了頂峰。福利經濟學這個名稱也是庇古命名的。像西季威克和馬歇爾一樣，庇古堅信「我們研究的課題構成了一門實踐的而非純粹的科學」[29]。追求實用的意願使他步西季威克和馬歇爾的後塵，採納了古典派的方法，依據財富（或國民所得）的生產和分配來討論福利。

儘管具體方法截然不同，但庇古同馬歇爾一樣，比西季威克更明確得多地區分了財富和福利這兩個概念。他對福利的解釋顯然是功利主義的：①「福利的各種因素是自覺的狀態」；②「福利可被置於或大或小的範疇之下」[30]。這個概念當然過於寬泛，為使其實用起見，庇古只注意於**經濟福利**：「直接間接同貨幣標尺有關的那部分福利」[31]。經濟福利的客觀對立物是國民所得，因為它是由「利用國民所得的滿足同為它而付出的不滿足的差額」構成的[32]。經濟福利和國民所得之間的聯繫（如西季威克所說）可能是間接的，經濟福利可能是不能令人滿意的概念，但是這個名詞畢竟有把財富和福利十分明確地區別開來的優點[33]。

【166】庇古的更重要貢獻，相對於馬歇爾來說，恐怕是他放棄了後者的消費者剩餘分析，該分析是有利於邊際方法的。庇古從研究下述問題開始，即在什麼條件下**自由放任**將不會造成最大福利，他是通過解釋那些會使個人利益同社會利益背道而馳的現象而抓住這個現象的。假定邊際個人產品不同於相應的邊際社會產品，那麼，**自由放任**即使能使財富最大化，也不能使福利最大化。造成這種矛盾現象的理由是：①一個要素的租賃和所有權的分離可能導致租賃者對要素的改進做出不適當的補償。②由外部性（externality）和公共物品引起的問題。庇古說：「事情的實質在於，A 在向 B 提供某些服務（並得到

報酬）的過程中，又偶爾向 C、D 和 E 提供某些服務或損害對方，這一類技術上的考慮妨礙著受惠一方嚴格地支付，或妨礙著受損一方得到補償。」[34]儘管定義很明確，庇古並不認為克服了所有困難。他的分析一直受到猛烈的批評[35]。③問題還可能是由於規模報酬遞增產業和規模報酬遞減產業的同時並存所引起的。這是馬歇爾下述論證的引申[36]：政府應當採取措施，增加其價格會隨生產增長而下跌的商品的生產，減少其價格會隨生產增長而上漲的商品的生產。然而，這個論證受到了嚴厲批評：特別是認為庇古沒有將實際的外部性和僅是轉帳的結果區分開來[37]。的確，既然庇古關注福利最大化，這個區分就是重要的，因為轉帳不影響總福利。

對庇古來說，經濟政策應設法減少邊際私人產品和邊際社會產品之間的差距。在考察了這種場合的實際細節以後，庇古提出了一個經濟政策規劃。一位歷史學者認為該規劃「實際上是一幅福利國家的藍圖」[38]。

### 埃杰沃斯

埃杰沃斯同西季威克一樣，多受惠於杰文斯，但他們對功利主義的應用很不相同。西季威克、馬歇爾和庇古的著作很具體，埃杰沃斯的著作極其抽象。埃杰沃斯很接近於杰文斯，因為他認為經濟學應注重研究效用最大化的內涵。但是，他遠較杰文斯嚴格認真地追尋這樣的觀念：倫理學涉及分析總效用最大化的含義。【167】埃杰沃斯著作的若干方面有必要在此討論：他謀求提出一個測定效用的方法，他試圖為功利主義提供一個理論基礎；他用功利主義論證累進稅。

第一，埃杰沃斯在《數學心理學》（1881）一開頭就討論到效用的測定問題。他說：「效用（如杰文斯所說）有兩個尺度：**強度和時間**。每一尺度單位都是剛可覺察的增量。每一**最小限度感覺**互相之間所暗含的問題是首要原理，是無法證實的。」[39]依據人們能夠區分的最小差異來測定效用的觀點，是埃杰沃斯從同時代的心理學中借用來的，後者試圖經驗性地衡量這種差異。這類方法可以提供一種測定效用的方法，但是上述引語的最末一句引起了若干嚴重的問題。埃杰沃斯在此對不同個人效用的相對價值做了一個倫理的判斷，絲毫沒有涉及價值判斷[40]。因此，儘管提出了問題，但他並沒有解決個人之間比較效用的問題。

第二，埃杰沃斯把功利主義標準引進交易論，作為一個仲裁原則：「競爭

要求以仲裁作為補充,追求個人利益的當事人之間仲裁的基礎是盡可能大的總效用。」[41]他提出兩點理由說明為什麼雙方都會歡迎功利主義的解決。①如沒有這種仲裁原則,交易者可能在契約曲線的任一處停下來。面對著在交易曲線某處任意的抉擇,功利主義地位就不能不予以肯定了。②「折中」的結果更接近於功利主義位置,而不是更接近於任一極端位置。

第三,埃杰沃斯在《數學心理學》中明確認識到,功利主義暗含著收入應被平等分配的思想。不過,只有當所有的人具有一樣的享樂能力(即相同的效用函數)時,才能適用上述結論:如果一些人的享樂能力比其他人的強,效用量最大化通常意味著他們獲得更多的享樂[42]。不過,這已是眾所周知的了。埃杰沃斯的貢獻在於把它用於稅收理論。他的先驅(如西季威克)一直認為犧牲平等應意味著比例稅收制,而埃杰沃斯卻依據效用來解釋犧牲。在拒絕把平等的絕對犧牲和平等的比例犧牲標準作為一種現成的不恰當的指導(以決定是不是累進稅制)時,埃杰沃斯爭辯說,由稅收引起的負效用應被減至最低限度。【168】不過,他仍步西季威克後塵,發現許多理由,說明為了使收入完全平等,稅收為什麼不應完全是累進的。這些理由從個人效用函數之間的差異到有必要抵制對勞動刺激的侵蝕,應有盡有[43]。

## 15.3 非功利主義福利經濟學

### 瓦爾拉斯

福利經濟學中,以否認效用可以在個人之間進行科學比較為基礎的分支,其起源可以追溯到瓦爾拉斯。雖然他也利用效用概念,但沒有進行個人之間的比較;他的福利經濟學是以公平的交換和分配概念為基礎的[44]。他所發揮的最大限度滿足理論雖然來自公平交換概念,但也提供了不同解釋的可能,從而為非功利主義福利經濟學奠定了基礎,看到有可能以這種方式發揮瓦爾拉斯思想的經濟學家是帕累托。

### 帕累托

帕累托在《政治經濟學教程》(1896)中通過解釋資源配置探討過福利經濟學問題,他這裡說的是社會主義國家所實施的旨在實現「其成員最大福利」的資源配置問題[45]。他還可以說這種配置同自由競爭下的情況相類似。他所謂

的「福利」指的是什麼呢?

第一,他爭辯說,如果資源再分配使每個人的境況變好,則社會的境況將會變好。

第二,擬議中的變動使一些人的境況變好,而使另一些人的境況變壞,就有必要區分生產問題的分配問題。他的根據是對「所獲得的福利量」這一類資源的分配的考察,「如果這些福利以一種**合適的方式**分配,就可使每個人的效用達到最大化」[16]。換言之,帕累托認為,如果使獲利者作某種變動能夠補償受損者並仍能使境況更好,則對整個社會來說是獲利的[17]。

這樣,帕累托便走上了通向我們現在所謂的「帕累托最適度」的漫長道路,不過,儘管他拒絕在個人之間進行效用比較,但仍一直在尋求一種單純的最佳境界。

通向「帕累托最適度」的最後一步是在《政治經濟學講義》(1906)中邁出的。他在這本書中指出:「一個集體的各成員,處在一定條件下便會享受**最大限度慾望滿足**(帕累托對效用的稱謂);這些條件是,不可能發現任何一種稍微離開這一狀態就使他們所享受的滿足增加或減少的方式。【169】這就是說,任何偏離這一狀態的微小變動,必然造成一些人樂於接受而另一些人難以接受的後果,即一些人享受的慾望滿足增加了,而另一些人的卻減少了。」[18]

最後一句包含著真知灼見:在一些人獲利而另一些人受損之外不可能斷定社會從整個來說是受益還是受損。這裡沒有做出進一步的倫理判斷。由於看到了這一點,所以帕累托能夠發展一種社會福利概念(即使是很有限的也罷),不依賴在個人之間作任何效用的比較。這也正是帕累托的貢獻不同於埃杰沃斯的貢獻之處。埃杰沃斯雖已表明在契約曲線上如不減少其他人的效用便不可能增加這個人的效用,也表明競爭均衡是契約曲線上的一個點,但始終沒有從他的成果中引出這些結論。

## 15.4 後來的一些發展

到20世紀20年代末,西季威克—馬歇爾—庇古對福利經濟學的研究已發展到這樣的程度,以致一代評論家能夠把它描述為「經濟科學中最令人印象深刻和最為統一的思想」,沒有別的學派發揮過詳盡的福利經濟學[19]。不過,我們已經看到,這一學說中大部分著作暗含著進行個人之間效用比較的可能

性。例如，除了特殊場合之外，假定沒有某種方法把一些人的受益和另一些人的損失加以權衡，則不可能說社會的利得。對這種個人之間效用比較一直沒有做出適當的證明。這個推理假定受到強烈批評，特別是受到米爾達爾（1929）和羅賓斯（1932）的批評。此外，外部性的概念也是受到嚴厲批評的對象。結果是，到30年代中期，按照希克斯的說法，「庇古的根基似乎無可挽回地遇到了侵蝕」[50]。

羅賓斯的論據是，比較個人之間的效用缺乏科學的方法。儘管比較滿足在日常生活中存在著，而且必定繼續存在，但這種比較沒有科學根據，因此就應當把它同實證經濟學明確地加以區分。羅賓斯的批評不是說個人之間效用比較不可能進行，而是說他們引進經濟學的方法混淆了實證和規範課題的區別。這個基本上是對方法論的批評同米爾達爾的批評相類似，米爾達爾認為經濟學無論過去或現在都充滿著政治價值。他的結論是，有必要使一種經濟學建立在「公開和具體的價值前提」上[51]。這個結論同羅賓斯的結論儘管截然不同，但二者的批評對庇古福利經濟學的含意應被看作是一回事。

這些觀點並非新東西。經濟學家們早就認識到比較個人之間效用會遇到困難，也認識到區分實證和規範經濟學要格外謹慎。【170】不過，米爾達爾和羅賓斯的批評在破壞日後建立的福利經濟學的基礎方面是有作用的。在試圖為福利經濟學發現一種可供選擇的基礎，經濟學家們開始利用被希克斯稱為「在帕累托《講義》最含糊不清的那些章中之一章所發現的暗示」[52]。帕累托的著作過去一直遭到操英語的經濟學家的忽視，現在被重新發現，並為20世紀30年代末期所謂「新福利經濟學」的形成準備了舞臺[53]。

註釋：

① 參看邁因特（1948）。

② 參看哈欽森（1981），第3章。

③ 參看第36頁。

④ 參看第70頁以下各頁。

⑤ 邊沁（1789），第2頁。

⑥ 邊沁（1818），第3頁。

⑦ 同上，第102頁。

⑧ 同上，第 103 頁。

⑨ 邊沁（1789），第 66 頁。

⑩ 同上。

⑪ 在現代理論中，這個假定被表述為：每個人都有一個共同的效用函數，所有可確定的個人特徵都是其中的自變量。

⑫ 參照西季威克的觀點，見下面的討論。

⑬ 這並不暗示邊沁和穆勒有完全相同的效用理論，而是存在著差別，但它們同現在的討論無關。

⑭ 參看第 75 頁。

⑮ 參看哈欽森（1981），第 3 章。

⑯ 西季威克（1887），第 71 頁。

⑰ 同上，第 90 頁。

⑱ 西季威克（1874），第 129 頁。

⑲ 同上，第 123 頁。

⑳ 同上，第 144、398 頁。

㉑ 西季威克（1874），第 397 頁。

㉒ 同上，第 609 頁。

㉓ 同上，第 406 頁。

㉔ 參看哈欽森（1978），第 104 頁。

㉕ 西季威克（1874），第 506 頁。

㉖ 同上，第 517 頁。

㉗ 熊彼特（1954），第 1070 頁。

㉘ 馬歇爾（1890），第 108 頁。

㉙ 庇古（1920），第 6 頁。

㉚ 同上，第 10 頁。

㉛ 同上，第 11 頁。

㉜ 同上，第 86 頁。

㉝ 參看希克斯（1975），第 219–220 頁。

㉞ 庇古（1920），第 185 頁。引自哈欽森（1953），第 291 頁；參看科勒德（1981），第 114 頁。

㉟ 參看第 315 頁以下。

㊱ 參看第 100 頁。

㊲ 參看《經濟雜誌》1928年的討論會。
㊳ 布勞格（1978）。
㊴ 埃杰沃斯（1881），第7頁。
㊵ 假定某A能分辨出「好」和「極壞」，而某B能分辨出「好」「相當好」「可以接受」「粗劣」和「極壞」。埃杰沃斯便以為，A從「極壞」移向「好」，同B從「極壞」移向「粗劣」對社會具有一樣的價值。這顯然涉及倫理的判斷。參看森（1970a）第93-94頁。
㊶ 埃杰沃斯（1881），第56頁。
㊷ 同上，第64頁。
㊸ 埃杰沃斯（1894），參看克里迪（1981），第89-91頁。
㊹ 參看第77頁。
㊺ 帕累托（1896），第721節，第92頁。
㊻ 同上，第721節註2，第92-94頁。
㊼ 奇普曼（1976）發揮了這個觀點，第92頁。
㊽ 帕累托（1908），第201頁。
㊾ 米爾達爾（1929），第128頁。
㊿ 希克斯（1975），第220頁。
㉛ 米爾達爾（1929），第199頁。
㉜ 希克斯（1975），第220頁。
㉝ 參看第302頁以下。

# 16 貨幣和商業循環

## 16.1 引言【171】

在 1870 年後的許多年中,貨幣經濟學沒有什麼變化可以同價值論和分配論的變化相比擬,儘管杰文斯、門格爾和瓦加拉斯都做出過重要貢獻[1]。杰文斯的貢獻主要是在統計上的:他提出了一種指數,用以說明加利福尼亞金礦發現的後果。瓦爾拉斯把貨幣理論納入他的一般均衡模式中,為他的同時代人望塵莫及。形成對照的是,門格爾把貨幣作為人的經濟行為的自然結果所形成的一種制度。至於貨幣政策,無論是杰文斯還是瓦爾拉斯都關注穩定價格的方案,杰文斯提出了他的幣值計算標準表,瓦爾拉斯提出了他的銀幣調節器。然而在這個範圍內沒有什麼新東西可以同價值論和分配論中出現的新思想相比擬,而在 1870 年前後的貨幣理論之間沒有重大區別。

不過,價格波動是這個時期貨幣政策討論的熱門話題。不僅杰文斯和瓦爾拉斯,而且這個時期對貨幣經濟學所有做出過重要貢獻的人都關注這個問題。例如,維克塞爾、馬歇爾和費希爾都提出過方案,旨在得到比金本位條件下更穩定的價格。這種關注貫穿 1930 年前的幾十年。其間,價格波動曾被許多經濟學家用來解釋商業循環,但並沒有同古典的貨幣經濟學決裂。可以說,這時期貨幣經濟學的關鍵是維克塞爾的累積過程論,它是桑頓的利息論和價格論的再發現[2]。

這種連續性擴展到了關於商業循環問題的討論。例如,馬歇爾的商業循環分析即來自奧弗斯頓[3]。不過,從 19 世紀 60 年代以來也出現了一些重要的統計學上的貢獻,它們使商業循環的性質更加明確了。杰文斯通過分析時間系列資料,提出存在著 10~11 年的有規則的循環[4]。也許更重要的是朱格勒的著

作，他也分析了循環的時間系列資料，同時提出了一個術語用以描述循環的各個階段。【172】與杰文斯不同的是，朱格勒認為循環基本上是獨立於外界的事件（收成和戰爭等），認為它起因於「人民的行為、行動，首先是儲蓄習慣，以及他們使用可以得到的資本與信貸的方式」⑤。他把衰退看作是對前景的一種反應，不認為它是由外界力量引起的。與米契爾一樣，朱格勒更關注如何解釋循環發展，特別是它的財政金融方面，而不是解釋（從理論上）循環的原因⑥。

## 16.2  1930年前的貨幣理論

### 維克塞爾

維克塞爾對貨幣理論的主要貢獻見於他的《利息與價格》（1898），他在該書中致力於重新表述和解釋貨幣數量論，並在李嘉圖的著作中發現了對該理論的經典表述⑦。維克塞爾在發展這一理論時首先受到兩件事的影響：①杰文斯和龐巴維克的資本理論，他們為現實的利息率理論奠定了基礎。②圖克拒絕貨幣數量論，該理論既包含了許多難題（即為什麼利息率會隨通貨膨脹而上升，會隨衰退而下跌），也包含了許多建議，例如關於唯有收入決定價格的說法。維克塞爾認為，儘管貨幣數量論是唯一有權聲稱具有科學意義的理論，但它還不完善，即沒有解釋價格**怎樣**變動。他的結論是對薩伊定律的否定，即認為價格的變動是因為供給不等於需求。

第一步是說明**正常的**或**自然的**利息率，即在此利息率下，儲蓄的供給等於對借貸資本的需求⑧。它大體等於新創資本的預期收益。在簡單信貸經濟（儲蓄直接轉化為借貸）中，借者之間的競爭會使利息率等於這個自然利息率。在有組織的信貸經濟中情況就複雜了，因為銀行能使借款超過存入的儲蓄額，因為它們貸出的貨幣將作為存款回到它們手中。在「純粹信用」經濟中，貨幣的唯一形式是由借者背書的銀行存款。以這種方式能創造的信貸額是無限的。只是在銀行有必要保持金屬貨幣時，這種信貸創造的過程才有限度。在這種信貸經濟中，**貨幣**利息率即對借款支付的利息率是一個重要因素。看一下純粹信用經濟的情形。如果貨幣利息率小於自然利率，借款會超過儲蓄，其結果是對物品的需求將超過供給，價格水準隨之提高。同樣，如果貨幣利率在自然利率之上，則價格下跌。價格穩定要求貨幣利率等於自然利率。因此，維克塞

爾指出，在一個純粹信用經濟中，貨幣供給是完全有彈性的，以便保證任何均衡價格水準，【173】因為價格水準的變化取決於銀行體系的利率政策。貨幣數量論和薩伊定律在均衡狀態中是有效的，而在不均衡時就失效了。同樣理由也適用於其貨幣由信用貨幣和金屬通貨所構成的經濟，但是這裡銀行體系改變貨幣供應的能力受到限制。例如，在擴張時期，儲備的短缺可能迫使銀行體系抬高貨幣利率，從而使擴張中止。

為了解釋利率的循環變動（見上述圖克難題），維克塞爾設想自然利率在波動，而銀行體系改變貨幣利率有一定的滯後。於是他提出這樣一種循環觀點，在此循環中，日漸增長的樂觀主義或技術進步比率的增長可以提高自然利率。因為市場利率落於此後，所以借款超過儲蓄，使信用擴張，需求超過供給，從而抬高價格。在不景氣時情況相反。

維克塞爾由此提出了一個信用經濟論，在此經濟中，銀行體系有能力促使自然利率和貨幣利率分離。這種理論雖是他獨立發揮的，但與桑頓的理論很相似。這種貨幣論同一種實際的商業循環論結合起來，為循環中的利率和價格水準提供了一種解說。這些思想，特別是**累積過程**思想（自然利率和貨幣利率分離引起的是持續通貨膨脹而不是價格水準的一次性上漲）影響了 20 世紀大多數貨幣理論，儘管維克塞爾影響的程度有很大變化。例如，20 世紀 30 年代以前，維克塞爾對操英語的經濟學家的影響只是間接的，特別是通過費希爾、卡塞爾和米塞斯，而到 30 年代，由於哈耶克和凱恩斯的著作，使維克塞爾的思想受到廣泛討論，在瑞典本國則形成了一個明確的維克塞爾學派。

### 費希爾

為 20 世紀的貨幣理論奠基的第二人是歐文·費希爾。雖然他的貢獻的影響是在兩次大戰之間，但他的主要著作卻出現在 1914 年前：《增值與利息》（1896）、《利息率》（1907）、《貨幣購買力》（1911）。在他的利息論中[⑨]，同貨幣經濟學最有關係的是他強調區別實際的和名義的利率[⑩]。至於他的貨幣理論本身，同維克塞爾一樣，也是依據數量論表述的。費希爾提出了被最廣泛採用的交換方程式：$MV = PT$，此處 $P$ 是價格水準、$T$ 是交易額、$M$ 是貨幣額、$V$ 是貨幣流通速度。【174】當銀行存款也進入流通（它仍被看作是貨幣的流通）時，該方程式變成 $MV + M'V' = PT$，其中 $M'$ 和 $V'$ 分別表示銀行存款額及其流通速度。在這個數量論公式中，重點放在支付手段的流通上，這是費希爾從紐柯

布的著作《政治經濟學原理》(1885)中借用來的,該書有一節論及「社會流通」,敍述了交換方程式。這樣著重於金融交易的貨幣流通使費希爾把所有的交易都包括在 T 之內,不但有收入交易,而且有中間產品和金融資財交易[11]。

在運用交換方程式時,費希爾謹慎地區分了貨幣數量變化的「持久或最終效果」和「過渡期間暫時效果」[12]。持久的效果是用一種簡單的數量論得出來的:貨幣量的變化最終會引起價格水準的等比例變化;利率、速度和交易額會固定在他們的正常值上。不過,過渡期間貨幣的變動會引起交換方程式中**所有**變量的變化。費希爾對此暫時效果的解釋是,利率對價格變化沒有完全及時地做出反應。例如,如果 M 增加,這將提高通貨膨脹率,但如果貨幣利率沒有充分地反應,實際利率會下跌,企業會受到刺激。由於 M′相對於 M 的增加,銀行借出額會增加,由於價格持續上漲,流通速度會加快,價格會繼續上升,只要利率落於名義利率之後。在此通貨膨脹時期,產出會過分擴展,因為價格「必定被日漸增長的購買推上去」[13]。不過,利率的上升最終會使這個過程停止下來。

關於費希爾的理論有幾點需要指出:①他曾用這種過渡期間理論提出一種有關循環的貨幣論。他認為一旦理解了貨幣流通量同利率的不當調整有關,則貨幣因素即是危機的主因[14]。他指出,其他一些經濟學家曾用「過度消費」和「過度投資」來解釋危機[15],但它們卻是由貨幣原因引起的:「人們的開銷多於他們所能提供的東西。(因為)他們在貨幣購買力急遽下降時仍把美元作為一種穩定的單位。」[16]②他比許多同時代人更強調與由改變價格和利率所造成的資本價值變化有關的負債水準的作用。這一點在其後來的《大衰退的債務—通貨緊縮理論》(1933)一文中表現得十分明顯,他在這裡把大蕭條解釋為通貨緊縮對經濟發生作用的結果,在此經濟中,負債水準過分地增加了。【175】③儘管費希爾強調貨幣數量的變動(而維克塞爾則著重自然利率的變動),但他對過渡期間的分析與維克塞爾對累積過程的分析有許多共同之處。不過,費希爾強調長期,維克塞爾卻沒有。例如,在《貨幣的購買力》中費希爾說:「就我所能看到的來說,除了過渡時期或短暫季節(即秋季)的一定時間以外,在價格水準是任一量(M, M′, V, V′或 Q)變化的獨立原因的觀點中,無論如何也沒有真理存在。」[17]他對長期的強調又被他的下列例證加強,在這個例證中,費希爾把貨幣變化的影響比之於車廂在列車的移動時的情況:「過渡時期的特殊效果同列車啓動和停止的特殊效果相仿佛。在一般情況下,守車(貨物列

車末尾供車長執行任務用的車廂——譯者註）與機車保持著固定距離，但是當列車啓動或停止時，這種關係就會發生變動。」[18]

**劍橋學派**

馬歇爾在劍橋的追隨者們發展了他對貨幣數量論的現金差額研究，按此研究方法，人們願將其資源（R）的一部分（K）作為貨幣（M）持有，P 則是**貨幣價值**（即我們通常所認為的那樣，是價格水準的倒數）。這當然與費希爾的公式是一樣的，只是以資源或收入代替了交易。儘管這樣，表述方面的差別還是有的。因為前者更偏重於心理因素和個人決定。因此，「劍橋方程式」的所有主要倡導者都傾向於強調預期和信心的變化，視之為貨幣價值變動的重要原因。

這在庇古那裡也許最為明顯。他認為資源對人們有兩種用途。或用於消費，即持有貨幣為了方便和保險；或用來生產商品以獲利。資源在這兩種用途之間的分配應到這種程度：投資的邊際效用（取決於「工業活動的預期成果」）等於持有貨幣的邊際效用（取決於獲得收入的方式、處理債務的其他方式之現實性以及價格變動的預期）[19]。這些預期是易變的，因此它是貨幣價值變動的主因。

由此可見，劍橋交換方程式應被看作是分析對貨幣價值的各種影響的一種構架，而不是對嚴格的數量論的表述。按庇古的說法，「數量理論常被視為一套或對或錯的假設而加以維護或反對，但實際上用來表述這個理論的公式不過是一些方略，使我們得以瞭解決定貨幣價值的主要原因」[20]。這個理論還被看作是不說自明之理，【176】因為，按凱恩斯的說法，它「來自下述事實，即除了來自貨幣的交換價值，也就是說，來自它能夠購買的物品之效用之外，貨幣本身是沒有效用的」[21]。這就證明了下述觀點，對貨幣的需求就是對一定量實際的現金差額的需求；在其他條件不變時[22]，貨幣的需求曲線是一種矩形雙曲線[23]。不過，即使這樣也沒有始終一貫地堅持。例如，凱恩斯認為，在短期中 M 和 P 的變化會引起 KR 的變化[24]。

至於費希爾的數量論，劍橋公式被發展得適用於銀行存款，這見之於庇古方程式：$P=(KR/M)[c+h(1-c)]$，這一次 M 代表清償債務的貨幣（合法貨幣）量（我們可稱為強力貨幣或僞幣），c 是作為合法貨幣而持有的貨幣差額的數量，h 是銀行持有的作為合法貨幣儲金的存款數[25]。至於其他一些劍橋方

程式,這提供了一個框架,在此框架內能夠解釋價格水準變動的原因。

馬歇爾及其門徒都強調價格波動的不良影響,為此提出了各種補救方案。馬歇爾強調價格波動所引起的不確定性,以及由此而來的商業生活中的投機因素。他把這納入商業循環理論中:「這種不確定性的結果是,價格傾向於上漲時,人們蜂擁借款和購物,促使價格進一步上漲,商業膨脹……這使得償還借款的實際價值低於借來的價值。」因為名義工資是固定的,「所以雇主支付的實際工資和報酬比通常的在其他方式上他的利潤最大之時都要少,這就促使高估他的力量,從事投機,以致在退潮之後無法渡過難關」[26]。一旦信用緊縮和價格下跌,這個過程顛倒過來。雇主不願讓貨幣工資降低,結果下跌的價格抬高了實際工資,工人因商業停頓而失業。廠商削減生產以便改善他們自己產品的市場,但在這樣做時他們減少了在其他市場上的需求。這樣,價值標準的波動「或是使商業活動膨脹到有害的程度,或是使廠商大批倒閉」[27]。

馬歇爾提出的補救辦法有兩個:①他回想起貨幣價值計算表,根據一種具有不變購買力的單位進行交易。這會降低貨幣價值波動的意義。②他主張將通貨建立在金和銀的基礎之上,【177】使通貨單位符合於固定的金量**和**固定的銀量。這種通貨的價值將隨金銀的平均價值而被動,從而波動得比單一金屬幣值要小。

馬歇爾設想的基本上是金屬幣,他的追隨者則不然。對價格波動的後果,凱恩斯和庇古雖然都持有與馬歇爾相同的觀點[28],也都抱有穩定價格水準的願望,但是他們對信用貨幣賦予更大的意義,他們的解救方法通常也有所不同,都注重於處理貨幣供給。這一點在凱恩斯那裡表現得十分明顯,最早可追溯到他的《印度通貨與財政》(1913),最明顯的是他的《貨幣改革》(1923)[29]。

為了理解《貨幣改革》,有必要瞭解貨幣價值的另一面:匯率(以平價購買力解釋的)。匯率論的各個方面雖然以卡塞爾的觀點最為有名[30],但在馬歇爾及李嘉圖那裡也可發現。按劍橋的說法,購買力平價決定著匯率的均衡價值。如果匯率過高,均衡則要求價格水準下跌到使購買力平價得以恢復。凱恩斯在上述小冊子中指出,在這種情形下,政府都不得不在貶值和通貨緊縮之間做出抉擇。這涉及經營管理:就適當的價格水準做出**決定**。如果沒有一個穩定的價格水準,資本主義便沒有效率,甚至不能生存,在此情況下,凱恩斯便會毫不猶豫地主張通貨貶值而不是通貨緊縮了:「由於這些重大原因,我們必須擺脫這種深深的疑慮,即不允許對**深思熟慮的決定問題**作價值標準的調整。我

們不能再使事情……仍處在這樣的狀況下了：事情由自然原因調整，或是許多人獨立行動的結果，或要求一場革命以改變它們。」[31]

## 16.3  1910年前的商業循環理論

### 1900年以前[32]

1900年前，幾乎沒有對商業循環做出什麼重要分析。大多數重要經濟學家（如馬歇爾和維克塞爾）更關注的是均衡理論的形成和發展。對商業循環的討論，除上面提到的簡要表述之外，也還有一些人研究過。他們在這個時期提出了各種觀點，其中許多預見性思想在後來的著述中可以找到。例如，納西在1879年把景氣歸因於革新，把特殊景氣同特殊工業聯繫起來。1873年危機後，普雷斯把危機與衰退更多地歸因於過度消費（而不是生產）對財富的破壞，即危機和衰退可能是固定資本過度投資，高工資或政府高消費的結果。
【178】蓋約特在1892年提出了類似解釋，他認為固定資本的過度投資會使流動資本短缺。同這種「現實的」理論相抗衡的是強調心理因素和信貸的理論，我們已提過馬歇爾。巴格浩特也一樣，他曾提到「許多超人」對「乏味的貨幣大加研究」。他認為信貸在景氣樂觀期間大為膨脹，但這種過分樂觀最終會被發現，致使信心和信貸的大廈倒塌。在他的說法中甚至可以看出有關乘數論和加速論的因素[33]。

除此以外，就是對薩伊定律予以攻擊的理論了，即消費不足論。美國人霍利在1882年經由穆勒的停滯理論到達了這一理論——利潤率傾向最小限度[34]。他認為存在著過度累積的傾向，特別是在景氣期間利潤高的時候。另一位美國人克拉克在19世紀80年代通過批評穆勒的一般過剩不可能論而得出了類似結論[35]。不過，在這裡主要功績是霍布森做出的。他在其第一部著作《工業生理學》（1889）[36]中指出，生產並不等於由要素供給調整的最大值，因為過度儲蓄會使之處在最大值之下。儘管霍布森被凱恩斯視為先驅者，儘管他的分析包含著對儲蓄和投資的宏觀經濟學的真知灼見，但仍未擺脫斯密的看法。儲蓄等於投資，不承認物物交易同貨幣經濟之間的區別。

### 杜干—巴拉諾夫斯基

儘管有上述這些有關商業循環的早期著述，但現代的文獻首先來自一部著

作：杜干—巴拉諾夫斯基的《英國工業危機》(1894)。這部著作的背景是俄國馬克思主義者在19世紀90年代的一場爭論：俄國資本主義是否處於為其自身發展創造充分市場的地位。這是一個具有重要政治含義的問題[37]。杜干—巴拉諾夫斯基認為，資本主義能夠無限擴張，因為需求會由日益增長的資本物品的生產所支持，而累積便是目的本身。他認為資本主義儘管會經受週期性危機，但不會引起它的崩潰，這個看法與馬克思的觀點相反，與列寧的觀點卻是一致的。

杜干—巴拉諾夫斯基認為循環是資本主義發展過程的有機組成部分，明確拒絕杰文斯和朱格勒對循環的外因論的解釋。循環同資本主義經濟中資本物品過度生產的一貫傾向有關，它在貨幣經濟中可以導致一般生產過剩。由於承認一般生產過剩的可能性，他拒絕薩伊定理，並認為至關重要的是投資行為。【179】他在鐵的生產（在資本物品生產中首先被使用）中找到經驗性例證。

為什麼固定資本的累積不是以一種穩定的比率進行呢？杜干—巴拉諾夫斯基的回答是，如此之多的國民收入歸於資本家階級，使資本不以適當比率累積起來。在向上發展時期，資本家憑借已累積的基金盡可能快地累積資本。結果是，已累積的基金最終耗盡，利率下降，因為資本物品生產過多，使投資下跌，於是衰退開始。在緊接的衰退中，借貸資本累積著（因為儲蓄仍以適當的穩定比例在繼續），但在它們能轉變成生產資本之前，它們必須在各個生產部門之間作適當的分配，但在個人主義的競爭經濟中這是無須發生的。借貸資本的累積一直持續到尋求投資出路的資金的壓力足以克服工業的抵抗並開始轉變為固定資本。某一領域的擴展遍及整個經濟，新需求迅速創造出來，經濟進入繁榮的新階段[38]。

**斯派瑟夫**

斯派瑟夫的著作出現在《英國工業危機》德文版問世之後，並深受杜干—巴拉諾夫斯基這本書的影響；他還受到德國歷史學派的強烈影響[39]。他像杜干—巴拉諾夫斯基一樣，拒絕薩伊定理，認為它不是對貨幣經濟的正確解說。但是，在杜干—巴拉諾夫斯基依據借貸資本的交替短缺和過剩來解釋投資波動的地方，斯派瑟夫卻另有看法。①他依據革新或海外市場的發現來解釋景氣，因為它們能在某個部門提高利潤，從而經濟開始高漲。②他以投資機會有限來解釋危機。繁榮時期，消費物品產量將落後於投資增長，所以消費物品價

格仍然很高，使利潤也很高。但是，當新投資最終開始時，消費物品生產將會增加，價格必然下跌，即使卡特爾盡力暫時維持價格也罷。投資將不得不削減，因為一旦新工廠被裝備，只留下維持和替換的任務。

這些影響（通過投資的獲利程度和刺激而發生的對投資的影響）在斯派瑟夫看來是對杜干—巴拉諾夫斯基以資本供給所做解釋的補充。在繁榮期間，擴張過程不僅受到對實際資本的需求的限制，而且受到資本短缺的限制。這些短缺發生在循環的頂峰，是非常實在的短缺，【180】因為它是在資本市場緊縮條件下出現的實際資本物品的短缺。不對路的產品被生產著。貨幣和借貸政策無力阻止危機的到來。

### 1900—1910 年

杜干—巴拉諾夫斯基和斯派瑟夫的著作大大鼓勵了人們對商業循環的研究，在20世紀最初10年出現了許多重要著作。其中首先涉及加速原理，即對消費物品的相對少的需求能夠引起對投資物品的大得多的需求。最先提出這一思想的是卡弗（1903），但發展它並將它納入循環理論之中的是阿夫達林（1910）[40]。

阿夫達林循環論的關鍵思想是，需求能夠飽和，他以奧地利人的方式依據邊際效用遞減規律解釋這一現象。資本物品必須調整得適合對消費物品的需求，但由於三方面原因而使這一點難以做到：①加速原理意味著，對消費物品需求的波動即使很小，也可能引起對資本物品需求的很大波動。②資本物品的基建需要長時期。③資本物品的耐久性。因此，在繁榮時期計劃開始時，尚沒有任何滿足需求的物品生產出來，一旦它們開始生產，需求變得飽和了，投資將下降。於是衰退接踵而至，而且持續到資本物品的磨損使其相對於需求而言顯得短缺為止：醞釀新投資計劃的滯後和資本的耐久性，在決定循環期限上是重要的。這樣，阿夫達林發現循環的振幅和期限是生產技術所固有的。

另一重要作者是熊彼特。他強調了革新在經濟發展過程中的作用。他的論據是，革新在波動中不可避免地發生：一個企業家革新了技術，其他人會跟上來，因為追隨一項技術革新要比最初發明它要容易些。一項革新的出現會使經濟逸出均衡狀態，為盈利創造新機會，而這些機會會被逐漸奪走。接踵而至的衰退使經濟調整到新均衡。對熊彼特來說，繁榮和不景氣是那個過程的基本方面，經過這個過程，均衡在革新浪潮之後得以重建。

至於循環的貨幣方面，一位重要的作者是約翰森（1908）。他雖不是唯一論及消費不足的人，但是最富有獨創性。他的獨創性有兩方面：對儲蓄和投資之間關係的富有洞察力的分析，以及對消費和投資之間聯繫的「乘數原理」的表述。約翰森謹慎地區分了儲蓄（避開消費的行為）和投資（購置資本物品）。【181】只是當儲蓄被投資於新財富（約翰森稱為儲蓄的「資本主義形式」）時，總需求才不受儲蓄水準的影響。假定儲蓄被窖藏起來，或者被用於購買現成的財產（「損害儲蓄」），這將減少需求從而減少利潤，這與凱恩斯在《論貨幣》中的理論是相同的。約翰森的乘數觀點也會使人想起凱恩斯：一組開支的削減會減少另一組的收入從而減少它的開支，這又會減少第三組的收入，以此類推。

## 16.4　1910—1930 年的商業循環理論

如果說上述時期是這樣一個時期，在該時期中，對商業循環的各種解釋已經提出，到 1910 年已為一種成熟的理論準備好了所有的資料，那麼，接著的 20 年便是商業循環理論的全盛時期。1910—1930 年發表了對循環的許多研究理論，其中主要作者有米契爾（1913，1927）、卡塞爾（1918a）、米塞爾（1913）、霍特里（1913，1919）、羅伯遜（1915，1926）和庇古（1912，1927）。20 世紀 30 年代起，商業循環理論（部分由於凱恩斯主義的影響）在一定程度上變成了從屬於就業理論的問題。

### 米契爾

在論述循環問題的這些作者中，最重要的（至少在當時）一位是米契爾，因為使商業循環概念不僅在經濟學家中，而且在商人和政治家中間普及的正是他的著作[11]。此外，米契爾及其學生關於循環的統計著作也使他明顯地區別於其他的作者。

米契爾著重研究作為商業活動有機組成部分的商業循環，因為商業活動的節奏不僅對一兩個基本的集合體是明顯的，而且滲透進了整個經濟活動。他認為自己的任務是研究這些循環的性質——研究繁榮轉變為衰退，衰退又轉變為繁榮這個過程的性質。在這樣做時他累積和收集了極其豐富的統計資料。建立一幅能被廣泛理解的圖景的任務始於米契爾的《商業循環》（1913），後來他

同國家經濟研究局一道繼續這項工作。米契爾曾參與該組織的創建，從1920年創立到1945年任其總監。通過該局出版了他的《商業循環：問題及其調整》（1927），《衡量商業循環》（1946）。

這些有關商業循環的統計著作，以及與此有關的其他統計著作，例如《國民收入的估算》《收入分配的研究》等，完全有資格構成經濟學史的一章。【182】我們在這裡主要關注的是米契爾的著作對商業循環論的含義。米契爾一向被描繪為一位不以理論來衡量循環的倡議者，但事實遠非如此[42]。把米契爾看作綜合了各種循環理論的學者更為正確。他指出，我們需要做出某些假定，以便指導我們對資料做出選擇和分析，這在他的循環理論著作中是通過觀察當時的各種理論體現出來的[43]。在觀察這些理論時，米契爾實際上為當時所有各種理論都找到了一個位置，他看出這些理論的差別是在著重點而不是在原則上。既然他認為問題不在於可以接受的理論太少，而在於每種理論實際上都顯得有道理，那麼就可以把他也看作是一位非批判家。

米契爾認為，早期著作家的失當之處在於，他們把某個特定因素孤立出來，視為循環的真正原因。他爭辯說，循環是非常複雜的現象，包含著眾多的行為和反應，因此，力求作為一個整體來理解循環過程的性質是最有利的，而不應把任何一種原因單列出來作為基本的原因。在米契爾看來，這個任務的實現要求的是統計分析而不是演繹的理論[45]。

然而，正像把他看作是一位純粹經驗主義者是錯誤的一樣，認為他在理論上是折中主義的看法也是不對的。儘管他沒有仔細加工提出一種正式的理論，但仍有一種理論的結構為他的研究奠定了基礎，這個理論結構深受凡勃侖的影響[46]。米契爾認為，商業循環根植於一種特定的制度結構之中——一種具有內在聯繫的、大規模組織的體系之中，這種制度和體系的目標就是賺錢。所有價格的相互依存幾乎是以瓦爾拉斯的術語來描述的：存在著需求方面物品的替代；價格與成本聯繫在一起；競爭使利潤率平均化；利潤需同有保障的價格掛勾。米契爾指出：「在追蹤價格鏈條的連鎖關係時，分析可以在任何一點開始，直到鏈條重又結合起來的那一點，假定它繼續進行下去的話……可見，在商業經濟中所有的價格都是繼續相互影響的。要估價該體系中的任一因素，那必須涉及整體。」[47]儘管如此，米契爾的假定條件不是瓦爾拉斯主義的，因為：①他認為均衡觀念對描述一國經濟是不適宜的，原因是任何經濟總處在運動之中。②他絕不接受完全競爭的假設；不僅會存在不完全競爭（米契爾從未像

他在這裡所做的假設這樣明確），而且價格和利潤實際上是由各種制度因素決定的。許多價格因為契約和習俗而具有剛性。不過，米契爾認為最重要的制度是貨幣制度。同瓦爾拉斯體系甚至同馬歇爾體系（它們在別的方面同米契爾體系有相同之處）形成對照的是相對價格從而利潤，不僅取決於各種實際的因素，同樣也決定於信用條件。

【183】商業循環從這種結構中自然地就形成了。當利潤上升時復甦便從蕭條中自然出現了，這種情形的發生當然要通過成本的下降（相對於產品價格來說），利息率下降，以及通過銀行體系可得到不斷增多的資助。利潤上升和擴張，直至反轉過來，產生出破壞這種擴張的力量：成本上漲（相對於售價），信用短缺和浪費，或者由於其他因素（如商人預期的錯誤）。於是蕭條開始，該循環宣告完結。

可見，對米契爾來說，商業循環是追求賺錢的經濟組織內在的東西。選擇「商業循環」一語而不選用（例如）羅伯遜和庇古所愛用的「工業波動」一語不是偶然的：一方面，它是對凡勃侖區分經濟活動的商業的或金錢方面，同「工業的」或技術方面的一種反響[48]；另一方面，它強調了經濟活動水準變動的節奏性和循環性。

儘管這種結構對經驗研究是有效的，而且米契爾和國家經濟研究局整理了大批統計資料，但他很少解釋這個過程**如何**進行。例如，他沒有解釋價格**為什麼**會相對於成本發生變動，如果他的理論成立的話。儘管米契爾的統計著作令人印象深刻，儘管他把許多循環理論收集到一起，但我們必須在別處才能發現商業循環理論中的進步。

### 卡塞爾

卡塞爾關於循環的著作，雖寫於 1914 年，但 1918 年才出版（作為《社會經濟理論》的第四篇）。他同米契爾一樣，研究的是循環而不是危機，認為循環是經濟史中一個特殊時代的產物[49]；他還以統計材料來證實這一看法。但除此而外，他同米契爾就很少有共同之處了。①米契爾強調循環的普遍性，卡塞爾則從他的統計中得出結論說，循環主要是同固定資本形成而不是同消費相關的現象，消費在循環過程中波動甚少。②米契爾折中地利用以往的各種理論，卡塞爾則以斯派瑟夫的投資過度理論為基礎，與斯派瑟夫不同之處在於卡塞爾認為貨幣因素具有更大作用。

在卡塞爾看來，經濟起飛之初，利潤會上升（相對於工資），銀行願以很低的利息率貸出款項。這兩者結合在一起，刺激了固定資本生產。當經濟景氣發展時，生產中用於資本形成的部分上升，而用於儲蓄的比重卻不見增加。於是出現了資本的短缺和利息率的上升。與此同時，工資相對於利潤來說上升了，從而對投資物品的需求下落。加速器也是重要的。【184】消費需求增長率的下落轉變成投資水準的下落。在接踵而來的衰落時期，這些因素統統反過來了。相對於資本物品的生產來說，儲蓄增加了，利息率下降。不過，在谷底，貨幣因素同投資的聯繫比在頂峰時要微弱得多，這個結論是卡塞爾從統計證明中得出來的。

卡塞爾解釋了滯後現象在妨礙經濟持續均衡方面的作用，這種滯後表現在以下幾個方面：投資對利息率變動的反應；利息率對投資變動的反應；一項投資設計從開始到完成之間的時間。此外，一國經濟會週期性地受到更新循環活動的種種因素的擾亂，例如技術上的提高（鐵路和電力等）、國家的開放。卡塞爾不同於斯派瑟夫的主要地方在於，卡塞爾認為危機期間資本的**短缺**是貨幣儲蓄的短缺，而不是實際的資本物品的短缺。因此銀行政策被視為一個重要因素。

### 米塞斯

米塞斯的理論更為強調貨幣因素在循環中的作用（1913）。他用了一種在別的方面同卡塞爾模式有許多共同點的模式，引進了維克塞爾的累積過程理論（通過這個過程，價格變動可對自然利息率和貨幣利息率之間的任何差異做出反應）來分析循環的貨幣方面。在米塞斯看來，銀行體系的過失在於，企圖保持貨幣利息率等於自然利息率；加之在商人和政治家中流行的讚成低利息率的觀念，造成了經濟持續傾向於過度擴張，引起了危機和循環[50]。我們將在下面討論哈耶克時對這種循環論加以考察。

### 霍特里

卡塞爾和米塞斯都強調了貨幣在循環中的作用，但他們誰也沒有像霍特里那樣給貨幣以如此突出的地位。霍特里這時期最重要的著作是：《好的和壞的貿易》（1913）和《通貨與信用》（1919）。特別是後面這一本，在20世紀20年代產生過極大的影響[51]。霍特里受過馬歇爾的強烈影響，但與後者不同的

是，他賦予貨幣更大的意義。他認為，儘管正統派經濟學家在下述論斷上是正確的，即貨幣並不就是財富，但他們沒有認識到，貨幣終究是「經濟組織中最有力的一個因素」[52]。卡塞爾和米塞斯承認貨幣因素和實際因素在循環中的影響，而霍特里則強調只有貨幣因素是實際起作用的。

這個理論的基礎是對貨幣和收入（正常開支）之間關係的獨到觀察，它已超出了傳統的數量理論關係。霍特里指出，當一筆新信貸出現時，通過銀行即可獲得一筆借款，這筆款子會被花掉，這種開支構成了收入（對收受者來說）。【185】這筆收入將增加開支，後者轉過來將產生進一步的收入，這個過程將持續到流通中的購買力返還到發放最初信貸的銀行時為止。可見，霍特里理論的要點是，當他談及既定的貨幣量（或者像他所說的尚未用完的購買力邊際）時，他正註視著新的信貸被繼續創造出來，又會被原有信貸的再開支所抵消的情況。這意味著，對霍特里來說，當新信貸流量超過購買力流量時，便會出現貨幣量的增加，從而返還給銀行以取消原有的信貸。由此可見，貨幣供給的變化同收入流量的變化是直接聯繫在一起的。

貨幣與收入之間的這種聯繫是霍特里理論的中心，但還需要作兩點補充：解釋正常開支的變化引起就業變化的原因；考察霍特里關於利息率作用的看法。

霍特里看出短期利息率和銀行信貸供給之間有著強有力的關聯，商人在這裡起著關鍵作用。生產者必須從商人手中得到訂單；因為商人握有大量貨物，佔有大筆信貸（相對於他們的成交額來說），因而對利息率的變動很敏感。短期利息率的上升會使商人願意減少他們的庫存，並減少他們同生產者的訂單。生產下降，失業上升。與此同時，因為商人手中庫存下降，對信貸的需求降低，所以貨幣供應也相應減少了。可見，短期利息率的上升對貨幣和就業會有強烈影響。

這個過程之所以會導致產量下降和失業，原因就在於價格的調整需要時間。特別是，工資是剛性的。貨幣的收縮會引起開支減少，作為對這種變動的反應，價格和工資會下降。當價格和工資下降時，利息率會再次下降，貨幣需求和就業水準被恢復到先前水準上。在霍特里看來，貨幣工資的剛性是貨幣和就業之間聯繫的關鍵。

為什麼循環會在這個調整中出現呢？霍特里特別提到了三個因素：①銀行信貸體系內在的不穩定性。高利潤引起信貸上升，這反過來又進一步提高利

潤，如此等等。②開支量的增加同隨之而來的貨幣需求量的增加之間有時滯。新信貸一旦得到，便會（通過商人）用於從生產者手中購買貨物，但這個轉化是用支票而不是用貨幣來實現的。只有當工資獲得者的購買力也得到增加時，對貨幣的需求才會增加，而這只有在信貸最初增加之後經過一段時間後才會出現。③生產過程中也存在著滯後現象。這是重要的，因為霍特里假定，生產者在整個生產過程中都需要持續不斷的新信貸；這意味著一旦銀行家答應支持某項計劃，他們便承擔了義務（道義上而不是法律上），應繼續墊支直到計劃完成。【186】這三個因素作用的結果是，銀行制度無力做出適當反應。例如，在擴張時期，到貨幣需求上升引起銀行儲備喪失並提高利息率時，需求水準早已大為膨脹了。此外，儘管利息率提高了，但銀行不能直接中止他們已向生產者允諾的信貸。這樣，貨幣膨脹過度了，這時，銀行要想把他們的儲備恢復到適當水準，一定的收縮是必要的。然而，經濟已走了很長一段下坡路了，其結果就是一個循環。

霍特里的理論不僅是為孤立的經濟也是為開放的經濟而提出來的，這兩種經濟都具有固定的和靈活的匯率（金本位和不可兌換的紙幣）。他在自己的理論中加進了維克塞爾的自然利息率和費希爾的實際利息率理論。儘管霍特里曾用他的理論去分析實際擾亂的後果，但這只是為了指明對經濟活動水準的重要影響，從根本上說是對貨幣的影響；沒有貨幣供應量的變化，在購買力流量上便不可能有任何重要的波動，因而波動的範圍是很有限的。

霍特里的分析除了在 20 世紀 20 年代有影響以外，在凱恩斯經濟學的發展上也是重要的。乘數論和需求變動直接影響產量的觀點，儘管沒有像凱恩斯在其《通論》中那樣做了透澈的發揮，但在《好的和壞的貿易》中已經提出來了。

**羅伯遜**

與霍特里形成對照的是，羅伯遜在《工業波動研究》（1915）中是依據各種實際因素來分析循環的：除了繼傑文斯之後，對農業收成循環以及農業對貿易的影響問題給予相當注意以外，羅伯遜還獨立於熊彼特分析了創新的刺激作用，也利用了阿夫達林的投資過度理論。通過對成本和需求的作用，創新能夠啓動一次起飛。在起飛期間，創新需要時間才能使投資增加產量，這也是經濟活動呈下降趨勢的一個原因，因為在下降趨勢出現時，可能形成特定資本物品

的剩餘。儲蓄短缺提供了一個可供選擇的理由。因其所取得的成就（從混亂的事實中提煉出這些結論），希克斯稱讚羅伯遜具有「幾乎是不可思議的洞察力」[53]。

羅伯遜後來同凱恩斯密切合作的著作《銀行政策和價格水準》（1926）與他自己的著作《工業波動研究》很不相同[54]，在這本書中，他比過去任何時候都更透澈地分析了儲蓄和投資過程。在本書關鍵的一章（「不同類型儲蓄」）中，羅伯遜對許多儲蓄類型作了區分。他用了一個比傳統的「節欲」或「等待」更中立的詞「缺乏」，【187】這使得他的用語顯得很奇怪。儘管羅伯遜的用語對其他經濟學家來說太複雜了[55]，但重要的是，他是以儲蓄和投資可能不相等的方式來定義儲蓄和投資的（缺乏的供給和缺乏的需求）。這樣做的理由是存在被迫儲蓄的可能性，它可能通過銀行系統而形成。假定銀行系統通過貸款給投資者而擴大了信貸：投資者將能購進更大份額的產量，這樣做是以損害消費品的生產為代價的。

在運用這些概念於循環時，羅伯遜保留了這樣的觀念：可能存在著商業循環的實際原因，因而把波動歸咎於這些原因是「適當的」。當實際成本和實際需求變化時，產出的變化也是完全適當的。然而，除了這些波動以外，還有產出的波動，它會由價格波動和銀行系統的行為而引起。銀行政策的責任正在於防止這種情況發生。然而，羅伯遜對儲蓄和投資的分析如此重要之處也在於此，銀行系統的任務並不像聽起來那樣簡單，因為信用創造有兩方面。一方面有銀行政策對價格水準的影響，另一方面又有它對被迫儲蓄的影響。除了有幫助穩定物價的任務之外，銀行系統還有保證適量儲蓄的任務，如不能獲得自願儲蓄，就要強迫得到儲蓄以保證投資。羅伯遜指出，這兩項任務可能發生衝突，在某些條件下，銀行系統會放棄穩定價格的目標，以保證儲蓄的適量供給。

### 庇古

在本節最後，我們來討論庇古。他的《工業波動》（1927）可以說是對各種可供選擇理論的最好綜合。庇古最初分析循環是在《財富與福利》（1912）一書中，這自然超出了研究福利經濟學的總的思路。在研究了決定國民所得的大小與分配的各種因素之後，庇古轉向了國民所得從而就業的變動性問題。他認為，波動的各種原因與經濟活動的總體聯繫太緊密了，以致不能孤立地研究

它們。從《福利經濟學》再版（1924）開始，他便取消了這一安排，而打算以專著討論波動問題。

在庇古把以往有關循環問題的文獻糅合到一起的結構中，有兩個基本特徵：①他系統地利用了下述兩個問題的區分：一個是對擾亂經濟體系的最初刺激問題，另一個是這些刺激起作用而引起經濟活動波動的條件問題。這種區分現以刺激和擴散而知名。庇古並不是做此區分的第一人，這份功勞應歸於維克塞爾[56]，但庇古在使它普遍適用方面是有影響的。②庇古像米契爾一樣，也強調工業利潤的預期是一種機制，各種刺激通過這種機制而影響經濟。【188】儘管庇古在一些方面可以被認為讚成對循環作「心理的」解釋，但是他的結構對容納各種影響因素是有充分彈性的：各種自發的實際因素或貨幣因素，如同心理因素一樣，都可能影響預期利潤，從而影響經濟活動。

庇古的方法多半沿襲了馬歇爾的傳統。同馬歇爾的著作一樣，《工業波動》也是理論和經驗分析的混合物。不過，更重要的是，庇古的理論結構是馬歇爾主義的。它所處理的是一個競爭（雖是不完全競爭）的世界，可以依據工業需求曲線和供給曲線的彈性來分析變化的經濟均衡。

考慮到20世紀30年代及後來的發展，應當特別指出《工業波動》的兩個特徵：①庇古強調需求波動是就業波動的主因。在分析需求從一個部門擴散到另一個部門時，庇古所描繪的基本上是一個乘數過程；同後來的理論相比，他所缺少的不是思想而是計算乘數的技術手段[57]。正是由於技術上的限制，庇古才得出結論說，不可能從數量上估計需求增長對經濟活動的影響。②對勞動市場的強調。雖然在許多地方《工業波動》固守著早先著作家在循環問題上的傳統看法，但在另一些地方卻更接近於現代理論，其中主要是就業理論。這裡關鍵的概念是庇古的流動資本彈性，因為正是這種彈性決定了由最初刺激所引起的預期利潤增加的程度，這又影響失業。因為這種彈性，失業的減少（由於預期利潤增長而出現的）取決於信貸供給的彈性（從而取決於銀行系統），取決於價格和工資變動的大小（它們影響著將要求一定資助的實際資源量）。庇古舉出許多理由，說明價格和工資為什麼是黏性的，說明勞動供給不能等於對勞動的需求。但如果做出結論，斷定庇古把工資黏性看作一個基本問題，那就錯了。例如，假定需求屢次低落，工資可能降到更低，甚至變成負數，因為已達到了充分就業，因此，存在失業時，成為問題的很可能是總需求，而不是工資黏性[58]。

## 16.5　1930—1936年的貨幣和就業理論

20世紀30年代是以兩本有影響的幾乎同時出現的著作為開端的：一本是哈耶克的《價格與生產》，另一本是凱恩斯的《貨幣論》，它們支配了其後若干年間貨幣和循環問題的討論。【189】儘管他們的結論以及達此結論的途徑很不相同，但這兩本書的思想可追溯到維克塞爾，他們的著作是維克塞爾思想的合乎邏輯的延伸。加上維克塞爾在類似問題上對瑞典經濟學家的影響，可以說，20世紀30年代前半期是維克塞爾的影響處於高峰的時期[59]。

**哈耶克**

雖然哈耶克的思想在凱恩斯的《通論》取得成功之後為人忽視，但是在當時還是備受注意的，而且成了諸多爭論的中心。熊彼特談及過《價格與生產》所獲得的「極大的成功」，而且是在比較抽象層次上的任何一本理論著作都不能比擬的[60]。哈耶克的關鍵性論據是，商業循環的出現，是由於銀行系統的組織使得避免貨幣過度膨脹變得困難了。一旦這樣的貨幣膨脹受到控制（這是不可避免的），結果將是衰退，衰退的激烈程度直接同先前繁榮期的長短成比例。

哈耶克用來得出這個結論的結構具有兩個基本要素：維克塞爾的累積過程理論；龐巴維克的資本理論[61]。在膨脹時期（究其根源，可能是由於實際的原因），貨幣過度膨脹會導致強迫儲蓄，壓低利息率，提高生產者物品價格（相對於消費物品價格而言）[62]。於是，生產者物品的生產會增加，但是因為哈耶克假定的是充分就業的一種起始狀況，所以增加資本物品的唯一途徑是通過延長生產期間。然而，當貨幣膨脹停止時，強迫儲蓄也會停止，總的儲蓄水準會回轉到它們先前的水準，從而使利息率上升。消費物品價格相對於生產者物品價格會提高。利息率的這種提高，以及相對價格上相關的轉變，使得在繁榮期間開業的較長的生產過程無利可圖，它們將會停工，勞動就會被放棄。生產過程較短的生產將會擴大，但這需費時日，因為必須生產出各種適宜的中間性物品，這期間就會出現失業。

失業的發生是因為勞動就業需要資本物品，可是，當停止下來的較長的資本密集化過程不適宜用於需要開工的較短過程時，資本物品便被棄置一旁了。對勞動的需求在短期之內是很有彈性的，失業是生產過程短期化的不可避免的

結果。貨幣膨脹也無濟於事：假定投資增加了，這不過延緩了所要求的調整，危機一旦來臨，情況會更糟糕；【190】假定消費增加了，這會提高消費品價格（相對於資本物品價格來說），使較短的生產過程有利可圖，從而使局勢惡化。在哈耶克看來，恢復局勢的唯一途徑是，增加自願儲蓄的水準，使膨脹期間出現的較長生產過程有利可圖。

### 凱恩斯的《貨幣論》

凱恩斯的《貨幣論》大不相同。作者在這裡用維克塞爾的理論表明，貨幣膨脹（通過提高價格水準）能夠醫治失業。為了理解凱恩斯的論據，我們需要考察一下他所謂的**基本方程式**。凱恩斯做出這種方程式的出發點是他獨有的國民收入計算體系。其中（$E$）只包括生產要素的**正常**收入，不包括「意外的」利潤或損失（$Q$）。又以 $Y$ 表示整個產品的價值，以 $I$ 表示投資價值，以 $C$ 表示消費價值，可得出下列公式：

$$Y = C + I$$
$$Y = E + Q^{[61]}$$

儲蓄等於**收入**減去消費：

$$S = E - C,$$

我們得到

$$I = S + Q。$$

這就是說，投資等於儲蓄加意外利潤，它可能是正，也可能是負。現在如以 $Y$ 表示實際產量，以 $P$ 表示價格水準，則有 $Y = Py$，於是可得到表示價格水準的方程式：

$$P = (E/Y) + (I-S)/Y$$

這表示，價格水準決定於兩項：正常收入占產量的百分比，加上投資與儲蓄的差額（即意外利潤）占產量的百分比。

這些基本方程式使凱恩斯區分兩種類型的膨脹：**收入膨脹**，指的是正常收入與實際收入之比增加了；**利潤膨脹**，指起因於銀行系統使投資超過儲蓄的行動。這種區分的意義在於，只是在利潤膨脹的條件下，企業家才有增加生產的刺激。這又導致了所謂的「寡婦的壇子」（《聖經》故事，喻指貌似有限實為不盡的財源──譯者註）分配論，因為如果企業家增加投資開支，他們會發現這將抬高他們的價格從而利潤：利潤好似寡婦的壇子[65]，取之不盡，用之不竭。

在利用這些方程式中，關鍵的因素是利息率。利息率決定於對貨幣的供給和需求。對貨幣的需求包含兩項：**現金存款**（需要金錢交易）和**儲蓄存款**。【191】凱恩斯以數量論來解釋對現金存款的需求；但對儲蓄存款的需求大不相同，它決定於公眾的「魯莽程度」。這樣，利息率的變動情況取決於銀行系統願對公眾的不斷變化的需求作何反應，這些又決定於投資者的預期。

貨幣膨脹會以下述方式影響經濟：①假定已知「魯莽程度」，則貨幣膨脹會壓低利息率。②利息率降低會提高投資水準（相對於儲蓄）。③投資（相對於儲蓄）的提高將提高價格（相對於收入），增加意外利潤。④利潤提高促使企業家擴大生產，增加就業。貨幣膨脹就這樣通過它對價格和利潤的影響而減少了失業。

### 瑞典人的貢獻

20世紀30年代初，維克塞爾的思想在瑞典也有發展。不管把他們稱為「斯德哥爾摩學派」是否恰當[66]，林達爾、米爾達爾、俄林、哈馬斯喬爾德和林德貝格畢竟分享了維克塞爾的遺產，並在此基礎上發表了一些著作，這些著作常常被認為在若干重要方面比凱恩斯的《通論》占先[67]。例如，米爾達爾認為，凱恩斯的《通論》，對瑞典經濟學家來說，是沿著相似思路的一個重要發展，而不是一種革命性突破[68]。儘管如此，他們和英國同行的研究仍有重要差別[69]。

第一位做出貢獻者是林達爾，他的主要著作是《利息率和價格水準》（1930）。林達爾在這裡想證明，貨幣數量理論儘管保留了價值理論的一個重要部分，但是並沒有為貨幣價值的變動提供一種「令人滿意的和普遍有效的」解釋。他認為，必須通過把一般價格理論擴大到不同時期之間的價格關係的問題上，才能得到所要求的理論[70]。為此，林達爾提出了一種動態時期分析，其中的「時期」有兩個特點：在該時期內，直接影響價格的各種要素被看作常數；價格是供求相等時的均衡價格[71]。在每個時期，價格水準依據下述關係來決定：

$$E(1-S) = PQ$$

上式中，$E$表示貨幣收入，$S$表示儲蓄率，$P$和$Q$分別表示消費物品的價格和數量。林達爾用這個公式得以分析利息率在不同條件下變動的影響。他從充分就業的情況出發，得出了維克塞爾的結論，但當他從失業情況出發時，他

發現,【192】由利息率下降引起的收入的提高將會提高消費,從而增加就業(不僅是投資物品生產部門,而且是消費物品生產部門)[72]。不過,他更強調如下事實:價格水準會在次於充分就業的情況下得到提高[73]。

兩年後出現了可以說是瑞典人的最重要貢獻中的第一本書:米爾達爾的《貨幣均衡論》[74]。這本書發展了林達爾對維克塞爾的累積過程的解釋。米爾達爾認為他的主要貢獻是「把預期包括在貨幣體系之中」[75]。他是通過區分變量的事前(ex ante)價值和事後(ex post)價值做到這一點的。儘管他沒有提出一種完全動態的分析,但他像林達爾一樣用一種動態的時期分析來進行思考這一事實是極為重要的:「事前的」數量用一個時期開始時打算採取的行動來說明;「事後的」數量指該時期之末的行動[76]。這種區分只在動態經濟中是重要的,在靜態下就不重要了,因為在這種狀態下,從開頭還是從末尾來看某一時期是無關緊要的。

這種思路促使米爾達爾從下述立場出發:「在這種**事後**計算中……投資期待與總投資價值之間必須是完全平衡的。向前看,除非在某些尚待判明的條件下,沒有這種平衡。在**事前**計算中,問題不在於已實現的結果,而是推動動態過程向前發展的預期、計算與計劃。(假定投資或儲蓄變化了)必然事前有發生差異的趨勢。貨幣理論所要解決的真正問題是:儲蓄—投資方程式的分離趨勢是如何發展成為事後平衡的?」[77]除了強調暗含在貨幣分析中的時期的意義以外,米爾達爾認為他的主要貢獻就是提出**事前**和**事後**的概念了。

米爾達爾利用這些概念對維克塞爾的觀點進行了「內在的」批評,改造了後者的貨幣均衡概念。他以**事前**預期的投資收益代替了維克塞爾的自然利息率,然後得出結論說,貨幣均衡所要求的利潤率,「正好刺激能夠由可供利用處理的資本來照管的總投資額」[78]。儘管保留了維克塞爾理論中被米爾達爾稱為「基本的部分」,但他放棄了維克塞爾的零利潤的條件(自然利息率等於貨幣利息率)。**事前**說明的條件對米爾達爾自己的均衡條件來說是至關緊要的。當他考察貨幣均衡和價格穩定之間的關係時,他是部分地同意維克塞爾的,因為他認為,貨幣均衡能夠適應於任何通貨膨脹率[79]。然而,因為一些價格比另一些價格更有黏性,所以,在米爾達爾看來,貨幣政策必須「使靈活的價格適應黏性的價格的絕對水準」[80]。

正是在考察價格黏性時,米爾達爾得出了同《通論》類似的結論。【193】他考察了信用緊縮,這貶低了資本價值,降低了利潤邊際,壓縮了投資。這使

得收入減少（包括投資物品部門和消費物品部門），失業增加（由於工資黏性）。米爾達爾指出，當收入以這種方式下降時，消費的下降會比總收入的下降「小得多」，因為儲蓄下降了（儘管利息率在上升）[81]。他從這裡看到了儲蓄的這種下降將有助於維持貨幣均衡的可能性。然而，米爾達爾仍把價格變動看作是這個過程背後的動力，他指出，假定消費物品價格不下降，這個過程即告終結[82]。接著，米爾達爾得出下述類似於凱恩斯主義的命題：「如果維持消費的力量很強，同時如果總實際投資額對縮減的利潤邊際的反應相當小，那麼，信用政策的作用將會被中和。」[83]這樣，我們在這裡有了兩種類似的觀點：貨幣均衡（儲蓄等於投資）在各種不同的就業水準上是可能的；貨幣政策在一定條件下是無效的。不過，應當注意，米爾達爾的重點是始終一貫的，正如他對維克塞爾提出一種「內在的批評」的目標適合於他對價格水準（而不是對就業水準）分析的含意一樣。

儘管林達爾和米爾達爾對貨幣理論做出了瑞典人之中最重要的貢獻，但做出貢獻的遠非只有他們。其他應當提到的經濟學家有哈馬斯喬爾德、俄林和倫德伯格。哈馬斯喬爾德的貢獻有兩方面。他不僅對時期分析提出了一個正式的代數解說，而且強調把意外利潤作為連接各時期之間的紐帶。他在這方面受到凱恩斯《貨幣論》的強烈影響。俄林強調數量調整是建立均衡機制的一部分；他關於國際貿易的著作就是這樣的。倫德伯格（1937）分析了持續不均衡的過程。所謂持續不均衡，是指在每個時期各種預期都未實現。

### 乘數

認為一個經濟部門開支的增加（通過它對收入的影響）可以提高其他部門的開支，這種看法在20世紀20年代後期廣為人知。儘管在有關貿易循環的理論著作（從霍特里的《好的和壞的貿易》到庇古的《工業波動》）中這種看法未占顯著地位，但它確實已被提了出來；不僅如此，在有關公共工程開支的討論中還是重要的[84]。沒有討論到的是乘數的技術方法，對就業的第二級影響就是通過這種方法由邊際消費傾向決定[85]。

乘數的一位論述者是霍特里，他在1931年初為麥克米倫委員會[86]準備的一篇論文中舉出了一個數字例證，【194】表明投資增加同產量增加的關係。在這個例子中，40%的收入被儲蓄起來，霍特里指出，增加5英鎊投資會使產量增加12.5英鎊[87]。乘數的另一位更知名的論述者是卡恩，他在《論國內投

資同就業的關係》（1931）一文中計算了在道路建設上增雇 1 人所帶來的第二級就業量[88]。第二級和第一級就業的比例，取決於收入的分配，取決於利潤和工資花在國產消費物品上的比重。米德對乘數論的貢獻是，他說明了在乘數過程之末，儲蓄的增加（撇開進出口的變動）同投資最初的增加是相等的。換句話說，投資的增加在一定條件下會產生足夠的儲蓄以自助。

考慮到當今表現乘數的方式，強調如下一點是重要的：卡恩的乘數並**不是**一種總需求理論。它只不過是公共投資的一個增量的第一級和第二級就業效果的關係。同樣地，在討論儲蓄和投資的關係時，重點是：①減少失業的好處；②投資增加所引起的貿易收支的下降。在這裡，乘數並不像在現代理論中那樣，是從儲蓄—投資均衡條件中得出來的。

### 凱恩斯的《通論》

凱恩斯《貨幣論》的核心理論各章，特別是他論述「基本方程式」和價格水準動態的地方，存在嚴重的缺陷，這一點在該書問世後立即就變得明顯了。凱恩斯在一定程度上是知道這一點的[89]，但更重要的是該書直接受到的各種批評。有些批評可以不予重視，但有許多批評則不能等閒視之。特別是這樣一些意見：基本方程式不過是陳詞濫調，什麼也解釋不了；在凱恩斯的數量衡量中存在著單位問題；最重要的是他沒有適當地處理產量變化。霍特里甚至在該書問世前即已批評凱恩斯，認為他沒有認識到需求下降（即使價格沒有任何下降）可能會引起產量下降[90]。更重要的是一群年輕的劍橋經濟學家（所謂「馬戲團」，其最主要成員有羅濱遜、米德和卡恩）對這個問題的持續研究，這些人定期討論凱恩斯的《貨幣論》[91]。卡恩關於乘數的文章在《貨幣論》問世前已經有了，但產生影響卻很晚。【195】卡恩試圖把他自己的分析同《貨幣論》的分析結合起來，並得出結論：凱恩斯的基本方程式在其最簡單的形式上只適用於充分就業。卡恩還指出了《貨幣論》的一個錯誤：把投資物品和消費物品的價格水準歸於完全不同的原因。正是在重新解釋《貨幣論》中，一種產量理論開始形成了，儘管是用同樣的語言來表述的[92]。

凱恩斯這個時期的基本觀點包含在 1931 年 6 月他在芝加哥發表的歷次講演中[93]。像在《貨幣論》中一樣，他把經濟繁榮和經濟不景氣仍說成決定於投資超過和低於儲蓄，但是，他比《貨幣論》更強調就業的變化，儘管對利潤仍賦予很大的重要性。他已經接近於得出失業均衡的觀點了。凱恩斯指出：

「有理由預期到達一個均衡點。一定的投資不足引起一定的利潤下降。一定的利潤下降引起一定的產量減少，除非投資不足得到改善，否則最終會達到一種很低的產量水準，表現出虛假的均衡。」[94]雖然這還不是《通論》，但已是邁向它的重要一步，在接下去的幾年中走出了最後幾步[95]。

《通論》的這些起源說明了《通論》的一些疑難之處[96]。因為凱恩斯沒有太大必要對《貨幣論》中有關貨幣體系的討論增加很多東西，所以，《通論》對貨幣的研究是相當簡略的。不過，更重要的是，基本方程式所受到的批評，說明了凱恩斯為什麼在《通論》中迴避了對產量水準和價格水準的任何測定。《通論》中的所有測定，或是用貨幣量，或是用就業量。例如，總供給曲線把收入同就業聯繫，而不是把價格同產量聯繫起來。

總需求理論是《通論》的極為重要的部分。這從目錄中一看即知。這個理論與乘數論是類似的，但必須指出，它比後者要豐富得多。表現在三個基本命題方面：①開支的增加會引起「乘數」效應；②在各種收入水準上都可能存在儲蓄和投資的相等；③產量水準的變動提供了一種機制，通過該機制（不論獲利可能性如何變化）儲蓄和投資可能達於均衡。卡恩只提出了第一個命題。凱恩斯在芝加哥的演講中（如前引述）已經提出了第二個命題，儘管他還沒有把這個觀點同乘數論結合起來。對《通論》來說，這三個命題都是必然的了。理解動態乘數是一同事，能否把它用作總需求論的基礎又是一回事，兩者截然不同。凱恩斯做到了後者，卡恩卻沒有。

消費函數論能夠說明需求水準，而只需已知投資水準。凱恩斯對後者即投資引誘的解釋包含兩部分：資本邊際效率和靈活偏好理論。【196】資本邊際效率，使來自投資的未來收益等於投資成本的貼現率，實際上也就是費希爾的收益與成本之比率[97]。為了理解凱恩斯的用法，我們有必要考察一下他研究預期問題的方法。預期被分為長期和短期兩類[98]。長期預期是指企業家能從他將要生產的產量中預期獲利的過程；短期預期是指他從未來生產（如果他購買資本設備）預期獲利的過程。因為短期預期常能依經驗加以檢驗，所以凱恩斯說，把它簡單地視為現實的方法而加以忽略是允許的。長期預期就不同了，因為它要以大量不確定的信息為基礎，所以投資者對它是缺乏信心、沒有把握的。因此，長期預期在很大程度上要依據慣例，而這些慣例卻能任意變動，而沒有明顯的理由。這意味著，在凱恩斯看來，資本邊際效率有時是飄忽不定的，能夠隨著投資者看法的變化而任意改變。這同消費決定形成對照，消費決

定以短期預期為基礎，能被表述為現實收入的函數。

預期在凱恩斯的利息率理論中也是重要的，其中，利息率決定於靈活偏好。對貨幣的需求取決於對未來利息率的預期，就像取決於現行的利息率一樣。不過，比凱恩斯仔細研究的內容更重要的是，就像他在《貨幣論》中對貨幣需求的解釋一樣，決定利息率的是對貨幣儲備的需求。對貨幣的需求被視為有價證券選擇理論的一部分[⑰]。

在迄今討論的全部材料（《通論》的基本部分）中，凱恩斯都假定貨幣工資率不變，其他變量則以工資單位來測定；這個假定直到第 19 章以前從未鬆動。儘管第 19 章在《通論》中出現很晚，但從貨幣工資剛性在以往的失業理論中的作用來看，這一章具有特殊的重要性。凱恩斯關於貨幣工資變動的論證如下：①已知消費傾向、資本邊際效率和利息率，則貨幣工資率的降低對就業不會有影響。如果企業家以增加其生產對貨幣工資率的降低做出反應，他們會發現，除非消費邊際傾向等於 1，否則需求不會像供給一樣提高。增加的產量仍賣不出去，廠商不再有生產它的刺激。②貨幣工資率的降低可能影響需求，或是通過消費傾向（通過影響收入分配），或是通過資本邊際效率（通過影響現行成本對預期收益的比例），或是通過利息率（通過提高貨幣供給的實際價值）。凱恩斯認為，正是通過最後這一項，工資降低一定會發生作用。這意味著，工資降低的作用恰好等於適當增加貨幣供給的作用。由此可以得出兩點結論：（A）貨幣供給的增加不會增加就業，貨幣工資率的降低可能無效，都出於完全相同的理由。（B）由降低工資帶來的就業增加可以更容易地由增加貨幣供應量來實現。③已經表明，增加貨幣供應量能夠模擬降低工資率的效果，所以凱恩斯指出，貨幣工資**不應當**是靈活的，因為貨幣工資率的變化會引起收入分配的不適當的變化、債務負擔的變化以及價格水準的不穩定。這樣，凱恩斯非但沒有把失業歸咎於工資剛性，反而認為貨幣工資率不靈活更好。

## 16.6　結論

本章包括的時期中，貨幣和循環理論的內容是極為豐富的。儘管到《通論》問世時，數量理論仍然維持著在這個框架之內討論貨幣與循環問題，但它對於許多關於短期問題的思想只是一個媒介。維克塞爾的累積過程和費希爾的過渡時期，包含著許多有關貨幣變化和產量及價格水準變化的關係的有價值

的分析。雖然他們在本章是分別予以解說的，但貨幣和循環理論卻是密切相關的，即使認為貨幣因素不是主要的那些經濟學也作如是觀。儘管還沒有「宏觀經濟學」這門單獨的學科，但我們現在在這個標題下研究的許多課題完全沒有被忽略。因此，儘管《通論》提出了許多革命性主張，但把凱恩斯看作幾乎單槍匹馬地創造了宏觀經濟學這個學科，也是很不妥當的。

註釋：

① 馬歇爾對貨幣經濟學的貢獻較晚，下文再討論。
② 參看第 46 頁以下。
③ 參看第 53 頁。
④ 參看第 74 頁。
⑤ 第 2 版，第 XIX 頁；哈欽森（1953）的引用，第 372 頁。
⑥ 參看第 181 頁以下各頁。
⑦ 維克塞爾（1906）發揮了這些觀點，第 2 卷。
⑧ 給自然利率下定義比這裡說的複雜得多，因為通貨膨脹為零的利率，同使儲蓄等於投資的利率並不是一碼事。這一點構成米爾達爾後來發展維克塞爾理論的根據。參看第 192 頁以下。
⑨ 參看第 155 頁。
⑩ 首先做出這個區分的不是費希爾，但使這個觀點得到普及的卻是他。
⑪ 這同劍橋的方法形成對照。參看下文。
⑫ 費希爾（1911），第 55 頁。
⑬ 同上，第 62 頁。
⑭ 同上。
⑮ 參看第 16 章第 3 節
⑯ 費希爾（1911），第 66 頁。
⑰ 同上，第 169 頁。
⑱ 同上，第 161 頁。
⑲ 庇古（1917）。
⑳ 庇古，凱恩斯的引用（1923），第 61 頁。
㉑ 凱恩斯（1923），第 61 頁。
㉒ 其他條件不變，其中包括預期通貨膨脹率。

㉓ 連接著貨幣數量和貨幣價值。

㉔ 凱恩斯（1923），第 65 頁。

㉕ 庇古（1917），第 179 頁。如果我們用 $c+h(1-c)$ 除該方程式的兩邊，便可得到更類似的條件：對貨幣的需求必定等於強力貨幣乘以貨幣乘數。

㉖ 馬歇爾（1887），第 181 頁。

㉗ 同上，第 192 頁。他把一般生產過剩稱為「極大的謬誤」。

㉘ 特別值得注意的是凱恩斯（1923）第 1 章。

㉙ 參看第 251 頁。

㉚ 參看第 206 頁以下各頁。

㉛ 凱恩斯（1923），第 36 頁。

㉜ 以下大部分採自哈欽森（1953），第 22 章。

㉝ 同上，第 367 頁。

㉞ 參照帕里尼和斯克拉（1983）。馬克思也批判過薩伊定律，並強調了利潤率下降。

㉟ 參看第 5 章第 4 節。

㊱ 與 A. F. 馬默里合著。

㊲ 參看科拉科沃斯基（1978），第 1 卷，第 327 頁。他認為市場問題是「馬克思主義圈子裡討論得最多的問題之一」。

㊳ 漢森（1964），第 286 頁。

㊴ 參看第 218 頁以下各頁。

㊵ 熊彼特（1910）。這些思想後來又有發展，熊彼特（1912, 1939）。

㊶ 漢森（1964），第 397 頁；多夫曼（1946—1959），第 360 頁。

㊷ 參照庫普曼斯（1947b）。

㊸ 米契爾（1927），第 3 頁。

㊹ 同上，第 11 頁。

㊺ 同上，第 54-55 頁。

㊻ 參看第 223 頁以下。

㊼ 米契爾（1927），第 113-115 頁。

㊽ 參看第 223 頁。

㊾ 卡塞爾（1918a）第 2 卷，第 545 頁。

㊿ 哈伯勒（1936），第 64 頁。

㈤ 希克斯（1977），第 118 頁；熊彼特（1954），第 1121 頁；戴維斯

(1981)，第204，211頁。

(52) 霍特里（1913），第5頁。

(53) 希克斯（1982），第129頁。

(54) 對羅伯遜（1926）的序言。

(55) 羅伯遜對「缺乏」作了種種區分：短的、長的和非生產的；自發的、誘發的和自動的；強加的；應用的或失敗的；還有對圍欄、限制和潑水所做的類似區分。

(56) 費希爾（1933），第178頁。

(57) 這個解釋類似於對兩國乘數模式的解釋，儘管他分析了一種供給衝擊和供給彈性。庇古（1927），第51–64頁。

(58) 同上，第284頁。

(59) 維克塞爾的主要著作的英譯本正是在這時候問世的。

(60) 熊彼特（1954），第1120頁。這是步哈耶克之後塵（1929）。

(61) 參看第151頁以下各頁和172–173頁。

(62) 關於這一狀況如何形成的討論，參看希克斯（1967）。



(63) 對哈耶克來說，這個出發點是一個方法論的前提。

(64) 這不是凱恩斯的概念。凱恩斯已經區分了消費品價格方程式和投資品價格方程式。

(65) 參看《舊約全書·列王紀》，第17章。

(66) 這一稱呼首先來自俄林（1937）。

(67) 參看《政治經濟學史》（1978）上的討論，帕廷金（1982），漢生（1982）。



(68) 米爾達爾（1973），第4–5頁。

(69) 斯蒂格勒（1978）；帕廷金（1982），第45–46頁。

(70) 林達爾（1939），第141頁。

(71) 同上，第159頁。

(72) 同上，第166、178頁。

(73) 同上，第184–185頁。

(74) 該書瑞典文版1931年、德文版1933年、英文版1939年。英文版不僅是一個譯文版，儘管其基本思想已包含在瑞典文版中了。

(75) 米爾達爾（1939），第32頁。

(76) 同上，第47頁。

⑦ 同上，第46頁。

⑧ 同上，第83頁。

⑨ 同上，第131-133頁。

⑩ 同上，第135頁。

⑪ 同上，第164-165頁。

⑫ 同上，第167-168頁。

⑬ 同上，第168頁。

⑭ 參看第249頁。

⑮ 參看庇古（1927），第64頁。

⑯ 第255-256頁討論到麥克米倫委員會。

⑰ 參看戴維斯（1981），第216-217頁。

⑱ 同米爾達爾一樣，卡恩不是以基本心理法則，而是以收入的增長（當一個人從領取救濟到獲得工資時即出現這種情況）來解釋MPC。

⑲ 參看序言。

⑳ 凱恩斯（1971—1983），第13卷，第54、152頁。

㉑ 同上，第337-343頁。

㉒ 參看羅濱遜（1933c），寫於1931年夏。

㉓ 哈里斯演講，凱恩斯（1971—1983），第13卷，第343頁以下各頁。

㉔ 同上，第355-356頁。

㉕ 帕廷金對此的答復是在1933年；帕廷金（1982），第30頁。

㉖ 在討論《通論》時，假定讀者已熟知對凱恩斯經濟學的標準宏觀教科書的解說。阿克（1961），布蘭森（1979），布勞格（1978）。【433】

㉗ 費希爾（1930）。

㉘ 參照克里格爾（1973）。

㉙ 希克斯（1935a）和希克斯（1982），第8頁。

# 17 國際貿易和殖民地

## 17.1 背景【198】

19世紀70年代發展起來的新價值理論,在國際貿易和英帝國的理論方面沒有引起任何劇烈的變化。這有兩個理由:①因為涉及來自貿易的收益問題,所以,實際成本價值論,連同相關的福利含義,就被繼續使用了。結果,勞動價值論在國際貿易論中一直存在到20世紀,儘管其形式發生了變化[①];②穆勒的理論起著支配作用,而他的相互需求論同新的價值論完全可以並行不悖,因為它描述了一種供給和需求的一般均衡。

## 17.2 貿易純理論:1870—1914年

在1870年以後的時期,許多經濟學家致力於在古典傳統內擴大和發展李嘉圖—穆勒理論。第一位重要作者是加尼斯(1874)[②]。加尼斯接受穆勒理論的基本成分,以比較成本說明各國之間為什麼要進行貿易;在比較成本調整的界限內,以相互需求來決定國際價值[③]。但在某些重要方面他離開了穆勒。①他明確了如下一點:同比較優勢相關的成本包含有主觀性,既有勞動也有忍欲,儘管實際上只有勞動成本提供了一種可接受的近似值[④]。加尼斯仔細解釋了以這種方式計算的比較成本和相對價格之間的關係。②因為加尼斯把穆勒的相互需求理論擴大到不僅包括貿易,而且包括一國**之內**非競爭集團之間的交換,所以他必須修改李嘉圖的比較成本理論。理由是,李嘉圖和穆勒所說的相對價格在一國之內符合於相對成本的觀點,並不適用於競爭不完全的場合。一旦出現這種情形,用來計算比較優勢和貿易流量的就不是相對成本,而是相對

價格了。

由此可見，加尼斯儘管是一位古典價值論的堅定維護者，但他大大地擴大了需求的作用（即使強調的是競爭的不完全性）。在他討論增加工資的影響時已顯示出需求的重要性。【199】在有效競爭流行之處，加尼斯追隨李嘉圖的觀點：工資的提高不影響貿易額；它的影響在於壓低利潤，而成本不受影響。一旦超出有效競爭這個界限，所有各種工資率上一致的變動不影響貿易，而**某個**非競爭集團內部工資的變動都可能影響貿易。其作用機制如下：①某個產業工資的低落（假定該產業的工人不直接同別的產業的工人競爭）將會降低該產業的成本和價格，使其出口增長。②出口收入依需求對該出口產品的彈性之大小[5]，可能上升、下降或不變；出口收入的任何變動會引起貿易不平衡以及隨之而來的黃金流動。③黃金流動會改變有關各國的相對價格水準，結果使相對工資水準恢復到平均狀態。不管這個過程的結果如何，對貿易的淨增額整體來說取決於需求對該產業和其他產業的彈性。

沿著古典路線發展穆勒理論的後一位作者是巴斯塔布爾（1897）。他繼續利用比較成本說，儘管用於測定比較成本的不是勞動或生產，而是生產力：「一定量勞動運用平均資本量，便會生產一定量商品。」[6]他同加尼斯一樣討論了非競爭集團，分析了需求彈性變動的後果。他還提出了非常數的規模報酬。在巴斯塔布爾看來，需求的變動會通過改變相對成本而改變比較優勢[7]。陶西格也採取這樣的立場（1911，1972），他在20世紀初是貿易理論（特別是在美國）方面的強有力人物。他的立場基本上是經由加尼斯和巴斯塔布爾修改了的古典派立場。不過，他的解說具有更透澈的優點。

**對穆勒的批評**

李嘉圖—穆勒理論是許多經濟學家批評的對象[8]。麥克勞德（1872）和克利夫·萊斯利（1879a）批評區分國內貿易和國際貿易，理由是相同的原理適用於兩者。這個理由在加尼斯把相互需求論用於國內非競爭集團間貿易時已碰到過。萊斯利還指出，缺乏信息引起實際收入和價格之間無數的歧義[9]。這些批評都是來自對古典經濟學抱敵意的經濟學家。而來自古典經濟學追隨者的批評的例子也可在西季威克的《政治經濟學原理》（1883）中看到。西季威克指出，國際貿易的特點不是要素的不流動性，而是要素相距遙遠[10]。他最後得出結論，國際相對價格的界限不是由比較成本決定的，而是取決於具有或沒有雙

重運輸成本的國內成本[11]。在這個界限內，價格的準確定位取決於兩國如何分擔運輸成本。

所有這些批評的特點是，它們都沒有對李嘉圖—穆勒的權威提出基本挑戰，【200】它們忽略了李嘉圖—穆勒理論的基本點而未予深究。西季威克所關注的是一個更有限的問題：運輸成本的分配，而不是來自貿易的收益分配[12]。至於麥克勞德和萊斯利的批評，其中一些是不正確的，另一些則提出了更廣泛的課題[13]。

**李嘉圖—穆勒體系的數學延伸**

更有意義的是一些經濟學家試圖從數學上分析李嘉圖—穆勒體系。其中最重要的是馬歇爾（1879）所做的分析，他用出價曲線分析了穆勒的相互需求論。但他的分析在一段時間內沒有出版，只是通過西季威克在人數有限的經濟學家之間流傳。他的出價曲線初次問世是在義大利，在潘達里奧尼的《純經濟學指南》（1889）中。

雖然馬歇爾把這些描述為需求曲線，但它們與馬歇爾在他自己的國內價值理論中使用的需求曲線很不相同，因為它們不是局部均衡結構，所描述的不是基於下述假定的對單個商品的需求。這個假定是：其他所有商品的價格保持不變。它們是從下述假定得出的一般均衡結構：貿易的變動同國內生產的重新調整是同步而行的。埃杰沃斯做到了這一點，他在一處把出價曲線描述為「供給和需求曲線」[14]。在澄清李嘉圖—穆勒理論的某些方面，特別是分析成本條件的穩定性和變化方面，出價曲線是有效的。它們還能用於分析關稅的影響，而且，同無差異曲線結合起來（像埃杰沃斯所做的那樣），還能得出有關福利的結論[15]。可見，馬歇爾的出價曲線是解釋李嘉圖—穆勒理論的一個有用工具，但沒有改變它的實質。

另一種用於國際貿易的數學方法是瓦爾拉斯的一般均衡方法，像帕累托（1896，1908）所做的那樣。但帕累托除了方程式的計算以外，沒有增添什麼東西[16]。他使「犧牲」的概念更精確了，因為他把這個概念同「滿足慾望的能力」或效用聯繫起來。他還批評古典經濟學家的成本定義不精確[17]。

## 17.3 貿易純理論：兩次大戰之間

**格雷厄姆**

對穆勒的國際價值理論最初的嚴重挑戰出現在兩次大戰之間，它來自格雷厄姆（1923，1932）。他把追隨穆勒方法那些人的錯誤歸咎於「穆勒的名言：任何數量國家所進行的任何數量貿易，【201】同兩個國家所進行的兩種商品的貿易，必定依照相同的基本原理。穆勒的追隨者們過於盲目地接受了這句名言」[18]。在格雷厄姆看來，從兩個國家和兩種商品的情況所得出的結果「不適用於現實」[19]。他提出了如下各種理由[20]：①如存在兩個以上國家或兩種以上商品時，比較優勢就不再只取決於成本條件，而取決於貿易的實際條件；如果貿易條件變了，一個國家會進口或出口不同的商品。這是眾所周知的。埃傑沃斯就討論過。②存在兩個以上國家時，需求條件急遽地變化了：可供選擇的供給來源的存在，使對某一個國家產品的需求更有彈性了。③國家和商品的數量眾多這個情況意味著，由比較成本所調節的國際價值變動的範圍變得更狹小了。④做出下述假設是不適當的：兩個國家對彼此產品的需求是同等規模的。例如，假定英國向德國出口火柴以換回布匹。看來，在比較成本調節的範圍內，德國對火柴的需求相對於英國對德國布匹的需求是很小的，結果，它們的相對價格將由英國的比較成本來調節，貿易的所有利益自然都流向德國[21]。

格雷厄姆用這種思路重新估價了穆勒及其追隨者的許多結論[22]。他的基本論點是：「訂立國際交換的條款，不是依照新古典派（穆勒及其後繼者）提出的方法，而是通過在機會成本基礎上間接的或『聯結的』競爭的作用。」[23]儘管在分析多種商品和多國交換中，在更透澈地分析供給和需求的互相作用上，格雷厄姆超過了李嘉圖理論，但他還是回到了李嘉圖貿易理論的道路上。他的反駁更多地是衝著穆勒的相互需求論，格雷厄姆認為穆勒的這個理論與李嘉圖的比較優勢學說不同，它沒有考慮到每個國家內部的生產條件。正因為如此，哈伯勒說格雷厄姆的方法是「極端古典派的」[24]。直到20世紀50年代米德的著作問世，內部生產條件和定價曲線之間的聯繫才被弄明白。

**赫克歇爾和俄林**

對純貿易理論的另一種可供選擇的方法來自兩位瑞典經濟學家（在維克塞爾影響下）的著作，他們是赫克歇爾（1919）和他的學生俄林（1933）[25]。

赫克歇爾的目的是分析貿易對收入在各生產要素之間分配的影響，為此，他必須說明比較成本在各國之間為什麼不同。他假定（這把他的理論同古典理論區分開來），在兩個國家存在「相同的效率」，【202】就是說，它們都有機會達到相同的技術水準[26]，並且得出結論，比較成本的差別來源於生產要素相對稀缺性的差別。例如，勞動資源豐富的國家在勞動相對密集產品上具有比較優勢。這種結構促使赫克歇爾指出，貿易最終要朝著各國中生產要素稀缺性的方向發展[27]。通過出口使用一國相對豐富的要素，進口需要大量使用其相對稀缺的要素，對豐富要素的需求會增長，對稀缺要素的需求會減少。赫克歇爾認為，在利用相同技術的兩個國家[28]，貿易將擴展到相對要素價格相等時為止。不過，假定存在著要素替代的界限，在此情況下，相對要素價格的相等化只是局部的，從而使上述相等化傾向部分地被抵消。在利用不同生產技術的地方，絕對的和相對的要素價格在各國之間不同，這種差別正是資本和勞動轉移的緣由[29]。

俄林實際上採取了相同的立場，通過他的著作《地區之間和國家之間的貿易》（1933），使赫克歇爾的觀點在操英語地區成為眾所周知。他以要素稟賦條件的差異來解釋比較成本（從而貿易）的差別；他還發現貿易會使要素價格部分地相等化。但他的研究同赫克歇爾的研究有重要差別：①他明確地使其理論具有一般均衡的特點，他以類似於卡塞爾的單個地區的體系的聯立方程式描述了地區之內的均衡[30]。②他指出，引起貿易的條件，不僅有要素稟賦條件的差別，而且有需求的差別，還有在規模報酬增長的地方通過相等化而得到的收益。③他討論了貿易和要素定價的動態方面，包括國際要素運動和要素供給的變動。

俄林把他的理論看作是正統理論的替代品。在談到帕累托（俄林的理論是帕累托理論的發展）時，俄林寫道：「帕累托對古典理論並沒有做出多少主要的修改，但是他以完全不同的方式提出了這個問題。」[31]俄林批評帕累托沒有正式地拒絕李嘉圖學說，但是，因為帕累托主張以邊際效用而不是以勞動成本來測定比較成本，所以帕累托基本上修改了李嘉圖理論[32]。然而，不管俄林持何看法，可以說李嘉圖理論中機會成本論是基本的特徵，而勞動價值論（俄林不同意這個理論）是輔助的特徵。由此看來，俄林的理論應被看作是對古典派理論的發展，而不是它的替代品。

**機會成本**

在兩次大戰之間形成的第三種純貿易理論是從哈伯勒（1930，1933）的著作中得出來的。哈伯勒同俄林一樣，致力於「提出一種國際貿易理論作為現代經濟均衡理論的一個組成部分」[33]。他從李嘉圖的比較成本論出發，沒有拒絕勞動價值論，而是認為勞動價值論（李嘉圖從中得出相對成本）能用機會成本概念代替[34]。他為此引進了他所謂的「替代曲線」（生產可能性邊界，或轉換曲線），以之描述商品在生產中能夠相互替代的比率，而沒有引入任何特定的成本理論。

20世紀30年代初期，一系列論文把這種方法發展成貿易理論的幾何形式，這在現代教科書中已是常見的。瓦伊納在1931年把哈伯勒的替代曲線同無差異曲線結合起來[35]。勒納（1932，1934）和里昂惕夫（1933）進一步研究了這類均衡的特徵。里昂惕夫利用這種理論得出馬歇爾的定價曲線，而且沒有利用實際的或勞動的成本，解釋了要素天賦條件和需求條件對貿易的影響[36]。

## 17.4　轉帳結構

**巴斯塔布爾和尼科爾森**

19世紀最後10年間，分析英國和印度間貿易關係的許多著作推動了轉帳結構問題討論。這些著作指出，向英國的大筆支付（基於「超商業的原因」）已使貿易關係變得不利於印度[37]。

其中有許多著作依據穆勒關於黃金及價格流動機制的說明：從內部和外部均衡的一定地位出發，單方面的轉帳將（通過使硬幣流向接受國）提高這些國家的價格（相對於支付國而言），結果使進口超過出口。這種觀點受到巴斯塔布爾和尼科爾森的挑戰，他們認為轉帳結構是通過收入的變化起作用的。

巴斯塔布爾指出，穆勒一直沒有注意到轉帳對收入的影響。即使沒有任何乘數效應（這在20世紀30年代以前還沒有討論過），轉帳支出也會引起接受國收入的一次了結的增加。這又會（獨立於任何硬幣流動或價格變動）引起債權者需求更多的進口。假定這種效果很大，則不需要相對價格的任何變化。他說：「（債權國）居民有大量貨幣收入，他們會以**相同價格**更多地購買，必然使進口超過出口。」[38]實際上，在有許多國家和多種商品的地方，競爭會使貿易關係固定在相對狹小的界限之間，阻礙發生穆勒機制所依據的那種價格變

動。不過，儘管有這些明確的說明，但巴斯塔布爾從未把它同他有關貿易和外匯著作的其餘部分充分地結合起來[39]。

巴斯塔布爾的理論幾年後被尼科爾森（1897）接了過去，並做了若干改進。除了接受國收入增加外，尼科爾森還引進了支付國收入的損失。【204】他說：「支付國政府一定要通過收稅來籌措每年的貢款，這將**減少**該國人民的**消費力**，其數量與稅收額相當。假定已從人民的口袋中拿走了實際貨幣，我們可以設想，結果將會部分地降低對進口品的需求，也會部分地得到多餘的國內商品以供出口。與此同時，接受國（當貨幣被支付給它時）將會有**同樣增多的支出**，得到更多進口品，以及消費掉通常出口的一些物品。這樣，支付國多餘的出口品（與貢款等價）在價格沒有任何變化的情況下也能得到。」[40]儘管瞭解了可能出現的問題，尼科爾森還是肯定了轉帳能夠在價格沒有任何變化條件下產生的影響。要研究的課題是，有關的調整會怎樣迅速地實現。

巴斯塔布爾和尼科爾森自以為對既定的權威提出了挑戰[41]，但他們的結論事實上不過是19世紀前半期的經濟學家們（從福斯特到麥克庫洛赫和加尼斯）研究愛爾蘭不在所有者的後果時已經得出的結論[42]。尼科爾森上面那段話很可能就是來自這些早期作者中某一位的著作。

**陶西格**

儘管有巴斯塔布爾和尼科爾森的著作，但黃金及價格流動研究方法仍居於支配地位，陶西格是它的一位傑出的闡釋者。陶西格的論文《紙幣貶值下的國際貿易》（1917）引起了廣泛討論。雖然面臨的財政狀況不同，但陶西格的理論與穆勒的理論基本相同：轉帳會提高接受國相對於支付國的價格，由此而來的對進出口的「獎勵金」會帶來所需要的貿易平衡[43]。陶西格確實認為既無硬幣流動又無價格水準變動的情況是需要的，但他把它作為一種「極其稀少」的情況而不加考慮，因為它多半發生在這種場合：借款（作為「非重商主義」政策的一部分）被限制用於從貸款國進口商品[44]。

這篇論文的一個結果是，維克塞爾（1918）和J. H. 霍蘭德（1918）對古典的轉帳結構重新作了表述，其中以維克塞爾的說明最為明確——他考察了其價格不可能變動的兩個國家，並得出結論：「在這兩個國家價格的差別中是找不到刺激貿易條件變化的因素的（這已被假設條排除了）；一個國家對商品不斷增加的需求，另一個國家的不斷減少的需求，基本上就足以引起暗含的變化了。」[45]

陶西格論文的另一個後果是，他的學生們寫了一系列博士學位論文，研究某一特定國家在大筆資本轉移時的平衡機制。其中的例子有瓦伊納的《加拿大的國際收支平衡》（1924a）以及 J. H. 威廉姆斯的《在不可兌換通貨制度下的阿根廷的國際貿易，1880—1900》（1920）。【205】根據這些研究，陶西格寫道：「從英國的情況可以看出……國際收支和商品進出口的運動之間無疑有密切聯繫。在其他國家也能一再地看到這種密切的聯繫。」然而，進出口貿易進行得異常迅速的場合存在著一個難題：似乎在這些財政經營活動和商品進出口之間幾乎有一種自動的聯繫。[46]柔頓—穆勒理論所預計的涉及黃金移動和價格變動的中間階段難以發現，即使存在這個中間階段，肯定也極為短暫。然而，陶西格不曾放棄他的理論：「我發現，不可能看出何以能完全跳過中間階段，找到具有自動聯繫特點的束西。」但對陶西格來說，證據仍是一個難題。

### 凱恩斯和俄林

《凡爾賽條約》要求的德國賠款問題使轉帳問題在兩次大戰期間變得突出起來了：德國付得起所要求的那麼多賠款嗎？除了在德國內部通過稅收等辦法徵得足夠貨幣（即所謂預算）外，還有一個轉帳問題，即財政支出能否變成出口剩餘。我們在此不去研究爭論的細節[47]，只考察一個插曲：凱恩斯和俄林在 1929 年《經濟雜誌》的交鋒中所形成的尖銳理論問題。

凱恩斯認為預算問題已獲解決，因為德國在 1929 年已徵收足夠稅收以抵賠款。他感到把握不住的是這些款項能否轉變為出口剩餘。理由是，雖然德國有能力增加出口，但是，只有當這些出口品價格降得足以增加需求時才能在國外銷售掉。在凱恩斯看來，問題在於需求彈性，因為出口品的價值必須上漲大約 40%。由於協約國拒絕德國貨幣貶值，所以大幅度降低國內價格和成本就是必需的了[48]。的確，如果需求彈性小於 1，要德國拿出出口剩餘便**不可能**[49]。

俄林對此的反應是，他認為凱恩斯忽視了賠款對購買力（從而對貿易收支）的間接影響。假定 A 國從 B 國借來（或作為饋贈）100 德國馬克，它把其中一部分（比如說 20 德國馬克）花在進口品，其餘用在國內產品上。【206】凱恩斯按照陶西格的傳統，強調這只能實現 100 德國馬克貿易收支平衡的一部分，其餘部分需通過價格變化來實現。俄林則相反，他舉出瓦伊納早先提出的論據[50]，強調 80 德國馬克用在國內產品上，除了原先的 20 德國馬克外，還會導致 80 德國馬克進口剩餘——通過把資源從進出口競爭產業吸引開

的辦法。儘管國內價格有變化，但所需要的剩餘仍能獨立於貿易條件的任何變化而得到。因此，俄林不像凱恩斯那樣把轉帳問題看得那麼嚴重[51]。

**結論**

轉帳結構問題所涉及的種種分歧已如上述。造成困難的一個原因是，需求轉帳結構的擁護者把需求的變化同貨幣數量的變化分離開了。同維克塞爾和俄林相反，陶西格和凱恩斯認為，在可兌換通貨制度下，需求的轉變要求黃金流動[52]。然而，最重要的問題是，調整能否通過收入的變動或相對價格水準的變動來實現。分歧並不在於（像陶西格和凱恩斯所說)[53]需求轉變理論家提出了調整期間（而沒有研究均衡），而在於主張不同的機制。然而，重要的是不要誇大需求轉帳結構擁護者的貢獻。儘管他們的觀點同凱恩斯後來主張的觀點相類似，但在乘數這個極其重要的概念上仍有較大差別[54]。這使 1930 年前轉帳結構討論同 1936 年後的討論大不相同。

## 17.5 匯率理論

**卡塞爾的購買力平價論**

第一次世界大戰期間及其以後，許多國家遭遇了若干次猛烈的通貨膨脹和急遽的通貨貶值。通貨不穩定使匯率問題變得突出了，如果通貨能以固定匯率兌換成黃金，這個問題就沒有什麼意義了。對國際匯率論進行了最廣泛討論的是卡塞爾，他是「購買力平價」這個術語的提出者[55]。這個理論最早的表述是最簡單的：「假定 A 和 B 兩個國家各有自己的紙幣，A 國的貨幣要在 B 國有價值，它必須代表在 A 國的購買力或更一般的支付能力。因此，A 國貨幣在 B 國的價格將同 A 國貨幣的購買力完全成比例，從而同 A 國的一般價格成反比例。【207】其次，B 國的價格當然同 B 國的一般價格成比例。這樣，兩國之間的匯率將取決於這兩國一般價格水準之間的比例。」[56]換句話說，人們只是以外幣在本國所能購買的貨物來估價外幣。假定外國價格上漲一倍，則外幣只值原先的一半。同樣，假定國內價格翻了一番，而國外價格保持不變，則國內貨幣的價值減半，人們要為一單位外幣支付二單位的國內貨幣。假定國內外價格都加倍了，則匯率將維持不變。

这種匯率論以一種簡單的貨幣數量論告終：「依據貨幣數量論，在其他條件不變的情況下，一般價格水準的變動直接同一國流通媒介的數量成比例。因此，兩國之間的匯率必定隨它們所代表的流通媒介數量之間的比例而變動。」[57]

為驗證這個理論，卡塞爾考察了英國和瑞典的資料，他的方法取決於資料的有效性[58]。他用英國價格指數和瑞典貨幣流通單位計算了1910—1913年發生的通貨膨脹[59]。他由此核算了1910—1913年以來匯率發生的變動，如果購買力平價論正確的話。他發現在他考察的1915年的12個月中，實際匯率和他的購買力平價論所說明的理論匯率之間差異很小。

**對卡塞爾理論的批評和發展**

卡塞爾首創的這個理論是非常直率的，但是人們很快就清楚地看到，需要對它加以修正。最早的修正之一是：對貿易的限制可能使匯率離開購買力平價，這證明它對一國進口與出口的影響是不一樣的。例如，限制進口可能引起一國通貨的增值[60]。匯率還可能由於特定的資本運動而離開購買力平價，資本的這種運動可能由預期通貨膨脹而引起，特別是由嚴格平衡收支赤字而引起的[61]。對卡塞爾理論所做的這類修正的結果是，購買力平價論最後被看作是一種長期的均衡匯率論。對此作了最明確表述的是凱恩斯（1921），他是購買力平價論最著名的英國解釋者。【208】凱恩斯說：「我認為，作為交換的一種解釋，購買力平價論的實質在於，它把國內購買力看作是長期內比市場匯率更真實的貨幣價值指示器，因為國內購買力迅速反應了該國的貨幣政策，它是最終決定者。」[62]

雖然這個理論同卡塞爾最初的短期匯率的說法相比已經變得面目全非了，但它仍保留著這個觀念：原因在於國內貨幣政策的轉變，從而引起匯率變動。這個理論受到一些經濟學家的批評，他們認為，原因在另一方面。例如，在美國，從1863—1879年美元不能兌換的條件下（綠背紙幣），商品價格一直是**隨著**匯率變動而變動的。紙幣能否兌換黃金，首先會引起匯率變動，其次才引起商品價格變動[63]。在美國經濟學家中，購買力平價論最重要的支持者是費希爾，他也是數量論的最主要的闡釋者[64]。

即使從貨幣轉向匯率，購買力平價論也還存在某些重要問題。庇古（1922）提出了與該理論有關的一些重要的技術問題。尤其重要的是如下事

實：並非所有貨物都進入國際貿易。對非貿易貨物來說，自然同兩國價格之間的任何關係無關。為了說明這一點，對購買力平價論的意義，我們需要考察一下絕對的和相對的購買力平價之間的區別（庇古分別稱之為「實證的」和「比較的」）。絕對購買力平價表示，匯率是兩國價格水準之比。假定一定量貨物在美國值6美元，在英國值2英鎊，則購買力平價是3美元＝1英鎊。非貿易貨物的存在同這種購買力平價論相反，因為它意味著沒有理由一定要堅持購買力平價。相對購買力平價表示，從一定基期開始的匯率變化是由兩國通貨膨脹率之間的差別來規定的。這種說法可以用來為非貿易貨物的存在辯護，它證明在每個國家中，貿易和非貿易貨物的價格比例始終未變。

非貿易貨物問題引起了另一個問題：什麼樣的價格指數可被用來計算購買力平價？一方面，假定貿易和非貿易貨物的相對價格變化了，則一般價格指數就不能用了；另一方面，假定只用貿易貨物的價格，那麼，這個理論（正如凱恩斯後來指出的那樣）幾乎是一種自明之理：它來自下述事實，即除了運費之外，在世界市場上，一種商品只有一種價格。[65]此外，如果所用的價格指數只是進入世界貿易的那些貨物的價格指數，那麼，從價格轉向匯率（而不是相反）去追尋原因就非常困難了。

需求或生產率的變化可能使購買力平價和匯率分離這個事實，使問題更進一步複雜化了[66]。【209】例如，引起貿易條件變化的任何需求變動，都會引起購買力平價和匯率的分離。某些經濟學家（例如凱恩斯[67]）讚成經過適當修正的購買力平價理論，另外一些人則拒絕接受這個理論。陶西格（1927）指出：「沒有一種正式的或永久的匯率是以購買力平價為基礎的。」[68]

兩次大戰之間研究匯率的經濟學家們所面臨的一部分問題是由於可得到的資料缺乏引起的。在這裡特別有意義的是布里斯曼（1933）試圖把成本平價引進討論。他指出：「均衡存在於匯率和紙幣國家國際競爭力之間的平衡。後者又決定於同金本位國家有效的生產成本相比，紙幣國家的有效生產成本如何……」[69]這就是為競爭性指數（例如相對單位勞動成本）奠定基礎的思想。不過，常被稱為「實際的」匯率的這類國際競爭性指數在當今已習以為常地計算時，布里斯曼卻不得不承認，這類「有效的生產成本不可能從統計上予以確定」。他的結論是悲觀的：「我們最終必定要放棄以數字來表述均衡狀態的任何打算。」[70]

## 17.6 英帝國和殖民地的發展

**霍布森**

在 19 世紀末 20 世紀初非馬克思主義經濟學家中間，只有一個人發展了一種新的研究帝國的方法，他就是霍布森[71]。使霍布森最為知名的是他在《帝國主義》（1902）中所闡釋的「金融帝國主義」理論，以及 1914 年前發表的一系列著述[72]。他的出發點是資本主義國家收入分配不平等，這會導致長期的過度儲蓄。霍布森認為，帝國擴張可為投資和商品出口指出一條出路，這種思想可以追溯到斯密和威克菲爾德。保護貿易制度則是這個過程的一個方面，因為保護貿易制度能提高利潤，加深收入分配不均以及增加尋求投資出路的剩餘資本。儘管霍布森原先擁護保護貿易制度和帝國擴張，以之作為抗衡國內消費不足的一種手段，但霍布森轉而反對把保護主義作為帝國主義的一個方面。

在論述自由貿易場合，霍布森步激進傳統的後塵；科布登是這一傳統早期的傑出鼓吹者[73]。不過他支持自由貿易的論述有了重要變化。霍布森在 1902 年採納了這樣的觀點：前景主要取決於國內市場。假定實行了激進的國內改革（減少不平等，扭轉消費不足傾向），外貿就相對不重要了。【210】他說：「（假定）英國產業革命為各階級開創了前所未有的通向土地、教育和立法、製造業專業化的平等道路……貿易的重要性就降低了，儘管它更穩定了；各部分居民的生活狀況就會上升，現時的國民消費比率就會充分、一貫和有效地利用到比現時更大量的公共資本和私人資本上。」[74]如果收入分配平等，需求便足以保證充分就業。另外，霍布森在後來的著述中，更多地接近於科布登的立場，強調自由貿易從而各國的獨立對世界和平的貢獻[75]。

霍布森思想的一個重要方面是他關於帝國主義對殖民地領土的影響的觀點。他在 1902 年[76]對殖民地領土的前景作過機敏的分析。他認為，資本輸出能夠改變世界經濟格局：像中國這樣一些國家能夠發展成為歐美的強大競爭對手[77]。但這樣的後果對所有地區來說不是不可避免的，原因有兩方面：①霍布森看到，在以下兩類國家之間存在著巨大差別：一類是中國和印度這樣的只有悠久文明歷史的國家，那裡的地方社會組織足以應付發展；另一類是非洲這樣的按部就班發展和缺乏開發的地區就可能要求外部的監管[78]。②更重要的是，亞非國家基於地方需要的自然發展，要以西方社會內部的改革為條件。在西方

國家缺乏激進的平等改革條件下，帝國主義既會為西方金融階級以犧牲中國和西方工人階級為代價而帶來財富和權力的巨大增長[79]，又會強加給亞非國家不適當的掠奪性的發展形式[80]。霍布森這時擔心的是西方工業化不足，因為勞動成本低廉而使製造業愈益集中到東方。西方的繁盛將限於金融和服務。不過，關於國際勞動分工的前景，霍布森後來的觀點變得不太激進，而更接近於正統觀點了。

### 殖民地的發展

兩次大戰之間，有些殖民地問題的專家撰寫了一些我們今天可置之於發展經濟學項下的著述，其中一本重要的著作是利里·諾爾斯的《英國海外帝國的經濟發展》（1924—1936）。兩次大戰之間問世的這份文獻表明，那時對這個主題的理解同現在是何等的不同：①「發展」一詞通常用來表示自然資源的發展（無論是政府掌管還是私人企業掌管），而不是馬克思主義意義上的經濟制度的不斷演進[81]。②一個地區資源的發展同該地區居民財富的增長被分了開來。這種區分體現在「雙重委託權」理論中（在其他殖民權力中也有類似理論）。據此，英國殖民政府被認為負有雙重責任：發展和殖民地人民的福利[82]。

儘管分析殖民地所面臨問題的著作數量有限，而且，在1940年發展經濟學興起之前不被重視，但也還是出現了一些重要著作。其中一本是博克關於德國殖民地的，另一本是弗尼瓦爾關於英國的。兩人都強調了很多國家同歐洲國家相比，具有不同的社會結構。博克[83]發揮了一種雙重社會理論：一種是外來的通常是資本主義的社會制度，另一種是本地的通常是前資本主義的社會。分析經濟中這兩個部分需要運用不同的經濟原理，西方經濟原理運用於資本主義部分，本地人接受西方的價值觀是緩慢的，對經濟刺激做出反應也是緩慢的。弗尼瓦爾不接受關於土著居民對經濟刺激不做出反應的觀點，但他同博克一樣，也把殖民地作為不同於西方經濟的社會結構進行了分析[84]。

用一位評論者的話來說：「20世紀30年代，在專著、論文和堆積如山的官方報告中，有大量的殖民地經濟學文獻，在專家們可以自由利用的這些資料中有使他們感興趣的問題。」[85]

**註釋：**

① 參看瓦伊納（1937）。

② 加尼斯關於轉變機制的觀點（很早以前寫的）在第 6 章討論過了。

③ 加尼斯（1874），第 372、418、423 頁。這被描述為國際貿易論（各國為什麼要進行貿易）和國際價值論（它們貿易的條件）之間的區別。【434】

④ 同上，第 373、416 頁。

⑤ 加尼斯沒有用這個詞，但顯然接受了它。

⑥ 巴斯塔布爾（1897），第 24 頁。

⑦ 同上，第 29-31 頁。

⑧ 參照第 43-44 和 212 頁以下各頁。

⑨ 克利夫·萊斯利（1879）。

⑩ 西季威克（1883），第 205-209 頁。

⑪ 同上，第 212 頁。

⑫ 巴斯塔布爾（1897），第 176 頁。

⑬ 參看第 213 頁以下。

⑭ 埃杰沃斯（1894），第 32 頁。馬歇爾和埃杰沃斯都曾把相互需求用於具有代表性的「某類」商品；埃杰沃斯（1891），第 157 頁。馬歇爾（1879），第 2 頁。利用局部均衡供求曲線來分析貿易的一位經濟學家是巴倫，在 1908 年。參看瓦伊納（1937），第 589-591 頁。

⑮ 埃杰沃斯（1894），第 39 頁。

⑯ 帕累托（1908），第 269-271 頁。

⑰ 參看安杰爾（1926）。

⑱ 格雷厄姆（1932），第 584 頁。

⑲ 格雷厄姆（1923），第 328 頁。

⑳ 格雷厄姆（1932），第 584-586 頁。

㉑ 這個反駁不適用於馬歇爾—埃杰沃斯把所有進出口總和為「大捆」（bales）的方法。不過，如格雷厄姆所指出，當這「大捆」內不同項目之間的關係變化時，這種方法便不合適了。格雷厄姆描述馬歇爾—埃杰沃斯方法是「用想像的磚瓦和想像的黏土」進行建築（格雷厄姆，1932 年，第 583 頁。）

㉒ 格雷厄姆（1923），第 326-330 頁。

㉓ 格雷厄姆（1932），第 581 頁。

㉔ 哈伯勒（1955），第 11 頁。

㉕ 曾作為博士論文（瑞典，1924）。

㉖ 赫克歇爾（1919），第 277 頁。

㉗ 同上，第 285 頁。

㉘ 即每個國家生產投入的組合完全相同。

㉙ 同上，第 291 頁。

㉚ 俄林（1933），附錄 1，第 553、562 頁；又見第 305-306 頁。參看第 144 頁關於卡塞爾體系的討論。

㉛ 同上，第 564 頁。

㉜ 類似的批評也是對著馬歇爾的。同上，第 567-568 頁。

㉝ 哈伯勒（1933），第 175 頁。

㉞ 同上，第 175 頁以下。

㉟ 瓦伊納（1937），第 521 頁。圖解見 1931 LSE。

㊱ 定價曲線的這個派生物包含在消費理論早期討論中。參看第 135 頁；參看奇普曼（1965），第 6B7 頁。

㊲ 巴斯塔布爾（1889），第 12-13 頁。

㊳ 同上，第 16 頁。

㊴ 參看安杰爾（1926），第 100-102 頁。

㊵ 艾弗森（1935），第 244 頁，引用尼科爾森（1897）。

㊶ 巴斯塔布爾（1889，第 114 頁）自認為攻擊了無可爭議的權威。艾弗森談及這種收入研究被埋沒 20 年之久（艾弗森，1935，第 244 頁）。

㊷ 參看第 59 頁以下。

㊸ 陶西格（1917），第 389 頁。

㊹ 同上，第 393 頁。

㊺ 維克塞爾（1918），第 405 頁。

㊻ 陶西格（1927），第 260 頁。

㊼ 艾弗森（1935），第 259 頁以下。

㊽ 凱恩斯指出，即使需求彈性高達 2，成本下降 10% 也只能使出口價值提高 8%（凱恩斯，1929 年 a，第 166 頁）。

㊾ 同上，第 162 頁。

㊿ 瓦伊納（1924a），第 204-206 頁；參看瓦伊納（1937），第 305 頁以下。

㉛ 這絕非討論的全部內容。還討論【435】到德國 20 世紀 20 年代國外借款

問題、國際投資和貿易流量之間的關係問題等。參看艾弗森（1935），第 278 頁以下各頁；哈伯勒（1933），第 6 頁以下各頁；瓦伊納（1937），第 307 頁以下各頁。

㊾ 凱恩斯（1929b），第 479 頁。

㊿ 凱恩斯（1930），第 21 章。參看哈伯勒（1933），第 74 頁。

㊾ 參看第 193 頁。俄林沒有這個乘數。對他來說，進口品的增加不是由於開支和收入的連續增長，而是由於供給的反應。

㊿ 這個詞是 1918 年才被創造出來的，但這個概念早就用了。

㊾ 卡塞爾（1916），第 62 頁。

㊾ 同上。

㊾ 在數量理論的前提下，用貨幣供給增加，還是價格水準提高，是沒有區別的。

㊾ 用的是這些年的平均數。

⑥ 卡塞爾（1918b），第 413 頁。

⑥ 卡塞爾（1919），第 494–495 頁。引起對該要素注意的例證是戰後德國（卡塞爾，1922，第 147 頁以下各頁。）

⑥ 凱恩斯（1923），第 79 頁；參照安杰爾（1926），第 191 頁。

⑥ 安德森（1920）

⑥ 費希爾（1920）。

⑥ 凱恩斯（1930），第 72–74 頁。

⑥ 布里西阿尼—特洛尼（1934），第 80 頁。

⑥ 凱恩斯（1924），第 80 頁。

⑥ 陶西格（1927），第 357 頁；參看布里西阿尼—特洛尼（1934），第 434 頁。

⑥ 布里斯曼（1933），第 73 頁。參照奧菲瑟（1976），其中有對 20 世紀 30 年代以來發展的敘述。

⑦ 同上，第 74 頁。

⑦ 關於更權威的經濟學家的觀點，參看伍德（1983）。

⑦ 他早先持有不同看法。參看凱恩（1978，1979a），本節內容多半採自此處。

⑦ 參看第 65 頁。

⑦ 霍布森（1902），第 2 版，凱恩（1978）的引用，第 572 頁。

㊀ 這可以用政治氣候的變化來解釋。參看凱恩（1978），克拉克（1981），凱恩（1981）。

㊆ 後來（1911），霍布森接受了關於增進國際分工的更正統的觀點。

⑦ 凱恩（1975），第512頁。

⑧ 凱恩（1979a），第419頁。

⑨ 同上，第413頁。

⑩ 同上，第418頁。

㊀ 阿恩特（1981），第460頁。

㊁ 這反應在1939年《殖民地發展和福利法案》替代了《殖民地發展法案》。

㊂ 博克（1953）。其摘要見邁耶（1970）。

㊃ 弗尼瓦爾著作摘要見邁耶（1970）。

㊄ 阿恩特（1972），第21頁。

# 18 挑戰主流的經濟學說

## 18.1 英國歷史主義經濟學【212】

**背景**

歷史主義經濟學在19世紀70年代上升到了突出地位：在英國，對古典政治經濟學的信心業已崩潰，在德國，抽象演繹的李嘉圖經濟學則從未扎根[①]。英、德兩國的歷史主義經濟學雖有一定聯繫（克利夫·萊斯利和英格拉姆特別熟悉德國學派的著作），但它們的起源和性質還是很不相同的[②]。

理查·瓊斯通常被視為英國歷史主義經濟學的先驅者，他在《論財富的分配和稅收的源泉》（1833）一書中對李嘉圖學說提出了直率的批評，指責李嘉圖的方法是不妥當的。例如，關於地租，瓊斯認為，馬爾薩斯向來把他的地租論看作是對某些特殊的歷史環境的解釋，但是，「李嘉圖先生卻完全無視這些原理所適用的有限範圍，而從中演繹出了一些規律，據說它們在一切場合和環境下都調節著土地收益的性質和數量；不僅如此，他還運用同樣片面和有限的資料提出了一個普遍的財富分配體系，用以解釋無論何地所發生的利潤率或工資額變動的原因。稍微掃視一下現實便足以證明，（李嘉圖所提出的假設體系）同人類的歷史與現狀是格格不入的」[③]。瓊斯認為，發生這些失誤的原因在於，人們在「**預測法和歸納法**」之中更喜愛前者，就是說，一些理論體系只是以對很小一部分土地條件的觀察為依據的[④]。這並不是說，瓊斯完全排斥演繹法。他認為經濟學家們在演繹之前有必要花更多的時間進行觀察。瓊斯指出：「他們**過早地**放棄了對各種情況進行長期和切實地詳細研究的責任，**過早地**進行更迷人的工作：制定各種冒充一般原理的法則。」[⑤]瓊斯本人研究地租時便分析了各種不同類型的地租。

不過，瓊斯的著作還有另一個方面，他認為政治經濟學必須涉及「各國的經濟結構」，即「指各不同階級之間的關係，這些關係最初由於土地所有制的指定和土地剩餘產品的分配而建立起來，【213】後來由於資本家的出現……而發生了變化和變動」[6]。只有瞭解這種結構或「經濟解剖」，才能解釋各民族以往的命運[7]。

作為英國歷史主義經濟學的主要背景，除了瓊斯的思想以外，還有兩個人的影響應當提到。第一位是亨利·梅因，他的法學著作不再像邊沁的方法，從合理原則觀點來重建法律，他認為對法律應當予以歷史的和比較的研究。克利夫·萊斯利指出，梅因揭示了自然和自然法概念中固有的謬誤，推翻了所謂存在著一種「自然法典」的神話，法學家們反對這種法典是要冒風險的[8]。第二位是孔德以及他關於建立統一的社會科學的要求。這就排除了古典的抽象法的要求。

### 克利夫·萊斯利

克利夫·萊斯利以其有關《亞當·斯密的政治經濟學》的文章（1870），挑起了19世紀70年代英國人關於方法論的爭論[9]。他的基本論點是，政治經濟學並未包含自然法則的實體，因為它的「法則」不是普遍適用和永恆不變的，而是因時因地變化的[10]。克利夫·萊斯利指出，亞當·斯密在涉及前人著作時承認這一點，但他沒有看到，這同樣適用於他自己的學說體系[11]。克利夫·萊斯利還強調了歸納法在斯密著作中的重要性，他指出，歸納法和演繹法的結合使斯密得以避免了他的追隨者們所犯的許多謬誤[12]，但斯密沒有充分運用歸納法，「由於其理論本身的偏見，特別是由於探索自然界本身的方法還是新的，以及歸納的準則尚未確立，所以……尚待探索的自然界便證實了他對自然界的預測」[13]。此外，克利夫·萊斯利批評了下述觀念：政治經濟學應以自利行為的假定為基礎。他認為這並非斯密的方法[14]，所以，斯密的權威不能為當時抽象的政治經濟學的論點作證。

克利夫·萊斯利在《論政治經濟學的哲學方法》（1876）一文中發表了上述看法。英格拉姆後來（1893）稱該文是「一位英國作者對歷史方法的哲學基礎的首次系統表述」[15]。克利夫·萊斯利在該文提出的第一個論點是，無論是財富本身的異質性還是對財富的慾望的異質性都是重要的，但演繹經濟學忽視了這些異質性。這種經濟學沒有闡明財富的本質（無論財富包含什麼東西，例如建築物、土地或裝飾品）[16]，它也沒有考察人類動機的多樣性（沒有考察

作為擾亂原因或引起摩擦的對財富的慾望)，【214】因此，「這種抽象先驗的和演繹的方法無力解釋調節著財富的性質和數量的原因」[17]。至於財富的分配，則不僅取決於交換，而且取決於財產所有權。要解釋分配，需要進行歷史的研究。

由此出發，克利夫·萊斯利進一步指出，必須將社會演進看作一個整體。他說：「真理在於：每個國家的經濟（涉及兩性的職業和追求，財富的性質、數量、分配和消費）乃是長期進化的產物，在這種進化中，既有連續也有變動，經濟因素只是這種進化的一個特殊方面或側面。經濟規律必須被視為歷史的產物，是一般的社會規律和社會進化的產物。」[18]克利夫·萊斯利認為，道德的、政治的和經濟的原因應當同時加以考察：「(在社會進步中)每一個繼起的經濟階段中……都存在著一種經濟，它同物理的、精神的、道德的和公民的發展不可分割地聯繫在一起。」[19]政治經濟學的哲學方法必須能夠解釋這種涉及經濟、政治和社會結構的進化[20]。

三年以後（1879），克利夫·萊斯利發表了第四篇文章，在一定程度上更透澈地批評了正統政治經濟學，這一次他運用得更多的是理論論證而不是歸納的說明[21]。他的論點是，正統政治經濟學的前提條件比單純的普遍追求財富這一點要多：它還假定了「充分的知識和預見」，用當代術語來說就是完全的信息和正確的預測。克利夫·萊斯利指出，沒有這些條件，則不會出現對正統理論來說至關重要的工資率和利潤率的一致性：競爭會使報酬均等化，只要人們能夠看出哪些企業報酬異常高或異常低[22]。如果工資率和利潤率的均等化消失了，生產成本價值論也就站不住了。克利夫·萊斯利指出，經濟的複雜性在不斷增加，其不確定性也隨之增加了。他說：「產業自由和勞動分工（這是斯密體系的兩根支柱）產生了一個經濟世界，其無比大的規模、複雜性和不停地變動，都是李嘉圖理論的基本前提所不能相比的。」[23]

### 巴格浩特

經濟理論的歷史相對性也被巴格浩特（1876）接受，而他是演繹政治經濟學的支持者。他批評那些認為英國政治經濟學適用於一切社會階段的看法，他指出，「在像英國這樣一個不斷增長的競爭性商業的社會中」[24]，英國政治經濟學研究的原因，只是幾種主要的原因。在這個社會中，其他的原因可以統稱為「摩擦」。而在別的「非經濟的」社會中，這些其他的原因也許就是最有力

的了。【215】巴格浩特要求把政治經濟學的權威性「降到最低限度」，即「它的權威性應予堅持，但其限度亦應指出」[25]。做到了這一點，政治經濟學就能少些抽象性，因為一旦放棄了普遍適用性的要求，它就能以它所適用的那些社會的各種事實予以解釋。巴格浩特在說明英國古典政治經濟學的前提（即資本和勞動的自由轉移）時，試圖表明這種理論「不是一種無限制的值得懷疑的理論，而是在有限範圍內最為肯定和有用的理論」[26]。

巴格浩特接受歷史的批評的邏輯時，也承認正統經濟學的科學地位。他接受古典經濟學的許多內容，而不是像克利夫·萊斯利那樣拒絕它。其理由很簡單，即在於他對發生在他周圍的那些現象有不同的解釋。克利夫·萊斯利把各種要素視為不變的，而巴格浩特則堅持認為它們是可變的。他們所得的結論不同，不是因為他們所持的方法論觀點有分歧，而是因為他們以不同的方式來解釋經驗事實。

### 英格拉姆

克利夫·萊斯利和巴格浩特的思想來自英國，而英格拉姆的研究卻受到孔德的影響，英格拉姆稱孔德是「研究社會學方法論的大師」[27]。英格拉姆1878年在不列顛協會的演說中表述了對正統經濟學的孔德主義批評，歸納起來有下列四點[28]：①同瓊斯和克利夫·萊斯利一樣，英格拉姆認為，不能把經濟現象同社會其他方面分割開來[29]。即使在經濟方面是最重要的那些問題（例如自由貿易和保護主義）上，也必須考慮非經濟方面才是適當的。②他批評正統經濟學以一種「有缺陷的抽象方法」得出和表述他們的概念[30]。他批評的不是抽象法本身，而是它失去了同現實的聯繫。例如，他援引克利夫·萊斯利的論點：「致富慾望」通常被包括在各種慾望的許多變種之中，這些慾望在性質和效果上是各不相同的。③在英格拉姆看來，演繹的作用被誇大了，因為演繹只在簡單場合才可能。他認為「社會現象一般來說太複雜，而且依存於許多變動不居的條件，因而不可能預先加以確定」[31]。西尼爾不適當地試圖從四個前提中演繹出產業社會生活的所有現象，英格拉姆則相反，他認為演繹的作用在於驗證和指導歸納。此外，經濟學的歷史內容是不能忽視的，因為離開歷史，任何複雜的社會事件就不能予以正確地理解。[32]④與此相關的是英格拉姆的最後一點：從政治經濟學中引出的各種結論（無論是理論的結論還是實際的結論）應比正統經濟學家們的結論少些抽象。[33]經濟原理僅僅適用於發展的一定

階段。在英格拉姆看來，正統政治經濟學的結論不是全無價值，只是其適用範圍受到限制。

### 西季威克和馬歇爾

【216】在企圖維護李嘉圖傳統的經濟學家中，最重要的是西季威克和馬歇爾。西季威克在其《政治經濟學原理》(1883) 中所用的方法是調和的。他爭辯說，政治經濟學所受的批評浪潮（來自克利夫・萊斯利和杰文斯）一直是有益的，但是它們走得太遠了。西季威克聲稱他的目的在於「減少不必要的爭論，陳述這些結果時採取一種更加謹慎小心的方式，而且注意到新近作者所提的批評與建議」[34]。他認為「過分尖銳和強硬的措辭」加劇了歸納法和演繹法之間的對立[35]。

西季威克的研究方法可以說是實用主義的，因為在他考察政治經濟學的三個部分（生產、分配和交換）時沒有提出一種普遍適用的特定方法[36]。一方面，對生產來說，他發現歸納法是合適的[37]；另一方面，分配和交換則更宜於運用演繹法，除非是動態，因為在這種狀態下從各種因素做出歸納是最為重要的[38]。西季威克在指出演繹的假設法的重要作用的同時，也指出了演繹法的應用總是要求運用歸納法，這也就是後來 J. N. 凱恩斯所採取的路線。[39]

馬歇爾在方法論上步西季威克的後塵，儘管他朝歷史主義方法更進了一步。重要的是馬歇爾的下述論點：「我們不可能把任何普遍性加到各種經濟教條上面。因為經濟學說中唯一能夠要求普遍性的那個部分是沒有教條的。它不是一堆具體的真理，而是發現具體真理的動力，這同（比如說）力學理論相類似。」[41]馬歇爾強調同英國古典經濟學家的連續性，而迴避了他們的學說正確與否的問題[42]。馬歇爾爭辯說，對歷史學派「探索經濟習慣和經濟制度歷史」的著作的意義給予較高評價是不可能的[43]，他認為，「它們無論如何無助於我們免除經濟學原理；寧可說每一步都要借助這些原理的幫助」[44]。

### 經濟史的出現

這些爭論的結果是雙方面的。正統經濟學家們總的來說在不同程度上承認了演繹分析和歷史分析的作用。然而更重要的是出現了一門同經濟學和歷史學相分離的學科：經濟史。一位經濟史家把這門學科的「起飛」定在 1882—1904 年，把這門學科的創建特別歸功於四位先驅者：J. E. T. 羅杰斯、A. 托因比、W. J.

阿什利和 W. 坎寧安[45]。

　　羅杰斯在經濟理論上仍然是正統的，他把歷史研究看作是為獨立獲得的歷史法則提供說明。【217】這一方法體現在他的下述著作中：《英國農業和價格史》（1866—1902）、《勞動和工資六百年》（1884）。作者在這些著作中提供了英國經濟史的極為豐富的統計資料。托因比的地位則與此形成對照，用阿什利的話來說：「正當英國政治經濟學研究落到最低之際，托因比也許比其他任何人都更多地激發了對這門科學的興趣，增強了對它作為一門科學訓練的嚴肅性的新信心，燃起了從中發現一些有助於解決緊迫經濟問題的辦法的新希望……他把這種新興趣轉向了對社會發展進行歷史解說的方向以及直接解釋現存現象的方向。」[46]托因比1831—1882年的講義使「產業革命」一詞首次普及開來[47]，他強調了產業革命的相反的社會後果。

　　在這門學科發展上最重要的人物也許是坎寧安[48]。他的貢獻有兩方面：①提供了這門學科的第一本教科書《英國工商業的成長》（1882）。在該書後續各版中他繼續發展了這門學科；而且篇幅有了很大增加。②坎寧安強調了有必要把經濟史作為一門不同於經濟學的學科加以研究。1889年他首次攻擊了馬歇爾的《經濟學的現狀》一文，他認為，當穆勒和馬歇爾這樣的經濟學家「把大量現象排除在考慮之外，或者，竭力以順從當代的形式來表述中世紀生活的轉變時，他們定會受到無視事實的指責」[49]。坎寧安主張，不應把經濟史僅僅看作是「這樣一個領域：從中可以挑揀出一般真理的新例證」，它應「有助於我們理解過去和現在的實際生活」[50]。對馬歇爾立場的這一攻擊之後，接著是對經濟學家利用經濟史的進一步指責。在《經濟史的濫用》（1892b）一文中，坎寧安對馬歇爾《經濟學原理》對經濟史的利用提出了批評[51]。他認為，經濟史正在為非常時髦和平庸的經濟學家們付出代價，這些人主張自由競爭和供求法則，對歷史極感興趣，希望經濟史能為他們去做任何事情。他繼續說：「對於這個客氣的要求，回答以**自由放任**肯定不是不禮貌的。」然而經濟學家們不會這樣做：他們既不會把它放下，也不會認真地探索它，而是企圖「把它的一部分成果合併到那個珍奇的混合體中，即經濟傳統的主體之中；其結果便是經濟史的濫用」[52]。

　　第一位經濟史教授不是坎寧安，而是阿什利，他於1892年任教於哈佛大學。阿什利對經濟史的興趣來自英國的史實，他是最受德國歷史學派影響的英國歷史主義經濟學家[53]。阿什利還深受孔德的影響，【218】他認為經濟史研究

必須要做的概括並不「僅僅是對流行的經濟學說的修正或檢驗」，而是「有關經濟發展各階段的特徵及後果的結論」[54]。不過，阿什利總的調子是溫和的[55]，這與坎寧安有所不同。他在任職演講（1893）中要求停止爭論，他建議經濟理論家們和經濟史家們及學會在以後20年間彼此分開，「自成一體」，在無法達到一致的地方保持沉默[56]。

不過，同意劃分出經濟史這個學科並不是阿什利放棄孔德主義觀點的結果，因為他對經濟理論的價值仍持折中主義態度。寧可說他對這兩者（以它們的成果來判斷）都是滿意的。他早先曾希望創立一種歷史主義經濟學，足以同經濟理論相抗衡，結果沒有成功。因此，他不能僅僅滿足於他原來所提出的劃分，而要把經濟史同經濟學更緊密地聯繫起來，不過，他希望以後對經濟學加以改造[57]。

經濟史確立於1920年代，當時，許多經濟史家在一系列細緻的研究中檢驗了先驅者們所做的概括。這個階段的代表性著作是克拉潘的《現代英國經濟史》（1926）[58]。經濟史已從經濟學中分離出來，經濟學無礙於歷史，歷史也無礙於理論[59]。在克拉潘《論空虛的經濟盒子》一文（1922）發表後，經濟理論家和經濟史家之間的方法論爭論銷聲匿跡了[60]。兩次大戰之間的經濟史，同19世紀後半期的歷史主義經濟學相比，已是面目全非了[61]。

## 18.2　德國歷史主義經濟學

**背景：「舊歷史學派」**

人們通常認為，德國歷史主義經濟學是從19世紀40年代後期開始著述的三位經濟學家的著作中發展起來的，這三人分別是羅雪爾、希爾德布蘭德和克尼斯；而第一部重要著作是羅雪爾在1843年發表的。羅雪爾所關注的不是反對而是補充和完善李嘉圖主義學說[62]。至於李嘉圖主義方法，他則認為對於漫不經心地使用「歷史統計法」和「實際政策法」來說，不啻為一個對立面[63]。然而，他與李嘉圖主義者不同的是，他所關注的是作為一個整體的社會有機體，因而他希望分析各種制度對國民福利的影響，提出指導政治活動家的規則[64]。施穆勒認為，這種方法企圖把政治經濟學教義同訓練行政官員的「官房學」傳統結合起來。如果說古典派理論也曾被行政官員所用，那也是必須經過修改的，而且會盡可能地同現實保持密切聯繫[65]。

另外，希爾德布蘭德卻為他的著作提出了很不同的目標，【219】他要「為政治經濟學中基本的歷史觀點開闢道路，要把政治經濟學轉變為一種研究各國經濟發展的學說」[66]。希爾德布蘭德批判古典政治經濟學的下述觀點，即把經濟看作是受自私動機驅使的人們之間進行交換的網路[67]。他對論述發展規律的更積極的貢獻是，基於貨幣制度的信貸制度中可以觀察到的變化，區分出三個階段：自然經濟、貨幣經濟和信貸經濟。

克尼斯（1853）的觀點大不相同。他不僅對英國古典政治經濟學提出疑問，而且對希爾德布蘭德認為存在著自然的發展規律的看法深表懷疑。他對政治經濟學採取了一種相對主義態度。克尼斯說：「經濟生活狀況決定著經濟理論的形式和特點。辯論的過程以及得出的結果都是歷史發展的產物。辯論基於具體經濟生活的各種事實，結果帶著歷史狀況的各種印記。經濟學所做的各種概括不過是對真理的歷史解說和漸次的顯示。每一步都是對特定發展階段的真理的概括。沒有一個簡單公式或這類公式的組合可以說是最終的。」[68]

### 施穆勒和「新歷史學派」

儘管羅雪爾、希爾德布蘭德和克尼斯對歷史主義經濟學在德國的建立貢獻頗多，但他們的方法彼此是很不一樣的。儘管使用「學派」一詞，但沒有出現真正的學派。一個獨特的歷史學派是在19世紀70年代，隨同施穆勒的著作而出現的[69]。施穆勒在1918年前的影響主宰著德國經濟學。此後，他的影響就突然衰落了，原因之一在於他同霍亨索倫帝國的密切聯繫，他在1872年成立「社會政策協會」上是起了作用的，該協會的宗旨在於用社會改革政策把工人階級引離革命道路[70]。這與美國經濟協會不同，後者很快就放棄了類似目的，而「社會政策協會」則繼續支持這一政策，該協會的成員（包括施穆勒在內）深深捲入了俾斯麥的各項社會政策。這倒不是說施穆勒使政治經濟學從屬於政治目的，因為他強調的是讓事實本身來說話。

同他的先驅者和英國的歷史主義同道者一樣，施穆勒也強調社會現象的有機體性質。他不同於希爾德布蘭德和孔德主義者之處在於，他否認歷史研究應當集中於發現經濟發展的自然規律。【220】他說：「我們甚至不能說人類經濟生活是否具有任何統一的要素，或者能否顯現出一致發展的任何蹤跡，或者它是否有什麼進步。」[71]他爭辯說：「如果把某些命題說成『規律』（可以得出某些概括），人們就會賦予這些規律並不具備的必然性，或是對相對次要的真理以

過高的意義，從而使信以為真者誤入迷途。」[72]雖然為了實際目的有必要涉及某種發展規律，但這種規律既非經驗性規律，也非科學規律。

施穆勒學派的做法就是撰寫細瑣的歷史性質的專題論文，以每個場合的事實為基礎做出判斷。儘管施穆勒反對門格爾運用抽象法，但他並不主張迴避理論的純經驗主義，這在他後期著作中更為明顯。他也不要求經濟學僅僅局限於歷史題目。他本人主要（不是全部）研究歷史問題，但他的追隨者不全如此。斯派瑟夫就是很注意理論的一例[73]。

施穆勒的主要著作《經濟理論概論》（1900）表明了他的方法。該書的主要特點也許在於其題材非常廣泛（例如，阿什利稱之為「奧林匹克式的考察」），凡大多數經濟學研究所忽視的各種制度的性質與起源之類的課題都包括在內。每個論題都從四方面予以研究：歷史、統計、分析和實踐[74]。雖然他在理論上軟弱，但是他對各種理論並未表現出厭惡，例如，他的價值理論即部分地取自門格爾和龐巴維克[75]。施穆勒的《經濟理論概論》的價值，更一般地說，歷史學派著作的價值在於把歷史的和經驗性的各種資料收集在一起，其弱點在於沒有把它們總括起來。施穆勒的《經濟理論概論》，用米契爾的話來說，仍然是「一種起始的研究」[76]。

### 斯派瑟夫、桑巴特和韋伯[77]

20世紀初對施穆勒和「社會政策協會」的反應來自各種不同的方向。在一定程度上最接近施穆勒的是斯派瑟夫及其關於商業循環的著作[78]。斯派瑟夫比施穆勒更多地利用了理論；他在細緻地研究各種事實和描述存在過的各種類型時，曾遵循著某些簡單明瞭的理論。此外，他還要求提出一種僅同特定歷史環境相關的解釋。例如，他的商業循環論就只適用於1822—1913年這一期間。

【221】不過，他的研究同施穆勒的研究有著重大差別。他注意到經濟學即其一，但更重要的是，他後來承認存在著經濟生活的許多類型，分析每種類型都要求有一定的經濟理論以及從沒有時限的純理論中得出的各種概念[79]。一種「類型」就是經濟活動在一定時代所採取的形式，它以一定的一致性（特別是在各種制度類型上的一致性）為特徵[80]。這些概括同施穆勒關於發現經濟規則可能性的折中主義相去甚遠。

桑巴特在《現代資本主義》（1902）一書中所顯示的方法更遠離施穆勒的謹慎方法。在施穆勒小心翼翼提供歷史證據的地方，桑巴特卻顯得漫不經心和

無所謂。他所提出的是一種特定的結構（受到馬克思的影響），用以理解經濟史，這是他的上述著作取得成功的原因。在桑巴特看來，說明一種經濟制度，不僅要基於其技術和制度，而且要基於其「精神」，即體現一種文化的創造力和鼓舞某一時代整個生活的那種力量[81]。

然而，尤其對於整個社會科學來說，比斯派瑟夫和桑巴特更重要的是韋伯[82]，他主要以其論述資本主義的新教起源和方法論著作而聞名[83]。他的方法論貢獻有兩方面：①關於科學經濟學的中性或無價值（Value-free）性[84]，一定的政策結論不可能從各種正面的研究中作為研究的結果而得出。他認為社會科學家不應企圖用自己的權威去推展自己的道德觀念或政治思想。②韋伯提出了「理想形式」概念。曾經有各種解釋，強調現實的某些特徵，而它們是以犧牲別的特徵為代價的，旨在推動假想的實現。這方面的經典例證就是經濟理論中的「經濟人」。

儘管韋伯關於中性社會科學的爭辯影響過經濟學家，斯派瑟夫對商業循環的研究也是後來許多著作的出發點，但是歷史學派後繼者的影響主要是在經濟學之外。經濟學的範圍從來也沒有變得像桑巴特和韋伯的思想那麼廣泛，他們提出的許多課題留給了社會學家和經濟史家。

## 18.3 美國制度主義：凡勃侖

### 引言

以今天的狀況來判斷美國經濟學在整個20世紀的情況，認為在這時期居支配地位的都是「新古典」經濟學，這種看法是一個很大的誤解。至少到20世紀20年代，制度主義具有同等的重要性。制度主義從德國歷史主義經濟學中汲取了某些東西，例如，美國經濟學會的宗旨與「社會政策協會」的宗旨就很相似[85]。但對制度主義的主要影響不是德國的而是美國的：索爾斯坦·凡勃侖對正統觀念所做的猛烈批判。【222】不過，凡勃侖關注的內容遠不止經濟學。他對正統經濟觀念的攻擊只是他對美國社會和文化所作重要批判的一部分。他的《有閒階級論》(1899)為他贏得了廣泛聲譽，在這本著作中，他充分利用了他的無與倫比的文學才華來諷刺美國社會。

### 文化演進

凡勃侖理論的核心概念是：經濟發展是行為方式的變化。正統經濟學家十

分注重資本累積，而凡勃侖則爭辯說，更重要的是人的因素的變化。他說：「物質的物理特徵是不變的（這一點人們易於理解）；變化的是人的因素：他對可能被使用的這些東西的觀察和理解力在不斷發展……機器設計中出現的變化乃是人的因素發生變化的表現。」[86]關於資本品，凡勃侖認為，它們是「人的知識、熟練和愛好的要素；這就是說，它們**實質上是流行的思想習慣**，而且會加入工業發展過程。」[87]因此，凡勃侖認為他的主要任務在於說明流行的思想習慣或制度的變化。他說：「所有的經濟變動都是在某個經濟共同體中的變動，即共同體把物質轉化成利益的方法的變動。這種變動說到底總是思想習慣的變動。工業機器過程中的變動也不例外。」[88]

凡勃侖關於這些制度如何變動的理論是以複雜的進化過程為基礎的，在此過程中，物質生活條件同思想習慣相互發生作用。出發點是：流行的生活條件促成一定的思想習慣或制度。由此出發，若干過程會起作用：①技術的變化和發展，其特徵取決於流行的各種制度的性質。②制度的發展。因為人民不是無條件地接受某種思想，加之既得利益者的權力，使得各種制度在失去同物質生活條件的接觸之後仍能繼續存在。③不過，技術發展有時是對新思想習慣做出反應的結果，它能強有力到推翻各種居主導地位的制度。這種過程周而復始。

制度進化是這種過程的核心。經濟和非經濟制度的相互作用是這種進化的重要方面。這種作用在兩個方向上顯現出來。一方面，經濟制度（在維持生活過程中形成的思想習慣）滲透到其他生活領域中。【223】例如，凡勃侖在《有閒階級論》中即敘述了企業價值對時尚的影響。他在《美國的高等培訓》中指出了企業原則已經怎樣的影響到教育原則[89]。這樣，凡勃侖得以指出：「任何共同體的經濟史都是它的一部生活史——在它是由人們物質生活方式的利益而形成的限度內。這種經濟利益在所有共同體的文化成長的形成過程中多半已被考慮到了……一種進化的經濟學必須是一種由經濟利益決定的文化成長過程的理論。」[90]

另一方面，經濟利益又受到其他各項利益（審美、兩性關係、人道主義和熱情等）的影響，「因為每項利益都是人這一有機體的一種嗜好，加之複雜的思想習慣，使得每項利益都會受到在其餘所有習慣指導下形成的生活習慣的影響」[91]。與在不同活動中發展起來的習慣的相互作用有關的是，任何一種制度體系傾向於發展一種內在的聯繫。一種制度體系會受到各種因素的影響：「一定的邏輯和前景、一定的習慣概念（在人們中間有一定程度的一致性）、

一種『哲學』——當它一旦被要求時。」⁹² 隨著時間推移，這種制度的邏輯愈益變得完善和精緻起來，並且最終表現在法律和組織形式中。⁹³ 因此，適於物質生產條件的文化和習慣之間的矛盾之所以能夠發展，不是由於文化完全變得靜止不動，而是由於影響文化發展的力量異常複雜。

### 企業經營和機器過程

凡勃侖以其對 19 世紀 90 年代他所看到的美國工業社會的分析為他的文化演進理論作了註釋。他的分析是依據兩種制度來進行的：機器過程和企業經營，它們各自同不同的思想習慣聯繫在一起。機器過程對凡勃侖來說意味著比簡單地利用機器方法更豐富的意義，儘管機器方法也包括在內⁹⁴。機器過程表示運用機械化過程的整個體系，這種體系具有若干重要方面。沒有一個個別過程是自給自足的，該體系包含著「次級過程（Sub-process）的多多少少微妙平衡的複合體」。它要求數量的精確和整齊劃一：「機器標準化」業已代替「手工藝人的熟練」成為不同過程有效共同運作的手段⁹⁵。

然而，機器過程是為企業經營目的服務的，企業經營的動力是金錢利得。因為生產運作的標準是金錢利得而不是生產或經濟福利，所以生產將不會按照獲得最大化福利的方式來組織。【224】他說：「整個工業體系所有構成的各種過程如能順利地、不間斷地相互配合運作，是最有利於整個社會的經濟福利的；但決定權操在企業家手中；而工業平衡的無阻礙地維持，並不必然有利於企業家的金錢利益。」⁹⁶ 例如，企業家可能從工業體系的動盪中獲利，因為它提供了投機的機會⁹⁷。此外，還會盡量抬價；以合併別的企業或通過廣告手段增強壟斷權力。廣告的性質在於競爭，即使對產品效用無所助益，銷售者也要做廣告；「它使產品得以行銷，這對賣方有利，但對買者並無好處」⁹⁸。凡勃侖由此看到存在著一條「寄生的」企業線。「總之，對整個社會無益或有害的工作；像對整個生活確有貢獻的工作一樣，對企業家和他雇傭的工人可能都是有利的」⁹⁹。這些非生產性行業的收益來自其他行業的總產品⁽¹⁰⁰⁾。

這兩種類型的活動在凡勃侖看來都是重要的，因為每一種活動都灌輸了不同的精神：「企業經營的精神基礎……出於所有權制度，『企業原則』是在所有權這個基本前提下的必然結果，它們是財產的原則——金錢的原則。」⁽¹⁰¹⁾

相反地，機器過程則促成了產品的標準化和根據因果關係來解釋事物的習慣。「它的哲學是唯物主義的，它的觀點是因果關係的觀點。」⁽¹⁰²⁾

凡勃侖認為，企業經營以及彌漫於整個美國文化的企業思想習慣（制度）支配著美國的工業與社會。企業活動和不斷追逐金錢利得的一個結果，就是機械化和機器過程的擴大。但是，機器過程已反覆表明其思維習慣與企業經營原則是格格不入的。

凡勃侖指出，在上述制度的基礎上，出現了兩個階級：一個階級活躍於企業，另一個階級活躍於機器過程。這兩個階級有著不同的思維習慣：一個根據自然權利來思考，另一個則根據因果關係來思考。特別重要的是，實事求是的思維習慣在工人階級中間將會增長，他們如不按照自然權利來思考，便不可能理解企業經營的合理性，從而轉向社會主義。他的結論是，企業經營制度不會長久存在下去[103]。

這個結論與馬克思的結論相似，卻有根本區別。這種區別是黑格爾主義和達爾文主義關於進化觀點的區別：馬克思認為歷史過程會導向一種確定的目標，而凡勃侖的世界觀卻是達爾文主義的。[104]進化對凡勃侖來說意味著由因果關係鏈條所聯結的「各種現象的沒有傾向性的結果」[105]。它只是個人的有追求或有目的的行為。另外，凡勃侖的進化圖景可以說是辯證的圖景。用一位現代作者的話來說：「出於技術變化的競爭制度原則，是作為舊體系制度結構的產物而提出來的⋯⋯一種體系的內在邏輯所引起的種種矛盾促成了它自己的轉變。」[106]

**經濟推理與文化**

文化演進理論是凡勃侖批評各種經濟理論的基礎。這種批評集中於區分如下兩種「精神上的態度或觀點」：進化的和非進化的[107]。一切非進化觀點的特點在於依據一定目的來解釋經濟現象。這方面最基本的觀點就是萬靈論：將目的歸因於自然的各方面。他把重農主義體系描述為萬靈論的體系：「在重農主義思想中，大自然是最終的歸宿。大自然在完成既定目的傾向之壓力下，通過⋯⋯並且在不斷擴展的過程中起作用。這種傾向，因為在一定條件下是最終原因，所以構成為一種基礎。在此基礎上，我們有關這些有效原因（自然界即通過它來實現自己的目的）的一切知識才得以協調。」[108]在凡勃侖看來，除非把經濟現象同自然界朝既定目標運動的這種過程聯繫起來，重農主義者是不會對一種解釋感到滿意的。

經濟推理中目的論的性質，在重農主義者和（例如）克拉克或奧地利人

之間有實質性的變化。在這種轉變中特別重要的是功利主義，它強調把快樂與痛苦（而不是把上帝的旨意）作為判斷經濟生活的最終標準。然而，在這些變化的背後，仍然存在著萬靈論的推理方法。凡勃侖說：「他們提出的各種終極法則與原則，按照對萬物就其本性來說必定要達到的目的之預先構想，會是正常或自然的法則。事實上，這種預想加到萬物之上的趨向，不過是把當時已被接受的普通常識視為人類努力的適當和有價值的目標。它是已被接受的指導思想的反應。這種指導思想被用作真理尺度，其限度是，研究者滿足於呼籲它對無形之中被接受的存在於各種過程中的『支配性原理』的合法性。」[109]

儘管目的論的性質發生了重要變化，對經濟現象的解釋仍然是用這樣的方法，即說明它們怎樣從一般所接受的前提（例如「經濟人」和完全競爭）中推導出來。凡勃侖稱這種方法是「分類學的」方法。對這種推理方法，凡勃侖有如下一番富有洞察力的議論：「完全競爭體系，連同其潔白無瑕的『經濟人』，【226】當然是科學想像的功績，並不是對事實的有力表現。它是科學推理的一種權宜之計；而且只能用到一些抽象原理和基本的科學法則上，這些原理和法則僅存在於抽象領域中。可是，一旦這樣做了，這些原本不是實際的東西，卻被接受和理解為真實的，成為研究思想習慣的一種有效成分，形成關於事實的知識。於是，它便被看作合理合法性的規範，而事實卻在一定程度上被淹沒了，關於萬物『傾向』的許多論斷就是明證。」[110]

凡勃侖在反對上述方法的同時提出了進化觀點，他認為進化觀點是現代科學的方法。從進化觀點來看，唯一的研究方式涉及原因與結果。他說：「現代科學家不願拋開檢驗因果關係或數量結果。為什麼呢？他會堅持以原因與結果來回答……這就是他的最後一著。」[111]原因與結果的非人身的連續，這便是應予探索的一切。

對經濟理論的這種解釋之所以有力，是因為它不是依據資料，而是依據一定類型經濟活動的結果。例如，18世紀末和19世紀，可以看到機器過程的增長和企業經營的擴張，其中每一方面都帶有自己的思維習慣。在亞當·斯密和重農主義時代，機器過程以後來的標準衡量還很不發達，但在英國比在法國有更高的發展[112]。凡勃侖以此來解釋為什麼實事求是的態度在英國比在法國的思想中要強些。例如，《國富論》儘管有目的論的意圖，但其中實事求是的方法顯然要勝過同時期的法國著作。到19世紀，分類方法在古典派和新古典派中的流行，可以看作是反應了更強烈的企業經營的影響，以及它根據價值來判斷

一切的傾向。功利主義強調價值是政治經濟學的基本問題，這同亞當·斯密著重於生產形成對照，也必須根據上述思想習慣予以解釋。

凡勃侖對經濟理論中出現的危機提出了一種有趣的解釋。他認為，對經濟理論的信心發生動搖，不是因為它們遭到了反駁，而是因為它脫離流行的思想習慣。以他對古典政治經濟學衰落的解釋為例：「在早期古典作家時代，經濟學對當時的外行人還是很有吸引力的，因為它把當時通行的哲學常識應用到人類生活的一個部門。但是，在後來的古典作家手中，這門科學便多半喪失了它的魅力。它不再是對應當如何行動的流行常識的切實可信的說明⋯⋯它也失去了同實際的或進化的思想習慣的聯繫，而這種思想習慣在該世紀中期的自然科學中卻大行其道。經濟學不再是生機勃勃的哲學，也不合乎實際，除了同行之外，幾乎無人感興趣。」[113]

### 凡勃侖對正統經濟學的批判

上述思想構成凡勃侖對正統經濟學進行毀滅性批判的基礎。這種批判有幾方面[114]。①批判正統經濟學以陳腐的「萬靈論」或「目的論」構想為基礎，其結果是受「分類學」之害[115]。②攻擊享樂主義。他指出，正統經濟學即以它為基礎，而把享樂主義作為人類動機是不適當的。③批判了演繹法和歸結法。

凡勃侖認為知識決定於流行的思想習慣，由此可以很自然地推理說，他對知識抱有純粹相對的看法。其實不然。他明確地認為，以因果來解釋事物的「實事求是的」或「進化的」知識，優於他所批評的「前達爾文主義」理論。思想習慣來自機器過程，後者引導人們以因果關係來觀察事物，這種思想習慣才會使人洞察世界如何運轉。

凡勃侖對享樂主義的批判有兩方面。一是他的本能論。他認為人們是受各種本能驅使而行動的；追求技術改進（製作本能）；為家庭和社會提供福利（雙親的本能）；對世界提供內在的解釋（好奇的本能）[116]。享樂主義心理學作為經濟學的基礎是不適當的。不過，對享樂主義還有更充分的理由予以拒絕。凡勃侖認為，行為的主要決定者不是本能，而是制度。各種制度原則一旦確立起來，便會代替本能作為行動的目標：只有在一般來說把它們的目的拋到一邊而且常被遺忘的限度內，本能才有意義[117]。因此，凡勃侖指出，以為行動受到心理的左右，這種看法是錯誤的。個人愛好應被看作是內生的，不是外生的，「過分花哨的消費」就是人所周知的例證，在這種場合，一種物品的價值同其

實際價值不相干。凡勃侖本能論的實際意義在於，本能為制度的判斷提供了一個正常的標準：以它們同本能的適用性為基礎來判斷制度（見前述對廣告的揭露）[118]。

二是凡勃侖對演繹法（不管它是否符合經驗證明，均受維護）和歸納法（它沒有為任何事物提供一理論）的批判。原指望為接受他接著提出的一般方法論鋪平道路[119]，但他在提出一種切實可行的可以替代的方法論上沒有成功。他的成功（如果可以這樣說的話）在於批判。【228】用一位評論家的話來說：「毫無疑問，他的毀滅性批判在他的同時代人中間引起了驚慌，而且，在這些批判取得成效的限度內，的確是動搖了他們對正統經濟學的信心。」[120]阿羅說，凡勃侖的攻擊「動搖了新古典思想對美國經濟學的本來就不穩固的支配」[121]。提出一種行之有效、可以替代新古典經濟學的任務落到了別人肩上。

## 18.4 美國制度主義：米契爾

**米契爾和凡勃侖**

米契爾以其同國家經濟研究局的同事們合作的經驗性著作而聞名於世。然而米契爾又是凡勃侖的兩位主要追隨者之一，從這個角度來看他是重要的。

凡勃侖理論中有三方面對米契爾特別重要：①米契爾同凡勃侖一樣，批評以既定的慾望和偏好為前提的理論。②他接受凡勃侖關於商業和工業，或經濟生活的金錢方面和技術方面之間的區別。商業循環（這是米契爾最重要著作的主題）被看作起因於企業經營的本性，而後者對產品生產過程有著重要影響。③他採納凡勃侖關於社會性質的有機體觀點。因此，他拒絕接受單純強調經濟現象複雜性的理論。

除此而外，米契爾的方法與凡勃侖的方法就很不一樣了。儘管他對大多數正統理論的價值持懷疑態度，但畢竟利用了其中似乎合適的各部分。例如，雖然米契爾關於商業循環問題的學說可能一直來自凡勃侖，但是也還是可以說，其學說的細節得益於瓦爾拉斯，同得益於凡勃侖的一樣多，在這個學說中，所有價格和數量的相互依賴起著重要作用[122]。

**米契爾的方法**

米契爾在美國經濟協會的主旨演說《經濟理論中的數量分析》（1925）中

對他自己的方法做過最明確的說明。他開頭援引了馬歇爾的一句聲明：「其著作的大部分使用的是質量分析。」[123]在這句話中沒有發現制定一種新的方法論原則，於是米契爾接著指出：「我們不要說質量分析和數量分析的對立，我們不要說這一種應當勝過那一種。為了不使方法問題完全僵化，我們將對方法做出詳細的解釋。在我們熟悉的範圍內，我們將既用質量分析又用數量分析，依據任務的不同而轉變我們的側重點⋯⋯在我們中間意見如此分歧，主要是因為對質量和數量著作的相對成效有不同的預期。」[124]

米契爾在這個演說的後半部分批評了杰文斯和馬歇爾的演繹經濟學，但批評的調子與凡勃侖對享樂主義的攻擊大不相同。米契爾僅限於指出，由於資料充裕，方法改進，數量分析家得以直接估計諸如供求對價格的影響這類現象，而質量分析家卻只能通過演繹間接地進行。他由此得出結論：「想像的個人來到想像的市場為各自利益討價還價，對此，數量著作家們大概是不會有濃厚興趣的。他們的理論將可能是關於測定客觀過程的各變量之間關係的理論。」[125]他對馬歇爾和杰文斯等人提出的各種陳舊解釋並不駁斥，而是不予理睬。他把對數量研究態度的這一變化，同心理學家對行為的共生結果和數量分析的態度的轉變相比擬。

這種態度構成米契爾關於循環問題著作的基礎。雖然他在自己著作中首先考察了以往各種循環論，但是他並不認為數量著作的任務就是驗證這些理論。雖然這些理論對所研究的一些過程有精闢分析，但是循環問題太複雜了，不可能靠任何簡單模式予以解釋。實際循環的特徵必須從統計資料中得出。

更重要的是，米契爾對於他借自凡勃侖著作的概念重新作瞭解釋。讓我們看一下米契爾如何看待商業和工業之間的關係。他說：「他們（數量著作家）的大部分資料將由兩大組（依照時間序列）構成。一組表示產出、資本、貨物或對經濟物品的訂單，以物理單位表示⋯⋯另一組表示數量變量，以貨幣單位表示。這兩組資料之間的關係正是數量著作者樂於研究的問題。他們不會總是停留在分析貨幣水準上，也不會總是停留在商品水準上；在尚未認清他們如何行動之前，他們不會在這兩種水準之間倒退或前進。由於統計資料具有這些技術特點，我們可以指望更細緻地考察金錢制度和生產及分配產品的效率之間的關係。」[126]論題是凡勃侖的，所用方法卻很不相同。同樣地，對米契爾來說，社會的有機性質暗示著，【230】不可能用一種簡單的時間序列（如 GDP）來表示經濟進化。例如，要描述商業循環，就必須解釋所有的變量。[127]

**解釋**

米契爾並不主張純粹的經驗主義，因為他只拒絕一定類型的經濟理論。一方面，正因為米契爾非常強調經濟現象的複雜性，所以他對簡單化的理論不屑一顧。根據這種觀點，一位當代作者做出如下結論：「米契爾當然是極富預見的，因為他在很久以前已經看出了下述兩者之間的重要區別：一種是各種簡單的假設，被公認為初期的（如果是相對無用的話）經濟理論；另一種是複雜的假定，雖不大被承認但的確有助於解決經濟問題。」[12] 這方面最重要的例證也許是米契爾反對「新古典派」強調均衡（一個相對簡單的假設），而讚同「制度主義者強調經濟過程」（一個複雜但更有成果的假定）[12]。

另一方面，雖然米契爾利用經濟理論，但他全力強調的是歸納，強調需要從經驗材料中直接引出假設條件。此外，演繹推理的重要特徵在於，各種假設條件必須十分精確地予以表述，以便有可能精確地得出該理論所揭示的東西。因此，米契爾對各種異常複雜理論的愛好，使得他非常難以運用演繹推理；儘管米契爾用過經濟理論，也不要對他發生誤解，至少在他的主旨演講中提出歸納研究綱領時是這樣的。可以把米契爾論馬克思的話用到他自己身上：「他從歷史文獻研究中也許從未得出他的主要觀點，的確如此，**不過，誰也沒有做到過**。」[13]

## 18.5　美國制度主義：康門斯

**集體行動**

康門斯經濟學的出發點是稀缺性這一事實。但他不同於新古典派經濟學家，他認為，如果對個人行動缺乏任何強制，則個人之間為支配稀缺資源的爭鬥將會受到物質力量的調節。這種狀況是無益的，因為它造成了不確定性，難以籌劃未來，這不是無關緊要的。因此，有必要把集體行動強制性地施加到個人行為之上，以便為其他人創造機會。【231】他說：「假定各種事務和平地進行，而不依靠當事人之間的暴力，那麼，就總是必須有第三方參與其事，即律師、牧師和酋長等人……他們會借助當事者所屬集團的聯合力量來強調分歧。」[13] 對康門斯來說，制度就是實施集體控制的工具。他說：「我們可以把制度定義為：支配、解放和擴大個人行動的集體行動。」[13] 構成這種集體行動的，或是無組織的慣例，或是通過**現行的各種康採恩**（國家、家庭、教會、公司、

工會等）進行的有組織行動。每種制度都有一套自己的**運行法則**；「在一種制度的歷史上，運行法則是不斷變化的，而且會隨制度不同而各異；但無論有什麼區別，它們都表明了**在集體強制性認可下，個人能夠、必須或可以做或不可以做什麼**。」[13]

對這種支配個人行動的集體行動，有三方面需要指出。

第一，支配行為法則的存在，既是強制性壓制，又創造了各種機會。他說：「集體行動不僅是對個人行動的控制——就是說……它還是對個人行動的一種**解放**，使之免除其他人的強迫、強制、歧視和不公平的競爭……（此外）它還是對個人意願的**擴展**，使之超越他靠自己弱小的行為所能造就的範圍。一個大公司的首腦，如能使其他人忠實和順從地受訓於集體行動，他便能在世界各地實現他的意願。」[14]最基本的機會也許是由**財產**提供的：財產制度使得一個人可以通過禁止其他人對資源的控制而控制它。

第二，因為控制的類型各式各樣，所以，在康門斯看來，制度經濟學不僅包括經濟學，而且包括倫理學和法學。他說：「倫理學研究的行為準則來自各種利益的衝突，而後者又來自稀缺性並受到集體**輿論**的**道德**制裁，但經濟學研究同樣的行為準則，這些行為在順從或不順從的場合要受到集體的經濟制裁（獎或懲）；法學則研究受制於有組織的暴力制裁的同樣準則。制度經濟學不停地研究這三種類型的制裁的有關方法和效果。」[15]

第三，局外仲裁者的有效性在於能夠引進道德的考慮，如果不可能出現某些客觀的權威，各種交易便會只能由權力來決定了。有人責備說，「公道的價值」之類的概念不過是一種觀念而已。康門斯不同意這種責備，他指出，這些概念能由仲裁者或通過法律體系精確化，最高仲裁者是美國最高法院。因此，對康門斯來說，「公道的價值就是法院在原告與被告之間所做的何者為公道的決定。它是客觀的，可用貨幣來衡量的和具有強制性的」[16]。

**交易**

康門斯的基本分析單位是**交易**。一方面，一次交易涉及社會給予個人的財產權和特權的轉讓與獲得[17]。康門斯區分了三種類型的交易：議價交易、經營交易和數量配給交易。前兩種是法律的上下級之間的交易。數量配給交易涉及「由上級部門配給財富或購買力」[18]，國家徵稅即是一例。經營交易涉及生產組織中指揮者與服從者（比如經理和雇員）之間的關係[19]。

另一方面，議價交易涉及法律上平等各方之間的自願協議。議價交易的特徵在於，它涉及所有權的兩重轉移：一種資源的所有者為了另外某種資源的所有權而交換[110]。不過，法律上平等並不暗含著交易雙方具有同樣交易議價能力，因為交易條款要取決於每一方提供對方所需要物品的能力。這又要看可供選擇的機會如何了。不過，這種交易能力的運用可能受到經營法規的限制：某些選擇可能被排除，或者在權力所及之處受到限制。例如，法律可能要求機會平等和公平競爭；或者，它也會阻止不公平地使用議價能力並保障正常的法律程序[111]。

康門斯在說明任何交易的內涵時，曾把稀缺性和經營法規之間的關係歸納為三種社會關係：「衝突關係、依賴關係和次序關係。當事者捲入利益衝突是因為稀缺性的一般原理。不過他們又互相依賴，因為彼此轉讓和獲得對方需要而又沒有的東西。經營法規不是注定能使各方利益協調，但是它除了造成利益衝突之外，的確又帶來了切實可行的互助以及對財產和特權的適當期待。」[112]因此，對康門斯來說，集體行動是消除社會所造成的利益衝突的必要條件。

### 制度的變化

各種交易要靠買賣興隆的商行的經營法則來進行，這些法則在這些交易中起作用。但是，這類制度，這些興旺的商行及其經營法規又起源於何處呢？康門斯拒絕了下述看法：各種制度一經確立便永遠存在下去，好像它們是由某些固定不變的社會契約固定下來似的。【233】對經營法規的關鍵要求是**切實可行的**，即它們能使興旺商行正常經營。康門斯說，經營法規「是必要的，而且、由於它們適於在持續經營的商行中把個人的自負同資源稀缺所導致的無限自私結合在一起，從而在歷史上殘存下來的情形是少見的」[113]。制度實際上是解決新問題過程中逐漸發展起來的一種機制：「它們來自對紛爭的調解，以及一個集團（作為一群攻擊者或保衛者）同另一個集團的聯合行動。這就必然意味著選擇優良習慣，選擇個人反對惡劣習慣的行動以及削弱整個集團的行動。」[114]

改變經營法規的一種途徑是通過政權。像其他制度一樣，政治和法律制度也要發生變化，因為它們必須切實可行：能夠完全公平和有效地解決問題以使制度得以繼續運行。像任何行動方式一樣，運用政權也須服從於經營法規[115]。

不過，康門斯最為強調的改變經營法規的途徑是不成文的習慣法。發生糾

紛，可以通過法院調解。法院裁決所依據的是他們認為公平合理的東西，而不管一定的實際行動是否可取。在做出裁決時，他們所考慮的不僅是法定的法規，還有「誘導力、當時當地的稀缺性條件、對未來的預期、當事雙方的優劣表現，以及在類似條件下類似當事雙方實際的一般表現」[114]。法院的裁決使慣例和法規精確起來。通過法院，不僅倫理和意識形態因素，而且經濟考慮都對制度產生了影響。

康門斯對經濟政策的態度，是他對制度及其逐漸發展的看法之必然結果。他把政策看作是對經營法規的不斷完善。政策制定者的任務不在於研究解決問題的理想辦法，而是研究切實的改進措施。儘管康門斯也制定了一些制度改革方案，希望使政治和法律過程更有效地解決問題[115]，但是他最主要的工作是放在特殊的經濟問題上的。康門斯歷任威斯康星州和聯邦一級的法律諮詢和顧問[116]。他對立法的影響是**巨大的**，包括行政機構改革、工廠立法、工人賠償、失業保險、利率控制、鄉村信貸和稅收標準、遺產稅、財產繼承法、移民法、貨幣政策和產業關係。此外，他通過自己的學生也對政策有重大影響：「通過他的學生，康門斯可以說是新政、勞動立法、社會保險以及這個國家（美國）走向福利國家的整個運動的思想始祖。」[117]

### 康門斯、凡勃侖和經濟理論

【234】康門斯與凡勃侖的思想有許多共同點：他們都強調經濟活動的目的性，都強調經濟制度的逐漸進化性。但在若干重要方面，康門斯又與凡勃侖有所不同，以致使他的體系同凡勃侖的比較起來也有**重要**區別。

最重要的是康門斯認為制度是強制性行為。在他看來，個人願望和本能仍然存在，但是受到制度的支配和指導。這導致康門斯拒絕了凡勃侖在商業與工業之間做出的區分。凡勃侖看到，作為一種社會選擇標準，金錢標準和技術標準是大不相同的[118]。在康門斯看來，這種二分法的提出，是由於凡勃侖沒有考慮到對商業活動的強制性控制，這種強制性是通過法院逐漸發展起來的。康門斯說：「從歷史上來解釋，凡勃侖把商業和工業那樣冷嘲熱諷地對立起來，是由於他沒有能探索商業習慣在法院裁決下的演化，像他探索了技術的習慣那樣。這樣的研究顯示出他的『無形財產』的演化，這種演化在於區分商譽和特權，這是凡勃侖不容許的；商譽是合理行使控制權，特權是不合理地行使這種權力。」[131]通過法院，財產同「合理的」價值聯繫起來[132]：任何合理的東西，

無論是合理的價值、合理的工資、合理的保險，還是合理的產品，均受到法院的保護⑬。這就說明了他在《資本主義的法律基礎》（1924）一書序言中對他和他的學生們試圖把法院判例同經濟學家的著述結合起來這一做法所做的評論，「我們所研究的不僅僅是一種合理價值，而且是資本主義的法律基礎本身」⑭。

由於出發點是這樣，即衝突來自資源稀缺，所以康門斯的經濟學容易同正統的即「新古典派」經濟學掛上鉤。康門斯本人竭力減少他自己著作的新奇性。他說：「現在的問題不是創造一種不同的經濟學——同以往的各學派脫離關係，而是怎樣肯定各種形式的集體行動在經濟理論中應有的地位。」⑮他的《制度經濟學》（1934）的副標題即是「它在政治經濟學中的地位」。

不過，康門斯研究的範圍比正統經濟學寬泛多了。正統經濟學只研究議價的交易，而在康門斯看來這不過是交易的一種類型。此外，康門斯注意研究對行為的強制，認為這種強制是內生的。他的主要興趣放在他所說的「戰略性」交易上：這種交易改變著強制，【235】而他所說的「常規性」交易就是在這種強制下發生的⑯。例如，同產品價格在這種強制下如何決定的問題相比，他更感興趣的是確立了財產權和競爭範圍的交易。這也說明了他為什麼那麼注重法律過程。因此，在一定意義上，康門斯的研究是對正統經濟學的補充。

儘管康門斯做出了深刻的論述，但他的經濟**理論**多半受到忽視。對許多經濟學家來說，他的著作是難以理解的⑰。他的著作一直被描述為「一堆糾纏不清的深奧見解」⑱。雖然他影響了他的學生，影響了立法，但沒有影響基本理論。他還同凡勃侖一起被視為「制度主義者」，這進一步模糊了他作為一位獨立的經濟思想家的地位。

## 18.6 馬克思主義經濟學

### 馬克思主義的黃金時代

1914年前的數十年，可以說是馬克思主義的黃金時代。用一位權威的話來說：「第二國際時期（1889—1914）是馬克思主義的黃金時代，這樣說並不誇張。馬克思主義理論那時已被十分明確地解說為構成了一個公認的思想學派，但是，它未經嚴格地編纂；也不曾服從於教條式的正統觀念，所以，它從未免卻爭論，也不排除對手的爭論對理論和實際問題的解決。」⑲特別在歐洲大

陸，對馬克思主義理論的許多方面有過廣泛的討論，這種討論不僅在自稱為馬克思主義者的人們中間進行，而且包括同馬克思主義的對手的爭論，不過這些人仍然嚴格地採取馬克思主義立場。

儘管對馬克思主義有這樣的興趣，儘管馬克思主義經濟理論來源於英國古典經濟學，然而除了顯而易見的例外，馬克思主義和主流經濟學是分道揚鑣的。在英國，幾乎沒有主要的經濟學家認真地對待馬克思主義，威斯迪德（1894）試圖用杰文斯的邊際效用分析來批判馬克思主義價值論算是一個例外[60]。例如，埃杰沃斯在評論1920年問世的一本書時指出：「有人認為，馬克思的理論對一位科學著作家來說不屑一顧，我們對此深有同感。」[61]在美國，對旁門左道較能容忍，因而曾有一種傾向，認為馬克思主義經濟學無非是與其他學說並存的另一體系而已。雖然也有主要的經濟學家（如米契爾[62]）對馬克思作過善意的評論，但他的觀點很少產生影響。只有在歐洲，無論是在馬克思主義經濟學的發展上，還是在馬克思主義和正統思想的相互作用上，都是最大的。在馬克思主義經濟學中，最重要的發展也許就是帝國主義理論，希法亭、布哈林和列寧的名字也與之聯繫在一起。【236】根據這個理論，可以根據剩餘資本追求更有利的投資機會來解釋帝國主義在海外的擴張。帝國主義理論是重要的，因為它解釋了為什麼資本主義仍然生存甚至更趨繁榮的原因，儘管馬克思的預言與此相反[63]。從資本主義有無生命力（在馬克思理論中，這個問題同經濟危機的週期性爆發聯繫在一起）的爭論中產生了杜干—巴拉諾夫斯基關於循環問題的著作[64]。不過，他的著作雖已被列入有關商業循環問題的正統文獻，但該時期馬克思主義和正統經濟學之間相互衝擊的最重要的例證還是龐巴維克和希法亭之間的交鋒，龐巴維克被公認為這個時期最重要的馬克思體系批判家[65]。這種交鋒是揭露性的，它表明了正統派與馬克思主義在這個問題上的分歧，同時也說明了這種交鋒之所以沒有成果的原因。

**龐巴維克和希法亭**

龐巴維克在《卡爾‧馬克思及其體系的終結》（1896）中對馬克思體系發起攻擊的誘因，是《資本論》第三卷亦即終卷於1894年的問世[66]。其中最重要的緣由在於，馬克思在第一卷曾許諾隨後將為消除下述矛盾提出解決辦法，這個矛盾涉及勞動價值論（以同一剝削率為基礎）和競爭會導致同一利潤率這個事實。龐巴維克早在1884年即預計不會提出什麼令人滿意的解釋，因為

同一剝削率與同一利潤率（除了一些很簡單場合之外）是不能相容的。

馬克思《資本論》第三卷出版後，龐巴維克發現，馬克思的解答直截了當地拋棄了勞動價值論，因為馬克思採納了下述看法：價格與不同的勞動價值成比例。龐巴維克認為，這個論點損害了馬克思的整個體系，因為它不再能解釋物品交換的比率。勞動「最終地」決定價格，就是說，把因果關係從總的剩餘價值轉移到價格同總利潤和平均利潤率相對應，這種解釋在龐巴維克看來是不能接受的。種種論證都表明，勞動價值只是決定價格的要素之一。同時，馬克思的理論既不能解釋非勞動產品的價格，也不能說明由勞動質量差別引起的問題。

為了表明這一點對整個馬克思體系的意義，龐巴維克指出，馬克思不過是以斯密和李嘉圖的權威來為勞動價值論張目，因為這有利於他的社會主義預見，有利於構築一種以此為基礎的體系。而當他認識到，簡單地提出一種勞動價值論不充分時（因為它不能作為一種自明的原理），【237】他便提出一系列虛假和錯誤的論證來支持它。馬克思在為一種無根據的並受到反駁的價值論體系辯解時，完全忽視了能夠說明交換價值並不取決於勞動價值的證據。龐巴維克說：「我認為，馬克思研究中所列出的各個變量全都是錯誤的、矛盾的和模糊不清的。他的體系同事實沒有緊密聯繫。馬克思從未從事實中得出他的體系中的基本價格，既未借助於適當的經驗材料，也未借助於健全的經濟—心理分析。」

希法亭回答說，龐巴維克的批評是過分狹窄地看待經濟學的結果，按照這種看法，經濟學主旨在於解釋相對價格。在希法亭看來，資產階級經濟學僅僅考慮人與自然、商品與個人慾望之間的關係。相反地，馬克思主義經濟學關注的是作為社會現象的交換價值，而不是作為決定價格的交換價值。他認為龐巴維克混淆了價值、交換價值和價格。希法亭沒有反駁龐巴維克基於自己看法提出的許多論據，因為他認為勞動價值論不只是說明價格決定的方式。「正因為勞動是一種把原子化的社會聯結起來的黏合劑，不是某種最具體的變量，所以勞動才是價值的原則」。在希法亭看來，勞動價值具有更深刻的含義，這種含義是同「剝削」在馬克思歷史觀中的作用有關係的。馬克思關注的不是如何解釋相對價格，而是闡明資本主義的演進。

與此相關的最後一點是希法亭對龐巴維克的另一點主要批評：以物品與慾望之間關係解釋價格的主觀主義方法是反歷史主義的，因為「勞動在其內進

行的自然條件是不可變更地給予社會的,因此,從這些條件中**不可能**得出社會關係的各種變化」[⑯]。

因為價值是一種社會關係,所以它不會取決於奧地利人指出的那些因素。不過,指出下述一點也許更為正確:不是奧地利人的價值論否認了價值的社會性質,他們不過以不同方式對價值做出瞭解釋。奧地利人對於社會運行方式沒有做出幾乎是萬靈論的概括,而是努力探索社會關係為什麼會採取某種特殊形式的因素[⑰]。

最後應指出的是,龐巴維克和希法亭之間的主要分歧在於他們對經濟理論的宗旨抱有不同觀點。一位馬克思主義史學家在談到馬克思主義理論時曾指出:「它的目的不在於描述現象的數量關係,以致我們能夠更容易地影響各種事件,而在於揭露社會的反人道性質,在這個社會中,生產完全適合於交換價值的倍增;還在於揭示社會生活的『傾向』……這種理論不是如同意識形態呼籲那樣的一種解釋,應當就其本身加以理解。」【238】關於龐巴維克和希法亭之間的交鋒,這位作者接著說:「馬克思主義者和價值論批判家之間的這場爭論是不能解決的,因為後者從一般的經濟理論出發,指望馬克思理論不可能提供的某種東西。」[⑱]龐巴維克要求一種科學的經濟學應以事實為根據,這意味著,勞動價值論一旦被放棄作為相對價格的一種解釋,則幾乎不可避免地,他和抱有同感的人們將因其毫無意義而對這種部分規範的和形而上學的勞動價值論不予考慮。

### 轉化問題

在 1907 年,對馬克思主義價值論的一個重要貢獻是博克威茲對轉化問題的解答。他指出馬克思錯誤地將價格與價值混為一談。為了得出價格,馬克思把利潤加到生產中所使用的不變資本與可變資本的**價值**上[⑲]。博克威茲地指出,適當的做法應是把利潤加到生產所用資本的**價格**上。這意味著,有必要引出兩種不同的公式:一個公式表示價值,另一個公式表示價格。

在**價值體系**中,用第 12 章的符號表示:

$$C_I + (1+e)V_I = O_I$$
$$C_{II} + (1+e)V_{II} = O_{II}$$ [⑲]

每個部門所生產的價值包括生產中所用的不變資本、可變資本和剩餘價值,剩餘價值是可變資本的分數 e。同時,在**價格體系**中:

$$(1+r)(P_I C_I + P_I V_I) = P_I O_I$$
$$(1+r)(P_{II} C_{II} + P_{II} V_{II}) = P_{II} O_{II}$$

上式中，r 是利潤率，$P_I$ 和 $P_{II}$ 是每個部類中價格對價值的比率[111]。這些公式的重要特徵是：①利潤率被用於總資本額，而不是只用於可變資本[112]；②不變資本以資本物品的價格來估價，可變資本以工資物品的價格估價。

博克威茲進一步假定「簡單再生產」，又假定總利潤等於總剩餘價值，於是表明，能夠用這些方程式來決定一連串價格[113]。

## 18.7 結論

在整個這一時期，首先是從 19 世紀 70 年代到 20 世紀 20 年代，正統經濟學受到了來自對立各派的持續攻擊。這些攻擊的共同點是，責備當時的演繹理論是非歷史主義的。不過，一方面，儘管有這些共同點，但正統批判者中的分歧比正統擁護者中的分歧要大得多。[114]【239】例如，馬歇爾的「新古典」方法同奧地利人的「主觀主義」之間雖有重要差別，但他們的理論卻有著共同的結構，分歧主要集中在對這一結構的解釋上。另一方面，對正統派的批判者來說，分歧更帶根本性。例如，德國歷史學派的方法同米契爾和阿什利的方法很相近，但是英國人、德國人和美國人之間的分歧仍然是很重大的。歷史主義方法的性質雖是既定的，但民族環境的不同不可避免地會使經濟學家們抱有不同的見解。歷史主義經濟學遠不如數理經濟學傳播得那麼廣泛[115]。美國人（例如）關心大商業，這是英國人無可比擬的，因為這兩國的產業體系的結構很不一樣。當我們考慮到凡勃侖和馬克思時——他們也希望強調經濟制度的歷史進化——圖景變得更為複雜了。

歷史主義批判的這一衝擊對經濟思想主體的影響是微不足道的，雖有某些方面的例外，這有許多理由。例如，馬克思主義是對無產階級的階級利益作解釋。這一說法雖難以反駁，但卻有充足的理由對其表示懷疑。例如，許多主流經濟學家對工人階級利益和社會改革方案抱有強烈興趣。此外，對凡勃侖的下述解釋也可以提出類似異議：凡勃侖認為，享樂主義經濟學（邊際效用論即其組成部分）反應了金錢的思想習慣。

主流經濟學對一些批評作了有效的回答，這是它長存的一個重要原因。這裡特別重要的是艾林·楊對凡勃侖提出、為米契爾接受的下述觀點的批評：主

流經濟學以對人類本性的有缺點的觀點即享樂主義為基礎，所以它是錯誤的。楊所反駁的這種觀點是「經濟理論總是建立在經濟學家們提出的人類本性概念的基礎上」。楊以李嘉圖體系為例指出：「不可能從心理學的前提條件中得出李嘉圖體系，除非這些條件制定得如此之多，以致同他體系中的每個**因素**都有一對一相吻合者。簡言之，李嘉圖的前提只有在他的體系中才能發現；事實上，我相信，說這些前提條件**就是**他的體系，這實質上是正確的。米契爾教授責備經濟學家們熱衷於經濟行為的合理化。他本人……一直致力於經濟科學的合理化。為了解釋，或是因為他們認為邏輯一貫性的要求，或是為了某些更機敏和荒謬的理由，經濟理論家們往往把他們的理論表現得仿佛是從某種首要原則中引申出來的。但是這種首要原理一般來說純粹是裝飾性的，如『致富慾望』一類無意義的說法。一種思想體系實際的合理性取決於它內在的一貫性，取決於它準確地總結了恰當的經驗。【240】這些看法不僅對所謂演繹經濟學（『演繹』只是一種說明方式），而且對『制度的』或任何其他形式的經濟學都是正確的。」制度主義作為對資本主義制度的一種看法，不管其優點如何，按照上述標準來評判，分數不會很高。楊的結論是：「凡勃侖是一位天才，但這一時期的科學家同他格格不入。他應該得到好的或更好的評價：一位藝術家、一位印象主義者，他繪製了他所看到的世界圖景。」

然而，正統經濟學長存並且興旺的基本原因還在於，可供選擇的各種學說的不妥當，其中沒有一個對於大多數經濟學家試圖回答的問題提出了一種令人滿意的分析方法。例如，一般都認為，歷史分析在分析國民經濟長期進化中起重要作用，儘管這裡幾乎沒有什麼結論得到證實，但是大多數經濟學家感興趣的遠不止於此。例如，歷史的概括對稅收新形式或勞動組織新形式說不出任何東西，而這兩者卻是世紀之交時期的重要課題。此外，德國歷史主義經濟學無力分析1923年的通貨膨脹，而制度主義對分析20世紀30年代的世界動盪也幾乎沒有做出什麼貢獻。

又一個因素是，一方面，側重於歸納法的支持者們沒有提出一種替代「演繹」理論的理論。例如，在著書立說時，施穆勒和米契爾利用了邊際主義理論，施穆勒用的是龐巴維克的著作，米契爾用的是瓦爾拉斯的著作。另一方面，新古典綱領方法卻能被用來回答日漸增長的課題。這並不是說歷史主義經濟學家或制度主義者的觀點不能用於提供替代邊際主義理論的基礎，儘管情況也許就是如此，而是說無人能表明將怎樣做到這一點。

馬克思主義理論對邊際主義理論結構提供了一個實際替代物，但是這裡也存在著嚴重的內在的弱點。如龐巴維克所說，馬克思主義價值論基本上是李嘉圖的理論，因而可以依據同樣的理由加以拒絕：關於非生產物品的定價，不同的勞動—資本比例引起的問題，由勞動的非同質性引起的問題，在這些方面的異議都是眾所周知的來自對李嘉圖理論的古典批判。因此，在提出這些異議時，龐巴維克沒有再引進新的論據，只是引用了現成的結果。

**註釋：**

① 若干例外情況，參看第 40-41 頁。
② 施皮格爾（1983）把它們分別稱為培根式和黑格爾式歷史主義經濟學。
③ 瓊斯（1833），第Ⅶ頁。
④ 同上，第XXⅡ-XXⅢ頁。
⑤ 同上。
⑥ 瓊斯（1859），第 560 頁。
⑦ 施皮格爾（1983），第 398 頁。
⑧ 克利夫·萊斯利（1870），第 152 頁；參看庫特（1975），第 326-327 頁。
⑨ 庫特（1975），第 313 頁。克利夫·萊斯利曾想找出解決愛爾蘭土地問題的辦法，古典經濟學方法對此是無用的。
⑩ 克利夫·萊斯利（1870），第 148 頁。
⑪ 同上，第 149 頁。
⑫ 同上，第 100 頁。
⑬ 同上，第 162 頁。
⑭ 同上，第 150 頁。
⑮ 英格拉姆（1893），第 228 頁。
⑯ 克利夫·萊斯利（1876），第 217 頁。
⑰ 同上，第 227 頁。
⑱ 同上。
⑲ 同上。
⑳ 同上，第 242 頁。
㉑ 最注意克利夫·萊斯利這一論證的經濟學家也許是哈欽森，從 1937—1981 年。

㉒ 克利夫·萊斯利（1879），第 939 頁。

㉓ 同上，第 941 頁。

㉔ 巴格浩特（1876），第 26 頁。參看第 9 頁。【436】

㉕ 同上，第 27 頁。

㉖ 同上，第 33 頁。

㉗ 英格拉姆（1878），第 47 頁。

㉘ 英格拉姆（1893）發揮了這些觀點。

㉙ 英格拉姆（1876），第 48 頁以下各頁。

㉚ 同上，第 55 頁。

㉛ 同上，第 59 頁。

㉜ 同上，第 60 頁。

㉝ 同上，第 66 頁。

㉞ 西季威克（1883），第 7 頁。

㉟ 同上。

㊱ 同上，第 28-29 頁。

㊲ 同上，第 30-32 頁。

㊳ 同上，第 33-34 頁。

㊴ 參看第 262 頁以下各頁。

㊵ 還可參看第 101 頁以下各頁。

㊶ 馬歇爾（1885），第 159 頁。

㊷ 參照卡迪什（1982），第 131 頁以下，135 頁。

㊸ 馬歇爾（1885），第 165 頁。

㊹ 同上，第 165-166 頁。

㊺ 哈特（1971），第 XII，XIX 頁。以下內容多來源於此。羅斯托隱喻的詳細內容，參看第 364 頁。

㊻ 阿什利（1889），第 429 頁。

㊼ 作者死後問世（1908）。

㊽ 哈特（1971），第 XI 頁。

㊾ 坎寧安（1889），第 109-110 頁。

㊿ 同上，第 110 頁。請注意，馬歇爾事實上是小心謹慎的，他沒有對經濟理論的普遍適用性提出過分要求。參看第 102 頁。【437】

(51) 參看卡迪什（1982），第 150-151 頁。坎寧安的就職講演（1892a）也值

得注意。

(52) 坎寧安（1892b），第 491 頁。

(53) 庫特（1980），第 188-189 頁。

(54) 阿什利（1893），第 7 頁。

(55) 卡迪什（1982），第 217-218 頁。他依據阿什利和坎寧安不同的學術地位解釋了這種差別，因為坎寧安在攻擊馬歇爾中毫無損失，所以阿什利也毫無所獲。

(56) 阿什利（1893），第 8 頁。

(57) 庫特（1980），第 192 頁。

(58) 哈特（1971），第 XXXII 頁。

(59) 在 20 世紀 60 年代，經濟學和經濟史之間的聯繫隨著《新經濟史》的出版而有所恢復，但是這裡的影響還只是經濟學對經濟史的影響，相反方向的影響限於經濟發展方面的文獻以及論述增長問題著作中的一些方面。

(60) 哈特韋爾（1973），第 33 頁。

(61) 哈特韋爾（1973），對這兩個時期的經濟史作了一番比較。

(62) 吉得和利斯特（1909），第 582 頁。

(63) 普里布蘭（1983），第 215 頁。

(64) 同上，第 214 頁。又參看吉得和利斯特（1909），第 382 頁。

(65) 同上，第 382-383 頁。

(66) 希爾德布蘭德（1848），第 V 頁。譯文見吉得和利斯特（1909），第 383 頁。

(67) 普里布蘭（1983），第 215 頁。

(68) 克尼斯（1853），第 24-25 頁。譯文見吉得和利斯特（1909），第 390-391 頁。

(69) 參看哈欽森（1953），施皮格爾（1983）和米契爾（1969）。

(70) 哈欽森（1953），第 185 頁。

(71) 施穆勒（1900），譯文見吉得和利斯特（1909），第 385 頁。

(72) 施穆勒（1900），第 356 頁。轉引自哈欽森（1953），第 182 頁。

(73) 哈欽森（1953），第 183 頁；參看第 179 頁。

(74) 同上，第 184 頁；參照米契爾（1069），第 556 頁以下各頁。

(75) 哈欽森（1953），第 184 頁；參照熊彼特（1954），第 813 頁。

(76) 米契爾（1969），第 574 頁。

⑦⑦ 哈欽森（1953），第 185-186 頁；熊彼特（1954），第 816-817 頁。

⑦⑧ 參看施皮格爾（1983），第 179 頁及第 428 頁以下。

⑦⑨ 斯派瑟夫（1932）；參照熊彼特（1954），第 816 頁；塞利格曼（1962），第 34 頁以下。

⑧⓪ 塞利格曼（1962），第 36 頁。

⑧① 同上，第 15 頁；參照施皮格爾（1983），第 428 頁。

⑧② 韋伯（1904）。

⑧③ 布羅貝克（1982）選本。

⑧④「Wertfreiheit」一詞含義即是如此。

⑧⑤ 多夫曼（1949）第 19 章和米契爾（1965）第 20 章是最早介紹凡勃侖（包括他的詳細背景）文獻中的兩篇。還可參看施皮格爾（1983）；埃克隆和赫伯特（1983）；哈欽森（1953）。

⑧⑥ 凡勃侖（1898），第 71 頁。

⑧⑦ 同上。著重點是新加的。

⑧⑧ 同上，第 75 頁。

⑧⑨ 拉瑟福德（1984），第 335 頁。

⑨⓪ 凡勃侖（1898），第 76-77 頁。

⑨① 同上，第 77 頁。

⑨② 凡勃侖（1915），第 267 頁；參看拉瑟福德（1984），第 334 頁。

⑨③ 拉瑟福德（1984），第 334 頁。

⑨④ 凡勃侖（1904），第 2 章。

⑨⑤ 同上，第 9 頁。

⑨⑥ 同上，第 27 頁。

⑨⑦ 同上，第 28 頁。

⑨⑧ 同上，第 59 頁。

⑨⑨ 同上，第 63 頁。

⑩⓪ 同上，第 64 頁。

⑩① 同上，第 66 頁。

⑩② 同上，第 67 頁。

⑩③ 凡勃侖（1904），第 374 頁以下，（1921）。

⑩④ 科茨（1954a）。

⑩⑤ 凡勃侖（1898），第 60-61 頁。

⑩⑥ 拉瑟福德（1984），第 341 頁。

⑩⑦ 同上，第 60 頁。

⑩⑧ 凡勃侖（1899—1900），第 92 頁。

⑩⑨ 凡勃侖（1898），第 65 頁。他稱這個標準是「完全正式的」標準。

⑩⑩ 凡勃侖（1899—1900），第 142-143 頁。

⑪⑪ 凡勃侖（1898），第 60 頁。

⑫ 凡勃侖（1899—1900），第 145 頁。

⑬ 凡勃侖（1898），第 69 頁

⑭ 參看第 239 頁。

⑮ 凡勃侖（1898），第 79 頁。

⑯ 拉瑟福德（1984），第 332 頁。

⑰ 凡勃侖（1914），第 7-8 頁；引自拉瑟福德（1984），第 333-334 頁。

【438】

⑱ 拉瑟福德（1984），第 333 頁。

⑲ 科茨（1954a），第 531 頁。

⑳ 同上。

㉑ 阿羅（1975），第 5 頁。

㉒ 參看第 182 頁。

㉓ 馬歇爾（1907），引自米契爾（1925），第 20 頁。

㉔ 米契爾（1925），第 20-31 頁。

㉕ 同上，第 26 頁。

㉖ 同上，第 29-30 頁。

㉗ 克萊因（1983），第 876 頁以下各頁。

㉘ 同上，第 875 頁。

㉙ 同上。

㉚ 米契爾（1965），第 586 頁；著重點是新加的。

㉛ 康門斯（1924），第 67 頁。

㉜ 康門斯（1931），第 649 頁。

㉝ 同上，第 650 頁。著重點是新加的。

㉞ 同上，第 651 頁。

㉟ 同上，第 650 頁。

㊱ 康門斯（1936），第 244 頁；參照張伯倫（1963），第 85 頁。

⑬⁷ 康門斯（1931），第 652 頁。
⑬⁸ 康門斯（1934a），第 67-68 頁。
⑬⁹ 參看拉瑟福德（1963），第 725 頁。
⑭⁰ 康門斯（1950），第 48 頁；這是作者身後出版的。
⑭¹ 拉瑟福德（1983），第 725 頁。
⑭² 康門斯（1931），第 655 頁。
⑭³ 康門斯（1924），第 138 頁。
⑭⁴ 同上。
⑭⁵ 參照拉瑟福德（1983），第 726-729 頁。【439】
⑭⁶ 康門斯（1925），第 380 頁；引自拉瑟福德（1983），第 728 頁。
⑭⁷ 拉瑟福德（1983），第 729 頁。
⑭⁸ 多夫曼（1946—1959），第 4 卷，379 頁以下，張伯倫（1963）。
⑭⁹ 鮑丁（1957），第 7 頁。
⑮⁰ 拉瑟福德（1983），第 731 頁。
⑮¹ 康門斯（1934e），第 673 頁；參照拉瑟福德（1983），第 731 頁。
⑮² 張伯倫（1963），第 83-87 頁。參照米契爾（1965），第 729 頁以下。
⑮³ 康門斯（1924），第 Ⅶ 頁。
⑮⁴ 同上，第 Ⅶ-Ⅷ 頁。
⑮⁵ 康門斯（1934a），第 5 頁；參照米契爾（1935），第 339-340 頁。
⑮⁶ 康門斯（1950）。
⑮⁷ 鮑丁（1957），第 7 頁。
⑮⁸ 鮑丁（1957），第 8 頁。
⑮⁹ 科拉科沃斯基（1978），第 2 卷，第 1 頁；以下各頁討論了 19 世紀末馬克思主義在歐洲社會主義運動中的發展。又參看普里布蘭（1983），第 267 頁以下各頁。
⑯⁰ 閱讀威斯迪德的文章時，應記住該文寫於《資本論》第 3 卷出版之前——馬克思在這一卷中討論了轉形問題。
⑯¹ 埃杰沃斯（1925），第 Ⅲ 卷，第 273 頁。
⑯² 米契爾（1969）。
⑯³ 參看布魯爾（1981）。
⑯⁴ 參看第 178 頁以下。
⑯⁵ 斯威齊（1949），第 Ⅸ-Ⅹ 頁。

⑯ 龐巴維克該書名的正確譯法應是《論馬克思主義體系的終結》。

⑰ 參看第 114-115 頁。

⑱ 在考察龐巴維克批判的技術性方面時（我們在這裡未作考察），應當注意的是，當時博克威茲尚未發表他對轉形問題的解答，因此，當龐巴維克說馬克思混淆了價值和價格時，他沒有引用在第 238 頁已作詳細解釋的關於該問題的陳述。

⑲ 參照杰文斯對英國古典派價值論的類似批判。參看第 76 頁。

⑳ 龐巴維克（1896），第 101 頁。

㉑ 希法亭（1904），第 196 頁。

㉒ 同上，第 130、139 頁。

㉓ 同上，第 156-159 頁。

㉔ 同上，第 134 頁。

㉕ 參照凡勃侖（1906—1907），這裡指出了馬克思理論的形而上學性質。

㉖ 希法亭（1904）；第 134 頁，著重點是新加的。

㉗ 參照第 89 頁關於門格爾和制度的論述。

㉘ 科拉科沃斯基（1978），第 2 卷，第 296-297 頁。

㉙ 參看第 114 頁。

㉚ 博克威茲（1907），第 200 頁。他用了三個類別的模式，其中第三部類為資本家生產奢侈品。

㉛ 同上，第 202 頁。

㉜ 這裡假定固定資本每年週轉 1 次，資本物品照此折舊。【440】

㉝ 參看第 117 頁。

㉞ 直截了當的解釋，見布勞格（1978），第 243 頁。

㉟ 哈欽森（1955）。

㊱ 米契爾（1919），引自楊（1925），第 176 頁。

㊲ 楊（1925），第 179-180 頁。

㊳ 同上，第 183 頁。

# 19　英國的經濟學和經濟政策

## 19.1　背景【241】

雖然經濟政策以及對政策的態度的變化很緩慢，還是可以指出 1870 年前後出現的許多情況，其意義在於反應了對國家干預經濟的態度有了變化[①]。1873 年通常被作為一個標誌，表明從「大繁榮」轉變為 1870—1880 年的「大衰退」[②]。某些經濟部門特別是農業部門從 1873 年開始的價格逐漸下跌中受到了損害。在這個時期，英國在世界上的經濟地位受到德國和美國經濟增長的挑戰。也是這個時期，對英國經濟衰落的預見首次出現，例如在杰文斯的《煤的問題》一書中[③]。從 1879 年起，隨著德國轉向保護主義，在 1860 年建立起來的自由貿易體系開始崩潰。英國國內的重要發展是 1867 年和 1884 年的改革法案，這些法案擴大了選舉權，從而為社會改革政策創造了更廣闊的社會基礎。此外，1871 年和 1875 年的法案也擴大了工會活動的範圍。社會主義思想的流行也為社會改革增加了壓力。因此，19 世紀 80 年代對經濟政策的討論同 20 年前的討論已大不相同了。

在經濟理論發生的諸多變化中，最重要的變化涉及收入分配。隨著工資基金論的銷聲匿跡，提高工資的一個障礙被清除了。不過，最重要的是消除了加尼斯所謂的「馬爾薩斯主義大難題」：人口增長的威脅不再能禁止提出提高生活水準的建議。雖然功利主義觀點可被用於支持有關收入分配的建議，但是分配論的變化比價值論的變化更加重要。

**經濟學家和國家干預**

在 19 世紀最後 30 年間，經濟學家們對國家在經濟中的作用的看法有了變

化，雖然這種變化很緩慢。【242】曾經出現一種運動，傾向於主張比該世紀中期更多一些國家的作用④。儘管可能還存在對自由放任和個人主義的某些偏愛⑤，但是可以大致不錯地說，經濟學家們發現，要求國家干預的場合越來越多。從19世紀中期的古典派觀點，轉變到更為現代觀點的代表者是杰文斯。他在1869年還把「所有商業交易的自由」描述為「被完善的立法的精神」，可是到1883年他已看出「立法者的干預簡直沒有任何界限」了⑥。除了他對家長式干預場合的論證以外，他還發現了公共福利的場合。西季威克更有力地表述了這種論證。這條論證路線的最佳點出現在庇古的《福利經濟學》中，他詳細而系統地解釋了國家干預的場合⑦。

在發現愈益增多地要求國家干預以對付市場無法處理的問題的同時，對收入分配的更平等的關注也愈益增長了。誠然，新古典經濟學放棄了古典宏觀收入理論的單純性，分配問題也不再處於古典派理論中那樣的地位，但分配問題並沒有被忽視。新的思路使得有可能解釋個人之間的分配，這在古典派理論中是不可能的；這比古典派集中分析的要素分配更為重要。西季威克指出如下一點是重要的：恰當的收入分配同保障生產盡可能高速增長應是政府政策的目標⑧。強調把分配作為政府政策目標是從邊際效用分析引申出來的，因為西季威克發現，總效用不僅決定於收入水準，而且決定於它的分配⑨。在後來的數十年間，邊際效用分析雖然沒有被用來得出一些經濟學家所認為的邏輯結論，即擁護完全平等⑩，但是，邊際效用遞減的假定卻被用於證明（在一定程度上）實行累進稅制的必要性。

也許主要的貢獻是埃杰沃斯做出的⑪。他的先驅者（例如西季威克）一向認為平等的犧牲暗含在比例稅中，而埃杰沃斯卻依據效用來解釋犧牲。埃杰沃斯認為，以絕對平等和相等比例的犧牲來考慮該不該實行累進稅是不恰當的。他指出，稅收所引起的總的反效用應被減到最低限度，不過，在發現眾多理由，說明這並不暗含著收入分配中應是完全平等方面，他是步西季威克的後塵。這些理由包括個人效用函數的差別、需要防止削弱勞動的強度等。

凱南（1893）曾對這種態度的變化作了扼要的總結。【243】他說：「一般來說，今天的經濟學家對社會主義的敵視，遠不如它的古典派前輩那樣強烈……邊際效用學說表示了許多只能依其『感覺』來說明的經濟事物……假定需求是一樣的，現代經濟學便可肯定地告知，一定量產品或收入將可做到更平等的分配。今天分配的不平等說不上同需求成比例。」⑫

## 19.2　1914年前的稅制改革

**稅制改革運動**

　　稅制改革的討論並不始自約瑟夫·張伯倫，「公平貿易」問題在19世紀80年代已經提出來了，當時的英國在利息和利潤上屢受外國競爭的影響；但是，稅制改革被提到政治問題的高度，是從張伯倫開始的。他有關稅制改革的論證最初發表於90年代，1903年達到高潮。作為殖民秘書的張伯倫於1896年提出了「帝國關稅同盟」的思想，該同盟在內部實行自由貿易，對外則共同實行保護關稅[13]。不過，這一制度將不適用於希望保護他們的工業免受英國競爭的殖民地。按照張伯倫提出的體系，英國可以實行差別待遇對待，以支持殖民地的食品和原料，殖民地反過來區別對待以支持英國的工業品。曾經朝這個方向動了動，但是，當1903年張伯倫未能使國會同意一項對進口穀物的永久性關稅時[14]，出現了問題，因為沒有這項關稅便不可能對殖民地產品採取優惠政策。從1903年5月開始，張伯倫投入一項運動，以使他的黨和選民轉向注意稅制改革綱領。雖然爭論在1903年已達白熱化，但直到1914年前稅制改革仍是一個主要的政治問題。

　　在稅制改革爭論中，發表的觀點不是兩種，而是許多種。兩種極端的看法是：一些稅制改革者主張把它作為最終解決每個經濟問題的辦法；而對另一些人來說，對自由貿易提出疑問近乎是一種褻瀆行為[15]。不過，即使在不那麼極端的見解中也有各種各樣的看法。這部分是因為從一開始它就是個與經濟問題分不開的政治問題。例如，對張伯倫來說，稅制改革不過是一項政治綱領的組成部分，在這項綱領中，帝國的統一和社會改革是壓倒一切的。除了同帝國的關係之外，稅制改革還提出了英國同德國和美國的關係問題。有些稅制改革支持者並不抱有張伯倫對帝國統一的觀點；另外一些人則懼怕廣泛的社會改革。

　　支持保護主義化也能基於不同的理由，像1903年的首相鮑爾弗那樣，他試圖在張伯倫的稅制改革和自由貿易之間找出一種辦法。這種主張還得到他所在黨的其他成員的贊成。鮑爾弗的「保守的自由貿易」的前提是：雖然普遍的自由貿易是令人嚮往的，但在其他國家也實行保護主義的世界上，自由貿易又不可能是稱心如意的。【244】放棄實行關稅所提供的討價還價地位是錯誤的：「我們將公開和直率地聲明，這個國家不再想由於各種經濟理論而把自己排除在與他國進行最有利的商業交易之外。」[16]

與這兩種立場不同的是形形色色的自由貿易論者，其中既有政治活動家也有學院經濟學家中的重要成員。學院立場的最重要表示就是所謂14位教授的宣言，它是1903年8月12日致《泰晤士報》的一封信，在信上簽名的有埃杰沃斯、庇古以及最重要的人物馬歇爾[37]。

這是企圖用科學的學院經濟學的權威來反對保護主義[38]。然而結果卻表明在經濟學家中間缺乏一致看法。儘管有一些例外，例如克拉潘支持自由貿易，而普雷斯則反對它。但一般來說對經濟理論抱同情態度的經濟學家支持自由貿易，而偏愛歷史主義方法的人（其中最著名者也許是休因斯和阿什利）則支持保護主義。

**經濟問題**

這場爭論的最重要方面可能是關稅對食品價格的影響問題：所謂「胃稅」是否會抬高價格？這個問題非常適於運用馬歇爾的供求分析方法。不過，即使在這個結構之內，稅收的影響也被複雜化了，因為它們取決於各種彈性的相對量：供給與需求在國內、國外和殖民地的不同彈性[19]。這種論證在說明為什麼應由外國人支付稅收的問題上尚可對抗某些非常簡單的論證，但在對付不適於馬歇爾分析結構的論證上就沒有分量了。這不但包括政治性論點，而且包括下述重要的動態化論證：稅收對英國正在興起的工業及其發展的影響，以及對鼓勵殖民地發展新的食品供應來源的影響。不適於馬歇爾分析結構的這些因素的重要性，以及缺乏對有關彈性的可靠統計材料，使馬歇爾的「研究方法」幾乎沒有直接的效用。

在貿易流量的統計材料有何用處，以及對已經實行保護主義的各國作何評價上也有很多分歧。保護主義者宣稱，關稅是德國和美國工業成功的一個重要因素。在反駁這一論斷時，可以指出的論斷包括：它們國內市場的規模廣闊，或者它們擁有豐富的自然資源。即使在確認英國工業無保護主義的弱點也難以利用貿易統計學[20]：統計學中錯誤百出，誤差太多；甚至不斷增長的出口也被解釋成弱點或優勢的表示[21]。

【245】這些問題夠複雜的了，但是還有更麻煩的經濟問題。稅制改革同失業聯繫到了一起。下述例子表明，學院經濟學家們面臨著他們謹慎的評論被濫用的危險。1903年初，阿什利徵引巴格浩特的著作時指出[22]：「以往的作者過分輕視了勞動從一個產業轉移到另一個即使是關係密切產業時遇到的困

難。」[23]在張伯倫看來，這句話卻變成了對下述學說的攻擊：「『勞動轉移』學說作為最中意的學說，乃是空談家的學說，他們對商業和勞動一無所知。這是不真實的……你不可能在一種貿易上去教導那些已經獲得熟練和效率的人們，你不可能在一份簡短公告上訓練他們在另一種貿易上的熟練和效率。」[24]

另一個經濟問題是從保護貿易獲得收入的問題。這是一個理由，說明為什麼稅制改革在1914年前的聯合黨（Unionist Party）中會得到不斷增加的支持者。可以把關稅收入用於軍事開支和社會福利，而不必增加直接稅，後者是自由黨的丘吉爾和勞埃德·喬治一直要求的[25]。還有一個問題是，金本位和貿易政策的關係。一些自由貿易論者認為，國際經濟關係體系（金本位是它的一部分）是以自由貿易為基礎的[26]。

### 成果

自由貿易以及想避免「昂貴的麵包」，是自由黨在1906年選舉中獲勝所依靠的主要課題之一[27]。在聯合黨內，保護主義占了上風，但這並不意味著張伯倫最初的運動取得了成功，特別在衰退和高失業時期（如1908—1909年），對保護主義的支持勝過對帝國的偏愛。此外，關於保護主義的種種議論（作為自由黨攻擊私有財產——通過所得稅——的一種替代物），對很不相同的利益集團都富有吸收力，而張伯倫是一直想以其嚴厲的社會改革和帝國復興戰略吸引他們的。儘管稅制改革被聯合黨接受，但是它的目的，它們依據的思想以及它們訴諸的利益集團，均已發生了變化——它應否被視為同樣的政策是值得懷疑的。

稅制改革運動對經濟學專業的影響也是有意義的。教授們的聲明適得其反，它非但沒有確認學術觀點的權威，反而表明經濟學家的觀點缺乏一致，從而為嘲笑抽象理論提供了一個口實。此外，這場爭論使經濟學家們的分野再次公開化，而自從19世紀80年代和90年代初方法論爭論以來，一直在彌補這種分歧[28]。儘管還有疑問，但可以說庇古支持自由貿易是他決定繼任馬歇爾教席（1908）而不是繼任福克斯威爾和阿什利的一個重要因素，後兩人是支持稅制改革的[29]。【246】似乎很難相信，在隨後數十年中，對經濟理論發展發生重大影響的竟是福克斯威爾或阿什利，而不是庇古。在英國，經濟學的制度結構可能從來都是有區別的。

## 19.3 1914年前的失業政策

**失業開始作為經濟理論的課題**

雖然保護主義可作為解決失業的一種辦法，但是最初並不是這樣看的，一個重要原因是，19世紀末之前，失業尚未被當作一個經濟問題。「失業」一詞只是到19世紀90年代中期才被通用[30]。19世紀大部分時間中，失業，或者像一般稱呼的那樣，「就業的不規則性」，主要被看作是一個社會問題——它是由該經濟體系正常的運行引起的。1834年《新濟貧法》的前提是：失業，至少對有能力的人來說，是人們應當料到的不可避免的情況，並且在就業期間就應為失業時的供給做些準備。

儘管在19世紀中期即已承認失業可能是一種荒廢，例如，西尼爾就認為失業會損害工人的熟練和有規則的習慣，但在19世紀80年代，前景開始變化，失業開始被看作商業衰退最有害的後果之一，被看作是一定社會集團中長期存在的問題。這方面最早的著作之一是福克斯威爾的《就業的不規則性和價格的波動》(1886)，他在這本書中指出，許多社會問題的根源，在於就業的不規則性和無保障，而不在於平均收入水準。他不鼓勵使工資取決於市場因素，他主張政府應當將增進就業的規則性作為一項基本的政策目標，「給予工匠和勞動者如同領工薪者和專業人員一樣的社會保障」[31]。另一位明確地把失業作為一個經濟問題的經濟學家是霍布森[32]，他為失業下了一個正式定義，說它包括「工人階級所遭受的各種形式的非自願閒散」。儘管他的這個定義同一般用法相吻合，他還是進一步指出：「更科學的定義應指社會財富生產中沒有就業的人類勞動力總量，它應被列為……多餘或浪費。」[33]這比官方的定義要寬些，例如，後者排除了季節性失業，理由是：無論如何，一年之中有一個季度全體工人都失業是必不可少的。【247】此外，他還提出一種理論，把失業看作商業衰退的一個方面，而以消費不足作為衰退的「直接經濟原因」[34]。作為一種補救辦法，他主張收入分配應以增進消費水準為目標。

不過，有關失業的最重要著作不是出自經濟學家之手，而是由一位被史學家形容為「一批由不同文化傳統教育出來的人」，這些人所關注的東西，「部分是一般經濟前提，部分是社會學研究，部分是行政改革」[35]。其中最主要人物是H. L. 斯密、C. 布思、W. 貝弗里奇以及西尼爾、貝特麗斯·韋伯。H. L. 斯密是商務部關於失業指數的作者，他於1893年提出的失業類別分類在多

年中成為標準分類，這有助於澄清和確定失業問題的性質[36]。布思和韋伯夫婦19世紀80年代末和90年代初對失業本質，以及它同私有權和勞動市場的性質之聯繫，進行了詳細研究。他們注意的中心首先是短工，其中最受注意的又是船工。在這些研究中，失業被看作是同勞動市場的組織有關的問題，研究的目的在於找出改進它的行政辦法，從而減輕失業。例如，布思提出應讓船工不再做臨時工。失業還沒有首先被看作是宏觀經濟術語。

### 貝弗里奇

1909年出版的兩本書包含了此後20年中關於解決失業問題的大部分內容。其中之一便是貝弗里奇的《失業，一個產業問題》（1909）。貝弗里奇的出發點與布思和早期研究者類似，但他在一個更廣闊的工業範圍內考察失業，這些工業既是以臨時勞動為主的，又是聯合在一起的；他還對勞動市場做了總的考察，這些是他勝過別人之處。貝弗里奇把失業看作是在一種競爭性經濟中實現增長的一個不可避免的方面。他說：「失業的發生，是因為在勞動供給穩步增加時，對勞動的需求，在增加的同時又在其數量、分配和素質等方面變動不居。當產業世界分割成各個生產者集團時……必然存在就業的不確定……換言之，失業在一定程度上至少是產業競爭代價的一部分——是浪費的一部分，沒有這些浪費便完全不會有競爭。」[37]不過，他指出，採取兩類政策可使失業問題減到「相對不重要的程度」。首要的一條是勞動交換制度，以之增加勞動在不同行業之間的「流動性」。在貝弗里奇看來，這項政策會使實際同經濟理論的各個假定條件相符合。假定對勞動的需求是單一的，而供給具有完全的流動性，【248】則不難看出失業必定總是處在不明顯的狀態中，就是說需求和供給不斷地趨向均衡。因此實際改革方案必須要集中於需求以及供給的適當流動性。[38]勞動交換當然會減輕臨時性勞動的問題，它幫助工人尋找可選擇的行業，幫助工人轉移出衰落的產業。但它的作用不止於此。例如，青年人可由此得到更好地選擇職業的指導和接受職業教育[39]。

勞動交換對貝弗利奇的另一重要建議（擴大失業保險）也是重要的。他希望以各種不同方式實現這種保險，並認為國家應予支持，或通過支持職工工會制定失業保險條例，或直接制定這些條例。只要建立起有效的失業登記制度，就可防止濫用保險計劃，這意味著一項勞動交換制度是恰當的失業保險的前提條件[40]。

對其他減輕失業的措施，貝弗里奇也不拒絕，例如變更公共工程期限、工資靈活性，不過他認為這些部是「次要的辦法」。他對重組勞動市場賦予最大的意義。

### 皇家濟貧法委員會

1909 年在討論失業問題上的另一重要貢獻是皇家濟貧法委員會的報告。該報告的背景是，特別從 19 世紀 80 年代起，地方當局被授權提供非熟練勞動救濟工程，以減輕最為惡化的失業狀況。這項政策在 1905 年的失業工人法案中最終得到了體現。這些方案有許多缺點，皇家委員會從 1905—1909 年對它進行了研究。該委員會的大多數報告都支持繼續實行救濟工程計劃，而在一項持不同意見的多數委員提出的報告中包含著更雄心勃勃的計劃，其作者是韋伯夫婦和整理出詳細統計資料的 A. L. 鮑利。這份報告的主要建議是，在失業特別高的年度中，國家政府和地方當局的正式公共工程支出的重要部分應特別予以提出。換句話說，政府支出方式應當作這樣的變動，以便為勞動需求鋪平道路，從而消除循環性失業。其他類型失業則可通過改進勞動市場來緩解。

同年（1909 年），通過了一項在全國建立勞務交換的法案。兩年後，國民保險法案提供了一個對付失業的保險制度。

### 李嘉圖主義公共工程觀點

【249】李嘉圖主義關於公共工程開支的觀點是，在為失業提供的工程中，政府不過是「取之於私人和受雇於私人之人，用之於國家選擇之人」[41]。雖然這個觀點到 20 世紀 20 年代後期作為「財政部觀點」才聞名，但它在 1914 年前關於公共工程的討論中已經被提出來了。

霍特里是這種觀點的主要解說者。他在 1913 年寫道：「這份持不同意見的少數委員的報告的作者們顯然忽視了如下事實：靠借款來應付這筆開支的政府，將會從投資市場上把它撈回來，而且，節省下來的錢會被用於創造資本。」[42]

但霍特里是學院經濟學家中唯一支持這種觀點的人。兩年後，論述循環問題的另一位作者羅伯遜批評了這種觀點。對這種觀點的最早的批評是庇古在他的就職演講中提出來的（1908）。庇古在議會中徵引了與後來霍特里所用類似的論據，指出：儘管提高稅收和借款以支持救濟工程，在一定程度上可能會減

少個人就業，但是只有一部分貨幣是從預定用於勞動就業的基金中支出的，而就業卻有了純粹的增長。[43]

## 19.4 金本位和就業政策：1918—1939 年
**背景**

在兩次大戰之間的時期，失業成為經濟政策討論的主要課題，這是從來沒有的。例如，儘管保護主義仍是一個重要課題，特別是在保守黨內部[44]，但討論的內容大不相同了。失業問題的性質同第一次大戰前相比已經發生了顯著變化。在戰後緊接著的繁榮結束之後，失業率比 1914 年前實際上還要高，在整個 20 世紀 20 年代年均 10%。由於逐月公布失業統計數字，人們比 1914 年前更瞭解失業的程度。不僅失業水準，而且失業的特點也不一樣了。失業已不再被看作是主要同臨時工有關的問題了，因為它顯然同一些傳統的主要工業的衰落有關，特別是煤礦、紡織和造船業。失業保險的情況同戰前也不同了，失業保險額在 1920 年的法令通過後有了很大增加，它已包括了大多數工人人口。此外，這項方案的捐助性質直接受到損害，因為它以失業正常水準的 4%~5% 為前提，可是在 1921 年失業已升至 17%，【250】而這時尚未湊齊國民保險基金。儘管做出種種努力「掩蓋」這一點，但大部分失業補貼是從稅收中挖來的。不僅為補貼失業所付出的代價為關注失業水準提供了進一步的理由，而且失業問題和預算政策之間的聯繫也比戰後密切多了。

1929 年衰退後，情況在 20 世紀 30 年代再次發生了變化。在 20 年代，失業主要是英國的問題，其他國家（如德國）的失業率雖然也很高，但這是由於某些特殊因素。尤其對美國來說，20 年代是擴張和繁榮的時期。但是，失業問題在 30 年代初不僅比 20 年代嚴重得多，而且顯然是一個世界性問題，而不限於英國。的確，1929 年後英國所受衰退之苦同美國等國家相比還算是少的。

1918 年後貨幣狀況也很不一樣了。1914 年前金本位未曾受到懷疑，除了關於復本位制的爭論以外。戰時英國放棄了金本位，這意味著 1919 年後貨幣政策——只要做出採取金本位的決定——就會成為討論的對象；甚至只要提出必須恢復戰前金本位，也會提出怎樣恢復以及何時恢復的問題。

貨幣和失業問題在 1914 年前的政策討論中，在一定程度上沒有真正聯繫

在一起。一個重要理由是，失業問題的性質變化了，失業現在實際上是出口產業的問題，這些產業的狀況取決於他們的競爭。這樣，匯率、成本和工資率現在以一種新方式加入失業問題的討論中。

**金本位**

在坎利夫委員會1918年和1920年的推薦之下，決定恢復金本位，取戰前平價1英鎊=4.86美元[45]。不過，它不是一下子實現的，因為如果按該匯率，英國價格相對於美國價格還是高[46]。1920—1925年，價格水準下降40%，同時英國價格相對於美國有所下降，這就有可能在1925年準備恢復到戰前平價。問題在於，儘管價格下跌，英國貨幣以4.86美元的比價還是估價過高。於是，準確的比價便成了爭論的對象；在後來數年間，出現了多次嘗試——降低工資以降低出口成本。正是對工資的這種壓力導致了1926年的總罷工。金本位維持了6年之久，到了1931年，由於財政危機被迫放棄，於是英鎊貶值。【251】這樣，匯率政策便形成了三個不同階段：1920—1925年，準備恢復金本位；1925—1931年，恢復到金本位；1931年後放棄金本位。在每一階段，壓力、背景以及貨幣和財政政策的利用都是很不相同的。

支持恢復金本位者的理由集中於：在現行通貨制度下，投資者要遭受不確定性之害。如不緊縮貨幣，則其膨脹轉向黃金，引起信貸膨脹和通貨膨脹的持續危險。由於有戰時通貨膨脹的例子，還有幾年後魏瑪共和國通貨膨脹的例子，所以上述觀點顯得很有力量。還有道德上的考慮，即英鎊債務是在允諾以一定條件可兌換黃金時舉借的，如果放棄這一允諾使英鎊貶值就是食言[47]。這種行動同維持穩定的國際財政秩序也不一致，而貿易和繁榮有賴於這種秩序。

決定是布拉德伯里委員會在1925年2月提出要恢復金本位時做出的。布拉德伯里委員會未考慮英鎊更低平價問題——它的確難以做到，因為英—美價格差距（抹掉它是錯誤的）估計不過4.5%。在英鎊以金本位波動的最高價和最低價之間的範圍內，它能緊縮的也不過大約1.5%。該委員會還考察了通貨緊縮的前景是平靜的，1920年以來價格下跌40%即是明證。前景看好時便恢復金本位是重要的，因為延遲可能減少對英鎊的信心，從而壓低匯率，使恢復到戰前平價更加困難。

凱恩斯是最主要的反對恢復金本位決定的人。他在《論貨幣改革》(1923)中承認通貨膨脹帶來了不利後果，但他認為通貨緊縮的後果更糟糕[48]。

他指出，是拋掉把維持價格水準的重擔托付給政府這一偏見的時候了。當金本位即將恢復時，凱恩斯以其《丘吉爾先生的經濟後果》（1925）作答，直截了當地反對財政大臣。他認為，價格差距要比布拉德伯里委員會所說大得多，大約為 10%，加上難以壓低工資，這樣一來，過高估價英鎊會造成嚴重後果，特別在出口工業方面。

不過，在大的範圍內，凱恩斯和支持恢復金本位者之間的意見分歧，集中在對經驗證據的解釋上，而不是在經濟理論上。他們對恢復金本位所要求的通貨緊縮的程度有不同看法，凱恩斯對價格差距的估計比布拉德伯里委員會的估計要大得多。此外，凱恩斯認為，1920 年以來之所以通貨緊縮，只是因為 1920 年前工資從未隨價格上漲而作相應調整。【252】他還指出，**因為**通貨已經緊縮，因而任何進一步緊縮都是很困難的。他的反對者則正好相反，認為以往的緊縮是可以進一步緊縮的證據。

### 20 世紀 20 年代的公共工程政策

1918 年後大多數英國經濟學家的看法是，公共工程開支可用於減少失業，持這種看法的不僅有韋伯夫婦這樣的社會主義者，而且有更多的正統經濟學家。若干年前，庇古（1908—1912）和羅伯遜（1915）就拒絕了李嘉圖主義的下述觀點：公共開支不過是從私人投資開支中挖來的。戰後他們仍持這一看法。20 世紀 20 年代反對公共工程的唯一著名英國經濟學家是霍特里[49]。儘管霍特里在 30 年代同哈耶克和羅賓斯這些受到奧地利循環理論影響的經濟學家站到一起[50]，但是仍然應當說，大多數經濟學家支持利用公共工程政策來對付失業。凱恩斯 1929 年的說法只不過稍有誇張而已：「我所認識的有聲望的英國經濟學家中，沒有人認為各種國民發展方案不可能救治失業。」[51]

在財政部和金融界，經濟學家們都不反對公共工程。不過，即使在這裡，側重點也有了重大變化[52]。1920 年初，對救濟工程和反循環公共工程的官方支持是存在的，其代表作是皇家濟貧法委員會的少數持不同意見者的報告[53]。以往衰退的經驗表明，失業可以指望是暫時的，而且，由地方當局來組織的公共工程是失業救濟的較為合算的形式，不牽涉財政部。只是到 1925 年以後，失業不再被看作是暫時的時候，態度變得冷淡起來，而且傾向於限制救濟工程。失業原先被認為是一個循環性問題，現在則認為它是結構性的，因而恰當的解救辦法是產業的重新組織，勞動力流動和成本降低。用一位史學家的話來說：

「不過幾年，救濟工程和反循環的公共工程便名譽掃地了，財政部發表的觀點則使它名聲大振。」[54]財政部不僅對公共工程方案的價值表示異議，而且在維護自己觀點方面還開始用了一些新的理論說明。1927年的財政部聲明爭辯說：「1925年年底政府決定限制對救濟工程的許可，主要是基於以下看法：由於中國資本供應有限，所以，從正常貿易渠道提取該資本的相當部分都是不可取的。」[55]【253】丘吉爾1929年在眾議院演說中指出：「正統的財政部教條，而且是堅守不渝的教條是：無論有怎樣的政治或社會效果，都由國家借款和開支所創造的就業，事實上，而且通例是微乎其微的。」[56]按照這種正統觀點，英國的經濟問題不是由於需求不足，而是由如下幾種因素引起的：中央政府和地方當局的非生產性債務負擔和過度開支，造成預算的種種麻煩；一些產業成本過高；各階級都試圖維持過高的生活水準。[57]

### 實際工資和失業

戰後論述「凱恩斯和古典派」的著作有一種傾向，把削減工資看作是「古典派」醫治失業的方法。對此，有必要指出，經濟學家中支持削弱工資者是很少的。儘管有些著名經濟學家（最有名者也許是凱南）支持削減工資政策，但最為公認的同「古典派」經濟學有聯繫的經濟學家庇古卻並不主張這種政策[58]。在削減工資還是擴大需求問題上，他的觀點同凱恩斯沒有多少區別。庇古的立場在他的《工業波動》（1927）中已作過表述，在他後來為麥克米倫委員會所做的證詞中有更明確的說明[59]。在該證詞中，庇古承認在既定的需求水準下，降低實際工資會增加就業，不過他指出，擴大需求更為可取。這是因為，他把失業的存在作為一種表徵，即勞動供給超過了需求；因此，他相信增加需求會增加就業，同時又不使實際工資有任何下降。[60]

### 凱恩斯和公共工程，1924—1929年

凱恩斯如被看作是唯一主張以公共開支來救治失業的人，這是極大的誤解（如前所述），但他是最堅決地主張這項政策的人之一。20世紀20年代中期他剛開始支持公共投資計劃時，還沒有把這種計劃看作是解決循環波動的辦法（像戰後公共工程計劃那樣），而看作是解決在一些產業出現持續不景氣的辦法。這種不景氣因為恢復金本位而變得持續不斷了[61]。凱恩斯在1929年寫道：「4年前或更早一些時候，我開始支持國民發展的各項方案，以之作為解救失

業的辦法，當時我即認識到，由於恢復到金本位會使中國的貨幣工資率相對於外國競爭者太高，所以我們不能指望在一段相當長時期內在出口產業中雇傭像以前一樣多的勞動。」[62]凱恩斯在一篇提出了一個富於雄辯的問題（《失業需要一劑猛瀉藥嗎？》1924）的文章中，支持勞埃德・喬治關於公共投資的宏大計劃。【254】他指出，缺乏信心限制了發現私人投資，實施公共投資計劃不但會直接提供就業，而且會增強私人投資者的信心。凱恩斯同勞埃德・喬治和自由黨的聯繫持續存在於整個20年代。自由黨在1925年的競選宣言中提出「我們能夠克服失業」，這裡面包含著這樣的理由：公共投資（從修路到投資於發電和電話系統）不但能引起直接的就業，還能在私人部門引發進一步就業。這份宣言公開批評了下述論點：儲蓄的供給有限，因而大量儲蓄不會進入生產投資渠道，而會作為銀行存款貯藏起來。[63]這個宣言得到了凱恩斯的公開讚同。[64]

### 蕭條和和復甦，1929—1939年

為了理解這些年所出現的各種討論的性質，有必要概述一下這時期所發生的事件[65]。華爾街股市崩潰發生在1929年9月[66]，接著就是世界性大暴跌。英國的失業率雖上升得不像美國那樣高，也從1929年的10%上升到1930年的15%和1931年的22%。這造成了巨額預算赤字的前景。1930年預算增加了稅收，1931年2月成立了一個委員會（「五月委員會」）以提出減少公共開支的措施。到此為止，英鎊暴跌的結果還是有利的，因為隨著英國股市繁榮的崩潰，貨幣變得堅挺起來，英國利率從1929—1930年呈下跌趨勢。然而，5月份，一家奧地利銀行的倒閉引發一場金融危機，起初波及德國，接著在7月又波及英國[67]，政府把這場危機主要歸咎於缺乏信心，後者又是由大筆預算赤字所引起的[68]。解決辦法涉及削減公共開支，如像五月委員會在7月初公布的報告中所建議的那樣。工黨政府削減10%的失業救濟金，8月24日又被麥克唐納的政府予以恢復，直到工黨執政為止。9月10日通過了削減辦法和一份緊急預算。但這未使局勢緩和；9月21日英格蘭銀行被解除了它支付所需黃金的義務。金本位就這樣被維持到政府被迫放棄它時為止。

儘管普遍存在著希望，但即使在金本位實行之時，也幾乎無人支持這種想法：一旦它被放棄後還要予以恢復[69]。討論只集中在英鎊被允許調整的比率問題上。儘管放棄金本位伴隨著利息率的暫時上升，但緊隨其後的還是一個貨幣

貶值和匯率相對低落時期,【255】這些被認為有助於復甦。1932 年「外匯平衡帳戶」的建立使有可能在面對資本流入時繼續執行這一政策。資本流入是對英鎊恢復信心的表現[70]。不過,預算政策在 20 世紀 30 年代初很少變化。1935 年恢復了 1931 年實行的削減開支政策,但是預算仍是平衡的。例如,政策拒絕了凱恩斯的如下建議:開支應伴隨稅收而進一步增加;理由是,這不過是掩蓋預算不平衡的一種手法。只是從 1936 年起,主要是從 1937 年起,當英國捲入重整軍備之中時,預算政策才改變了[71]。

**麥克米倫報告**

五月委員會著眼於短期,對其削減開支建議會有怎樣更廣泛的影響未予考慮。關於財政和產業的麥克米倫委員會(凱恩斯是其中的主要成員)則不同,他們在 7 月晚些時候發表的報告中採取了較為廣闊和深遠的看法。這份報告是重要的,因為它在英國仍實行金本位時提出了膨脹性政策。

該報告開頭一段提出的需要管制經濟的觀點,同凱恩斯在《自由放任的終結》一書中表述的看法是相似的:「我們可能已經達到了這樣一個階段,在這個階段中,調諧一致和精心管理的時代必須接替間接的自然進化……我們認為在我們的財政安排中需要一種前所未有的國家政策。」[72]儘管該委員會主張實行膨脹性政策,但也沒有對維持金本位的好處表示異議。該報告指出:「這就給我們提出了這樣的問題:依附於一種國際本位會不會使價格上過分沉重的支付卷進國內不穩定的形勢……如果我們把今天的這種情況放在一邊,經驗並沒有表明一個具有各種貿易的債權國,會由於依附於某種國際本位而遭受過分的壓力。因此,我們認為,我們不應受一時的緊急事件的影響,如果有理由相信從長遠看可能會有重要利益的話。假定我們需要一些緊急措施來緩和這種直接的壓力,我們就應在其他方向上去找。」[73]關於長期觀點的好處,該委員會提到了從銀行和金融系統獲利,但更重要的是對一個世界貨幣標準的需要:「也許,在人類技術領域內,沒有什麼課題會比世界作為一個整體應當建立一種穩健而科學的貨幣體系更為重要的了。」[74]放棄金本位,英國走向一個合理的世界貨幣體系的可能性就會減少,因為該委員會看不到早日進到這一體系的可能性,「除非作為從歷史金本位出發的發展過程的結果」[75]。

儘管 E. 貝文(他一直堅持通貨貶值)和該委員會的另一位成員持有異議[76],通貨貶值還是被拒絕了[77]。

這種世界主義看法反應在主要的政策規定中：「我們的目標應當是，在中國有能力影響國際價格水準的範圍內，首先把價格逐漸提高到今天的水準之上，並盡力維持在這個水準，以達到用管制所達到的穩定性。」[78]至於國家利益和世界作為一個整體的利益之間的分歧，【256】麥克米倫報告認為「這種顯而易見的利益分歧一般來說會得到說明或避免，只要充分理解的話」[79]。價格穩定由中央銀行信貸政策來實現，該政策的目的在於穩定投資率（長、短期）[80]。通過不允許「不需要和不必要的」累積黃金，中央銀行就可避免將通貨緊縮從一國轉移到另一國。在考察了如何使國際貨幣體系更好運作之後，該委員會報告才轉向其他問題[81]。

該委員會的少數派（包括凱恩斯和貝文）更進一步認為應當考慮更廣泛的問題。「這是因為如果在其他方面的情況仍然不變，那麼，在銀行體系權力範圍內能否使嚴重的失業恢復到令人滿意的水準是大可懷疑的」[82]。原因在於，主要問題不是缺乏銀行信貸，而是「可以接受的借者不願借貸」[83]。為改變這種狀況，或者使長期利率顯著下降，或者必須採取某種形式的國家行動。兩者都會對收支平衡施加壓力。正是在這個範圍內，稅收和獎勵制度才被提出來作為一種替代「通貨貶值得非常好」的辦法[84]。

麥克米倫委員會提出的各項政策，同凱恩斯過去發表的《論貨幣》的思路是一致的。重點放在要求實行通貨膨脹，在世界範圍內提高價格水準，提高利潤和投資刺激[85]。公共開支和膨脹性信貸政策是這個過程的一部分。不過，該委員會建議的重要方面是，不要把這些建議看作是替代金本位，委員會並沒有拒絕支持金本位的長期理由。如前述引文所示，他們格外強調維持一種穩定的國際貨幣體系[86]。保護主義建議不被看作是把英國同世界其他各國隔離開來的一種手段，而是使英國得以繼續保留金本位的手段，而保留金本位是走上完備的國際貨幣制度的適宜出發點。

**凱恩斯觀點的發展**

【257】在考察凱恩斯觀點的發展時，重要的是記住他寫作的環境在不斷變化，而他總想把他的觀點運用到當時的形勢上；同時記住對切實可行措施存在著各種壓力。不過，在他的著述中有一個不斷重申的主題，即通貨緊縮是不可取的[87]。早在1929年初他批評恢復金本位時即指出，當局低估了通貨緊縮對其政策影響的程度和意義。從1925—1931年，他探索了促使經濟膨脹的途

徑（國內和國際經濟），同時又保持金本位的好處。他對金本位的支持是他早先觀點的自然延伸，因為他把它看作是朝著對世界經濟進程做出合理決定的一個步驟[88]。1931年後，他繼續為膨脹政策聲辯，儘管隨著金本位的崩潰，他把對國際貨幣體系的希望轉向了一些英鎊地區。

強調通貨膨脹同正統觀點形成了對照，正統觀點向來對通貨膨脹懷有恐懼心理。金本位被認為能鼓舞信心的一個主要理由是，統制通貨同通貨膨脹聯繫在一起。20世紀30年代初的金融政策受著懼怕通貨膨脹後果的驅使，而這個政策是同不平衡的預算聯繫在一起的。

不過，凱恩斯擁護通貨膨脹政策是有條件的，他在1937年寫的一系列文章和信件中表述了這些觀點[89]。凱恩斯相信，當時的經濟正在超過存在一般過剩能力的那一點，因此，對需求的構成同需求的大小予以同樣注意是重要的。因為存在著暴跌迅速發展的可能性，如果合適的投資計劃需要花時間來制訂，則某些開支項目就會被阻止，當反暴跌的時刻到來時，它們便可以被使用。因此，凱恩斯力主抑制投資，儘管失業已高達10%以上。

凱恩斯的政策前提，無論是對國內貨幣政策、公共工程還是國際貨幣體系，都是基於對國家在經濟生活中作用的同一態度。這種態度在《自由放任的終結》（1926）中有詳細說明。本書包含了對社會哲學的長篇研究。作者在其中批判了自由放任這一正統教條，把它描述為一種「昏睡的怪物」，它「靠沿襲的權力而不是憑個人的優點支配著我們」[90]。他把國家社會同樣看作是時代的錯誤[91]，他指出，借邊沁的話來說，有必要「把政府的**議事日程**同**非議事日程**重新加以區分」[92]。關於前者，凱恩斯說：「國家最重要的議事日程不是同個人已經在實行的各種活動有關，而是同個人活動範圍以外的那些職能有關，同那些如果國家不管則無人去做的決定有關。【258】對政府來說，重要的不是去干那些個人正在干、而且干得可能好點也可能差點的事情；而是今天還完全沒有做的事。」[93]他認為當時的主要禍害是「風險、不確定性和無知的結果」，基於此，他列舉了需要國家活動的三個領域：精心控制通貨與信貸；「協助智力判斷活動」以決定合適的儲蓄水準以及渠道；注意人口的規模和素質。[94]他指出，首先在國家水準上，精心地管制通貨，然後視情況需要時在國際水準上來實行，他還測定了適當的投資水準。凱恩斯關於政策的所有著述都基於一種哲學：世界應服從於合理的政策決定，而這樣的決定應該有人來做。[95]

## 19.5　結論

**經濟政策的複雜性**

本章未想提出經濟學和經濟政策上最常問起的兩個問題：提出某些特定經濟政策的主要理由是什麼？什麼政策是合適的？這有兩方面原因。①適當地提出其中任何一個問題都會使我們比現在更深入英國的經濟史[96]。②更重要的理由是，儘管這些問題是重要的，但從理解經濟思想演進道路的觀點來看，它們不見得是最重要的。因此，更重要的常常是，考察這些思想同它們被提出的環境的關係，而不是從現代對該時期經濟史的看法的角度考察這些思想如何被提出。以這種方式解釋關於經濟政策的觀點並不是對它們加以辯護[97]，當然，這種解釋也可能是完全錯誤的。

在本章包含的這個時期，經濟理論在討論經濟政策時是重要的，學院經濟學家們有許多機會發表他們的觀點，無論是戰前還是戰後。不過，這種討論同所實行政策的關係是複雜的，這不僅因為政策制定者喜歡考慮到其他一些有關問題，不理解學院經濟學家的思想；而且，更基本的原因同經濟理論的性質有關。理論與政策關係複雜的第一個理由是，經濟理論的發展在很大程度上是自發的，就是說，它的發展和演進主要會受到理論考慮的影響，經濟理論發展的道路還受到經濟學家喜歡提出的問題及提出問題的方式的影響。這取決於經濟學家們如何理解經濟，取決於政策制定者所面對經濟問題的性質。對失業問題的態度變化也許是最好的例證。當經濟學家們關於失業的概念還受著倫敦船工市場上臨時工問題支配時，他們分析失業問題的方式甚至不同於兩次大戰期間分析該問題的方式，更不用說經濟學家們今天所採取的分析方式了。

理論和政策的關係如此複雜的第二個理由在於，不僅理論在發展，而且理論和政策規定之間一對一相符合的情形也是極為罕見的。凱恩斯和庇古在20世紀20年代晚期對失業政策的看法提供了這方面的一個很好例證。他們兩人對失業政策的立場非常接近，都反對削減工資、支持公共投資政策。但這些政策規定所依據的理論是不同的。庇古的《工業波動》和凱恩斯的《論貨幣》的理論思路不同[98]。即從同一理論得出不同的政策規定的情況，可以從下述例證中看出：20年代初，經濟學家們依據購買力平價理論提出了不同的政策觀點。

下述事實十分重要，值得指出：經濟理論只集中於某個問題的某些特定方

面。這種「眨眼者」（blinkers）可能懷有某些目的，而且經濟關係的邏輯分析是這些無法估價的方面之一，這些方面受人忽視，但卻極少在經濟政策討論內被漏掉。這方面的一個例證是馬歇爾的理論在稅制改革運動中的利用。經濟發展問題實際上不可能在馬歇爾的供求模式內加以分析[99]，但它們是不能忽視的問題，因為許多稅制改革者都認為它是重要的。

在估計經濟政策爭論時，有必要指出下述一點：對經濟問題的某些方面可以進行數量研究，它們涉及經濟變量之間的函數關係。自 1939 年起，特別是隨著數學在經濟學中的應用的增加，經濟問題的這些方面便愈益得到重視。其結果是對不可能數量化的各種因素傾向於賦予極少意義。試看有關金本位和公共工程政策的正統觀點。凱恩斯的反對理由能夠容易地正式地予以表達，財政部觀點的弱點則明確地突出起來。相反地，關於另一個方面的爭論，即關於金本位和公共政策的內在優點的爭論，則不可能（至少在今天）以這種方式加以分析。【260】信心之類的因素，其他國家對一種「非道德」行動的反應，通常不可能用簡單的函數關係來表達。正統派的立場之所以不如凱恩斯主義的立場那麼堅定，這便是理由之一，而且可以說，它是唯一的理由。正因為如此，麥克米倫委員會報告才如此令人感興趣，因為它表明凱恩斯和其他一些支持膨脹政策者，證明了「正統派」觀點的一個方面即金本位的意義。

### 英國和美國的政策討論

本章的視野是很狹窄的，這是因為該時期經濟政策的討論，也許在比今天更大程度上受到特定環境和經濟學家們寫作背景的影響。這與經濟理論有所不同，可用美、英經濟政策討論中的差別予以說明。

同英國一樣，美國經濟政策討論在 19 世紀最後 30 多年發生了根本變化，[100]但其原因卻很不一樣。劃時代事件是 1862—1865 年內戰，因為 1865 年後數十年間人們看到的不僅是不同的政治較量，而且是經濟的巨大擴張（生產和疆域）。正是在 1865—1914 年，邊疆從密西比擴張到太平洋。在內戰期間，有一項政策促進了工業的迅速擴張，同時最小限度地控制商業活動。特別是隨著 19 世紀 90 年代出現的經濟力的巨大集中，部分地由於鐵路在美國經濟中的重要作用。經濟力的巨大集中，主要發生在 90 年代。結果，控制商業活動便成了一個比在英國更為重要的課題。

貨幣問題也是一個在美國比在英國展開更激烈辯論的問題，因為內戰期

間，隨著國債陡增和實行不可兌換通貨（綠背貨幣），一再挑起爭吵。使美國貨幣問題顯得重要的其他因素是，經濟迅猛擴張和對流通手段的需要，還有農場主的政治作用。19世紀70年代和90年代蕭條期間，特別是在1896年總統選舉期間，銀幣問題成了最主要問題。銀幣自由鑄造被作為擴大通貨供給的一種手段⑩。因此，雖然美國經濟學家提出的理論同其他國家當時的理論是同類的，但經濟政策的討論卻極不相同。

同英國一樣，工會及其活動也是美國的一個問題，但情況也不一樣。美國工會面臨的問題比他們的英國夥伴要多，他們的會員人數直到1914年仍然很少，而且力量相對來說是弱小的。儘管社會主義思想在美國沒有贏得很多公開的支持，但激進觀點還是強勁的。此外，美國經濟學家對對方觀點的寬容意味著，失業與商業循環的聯繫，商業循環與消費不足的聯繫，在美國比在英國要強些。如霍布森對美國比對英國給予了更多的注意。失業政策的討論具有很不相同的背景。【261】

註釋：

① 哈欽森（1978），第94頁以下各頁；克勞塞（1982），第105-112頁。
② 對這一時期的批判性討論，參看克勞塞（1982），第56-63頁。
③ 參看第73頁。
④ 本節大部分採自哈欽森（1978），第4章；參看同上，第256頁以下，關於不同於此的討論。
⑤ 參照迪恩（1978），第101頁。
⑥ 哈欽森（1978），第97頁；參看第75頁。
⑦ 參看第165頁以下各頁。
⑧ 西季威克（1883），第403頁；參看哈欽森（1978），第204頁。
⑨ 參看第163頁。
⑩ 這個結論也要求假定所有效用函數是同一的，還要假定效用在個人之間可以比較。
⑪ 哈欽森（1978），第104頁；克里迪（1981），第89-91頁。
⑫ 哈欽森（1978），第117頁，引自凱南（1893）第8版。
⑬ 凱恩（1979），第40頁以下。

⑭ 因為在「布爾戰爭」期間實行了臨時進口稅,所以討論集中於這些臨時稅收是否應被取消的問題上,而不是要不要實行新稅收。

⑮ 同上,第41頁。

⑯ 鮑爾弗,引於科茨(1968),第194頁。

⑰ 巴斯塔布爾以及其他人(1903)。

⑱ 科茨(1964),第99-103頁。

⑲ 參看庇古的引語,引於科茨(1968)第216頁。

⑳ 凱恩(1979),第45頁以下包含著對實際施行關稅的評價。

㉑ 科茨(1968),第207頁。

㉒ 參看第224頁以下。

㉓ 引於科茨(1968),第214-215頁。

㉔ 同上,第215頁。

㉕ 凱恩(1979a),第55頁。

㉖ 湯姆林森(1981),第55頁。

㉗ 凱恩(1979a),第54頁以下各頁。

㉘ 科茨(1988),第224頁,參看212頁以下各頁和262頁以下各頁。

㉙ 同上,第225頁以下各頁;參照科斯(1972)。

㉚ 哈欽森(1978),第409頁;哈里斯(1972),第4頁,馬歇爾首次用該詞在1888年。本節大部分內容取自哈里斯(1972),第1頁以下各頁。

㉛ 福克斯威爾(1886),引於哈欽森(1953),第412頁。

㉜ 對霍布森的討論,參看艾利特(1981)。

㉝ 霍布森(1896),第9-10頁。

㉞ 霍布森(1896),第Ⅷ頁;參照第56頁以下各頁。

㉟ 哈里斯(1972),第11頁。

㊱ 哈里斯(同上)認為,對這類尺度的研究導致了實用的理論解釋。

㊲ 貝弗利奇(1909),第235頁。

㊳ 同上,第237頁。

㊴ 關於其他影響,參看貝弗利奇(19099),第210頁以下各頁。

㊵ 同上,第228頁以下各頁。

㊶ 哈欽森(1953),第416-417頁。

㊷ 霍特里(1913),第260頁,引於哈欽森(1953),第417頁,參看第184頁以下各頁。

㊸ 布勞格（1978），第684–685頁解釋了庇古依據平衡預算乘數所做的論證。

㊹ 1923年選舉因巴德溫的保護主義言論而引起爭吵和失利。

㊺ 庇古後來告知麥克米倫委員會，這個問題被認為是如何（而不是要不要）回到金本位的問題。

㊻ 參看第17章第5節關於購買力平價理論，它為這裡的討論打下了基礎。

㊼ 參照莫格里奇（1972）第228頁：「『4.86美元的諾曼底徵服』說到底是對一種不完全理解的調節機制（多半出自道德原因而採取）有信心的行動」。[「諾曼底徵服」（「The Norman conquest」）指英國歷史上1066年諾曼底公爵對英格蘭的軍事徵服——譯者註]

㊽ 參看第77頁。【441】

㊾ 參看第184頁以下各頁和第249頁。

㊿ 參看第189–190頁。

(51) 凱恩斯（1971—1983），第XIX卷，第813頁。

(52) 溫奇（1969），第104–107頁。

(53) 參看第248頁。

(54) 溫奇（1969），第106頁。

(55) 同上。

(56) 引自上書，第109頁。

(57) 這段小結摘自布拉德伯里對麥克米倫委員會報告持異議的說明（1931），第263頁。

(58) 對削減工資的廣泛討論，參看哈欽森（1978），第6章；庇古的觀點，見科勒德（1981）。

(59) 哈欽森（1978），第182–183頁。

(60) 參看下文。

(61) 凱恩斯擁護公共工程先於實際恢復金本位。

(62) 凱恩斯（1971—1983），第19卷，第812–813頁；著重點是新加的。

(63) 自由黨（1929），第54–55頁。

(64) 參看哈羅德（1951），第465頁。

(65) 對該時期的一個說明，參看艾爾弗德（1972）。

(66) 加爾布雷思對此有很好的解說（1955）。

(67) 溫奇（1969），第120–135頁；豪森（1975），第75頁。

(68) 五月委員會過高估計了類似赤字，麥克米倫委員會對英國短期債務額的估計也挫傷了人們的信心。

(69) 豪森（1975），第 80 頁以下各頁。

(70) 這並不是說，政府政策是貨幣貶值的原因，也不是說它是復甦的原因。參看內文（1955）；豪森（1975），第 86 頁以下各頁。

(71) 豪森（1975），第 90 頁以下各頁；薩拜因（1970）。

(72) 麥克米倫報告（1931），第 5 頁。

(73) 同上，第 108 頁。【442】

(74) 同上，第 109 頁。

(75) 同上。

(76) 同上，第 239 頁以下各頁。

(77) 同上，第 110 頁。

(78) 同上，第 117 頁。

(79) 同上，第 126 頁。

(80) 同上，第 131-133 頁。



(81) 主要是要求有更多的統計資料，以及所謂「麥克米倫缺口」（Macmillan gap）——一定規模的企業得不到財政支持。

(82) 同上，第 190 頁。

(83) 同上，第 191 頁。

(84) 同上，第 200 頁。

(85) 參看第 191 頁。

(86) 如果 20 世紀 30 年代貨幣崩潰之後發生世界貿易的崩潰，那麼這種擔憂也許比現在看上去更不正常了。



(87) 參照第 177 和 251 頁。

(88) 溫奇（1969），第 138 頁。

(89) 哈欽森（1981），第 114 頁以下各頁。

(90) 凱恩斯（1926），第 287 頁。

(91) 同上，第 290-291 頁。

(92) 同上，第 288 頁。

(93) 同上，第 291 頁。

(94) 同上，第 292 頁。

(95) 參看斯基德爾斯基（1983）對凱恩斯哲學觀點的討論。

⑯ 對這個問題的討論，參看艾爾德克羅弗特（1984）；艾爾弗德（1972）；凱恩（1979a）；弗勞德和麥克勞斯基（1981）；莫格里奇（1972）；波拉德（1970）；湯姆林森（1981）。

⑰ 參照羅金的立場（1956）。

⑱ 參看第187、190頁。

⑲ 長期發展問題對馬歇爾當然是重要的，不過，這被轉移到供求結構上，而不是在該問題範圍內進行分析。

⑳ 多夫曼（1946—1959）是最重要的參考。也可參看沙伊波等（1976）。

㉑ 例如，沙伊波（1976），第304頁以下各頁。

# 20 新古典經濟學的範圍和方法

## 20.1 引言【262】

儘管杰文斯、門格爾和瓦爾拉斯研究經濟學的方法有重大區別,但在他們的許多同時代人看來,他們還是站在李嘉圖、西尼爾和穆勒的英國古典政治經濟學一邊,因為他們仍把抽象演繹的理論置於經濟學的中心。由於在方法論上對英國古典政治經濟學發出挑戰的是歷史學派,所以杰文斯、門格爾和瓦爾拉斯的著作,用當時的話來說,是「正當歷史研究方法似乎勝利前進之時……(他們則要)恢復抽象的方法」[1]。

本章考察杰文斯、門格爾和瓦爾拉斯的後繼者們提出的方法。這並不是說其他經濟學家對方法問題沒有發表什麼看法——遠非如此。事實上,大多數新古典派方法論著述都是對批評者論點的反應,這些批評者對他們的方法論持懷疑態度。然而,由於對新古典方法論的攻擊常常就是反對正統經濟學的主要部分,所以在第 18 章(「可供選擇的各種學說」)而不是在這裡考察這些方法論方面的批評是有道理的。

## 20.2 約翰·內維爾·凱恩斯[2]

19 世紀晚期英國最重要的方法論著作是約翰·內維爾·凱恩斯的《政治經濟學的範圍和方法》(1891)。凱恩斯在這本書中企圖調解抽象的「英國」學派和它的歷史的、「德國」批判者之間的分歧[3]。凱恩斯以和解的精神表述了他的看法:「可以有把握地說,排他性是經濟學方法著作家們常犯的毛病。」[4]在凱恩斯看來,不同的方法適用於不同的問題,他要求兩派經濟學家在

討論相同問題時使用相同的方法。他們的區別實際上涉及不同問題的相對重要性[5]。大多數經濟學家是同意上述方法的，不同意者只是各派中的極端支持者。

儘管凱恩斯以和解的精神提出他的論證，但他顯然還是站在抽象的「英國」學派一邊。最重要的是，他要求明確區分實證的和規範的經濟學，而拒絕把經濟學搞成一門倫理科學的要求：「將是什麼和應當是什麼的研究融合在一起，就可能對每個問題做出明確而公平的回答。」[6]凱恩斯還否認了歷史學派的下述看法：不能把行為的經濟方面同其他社會現象分離開來。

凱恩斯認為科學是「有聯繫的系統化的真理實體，而且具有普遍的形式」[7]。這是討論凱恩斯方法論觀點最好的出發點。凱恩斯把科學活動看作是對真理的探求，它的基礎是觀察或歸納。儘管演繹是重要的（理由見下），但它也會成為無意義的，除非它所依據的前提是根據觀察得出來的。凱恩斯說：「如果不從觀察出發，所有的演繹都是貧乏無力的。」[8]關於觀察和歸納有兩點需要指出：①在凱恩斯看來，觀察是個富於伸縮性的名詞，它不僅包括實驗（例如檢驗遞減收入，或檢驗分工對生產的影響）[9]，而且包括常識[10]和反省的成果[11]。儘管凱恩斯承認觀察有賴於理論，但這並不被認為是對理論進行歸納檢驗的一種障礙：寧可說理解正確的理論會有助於去掉「個人的偏見或愛好」。凱恩斯說：「我們對支配經濟現象的規律的認識愈完全，我們對它們的觀察和分類就會愈準確。」[12]②歸納推理的任務限於觀察「基本經濟因素」，而不是「複雜的經濟要素」[13]。凱恩斯對歷史方法的排斥不是基於對歸納本身的任何否認，而是因為他相信，經濟學的對象過於複雜，以致不能靠歸納研究法。在談及差異法（例如，兩國之間除了我們感興趣的某些方面以外，其他各方面都相同）時，凱恩斯指出：「用這種方法可在或大或小可能性上得出因果聯繫，但這種情形可以說是少有的；即使在最有利的場合，借助於某種獨立的論證路線予以確認是不可或缺的。」[14]他又說：「起作用的原因的數目愈多，它們相互作用的方式愈複雜，則實現進行有效歸納推理所要求的條件的可能性就愈小。」[15]

演繹也是重要的，這不僅因為靠歸納推理不能得出複雜的經濟規律，而且因為科學活動在凱恩斯看來不限於描繪和確認經濟要素之間的聯繫。因此，演繹法是有生命力的。【264】凱恩斯以讚同的態度徵引了杰文斯的如下論斷：「當一門科學成為演繹的科學，而且能使我們愈益清晰地把握住在同一規律下

互不聯繫的事即時，它才是完善的。知其所以然者將會準確知其然，而且瞭解哪些不同條件將會妨礙它的出現。」[16]

然而，強調指出這一點是重要的：凱恩斯關注的不僅是預期，而且是發現經濟現象的真正原因[17]。

從凱恩斯對科學的定義和杰文斯的上述引文可以看出，一方面，構成政治經濟學真理的是一般真理。經濟規律的這種一般性有兩方面。另一方面，對一般性的這種要求證實了凱恩斯對演繹推理的強調。凱恩斯認為抽象演繹理論可以得出必然的和能夠加以證明的結論，這沒有什麼爭辯的餘地。相反地，歸納性法則被看作是「偶然的和不確定的」，其運用性有限，而且缺乏確定性[18]。

另外，經濟規律必須是傾向性規律，能夠揭示在沒有擾亂和對抗因素下將會發生什麼情況。通常使用「假定其他條件不變」這一論證方法[19]。凱恩斯強調將預期同觀察加以比較的意義，其目的與其說在於檢驗理論，不如說在於確認應用理論所必要的條件。因此，儘管凱恩斯引述了穆勒大意如下的一段話，即對演繹推理的信心來自該推理的結果與觀察的結果相符合，但他的目的僅在於證明以下的說法：「我們可以有足夠的證據相信，我們的前提符合事實，相信演繹過程是正確的；我們通常對我們的結論抱有信心，儘管要得到這些結論完全的變化幾乎是不可能的。」[20]理論和事實的分歧可以緣於理論的某些方面這是無法觀察的；換句話說，即使「其他都不變」的假定已得到詳細說明，也不可能確定它們是否得到滿足。

雖然調子是溫和的，從而對平息英國方法論方面的爭論起了作用[21]，凱恩斯的著作仍然是對抽象經濟學的嚴格維護，因為凱恩斯更著重於對馬歇爾的研究，而不是歷史的研究[22]。儘管馬歇爾聲譽卓著，也還是可以說，更流行的是凱恩斯對抽象理論的溫和維護，而不是馬歇爾企圖把理論和歷史結合起來的做法。凱恩斯的方法論被用來證明馬歇爾理論工具的作用。在英國經濟學中，研究者首先關注的是理論[23]，所以，馬歇爾在《工業和貿易》中的觀點沒有被接續下來。馬歇爾關於不變的、遞增的和遞減的收入產業的分類仍然沒有填滿克拉潘的「空盒子」[24]：研究者要知道的是，究竟哪些產業屬於從來沒有做過的那種類型。【265】直到羅濱遜的《不完全競爭經濟學》以前，英國經濟學中壓倒一切的傾向是發展馬歇爾的理論工具而忽視歷史。還可以說，實證和規範的區別（凱恩斯和馬歇爾對它賦予極大意義）在隨後數十年間變得淡薄了[25]。這裡的主要發展是庇古決定將「福利經濟學」（基本上是一個規範的概念）擺

到經濟學中心地位上[26]。羅濱遜後來斷言,作為1920年劍橋大學的一位大學生,她從未聽人講到區分實證和規範的重要性。[27]

## 20.3 奧地利人的方法[28]

### 龐巴維克和熊彼特

雖然龐巴維克在方法論方面實際上未寫什麼重要著作,但是提一下他的一些觀點還是重要的,因為這表明維塞爾和米塞斯的觀點並不是奧地利人對門格爾著作的唯一反響。龐巴維克當然像門格爾一樣對演繹經濟理論的發展做出了貢獻。不過,由於對演繹經濟理論態度的軟化,在強調加尼斯和凱恩斯方面,在用詞方面也有類似的轉變,龐巴維克用來描述演繹經濟理論的措辭是「抽象演繹的」或「孤立的」,而不是「精確的」。門格爾認為「精確的」規律是無可辯駁的[29],但龐巴維克卻認為經濟規律是在觀察的基礎上發現的。龐巴維克說:「抽象演繹法……不奢望有某些**先驗的**公理作為它推論的基礎,它本身也不限於推理和演繹。相反地,它完全像歷史學派所做的一樣,從觀察實際條件出發,並努力從這些經驗材料中得出一般規律。」[30]在龐巴維克看來,即使是門格爾如此看重的邊際效用理論也是以觀察為基礎的。

龐巴維克強調經濟學和自然科學之間方法論上的相似。他的經驗主義方法論在他對馬克思的批判中表現得很明顯,他認為馬克思的經濟學體系與實際不符合[31]。強調經濟學和自然科學的相似也是熊彼特著作(1908)的特點。在他的著作中,熊彼特維護和解釋了瓦爾拉斯的一般均衡體系,他認為,這一體系儘管是抽象的非現實的,但它能比其他方法有更有助於經濟學家理解一系列重要的經驗事實。選擇抽象經濟理論的各種假定條件,唯一的目的就是深入觀察經驗事實[32]。

### 維塞爾

龐巴維克和熊彼特關於經濟學是類似於自然科學的經驗科學的主張,遭到維塞爾完全的拒絕。他的主要理由是,經濟學在一個特別方面與自然科學是完全對應的,在這個方面,從「內部觀察」獲得的見解對它是有用的。他說:「我們只能從外部而不是從我們自己內心觀察自然現象……這種心理學方法選擇的是有利於觀察的角度。它發現一定的行為在我們感到必要時會發生。如果

有機界和無機界能明確地告訴自然科學家，什麼是它們的規律以及為什麼我們要忽視這種幫助，則對自然科學家來說就是莫大的幫助了。」[33]自然科學家們面對的形勢是，他們「必須滿足於描述正在發生的一系列事實，而放棄說明結果何以來自原因的希望……對於所有未伴隨以必然性意識的行動，經濟理論絕不需要在一系列冗長的歸納中去得出一種規律。在這些場合，我們每個人所聽到的規律都是從一種明白無誤的內心發出來的聲音」[34]。

由此可見，龐巴維克試圖沿著凱恩斯讚同的方向把握經濟學，而維塞爾則試圖轉向另一個方向，即更接近於西尼爾和加尼斯的立場，認為許多重要結論能夠從少數基本的、自明的和無可爭辯的前提中演繹出來。[35]

### 米塞斯

米塞斯把維塞爾的論證又向前推進了一步。他的觀點匯集在《經濟學的認識論問題》（1933）一書中，該書在20世紀30年代頗有影響。他說該書的目的在於確立這門科學的邏輯合法性，而這個科學的對象是研究人類行為的普遍有效規律[36]。

這些規律所包含的不僅是經濟活動，而且「涉及所有的人類活動和所有的社會現象」[37]。所以它比單一的經濟學要廣泛得多。經濟學是特殊的，因為它是這樣一種學科（主要由於英國古典學派的著作）：人類活動的科學絕大部分是在這個學科中制定出來的[38]。米塞斯研究的對象如此廣泛，這促使他不僅討論歷史學派（同該學派做鬥爭是他的主要任務），而且討論社會學者的觀點。因此，迪爾希、韋伯和伯格森等人的著述受到米塞斯的注意，而他們的社會學著作幾乎未受到其他經濟學家的注意。

在米塞斯看來，觀察不僅不能得出人類活動的規律，而且甚至不能為此提供一種基礎。儘管他斷言理論和歷史都必不可少[39]，但在完全否認歸納是為理論推論提供基礎的一種手段方面，他比凱恩斯走得更遠[40]。他爭辯說，觀察有賴於理論。他說：「只有借助於理論，我們才能決定各種因素是什麼……將語言（以其詞彙和概念）運用於任何東西上，同時也就是與理論打交道。」[41]他又說：「歷史研究總以一定的普遍有效的知識為前提。」[42]【267】這種理論包含著一種先驗的原理，這些原理既不以經驗為基礎，亦無須檢驗。米塞斯說：「沒有哪類經驗能迫使我們放棄或修改一種先驗的原理。這些原理不是出自經驗，它們在邏輯上先於經驗，它們既不會被相符的經驗證實，也不會被相反的

經驗推倒。」[43]

如果理論不以觀察為基礎，那麼它的基礎是什麼呢？米塞斯發現，答案存在於人類行為的邏輯中。他說：「探求普遍有效知識的人類活動科學是一種理論體系，其迄今最為精致的部分是經濟學。在其所有各部分中，這門科學是先驗的，不是經驗的。同邏輯和數學一樣，它不出自經驗，它先於經驗。它實際上就是行動和慾望的邏輯。」[44]

行動的知識或合理的行動，米塞斯和維塞爾皆認為來自反省。但與凱恩斯不同，米塞斯不把它看作是經驗知識，而看作是先於經驗的知識。米塞斯說：「我們關於行動的基本範疇（行動、節省、愛好、目的與手段的關係等）的知識不是出自經驗。我們是從內心得到這些知識的，就像邏輯和數學真理一樣，這種內心先驗知識與任何經驗無關。假如他不從他內心去理解這些知識的話，經驗甚至不能夠使任何人做到這一點。」[45]通過這種途徑得到的知識是普遍有效的[46]。在他所謂的這種「人類行為學」中[47]，經驗的唯一作用就是區分有意義和無意義的問題。

這樣，對米塞斯來說，經濟學包含著探求經濟行為（按照既定愛好所進行的行為）的含義。合理行為的各種假定，即追求目標或實現目的的各種假定不是經驗性假定，而是一種公理；對米塞斯來說，談論不合理的行為是無意義的[48]。

同凱恩斯一樣，米塞斯指出了區分科學解釋和政治價值的重要性[49]。不過，也應當說，米塞斯的方法論沒有提出什麼辦法來防止抹去這種界線。儘管主張經濟科學在價值判斷上是中性的[50]，米塞斯還是認為，對經濟規律存在著政治權力的限界，超過這種限界，經濟規律便不能順利運行，從而導致自由主義政策和世界在資本主義制度下的轉變[51]。自由主義與價值判斷無關，但它卻是完整地理解經濟科學所必不可少的。集體主義生產組織是不可取的，因為它使任何形式的經濟計算成為不可能的事[52]。因而集體主義不過是一種「黨派教條」，它「獨此一家」而「罷黜眾說」[53]。【268】「正因如此，所有集體主義學說都是不可調和的怨恨和拼死戰爭的先兆。」[54]很難說這裡還堅持著實證和規範的區別。

## 20.4 羅賓斯[55]

使西尼爾—穆勒—加尼斯的方法論研究得以復興的傑出著作是羅賓斯的

《論經濟科學的性質和意義》（1932），這本書也許是20世紀經濟學方法論方面被最廣泛徵引的一部著作。羅賓斯並沒有提出任何新穎的方法，但他對經濟學所包含的已被確認的各種原理的性質作了精確的表述[56]。他提出，朝著把這個巨大的課題統一起來的努力不僅是切實可行的，而且是極為重要的[57]。他在實現這一任務過程中受到奧地利人（特別是米塞斯）的強烈影響。

在這本書裡極為重要的是羅賓斯多次徵引的經濟學定義：「經濟學是一門研究人類行為的科學，它研究目的同具有各種可選擇用途的稀缺手段之間的關係。」[58]經濟學研究的是行為的一個方面，而不是某種行為[59]。對這種區分來說，對支配行為的各種目的的性質不予理會是極為重要的，這些目的是既定的，經濟學在各種目的之間是完全中性的。不過，儘管如此，羅賓斯對這些目的的性質還是作了一些假定，因為他假定：「各個人能安排他的偏好次序，事實上也是如此。」[60]他把這個假定描述為：「必須提出的條件之一，如果經濟活動是完全的話。它是我們有關經濟行為概念的基本構成部分。」[61]但是，雖然羅賓斯認為合理的行為是理所當然的，可是他並不抱有米塞斯關於它是一種先驗性真理的看法，在他看來，合理行為不過是對一般經驗的一種概括[62]。他說：「沒有人會真正懷疑下述各假定的普遍適用性，例如，存在相對價值的等級，存在不同的生產要素，未來存在著不同程度的不確定性。儘管對描述它們的邏輯狀況的最好方式可能有爭論餘地。」[63]因此，以這些假定為基礎的知識，比以經驗證據為基礎的知識更可靠，即使是從人為的實驗中得出來的證據也罷[64]。羅賓斯說：「在經濟學中……我們的基本原理的主要因素是通過直接地接觸而得知的。在自然科學中，他們只能通過推論而得知。因此，同懷疑有關電子的假定相比，懷疑有關個人偏好的現實存在的理由少得多。」[65]羅賓斯認為，現實研究的作用在於檢驗一種理論的**適用性**，而不是該理論本身[66]，這是因為，除了上述的普遍適用的各種假定以外，還必須引進一些次要的假定。這些次要假定是「歷史的相對的」，只在一定歷史條件下才有效，【269】因而理論很難普遍適用。除了確定理論的適用性外，經驗性研究還可以提出一些次要假定，提出一些勢必要處理的問題。

在羅賓斯看來，經濟學在其知識來源方面與眾不同，所以它限於提出一些質量（而不是數量）的預報。羅賓斯反駁了認為經濟學應是研究供求數量規律的看法。他指出，例如存在著這樣一個領域：「在那裡沒有理由想像會發現一致性。」[67]供給和需求將取決於個人估價和各種技術因素，而它們卻處於「經

濟一致性的領域之外」[68]。於是他批評米契爾試圖用統計方法發現商業循環一般特徵[69]。他甚至進一步斷言，沒有一條名副其實的「規律」是從歷史學派和制度學派繁復的經驗性努力中得出來的[70]。

## 20.5　哈欽森

### 邏輯實證主義

儘管羅賓斯的《論經濟科學的性質和意義》常被徵引，儘管他的經濟學定義在大多數當代導論性文章中被徵引，但是經濟學方法論討論的當代時期不自該書開始，而始自 6 年後問世的一本著作：哈欽森的《經濟理論的意義和基本前提》（1938）。原因在於，哈欽森引進經濟學的觀點同 20 世紀 20 年代和 30 年代所謂「維也納小組」聯繫在一起，這就是「邏輯實證主義」或「邏輯經驗主義」。[71] 邏輯實證主義的中心論題是，只有有意義的陳述才同任何科學資格相符合，這些陳述只有兩種類型。分析的陳述（或同義反覆或自相矛盾）能以邏輯規則予以評估；綜合的陳述、真實的陳述，可以經驗的證據予以證實或證偽[72]。另一種即形而上學的陳述是沒有意義的，既不真也不偽，因為不能以邏輯分析或經驗證據加以評估。這些觀點在 30 年代和 40 年代有廣泛的討論，討論的結果，對這些觀點作了重要修改。例如，修改了區分綜合陳述和無意義陳述的檢驗標準；試圖為不能直接觀察的理論實體的作用提出一種辯護；研究了分析—綜合的區分。早在 30 年代中期即已明確：【270】最初希望凌駕於哲學和形而上學觀點的實證科學之上是過分樂觀了，50 年代中期形成了更穩健的「邏輯經驗主義」[73]。然而儘管有這些發展，最初有關應用邏輯分析與科學陳述以及確認這些陳述是明確和不含糊的論題仍是占支配地位的。

### 《經濟理論的意義和基本前提》

哈欽森在該書開頭指出：「該書目的在於說明『純理論』的意義，經濟學因有這部分理論而同其他社會科學相區分。因此，本書將明確地劃分出專屬於『純理論』的各種命題，研究這些命題有效性之原因，明確它們同它們所依據的假定和前提的關係，包括它們同『假定其他條件不變』的關係，最後，通過分析它們所包含的……主要概念來說明這些假定本身。」[74]

哈欽森用來分析經濟理論性質的方法，就是區分三種類型的命題：純理論

的分析命題；應用理論的綜合命題，在這種理論中，預測是從經驗地確認的前提中演繹出來的；歸納推理（也是綜合命題）。羅賓斯一直強調，純理論的各種命題的確比經驗性命題更確實，不過它們也是空洞的（在它們不過是同義反覆的意義上）；它們沒有經驗性內容。相反地，綜合命題的特徵在於，它們「必定可以接受經驗的檢驗，或者可以用邏輯或數學演繹**還原到這些命題**」[75]。哈欽森指出，能從「哲學」活動中割分出「科學」活動並促進科學發展的經驗性檢驗是可取的。他說：「正是這種按照一定標準進行的對各種命題可接受的檢驗，是『科學』在現時穩步取得一致和進展的原因，是它累積的、國際的、非個人的和『珊瑚礁狀』成長的原因。」[76]因此，任何經濟學家如因佔有一定的經驗材料而提出這樣一些命題，既不能對它證實或證僞，也不能從中進行演繹，那麼，他「就在超出他的課題的範圍」[77]。內省在哲學上是重要的，但它對經驗性檢驗絕非如此[78]。

儘管哈欽森認為純理論是同義反覆，但他並沒有把它作為無價值的東西予以排斥。不過，他爭辯說，它的僅有的科學意義在於，它是走向提出和證實可檢驗的經驗規律的一步。因此，他批評了「假定其他條件不變」這一方法，因為其後果往往是從理論中抹去了潛在的真實內容，因為只要「其他條件」被精確地予以說明，那麼，一種理論就成為可以檢驗的了，而這樣做的情況極為罕見[79]。【271】此外，當他進而分析經濟理論的基本前提時，對於這些前提能否用來提出一些可檢驗的命題這一點，他持折中主義態度。他指出，僅有稀缺性作為一個基本前提是不夠的，合理行動也必須作為純理論的一個基本前提。不過，主要經濟學家們提出的合理行動的定義，只有在同時假定存在完全預期條件下才有意義[80]。換句話說，合理行動的假定只有在這樣一個世界中才能明確說明，在該世界中大多數經濟問題是不存在的。壟斷的存在提出了進一步的問題，因為以完全預期為基礎的「壟斷」行為在邏輯上是不可能的[81]。「在寡頭壟斷條件下，對於『一個通情達理的人在這種情況下如何行動』的問題，沒有一個明確而毫不含糊的答案。」[82]發現寡頭壟斷者如何行動的唯一方法就是觀察，而不可能從純理論中得出來。

最後，哈欽森指出，只有假定均衡趨勢是可檢驗的經驗性真理，考慮均衡條件才是有道理的[83]。均衡趨勢的大多數表述卻使這一理論無法檢驗，因為它剝奪了該理論的任何經驗性內容。

**奈特的攻擊**

哈欽森對經濟命題提出可驗證性要求，引來了奈特的激烈攻擊（1940）。奈特的主要理由是，經濟真理與自然科學真理不同，經濟活動是有目的的。他說：「經濟行為的各種命題同人類行為的目的性有關，它們的含義取決於從事有目的經濟活動的人的知識⋯⋯很顯然，從觀察行為本身進行推論，我們不會知道人類行為的目的或動機，卻可以從中推論實證經驗法則或行為題材的命題。」[84]奈特認為，用任何經驗性方法都不可能變更經濟學的任何命題。他在答復哈欽森對他的文章的答復時指出：「簡而言之，我的看法過去是現在還是：哈欽森先生和其他許多人，在能夠驗證的命題和『含糊不清的常識』之間所做的絕對對比，以及他們堅持認為只有前一種命題才是經濟理論中所容許的觀點，都是虛假的要求，必須予以拋棄。可驗證的事實實際上不是經濟的事實，因為實證的過程並不是經濟人的過程。這種不可驗證性無論好壞，反正它是真理。」[85]反對哈欽森強調的可驗證性，其明確表述莫過於此。

**註釋：**

① 吉得和利斯特（1909）。
② 參照布勞格（1980），第81-86頁。
③ 英國人和德國人描述這兩種思想的措辭自然有若干例外。參看第18章。
④ 凱恩斯（1891），第8頁。約翰・內維爾・凱恩斯是約翰・梅納德・凱恩斯的父親。
⑤ 同上，第10頁，第29頁。
⑥ 同上，第47頁。
⑦ 同上，第143頁。
⑧ 同上，第165頁，參照第211頁。
⑨ 同上，第172頁。
⑩ 同上，第144頁。
⑪ 同上，第165頁。
⑫ 同上，第268頁。
⑬ 同上，第166頁。
⑭ 同上，第183頁。

⑮ 同上，第 193 頁。

⑯ 同上，第 196 頁。

⑰ 同上，第 211 頁。

⑱ 同上，第 140 頁。

⑲ 同上，第 206 頁。

⑳ 同上，第 220 頁。

㉑ 參看羅伯遜對英國人態度的富有啟發性評論。他指出，方法論爭論對德國人比對英國人更適合。他對許多同代人是否讀過凱恩斯的書表示懷疑；羅伯遜（1951），第 14 頁，引於哈欽森（1981），第 63-64 頁。

㉒ 參看第 101 頁以下各頁。

㉓ 參看第 140-141 頁。

㉔ 克拉潘（1922）。

㉕ 參看第 165 頁。

㉖ 哈欽森（1981），第 64 頁以下。

㉗ 羅濱遜（1962），第 72 頁；參看哈欽森（1981），第 57 頁。【443】

㉘ 本節多半源於哈欽森（1981），第 7 章。

㉙ 參看第 90 頁。

㉚ 哈欽森（1981），第 203-204 頁，引自龐巴維克。

㉛ 哈欽森（1981），第 204 頁，引自龐巴維克（1896），第 101、117 頁。

㉜ 參看米契爾（1969），第 376 頁以下各頁。

㉝ 引於哈欽森（1981），第 206 頁。引自維塞爾（1929），第 17 頁。

㉞ 引於哈欽森（1981），第 206 頁。引自維塞爾（1913），第 8 頁。

㉟ 哈欽森（1981），第 205 頁。

㊱ 米塞斯（1933），第 XIII-VIV 頁。

㊲ 同上，第 2 頁。

㊳ 同上，第 12 頁。

㊴ 同上，第 XV 頁。

㊵ 同上，第 9 頁。

㊶ 同上，第 28 頁，參照第 9 頁。

㊷ 同上，第 2 頁。

㊸ 同上，第 27 頁。

㊹ 同上，第 12-13 頁。

㊺ 同上，第 13-14 頁。

㊻ 同上，第 2 頁。

㊼ 同上，第 14 頁。

㊽ 同上，第 33-35 頁。

㊾ 同上，第 37 頁。

㊿ 同上，第 38、40 頁。

(51) 同上，第 3-4 頁。

(52) 參看哈耶克（1935）。

(53) 米塞斯（1933），第 42 頁。

(54) 同上，第 42 頁。【444】

(55) 還可參看第 169 頁。

(56) 羅賓斯（1932），第 XIV 頁，1 頁。

(57) 同上，第 8 頁。

(58) 同上，第 16 頁。

(59) 參照馬歇爾依據經濟福利所下的定義；同上，第 4 頁。

(60) 同上，第 78-79 頁；參照第 75 頁。

(61) 同上，第 76 頁。

(62) 考德威爾（1982），第 103-106 頁。

(63) 羅賓斯（1932），第 81 頁。

(64) 同上，第 74、79 頁。

(65) 同上，第 105 頁。

(66) 同上，第 116-118 頁。

(67) 同上，第 107 頁。

(68) 同上，第 106 頁。

(69) 同上，第 113 頁。

(70) 同上，第 114 頁。

(71) 考德威爾（1982），第 2-4 章，本節多半採自這三章。這樣說並沒有給哈欽森貼上實證主義者的標籤；對哈欽森的其他影響，參看科茨（1983）。

(72) 考德威爾（1982），第 13 頁以下。

(73) 同上，第 30-31 頁；參看第 24 章。

(74) 哈欽森（1938），第 3 頁。

(75) 同上，第 9 頁。

⑯ 同上，第 7 頁。

⑰ 同上，第 10 頁。

⑱ 同上，第 140-141 頁。

⑲ 同上，第 40 頁以下。

⑳ 同上，第 84 頁以下。

㉑ 同上，第 98 頁。

㉒ 同上，第 100 頁。

㉓ 同上，第 107 頁。

㉔ 奈特（1941），第 752 頁。

㉕ 同上，第 753 頁。

# 第四篇 現代時期：1939—1980年

# 21　20世紀30年代：轉折點

### 經濟理論【275】

儘管像帕累托、龐巴維克、維克塞爾、費希爾和克拉克這樣的「第三代」新古典經濟學家的著作一直把演繹的邊際主義理論作為經濟研究的主要方法，但是異端潮流仍然十分強勁。美國制度主義就是其一。制度主義者凡勃侖對新古典經濟學進行了很有成效的攻擊。[①]同樣重要的是，馬歇爾拒絕過分注重簡單抽象的經濟學模式，主張把理論和歷史融合起來。[②]

演繹論證在經濟分析中的核心地位，在20世紀30年代有了相當的加強。此時，制度主義的影響有所減退[③]，而脫離馬歇爾價值論的運動亦已完成。羅濱遜的《不完全競爭經濟學》（1933年）是以更為抽象的方法為基礎的，它接近於現代經濟學，更甚於接近馬歇爾《原理》的方法[④]。此外，馬歇爾的消費者理論已被希克斯和艾倫（1934）以及薩繆爾森（1938）的理論取代，同時，米爾達爾（1929）和羅賓斯（1932）的攻擊削弱了以功利主義方法研究福利經濟學的基礎。希克斯的《價值與資本》（1939）和薩繆爾森的《經濟分析的基礎》（1947年問世，但形成於20世紀30年代後期）的出版，標誌著馬歇爾價值論的替代物已完成，研究經濟學的新方法在薩繆爾森的《經濟學》（1948）中再次得以體現。

凱恩斯的《通論》（1936）也出現在20世紀30年代，以它為基礎的宏觀經濟學遂作為經濟學的一個分支而形成。在宏觀經濟學（像微觀經濟學一樣）中，有一種向更正規、更抽象方法轉變的趨向。這自然同正在發展中的凱恩斯主義思想密切相關，但其中也有不少同沙克爾[⑤]所謂的「價值論中的新體制」聯繫在一起：羅賓斯（1937）、薩繆爾森（1938a，1948a）以及（首先是）希克斯（1937，1939a）。

**計量經濟學**

戰後的經濟學不同於以往經濟學的主要特點之一，即是計量經濟學的發展。在宏觀經濟學和計量經濟學之間存在著顯而易見的聯繫：戰後經濟學的許多發展皆同凱恩斯的各種關於行為的函數（特別是消費函數）與經驗材料相一致有關。【276】不過，更一般地說，如果沒有可靠的經濟計量方法，那就很難想像「實證經濟學」會變得如此普及。這是因為，即使經濟學家們向來極少拒絕以經濟計量證據為基礎的理論，也有理由推測，經濟計量方法的有效性會為引申出正規的數學模式提供某種證明（理由？）[6]；正規的經濟計量方法的有效性有助於經濟學家們把經濟理論的分析與經驗材料的分析更容易地區分開來。

「計量經濟學」一詞在20世紀30年代開始使用，計量經濟學會也成立於30年代。這裡有兩方面的情況。一方面，數學方法被用於分析經濟模式，特別重要的是用於分析經濟動態學，弗里希（1933）的著作很有影響；另一方面，統計方法被用於檢驗和估算經濟模式的各種變量。儘管在20世紀早些時候已有許多重要成就，穆爾的著作已廣為人知[7]，但是，直到30年代，這些方法所依據的各種概念上的問題才被提煉出來。例如，證實問題、干擾條件的性質、最小平方估值者理論以及信心差別理論等，都是在20年代後期和30年代提出來的，從而為戰後著作的問世打下了基礎[8]。特別重要的是丁伯根所做的富於開創性的嘗試，他先是對德國經濟（1935），後是對美國經濟（1939）提出了若干涉及內容廣泛的聯立方程模式。

運用計量經濟模式的前提條件是統計資料的可靠性，在這方面20世紀30年代也可以說是一個轉折。大規模收集資料（戰後經濟學的特徵）要求政府參與。在美國，自1920年NBER（國家經濟研究局）成立後，它一直負責收集和分析統計資料，但到1932年，參議院要求估計1929—1931年國民收入時，美國政府才參與其事，在庫茲涅茨指導下進行的估算結果於1934年公之於眾。在英國，雖然柯林·克拉克在整個30年代從事國民收入計算，但第一個由官方主持的國民收入估算1941年才出現（由米德和斯頓進行的）。現今已為人們熟知的國家核算組織只是在《通論》問世以後才宣告成立[9]。

**結論**

上述發展雖然構成了可追溯到19世紀70年代前後發展鏈條的一部分，但

總的來說，可以認為它們標誌著經濟分析的轉折點，同以往並未決裂。但這些經濟理論和計量經濟學的發展確使戰後時期經濟學帶有某種很不同於20世紀20年代以前經濟學的特點。

註釋：

① 參照第228頁。

② 參看第101頁；又見珀爾曼（1977），他把馬歇爾和美國制度主義者並列。

③ 參看第239，376-377頁。

④ 參看第142-143頁。

⑤ 沙克爾（1967）。

⑥ 請注意這些說法並不適用於所有經濟理論；它們也不適用於弗里德曼這位「實證經濟學」的主要詮釋者。參看第277頁。

⑦ 參看斯蒂格勒（1954）。

⑧ 參看達內爾（1984）。

⑨ 參看帕廷金（1976a）。

# 22　範圍和方法

## 22.1　證偽【277】

**薩繆爾森的運籌學**

薩繆爾森在其有影響的《經濟分析的基礎》(1947)①中提出了一種運籌學方法論。這種方法論源於物理學家布里奇曼(1927)的著作，它同邏輯實證主義頗多類似，而且也形成於同一時期②。在薩繆爾森提出的這種運籌學中，基本的命題是：經濟學家的任務是發現「在運籌上有意義的論題」，即「有關經驗材料的各種假設，這種假設只要在理想條件下便可有把握地予以反駁」③。

雖然薩繆爾森的著重點與哈欽森很不相同（後者更注重於能通過檢驗各種假設而獲得的信息），但這無非就是證偽主義，儘管所用的名詞各異。薩繆爾森駁斥了下述觀點：從各種先驗的假設中演繹出的經濟規律具有獨立於任何經驗行為的嚴密性和可靠性；他批評了向來未能從其理論中引出有意義論題的許多經濟學家。薩繆爾森的運籌學並無創新，但確為其經濟理論提供了基礎：探求比較靜態前提條件貫穿於他的《經濟分析的基礎》之中，這在一定程度上是沒有先例的④。他的方法論觀點之所以有影響，原因在於其經濟理論的影響。

**弗里德曼的實證經濟學方法論**

在表述證偽方法論上，弗里德曼的論文《實證經濟學方法論》(1953)是戰後第二次也是最重要的一次嘗試。在表示贊同凱恩斯關於實證—規範區分的意義的觀點以後，弗里德曼指出：「實證科學的最終目標在於，發展出一種『理論』或『假設』，它們可以對尚未觀察到的各種現象提出確定而有意義

（即不是老生常談）的預測。」⑤他接著提出了判斷實證經濟學理論的四個標準⑥：①它們在邏輯上必須一貫，所包含的範疇具有相應的有意義的經驗性對應物；②它們必須提出可以驗證的假設；【278】③一種理論的正確性之唯一恰當的檢驗是將其假設同經驗相比較；④因為與資料相符合的理論不計其數，所以必須引進其他的標準（例如簡化性和富有成效），以便在眾多競爭的理論中加以選擇。

這種方法的最顯著特徵在於，與哈欽森不同，弗里德曼認為下述觀念是一種根本的謬誤，從而予以反駁。這種觀念認為，各種假定的檢驗可以對某種假設的價值做出驗證，這種驗證「不同於」或「附加於」通過暗含的東西所做的驗證⑦。弗里德曼進而指出：「倘若某種理論全是『假定』，而且其『現實性』可以不管預測是否真實而加以判斷，那麼，這種理論的意義與其『假定』的『現實性』之間的關係，便同我們批評的這種觀點的看法正好相反。真正重要和有意義的假設定會含有這樣的『假定』，他們是對現實的非常不準確的描述，而且，一般說來，一種理論愈重要，其假定（在這種意義上）愈不現實。這種說法的理由是，一種好的理論，其預測的成功是基於不多的幾個重要因素。因此，重要的是，一種理論的假定必須描述為不真實的。」⑧弗里德曼爭辯說，問題不在於假定的『現實性』，而在於它們是否十分接近所處理的目標。檢驗這一點即是理論的預測。換句話說，檢驗預測和檢驗假定是一回事：檢驗假定並不是在檢驗結論之外又增加一種檢驗。

**對弗里德曼論題的討論**

弗里德曼的論文引起了巨大反響和廣泛討論，特別是對他的關於理論的假定之現實性與其正確性無關的論點⑨。人們指出了弗里德曼論據中的若干弱點，特別是他沒有明確說明「現實性」一語的含義，以及他對經濟模式中使用假定的不同方式未加區分。關於「現實性」一語，一種假定可以在四種方式上是不現實的⑩。①可能對某一事物描述不完全。②它可能是謬誤的，或至少同可獲得的證據不一致。③它可能被用於描述一種「理想形式」，卻不是對任何現存事物的描述。④它所表示的也許是我們不可理解的個人行為。即使弗里德曼關於不需要現實的假定的說法被證明是有道理的，也必須就不同形式的現實主義分別對待。

對弗里德曼未能區分不同用途的假定也提出了類似的反駁理由。各種假定

在經濟學中是以不同方式使用的[11]，因而對其現實性也必須就每種用法分別加以說明。

對弗里德曼關於絕不需要對假設單獨予以檢驗的說法也提出了質疑。一種理論通常包含著不同的假設，這意味著，當檢驗該理論的預測時，很難指明被檢驗的是哪一個假設。

薩繆爾森的反應也許是最為著名的，他把弗里德曼的論據稱為「弗里德曼扭曲」[12]。為論證假設應有現實性，薩繆爾森指出，理論是結論和假設的同等意義的復述：它不管某種理論的假設或結論是否受到檢驗，只要假設即是結論，結論即是假設，該理論便可被提出來。不過，薩繆爾森對弗里德曼的反應之所以重要，還不在於上述論點（可被證明不能成立），而在於他指出，理論所提供的充其量是對經濟現象的描述：「各種著作對範圍廣泛的可觀察的現實之描述，完全是一種我們此時可以得到（或所要求）的『解釋』……在科學的用法上，一種解釋即是一種較好的描述，而不是最終要超出描述的某種東西。」[13]

## 22.2 維護抽象論證

### 麥克洛普

在20世紀50年代和60年代由哈欽森[14]、薩繆爾森和弗里德曼的方法論著作引起的討論中，還有一位尚未提及的作者，他就是麥克洛普。麥克洛普之所以重要，乃是因為他的觀點反映了50年代在科學哲學家中業已成為支配性觀點的看法[15]。這種觀點是從邏輯實證主義的討論中形成的，其最重要的特徵（就我們的目的來說）在於，它承認觀察不到的理論條件在科學理論中的作用。理論條件構成假設—演繹體系的一部分。儘管某些理論條件可能是觀察不到的，因而對其表述也可能無法驗證，但該體系整個來說可以是能夠驗證的經驗性表述。理論條件通過作為被驗證的體系的組成部分而獲得意義（它們被「間接地驗證」）[16]。

就麥克洛普批評哈欽森和薩繆爾森來說，一種理論體系在科學解釋中的作用是重要的[17]。他稱哈欽森是一個「極端經驗主義者」，因為後者要求一種理論的每個假設都要直接被驗證。麥克洛普則認為，間接驗證便足以證明一種理論條件之用途。麥克洛普還以間接可驗證性反駁哈欽森的下述論點，因為經濟

學的基本前提是演繹體系的組成部分，而且受到「假定其他條件均不變」這一條件的保護，因此它們是不可證偽的，並且缺乏任何經驗內容。

哈欽森以駁回對他的極端經驗主義指責作了回答，【280】因為他所主張的觀點僅僅是說有意義的命題必須能予以驗證，或者可簡化為能予以驗證的命題[18]。不過，他指出，有關行為的各種假定應當反應經濟主體的可見行為，麥克洛普卻沒有提出這種要求。可以說[19]，麥克洛普的立場，同當時科學哲學家中流行的觀點是完全一致的，而且，對於把最大化行為作為一種有意義的（雖然不是可證偽的）富有啓發性的假定沒有什麼異議。然而，也可以說，哈欽森認為麥克洛普採取的立場遠離傳統的經濟理論的看法也是對的。麥克洛普不僅指出，某些假定可以不是能夠驗證的正統論據，而且還對驗證它們的必要性提出了挑戰。他認為，假設條件會不會被證明為錯，這是無關緊要的；這同不可驗證截然不同：「……始終一貫的利潤最大化行為這一假定就同事實相反……我們維護的是一條我們確知其並不總是同事實相吻合的假定」。他認為，我們絕不可能知道假定的行為和事實之間的分歧的程度究竟有無意義；他進而得出結論：「什麼是該做的呢？恰是正在做的：把追求最大化的行為作為一個富於啓發性的前提，並且記住，由此演繹出的結果有時可能同觀察的資料相去甚遠……『間接證明』或證明前提為有效，建立在下述事實上：該前提在這一理論的許多應用上會提供相當好的結果。」[20]

這條思路也為麥克洛普批評薩繆爾森的方法論提供了依據：①麥克洛普能依據類似於反駁哈欽森的證偽主義的論據來反駁薩繆爾森的運籌主義。而且麥克洛普能夠指向薩繆爾森自己的實踐。他以薩繆爾森關於要素價格平均化的著作為例，指出薩繆爾森的佳作不是出自他遵循其運籌主義方法論之時，而是「在他從非現實的假設中引申出一般理論命題之時，這些一般的理論命題有助於對我們所面臨的經濟生活複雜局勢中的某些經驗性觀察做出解釋」[21]。②麥克洛普的理論觀點解釋了他為什麼要拒絕薩繆爾森關於「解說充其量是描述」這一觀點。麥克洛普說：「理論，根據定義，比演繹來的任何結果都要廣泛。假如某種結果所暗含的『理論』恰好即是該理論所暗含的結果，那麼，這種理論只不過是經驗證據（稱為『結果』）的另一形式罷了，它絕不可能對所觀察的經驗事實做出『解釋』。」[22] 可見，麥克洛普步當代科學哲學家之後塵，主張解說更有意義。

**庫普曼斯**

庫普曼斯在《關於經濟科學狀況的三篇論文》(1957) 中，提出了一個有關經濟理論的（儘管是不同的）觀點。【281】他要求對經濟理論的命題加以驗證，從而同哈欽森站到了一起[23]。但是，他又為抽象的和非現實的理論進行辯解。他把經濟理論看作是「各種概念模式的結果，提出這些模式的目的在於力求以簡單形式對總是更為複雜的現實的不同方面做出解釋……研究簡單的模式應當免受不現實的責難，因為這些模式可能是更現實的，但也更複雜的後續模式的原型」[24]。

在這一過程中，現實的各個方面應在其能被加進一個模式之前得到理解：現實主義總是異常嚴密的，模式總是不現實的。

庫普曼斯還提出，理論著作和經驗著作的相對重要性，取決於所處理問題的性質[25]。例如，他在考察生產可能性的前提時指出，數學的困難是進步的主要障礙，因為經濟理論從來不能對「通過最偶然的觀察所得到的最簡單的事實」融會貫通[26]。另外，關於行為的各種假定，理論著作和經驗著作都是需要的。庫普曼斯說：「沒有協同一致的理論努力，事實的發現和統計的驗證就會冒擴散和分配不良的風險……研究假定的模式之所以必要，是想瞭解哪一種有關個人行為的模式的假定首先要予以驗證，考慮到他們同……我們想要解答的問題的關聯。」[27]

## 22.3 知識成長理論

**背景**

從 20 世紀 60 年代末期開始，經濟學方法論討論的性質發生了根本變化，這種變化是科學哲學中出現的同樣戲劇性變化的反應。60 年代，支配科學理論愈 30 年之久的「既定觀點」相繼受到挑戰，到 60 年代末已被大多數科學哲學家所擯棄[28]。代之而起者形形色色[29]，從強調社會學要素的解說（例如費爾拉班德[30]和庫恩[31]），到依據科學論證的歷史解說，以及依據科學活動確實提出了世界實情的知識的觀點（例如圖爾明[32]和拉卡托斯[33]）[34]。不過，從這些混亂的思想中引入經濟學方法論討論的東西甚少[35]。【381】其中最具影響的是庫恩和拉卡托斯的觀點。

在這場討論中出現的主要新思想是，認為注意的焦點是從某種孤立的科學

理論如何被證實的問題，轉向科學知識如何成長的問題，雖然最早使經濟學家們按此方式思考的是庫恩，但是這種思想由來已久，特別是來自波珀的《科學發現的邏輯》（1934）。波珀論證的一個重要方面（撇開早先關於經濟學中證偽的討論不說）是，他強調證偽不是確認科學知識是否真實的手段，而是確認科學知識成長的手段。波珀像庫恩一樣是科學知識成長論者。正是從波珀和庫恩的比較對照討論中形成了拉卡托斯的「科學研究綱領方法論」[36]。

**經濟學方法論**

由於經濟學的上述發展，依照許多科學哲學家的榜樣，經濟學方法論研究也變得同經濟思想史更緊密地聯繫起來了。大約在1970年[37]，經濟學家們開始研究庫恩的「範式」能否用來解釋熊彼特所謂經濟學史中的「古典立場」，例如古典的、新古典的以及凱恩斯主義經濟學。科茨（1969）的《經濟學是否存在科學革命的結構？》一文便是進行這種研究的一例。他的結論是，在經濟學中，完全像自然科學那樣的範式變化階段是不存在的（由於經濟範式的含糊不清以及它們不易證偽），不過，範式變化過程「可以作為一種理想形式，用來確定經濟思想發展中術語的、概念的、個人的與專業的要素之間的相互關係」[38]。庫恩思想的這些應用，從20世紀70年代中期起，又被補充以拉卡托斯《科學研究綱領方法論》，特別是《經濟學的方法及評價》（拉希斯，1976）的類似運用。

拉卡托斯這部方法論著作的意義在於，同它對經濟思想史的意義相反，它所處理的雖是這門學科的歷史，但對理論本身有著方法論含義。理論可以依據其發展的道路予以評價。例如，利用拉卡托斯對進步的和退步的研究綱領的區分[39]，即可為麥克洛普—哈欽森的分歧指出一條出路。我們可以同意麥克洛普，因為相對於我們的理論能夠處理的程度而言，經濟活動是複雜的，又因為經驗材料的不確切，一些重要假定仍將不可驗證。【283】同時，我們又可同意哈欽森：這為維護我們喜歡的任何理論開闢了道路。果真如此，我們便可像拉卡托斯所說的那樣，做出下述斷言：只要研究綱領是進步的，能夠相繼預見新的因素，維護不可驗證的理論就是可取的[40]。

引進這些新思想的結果，逐漸出現了方法論的多元化，它也許要不可避免地損害經驗主義的基礎[41]。這種變化甚至也反應在仍然強烈維護證偽主義的經濟學家的著作中[42]。

註釋：

① 參看 6288 頁。【445】
② 考德威爾（1982），第 15 頁。
③ 薩繆爾森（1947），第 4 頁。對多數人來說，假定從來是變化的。薩繆爾森的運籌學與布里奇曼的有所不同——參看布勞格（1980），第 99-100 頁；考德威爾（1982），第 189 頁。
④ 薩繆爾森在後來著作中所用的方法論是否可用作證偽主義的良好說明則是另一回事。參看麥克洛普下面的討論。
⑤ 弗里德曼（1953），第 28 頁。要注意的是，弗里德曼所說的「有意義的」一語同哈欽森的略有差異。
⑥ 同上，第 26-28 頁；參照考德威爾（1982），第 174 頁。
⑦ 弗里德曼（1953），第 30 頁。
⑧ 同上。但弗里德曼明確否認，不現實的假定保證會有一種好的理論。
⑨ 關於這場爭論的參與者，參看布勞格（1980），第 110 頁；博蘭（1979）。
⑩ 哈格爾（1963）。
⑪ 例如，阿奇博爾德（1959）區分了五種類型。布勞格（1980），第 107 頁。
⑫ 薩繆爾森（1963）。
⑬ 薩繆爾森，引文見布勞格（1980），第 113 頁。
⑭ 參看第 270 頁。
⑮ 推銷這一觀點，參看哈格爾（1961）或薩普（1977）。
⑯ 考德威爾（1982），第 23 頁。
⑰ 麥克洛普（1955，1956，1964）。
⑱ 參看 270 頁。
⑲ 考德威爾（1982），第 144-145 頁。
⑳ 麥克洛普（1956）。
㉑ 麥克洛普（1964），第 735 頁。
㉒ 同上，第 753 頁。
㉓ 庫普曼斯（1957），第 132 頁。他認為各種觀察被收集起來是為了對經濟理論的各種初步建立的前提條件進行驗證（第 142 頁）。
㉔ 同上，第 142-143 頁。【446】

㉕ 同上，第 150 頁。

㉖ 同上，第 154 頁。

㉗ 同上，第 164 頁。

㉘ 薩普（1977），第 617-618 頁；這個看法是麥克洛普方法論（如上所述）的基礎。

㉙ 同上，以下各頁；布勞格（1980），第 2 章。

㉚ 費爾拉班德（1975）。

㉛ 庫恩（1962）。

㉜ 圖爾明（1972）。

㉝ 拉卡托斯（1970）。

㉞ 薩普（1977），第 652-653 頁。

㉟ 布勞格（1980）列舉了非常廣泛的各種哲學觀點。

㊱ 參看第 1 章。

㊲ 例如戈登（1965）、布倫芬布倫諾（1971）、庫寧和韋弗（1971）。

㊳ 科茨（1969），第 295 頁。

㊴ 參看第 1 章。

㊵ 例如布勞格（1980）。

㊶ 例如博蘭（1982）、考德威爾（1982）。

㊷ 布勞格（1980）、哈飲森（1981）；參照科茨（1983），第 27-28 頁。

# 23 微觀經濟理論

## 23.1 背景【284】

### 方法的改進

戰後的經濟理論與先前的經濟理論相比,最明顯的區別在於大量使用數學,而且同使用更先進的數學方法結合在一起。大家知道,靜態競爭均衡分析體系大體是在 1939 年建立起來的,然而有趣的是,從那以後所發生的一切,充其量不過是在高級方法的應用上稍有增加而已,而且以犧牲了試圖獲得新的經濟觀念為代價。不過,即使這樣,也不應無視業已達到的成績和達此成績的途徑,而摒棄以上述變動為基礎的現代經濟理論[①]。

方法的改進同經濟分析史有關的地方僅限於它們對經濟學內容的影響。1939 年後,方法的改進在若干領域對經濟研究所遵循的方式有重要影響。應當區分兩種類型的發展。第一,數學的某些發展會帶來更精致的結果和更大程度的一般性,而且有條件對理論做出比以往更統一的表述。這種方法的例子包括凸集論和二元論的某些方面。不過,儘管這種發展使處理經濟模式的方式有很大變化,並且增進了經濟學家對這些模式的理解,但是對觀察經濟的方式影響很小。第二種發展則對理解經濟體系的方式發生了根本的影響。這包括線性模式、博弈論以及不確定性的選擇理論[②]。

### 線性模式

在《線性規劃和經濟分析》(1958)中,多夫曼、薩繆爾森和索洛評論說,經濟學家們從事於線性經濟學已有 40 年之久,只是沒有意識到罷了。他們指出,經濟學家們長時期把他們研究問題的線性方面作為「顯而易見,微

不足道和沒有意義」③的東西而忽略了。這種情況在該書問世前20年間已經有了變化，在這期間，各種新的方法有了發展，【285】它們全都以某些經濟問題的線性結構為轉移④——特別是投入—產出分析、線性規劃和博弈論。

投入—產出分析（里昂惕夫在1936年概述過，在1941年問世的《美國經濟的結構，1919—1929》中進行了充分論述），按里昂惕夫的說法，即是「試圖將一般均衡（或者說得更妥當些，一般相互依存）經濟理論用於對一國經濟不同部門的相互關係進行經驗研究」⑤。在里昂惕夫的三系列方程式中，有兩系列是線性的，其條件是：一個產業的純產出（在靜態均衡條件下）必須等於那個產業被所有其他產業所消費的產出，加上最終需求；一個產業產出的價格等於生產它所使用的投入的價值。使這個問題變成完全線性問題的條件是，假定產出對投入的技術系數不變⑥。這種研究方法的含義不單在於它使對各產業之間的關係做出統計估價成為可能（儘管這是重要的），而且在於它強調各種要素之間的互補性而不是替代性，在於它把中間產品推到了前臺。互補性相對於替代性而言是一個經驗性課題⑦。戰爭期間里昂惕夫分析一個「開放」體系時，強調中間產品就變得明確了：在這個體系中，最終需求被作為外來之物。在這種模式中，有可能利用一種投入—產出模式來解釋（例如）軍費開支變化的後果，不僅分析其直接後果，而且指出其對使用中間產品（例如化學製品和鋼材）的暗含意義。還有可能用它來解釋需求構成的變化對各產業生產、對勞動需求的影響。

其後不久，首次論述線性規劃的著作問世，也是受到實際問題的推動。它們是「運輸問題」和「飲食問題」。前者指的是：已知一定數量的要素和許多必須予以滿足的消費者，全都分散各處，問題是如何組織生產才能使運輸成本降到最低限度？⑧後者指的是：怎樣搭配各種食品才能以最低成本提供基本的營養？這兩個問題雖然在1941年已經解決，但是重要的發展是在庫普曼斯（1947a）和丹齊克（1951）的著作中做出的。他們在自己著作中再次發現了美國海空軍的運輸問題，提出和解決了更一般的線性規劃問題。有兩個發展特別有意義。一個是單一方法，提出瞭解決不單是非常簡單問題的方式（丹齊克，1951）；另一個，最重要的是二元論（蓋爾、庫恩和塔克，1951）。二元論之所以重要，是因為它的經濟解釋。假定上述運輸問題是在要素供給既定條件下達到利潤最大化。按照二元論，答案是給出每種要素的價值。希克斯對此的解釋是：價格體系是經濟問題中固有的，而不是從外部引入的東西⑨。

### 博弈論

儘管博弈論起初是作為線性理論的一個方面提出來的，但它在戰後經濟學發展中一直十分重要，值得予以特別關注[10]。博弈論最早是由馮·諾伊曼在1929年提出來的，不過，引起眾多經濟學家對該理論注意的著作，是諾伊曼與摩根斯頓合著的《博弈論和經濟行為》(1944)。在討論了數學方法的運用後，兩位作者轉而研究合理行為[11]。他們步門格爾和龐巴維克的後塵，把著重點放在人數有限的個人之間的交換上；他們認為，合理的行為必須在「謀略」是重要的情況下才能加以分析，在這種情況下，一個人的行為能影響其他人的行為，而且有達成和局的可能性。這種情況正是諾伊曼的博弈論所要分析的。

在簡單博弈中，最小化標準被用於個人合理性行為標準：每一方會選擇這樣的謀略，即是使損失（實際損失取決於其他各方）盡可能地小。選擇混合的謀略（例如，擲硬幣以決定規則）是為確保達成平衡。不過，對經濟理論來說，更重要的也許是他們對交易的分析；他們研究方法的優點在於分析了達成聯合的條件。為此，他們引入一個「超越」的概念。「當一組參與者中的每個人都更願使其個人處於 X 的地位而非 Y 的地位（X 和 Y 是個人收益的兩種分配），而且每個人都相信他們能夠結成一組，即作為一種聯盟而堅持他們的偏愛時，X 便超越於 Y 之上」[12]。「超越」這個概念的意義在於，假定一種結果（稱之為 Y）被另一個（X）所超越，那麼 Y 就不會出現，因為參與者不接受 Y，更偏愛 X，且堅信他們能夠達於 X。諾伊曼和摩根斯頓為博弈所提供的解答並不是獨一無二的結果，但是這一套結果不曾為其他適當的結果所超過。

《博弈論和經濟行為》問世後，經濟學家和其他人寫了大量的有關合作的與非合作的博弈的著作。特別重要的是：納什（1950）為某種非合作博弈提出的解答，認為它是「古爾諾雙寡頭壟斷均衡的普遍化」。「核心」概念，最早由吉利斯（1959）作了說明[13]。還有為各種合作博弈所提出的不同解答（納什，1953）[14]。核心，即不受任何可能聯合限制的一套分配[15]，由舒比克（1959）應用於分析市場均衡，證明它對理解競爭均衡的性質是有用的，因為它能嚴格地表明，正像埃杰沃斯 80 年前已經指出的，核心（埃杰沃斯的契約曲線）包含著任何競爭均衡；【287】當交易者人數增加時，核心會緊縮，直到只留下競爭均衡。可見，競爭均衡是經濟中唯一可行的均衡，在該經濟中，所有交易者都如此微不足道，以致沒有任何討價還價之力。[16]

**不確定性下的選擇**

廣泛運用各種方法處理不確定性下的選擇問題，是戰後微觀經濟學最重要的特徵之一。這些方法雖已見諸先前的著作[17]，但尚未廣泛應用。同不確定性下的選擇問題有關的三種方法是特別重要的。第一種方法是馮・諾伊曼和摩根斯頓（1944）發展的預期效用最大化理論，該理論以一系列有關人類行為的公理為基礎[18]。20世紀50年代初期對這些公理曾有爭議，因為它們意味著能夠制定出基數效用指數。自從薩維奇的《統計學基礎》（1954）問世後，上述理論被更廣泛地接受了，該書對這一理論所依據的公理作了更完整的表述。

第二種方法是阿羅（1953）的「情景偏好」（State preference）理論。他將各種物品按其所處的「自然情景」（State of nature）加以區分。這種「偶然商品」的一例即是「雨天的一把傘」。各人預計在這類物品之間有所偏好。儘管情景偏好論同馮・諾伊曼—摩根斯頓的預期效用最大化理論相當一致，但它可能是處理某些問題的更有用的辦法。

最後一種是「平均—變量」方法，特別是托賓（1958）和馬科維茨（1959）用以分析對保險業的需求。這裡假定每個人的效用取決於資產債券收益的平均數和標準誤差（或變量）。這種方法同馮・諾伊曼—摩根斯頓方法完全一樣，只要個人效用函數具有某些特定特點。儘管許多經濟學家認為這些特定的特點是不可接受的，但平均—變量方法因其簡便易行而被繼續使用著。

**聚集**

由於各種原因，戰後經濟學家們比前人對聚集問題有了更多的瞭解，數學方法的改進使得有可能更為透澈地分析這類問題，不過在統計著作中聚集問題就迴避不了。關於聚集的兩條原理廣為人知，它們是由里昂惕夫和希克斯分別提出的。希克斯在《價值和資本》中指出，一組商品的相對價格如果不變，該組商品便可被看作是一個簡單的商品。里昂惕夫的說法（1947）更一般些：假如某組商品中任兩種商品間的邊際替代率同該組之外任何商品的數量無關，那麼，這組商品可以加總。【288】不能一般地說這些條件是令人滿意的充足條件。儘管還有人得出了類似結果，如戈爾曼關於加總個人需求的條件（1953），以及費希爾關於加總生產函數的條件（1969），但是，使加總成為可能的條件是如此嚴格，以致可以強調說，加總是不可能的[19]。例如，加總消費者需求以便得出具有類似特徵的市場需求曲線，除了特殊場合外，只有在下述

場合才有可能：所有的個人都是同一的，或者說具有相同的偏好。粗略地說，這意味著每條無差異曲線都是其他任何無差異曲線的放大或收縮。

## 23.2 一般競爭均衡

**薩繆爾森的《經濟分析的基礎》**

在一定意義上為現代經濟理論奠立了基礎的著作是薩繆爾森的《經濟分析的基礎》(1947)。儘管它的問世晚於希克斯的《價值和資本》7年，但是同後者無關，因為其部分內容早在1937年已經寫成。薩繆爾森從一開始就充分利用數學，他表示，「彆腳地運用基本上是簡單的數學概念」應被視為一種無報酬的特別陳舊的智力競賽[20]。他屢次坦率地反駁了馬歇爾關於數學在經濟學中作用的觀點[21]。不過，對數學的強調只是薩繆爾森貢獻的背景。就其貢獻而言，特別重要的有以下三方面：

第一，他主張運用均衡概念，認為許多問題可看作最大化或最小化問題。對薩繆爾森來說，消費者行為理論和廠商理論不過是強制性最大化理論的應用。這種構想不僅揭示了統一的結構，為各不相同的問題提供了基礎，而且它也是預測的根據。例如，為強制性最大化問題描述了答案的需求函數本身，便足以使得指出這些函數的性質成為可能。

第二，經濟理論的任務被認為是引出「在運籌上有意義」的論題：關於經驗材料的各種假定則可能被擯棄[22]。無論從方法論的觀點來看這樣做優劣如何[23]，其意義畢竟在於使他強調了比較靜態學的重要性；例如，這樣做不足以查清影響商品價格的各種因素，假定對這些因素的變動怎樣引起價格的變動無話可說的話。關於預測，薩繆爾森發現了兩種信息來源。某些原理（有關比較靜態學的）可以從個人的最大化行為的假定中，特別是從達於最適度的第二序列條件中引申出來，【289】不過，更重要的是從穩定的條件中引申出來。例如，在馬歇爾理論中，假定產出已知，在市場調節價格的場合，只要供求曲線從下方相交，則均衡就是穩定的[24]。從這一信息可以直接得出結論：需求上升將會導致產出的增加。薩繆爾森把穩定條件和比較靜態學結果之間的這種關係稱為「對應原理」(Correspondence principle)[25]。不過，該原理的用途已被證明比薩繆爾森所要求的條件少。主要原因是，在消費者追求效用最大化，生產者追求利潤最大化的地方，穩定的條件同均衡的條件是一樣的。可見穩定的條

件是多餘的。

第三，薩繆爾森強調必須以明顯的動態過程分析穩定性。在他看來，例如，簡單地問一個商品的價格下跌會不會引起對其需求之過度上漲是不夠的。有必要揭示聯結價格變動和過度需求的過程，說明該過程達於均衡狀態的條件。薩繆爾森研究動態學的方法雖不是新的（他歸功於弗里奇，1935—1936）[26]，但卻是標準的。

### 阿羅—德布勒模式

薩繆爾森和希克斯沒有處理的一個問題是競爭均衡的存在。對此問題的主要貢獻是在20世紀50年代做出的。主要的一篇是阿羅和德布勒（1954）的論文，同沃爾德及其同時代人於30年代所做的分析相比，他們所得的結果更具一般性[27]。特別是阿羅和德布勒是從關於消費者偏好而不是邊際效用函數的假定出發的，而且他們對技術方面的假定也更具一般性，沃爾德和馮・諾伊曼則以技術系數不變為前提。50年代期間曾多次嘗試在大體相同的框架內得出這些成果，涉及的經濟學家包括麥克凱齊、蓋爾、尼凱多和宇澤[28]。後來以阿羅—德布勒模式最為聞名，其典型表述是在德布勒的《價值理論》（1959）中提出的。

鑒於這個模式對當代經濟學的重要性，有必要明確它的內容和結論，以及它沒有做到的是什麼。特別重要的是給物品下定義的方式。一種物品以**四種**屬性來說明：物理性能、處所、發送日期和獲取它的自然狀態。[29]例如，「在1995年倫敦的聖・斯威辛日[30]（如果下雨的話）送的若干把黑傘」就不同於在同一時間同一地點無雨天送的同樣的雨傘。用來說明以此方式定義的物品的術語是「有日期的偶然的商品」，因為它們是在一定環境下偶然獲得的（例如，按某種保險契約的支付）。條件是，以此方式定義的**所有**物品都有市場。總的來說，就是假定存在著一個**完整的成套的未來和保險市場**，這反過來又意味著，行為者（廠商或家庭）能決定他們整個的生產和消費計劃，因為他們知道所有物品在未來任何時期的價格，能保證自身對付所有偶發事件。

阿羅和德布勒證明，假定廠商生產設備和消費者偏好顯示一定特徵，這個經濟的均衡即可存在。[31]20世紀50年代後期著作集中於論證關於生產設備和消費者偏好的不太嚴格的假定條件下均衡狀態的存在。不過，基本框架未變。

為理解上述結果的意義，必須聯繫福利經濟學的所謂基本原理對它加以觀

察，這些原理是幾年前從帕累托有效配置和競爭均衡之間的關係中得出來的[②]。阿羅和德布勒在 1951 年已經證明：①任何競爭均衡一定是帕累托有效配置；②任何帕累托有效配置，通過財產（最初物品存量，包括家庭擁有的各種生產要素）適當地再分配，便可在一種競爭均衡中實現。可以說，阿羅—德布勒所得出的結果是對「看不見的手」借以起作用的條件的嚴格解釋。他們已證明，對於按照常例配置資源的經濟是可能予以描述的。不過，應當注意，從來也未要求以這些結果描述任何實際經濟。的確，可以有把握地斷言，它們不可能描述任何實際經濟。

這種研究方法同先前著作相比的新奇之處在於，它在研究時間和不確定性問題時引進了有日期的偶然的商品。然而這種研究是不現實的，不僅因為它未指出貨幣所起的作用，而且沒有理由說存在著廠商各占一定份額的市場。這是因為當經濟「開放」時，交易能在支配未來任何時候的買賣時進行。但在開放時期之後，市場便沒有理由繼續起作用了，這是假定存在完全未來市場的結果。

阿羅—德布勒模式既然如此明顯地不現實，為什麼還要使用呢？一個理由是，它使存在均衡這一問題變得易於處理了。通過以這種方式來處理時間和不確定性，上述問題被歸結為靜態均衡之一，因為所有的市場活動只在經濟生活的開端發生。完整的保險市場又消除了不確定性和預測問題。【291】更重要的理由是，阿羅—德布勒模式有助於澄清經濟學家面臨的實際問題，諸如為什麼把握不住均衡的充足條件。因此，阿羅—德布勒模式為其他均衡概念提供了一個相互比較的基點水準。例如，儘管可以說阿羅—德布勒模式對「看不見的手」一語的使用與斯密的用法沒有共同之處，但是該模式還是表明，我們應當確認「看不見的手」的作用，特別是它表明需要一整套市場。這就為觀察「看不見的手」在其他模式中為什麼會消失提供了一個框架。例如，帕累托最適度在更「現實的」模式中之所以不存在，便可依據對市場的忽略予以解釋。

### 穩定性

20 世紀 50 年代的許多著作不僅研究了競爭均衡的存在，而且研究了它的穩定性問題。最初是薩繆爾森的著作，其採用的方法是揭示一種特定的動態過程，說明這個過程達於均衡的條件。其首要任務之一是將薩繆爾森的穩定性條

件同希克斯的條件協調起來。後者儘管不是從一種直接的動態模式中得出，然而具有一種經濟解釋特徵。斯密塞斯（1942）和梅茨勒（1945）證明，在一定條件下，上述兩種條件是一樣的。

在分析穩定性時，如薩繆爾森所表明的，有必要假定存在特定的動態過程。這裡的基點是試探（tâtonnement）市場上暫時的供求平衡；這是從瓦爾拉斯那裡得來的一個想像的過程。拍賣人據此提高或降低價格，看過多的需求是正還是負。這一過程的決定性方面是，除非市場處於均衡，否則交易不會發生。做出這些假定的理由不在於他們所描述的過程的現實性，而在於所提理論問題的現實性。如果代理人的計劃反覆無常（供求不等的場合必定如此），究竟將買賣多少確實非常難說。此外，如果所有代理人都是受價者（存在完全競爭）而沒有拍賣人，那麼誰來調價？

20世紀50年代有許多論文涉及試探（tâtonnement）過程的穩定性。不過，雖然所得的結果更嚴密，更一般，但是對於在經濟上有意義的穩定性條件的解釋，卻很少超過希克斯的條件，即所有物品一定能夠明顯地被替代。那個更一般的子虛烏有之物在斯卡夫（1960）那裡得到了明確的說明，他舉出許多有趣的場合，證明皆無穩定可言。70年代早期的一些著作證明，穩定性只存在於非常特殊的場合[33]。研究越來越多的一般穩定條件是浪費時間。

儘管有諸多問題，還是有人試圖分析非試探（tâtonnement）過程。例如，哈恩和尼基希（1962）分析了均衡之外的交換過程，這個過程受著下述條件的支配：某種物品全部是過分需求（供給），沒有一個代理人受他或她可能賣（買）的數量的約束。另一例是宇澤提供的（1962），他研究的過程同埃杰沃斯曾描述的過程相仿，即無論何時兩個代理人皆能為彼此的利益進行交換。
【292】然而，儘管有可能得出這種過程達於均衡的各種條件，但這種研究方法（雖有更大的潛在現實性）並不很實用。原因在於缺乏任何廠商標準，說明在什麼情況下均衡將被打破。

**對阿羅—德布勒模式的各種抉擇**

最明顯的一種是所考察的經濟具有不完全的市場體系，特別是具有不完全的未來市場體系和保險市場。這種分析具有根本性意義，因為它提出了貨幣的作用。其理由是，如果忽略了這些市場，就不可能立即做出決策。交易必須在任何時間進行，而不僅僅是在開頭。像這樣隨時可交易的經濟被拉德納

(1968)稱為「序列經濟」（Sequence economies），希克斯在《價值和資本》中考察的就是這種經濟。希克斯的著作之所以重要，因為他指出了通過區分兩種類型的均衡找到預測的途徑：暫時均衡，對未來的預測是外生的；**完全預見的均衡**，預測是正確的[34]。這種方法的優點，除了比阿羅—德布勒模式少一些不現實性外，還在於它是制定貨幣經濟模式的一個前提。只要市場在一個連續期間是開放的，貨幣（沒有內在價值的資產，持有它是因為它能進行購買）就有了意義，儘管也還需要具備其他條件，如交易成本。沿著這條路線的研究在20世紀70年代有了廣泛開展，所探討的基本問題是一國經濟出現均衡（貨幣價格在此是正數）的條件[35]。

迄今討論的暫時均衡模式考慮到了貨幣的可能性，但它們仍不能恰當地解釋為什麼會出現凱恩斯主義的種種問題，因為假定市場處於均衡狀態，也就消除了失業可能性（指勞動供給超過需求而言）。引進失業可能性的一種途徑是，假定價格（至少暫時）不變。如果價格不能調整到供求相等，買者或賣者就不會像在流行價格下願意進行那麼多交易。在前一種場合，例如，某些物品將實行配給。如果代理人在某個市場上受配給約束（例如，假定家庭出賣勞動不可能像他們希望的那樣多），他們就不得不在另一種市場上調整其需求或供給（例如，減少對消費物品的需求）。雖然這些思想在宏觀經濟學概念中得到了發揮[36]，但它們也導致了能運用於更一般模式的均衡概念。

最早對帶有配給的均衡做出微觀經濟分析的是格盧斯多夫（1968），而最廣泛應用這種均衡概念的是德雷茲（1975）和貝納希（1975）[37]。在制定這種模式時要解決三個問題：①決定市場不處於均衡狀態時，【293】代理人對他們能夠購進或賣出的數量獲得了什麼信息（應注意，在市場票據交換模式中，這個問題不會提出，因為價格就包含了所有有關信息）。②代理人感受到的壓力如何影響其供求[38]。③在配給時，代理人做何安排（例如要所有工人縮短工時，或讓他們願做多少就做多少，而其他人則全部被解雇）。對這些問題提出的解答各不相同，因為德雷茲和貝納希的均衡之間存在差異，儘管他們處理的問題基本一樣。

這些模式似乎可以為討論凱恩斯主義問題提供一種嚴密的框架，從而富於吸引力，可是它們卻受到來自兩個可能相關問題的嚴重阻礙：①它們不能解釋價格在票據交換市場為何不能調整。②如果代理人在他們購進與賣出數量上面臨壓力，那麼，競爭就不會是完全的。例如，假定廠商可售量存在最大化限

制，那麼其需求曲線不可能是完全水準的。由這一觀察可以很自然地得出下述看法，即壟斷競爭（而不是固定價格均衡）也許是一種更好的市場結構。除去尼基希（1960）的第一篇早期論文外，20世紀70年代以來的研究皆沿此路線進行，例如貝納希（1976）、格蘭芒特和拉羅克（1976）、哈恩（1978）[39]。

## 23.3 進一步的發展

**選擇理論**

　　一般競爭均衡論，不管是瓦爾拉斯的，還是阿羅—德布勒的，都是基於這樣的假定：消費者和廠商瞭解他們面臨的情況，而且對市場沒有影響力。成長理論也只在這種範圍內才有意義[40]。自從希克斯的《價值和資本》及薩繆爾森的《基礎》問世以來，這種廠商和消費者的研究一直存在，基本未變。消費者理論所依據的公理制定得更加透澈，從中得出結果的方法也更有成效了。儘管這使該理論得到更好地理解，但仍可以說，使其起作用的努力〔如希克斯的《需求理論再考察》（1956）〕並未收到很好的成效[41]。

　　儘管所涉及的基本前提變化甚少，但消費者理論應用的範圍一直在增加，以致使該理論同40年前相比已經大不相同。這可用三個例子加以說明[42]：第一例涉及勞動供給和消費與閒暇間的選擇。【294】此例的一個有趣方面是，典型的預算強制將是非線性的：例如，假定家庭擁有任何非勞動收入，非線性則直接來自對勞動工時數的強制。不過，更重要的也許是這個事實：消費者理論的大多數有意義的應用涉及非線性預算強制（例如，不同工資結構的內涵，或稅收和利益體系的影響）。因為結果更側重於預算強制的形式，而不是偏好的性質，作為影響消費者行為的關鍵因素，因而它不僅適用於勞動經濟學，而且適用於許多領域[43]。消費者理論用於分析勞動供給問題也是重要的，它提出了教育投資問題，即通常所分析的「人力資本」。雖然人力資本的討論在此前幾年已經開始[44]，但對該領域研究的主要推動力來自貝克爾的《人力資本》（1964）。

　　強調強制而不是偏好，也是第二個例子即家庭「生產函數」論的特徵。貝克爾（1965）提出了一種理論，效用所依之物品（如進餐）要求的現有購進的物品（食物），又有時間（準備時間和進餐時間）。因而家庭所面對的是時間和預算強制，這意味著一項活動的機會成本取決於它所要求的投入，所需

要物品的成本以及時間的價值。與此相關的是蘭開斯特（1966a 和 b）的理論[45]，認為效用不僅決定於消費的物品，而且決定於「特徵」。物品（如爆豆）由許多特徵（如味道、營養）所構成。消費者通過適當挑選來選擇他們所偏愛的特徵。

最後一個例證是配給理論，戰時控制提供了一個刺激[46]。這裡的主要興趣在於「溢出效應」（spillover effects）——配給品消費的變化如何影響對非配給物品的需求。對該問題的興趣雖在 20 世紀 70 年代達到高潮，但為後來發展奠定基礎的是托賓和霍薩克（1951）的著作。他們指出，如果一種商品是配給的，則對其他商品的需求彈性將被減弱。配給一種，對其他的需求是增加還是減少，決定於它們同配給品是互相替代，還是互相補足的關係。20 世紀 50 年代，出於明顯的原因，對配給論的興趣消退了，但到 70 年代，作為對帶有配給的均衡的研究工作的反應，它又有所復興[47]。同上述兩個例子一樣，這裡的基本消費理論與希克斯和薩繆爾森的理論是一致的：新奇之處在於它被用於新情況。

## 不確定性下的選擇

因為這個問題常被以預期效用最大化連同馮·諾伊曼—摩根斯頓效用函數來處理，所以注意力被限於奈特所謂的風險—可測定的不確定性[48]。雖有很少例外[49]，還是忽視了在個人對構成計較可能性依據的信息一無所知情況下的選擇問題。【295】如果是這樣，現在的理論就可以加以改造，用預期效用或利潤，用引進某些強制性因素的隨機變量來代替效用或利潤。例如，假定廠商面臨的是一種隨機變動的需求函數，已知概率分配，要求得出預期利潤最大化的條件，就是一道簡單的練習題[50]。為解釋這種結果，我們需要一種測定風險和對待它的態度，以便研究風險的引進對該結果的影響。各種測定風險及躲避風險的尺度已被提出過，例如阿羅—普拉特的風險躲避尺度以及羅思柴爾德—斯蒂格利茨的風險尺度[51]。

在這種框架內，許多課題可得到處理。其中之一即是風險——它如何影響決策、個人與廠商之間又如何分擔。明顯的例證是保險業，不過，指出保險業並不單是將風險從某人轉移到他人的機制是重要的。請看對廠商產品的需求不確定時工人和廠商之間的工資契約的情形。如果工資被固定下來，廠商就要承擔全部風險；如果工資率隨產品價格而變動，風險即由廠商與工人分擔。這種

結論總是適用於像勞動契約這樣的變動情況，以說明工資率的黏性[52]，適用於不發達國家中勞動控制廠商的問題[53]以及租佃協議問題[54]。

**信息經濟學**

近年來人們對於信息有限時市場如何起作用的問題頗為關注。這個問題的複雜，不僅在於有一個怎樣獲取信息的問題，而且它使不完全競爭必然產生。讓我們考察一下斯蒂格勒（1961）最早分析的一種場合，即消費品對不同廠商的要價知之不多。在這種模式中，對消費者來說，最佳策略必然是定一個「保留價格」，從他們碰到的要價低於該價格的第一個廠商那裡購買。調查行情的代價越高，保留價格就越低。如果消費者各不相同，又有不同的保留價格，那麼任何一家廠商將會面臨向下傾斜的需求曲線。在任何時期，許多消費者會遇到這個廠商，而且，如果他的價格越高，則不願購買而想繼續打聽更低價格的消費者就越多。可見競爭必然是不完全的，這一過程的結果取決於對有多少廠商和消費者瞭解信息的準確假定。例如，它可能是壟斷價格，也可能是競爭價格[55]。

**不對稱信息【296】**

一旦引進不確定性，則不僅列舉信息的可能性增加了，而且不同的代理人獲取不同信息的可能性也增加了。這種情形被認為是不對稱信息的一種情況。信息不對稱在許多場合可以說是普遍現象，幾乎成為一種規律，因為對於個人來說，不確定性不僅涉及「自然狀態」，而且涉及個人偏好，以及該經濟中其他代理人的行為。於是在 20 世紀 70 年代已經提出了有關市場作用方式之基本課題。有兩個特殊問題需要提出：道德公害和逆向選擇。

道德公害可用保險契約加以說明。如果一個人對他的一切都進行保險，那麼他（或她）就沒有避免偶發事件的刺激，因而也就比他（或她）未加保險時較少謹慎從事。可見保險與否會影響事故發生的概率。這種情形是很普遍的，下述課題也是一個例子：對個人是否有說真話而不行騙的刺激[56]。

逆向選擇也可用保險市場來加以說明，儘管該問題也有其更一般的形式。假定某保險公司所提供的醫藥保險費能滿足平均人口數的健康之需。從這些人良好的健康狀況會做出決斷：這種投保代價過高而不值得購買[57]。結果是，買了保險的這些人的健康狀況平均來說會比整個人口的健康狀況要差。這個問題

(以逆向選擇聞名)也可以這樣提出來：無論何時，進行交易的商品質量是否都不確定，不對稱信息存於何處。例如，如果一部舊車的賣主知道該車質量怎樣，但是潛在的買主在買到手以前卻無法確知這一點。在這種情況下，供售賣的舊車質量總的來說要比同一年限同一型號的車的平均質量要差。

阿克洛夫（1970）在其研究班論文中提出了「檸檬」（質量差的舊車）的市場模式。他的結論是，在一定的並非不合理的假定條件下，交易將是不可能的。唯一可行的均衡價格是零。其論證是很簡單的。假定一定年限和型號的車輛的市場價格是確定的。因為賣主知道他們要賣的車的質量，質量尚好的車是不會拿來賣的。因此，實際上這些待售車的平均價值低於市場價格。假定買者對其欲購之特定車輛的質量並不知曉，他會按此平均價格支付，而不會支付市場價格。可見，確定的價格不會是均衡價格。

羅思柴爾德和斯蒂格利茨（1976）提出了更根本的結果。他們研究了保險市場上均衡的可能性。他們假定，保險公司無法知曉潛在的購買保險者是屬於風險熱愛者的類型還是屬於風險中性者的類型。作者指出，如果保險公司只提供一種簡單形式的契約，則不會出現均衡，即使是零價格的均衡也不會存在。【297】只有在提供兩種類型的保險情況下才可能出現均衡，因為風險熱愛者會購買其中一種，而風險中性者會購買另一種。例如，一種保險所要的保險金較低，但顧客必須承擔某些要求。風險熱愛者可能會覺得這種保險缺乏吸引力（須知，個人被假定對其健康狀況是瞭解的）。然而在某些情況下，甚至這種所謂**分隔的均衡**也可能不存在。作者還證明，假定這種均衡存在，某些人會被配給：風險中性者將發現他們不可能想買多少保險就買多少。在不對稱信息的各種不同模式中都會得出這些結果：不存在某種均衡，即使存在，價格也不止一個；代理人可能受到數量的強制[38]。

為吸引不同類型顧客而提出的兩種保險政策，是**網眼**的一例，即代理人設法區分高質量和低質量物品或顧客的例證，售賣者則要找出一種辦法以標明他們產品的質量（例如標明保證項目或商標名稱）。近年來對此有廣泛的討論[39]。

以上所討論的市場的特點在於：價格傳送信息。很自然的一個問題是：價格能傳送多少信息？作為一個例證，可觀察一下格魯斯曼和斯蒂格利茨（1980）提出的一個模式。他們假定，存在某些不確定性，而廠商對此能夠設法完全瞭解，如果他們準備支付成本的話。廠商要是選取這個信息，這將會影響他們的行為，從而影響市場價格。假設每個廠商都信息靈通，則對單個廠商

來說，使他信息靈通的刺激就消失了，因為他能從觀察其信息十分靈通的對手的行動所引起的價格變化中得出他所需要的全部信息。可見不存在這樣一種均衡，在其中，廠商都是信息十分靈通的；廠商反而有一種停止獲取信息的刺激。現在假定，所有廠商不選擇購買這一信息。在這一場合任何廠商將發現購買信息是有利可圖的；因為別的廠商不瞭解該信息，所以價格不攜帶任何信息。可見廠商不購買信息的場合也不可能是均衡的。這就是說，無論廠商是否信息靈通，都不存在均衡。現在再假定存在某些額外的、廠商不能預測的不確定性。這種「謠傳」（如果很盛）可用於防止信息不靈通廠商從價格中得出他所想要知道的信息。他們將努力變得信息靈通（或者維持原狀，如果信息成本太高的話），這樣，均衡就可能存在了。可見均衡只有在價格不能傳送所有有關信息的場合才存在。這表明，如果信息是花了代價而獲得的，則由價格標明的信息量有限，市場均衡不可能存在。

### 交易成本【298】

交易成本在戰後受到相當多的注意。這裡的研究論文是科斯的《廠商的性質》(1937)。他在文中指出，交易成本為理解廠商提供了一種途徑。他認為廠商的特徵在於，其決策（關於資源配置）可由行政做出，而不經由市場。[60] 於是有這樣的問題：為什麼這種自覺計劃的「孤島」會存在？為什麼其範圍在不同產業之間會如此變動不居？

科斯發現答案在交易成本之中，通過市場組織生產不是不花成本的：必須瞭解有關的價格，契約必須協商。此外，還有來自不確定性和稅收（可能適用於市場交易，而不是非市場交易）的成本。在廠商內部組織生產的成本則與此相反。利潤最大化暗含著：「一個廠商將想擴大到這種程度：在廠商內部組織某種額外交易的成本，等於在公開市場上通過交換進行交易的成本，或者等於在其他廠商組織交易的成本。」[61]

此後發展起來的交易成本研究皆步康門斯的後塵[62]，以個人的交易為分析單位。經濟問題於是被視為如何組織交易以促進效率。強調比較可選擇的各種交易模式，而不是著重於同某種無摩擦的理想模式比較，是研究該問題的特點。例如，政府行為不過是組織交易諸多方式中的一種。因此，不能假設政府行為必然不能履行市場職能。為決定支持或反對政府干預，有必要將有政府組織交易之成本，同通過市場進行的交易之費用成本加以比較。

所有的交易都要花一定費用這一事實意味著，財產權在個人間的分配比它在無交易成本的場合更為重要。在沒有交易成本的場合，財產權的分配（除了影響財富分配外）是無關緊要的，因為一套合適的契約能以最優方式分配資源。有交易成本時，情況就不一樣了。例如，一種資源，雖由別人利用會有利可圖得多，但此人可能仍會利用，而這不過是因為資源的轉讓費用（發現更合適的買者，協商和履行某種合算的契約）是抑制性的[63]。

**寡頭壟斷**

在20世紀70年代博弈論開始被大量用來分析這個問題之前，具有少數買者和賣者（其中每個人對市場和其他人的行為都有重要影響）的均衡理論進展不大。這並不是說在此之前沒有進展，有進展，但很有限。貝恩（1947）就提出限制定價的觀點，一個廠商選擇最高價格勢必使任何競爭者進入市場變得無利可圖。這一思想後來由貝恩（1956）和西勒斯—萊比尼（1962）等人加以發揮，他們把進入障礙同技術聯繫起來：規模收益的遞增可能成為進入市場的一種障礙，因為新生產者或由於產出量少而使單位成本過高，或以低成本生產而壓低價格衝擊市場。

儘管博弈論一直被用於分析非詐欺寡頭壟斷問題，但是主要的發展卻是將交易論用於處理代理彼此協商的情況。近年來的興趣多半在契約論方面，特別是在勞動力市場問題上。下面來考察這個問題。

**廠商行為**

在多數微觀經濟學中，廠商皆被視為追求最大利潤者（對可能的風險躲避打適當的折扣）。但這個假定有很多問題，可能的一種選擇是，維持廠商使某種東西最大化的觀念，但改變了最大化的內容。這種思路為寫作許多有關廠商增長的文獻［源於彭羅斯（1959）、鮑莫爾（1959）和馬里斯（1964）］打下了基礎。在這類文獻中，廠商被認為不是單一產品的生產者，因為按照假定，一個廠商如果在一個市場上擴張餘地有限，他可轉移到別的市場。沿此思路便傾向於強調所有者同大公司經營的分離[64]。廠商不是被其股票持有者而是被經理們所控制，後者的興趣和利益與前者有所不同。例如，經理的薪水、地位和權力，可能更取決於生產的規模而不是其盈利高低。然而經理們的活動會受到強制性約束，這是因為，如果這些活動與股票持有者的願望相去太遠，該

廠商股票的價格可能下跌，從而增加了被其他廠商超出的可能性，同時，其經理也就失去了他的權力。例如，馬里斯假定，廠商經營旨在最大化**增長**，他必須服從於這種強制約束：廠商股票價值始終要超出某種最低水準，以防被接管。

這些模式儘管放棄了利潤最大化假定，但仍然假定某種東西的最大化。可能的一種選擇是完全放棄最大化假定。在這方面最重要的著作是 H. 西蒙的著作（1956，1957）。他否認最大化行為（像許多人所假定的那樣）同合理化是同義的[65]。他區分了兩種合理性：①**實質性合理性**。系指「這樣的行為，它對於在既定條件和強制所限定的範圍內達於既定目標是合適的」[66]。這是傳統的最大化模式的合理性：找出適於利潤、效用或某種其他目標最大化的行為。②**程序性合理性**。【300】系指這樣的行為，「它是恰如其分的思考的結果」[67]。它注重的是做出決策的**過程**。

既然探求一種更有利的可供選擇的方案頗費周折，所以一旦發現一種令人滿意的方案便停止探求是明智的。西蒙把發現一套令人滿意的（不是最佳者）決策的過程稱為**滿意化**（Satisficing）。這倒不是說決策者不想獲得更高的利潤（或任何別的目標），而是說考慮到獲取信息的代價以及借此獲利的不確定性（也許還有更好的方案），使最大化行為變得毫無意義了。

源於此的一種發展是行為理論，如西爾特和馬奇的理論（1963）。他們搜集了各組織所運用的決策法則的經驗性證據，研究了這些決策的暗含意義。某廠商（其行為取決於其各組成部分的決策法則）的模式可用來做出預測（可以驗證）[68]。分析為該研究過程打下了基礎的原理，正是西蒙本人所沿用的可供選擇的方法。例如，他一直在研究為有效地尋求一種令人滿意的答案可以依據的原理。

**就業理論**

失業是 20 世紀 70 年代初以來頗引人注目的一個課題。失業率居高不下促使經濟學家們尋求某種解釋，因為在一個競爭市場上工資率應調整到使勞動力的供求相等。在研究失業率居高的緣由時，經濟學家們運用了前面討論過的許多概念和思想[69]。這裡不打算考察這類文獻，而僅僅指出提出這些問題的某些方法。

缺乏信息從來都是經濟學家們企圖解釋失業的根據。最早的理論是這樣一

些模式（例如菲爾普斯，1970）：在這些模式中，失業的增加被解釋為工人尋找合適職業需要花費時間，這種失業即「自願失業」。不過，這些模式只能解釋「自願」失業。進一步，可以假定不僅信息不全，而且信息不對稱也可以是解釋失業的根據。例如，廠商可能不瞭解待業工人的素質。當工資提供者可以像網眼器一樣動作時，即可能發現進一步的理由，說明工資率為什麼會跌到使勞動的供給和需求相等。有關傳遞信號的眾多文獻主要關心的是勞動力市場。

更貼近的發展表現在運用各種交易模式來解釋失業：為什麼工資率可能維持在市場交換率之上；所謂**暗含的契約**即未有記載的契約備受注意。例如，假定工人不願冒風險，而廠商卻無所謂（若能擴大風險更好），則契約雙方的興趣在於工資波動小於勞動的邊際產品的增減。風險較小使工人受益，而工資率較低又使廠商滿意。不對稱信息是固定工資契約為什麼受到偏愛的另一原因。例如，假定某廠商對產品的需求不確定，但對市場行情卻掌握了比與之簽約的工會更多的信息。假定廠商在勞動邊際產品下降時被許可減少工資，那麼為了減少工資，廠商就有聲稱生產率已經下降的動機。因此，簽訂固定工資的契約（不過，廠商可選擇就業人數）對工會可能是可取的。

## 23.4　結論

儘管微觀經濟學的理論框架還像希克斯和薩繆爾森時一樣，但微觀經濟理論在戰後時期還是有重大變化。新方法的廣泛採用使經濟學家們得以擴大了微觀經濟理論的範圍，並能側重於先前的理論無力分析的一些課題。微觀經濟理論的發展對處理不確定性和信息不完全這類問題有著特殊重要性，這是因為它對有關競爭市場作用方式的某些共同假定提出了疑問，如這樣的觀念：在均衡狀態下，代理人能按市面價格想買（賣）多少就買（賣）多少。這類著作才剛剛起步，但它們可能改變了經濟學家們思考市場均衡的方式，儘管仍以「新古典」的最大化行為和競爭市場的假定為基礎。即使在提出需要回答的問題和在各種理論之間做出選擇方面，經驗性證據可能是富有說服力的，但是，如果沒有相當抽象水準的理論著作，這種變化是絕不會出現的。

**註釋：**

① 參照希克斯（1960），第 76-77 頁。

② 我們這裡略去了主要同其他各章有關的發展。

③ 多夫曼等人（1958），第 1 頁。

④ 最簡單的線性結構是簡單的預算約束。

⑤ 里昂惕夫（1941），第 3 頁。

⑥ 這個假定在非替代性原理中得到某種證實。

⑦ 里昂惕夫（1941），第 3 頁。

⑧ 多夫曼等人（1958），第 107 頁。

⑨ 希克斯（1960），第 111 頁。

⑩ 當考慮的是非零和博弈（non-zero sum games）時，該問題就不再是線性的了。

⑪ 馮·諾伊曼和摩根斯頓（1944），第 8-15 頁。

⑫ 同上，第 38 頁。

⑬ 應當說這個概念的真正首創者是埃杰沃斯，儘管他提的問題是很特殊的。

⑭ 應當區分同納什有關的兩個概念：一個通常被稱為古爾諾—納什均衡，是對非合作博弈的解答；另一個是納什交易，則是對合作博弈的解答。

⑮ 這個核心類似於馮·諾伊曼和摩根斯頓的「解法」（solution），儘管並不完全一樣。參看舒比克（1981）。

⑯ 斯卡夫（1962），奧曼（1964）。

⑰ 例如參看尼科爾（1941）；參照引自費希爾對第 157 頁的引文。

⑱ 他們發展了這一點以處理博弈論。

⑲ 格林（1964）有對該問題的透澈陳述。又見布利斯（1975）和格林（1976）。

⑳ 薩繆爾森（1947），第 6 頁。

㉑ 參看第 102 頁。

㉒ 薩繆爾森（1947），第 3-4 頁。

㉓ 參看第 280 頁；又見哈恩（1983），第 31-36 頁。

㉔ 參看第 96 頁。

㉕ 薩繆爾森（1947），第 5、257-258 頁。

㉖ 同上，第 314 頁。

㉗ 參看第 144 頁。

㉘ 參考材料參看德布勒（1982）。

㉙ 參看本章第 1 節。

㉚ 聖・斯威辛（Saint Swithun, 800—862），盎格魯撒克遜人，基督教教士。曾任西撒克遜國王的謀臣。852 年任溫徹斯特主教。有一種迷信的說法認為，如果聖・斯威辛的瞻禮日即 7 月 15 日下雨，就要連續下 40 天的陰雨（據《簡明大不列顛百科全書》）——譯者註。

㉛ 德布勒（1959），第 83-84 頁。

㉜ 參看第 311 頁。

㉝ 哈恩（1982d），第 745 頁。

㉞ 值得指出的是，這是一個均衡概念，而不單是關於預期的一個假設。

㉟ 哈恩（1971），第 3 頁；庫茲（1974）；斯塔拉特（1973）。

㊱ 參看第 337 頁以下。

㊲ 格羅斯曼（1969）。

㊳ 參看第 337-338 頁。



㊴ 阿羅和哈恩（1971），第 167 頁。【447】

㊵ 參看第 25 章第 1 節。

㊶ 參看蘭開斯特（1957）。

㊷ 欲知其詳，參看迪頓和米爾達爾（1980）。

㊸ 同上，第 3 頁。

㊹ JPE 1962 年，論「人的投資」專利；將人力資本思想追溯到斯密。

㊺ 儘管蘭開斯特關於物品性質的理論被廣泛徵引，但是，還是能在早期著作中看到這一理論：戈爾曼（1980），寫於 1956 年，艾恩芒格（1972）。



㊻ 托賓（1952）考察了這一文獻。

㊼ 參看第 292、338 頁。

㊽ 參看第 157 頁。

㊾ 阿羅和赫維茲（1972）、米爾納（1954）、沙克爾（1949, 1961）。

㊿ 概述見麥克考爾（1971）；海伊（1979）。

(51) 參看海伊（1979）。

(52) 參看阿扎賴亞迪和斯蒂格利茨（1983）。

(53) 海伊（1981b）。

(54) 斯蒂格利茨（1974）。

(55) 海伊（1979），第 178 頁以下各頁；海伊（1981a），第 171 頁以下各頁。

(56) 參看第 308 頁。

(57) 如果消費者對風險無所謂，那麼健康水準在中等以上的人將不會讚成這一政策；如果消費者厭惡風險，那麼中斷點還要更高。

(58) 參看由斯蒂格利茨（1977）作序的論文集。

(59) 海伊（1981a），第 172 頁以下各頁；斯潘斯（1974）；斯潘斯作序的論文集（1976）。

(60) 科斯（1937），第 389 頁。

(61) 同上，第 395 頁。

(62) 參看第 232 頁。

(63) 對這個問題的概要陳述，見威廉姆森（1977），第 190 頁以下各頁；又見第 377 頁。

(64) 所有者和控制權分離源於伯利和米恩斯（1932）。

(65) 又見西蒙（1978）。西蒙的理論涉及的不單是廠商，而是全部行為。

(66) 西蒙（1976），第 130 頁。

(67) 同上，第 131 頁。

(68) 鮑莫爾（1984），第 477 頁。

(69) 索洛（1980），奧康（1981）。

# 24 新福利經濟學[①]

## 24.1 新福利經濟學，伯格森和薩繆爾森【302】

**新福利經濟學**

到20世紀30年代後期，許多經濟學家已傾向於接受米爾達爾和羅賓斯的論證：個人之間的效用比較不能作為科學的福利經濟學的基礎。作為對此論證的回應，出現了許多嘗試——拋開個人之間效用比較來建立福利經濟學，這即是後來的「新福利經濟學」，以區別於馬歇爾和庇古的舊福利經濟學。這些嘗試由於消費者理論的發展而成為可能，結果是以效用為基礎的消費者理論被以偏好和無差異概念為基礎的理論所取代。

新福利經濟學的出發點是這樣一種觀念：來自某種變化的收益如能補償任何損失而有餘，該變化便增進了潛在的福利。最早提出這一標準的是帕累托（1896），並為巴倫（1908）所接受，但此後被忽視，直到卡爾多（1939）才予以恢復[②]。卡爾多對這種補償性檢驗標準賦予極大意義，因為它為把福利經濟學分為兩部分提供了一種手段：一部分處理生產，另一部分處理分配。庇古以其功利主義能夠做出這種區分：他能夠對影響總效用量及其分配的要素分別地加以考察。補償性檢驗標準的優點在於，這種分離能在不要任何個人之間效用比較的情況下辦到。於是卡爾多能夠指出，建立一種科學的福利經濟學是可能的；因為它是從確認各人的境況是否**可能**更好的觀點來分析問題的。這樣，剩下的就是收入分配問題了，這已超出了經濟學範圍。卡爾多認為「在經濟的基礎上完全不能決定哪種類型的收入分配會使社會福利最大化」[③]。

希克斯接受了區分生產和分配問題的思想，【303】他把**最優化**定義為這樣的狀態：「在任何人的境況不因可容許的重新組合而變壞的條件下，每個人

的境況盡可能地好。」④這種最優化稍後即被稱為「帕累托最適度」（利特爾，1950）。希克斯用這個定義表明：①這種最優狀態不計其數；②最優化要求滿足一定的條件，特別是任何兩種商品間的邊際替代率，對於消費該兩種商品的所有消費者，對於生產該兩種商品的所有生產者，都是相同的。這些結果提供了一種框架，使希克斯能夠不涉及功利主義而討論社會成本和私人成本之間的偏離，討論壟斷和不完全競爭的福利含義。

補償原理從何處得到所有這一切？答案在於它能用來擴大福利的改進範圍，使之超過帕累托的福利改進。希克斯認為後者實際上是子虛烏有的。但這種方法也有問題，最明顯的是西托夫斯基（1941）所提出的悖論（paradox）。西托夫斯基指出，經過卡爾多—希克斯的補償性驗證，一種變化既可從 A 到 B，也可從 B 到 A。換言之，卡爾多—希克斯補償性驗證可能得出矛盾的結果。

這個問題的性質以及西托夫斯基悖論的理由，可用薩繆爾森（1950）提出的效用可能性邊界概念明確地加以說明。假定一種經濟，其中有兩個人：一人生產商品，另一人消費這種商品。假定他們的效用最初以圖 24.1 中 X 點表示。通過從生產者到消費者收入再分配，我們可以犧牲生產者的效用而增加消費者的效用，由此可得出同 X 點相關的效用可能性邊界⑤。現在我們來考察一種變化，例如保護主義的引進，它使該經濟的效用點移至 Y 點，而且，通過

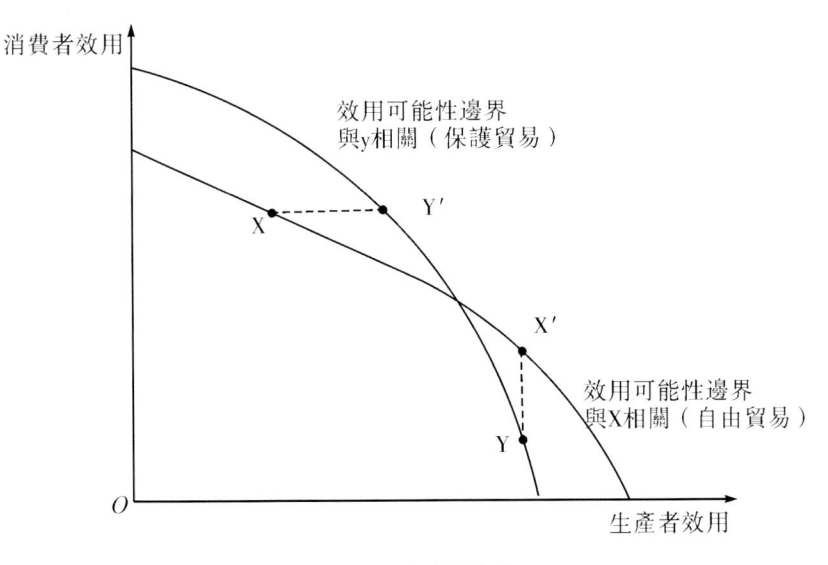

圖 24.1　補償性檢驗

同樣的收入再分配方法，可以得出與 Y 相應的效用可能性邊界。如果情況如圖 24.1 所示，便可得出西托夫斯基悖論：假定我們處於 X 點，我們可以通過實行保護主義和通過收入再分配補償消費者而達到 Y′點，同樣地，假定我們處在 Y 點，我們可以實行自由貿易和補償生產者而移到 X′點。保護主義的實行和取消都要通過卡爾多—希克斯的補償性檢驗。

西托夫斯基對此的反應是，要求在一個方向上滿足卡爾多—希克斯標準，而在另一個方向上則違反這個標準，這就是所謂西托夫斯基的雙重標準。然而，即使這樣也不夠，因為唯一說得上一個人的境況**確實**優於另一個人的場合，如薩繆爾森所說，是這個人的效用可能性邊界完全處在另一人之外。

卡爾多—希克斯和西托夫斯基標準的問題在於，他們都沒有要求實際支付補償。在上例中，這意味著實行保護主義從而改變了收入分配，而是選擇自由貿易還是選擇保護主義則取決於收入分配：如果與生產者相比，消費者處境更好（處於圖 24.1 的左上部），則保護主義可取；如果生產者處境更好（處於圖中右下部），則選擇自由貿易為佳。

這個問題之所以重要，原因在於這個論證否定了可以將生產和分配問題分割開來的觀念。【304】不知收入分配便不可能斷定某種變化是否可取，只有每個人處境都好或都壞這樣的非常特殊的場合不在此例。這不僅對抽象的福利經濟學，而且對國民收入的統計學（20 世紀 40 年代開始大量使用）都有重要意義。當統計學家們開始統計國民收入數字時，庇古當初以此作為福利尺度的做法的正確性卻遭到了破壞。在這種背景下。卡爾多—希克斯標準的意義是（如他們的追隨者相信的那樣），它為提出這樣的主張提供了一個理由，即潛在福利的增長應與國民收入的增長相呼應：國民收入提高了，每個人的境況就可能變得更好。因此，對新福利經濟學的許多重要貢獻都是在研究國民收入衡量問題的論文中做出的（例如，希克斯，1940；薩繆爾森，1950）。

不過，補償性檢驗問題還不是福利經濟學中同衡量國民收入有關的唯一問題，因為還必須回答下列各種問題：第一，怎樣估計加入國民收入的商品價值？第二，怎樣研究公共部門？第三，各種可能使用的指數的**經濟**意義是什麼？

經濟學家們似乎回到了庇古在其《福利經濟學》開頭討論過的各種問題上，不過，他們是在新價值論的背景下，以不同方式來考察它們的。就像西季威克、馬歇爾和庇古曾以邊際效用價值論重新考察了國民收入的意義一樣，20

世紀30年代和40年代的經濟學家們以新消費者理論重新考察了這個問題[6]。

### 希克斯更新消費者剩餘概念

即使效用是可衡量的，馬歇爾的消費者剩餘概念還是存在一些問題；而隨著米爾達爾和羅賓斯對效用理論的批判，這個概念會變得完全站不住腳了。把消費者剩餘重新變成一種可行的概念的主要建築師是希克斯，先是在《價值和資本》(1939)中，後在20世紀40年代的一系列論文中。馬歇爾已經指出，消費者剩餘要求假定收入邊際效用不變。希克斯的貢獻在於表明，給消費者剩餘下定義，同它能否用需求曲線下方的面積來測定是兩回事；只有後者才取決於收入邊際效用不變。希克斯又指出，消費者剩餘能以他所謂收入的**補償變量**來測定，「收入的損失正好抵消價格的下降，使得消費者處境並不比以前更好」[7]。這是一個完全可以定義和測定的概念。同樣地，**消費者**剩餘也被定義為「消費者們作為一個主體使他們之中每個人在該商品消失時像它那樣不得不損失的貨幣量」[8]。儘管它**不能再被解釋為某一效用量**，但仍具有十分明確的意義。正是在論證的這一階段，諸如測定實際收入之類的問題被提了出來，因為希克斯對最適度狀態作了這樣的解說：「沒有一種改進能使任何人處境如此之好，以致使他們能夠補償損失而有餘。」[9]這使希克斯能以消費者剩餘的變化作為福利變化的一種尺度。可見，希克斯對消費者剩餘概念只作了局部的更新。

### 伯格森和薩繆爾森

新福利經濟學的成果是將最適度解說為這樣一種狀態，在這種狀態下，除非使別人境況更壞，否則不可能使任何人境況更好。不過，它並不是首次不用功利主義而對最適度狀態所做的明確說明。最早對該問題做出回答的是伯格森(1938)，他對薩繆爾森後來所說的個人社會福利函數作瞭解釋。【306】伯格森從這個一般的陳述出發：社會福利必定是所消費的全部商品量以及包括勞動在內的全部投入量的函數。果真如此，這種社會福利函數無非表明，社會福利（依照某種未指明的方式）取決於社會可獲得的各種資源。這種方法的優點在於它使伯格森能夠做兩件事：①他能夠指出關於福利最適度條件的各種說法中所隱含的價值判斷（特別是關於福利僅僅取決於個人效用的見解；以及關於所有個人境況變好時社會福利即會增長的見解)[10]。功利主義的社會福利函數

顯然是體現在這些判斷中的更一般函數的一種特殊情況。②他指出，最適度條件中的許多條件，如相等的邊際替代率，適用於社會福利函數的任何一種正確形式，換言之，適用於我們選取的無論哪種附加的價值判斷。

薩繆爾森（1947，1950）進一步發展了這種社會福利函數概念。他將這一概念同效用可能性邊界聯繫起來，用這一概念提出了許多富有遠見的觀點（前面已討論過）。薩繆爾森也指出，帕累托最適度條件為做出效用可能性邊界線提供了必要條件[11]，但是它們不能確定邊界上的任何特定之點。要找到這一點，需要進一步的倫理判斷。在薩繆爾森看來，只有在**全部**效用可能性邊界向外移動時，才能毫不含糊地說潛在的福利增長了，而簡單的指數是無論如何都不能說明的。用一位現代觀察者的話來說：「薩繆爾森表明，我們甚至不能**確定**，A 組處境優於 B 組，即使 A 組集體地擁有更多的東西。」[12]

**次優理論**

帕累托最適度的這些最重要條件，引出了諸如邊際成本定價、稅收的無效等結果。然而這些論證都是以經濟中其他一切皆作了最適度調整的假定為基礎的：在所有其他產業中，價格等於邊際成本，沒有額外的關稅等。20 世紀 50 年代初，經濟學家們開始懷疑這些結論是否正確，因為帕累托最適度條件在經濟的其他部分不能得到滿足。例如，假定私人部門存在壟斷，公共部門會採納邊際成本定價嗎？結論是，這樣的條件一般來說是不正確的[13]。這些結果被利普西和蘭開斯特（1956）收集匯總在一般次優理論名下。他們指出，一般來說，一個以上的帕累托最適度條件遭到破壞的地方，即使滿足了未遭破壞的一個條件，也不一定是一種改進。

## 24.2 阿羅和社會選擇理論

**阿羅的一般可能性原理【307】**

對於社會福利問題，阿羅在其有影響的著作《社會選擇和個人價值》（1951a）中提出了一種完全不同的方法。阿羅認為，如果要以個人偏好為基礎做出社會選擇就必須進行價值判斷。他由此出發研究了各種普遍可接受的價值判斷彼此可否比較的問題。為此，他以不同於伯格森和薩繆爾森的方式給社會福利函數下了定義。他假定每個依據偏好能夠排列出**社會所認可的所有可能**

性。這樣，社會福利函數即是從一系列個人偏好次序排列中為各種抉擇而引出一種社會排列的機制。這種機制的例證包括多數人選舉或一個人獨裁。阿羅的問題又能表述為：滿足合理的道德標準的社會福利函數（從一系列個人偏好得出一種社會偏好的機制）是否存在？

阿羅認為應當滿足的標準是：①不受約束的領域（無論個人偏好如何，它都起作用）；②帕累托標準[14]；③各種不相干抉擇的獨立自主（兩種抉擇之間的選擇，既不取決於能否得到第三種不相干的抉擇，也不取決於個人對未加考慮的各種抉擇之間的偏好）；④非獨裁（這是不言而喻的）。阿羅指出，滿足所有這些條件的社會福利函數是不存在的。換句話說：「如果我們排除了個人之間比較效用的可能性，那麼，從個人偏愛到社會偏好的唯一方法，或是欺騙，或是專橫。這種社會偏好將是令人滿意的，對範圍廣泛的個人系列的排列將是明確的。」[15]這就是他的一般可能性原理。

阿羅的原理常被稱為他的**不可能性**原理，該原理對經濟學家們有廣泛影響，對 20 世紀 50 年代初關於福利經濟學的範圍的悲觀主義態度起過一定作用。新福利經濟學從未向福利經濟學提供一種擺脫了價值的基礎；次優理論認為，即使是帕累托最適度條件所提供的有限的指導也可能是不可行的；阿羅已指明，得出某種在道德上可接受的社會福利函數是不可能的[16]。在這種情況下，經濟學家們面臨著三種可能的反響：①對福利經濟學完全喪失興趣。②簡單地假定，存在著某些道德原則，社會選擇能以它為依據；例如，伯格森—薩繆爾森的社會福利函數就是如此。他們如果進而運用這些原則，他們最終會發現阿羅的分析前提被破壞了[17]。③為了進一步研究阿羅的結果，【308】應以某些可供選擇的條件代替阿羅的條件，探索繞過他的可能性原理的途徑。這條路線導致出一種作為福利經濟學分支的社會選擇理論。當經濟學家們沿此途徑研究阿羅的結論時，他們發現這些結論是相當有生命力的，因為以各種方式表述這個問題時均能形成類似的原理。

**社會選擇法則的可行性**

阿羅的原理所涉及的問題，是用個人偏好得出各種社會範圍的、為社會所認可的抉擇。然而，除非存在一種發現個人偏好為何物的方法，否則這種社會選擇法則就是無用的。這就提出了這樣一個問題：個人是否會正確地顯示他們的偏好，假定要實施某種社會選擇法則的話。假定某種社會選擇法則將用於決

定公共政策。個人如果知道這個法則，他們可能通過錯誤地顯示他們的偏好（即欺騙）而為自己撈到好處。如果個人可能通過錯誤地顯示他（或她）的偏好而得到更好的結果，如果個人沒有行騙的動機，那麼某種社會選擇法則可被稱為**嚴密的策略驗證**(strategy-proof)。

一些經濟學家認為，吉伯德—薩特思韋特原理[19]同阿羅原理具有同等重要性。吉—薩原理認為，假定存在至少三種抉擇可供選擇的話，任何策略驗證的社會選擇函數都是獨斷專行的：任何人會不顧別人的願望而選擇他（或她）的道路。換句話說，不能指望任何人會有正確顯示其偏好的動機。經濟學家們一直認為，繞開阿羅原理的方法，同阿羅原理一樣，所得的結果也是很不令人滿意的。[20]

## 效用測定

自阿羅以後，經濟學家們重新轉向效用測定和個人之間效用比較問題。這在一定意義上是第 14 章所討論的功利主義研究方法的復興，但也不能完全這樣看。邊沁、西季威克和庇古所用的效用概念，實質上是一種實在的、常識性的概念，不用多少論證，即可自然地從中引申出功利主義。相反地，效用這個概念在現代用法上已經很不一樣了，它已不是米爾達爾和羅賓斯所批判的那種形式了。

能夠檢驗效用，並在個人之間比較效用，而不易受到米爾達爾—羅賓斯批判的方法主要有兩種：一種方法是將效用同可觀察的個人特點聯繫起來（例如，如果 A 比 B 愛笑，A 一定更快活，因而具有較高效用）。對此判斷可能提出異議，但是它們畢竟可以十分準確地表現出個人之間的效用比較是有意義的（在可以比較的意義上）。【309】另一種方法是假定個人能對這種形式——「同我對自己及我的處境的看法相比，我對她及她的處境更偏愛」——做出判斷。這類陳述是一種主觀看法，但它表現了一種優先和偏好，恰如一個人寧願要這一包物品而不要另一包物品一樣。因此，可以說，就像對各包物品的偏好構成科學的消費者理論的基礎一樣，上述主觀的陳述也能構成科學的福利經濟學的基礎。

例如，有這樣一種場合，其中有 A 和 B 兩個人；同對 B 及 B 的處境的看法相比，A 和 B 都更偏好 A（即都具有 A 那樣的個性、喜好等）和 A 的處境（即消費 A 所消費的那包物品）。據此完全可以說 A 的效用高於 B 的效用。用

這個例子來說明一致同意進行個人之間效用比較可能是勉強的,但它足以確立進行這種比較的可能性,只要在一定條件下進行的話。

於是,採納這種方法的經濟學家們得以從各種不同途徑來說明進行個人之間效用比較所涉及的各種問題。

第一,個人之間效用比較確實包含主觀判斷,但是它們能被公開地表示出來,並且能成為合理討論的對象。

第二,效用可能部分地加以比較,因此不是在完全可比和完全不可比之間做出選擇,像新福利經濟學文獻所設想的那樣[21]。這種部分的可比性能夠正式地加以表述,以便引申出不同程度可比性的含義。

第三,更貼近地考察各種類型個人效用比較的經濟學家們,要求運用各種不同的福利標準。例如,用功利主義標準使足以比較被測定效用的單位(即測定效用的**差額**),不需要比較效用水準。

以上各點似乎過於深奧,但它們對於觀察福利經濟學的方式有重要意義。例如,現代功利主義與早期功利主義就很不相同,雖然兩者都涉及個人效用最大化,但所持的理由各不相同:現代功利主義是以精確表述的前提為基礎的,這些前提能夠(而且一直)同各種抉擇相比擬。

## 公平

有兩種考察公平的方式可以引進社會選擇理論。一種是運用有關公平的各種論據,以便談論社會福利函數的適當形式。另一種是把公平概念引進社會選擇理論,以代替傳統的福利標準。這兩種方法一直都被使用著。【310】

為了證明一定形式的社會福利函數的正確性,最早使用同公正有關的公平概念的是哈森伊(1955)和羅爾斯(1958,1971)。他們的思想通常包含著這樣的內容,即資源的公平分配是人民會讚同的分配,縱然他們對自己在社會上占何種地位並不知曉。不過,這種社會契約論仍然可能導引出不同的社會福利函數。哈森伊用它來證明功利主義:如果每個人相信他們對社會上的任何地位有平等的機會,他們便會通過讚同資源的功利主義分配使自己期待的效用最大化。另外,羅爾斯則假定人們對他們在社會上所占的地位一無所知,並由此[22]得出一個看法:資源的公正分配是社會上處境較壞者最為關注的一個問題[23]。羅爾斯的著作對福利經濟學的影響尤其巨大,與其說是因為他對公平的討論,不如說因為他給經濟學家們提供了一種新的易於應用的福利標準。

然而，公平思想也被用來對社會福利函數（無論是伯格森—薩繆爾森的形式還是阿羅的形式）提出疑問，甚至對帕累托標準本身也提出了疑問。森（1970b）提出的問題頗引人注目：自由主義可否同帕累托標準相比擬？他的論證是，有些個人的選擇（比如一個人的睡眠習慣或閱讀書籍的選擇）純屬個人之事而與別人無關。換句話說，人們擁有各種確定無疑的權利，這是任何社會福利函數都應當重視和考慮的。儘管這些思想同伯格森—薩繆爾森和阿羅所表述的最一般的社會福利函數並非不一致，但是這些社會福利函數通常所呈現的特點（即帕累托標準）卻同它不相吻合。森的自由主義暗示，社會福利所依存的不是單一的個人偏好。為了估價社會福利，例如，我們需要知道我的效用是來自吃香蕉，還是來自虧待別人。如果接受這個論證，那它就暗中破壞了帕累托標準，因為在某種變化使每個人處境變好的場合，帕累托標準是**排除**利用非效用信息的。森指出，如果我們接受人們擁有一定權利的說法，那麼非效用信息就不可能這樣被**排除**。

### 阿羅以後的社會選擇理論

儘管阿羅不是把集團決策問題引進經濟學的第一人[21]，但他的著作卻是對現代社會選擇理論發展的一大鼓舞。一般可能性原理是一種富於挑戰性的成果，儘管從許多方面來看它對福利經濟學暗含的意義是災難性的。【311】與此同時，它為應用先進的數學方法提供了廣闊天地。新近的著作著力於使阿羅的原理包含更加豐富的內涵：如果經濟學家們被限於只使用效用信息，而這種信息又非常貧乏（由於沒有個人之間的可比性），那麼難以發現可以接受的社會福利函數也就不值得大驚小怪了。然而如果關於個人之間效用比較以及利用非效用信息的論證是可取的，那麼上述的限制就不合情理了。可見，現代社會選擇理論雖然受到阿羅的可能性原理的啓發，但是已經超越了它。

## 24.3 福利經濟學和公共政策

### 帕累托有效性和社會福利函數

福利經濟學的兩個基本原理的現代形態是阿羅（1951c）和德布勒（1951）制定的，這兩個基本原理是：競爭的均衡是帕累托有效性，在一定條件下，任何帕累托最適度能夠作為一種競爭均衡而實現。這些原理構成了現代

形式的最大化滿足理論。為理解它們，有必要指出，它們比起舊的學說來，披著一件更精緻和複雜的數學外衣，因為它們表明了（以舊理論不能運用的方式）為確保一種有效均衡所要求的各種條件的嚴密性，甚至以不充分的帕累托最適度來定義效能[25]。這些條件所要求的不僅是全部市場的完全競爭，而且要求獲得完整的信息，以及一套完全的期貨交易和保險市場。

然而，比這更重要的也許是如下事實：在所考察的時期內，運用帕累托有效的標準已經完全成了慣例。經濟學家們在劃定經濟模式（無論靜態模式、暫時間歇模式、配給制的模式、實物交易模式，或是其他別的模式）時，依據帕累托有效性來解釋問題已成當然的了[26]，這看來是顯而易見的做法。但是，這是因為我們已對這種觀念習以為常了。這部分地無疑來自日益增加地使用數學（因為帕累托最適度成立與否，意味著另外的原理），但主要還是以上討論的福利經濟學的發展。新福利經濟學的成果是，帕累托標準顯然是唯一被普遍接受的表示福利增進的標準，即一人處境變好的同時沒有人的處境變壞[27]。在庇古問國民所得是否最大化的地方，戰後經濟學家們卻問均衡是不是帕累托最適度。

經濟學家們沒有局限於帕累托有效性，而是愈益樂於使用伯格森—薩繆爾森式的社會福利函數。也許可以認為這包含著對前帕累托福利經濟學的修正，【312】唯一區別在於使用更複雜的數學工具而使抽象程度更高了。事實並非如此，因為社會福利函數常被用來揭示各種可供選擇的價值判斷所暗示的意義，而不是為了某個特定的政策目標。下面我們將要說明關於最適度賦稅的文獻的例子。另外一個值得一提的例子是阿特金森的不平等指數——它是這樣一個尺度，可用來（例如）表明一國的收入分配是否比別國更平等。這個尺度被定義為「要達到與現在相同的社會福利水準所要求的總收入量，假定收入被平等分配的話」[28]。這種不平等的尺度顯然取決於社會福利函數的形式，不過，使用這種尺度的理由在於表明，不平等性的衡量取決於對待不平等的態度。把這些價值判斷以參數形式引進來，其意義在於反應出對不平等厭惡的程度。提出社會福利函數的目的不在於隱匿價值判斷，而在於將各種可供選擇的價值判斷暗含的意義揭示出來。

關注公共政策是近幾十年來經濟理論的特徵之一。如同他們的模式的福利含義成了經濟學家們的慣例一樣，解釋他們的模式對政府政策的含義也成了他們的慣例。

關於政府政策的標準問題已成為福利經濟學的一個重要分支。為使讀者對近年來經濟學家們如何研究政府政策有一個概括的瞭解，我們將討論三個特別重要的例子：最適度賦稅理論、薩繆爾森的公共物品以及科斯關於外部事物的原理。雖然它們都是很重要的例證，但是應當著重強調指出，它們僅僅是一些例證，它們是從未予討論的涉及眾多課題的文獻中挑選出來的。

**最適度賦稅理論**[29]

本節的目的不是提供技術性細節，而只是就最適度賦稅論的論據及其得出的結論，加以簡要闡述。在近期此類著作中，我們將以阿特金森和斯蒂格利茨的《公共經濟學講義》（1980）為代表進行考察。他們的出發點是帕累托最適度和福利經濟學的兩個基本原理。不過，他們提出這些原理，並不是要證明競爭的正義，反而是要指出自由市場不可能帶來資源有效配置。競爭可能不完全，市場可能被扭曲，信息可能不完整[30]。此外，他們指出「帕累托有效性並不會確定從競爭過程中所形成的收入分配將同流行的平等觀念相一致（無論這些觀念可能是怎樣的）。」[31]

阿特金森和斯蒂格利茨看到，帕累托標準未能對大多數政策提供正確指導，因而應當廣泛運用社會福利函數。【313】他們為此所做的辯解值得援引如下：「對影響範圍的完整分析（即稅收負擔會怎樣落在各種人身上），能夠說明任何稅收政策對一國每個人的影響，不過，這種研究方法即使是切實可行的，也一般不能用於公共政策目標，而且信息一旦得到，無疑將被化為某種形式的總括性統計材料。我們所用的社會福利函數……可以看作是某些形式的總括性統計材料，其中包含著關於收入分配的價值判斷以及『平均收入』和不平等之間的相互交替。」[32]這些價值判斷要盡可能地明確，因為各種社會福利函數暗含的東西是經過深思熟慮的[33]。

他們研究的一個更重要方面是，他們看到公共政策的設計本應被看作是一個次優問題。理由不僅在於，金額一次總付的稅收是唯一未變形稅收，而且「一次總付的稅收所依據的信息是看不到的，或者必須付出巨大代價才能觀察得到，而個人卻不想顯示這些信息」[34]。這意味著只有受到限制的一次總付的稅收才是可行的。例如，欲達一種社會最適度（為此需要做出必要的價值判斷），有必要按照人們的**謀生**能力（他們能夠掙得的最高額）來徵稅，這樣的稅收會促進人們盡力工作。然而謀生能力不是可以直接觀察到的，因為以謀生

能力為基礎的一次付清稅收（最優方案）是不現實的，所以有必要找出一種「次優」方案。有必要開闢某些途徑，把稅收同可觀察的特點（如實際收入）聯繫起來，以此達到我們所要求的稅收同不可見特點（如謀生能力）相聯繫，而這恰是我們的興趣所在[35]。

阿特金森和斯蒂格利茨提出的第一個問題是間接稅的結構：怎樣利用間接稅（對各種開支徵稅）來提高稅收額，以便把效用損失減至最低限度[36]。因為設想所有的人是同一的，所以使某一個人效用最大化的標準等於是採納了一種功利主義社會福利函數。可以說，如果所有的人是同一的，那麼某種功利主義社會福利函數便可以接受，因為收入分配上的平等問題不會提出來。除了研究間接稅的最佳結構以外，阿特金森和斯蒂格利茨還進而分析了次優問題：對於通過稅改變來增進福利的問題能夠說些什麼。然後擴及分析個人之間的差別，在這個階段上考察平等問題。

接下來是對最適度所得稅的類似分析。他們的出發點是西季威克和埃杰沃斯的功利主義方法及其暗含的觀念，即稅收結構應使收入的邊際效用對每人是相同的[37]。他們像西季威克和埃杰沃斯一樣，認識到需要對此加以修正以便考慮到稅收對動機的影響。他們的分析在三個方面遠遠勝過了前人[38]。①利用社會福利函數使他們得以討論對功利主義標準的各種抉擇。討論了羅爾斯的函數和非帕累托函數，因為各種社會福利函數概念為討論所涉及的各種價值判斷提供了一個框架。②他們提出了次優理論，當適用於政府的各種選擇受到限制時應當怎麼辦。③掌握了更好的數學工具使得有可能研究過去未曾提出的某些方面。例如，政府是否被迫堅持實行一種不變的邊際稅率會有巨大的差異嗎？

同現實經濟相比，即使最複雜的模式也是高度簡單化的，既然如此，進行這種分析有何裨益？阿特金森和斯蒂格利茨並沒有依據他們的理論制定某些特定政策。例如，關於間接稅，他們的結論是「不存在廣泛適用的典型的簡單法則」[39]。他們對這種研究的意義提出了三點主要理由：

第一，它們引起了對某些傳統法則（例如單一銷售稅比因物而異的稅率更有效[40]）的懷疑。阿特金森和斯蒂格利茨指出，我們一旦考察次優理論問題，直覺指導就變得不中用了[41]。例如考慮一下這種看法：平等暗含著對奢侈品應比必需品徵更重的稅。如果對必需品的高稅率使稅收增加到足以減輕累退的人頭稅，那麼，保留必需品稅比取消它更公平些[42]。

第二，最適度稅收文獻所包含的結果，取決於我們對其經驗性知識知之不

多的那些變量（即勞動需求彈性、商品需求彈性）[43]。最適度稅收論提供了一種可能性，說明經驗性研究可能產生出在稅收設計上最大的改良。

第三，對最適度賦稅這樣一類特殊問題的分析，有助於我們理解各種可供選擇的辦法。「例如，對羅爾斯的差異原理的稅收政策內容的解釋，有助於澄清該原理的性質，並且已經影響到它被接受作為再分配政策依據的程度。」[44]

### 公共物品

公共物品理論和外部性理論可以放在實證經濟學或規範經濟學名下討論，這裡只是順便討論一下。【314】現代的公共物品理論源於薩繆爾森的兩篇論文（1954a，1955）[45]。他解釋他所謂「深奧的極端場合」時指出，在這種場合，每個人對集體消費品（公共物品）的消費，不會導致任何別人消費量的減少。公共物品的總供給加入每個人的效用函數。接著，薩繆爾森得出了對於一個由公共物品和私人物品組成的經濟的帕累托最適度條件，從而得出了公共物品最適度供給的條件。

薩繆爾森的結論是：「分散的定價體系不能起到最適度地決定集體消費水準的作用。」[46]個人不會提供對社會來說最適度的公共物品量，因為他（她）只準備提供到這樣一點，在這一點上該物品對他（她）本人的邊際成本等於邊際收益；由個人收益額構成的社會收益必定超過對每個人的收益[47]。不過，公共物品甚至還提出了更基本的問題。假定國家擬決定提供某種公共物品的最適度數量，必然要求個人依據他們從該公共物品所獲收益而承擔的責任。為此必須確定該公共物品對個人的收益。然而，任何人都想低估該公共物品對他（她）的價值，即使其他人估價甚高，即使他無所貢獻也罷。這就是所謂「無附加條款」問題[48]。

從薩繆爾森所提供的出發點開始，經濟學家們從各個方向發展了這個理論。例如，同薩繆爾森理論相關的一個問題是，純公共物品是很難發現的。因此，分析不能不擴大到包括「非純粹」的公共物品，例如，人們可能不選用的物品（如廣播），或人們可以（也許要花一定代價）將其從消費享用中排除掉的場合。為各種公共物品籌措資金的可供選擇的方法，可以從各種不同的福利標準來研究。能夠設計出誘使潛在消費者顯示其偏好的計劃並加以評估[49]。

### 外部性

同公共物品一樣，外部性提出了市場失效的可能性。經濟學家們步庇古後

塵，經常指出外部性對政府行動（如稅收和津貼）提出要求，以便使邊際私人成本同邊際社會成本相一致。然而，誘使人們正確顯示其偏好的問題引起了與上述論點有關的麻煩。因為許多外部性事物（例如污染）具有公共物品的性質，所以人們常有一種動機——掩飾他們的偏好。不能設想政府將一定能比市場執行得更好，儘管它當然可能這樣做。

科斯的「社會成本問題」(1960) 考察了有關外部性文獻的方面。本文除了最常被援引之外[50]，它的重要性還在於改變了經濟學家們對外部性的看法。科斯指出，在一個企業的行為會損害其他企業的地方（例如牧人的牛吃了農人的莊稼，假定沒有牛欄），【315】設想必能防止這種損害是錯誤的。他說，關鍵問題是總產品是否更高，不管有沒有損害發生。

科斯一開頭考察了市場自由運行這種場合，即「定價體系的運行無須代價」[51]。然後他比較了兩種場合：一種是損害一方向被損害一方支付代價；另一種不支付。科斯指出，總產品在兩種場合一樣多。讓我們看一下牧人的場合，他的牛損壞了別人的莊稼。如果牧人負有賠償責任，那麼他將會只許這種損害發生到該損害對他的好處大於他不得不賠償的地步。比方說，他在決定餵養多少頭牛時，他將計算會損壞多少莊稼，以及是否值得建起圍欄。這是不難理解的。科斯進而指出，如果牧人沒有責任賠償損失，結論也是一樣的。在這種場合的機制是這樣的：假如防止莊稼受損使總產品更多，那麼向不損壞莊稼的牧人支付一定代價對農人是合算的。資源配置將是最適度的，而不管是否必須賠償損失。

上述論證暗含的意義是，假定財產權已作適當劃定（即企業知道它們是否要負責賠償損失），又假定全部必要的交易能夠無代價地進行，則財產權的分配只影響收入的分配而不會影響產量水準。不過，要是市場交易成本昂貴，情況就很不一樣了。

第一，財產權的分配可能影響產量。由於某些外部性，即使對賠償損失做了明確規定，交易成本也可能使賠償費異常高昂。例如，受損失的不是單個而是許多企業，交易成本就特別高，因為只是弄清楚誰受到影響，以便分別立約就非常花錢。

第二，在市場交易成本高的地方，企業家會想方設法找出替代的經濟組織形式。如生產是在一個廠商內部進行的，某些事務便可由行政出面加以組織，而無須通過市場。因此，組織生產的最佳方式將取決於進行各種不同事務的有

關費用[52]。從這個角度看，政府可說是一個「超級廠商」，它能夠影響由行政當局決定的那些要素的使用[53]。科斯由此得出結論：「所有的答案都是代價昂貴的，沒有理由只是因為這個問題不能由市場或廠商加以妥當處理，就要求政府干預和調節。」[54]

## 24.4 結論

【316】經濟理論如何發展才能使經濟思想史在一個新的前景下獲得碩果，福利經濟學提供了一個極好的範例。20世紀60年代，人們普遍接受了個人之間比較效用是缺乏科學根據的這一看法，結果，功利主義福利經濟學完全衰落了。儘管後來的發展從未恢復西季威克和庇古的功利主義福利經濟學，但它們表明，朝著帕累托福利經濟學已經走得很遠了。儘管在個人之間科學地比較效用的餘地很有限，但說這種比較完全不可能也未免言過其實。因此，從80年代的眼光來看，從功利主義轉向帕累托福利經濟學似乎既包含庫恩式的收益也包含庫恩式的損失。

### 註釋：

① 本章許多部分以下述設想為基礎：讀者已經閱讀過對福利經濟學的標準陳述（例如巴托，1957），或是有關稅收的章節［例如赫什萊弗（1976）］。

② 發展了帕累托最適度條件的早期貢獻者名單，參看鮑丁（1952）。

③ 卡爾多（1939），第389頁。

④ 希克斯（1939b）。

⑤ 假定通過一次付清的轉帳使收入得到有效的再分配。值得注意的是，儘管這個解釋依據的是效用，但它並不要求比較個人之間的效用。

⑥ 例如，斯密區分生產勞動和非生產勞動即可以同這樣一個問題聯繫起來：政府提供服務的費用是否包括在國民收入中。關於指數論應用於個人的考察，見弗里希（1936）。

⑦ 希克斯（1939a），第41頁。

⑧ 希克斯（1941），第104頁。

⑨ 同上，第106頁。

⑩ 社會福利函數的公式是：$W = W[u_1(x_1), u_2(x_2) \cdots\cdots]$，其中 $W$ 是社會福利，$ui$ 是第 $i$ 個人的效用函數。

⑪ 這假定存在著內部的答案。

⑫ 鮑丁（1952），第 31 頁。

⑬ 參看米商（1965）。

⑭ 這個條件是在第 2 版中引進的，以替代初版時所提的兩個條件，即個人和社會價值的實證聯繫以及公民主權。

⑮ 阿羅（1951a），第 59 頁。

⑯ 參看格拉夫（1957）；鮑莫爾（1965），第 14 章。

⑰ 例如，利特爾和薩繆爾森。

⑱ 參看森（1970a 和 1985）。

⑲ 吉伯德（1973），薩特思韋特（1975）。

⑳ 索恩夏因（1983）。

㉑ 森援引了羅馬大難臨頭時，尼祿仍歌舞升平的福利含義。我們可以說，尼祿所獲效用比其他羅馬人加到一起損失的效用要小，假定我們並不總能比較任何兩個羅馬人的效用的話。【448】

㉒ 這種聯繫是很牽強的。

㉓ 請注意，儘管經濟學家們通常總是把羅爾斯的社會福利函數描述為社會福利取決於社會中窮人的福利，但羅爾斯本人的說明則不一樣，他是依據窮人所消費的社會必需品數量來說明的。

㉔ 例如鄧肯・布萊克（1948）。

㉕ 使用「帕累托最適度」一詞源於利特爾（1950）。

㉖ 「帕累托有效性」和「帕累托最適度」二詞可以互換。

㉗ **帕累托條件**是指某種變化是一種**帕累托改進**，而**帕累托最適度**是指一種狀態，在這種狀態中，沒有帕累托改進的可能。

㉘ 阿特金森（1975），第 48 頁。

㉙ 又見桑德莫（1976）、馬斯格雷夫（1959）；庇古（1928a）。

㉚ 阿特金森和斯蒂格利茨（1980），第 347-350 頁。

㉛ 同上，第 6 頁。

㉜ 同上，第 352 頁。

㉝ 同上，第 336-342 頁。

㉞ 同上，第 357 頁。

㉟ 同上，第 359 頁。

㊱ 這可追溯到拉姆賽（1927）。

㊲ 參看第 242 頁。現代的陳述源於米利斯（1971）。

㊳ 阿特金森和斯蒂格利茨（19980）。第 394-397 頁。

㊴ 同上，第 393 頁。

㊵ 同上。

㊶ 同上，第 355-356 頁。【449】

㊷ 同上，第 433 頁。

㊸ 同上，第 456 頁。

㊹ 同上，第 335 頁。

㊺ 關於早期研究的討論，見馬斯格雷夫（1939），第 213-217 頁。

㊻ 薩繆爾森（1955），第 182 頁。

㊼ 參看薩繆爾森圖解（1955），第 196 頁。

㊽ 參看第 297 頁。

㊾ 參看第 15 章。

㊿ 埃爾西加（1984）。

51 科斯（1960），第 424 頁。

52 同上，第 435 頁。

53 同上，第 436 頁。

54 同上，第 437 頁。

# 25　增長和資本

## 25.1　增長理論【318】

**哈羅德和多馬**

現代增長論源於哈羅德（1939）和多馬（1946）的著作。儘管有關他們模式的方程式通常被合稱為哈羅德—多馬模式[①]，但他倆的研究方法有所不同。

哈羅德的理論集中在**有保證的增長率**這個概念上。哈羅德用它表示「能使所有當事人都感到滿意的增長率，他們將使產量不多不少……這種增長率會使他們精神愉快，樂於保持同樣增長率」[②]。供給和需求的關係還是以凱恩斯主義方法即儲蓄和投資來分析的。儲蓄（s）被設想為產量的一部分；投資則取決於加速原理，並依賴於產量的增長。用 v 表示「生產-增量產量所需資本物品之價值」[③]。欲使儲蓄和投資相等，需要 sy＝vy，它表示增長率（y/y）等於 s/v，這個增長率即是哈羅德的有保證的增長率。

哈羅德進而對穩定增長的可能性得出了悲觀結論。主要問題是實際增長率同有保證的增長率的差額會累進擴大。例如，假定實際增長率低於有保證的增長率，結果將是生產者發現自己佔有過多資本（或是不需要的庫存，或是過多的設備），從而減少他們的投資。這樣一來，由於對收入的乘數效應，增長率甚至跌落到有保證的比率之下。哈羅德認為，**自然增長率**對實際增長率的影響是有限的，這會加重有保證比率的不穩定性。自然增長率是「在假定總是存在充分就業（在一定意義上）情況下，由於人口增長、資本累積、技術進步和勞逸結合而達到的最大增長率」[④]。如果自然增長率低於有保證的增長率（沒有理由斷言不會有這種情形），【319】結果將是衰退，因為一國經濟不可

能在很長時期內以有保證的增長率擴張。

儘管 s 和 v 在哈羅德公式中被視為常數，但他並沒有假定它們是固定不變的。哈羅德認為投資取決於利率、長期計劃和產量增長[5]。儲蓄水準不僅取決於產量水準，而且取決於失業水準。因而有保證增長率（s/v）可能「被衰退拉下」或「被價格和利潤膨脹推上」[6]。

多馬的出發點是投資的二重性[7]。投資一方面產生需求（經由乘數），另一方面增加生產能力。多馬於是致力於發現能使需求以同生產能力相同比率增長的各種條件。他指出，重要的是認識到失業並不取決於國民收入水準，而取決於收入與生產能力的比例[8]。他區分了兩種原因引起的失業：一種是由於需求不足，另一種是由於投資的生產率低於其最大值。如果（例如）投資在各種用途之間的配置無效，則後一種原因引起的失業將會增加。多馬得出結論，這時一國經濟會集中力量提高投資利用程度，提高投資增長率同所要求的增長率的比率，後者是由如同哈羅德的有保證增長率一樣的公式得出的[9]。低增長率將會導致經濟持久停滯。

必須指出，儘管哈羅德和多馬得出了同他們的名字聯繫在一起的方程式，但他們是以不同的方式使用它們的。①他們對 v 的解釋不同。多馬假定 v 和生產能力增量的直接聯繫，哈羅德則不然，對他來說，加速論是對投資的需求的理論[10]。②他們對一國經濟未能按有保證的或所要求的增長率增長的解釋是完全不同的。

### 新古典增長論

哈羅德和多馬雖然承認 s 和 v 實際上是變化的，但他們的模式卻把它們看作不變量。20 世紀 50 年代經濟學家們試圖提出一些允許 s 和 v 變動的正式模式。最突出者是索洛（1956）和斯旺（1956）提出的「新古典模式」。索洛批評哈羅德和多馬研究的是長期問題，但使用的卻是短期工具。在索洛看來，哈羅德和多馬到處均以不變係數為前提，「人們通常認為長期是新古典分析的領域，是一個邊緣地帶」[11]。索洛認為除了資本—產出率不變這點以外，哈羅德—多馬的其他所有前提均可採納[12]。更有甚者，他還以完全競爭為前提，這是哈羅德和多馬所沒有的。在索洛的模式中，某個經濟是一種微型的一般均衡模式，其勞動、資本和產出市場處於競爭均衡狀態。【320】任何時候都有現成的資本存貨和勞動儲備，競爭保證了充分就業以及生產要素價格等於各自的邊

際產品。通過以邊際產品顯示的生產函數，將產出同資本和勞動的投入聯繫起來。因為有一部分產出被儲蓄和投資，增加資本存量，從而使增長得以實現，勞動力被假設以某種外源的既定比率在增長。如果資本累積率不同於勞動力增長率，則資本—勞動比率將發生變化，這反過來又使要素價格發生變化。索洛能夠說明，從任何隨意的資本存量出發，某種經濟都會趨向一種均衡，在此狀態下勞動和資本以相同比率增長，要素價格保持不變。

同早先哈羅德和多馬的模式相比，索洛的模式（與斯旺的基本相同）通常把重點放在允許資本代替勞動的生產函數上，但主要區別還不在此。關鍵之點在於索洛的模式是從一般均衡理論的觀點提出增長問題的；如前所述，它是一個微型的競爭均衡模式，競爭保證了供給和需求在所有市場上和任何時候的均衡。它是希克斯在其《工資理論》（1932）中分析的模式（在該模式中，競爭保證不會出現凱恩斯主義的種種問題）的動態形式。這同哈羅德和多馬的模式形成鮮明對照，這兩人雖有不同，但都主張對失業原因有所解釋。

20世紀60年代出現了關於增長問題的不計其數的文獻，其中大部分致力於將索洛的單一部門模式中強烈的抽象加以軟化。最明顯者即是非綜合化，第一步是建立具有兩個部門的模式：一個生產消費品，另一個生產投資品（米德，1961；宇澤，1961）。這些模式多半是以與索洛模式相同的方式建立的，雖然使這些模式中一般均衡的方面更明確了：供求決定著生產要素價格和以上兩種物品的價格[13]；進行了各種嘗試，以考慮各種可供選擇的技術方法；以更切合實際的方式考察技術進步，例如在所謂「葡萄酒模式」中資本品生產率被設想取決於生產它們的時間，因為新資本品比舊資本品的生產率要高。

然而，雖然在把模式擴大到各種消費品時尚無麻煩，但引進資本品就不一樣了。最著名的就是所謂「哈恩問題」（哈恩，1966）。該問題的實質在於，資本品的價值取決於它的收益，包括因持有資本品而帶來的各種資本收益。任何資本品價格上漲都會影響資本收益，因為它使收益增長並提高了對資本品的進一步需求，如果未來收益既定的話。這種不穩定性原來對許多物品都適用。

一個可供選擇的方法就是更靠近於宏觀經濟學，將貨幣明確地引進增長模式。【321】最一般的方法（雖有各種例外）即是假定政府通過發行由私人部門購買的債券來籌措還債資金。這樣，私人部門所持有的不僅是一種資本，而是兩種資產：資本和政府債券。對這兩種資產的需求取決於它們的相對收益。雖然政府債券的唯一功能是作為一種資產的憑證，但它卻被稱為「貨幣」。在

分析這種類型模式的經濟學家中，有些人堅持競爭均衡假定（例如托賓，1965；西德勞斯基，1969），另外一些人則允許市場處於非均衡狀態，承認失業可能性（例如羅斯，1973；宇澤，1973；斯廷，1971）。在這個框架之內引進了一個新變量（貨幣供應增長率），從而使分析它對均衡增長路線的影響成為可能。

在所有這些文獻中，長期均衡增長率實質上都是作為外生的、由人口增長率和產量的增長率決定的東西提出來的。那麼，各種增長模式說明了什麼呢？①它們表明某個經濟從任一點開始，怎樣沿著一條均衡增長的路線，使增長率將受人口增長和技術進步的調節。②儘管均衡**增長率**是外生的，但長期均衡的其他一些特點（例如人均消費）卻取決於儲蓄傾向一類變量，或者，在「貨幣」模式中，取決於貨幣供應增長率。這些關係是可以加以研究的。

### 馮・諾伊曼、拉姆齊和最適度增長

一種可供選擇的研究生產問題的辦法，是把資本作為一列特殊的實物資本品，從而迴避了衡量資本問題。馮・諾伊曼（1938）的論文即是沿此路線研究增長問題的。他的論文用了一種線性生產模式。有一套生產過程，其中每一個過程都使用一系列特定的投入以生產一系列特定的產品。不需要將資本加總。固定資本問題通過將舊的資本品包括進產品之中而加以處理。這就意味著（例如）一個過程可以這樣構成：1單位勞動+1臺新機器→1單位食物+1臺舊機器。為得出一種增長模式，諾伊曼假定勞動供給有完全的彈性，而維持生活之最低工資率則是一個常數，他還假定全部利潤都轉成投資。除了沒有任何稀缺資源這一點外，他的模式帶有濃厚的古典氣息。

馮・諾伊曼進而證明，【322】存在著一條均衡增長路線，沿此路線能夠使經濟擴張；他還發現了具有最高增長率的增長路線，並指出：①有那麼一系列價格和一種利率，只要流行起來，經濟便可以按此最高增長率發展；②這種利率將等於增長率[31]。

從這種模式自然導出的發展就是將其普遍化，並對類似的各種模式（例如里昂惕夫模式，它基於比馮・諾伊曼模式更簡單的技術）進行分析。例如，假定維持生活的最低工資下跌。便可以說，隨著實際工資上升，馮・諾伊曼的增長率會下跌。如果勞動力的增長率固定不變，便可發現某種實際工資率，按此工資率，某個經濟（從而對勞動的需求）將會以相同於勞動供給的比率增

長。如果把全部利潤都儲蓄起來這一假定被鬆動，便可得出結論：增長率等於利率乘以被儲蓄起來的那部分利潤。

馮・諾伊曼提出了最適度增長問題。借此機會有必要提及戰前的一位作者拉姆齊（1927）。同馮・諾伊曼一樣，拉姆齊也集中於分析最適度增長，不過，馮・諾伊曼關注的是發現同技術相一致的最高增長率，而拉姆齊則從消費者的角度提出問題。拉姆齊的問題涉及發現資本累積的路線（不必具有不變的增長率），它能使消費者效用的現值最大化。20世紀50和60年代有許多關於最適度增長問題的著作，或面向資本（馮・諾伊曼的資本累積率最大化問題），或面向消費（拉姆齊的問題），這些問題被認為與計劃化有關。有些作者值得在此提出來。馬林沃德（1953）的論文是早期有影響的一篇，該論文考察了帕累托有效性同具有無限時限模式中競爭均衡的關係[15]。另外一些重要作者是多夫曼、【323】薩繆爾森和索洛（1958），他們使「大道」（turnpike）概念受到極少數理論經濟家的注意[16]。儘管證明大道定理通常要用複雜的數學，但其基本思想是很簡單的。假定有 x 和 y 兩種物品，某個經濟從最初的存量 $x_0$ 和 $y_0$ 出發（見圖 25.1）。假定目標是累積（在 T 時間內）盡可能多的資本，但須保持 x 對 y 最初的比率。換句話說，目標是沿 OR 線盡快移動，問題是遵循什麼途徑。假定馮・諾伊曼的路線是 ON，這是一條均衡增長路線，沿此線增長率最大。根據「大道定理」，最佳路線應是這樣的：初時趨向馮・諾伊曼路線（摩托「大道」或「快車道」：the「turnpike」, or「motorway」），沿此線移動一會兒，然後在 T 時間到來之前不久又轉向目標。如果她的旅途很

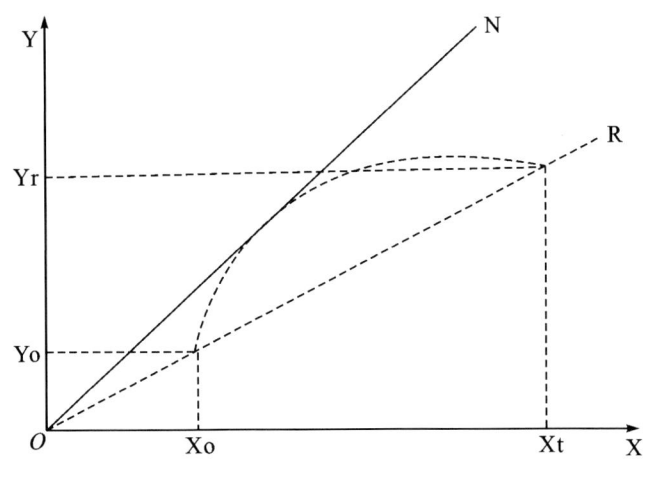

圖 25.1　大道

長，她會沿同樣路線出錢請司機利用高速公路，即使這不是最直接的路線，同樣，對某個經濟來說，假定時間水準線足夠長的話，最佳的增長路線就是馮・諾伊曼路線。可以說，「大道定理」同馮・諾伊曼增長路線有關聯，因為一般地說沒有理由設想計劃者為其目標會要求一種均衡的增長，或者設想某個經濟為直接走馮・諾伊曼路線而剛好擁有準確的最初商品存貨。

當從消費者方面來研究最適度增長問題時，就接觸到總量增長模式了。這方面的主要成果是同時由羅濱遜（1962b）和菲爾普斯（1961）做出的。羅濱遜稱其為「新古典原理」；菲爾普斯則稱其為「累積的黃金法則」，此說法已被普遍接受。黃金法則處理的是人均消費穩定狀態最大化問題，它指出，假定利率（等於資本的邊際產品）等於增長率，人均消費即可最大化[17]。計劃者可能並不希望人均消費穩定狀態最大化，不過，就像馮・諾伊曼增長路線同以上討論的資本方面的計劃問題有關一樣，黃金法則增長路線同拉姆齊的更一般的問題也是相聯繫的。

### 「凱恩斯主義」增長模式

【324】迄今討論的大多數增長模式可歸入「新古典」一類[18]。然而在整個這個時期很小一部分、但受到廣泛注意的經濟學家對這種研究方法持反對態度，反對假定競爭市場和要素平穩的替代，並提出了各種可供選擇的增長論和分配論。這批經濟學家中的主要人物是羅濱遜、卡爾多和帕西內蒂。他們批判的矛頭主要指向新古典模式的資本理論（見下節），新古典派研究均衡的方法也受到猛烈攻擊。羅濱遜算得上一個主要的批判者。她指出新古典派忽視了她所謂的「歷史時代」。但她自己的模式也未見得更好，因為她所注目的**黃金時代增長**概念同新古典的穩定狀態並無二致，在這種狀態中，經濟以不變的增長率處於均衡。不過，她的方法強調了這個概念的不現實性[19]。

羅濱遜、卡爾多和帕西內蒂理論的共同之點在於所謂「凱恩斯主義」收入分配論。這一理論的來源有二：一是包含在凱恩斯的《貨幣論》和《如何籌措戰爭經費》中的「寡婦的壇子」利潤論。[20]二是卡萊茨基的商業循環論。卡萊茨基是一位波蘭經濟學家，他早在1933年即已提出了一種與凱恩斯《通論》頗多共同點的理論[21]。卡萊茨基著作集中討論的一個重要方面是收入分配問題，而《通論》忽視了這個問題。這是卡萊茨基有馬克思主義背景的結果。他指出，利潤同資本家的消費額和投資額是成比例的。[22]

不過，凱恩斯主義分配論的最廣為人知的形式是卡爾多的理論（1956）。卡爾多的出發點是：在均衡狀態下，國民收入（等於利潤和工資額）必定等於消費加投資，即

$$P + W = C + I。$$

假定一種最簡單的場合，即工資全部花掉，而利潤的一部分被儲蓄起來，則：

$$C = (1-s)P + W。$$

從上述二式可得：

$$P/K = (1/s)I/K，$$

上式中，$P/K$ 是資本利潤率，$I/K$ 是增長率[24]。利潤率決定於增長率和利潤的儲蓄傾向。凱恩斯主義理論斷言，投資是外生的，投資決定著利潤率。

【325】

儘管這一理論被其作者們用來反對邊際生產力利潤論，但兩者絕不是矛盾的。儲蓄行為和廠商是否使其利潤最大化[25]（這是邊際生產力論的基礎）是兩回事。無論對邊際生產力論如何嘲笑和批判[26]，這種理論總有其維護者。它所依存的前提條件，從新古典派的觀點來看是特殊的，但同凱恩斯主義者所說條件是不一樣的。

## 25.2　資本理論

**羅賓遜的責難**[27]

戰後關於資本理論的爭論（喬安·羅賓遜是主將）有時被看作是對總量增長模式的一種對抗性反應。不過，這類增長模式儘管顯然加劇了這場爭論，但它們並非出發點。羅賓遜發難的論文《生產函數和資本理論》發表於1953年，而第一批新古典的增長模式遲至1956年才問世。羅賓遜的目標毋寧說是希克斯主義類型的邊際生產力分配論。

羅賓遜從直接攻擊新古典的生產函數概念開始。①她指責新古典派通過強調要素替代性的作用，把注意力從要素供給和技術變化這些更重要的問題上引開。②重要的是，總生產函數的擁護者們逃避了如何衡量資本的問題。她說：「生產函數已成了錯誤教育的有力工具。經濟理論的學生被授以 O = f（L, C），其中 L 是勞動人數、C 是資本量、O 是商品產出率。他們被教導說，所有的工

人是相似的,而且以每人的勞動小時來衡量勞動;他們還被告知選擇資本單位的指數問題的某些知識;然後他們便被急忙引向下一個問題,為的是使他顧不上詢問衡量 C 的單位究竟是什麼。還沒等他提出疑問,他已是教授了。於是,這種懶惰的思維習慣一代一代地傳了下來。」[28]

在羅賓遜的這篇論文及後來的許多著述中[29]提出攻擊新古典理論的主要理由有三條[30],區分這些彼此完全獨立的理由是重要的。①需求不足以保證充分就業,這是凱恩斯主義的理由[31]。②反對利用均衡概念,這是羅賓遜的責難。她指出,均衡並不是某種經濟能夠保持的一種狀態,某種經濟或者曾經和一直處於均衡,或者從未處於均衡[32]。她的這些論證引起了一系列問題,涉及預期、資本品的年限結構以及當資本品安裝時在什麼範圍內可以確定技術系數。③最重要的一點是,生產函數甚至不能用來**比較兩種均衡路線**,而只能就均衡以外的經濟說點什麼。

【326】為了理解最後這一點,有必要看看資本在新古典資本累積論中的作用[33]。新古典理論的實質在於:資本是經由儲蓄而累積起來的,因而所犧牲的消費量等於所創造的資本量。這種資本獲得它的邊際產品,它是儲蓄者可取得的產量(利息)。「資本」在此表示兩種事物:儲蓄量,以及由此而帶來的資本存量的變動(資本邊際產品即依存於它)。羅賓遜的論據是,一般來說,**不可能**找出一種單一的能夠表觀這兩種事物的尺度。資本存量的價值——據此計算利息(儲蓄存量)不可能相同於物理的資本存量,其理由在所謂價格—維克塞爾效應中可以找到。根據此效應,資本存量的任何差別將會導致不同的利息率,從而導致消費品和資本之間不同的相對價格[34]。利息率不同,犧牲同量的消費品會在實際資本存量上引起不同的變化。

20 世紀 50 年代和 60 年代對羅賓遜責難的典型反應是,承認她在原則上是正確的;同時只研究單一部門模式:在該模式中,這些問題被假定均不復存在(單一商品或用於消費,或作為資本),以之作為更現實模式的近似值。斯旺對單一部門模式是這樣說的:「如把資本看作單一物品,那麼它在原則上便不存在突然轉變為現有的所有各種物品的不計其數的名目問題。在這兩個極端之間存在著第 n 級動態體系的傾斜尺度(在該體系中資本像其他東西一樣被愈益細微地分割並註明日期),以及不同程度的(潛在的)現實主義和(實際的)複雜性」[35]。索洛持同樣看法(1957)。他在用總生產函數為經濟計量工作辯護時說:「至少可以希望總生產函數分析會對進一步的細節分析的途徑有所

啓發。」但他又表明他不能為這種希望提出嚴密的證明。他說：「我要明確地指出，我並不試圖證明（利用總生產函數的）同事們要求有關加總和指數的虛幻原理是正當的。這種總量分析可能出現，也可能不出現。我也許屬於兩者。如果它存在，我認為一個人會從中得出某些粗略而有用的結論。」[⑰]

### 斯拉法

在瞭解羅濱遜的責難所引起的爭論之前，需先考察一下另一部對論戰進程發生了深遠影響的著作，即斯拉法的《用商品生產商品》(1960)。該書的副標題是「經濟理論批判緒論」，其意圖在於恢復價值和分配問題上的李嘉圖主義和馬克思主義方法。【327】同新古典傳統（認為商品價格和收入分配同時決定）形成對照的是，他認為分配（斯拉法所解釋的李嘉圖傳統觀點）是先於商品價格決定的；分配在宏觀經濟學水準上被決定，此後價格才可以生產成本加以計算。斯拉法的這部著作產生了三個方面的影響：

第一，斯拉法影響了研究資本問題的途徑。他的方法（在接踵而至的「再轉轍」爭論中所遵循的方法）被看作是里昂惕夫類型的線性技術方法。一種生產技術方法是由一系列過程組成的。例如：

4 噸穀物+3 噸鐵+2 單位勞動→5 噸鐵

2 噸穀物+2 噸鐵+1 單位勞動→3 噸小麥

依此方法可以寫出有關商品價格、工資率和利潤率的方程式：

$$(4P^c + 3P^i + 2W)(1+r) = 5P^i$$

$$(2P^c + 2F^i + 1W)(1+r) = 3P^c。$$

要記住，我們是自由地選取這些價格中的一個作為「尺度」(numeraire)，依照尺度解上述方程式便可得出利潤率和實際工資率之間的關係。這種比例關係可能是負值，其確切的形式取決於兩部門中的資本—勞動比率。

儘管斯拉法並非第一個使用這類方法的人，但他的著作導致了這種可能性：某個經濟用一系列生產技術來表現，每種技術有其自己的一系列投入—產出係數。在任何實際工資率上，實際所用的技術都會是一種帶來最高利潤率的技術。從這一系列技術可能得出工資率、利潤率、產出和人均資本的關係。

第二，斯拉法的著作如他所期望的那樣恢復了對李嘉圖主義/馬克思主義價值論的興趣，把資本衡量問題同李嘉圖和馬克思在價值論中遇到過的問題聯繫起來[⑱]。達到效果的理由之一是，斯拉法解決了為李嘉圖關於不變的價值尺

度研究奠立基礎的技術問題。他表明價格可用「標準商品」來衡量，即用某經濟平均資本—勞動比率所生產的某種人為選定的商品來衡量。不過，這個不變尺度並不能履行李嘉圖想要它做的事情，因為生產技術隨時變化，標準商品本身也不例外[39]。

第三，斯拉法提供了一種可供選擇的經濟學觀點，它擺脫了新古典理論的一些意識形態含義[40]。理由是：上面的方程式不足以決定實際工資率和利潤率。斯拉法認為，這意味著收入分配必須在價格形成體系**之外**去決定。【328】決定的方式之一就是李嘉圖主義方式：假定實際工資率固定在維持生活的費用上，我們還可以加上一個剝削率（利潤對工資的比例）——以馬克思主義方式。對斯拉法來說，細節不如下述事實那麼重要，這個事實使他得以指出，分配和價格決定並非同步而行的：分配在邏輯上先於價格，一旦分配定下來，上述方程才可用來決定商品價格。斯拉法認為這種方法與新古典方法截然不同[41]。

### 再轉轍

資本理論討論在20世紀60年代最熱門的話題是「再轉轍」。為理解這一點，必須先考察一下傳統的新古典生產函數（帶有邊際產品遞減特徵）。這種生產函數暗含著這樣的內容：當利息率下跌時[42]，會採用資本更密集的生產技術，從而人均產量增加。但是，如果用斯拉法的一套方法來分析的話，情況就不盡如此。當利息率下跌時，所採用的技術可能不是傾向利用資本更密集的方法，而是回到先前在利息率較低時所採用的資本不甚密集的方法。換句話說，當利息率減低時，資本—產出比率以及人均可能產量，起初可能上升，然後卻會下降。這種現象被稱為「再轉轍」，亦稱「雙重轉轍」，其意義在於明確說明新古典生產函數只能反應很特殊場合的技術狀況[43]。

到20世紀60年代中期，人們普遍認為上述論證破壞了新古典的單一部門模式的基礎，薩繆爾森的下述說法可謂經典性的表述，他說（1966b）：「在很低的利息率下再轉轍到似乎只有在很高利息率下才可行的一套技術，這一現象涉及異常深奧的專門術語和細節。它表明杰文斯、龐巴維克、維克塞爾和其他新古典學者所述說的故事——當利息率由於放棄眼前消費以利未來而減低時，技術在一定意義上必定變得更加迂迴，機械化程度更高和更具『生產性』——不可能是普遍正確的……除了事後復述採納了更低的利息率以及包

含了更高實際工資以外，把這些過程解釋為『資本更密集』『機械化』程度更高，更「迂迴」的方法原來並不是毫不含糊的。」[44]

### 資本和一般均衡

論戰在 20 世紀 60 年代持續進行，不過，由於各種原因，主要問題已是再轉轍對於非總量新古典模式的含義尚不清楚的問題了。批判者們聲稱，基於供求的整個一般均衡理論都遭到了破壞，而另一些人則認為唯有總量模式才有效[45]。

從方法論的角度來看，對此狀況所做的兩種反應是特別重要的。【329】一種重要反應是斷言再轉轍的可能性是一個經驗性問題[46]。薩繆爾森（1966b）對再轉轍是否很重要表示懷疑[47]，而其他人則研究了排除再轉轍的必要條件[48]。福古森的看法是極端的，他斷定整個問題是一種經驗性問題，而且，「除非經濟計量學家們為我們提供答案，否則我們對新古典經濟理論所寄托的信賴就是一個信仰問題」[49]。

另一種重要反應是索洛（1963）做出的。他通過採納不同的方法試圖重新表達新古典的觀點，希望以此免除對資本的測定。他問道：為了制定一種最佳方案，我們對於技術需要知道些什麼？他回答說，最關鍵的問題不是資本而是投資收益的比率：假定在一段時期犧牲了單位消費，它所提供的收益可以依據下一段時期增量消費來計算。這即是費希爾的「收益率」[50]。索洛的論證受到帕西內蒂（1969）的批評。後者指出，費希爾的說法包含著一個「不引人注目的前提」，即**假定**資本密集性的變動同利息率成反比。這一論證的細節不比它引起如此大興趣的理由更重要：它似乎表明不僅單一部門的寓言是站不住腳的，而且更一般的模式也不例外。索洛企圖把注意力引向投資收益率的做法並沒有使爭論有所緩和。

### 間歇的一般均衡

新古典經濟學的批判者們如此堅持不懈，原因是顯而易見的，他們認為新古典的增長論和分配論基本上被摧毀了。然而，新古典派的擁護者們為什麼不曾乾脆地駁回這些批判呢？「再轉轍」為什麼看來是一大難題？答案似乎在於它涉及貫穿在競爭均衡論中的一個基本假定：假定邊際替代率遞減[51]。如果沒有這一假定，那就沒有下述論斷：類似的相切條件將導致利潤的最大化而不是

最小化。請注意，對效用函數也必須作此類似假定，否則，無差異曲線同預算線相切將會暗示著效用的最小化而不是最大化。這也許有助於理解上述思想。邊際替代率遞減的假定對競爭均衡理論是基本的假定，就像合理化行為的假定（利潤或效用的最大化）一樣。

【329】邊際替代率遞減暗含這樣的意義：價格體系是「相互聯繫的」。如果資源的某種配置在兩套價格中是最佳的，那麼它在所有居間的各套價格中也是最佳的。為此，我們看一下在線性規劃中常見的等量線（isoquant）：它有一系列角。這些角的頂點在一定的要素價格比率上是最佳的。例如，圖 25.2 中，如果等成本線比 BC 陡，比 AB 平，則 B 是最佳的。問題的要害在於，如果 B 點在兩種要素價格比率上最佳，則它在任何居中的要素價格比率上也是最佳的[52]。但是，再轉轍現象卻暗示，某種資源配置在兩套價格上是最佳的，但在居中的各套價格上卻不是最佳的。換句話說，價格體系內的價格並不相關。可見，再轉轍所懷疑的是一種基本的假定，是對新古典經濟學「硬核」部分的懷疑。

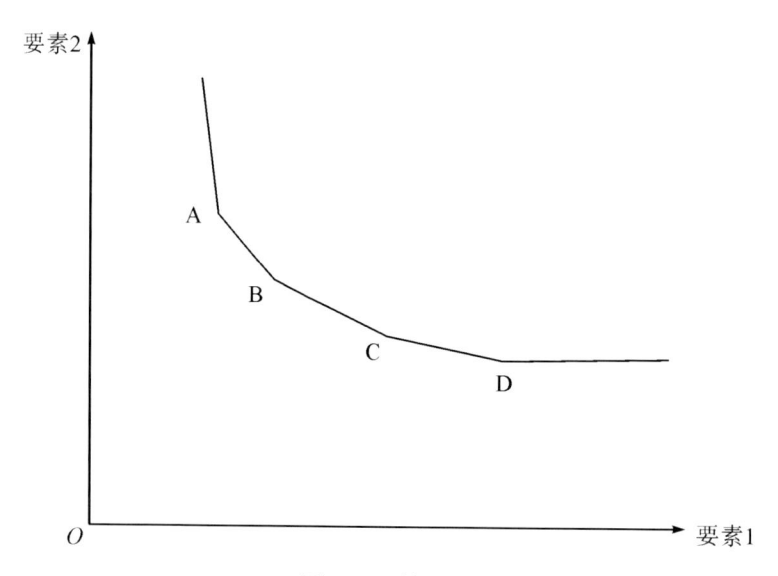

**圖 25.2　等量線**

布利斯在《資本理論和收入分配》（1975）中對這個悖論提出了一種解釋[53]。該書的關鍵在於，認為資本理論是放在一種明確的間歇一般均衡模式中討論的。物品不僅依據其物理性質，而且依據其發送的日期加以區分。假設有 n 類物品和時期 T，我們便有註明 nT 日期的「商品」。如果每種註明日期的商

品都有一個市場,我們就有 nT 價格。這意味著第 i 個商品在 t 時期的價格是 $p_{i,t}$。這些價格暗含著一系列利息率。例如,i 物品在時間 t 的利息率 $r_{i,t}$,可由 $(p_{i,t}-p_{i,t-1})/p_{i,t-1}$ 求出。這就是在 t 時期從佔有物品 i 所獲得的產量。

【330】再轉轍之所以令人困惑,是因為它暗示著在特定技術條件下被選擇的這套價格互不相關:某種技術在兩套價格上是最佳的,但在居中的各套價格上又不是最佳者。布利斯用這種間歇的一般均衡結構得以證明,再轉轍是一種錯覺。

布利斯指出,再轉轍悖論的產生,是因為經濟學家們囿於只假定一套有限價格的習慣;囿於只考慮利息率不變的若干套價格。如果我們將所考察的這套價格放寬,我們就會考慮到利息率變動的價格路線,再轉轍悖論就消失了。以一個簡單例子便可很好地理解這些相當抽象的觀點。假定存在看一種簡單的商品和三個時期。再假定存在著再轉轍,即在利息率是 10% 和 20% 時某種技術最佳,但在利息率是 15% 時另一種技術被選用。問題在於:這是否暗含著價格互不相關?

以第 1 時期的商品價格作尺度。如果利息率是 10%,第 2 時期價格必定是 1.1,第 3 時期必定是 1.21。如果利息率是 20%,相應的價格是 1.2 和 1.44。如表 25.1 所示。如果價格體系是相聯繫的,我們將要看到的價格在這兩套價格的平均數上一定是最佳的,如表 25.1 第 3 欄所示。例如,第 2 時期價格是 (1.1+1.2)/2=1.15。值得注意的是,第 3 欄的利息率不是 15%:從第 1 欄到第 2 欄是 15%,但從第 2 欄到第 3 欄只有 14%。

表 25.1

|   | A<br>r = 10% | B<br>r = 20% | C<br>r = 15% |
| --- | --- | --- | --- |
| 1 | 1 | 1 | 1 |
| 2 | 1.1 | 1.2 | 1.15 |
| 3 | 1.21 | 1.44 | 1.325 |

以上表明,在利息率為 10% 和 20% 時選用某種技術可能是最佳者,但在 15% 時就不是了。再轉轍論者由此斷定,價格體系互不相關。但這是一種「視覺的錯誤」,因為如果我們考慮到具有可變利息率的價格路線,價格體系顯然是完全連貫的了[53]。於是悖論隨之消失。

## 25.3　結論

縱觀20世紀50年代和60年代關於增長和資本理論的種種研究，可以說對於促成某些國家比其他國家增長更快的各種因素甚少涉獵。現代增長理論的創始者是哈羅德和多馬，他們所關注的是長期停滯的可能性。從50年代中期開始，增長理論同一般均衡論結合在一起，作為動態均衡理論而受到注意。從70年代初期開始對增長理論的興趣有所減退。為什麼呢？

第一，增長理論不再成為主題：通貨膨脹、失業和資源可能枯竭，看來比解釋實現穩定增長的條件重要得多。此外，合理預期概念在增長理論之外開闢了新的研究領域。

第二，更重要的是，從新古典的結構中所能得出的主要成果在20世紀70年代已經得到了。增長理論被理解，而且它不再是一個孤立的課題。動態均衡的各種模式已被主要關注其他領域（如公共財政和貨幣經濟學）的經濟學使用，這已是司空見慣了的。

第三，儘管許多經濟學家繼續維護一般新古典模式，但劍橋學派對新古典生產函數的批判的確是著重地強調了如下一點，即單一部門的新古典模式無非也是一種神話。企圖通過估價各種總生產函數來為增長理論提供一種經驗依據的做法也站不住腳。劍橋學派的批判雖不是對增長理論興趣減退的主因，但它是起了一定作用的。

就資本理論來說，爭論已使它基本上陷於破裂，需要一種替代品。而這種爭論是受到信奉新古典研究綱領並以最大化和邊際生產力為依據的經濟學家們鼓勵的。為了解釋爭論的持久不斷，我們需要說明新古典經濟學家們為什麼不可能簡單地駁回批判，就像他們駁回其他許多東西那樣。理由似乎在於，再轉轍這個悖論對凸集性假定條件提出了懷疑，而這個假定對主流經濟理論來說是非常基本的。正因為如此，把再轉轍作為一種「靠不住」的現象予以駁回是中肯的。正因為如此，布利斯對新古典理論的維護（指出再轉轍並不暗含著任何非凸集性）才顯得如此重要。然而重要的是，對新古典理論的這種維護付出了代價，它使這種情況更加明顯了：所討論的這種經濟不可能是對任何實際經濟的描繪。就新古典總增長模式來說，將它擴及處理不確定性，這是可以想像的。就布利斯的間歇一般均衡模式來說，引入時間和不確定性顯然在這個理論中引進了急遽的變化。

註釋：

① 參看第 364 頁。

② 哈羅德（1939），第 45 頁。

③ 同上，第 46 頁。

④ 同上，第 61 頁。

⑤ 同上，第 47 頁。

⑥ 同上，第 63 頁。

⑦ 多馬（1946）第 68 頁。

⑧ 同上，第 67 頁。

⑨ 同上，第 72-73 頁。

⑩ 哈羅德把資本累積對生產能力的影響包括在他的自然增長率（而不是有保證的增長率）中。

⑪ 索洛（1956），第 162 頁。

⑫ 同上。

⑬ 參看索洛（1961）對兩個部門模式（作為一種微型一般均衡模式）的簡單說明。

⑭ 參看希克斯（1965）的簡單說明。

⑮ 如果假定時間是無限的，便會提出一些特殊問題。參看謝爾（1971）。

⑯ 參照希克斯（1965），第 208 頁。

⑰ 如果存在穩定增長，資本和勞動會以相同比例增長。因而投資必定等於 $nK$，$n$ 是勞動力增長率，$K$ 是資本存量。人均投資 $i$ 等於 $nK/L=nk$，此處 $k$ 是人均資本。假定人均產出同人均資本有關，$y=f(k)$，則人均消費 $c=y-i=f(k)-nK$。因 $c$ 是最大化值，$dc/dk=f'(k)-n=0$，增長的黃金法則即由此而來。

⑱ 哈羅德和多馬是例外。

⑲ 參看哈考特（1984）。

⑳ 參看第 190，397 頁。

㉑ 譯文見卡萊茨基（1969）。

㉒ 卡萊茨基（1969），第 3 頁。

㉓ 又見羅濱遜（1956）。

㉔ $P+W=C+I=(1-s)P+W+I=(P+W)+(1-sP)$，所以 $I=sP$。

㉕ 卡爾多（1957）；卡爾多和米利基（1962）。

㉖ 例如托賓（1960）。

㉗ 參照哈考特（1972），第 15 頁。

㉘ 羅賓遜（1953），第 47 頁。

㉙ 羅濱遜（1956）和許多論文：參看哈考特（1972）。

㉚ 她還提出了技術系數實際上可否變動的問題。

㉛ 哈考特（1972），第 99 頁以下各頁。

㉜ 羅濱遜（1953），第 54-59 頁。

㉝ 參照薩繆爾森（1948a），第 7 版，第 573-576 頁。伯梅斯特（1980），第 112-115 頁。

㉞ 參看哈考特（1972），第 39 頁以下各頁。

㉟ 斯旺（1956），第 103 頁。

㊱ 索洛（1957），第 401-402 頁。

㊲ 同上。

㊳ 參看第 29，114 頁。

㊴ 參看哈考特（1982）。

㊵ 參看第 384 頁以下各頁。

㊶ 例如，參看多布 1972）；參照布利斯（1975），第 6 章。

㊷ 儘管涉及「變化」，但這只是為了使解釋簡化：變化包含著貫穿於穩定狀態的各種比較，而不是指時間外的變化。

㊸ 參看哈考特（1972）、薩繆爾森（1948a）最新版，或布勞格（1975）。價格─維克塞爾效應比再轉轍更加重要，它在再轉轍時必然出現，它本身就足以排除總生產函數。

㊹ 薩繆爾森（1966b），第 233、250 頁。

㊺ 加里格納尼和尼爾是批判者的例子；萊恩則是一個維護者。

㊻ 參照布勞格（1975），第 39-40 頁。

㊼ 薩繆爾森（1966），第 249 頁。

㊽ 例如布魯諾，柏梅斯特和謝申斯基（1966）。

㊾ 福古森（1969），第 266 頁；參照羅濱遜（1973a），第 16 章，16a；布

勞格（1975）。

(50) 參看第157頁。

(51) 說「不遞增」更正確；因為MRS在一定階段不是不變的說法沒有根據。如圖25.2所示。

(52) 有時說某一套價格「支持」某種既定的資源配置。

(53) 參照迪克西特（1977），他強調了布利斯著作的意義。

(54) 布利斯（1975），第63頁。

# 26 貨幣、就業和通貨膨脹

## 26.1 凱恩斯體系的發展【333】

**接受《通論》**

凱恩斯的《通論》是他 20 年間在宏觀經濟理論研究方面投入巨大勞動的成果[①]。儘管凱恩斯自稱其著作是新穎之作,但《通論》的許多內容都可以在 20 世紀 20 年代和 30 年代的其他文獻中找到(特別是庇古、霍特里,以及瑞典學派的著作)。儘管有此連續性,但現代宏觀經濟學的討論是從《通論》開始的。對這部著作的種種解說充斥了戰後宏觀經濟戰,早期許多著作(不管有什麼長處)全然失去了光彩。

《通論》很快就獲得了成功,其影響的範圍和速度是無與倫比的:次年《經濟雜誌》充滿了對該書的反應(這也許不足為奇);《經濟學季刊》1937 年刊出了討論《通論》的專號;若干年間,《通論》提供的框架不僅為凱恩斯的同事所採用,而且被堪稱十足外行甚至起初持批判態度的經濟學家所利用。一位史學家斷言:「《通論》問世後 10 年或 12 年所引起的關注,比馬歇爾的《經濟學原理》問世 50 多年所受到的注意還要多。」[②] 20 世紀 40 年代末發表的對當時經濟學的一部概論顯示了《通論》影響的範圍:凱恩斯被徵引 98 次,而他最強的對手希克斯只被徵引 56 次。此外,在該概論的 23 章中,至少有 5 章的主題是由來自《通論》的觀點構成的。[③]

在一定程度上,可以從新一代經濟學家的出現來看凱恩斯經濟學的被接受。凱恩斯的門徒(如薩繆爾森、羅濱遜、哈羅德、米德、勒納)屬於年輕一代,而批判者(如里昂惕夫、熊彼特、奈特、瓦伊納)則屬於老一代。[④]凱恩斯的觀點為什麼會有如此吸引力呢?凱恩斯談論的是當時的重要問題無疑是

一個原因：儘管到 1937 年經濟開始順利地從衰退中復甦，但 1929—1933 年的衰退的影響十分深遠。薩繆爾森指出，儘管經濟開始復甦，但 1929 年以來的事件已使人相信現行的權威和正統已經不靈了，而《通論》提供了一個可供選擇的辦法⑤。《通論》在理論上提出了挑戰也是重要的，它不僅包含著可供發展的思想財富，【334】而且提出了需要解答的許多難題。一些經濟學家走得更遠，他們認為《通論》的複雜性即是它取得成功的一個基本因素⑥。

然而，事後來看，最意味深長的是批判《通論》所用的論據，因為易於由此看出它的吸引力。讓我們看一下熊彼特和里昂惕夫批判的論據和他們批判凱恩斯的方法論基礎。里昂惕夫集中於凱恩斯的方法——劍橋學派的其他成員也有類似看法——里昂惕夫把它描述為「含蓄的推理」⑦。所謂「含蓄的推理」指的是以下述方式來說明條件：對這些條件之間確定的理論關係以及理論的基本前提有所暗示，但對這種關係從不加說明⑧。在里昂惕夫看來，這種做法使得合理地討論一種理論成為很困難的事情，因為這種理論究竟有何所指令人捉摸不定。例如，凱恩斯使用總需求和供給曲線時就沒有十分細緻地指明它們所依存的各種因素，這便不能斷定把它們作為彼此獨立的東西加以對待是否正確。里昂惕夫同意熊彼特的下述批評，即凱恩斯也犯有李嘉圖的毛病：「習慣於把一大堆分量沉重的實際結論堆到一種脆弱的結構上，這同它似乎簡明而且有吸引力和說服力是不相稱的。」熊彼特認為，這種說法具有惹人注意的暗含意義，因為不僅凱恩斯影響了經濟學專業中最優秀的頭腦，而且還使人「回想起馬塞特夫人的幸福時代，那時每位中小學女生只需學會使用少數幾個概念，便可獲得判斷資本主義社會無限複雜有機體內外一切事物的能力」⑨。熊彼特所反對的簡單化包括：理論的靜態和短期性質；忽視投資對生產能力的影響；假定無論何時人們總會對實際價值做出反應，除了為貨幣工資討價還價。只有以這些假定所包含的全部條件才能決定國民收入，得出凱恩斯對這個經濟體系的看法⑩；熊彼特稱這些假定為「三大簡化物」：消費函數、資本邊際效率和靈活偏好。

正是在圍繞《通論》爭論的過程中，瑞典經濟學家們的貢獻贏得了廣泛的關注。俄林（1937）以「斯德哥爾摩學派」一詞概括了林達爾、米爾達爾和他本人的觀點；他認為這一學派預告了《通論》的基本思想⑪。

## 《通論》的引申

1936 年後的 10 年間發表的大部分文獻，集中於澄清或爭論《通論》的某

些細節：靈活偏好與可借出基金利率論；總量經濟學的意義；乘數的性質以及窖藏在靈活偏好論中的作用。【335】這些爭論是「冗長乏味的」（一位歷史學家語[12]），因為儘管凱恩斯的論據中有許多點需要更正，儘管也做出了某些重要修改（例如區分事前和事後），但它們並沒有使凱恩斯理論出現任何基本變化。

對《通論》中所用的各種個人函數的研究具有較大的意義。這裡值得注意的是成功涉及消費函數，人們以經驗資料（特別是英國的資料）考察了凱恩斯的理論。家庭預算研究的結果表明同凱恩斯的消費函數是一致的，但是消費傾向的週期變化卻同這一證據相抵觸，證據表明消費函數長期中（至少對美國來說）是向上變動的。發展凱恩斯學說的理想領域，最著名的作者是杜森伯里（1948）、弗里德曼（1957）以及莫迪格里安尼和布倫伯格（1954）。他們的理論中根基最為堅固者當數長期收入/生命週期論（兩者可以說實質上一樣）。對這一理論的成功通常提出的理由[33]是凱恩斯的假定條件被證據所推翻，而長期收入/生命週期論卻能解釋這一證據，故取而代之。不過，這只是事情的一部分，因為這一理論的成功可以說是由於它依據個人最大化行為解釋了消費函數：在這樣解釋以前，它不被理解是有道理的。

其他領域（例如貨幣和工資）的發展支持了對消費函數理論的這種解釋。《通論》問世後不久即找出了證據，表明工資在循環過程中並不以《通論》預見的方式進行變動[34]。儘管這增加了圍繞《通論》的爭論，但它在20世紀70年代以前並沒有激發起新的理論發展。這有兩個理由：①凱恩斯主義理論強調的是需求而非供給，所以貨幣和實際工資的行為可以看作是對主要理論的反常和次要行為。這種情形在70年代改變了。②「非均衡」模式出現前，經濟學家們尚無一種理論結構，可借以分析這個問題；微觀經濟理論不能夠解釋為什麼廠商不雇傭勞動到實際工資等於勞動邊際產品這一點。找出某些適當方法，對於試圖改進凱恩斯關於貨幣需求的理論也是重要的。這方面的主要成就是鮑莫爾（1952）和托賓（1958）的理論。他們依據個人最大化行為進行解釋，弄懂了對貨幣需求理論的意思。由此可見，在這些領域，一個極為重要的因素是要依據個人最大化行為弄懂凱恩斯思想的真意。

《通論》還被應用於一些新領域：商業循環（如哈羅德，1936）、增長（如哈羅德，1939）、收支平衡（如羅濱遜，1937）和通貨膨脹（如凱恩斯，1940）。這些內容將在下面討論。【336】

**凱恩斯和古典派**

在討論有關《通論》的爭論中，我們迄今一直避開了一個核心課題——《通論》本身的性質。凱恩斯聲稱他的理論是對「古典派」理論的一種抉擇，因為他的理論更一般。這實際上為爭論定了調。爭論的興起，不僅因為凱恩斯聲稱他提出了一種更一般的理論，而且因為凱恩斯對古典派理論的解說所依據的是庇古的《就業論》（1933）。庇古的這本書對許多經濟學家來說如同《通論》一樣難懂。這樣一來，爭論問題就有兩大方面：弄清楚古典派究竟說了些什麼[15]；它同凱恩斯理論有什麼關係。通過解決這些問題，經濟學家們希望闡明《通論》的基本特徵。希克斯（1937, 1939a）在這方面做出了傑出貢獻，他對《通論》的解釋逐漸被接受。對許多經濟學家來說，他的解釋不僅與凱恩斯經濟學成了同義語，而且是唯一的一種使宏觀經濟學得以在其內運行的結構。

如前所述[16]，希克斯是在熟悉瓦爾拉斯一般均衡論和瑞典經濟學家著作的情況下接觸《通論》的。他已經提出了一種圖解以分析三維交換，還提出了一種包含勞動、借貸和產出的總量模式[17]。這絕不是《通論》的預言，但它很自然地導致將《通論》解釋為依據 IS 和 LM 曲線來分析的暫時一般均衡模式。瑞典人的影響在《價值和資本》中是非常突出的，在該書中對預期的研究比他 1937 年的論文更透澈；米爾達爾的事前/事後的區分被用來分析儲蓄和投資的關係，而凱恩斯對此的解釋已引起了很大的混亂[18]。他 1937 年的論文表明，用圖解能夠做些什麼，特別是用靈活陷阱以及水準的 LM 曲線把《通論》描繪成「衰退的經濟學」，適用於投資前景吸引力如此之低，以致 IS 曲線同 LM 曲線下降部分相交的時候，對投資的較高刺激會使 IS 曲線同 LM 曲線的上升部分相交，得出「古典派的」結果[19]。

IS-LM 方法使希克斯得以放寬凱恩斯的某些假定，把收入插進投資函數，把利息率插進儲蓄函數。這使他能以發現凱恩斯和維克塞爾之間的相似點，把凱恩斯的思想同維克塞爾區分自然利息率和貨幣利息率聯繫起來[20]。【337】凱恩斯和古典學者之間的區別被認為取決於 IS 和 LM 曲線的斜度，取決於儲蓄、投資和對貨幣（同收入和利息率有關）需求的彈性。

到 20 世紀 60 年代為止，利用一種簡化為四種市場的一般均衡模式，在關於凱恩斯經濟學的討論中居於支配地位，爭論停留在為得出凱恩斯的結果所必要的某些特定的假定上。引起失業的原因是工資黏性（Wage stickiness；在這

种场合，凯恩斯的某些批判者自以为是正确的）吗？或者是灵活陷阱，不充足的和利息——无弹性的投资需求？正是在这一讨论中，「实际平衡效应」被认为是十分重要的，因为它损害了这一看法：投资需求不足或灵活陷阱便足以造成失业均衡的可能性，而同工资刚性（Wage rigidity）无关。假定工资不是刚性的，失业会使通货紧缩，这会提高人们货币收支的实际价值，增加消费和就业[21]。

帕廷金《货币，利息和价格》（1956年初版，1965年增订再版）的出版使这一争论达到顶峰。该书做了两件事，它为货币理论提供了微观经济理论的依据，作者把货币适当地看作一种「很特殊的物品」[22]，以此「重新加工」了希克斯的《价值和资本》。此外，他还在希克斯的结构范围内对凯恩斯和古典学者之间的差别作了确切的说明。他的结论是：存在著一种充分就业的均衡，而且可以是稳定的。凯恩斯经济学是不均衡经济学，当各种均衡势力「在社会可接受的时期内」弱得不足以恢复充分就业时，不均衡就出现了[23]。凯恩斯引起了人们对与决策有关的场合即不均衡的注意，与此相比，帕廷金并不被认为做出了基本理论贡献。

### 不均衡经济学

对凯恩斯经济学的上述解释已成为流行的权威说法而为宏观经济学教科书所尊奉[24]。然而这种情况到20世纪60年代末发生了变化，发起挑战者起初是克洛尔（1965），后来是莱荣霍夫德——他写了一部广为流传的著作：《论凯恩斯经济学和凯恩斯的经济学》（1968）。此书的意图，如书名所暗示，在于证明一般所谓「凯恩斯经济学」（即希克斯的解释）同凯恩斯本人的经济学实际上并不相同。克洛尔的观点（为莱荣霍夫德所采纳）发表在《货币，利息和价格》中，但没有充分展开。他认为，希克斯和帕廷金所用的瓦尔拉斯模式并没有以一种适合于讨论凯恩斯经济学的方式来处理供给与需求。这种论断的根据是，当市场不能出清（clear）时，交易者所面临的不仅有预算和技术上的压力，而且有究竟能成交多少的压力。这些压力将影响其他市场上的供求。【338】例如，假定，某个家庭发现不能如愿出卖那么多劳动，便不能不减少消费品购买量。「瓦尔拉斯法则」（实际的过度需求必定是零）可能失效的原因即在于此。例如，在没有相应的过度劳动需求条件下，却可能有过度的劳动供给。正是以此为根据，克洛尔和莱荣霍夫德才断言，凯恩斯对价值理论

做出了基本的貢獻：他對市場不必是出清的情況下的經濟行為做出了分析。

萊榮霍夫德以對資本聚集，工資剛性和預期的許多詳細的論證加強了上述論斷，從而證明了對凱恩斯的正統解釋是錯誤的。他的中心論點是，凱恩斯經濟學所談的是，當不存在瓦爾拉斯式的拍賣商以及拍賣數量的變化比價格調整更快（對供求之間不均衡的反應）時會出現什麼情況。沒有拍賣商意味著，由於對買賣雙方的數量上的壓力，使交易在不均衡價格上達成。可見凱恩斯經濟學是關於調整市場機制所固有的各種缺點的經濟學，而不是關於市場價格固定不變時會發生什麼情況的經濟學，所以凱恩斯經濟學更具一般性。

克洛爾和萊榮霍夫德雖對凱恩斯學說的正統解釋提出了挑戰，但他們都沒有提出一種可供選擇的可行的結構供短期宏觀經濟學之用。萊榮霍夫德在20世紀70年代即已強烈反對將凱恩斯經濟學加以正式模式化，他認為《通論》的若干極其重要的方面尚處於「不真實假定的水準」，因而只能依據一種「非正式的和加以改進的粗糙語言」（而不是正式的模式）來評價凱恩斯經濟學[25]。體現克洛爾對凱恩斯問題的看法的更正式分析即所謂「一般不均衡模式」[26]是巴洛和格羅斯曼（1971）提出來的。他們以一個被簡化的模式（只有勞動和產品兩種市場）為例說明，當產出因對物品的需求低而低，以及對物品的需求因產出（收入）低而低時出現均衡的可能性。這種均衡的意義在於，即使實際工資率處於它的均衡水準時，它也可能提高。在這種結構中乘數作用自然提高了。儘管提出這些「不均衡」模式的初衷是從理論上解釋凱恩斯問題，但它們不止於此，因為它為解釋其他領域問題也提供了可能性，特別是古典的失業問題（由過度的實際工資率造成）以及抑制性通貨膨脹（這裡存在著對勞動和產品的普遍過度需求）。此外，這些模式還能用於分析經濟循環中的工資行為，分析收支平衡（迪克西特，1978）以及資本累積（馬林沃德，1980）。其基本思想還被用於微觀經濟分析中[27]。

但是，這些模式仍不能完全令人滿意，因為它們全都把價格看作已知數，不能回答價格何以不調整到保證充分就業均衡的水準。這在宏觀層次上是找不到答案的。

## 26.2 貨幣和通貨膨脹

### 1958年前的通貨膨脹理論

尾隨《通論》之後，通貨膨脹開始以消費流量與產出流量的對比而不以

貨幣量（存量）來解釋。將凱恩斯觀點用於解釋通貨膨脹，是由凱恩斯本人在《如何籌措戰爭經費》（1940）中提出來的。在這裡通貨膨脹被認為是軍事生產引起的高額購買力（從而高支出）和物品投入軍工生產而引起的可獲得物品減少而共同作用的產物。極為重要的假設條件是，需求的任何提高皆會引起價格的提高而不是產出的增加，因為經濟是處在充分就業條件下。在提出這一理論時，凱恩斯又復活了他在《貨幣論》中的「寡婦的壇子」理論[28]。因為他假定，提高價格會引起利潤上升，收入分配朝利潤的轉變是一種手段，借此可使產出和消費趨於平衡。這一理論後來逐漸以「通貨膨脹缺口」論而知名，即認為通貨膨脹來自同滿足消費的物品數量之間的「缺口」，對這一模式的最廣為人知的敘述見於薩繆爾森（1948a）的教科書。這些模式同凱恩斯的說法之間的差別在於，較少強調以收入分配的變動作為一種使投資和儲蓄達於均衡的手段；價格上升可能降低需求，這是由於貨幣幻影、增加邊際稅率以及實際平衡效應，而不是改變收入分配。

通貨膨脹缺口論的特別有趣的說法出自漢森（1951）的「兩個缺口」模式，該模式的重要特徵在於它所處理的是勞動和產品兩個市場：對產品的過度需求會引起產出價格的變動，而對勞動的過度需求會引起貨幣工資率的變動。均衡要求價格和工資以同一比例上升，從而產品缺口和勞動（或要素）缺口相等。如果產品缺口大於要素缺口，實際工資會降低，產出和就業會增加，從而縮小產品缺口，擴大要素缺口，使兩者達到相等。這一模式的意義在於，它提出了一種特殊的均衡通貨膨脹率，它把通貨膨脹看作影響整個經濟的各種過程的產物；通貨膨脹的發生不是單個市場的結果，而是整個經濟的所有市場互相作用的結果。【340】

20世紀50年代盛行將通貨膨脹區分為「需求」（或「需求拉上」）和「成本」（或「成本推動」）的通貨膨脹[29]。需求通貨膨脹包括剛才討論的通貨膨脹缺口論，還包括「需求變化」（demfnd shift）通貨膨脹論，後者是指通貨膨脹來源於價格的硬性下降（downwards）（原文如此，顯系「上升」之誤——譯者註）：如果對A的需求轉移到對B的需求，則A的價格上漲，在B的價格不下跌的條件下，整個價格水準上漲[30]。另外，成本通貨膨脹則來源於市場力量被用於抬高工資或利潤邊際，貨幣和財政政策則要適應價格上漲的後果。工會對工資討價還價作為通貨膨脹的根源而倍受注意。所提出的課題包括：競爭的程度，寡頭壟斷被認為助長了通貨膨脹；工會的競爭；試圖保留或

造成工資差別；以及廠商的定價政策等。

### 菲利普斯曲線

通貨膨脹理論隨後更重要的發展是菲利普斯曲線的出現，它成了分析通貨膨脹問題的標準工具[31]。菲利普斯（1958）得出的這條曲線**從經驗上確定了貨幣工資率變動同失業率之間的關係**。作者斷言，他從1861—1913年的資料中得出的這條曲線，也能解釋兩次大戰之間以及兩次大戰後時期的資料。這一模式所顯示的意義在於，能依據勞動市場的標準模式從理論上對它加以解釋。利普西（1960a）提供了這一解釋的標準理論，根據這個理論，工資變動同對勞動的過度需求成比例；他還對這個理論作了修改以考慮到摩擦失業和閒置。這就說明了菲利普斯曲線的地位和形狀。薩繆爾森和索洛（1960）聯繫美國的情況討論了菲利普斯曲線；他們還說明了它對反通貨膨脹政策的含義。20世紀50年代末和60年代初出現了為數眾多的經驗研究；確認菲利普斯業已發現的通貨膨脹和失業之間的互抵關係[32]。

菲利普斯曲線在一定意義上使得區分需求和成本兩種通貨膨脹黯然失色。儘管可以將它同需求—成本區分並排使用[33]，但這是沒有必要的。各種論據可以通過把更多的變量放進菲利普斯曲線的辦法得出來。海因斯（1964）做過嘗試，他以工人的組織程度來衡量工會權力。這在20世紀60年代和70年代引起了為數眾多的研究，研究能夠放進菲利普斯曲線的衡量工會權力的適當尺度，它們有的證明了海因斯的論點，有的則不然；海因斯認為工會權力對通貨膨脹率有重大影響[34]。不過，更重要的是將通貨膨脹預期引進菲利普斯曲線。1967—1968年出現了兩篇重要論文。一篇是弗里德曼在美國經濟協會1968年年會上的主席演說，另一篇出自菲爾普斯（1967）。引進通貨膨脹預期並不新奇（例如，薩繆爾森和索洛早在1960年已指出下述可能：【341】假如某種經濟在高失業水準上運行，通貨膨脹預期就可能下跌，使菲利普斯曲線向下移動)[35]，但此前並沒有充分揭示其內在含義。菲爾普斯和弗里德曼指出，在短期內，向下傾斜的菲利普斯曲線可以成立，但在長期內，失業與通貨膨脹之間不存在交替關係。

弗里德曼的論點是，從經濟理論的觀點來看，菲利普斯曲線被誤解了。因為對勞動的供求依存於實際工資增長率決定的實際工資，而不是取決於失業的貨幣工資增長率。正因為如此，預期的通貨膨脹將出現在菲利普斯曲線的右

側：因為每個人關注的是實際工資，所以預期通貨膨脹上升1%將會導致實際通貨膨脹率上升1%。弗里德曼的重要論點是，「自然的失業率」概念，這種失業率同不變的通貨膨脹率是一致的。他把這描述為這樣的失業率：「它經由瓦爾拉斯一般均衡方程體系證明是有根據的。它表明其中潛藏著勞動和商品市場的實際結構性的特徵，包括市場不完全；需求和供給的隨機變動；獲取有關職業空缺和勞動信息的代價；轉移成本等。」[36] 只有當人們在預期通貨膨脹上犯了錯誤時，失業才有別於這一自然比率：低失業是低估通貨膨脹的結果，高失業則是高估通貨膨脹的結果。

菲爾普斯論證的側重點有所不同，但結論顯然類似。與弗里德曼不同的是，菲爾普斯關注於勞動市場的微觀經濟學：所提的問題是，當信息不完全而且代價昂貴時勞動市場如何運行。他的論證如下：有關工資的信息傳播得很慢，因此短期內需求的增加會誘使工人提供更多的勞動——當他們獲得較高的工資報價時，他們起初會以為他們可以有異常理想的工資率；後來他們才發現，工資總的來說已經上漲，他們所得的工資沒有什麼特別的地方。菲爾普斯等人在《就業和通貨膨脹理論的微觀經濟基礎》（1970）中對上述研究作瞭解釋，其中一位作者幾乎用了自然率這個假定條件。

理論上的這些發展在經驗性著作中也有反應，這些著作由於假定各種預期可以被模式化為一種過去通貨膨脹率的滯後函數（所謂「適應性預期」），所以強調對預期通貨膨脹系數的大小做出估計：預期通貨膨脹增長1%會使實際通貨膨脹上漲十足的1%還是只上漲1%的一部分[37]，這是重要的，因為如果情況是後者的話，那麼在長期內仍然會有通貨膨脹和失業之間的交替關係存在，儘管會有比短期內更陡的菲利普斯曲線。【342】另外，如果膨脹系數是1，那麼自然率假定即被證實。起初認為系數實質上小於1，因而不接受自然率假定[38]。但這種看法在20世紀70年代改變了，人們普遍接受了長期內菲利普斯曲線必定是垂直的這個看法。這是有緣由的。也許由於70年代初通貨膨脹的加速，使工資問題對通貨膨脹預期系數開始有了更大意義。此外，在傳統研究方法中所涉及的失業和閒置之間的關係已被打破了。不過，更重要的是理論上的發展，特別是圍繞合理預期問題所提出的各種論證。只要菲利普斯曲線被認為是基本上「釘在」凱恩斯模式上的某種東西，則要求有一條不垂直的長期菲利普斯曲線也就沒有什麼不合適。當菲利普斯曲線成了這一模式的一個有機組成部分，而該模式又被設想為基於合理預期假定，則認為長期菲利普斯曲線

必定是垂直的就很自然了。宏觀經濟學教科書中以總供給和總需求模式代替 IS-LM 模式（以它作為對產出和價格水準的基本解釋）[39]，即是上述變化的徵兆。

### 弗里德曼和貨幣數量論

凱恩斯經濟學之後，貨幣數量論比收入開支方法對通貨膨脹和產量問題提供了更好的解釋這一點被忽視了。然而它最受忽視的是在討論以下兩種課題的經濟理論文獻中：一個是關於「古典的兩分法」[40]，該理論曾受到凱恩斯的攻擊。按此理論，供給和需求背後的實際因素決定著相對價格，貨幣數量只能決定絕對價格水準。另一個是關於貨幣的中性，即貨幣供應量的增加只能以相同比例提高所有價格。不過，討論是在純理論水準上進行的[41]。重新引起對貨幣數量論的興趣，把它作為一種有用的宏觀經濟工具的，主要是弗里德曼的一篇標題為《貨幣數量論：重新表述》（1956）的論文。這篇論文的中心論點包含在下述引文中：「數量論首先是對貨幣的**需求**理論。它不是產量論，也不是貨幣收入論或價格水準論。有關這些變量的任何表述要求把貨幣數量論同對貨幣供應條件以及也許還有其他一些變量的解釋結合起來。」[42]在制定對貨幣的需求論時，弗里德曼強調它並不是獲取財富的途徑，對它的需求可以用標準的消費者選擇理論加以分析。這使他這樣來表述對貨幣的需求函數：

$$M = f\left[r_b, r_e, (1/p)(dp/dt), \omega, Y/P, u\right]$$

上式中，【343】對貨幣的需求取決於所持股票與債券的預期收益、預期通貨膨脹率、人力與非人力財富的比例、實際收入（$Y/P$）以及影響喜好和偏好的變量（用 $u$ 概括）。儘管強調價格預期和把人力與非人力財富比例包括在內（它使對貨幣的需求在循環期間變動不居），使弗里德曼的理論同凱恩斯理論有所不同，但是，如果說弗里德曼的理論是對凱恩斯靈活偏好理論的一種更精致的表述，未必沒有道理。流通速度即是 $1/f$。

在弗里德曼看來，貨幣數量論由兩點看法組成：

第一，經驗性假設：貨幣需求是穩定的，比消費函數之類的函數更穩定，這些函數是作為可供選擇的基本關係而提出來的。

第二，存在著若干重要因素，影響貨幣供給而不影響貨幣需求。[43]

弗里德曼把這些觀點看作是重新表述了芝加哥的老傳統。貨幣數量論在芝加哥大學因西蒙斯、米恩斯、奈特和瓦伊納等人的努力而保持著活力[44]，該傳

統比哈耶克的觀點更靈活，它在倫敦經濟學派中居於支配地位[45]。弗里德曼指出，由於這一傳統，芝加哥經濟學家不易受到凱恩斯思想的誘惑。不過，有證據表明，弗里德曼的重新表述寧可說是對數量論的一種新解說，儘管它與芝加哥傳統更貼近。此外，有證據表明，這一芝加哥傳統後來的說法把某些東西歸功於凱恩斯的流動性偏好說[46]。

不論是對先前傳統的重述，還是對數量論的首創性解釋，弗里德曼的論文為數量論在未來10年的發展提供了一種模式。弗里德曼本人對上述兩種看法的經驗性研究，在其《美國貨幣史，1861—1960》中達於頂峰（1963，和施瓦茨合著）[47]。他從這些研究中得出的結論是：貨幣供給在很大程度上獨立於需求；貨幣對經濟有強烈影響。一個特別重要的結論是：在貨幣變動和它對經濟的影響之間有一段很長的和可變的遲滯。不過，這種聯繫對於較大的變動（深重的衰退循環和大幅度通貨膨脹）來說是最強烈的；如果貨幣供給上的變化較溫和，則其他各種因素也重要了[48]。儘管弗里德曼發現了從貨幣到價格和收入的運行的有力聯繫，但他還是維護他早在《貨幣穩定性的一個方案》（1946）中已提出的政策：貨幣政策的目標應是以穩定比率擴大貨幣供給[49]。對於影響經濟的其他各種因素（它們在適度循環中是重要的）知之不多，為通過貨幣政策使經濟發生良好轉變施加了一定限制。【344】充其量可以做到防止貨幣成為干擾的主因。

特別有趣的一個插曲出自弗里德曼和邁澤爾曼（1963）的一個嘗試，即想找出檢驗數量論反對凱恩斯理論的一種辦法。他們主張把「貨幣乘數」（聯繫收入和貨幣量）同凱恩斯的投資乘數加以比較。他們認為，如果前者更穩定，這便是數量論的一個證據。這個挑戰特別為安多和莫迪格里安尼（1965）所提出。儘管有整整一期《美國經濟評論》討論這個問題，但還是沒有結論：這類簡單模式是不可能解決上述兩種理論之間的分歧的[50]。

在以上的討論中，弗里德曼始終沒有提出一種替代凱恩斯理論的東西，以說明貨幣應該怎樣影響經濟——即貨幣主義的「轉遞機制」理論。他的著作全力強調的是經驗性研究，而所依據的理論卻未經嚴密闡明。這種情況在1970—1971年有了變化，當時他發表了兩篇論文，後來合在一起，題為《貨幣分析的理論結構》[51]。他在此提出一種使凱恩斯主義和貨幣主義得以比較的共同結構，這就是希克斯的IS-LM模式。因為要決定的變量有3個，而方程式只有2個（IS和LM關係），「還缺一個方程式」。簡單的數量論視產量為已

知；而簡單的凱恩斯理論則增加了一個固定的價格水準。弗里德曼在產量和價格水準變動之外，還增添了一個正常收入中止時如何變動的理論[52]。

不過，這裡所討論的弗里德曼的理論結構，在很多方面是20世紀60年代的遺留物，因為70年代注意力發生了轉變，主要由於各種預期擴充了菲利普斯曲線和中性比率的假設。注意力轉向通貨膨脹和失業的動態學，以及如何做出預測的問題。貨幣主義論證集中在這樣的問題上：假定當局試圖控制失業，加速通貨膨脹的危險會怎樣。這一論證和弗里德曼早先的論證合起來可得出一種旨在使貨幣供給以穩定增長率增長的情形：政府只能去做它能夠加以控制的事情（貨幣供應，而不是失業）；由於滯後的關係，難於自由地制定貨幣政策，所以應當追求一種固定不變的貨幣法規。

**托賓的資產平衡研究方法**

托賓對貨幣政策理論提出了一個可供選擇的研究方法。他像凱恩斯和弗里德曼一樣，把貨幣看作一種資產，但並不把稱為貨幣的資產區分為單一的或成套的。托賓考察了各種資產，從一端的通貨到另一端的物質資本[53]。他提出了一系列金融部門的模式，【345】其中的市場被設想為對每種資產—通貨都存在，而且各種類型的銀行存款被分別加以考察。這些模式中極為重要的變量是價值比率（托賓的「q」），包括資本存量的市場價值對其替代成本價值的比例。正是這個變量測定投資的刺激。資本存量的價值（從而「q」）取決於供求，而需求則取決於資本收益與在其他資產上可獲收益之比較。

托賓的方法有兩重意義。它強調存在一系列資產，表明基本的 IS-LM 模式仍然可用，甚至可以表現具有複雜金融部門的經濟。在托賓的模式中，LM 曲線不是對貨幣市場均衡的簡單描述，而是整個金融部門均衡的結果[54]。托賓的方法承認在說明貨幣時涉及的各種問題。可以把各種資產合在一起並稱之為貨幣，但不需要這樣做。憑借一種連續系列的資產即可令人滿意地研究貨幣經濟學了。

## 26.3 合理預期和新古典宏觀經濟學

**合理預期**

20世紀70年代中期，宏觀經濟學由於引進和系統利用「合理預期」概念

而發生了轉變。這個概念的主要設計師是盧卡斯、薩金特、華萊士和巴洛[56]。合理預期概念並非新東西，它在20世紀60年代初穆思發表的不同文章中已被提出[57]，不過，直到70年代經濟學家們才看到這一概念對宏觀經濟學的含義並且發展了它。

合理預期所依據的基本思想是：人們學會從他們所擁有的全部信息中做出預測。他們獲取和使用信息的行為受到效用最大化的支配：如果獲取新信息或利用這種信息有利可圖，人們便會這樣做。不過，分析這樣一種學習過程是異常複雜的，可供選擇的一個辦法是分析學習過程中的一種均衡狀態。在這種狀態下，學習過程因人們沒有改變他們做出預期的方法的刺激而告終。最簡單的一種情形是，該學的一切都學了。換句話說，可以預期的一切都被正確地預期了。假定不存在不確定性，即可斷定這些預期是正確的。假定存在不確定性，它暗示人們犯錯誤完全是偶然和不可預見的。

合理預期論在20世紀70年代發展如此之快，【346】原因有以下兩個：①對預期—擴大的菲利普斯曲線的研究表明，做出通貨膨脹預期，在決定經濟如何運行，特別在決定它對貨幣和財政政策有何反應上是極為重要的。但是沒有一種令人滿意的預期理論。經濟學家們解釋預期是根據各種特定的規則，例如「適應性預期」[58]，它們全都暗示人們不能利用他們所得到的信息。顯然需要一種更好的預期理論。②合理預期概念表現了個人最大化行為的適用性，表明最大化行為假定可被擴大應用到其他經濟理論領域，應用到做出預期。

### 新古典宏觀經濟學

新古典宏觀經濟學將合理預期假設同自然率假設結合起來。這樣做的意義是引人注目的，20世紀70年代中期的一系列論文表明了這一點[59]。菲爾普斯—弗里德曼的預期—擴大的菲利普斯曲線在70年代中期被普遍接受，但是，在長期的菲利普斯曲線是否完全垂直的問題上仍有爭論，這又以預期能否完全對通貨膨脹率的變動做出反應為轉移。合理預期的引入，將所有這些一掃而光。如果預期是合理的，它們在長期內平均來說必定是正確的：任何誤差會暗示人們曾輕易忽視了本可獲取的信息。不過，新古典的論證比這走得更遠。一方面，菲爾普斯—弗里德曼的論證已承認穩定化政策在原則上不是不可能的，關鍵是實際的障礙。另一方面，新古典理論認為，除非政府比私人部門掌握更多的經濟信息，否則政府的政策即使是有效地制定出來了，也不能對產量產生任何系

統的影響。要使政策對失業產生影響，唯一的辦法是在預期上出現失誤，並且通過假定合理預期，使這些錯誤成為偶然的和不可預測的。這樣，即使在短期內也不存在可用的交替關係。

對新古典的經濟政策觀點來說，具有根本意義的是所謂對穩定化政策的「盧卡斯批判」[60]，因為這是對自 1945 年以來流行的宏觀經濟政策整個方法的批判。研究經濟政策的傳統方法是對由一系列方程式組成的經濟模式做出估價，這些方程式描述了私人部門如何對外生變量的變化做出反應。然後，按照決策者認為合適的標準，著眼於選擇最好的政策，利用這些模式來揭示各種政策建議的含義。盧卡斯的論據是，這種方法被誤解了，因為私人部門的行為（最初的宏觀經濟模式）取決於公眾對決策者行動的信任。【347】如果政策變了，模式也要變。宏觀經濟政策必須被視為一種過程，其中私人部門的行為依存於政府所追求的政策。

新古典宏觀經濟學的吸引力之一，在於它能把範圍廣泛的各種課題包容在一個首尾一致的框架中。核心的壓倒一切的主題是個人的理性，把效用最大化假設推到它的極端。其他一切都附屬於這個公則：合理預期是把它應用於制定預期的結果；連續的市場出清來自它在市場行為中的應用（如果市場沒有出清，人們便對有利可圖的交易機會一無所知）。必須根據最大化行為而不是根據可以隨意說明的函數進行解釋，成為一種方法論根據[61]。

**對新古典宏觀經濟學的各種反應**

以上討論的觀點是很新的，現在就來判斷其未來的命運為時尚早。不過，有幾點需要指出：①合理預期（同新古典宏觀經濟學有所不同）本身是作為一種非常有價值的工具而提出來的。它已被普遍接受，即使是新古典宏觀經濟學的支持者也不例外。在尚無證據表明預期和合理預期為什麼應有區別的情況下，它至少對解釋合理預期下的模式是重要的。②新古典宏觀經濟學已擁有一批理論性或經驗性研究成果，特別是在美國。它還在發展中，真實票據學說（the reat bill doctrins）的復活即是證據[62]。③供給問題是一個更長期的問題，無論是從理論發展還是從環境條件來說都是顯而易見的。④在分析對宏觀經濟學的態度上，區分凱恩斯主義和貨幣主義已無意義。現在一般被看作是凱恩斯主義者（例如托賓、莫迪格里安尼、索洛）的許多經濟學家所持觀點，同 20 年前凱恩斯主義者所持觀點已很不一樣了，儘管他們仍在批判弗里德曼和新古

典經濟學[63]。⑤經濟學家們雖已開始分析包含合理預期的各種模式，但他們卻沒有接受新古典經濟學的各種結論[64]。儘管這方面工作剛剛開始，但新古典經濟學卻已激發經濟學家們提出新的問題，並以新的方式去對待老問題。

## 26.4　商業循環

### 乘數—加速模式

《通論》對商業循環理論有巨大影響。哈羅德早在1936年發表的《商業循環》中已使用了一種乘數—加速模式，儘管薩繆爾森（1939b）的說法後來成為標準解釋。【348】同早先的方法相比，乘數—加速方法的吸引力在於，一個循環自然來自兩個簡單關係的相互作用。例如，加速原理說明了消費**增長率**的下跌為什麼會引起投資水準的下跌。這反過來（經由乘數原理）又使消費更低，形成產量上的一個轉折點。這種方法，連同梅茨勒的存貨循環（1941）等理論，支配了20世紀40年代和50年代商業循環理論。

這種商業循環論的凱恩斯主義來源是顯而易見的，但是也還有其他一些不容忽視的影響因素。①加速器本身的存在，特別要歸功於阿芙達林和克拉克[65]。②如果乘數和加速器的相互作用促成了循環，那麼某些滯後還是需要的。凱恩斯運用已經不適合的靜態模式沒有指出的這一點由其他人指出來了。羅伯遜（1933，1936）提出了需求和收入之間的滯後；倫德伯格（1937）提出了產出和收入之間的滯後。這些變動使該理論在某些方面更接近於先前的理論，例如瑞典學者就試圖做出時期分析。③帶有滯後的模式的提出，使乘數—加速器問題必須得到分析，而且運用數學模式（繼弗里希之後，1933）成了極為重要的事情。乘數—加速器模式的關鍵特點（如薩繆爾森所說）在於，它一般來說或是引起逐漸消失的循環，或是廣度空前擴大的循環。正常調節循環的「現實的」場合只會偶爾出現。④因為乘數—加速器模式不能裝扮成一種複雜的循環模式，所以必須把其他一些要素考慮在內。例如，在希克斯《商業循環論》（1950）使用的模式中，一種不穩定的乘數—加速器過程就活動於全部生產能力所規定的上限和投資不可能低於其下的最低生產能力所規定的下限之間。一位作者曾稱希克斯的這部書是「大量類似體系中最精致最詳盡的樣本」[66]。

在進而考察可供選擇的循環論之前，有必要對同循環問題密切相關的

「長期停滯」說幾句話。《通論》雖已提出這一觀點[67]，但凱恩斯對其前景看好。對這一問題的考察首先是同漢森聯繫在一起的[68]。漢森是 20 世紀 40 年代美國最著名的凱恩斯思想的鼓吹者，他得出這一結論的辦法是將凱恩斯理論同採自早期循環論的某些論證結合起來，一位評論者形容他的理論是「凱恩斯、熊彼特和斯派瑟夫的奇怪混合物」[69]。漢森的基本論證是，當美國經濟成熟，人口和資源增長率下降時，投資機會將會枯竭。自發的投資會下跌。與此同時，由於乘數降低，會出現儲蓄隨繁榮而上升的趨勢。可見，政府干預（如赤字開支）對維持增長和防止停滯是必要的。

### 計量經濟模式【349】

希克斯關於循環的研究是假定存在著一種潛在爆發性的乘數—加速過程，該過程受其上下限的約束。取而代之的是利用一種穩定的乘數—加速過程，在這種過程中循環會消失（假定不被擾亂的話），並且經得起一系列偶然的衝擊。在這裡計量經濟模式是重要的，其原因有以下幾個方面：①從這些模式得出的證據表明，它們似乎原本就是穩定的，如無衝擊，波動即可消失。這對希克斯的研究提出了疑問。②更基本的理由是，這種類型的模式所要求的方法不同於希克斯模式所要求的方法，但同計量經濟學所要求者更為類似。尤其富有成果的是模擬模式，其中重要的一種是由兩位阿德爾曼（1959）提出的。他們舉出克萊因—戈德堡（1955）關於美國經濟的模式這個例子，並在各種不同假設條件下求出答案。他們發現這個模式本身並沒有概括各種循環；一陣擾亂之後它便迅即失效，但是如果引進一系列合適的偶然衝擊，這個模式所得出的循環波動便被認為「非常類似於」國家經濟研究局所描述的波動[70]。

這些成果是有意義的，因為它們說明了兩件事：①經濟理論的進步取決於方法和技術的有效性（模擬模式的發展即是一例），而這反過來又取決於計算工具的有效性。②技術有效性可能影響理解經濟的方式。因此，使用一種簡單的二次微分方程來表現循環波動使人聯想到希克斯利用乘數—加速模式（根據該模式，循環來自經濟結構）和弗里希—阿德爾曼觀點（認為循環來自經濟體系對外生衝擊做出反應的方式）之間鮮明的區別。

### 貨幣和商業循環

貨幣因素在凱恩斯主義影響下被過分忽視了[71]，指出這一點者雖不止弗里

德曼一人，但提高人們對商業循環的貨幣方面的興趣者當首推弗里德曼。弗里德曼的研究是在米契爾和國家經濟研究局領導下進行的，他秉承著指導者的傳統，將研究集中於貨幣、收入和循環過程中流通速度的經驗性探討[72]。具有代表性的文章是《貨幣和商業循環》（1963b），他在這裡廣泛地討論了被他和施瓦茨稱為聯結貨幣變化和循環機制的「試驗性方案」所遵循的經驗性證據。除了對貨幣數量論更一般地論述外，弗里德曼主要論述的是用持久收入解釋流通速度的週期性變動[73]。

儘管有弗里德曼的努力，但貨幣的循環論並未流行起來。【350】這部分地應歸咎於弗里德曼的方法，以及他試圖通過解釋循環時間的選擇在貨幣收入和速度方面的證據來說明貨幣的重要性。正如托賓（1970）以某些經過仔細研究的反面例證所指出的，關於時間選擇的經驗性證據可能推翻貨幣因素應對循環負責的理論，但它不可能確立這一點。此外，發展一種貨幣理論以反對凱恩斯主義理論的嘗試難以實現，除非已經發展了一種適合的關於貨幣、產出和價格之間關係的理論。這樣的理論是得不到的。

經過20世紀60年代對循環問題的忽視之後（當時動態經濟學的興趣不集中在增長問題上），對商業循環以及對貨幣的循環理論的興趣在70年代中期經由盧卡斯的著作得到了恢復[74]。然而就像新古典宏觀經濟學劇烈背離弗里德曼有關的更正統的貨幣主義一樣，新古典商業循環理論同弗里德曼和施瓦茨的理論也是很不相同的。目標是提供一種循環的「均衡」理論，其中全部市場被設想處於連續的均衡狀態，而且各種預期都是合理的。波動的原因被認為在於通貨膨脹預期上的失誤，因而也是由於貨幣供應增長率可預見的變化。這種解釋同凱恩斯主義的解釋大相徑庭。在均衡的循環理論中，失業的出現被歸咎於工人錯誤地估價了現行和未來的實際工資率。例如，估計現行實際工資率過低，所以工人選擇現在而不是將來休閒。

然而，新古典宏觀經濟學的基本定理不足以說明循環。它只能解釋產量的偶然波動，但商業循環卻不是偶然的。商業**循環**的實質在於產量遵循著一定形式的波動。為說明這種形式，必須把各種滯後引進模式。這原本沒有什麼錯誤，不過指出這一點是重要的：引起循環的並非這一理論中的各種均衡因素。它恰是從外部引進的因素——滯後，而宏觀經濟理論對此卻很少論及。這一理論看來同以上討論的計量經濟理論很接近：循環是由於經濟體系同外源衝擊體系相互作用的結果。

## 26.5 結論

凱恩斯主義和貨幣主義之間的衝突很自然地被認為是戰後宏觀經濟學的主要特徵，這種看法在很大程度上是正確的。【351】然而，仍可爭辯的是，從希克斯有關凱恩斯和古典派的著作，到盧卡斯關於合理預期的著作，居支配地位的主題一直是試圖在某些微觀經濟基礎上建立一種宏觀經濟理論。這一直是一個極為重要的因素，即使在計量經濟學著作大規模耕耘的領域也是如此（例如消費函數論、通貨膨脹和失業論）。整個說來，改變經濟學家理解經濟的方式者，是理論上的發展，而不是經驗性著作的結果。儘管對新研究路線的興趣有時受到一種新經驗性規則發現（如菲利普斯曲線）的促進，但對宏觀經濟學的新發展來說，更為普遍的原因乃是新理論思想的結果。希克斯依據一般均衡模式對凱恩斯的解釋，以克洛爾和萊榮霍夫德著作為基礎的「一般不均衡」理論，以及新古典宏觀經濟學都是重要的例證。

註釋：

① 參看第 194 頁以下各頁。

② 普利布蘭（1983），第 486 頁；參照哈里斯（1947）序。

③ 莫格里奇（1975），第 73 頁。

④ 熊彼特（1954），第 1180 頁；薩繆爾森（1946），第 187 頁。

⑤ 薩繆爾森（1946），第 189 頁。

⑥ 熊彼特（1954）；約翰遜（1971）。

⑦ 里昂惕夫（1937）。

⑧ 吉爾博對馬歇爾「以上下文來解釋意義」這一習慣的描述；參看第 102 頁。【451】

⑨ 熊彼特（1954），第 117 頁。

⑩ 同上，第 1176 頁。

⑪ 參看第 191 頁以下各頁。

⑫ 普利布蘭（1983），第 504 頁。

⑬ 例如布蘭森（1979），第 183-187 頁。

⑭ 鄧洛普（1938），塔希斯（1939）。

⑮ 參看薩繆爾森（1968）關於古典派理論絕沒有嚴格表達的內容。

⑯ 參看第 145 頁。

⑰ 希克斯（1982），第 69、319 頁。

⑱ 希克斯（1939a），第 187 頁。

⑲ 希克斯（1937），第 135-138 頁。

⑳ 參看第 172 頁；希克斯（1984），第 198-199 頁。

㉑ 參照熊彼特的觀點（第 334 頁）。

㉒ 溫特勞布（1979），第 63 頁。

㉓ 帕廷金（1965），第 343 頁。這僅指帕廷金未對加總問題有所作為而言。參照 23.1。

㉔ 阿克利（1961）、登伯格和麥克道格爾（1960）。

㉕ 萊榮霍夫德（1976），第 82 頁。

㉖ 索洛和斯蒂格利茨（1968）提出了一個模式，包含了許多已為巴洛和格羅斯曼提出的思想，但是它們在很大程度上潛藏在模式的數學中。

㉗ 參看第 292 頁。

㉘ 參看第 190 頁。

㉙ 布倫芬布倫諾和霍爾茲曼（1963），薩繆爾森和索洛（1960）。

㉚ 參看布倫芬布倫諾和霍爾茲曼（1963），第 63 頁。

㉛ 戈登（1976），第 259-262 頁；布倫芬布倫諾和雷爾茲曼（1963），第 64 頁以下。

㉜ 利普西和帕金（1975），第 149 頁；布倫芬布倫諾和霍爾茲曼（1963）；對菲利普斯關係來說，還存在著比僅僅一種負斜率更多的關係。參看利普西和帕金（1975），第 150 頁。

㉝ 薩繆爾森和索洛（1960）。

㉞ 利普西和帕金（1975），第 156-159 頁。這個模式存在一些嚴重問題。下述事實不是最不重要的：工人組織程度可能完全取決於需求狀況。

㉟ 薩繆爾森和索洛（1960），第 384 頁。

㊱ 弗里德曼（1968），第 102 頁。

㊲ 利普西和帕金（1975），第 154 頁。

㊳ 戈登（1976），第 264 頁。

㊴ 瓦拉德（1948），第 319-320 頁。

㊵ 帕廷金（1949）。

㊶ 約翰遜（1956b），第 2-6 頁；帕廷金（1965）。

㊷ 弗里德曼（1956），第 52 頁。

㊸ 同上，第 62-63 頁。

㊹ 同上，第 51-52 頁。

㊺ 第 18 章；弗里德曼（1974），第 162-163 頁。

㊻ 帕廷金（1969），第 100-101 頁關於凱恩斯的影響。

㊼ 大部分包含在弗里德曼的著作（1969）中。

㊽ 弗里德曼（1969），第 181 頁。

㊾ 同上，第 259 頁。

㊿ 參看布勞格（1980a）。

(51) 戈登（1974）。【452】

(52) 參看戈登（1974）。

(53) 托賓（1963，1969）。

(54) 需稍做修改的是資本收益問題，而不是證券收益。這種修改應表現在 IS-LM 圖的縱坐標上。

(55) 這方面有大量文獻，這裡不予討論。

(56) 盧卡斯（1972）、薩金特和華萊士（1975）；參看謝夫林（1983）。

(57) 穆思（1961）。

(58) 參看貝格（1982）等。

(59) 盧卡斯（1972）、薩金特和華萊士（1975）。

(60) 最簡單的解釋之一是薩金特和華萊士所做（1976）。

(61) 盧卡斯（1980）。

(62) 霍爾（1982）、薩金特和華萊士（1982）。

(63) 下議院（1981），第 4 章。這裡包括新近對政策取向的觀察，它所用的四分法通常可同常見的貨幣主義—凱恩斯主義方法相對照。

(64) 例如哈恩（1982a）。

(65) 參看第 180 頁。

(66) 哈伯勒（1956），第 137 頁。

(67) 凱恩斯（1936）。

(68) 例如漢森（1941）。

(69) 西蒙斯（1942）。

(70) F. 阿德爾曼和 I. 阿德爾曼（1959），第 301 頁。

⑦ 例如哈伯勒（1956）。
⑦ 例如弗里德曼（1969），第6章，第9章。
⑦ 同上，第116-121页。
⑦ 卢卡斯（1975, 1977, 1978），参看谢夫林（1983），第31-40页。

# 27 國際貿易和發展

## 27.1 貿易純理論【352】

**一般均衡和幾何學**

在過去一個時期,國際貿易日益依據一般均衡論來加以考察,這種趨向隨著薩繆爾森20世紀30年代後期著作的出現而越發完善了。這在很大程度上是通過把注意力限制在能夠得出確切結果的某些簡單場合的方法來實現的。繼哈伯勒、勒納和里昂惕夫之後,2×2(兩種商品,兩個國家)圖解分析場合被普遍採用,它非常注重幾何分析[1]。這方面的經典性著作是米德的《國際貿易幾何學》(1952),他以其「貿易無差異曲線」強化了先前的著作[2],這種做法使米德能以一種簡單的圖式表示涉及兩國的自由貿易均衡,其中每一國都有自己的生產可能性邊界和消費無差異曲線[3]。

圖27.1(a)是米德的貿易無差異曲線示意圖。

【353】有兩種商品x和y,兩個國家a和b。a國的消費表示在第Ⅱ坐標系,其偏好以一組消費無差異曲線表示,其中的兩條是 I'ca 和 I″ca。a國有生產可能性曲線 pp′,A點為無貿易條件下的均衡點。

相應於每條消費無差異曲線,可以得出貿易無差異曲線。例如,為得出相應於消費無差異曲線 I'ca 的貿易無差異曲線,我們可繞過 I'ca 做出四邊形 OPA P′。相應於 I'ca 的貿易無差異曲線(I'ta)則是從繞過 I'ca 而滑動的生產可能性圖形的起點得出的路線。它對 a 國來說是表示進出口數量關係的一條無差異曲線。例如,假定 a 國打算進口 OC 單位的 y,出口 CD 單位的 x,則它可以消費在 B 點〔見圖27.1(a)〕,同它無貿易以及消費在 A 點時境遇一樣好。

(a)

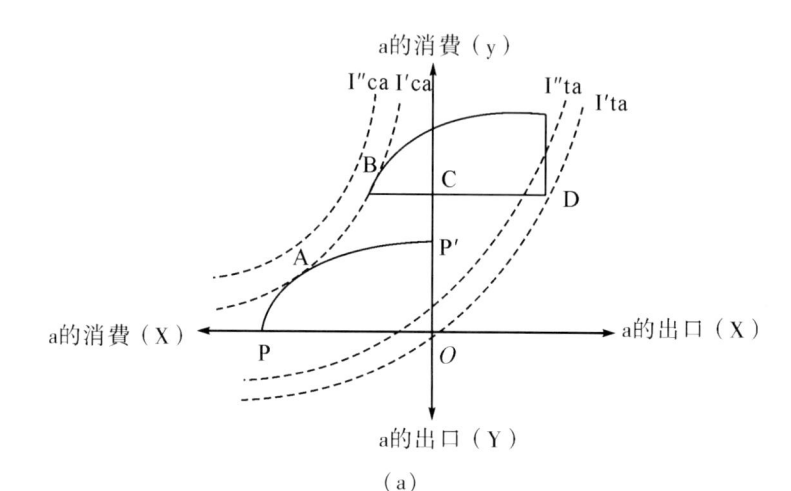

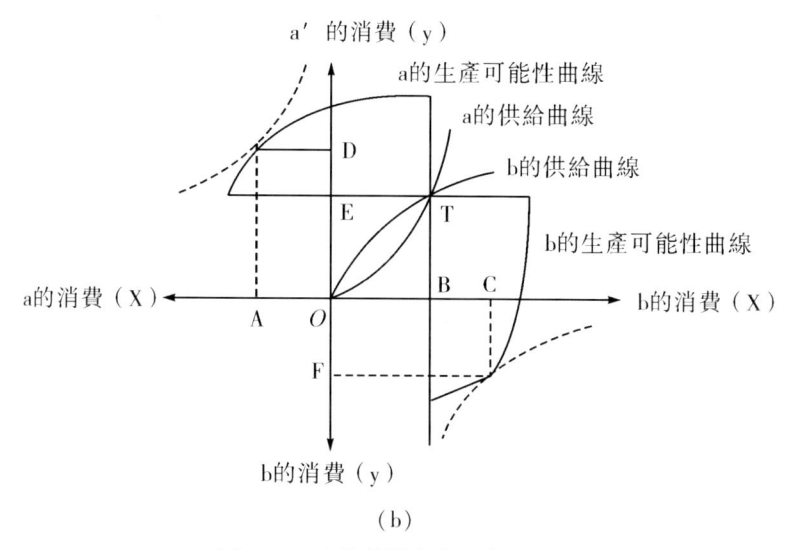

(b)

圖 27.1 米德的國際貿易幾何圖形

如果我們相應於每條消費無差異曲線而做出一整套貿易無差異曲線，那麼我們即可利用它們得出一條 a 國的供銷要價曲線。對 b 國可以重複同樣的過程，只是 b 國的消費以第 IV 坐標系衡量。把兩條供銷要價曲線放在一起，即可找出貿易的均衡水準。【354】如果我們不僅做出兩條供銷要價曲線，而且做出兩國生產可線性曲線和消費無差異曲線，便可知道每一國在每種商品上將生產和消費多少。見圖 27.1（b），其中生產消費和貿易量如下：

|   | a 國 |   |   |   | b 國 |   |   |   |
|---|---|---|---|---|---|---|---|---|
|   | 進口 | 出口 | 消費 | 生產 | 進口 | 出口 | 消費 | 生產 |
| x | — | OB | OA | AB | OB | — | OC | BC |
| y | OE | — | OD | ED | — | OE | OF | EF |

不難驗證：每種商品的全部消費等於生產，一國每種商品的生產等於消費+出口−進口。米德得以據此說明國內生產條件（用生產可能性曲線表示）同一國供銷要價曲線之間的聯繫；格雷厄姆在 20 世紀 20 年代已指出過這種聯繫，但後來已被忽視。50 年代和 60 年代幾何方法支配了貿易理論領域，這種情形在經濟學的其他領域是沒有的[④]。

通過考察一種簡單模式而使問題發生變化的一個良好例證是轉帳問題，以及轉帳對貿易條款的影響問題。部分由於凱恩斯經濟學[⑤]，部分由於希克斯—艾倫的收入分析，收入機構現在已被人們所理解，從而掃除了先前討論中最有爭議的方面[⑥]。它表明在 2×2 場合貿易條款的變化將取決於對這兩種商品的邊際開支傾向[⑦]。貿易條款的變化是一個經驗性課題。儘管對貿易條款實施可否提出任何證據仍有爭論[⑧]，但討論的性質已大不相同了。無論用的是一般均衡模式，還是較簡單的凱恩斯模式，討論都是在一種明確的、廣泛接受和理解的結構之內進行。這使得有可能把分歧的方面同模式的特點非常明確地聯繫起來（效用函數、消費傾向、有關交易成本的假定、非貿易品的存在，等等）[⑨]。

**赫克歇爾—俄林—薩繆爾森模式**

20 世紀 40 年代後期以來研究貿易純理論的主要方法肯定是赫克歇爾和俄林的方法，依照他們的學說，貿易流量應以具有相同生產函數各國的要素條件的差異來解釋。薩繆爾森自 40 年代以來發表的一系列論文所使用的一種特殊的簡單的模式（下面將討論）體現了這種方法。其基本看法是：一國將進口較密集地利用其稀缺要素的商品，而出口最密集地利用其富裕要素的商品。20 世紀 50 年代和 60 年代對這個命題的討論被里昂惕夫（1953）的發現所支配。【355】里昂惕夫利用其投入—產出模式得出結論，美國進口的是資本相對密集的商品，出口的是勞動相對密集的商品。用任何標準來看，美國都曾經（而且現在仍然）是一個資本豐裕的國家，因而這個結論顯然同赫克歇爾—俄林的理論相抵觸。

對里昂惕夫的結論有幾種不同反應[⑩]：①一種反應[⑪]認為沒有理由不接受

里昂惕夫的結論，因為沒有理由假設赫克歇爾—俄林結論所必須具備的各種條件會在現實世界中得到滿足。例如，要素豐裕概念含糊不清，不同國家需求條件的差別就足以推翻赫克歇爾—俄林的結論。米因斯（1962）的嘗試特別值得指出。他對該問題使用了替代彈性不變的生產函數，表明可能存在這樣一種情形：一種商品在這套要素價格上是資本相對密集的，但在其他價格上又是勞動相對密集的了。這種要素密集性同赫克歇爾—俄林理論是格格不入的。②對里昂惕夫的結論還可更貼近地加以研究，例如，通過擴大要素數目的辦法，把自然資源和人力熟練程度均包括在內[12]。③有可能忽視了里昂惕夫的結論是一個難題而不能完整地理解，但這不影響這一理論的正確性，可以繼續研究以揭示赫克歇爾—俄林的方法對各種問題的含義。

研究的主要問題之一是要素價格平均化。俄林已指出貿易會使要素價格局部平均化；薩繆爾森（1948b，1949）和勒納（1952）[13]則進而指出，在一定條件下，特別是在沒有交易成本時，會出現要素價格的完全**平均化**[14]；如果各種要素可以完全流動，也會出現同樣的結果。換句話說，商品交易是對要素運動的一種替代[15]。儘管最初是以兩個國家、兩種商品和兩種要素得出一種模式的，但結果可以普遍化，薩繆爾森（1953）把它擴大到多種商品和多種要素的場合；後來的研究（在50年代）填補了許多空白[16]。

同樣的結構還可用於研究貿易對收入分配的影響。這方面的主要作者是斯托爾波和薩繆爾森（1941）。他們的結論是貿易會降低「稀缺」生產要素的價格，換句話說，貿易保護會提高稀缺要素的實際工資。其理由是，貿易保護會提高可以進口物品的相對價格，從而提高更密集地使用這種要素的實際工資；當一國進口的物品在它們使用該國稀缺要素時是密集的時候，這意味著稀缺要素的實際工資被保護貿易抬高了[17]。雖然已有了要素價格平均化原理，斯托爾波和薩繆爾森理論仍激勵了為使其站得住所需要的各種確切假定條件的研究。它表明，結果取決於薩繆爾森和勒納所使用的2×2模式的特性，特別是存在不止兩種要素時就會出現各種問題[18]。

**對赫克歇爾—俄林—薩繆爾森模式的各種抉擇【356】**

同對赫克歇爾—俄林—薩繆爾森模式的廣泛而且相當完整的研究相比，對各種可供選擇的貿易觀點的研究比較零散。克拉維斯（1956）認為，貿易取決於物品的可獲得性：只要在國內得不到，便會進口。所謂在國內得不到，或

指國內不能生產（也許沒有主要原料），或指國內生產成本大大超出進口的成本。關稅、交易成本和卡特爾化意味著成本上的細微差異並不是進行貿易的充足理由。

對赫克歇爾—俄林—薩繆爾森理論的一種比較全面的抉擇是由林德（1961）提出來的。他承認相對的資源條件可以說明初級產品的貿易，但他否認以它說明製造品的貿易。然而林德本人並沒有對貿易的**構成**提出一種精確的解釋，他只解釋了貿易的**價值**。他的理由是，在需求的類型相似，而且人均收入具有相近水準的國家之間，貿易將是最大的。這個理由的核心論點是，對一個產業來說，其不斷增長的規模收益在它能在世界市場上競爭之前必須達到足夠水準，而這又要求有宏大的國內市場。在具有類似的需求構成的國家中可以看到最強盛的國外市場[19]。

儘管林德強調了遞增的規模收益，但遠不能同很久以後克魯格曼（1979）的做法相提並論。克魯格曼在遞增規模收益的假設條件下，對貿易提出了一個更加正式的研究。與把遞增規模收益引進貿易理論相關的問題之一，是必須研究不完全競爭，它是具有遞增規模收益的均衡的必然內涵。克魯格曼用一種壟斷競爭模式表明，在一種不完全富有彈性的國內市場中，貿易可以看作是開發規模經濟的手段[20]。

一種有所不同的方法是集中於考察技術的動態方面，把出口看作是連續不斷創新和發明的結果。連續不斷的發明將提高世界市場對某個國家產品的需求，這種效應一直會延續到新產品被移植國外，對該產品的需求低落時為止。這一思路為弗農（1966）[21]提出產品生命週期理論打下了基礎。弗農根據開發一種產品時生產技術和成本的變化來解釋國際的成本差異的存在。雖然這是一種更富於動態的理論，但是它同遞增規模收益論大體相同。

**貿易和福利**

由於經濟學家們長期關注得自貿易的收益以及干預貿易的利弊問題，所以貿易理論的發展總是同福利經濟學的發展密切相關的。可以區分兩種思潮：功利主義的和非功利主義的。【357】現代非功利主義思潮的主要鼓吹者一直是薩繆爾森，他的兩篇論文（1938b和1939a）包含了所獲得的主要成果。薩繆爾森所謂福利改善的標準是，在全部收入分配上，新局面均優於舊局面，新的效用可能性邊界完全處於舊邊界之外[22]。薩繆爾森指出：①自由貿易比全無貿

易要好，即「能以較少的單位生產服務得到較多的單位商品」[23]。無論如何，福利改善終究要取決於收入分配和貿易形式。只有在人人的口味都相同的場合，才能斷言貿易必定是有利的，因為只有在這種場合每人的處境才會因有貿易比無貿易而來得更好。②薩繆爾森還指出，假定與其他國家競爭，則對某國來說，應發展它可能擁有的壟斷權利，有利的並非自由貿易。同古典經濟學家一樣，這是利用關稅來達到更有利的貿易條款的一個理由[24]。

許多經濟學家採納了薩繆爾森的觀點，他的結論被更精確地加以表述，並且得出更一般的結論。例如肯普（1962）指出限制貿易比沒有貿易要好。從把世界作為一個整體而不是從一個單獨國家的觀點也得出了類似結論[25]。

另一個可供選擇的功利主義方法是由弗列明（1951）提出來的。他所關注的是在調節貿易的各種可供選擇的制度之間做出選擇，以便得出一種收支平衡的均衡；他假定就業水準變動不定，匯率和出口下降，得不到資本進口[26]。為處理這個問題，他採取了一種功利主義標準，因為他接受了馬歇爾的假定，即收入邊際效用對所有有關個人都是相同的。這些思想通過米德的《貿易和福利》（1955）而獲得廣泛注意，本書的若幹部分深受弗列明的影響。米德的主要貢獻是引進了一個「福利量」概念，用以商量個人收入不斷增長對社會可能有的意義；並以馬歇爾的消費者剩餘來衡量福利的變化。證明這種思路的正確性純屬實用主義，因為米德希望處理的問題比用薩繆爾森的方法所能分析的問題要廣泛得多[27]。關於「福利量」，米德指出，儘管可能不存在計量它的科學根據，但它卻反應了政治家們不得不繼續做的那種價值判斷[28]。

對米德做法的進一步維護，表現為對薩繆爾森的思路施加更多限制。假定所有商品皆可獲得的話，某種變化能夠反應某種潛在的改善，則這個標準是有吸引力的。但是，只有在收入能夠無代價地從一個人再分配給另一個人時，這些變化才反應出某種潛在的福利改善。【358】假定除了總額稅外，所有的稅都是有代價地歸屬於他們，而適當的總額稅又難以行得通，則典型的情形是有代價地實行收入從一人向另一人的轉變，這意味著即使某種變化滿足了薩繆爾森的標準，也不可能帶來福利的增加。

**關稅同盟和次優**

雖然米德關於貿易的福利方面的功利主義思路是重要的，但更重要的是他提出「次優」一語來描述弗列明所分析的一種情況，即由於某些限制的存在

而不可能達到的某種理想的或空想的狀況[29]。在發揮了次優理論以後，米德用它來分析國際經濟政策的各種問題。米德的著作連同奧茲加（1955）對關稅的分析一起以及有關公共財政的各種著作，為利普西和蘭開斯特的次優一般理論提供了出發點[30]。

次優理論在國際貿易的應用中，最重要的莫過於關稅同盟理論了。儘管關稅同盟（其成員國之間自由貿易，對外則實行共同的關稅壁壘）在100多年中一直是討論的課題（例如，1818—1924年共建立過16個關稅同盟），[31]但現代的關稅同盟研究卻始於瓦伊納的《關稅同盟問題》（1950）。瓦伊納的主要論證集中於區分**貿易創造**（trade creation）和**貿易轉向**（trade divertion）。關稅同盟包括兩個方面：內部自由貿易和外部關稅。同盟成員之間關稅壁壘的撤除會增加貿易，從其他成員國進口的貨物或是先前完全不生產，或是生產成本較高。但是外部關稅可能引起貿易轉向：可能從購買非同盟國貨物轉向購買同盟國內成本較高供應者的貨物。

貿易轉向和貿易創造概念並非新東西，儘管瓦伊納在《關稅同盟問題》中將它們用於關稅同盟問題研究。早在20世紀20年代和30年代，瓦伊納已用這些概念研究優惠（差別待遇）關稅的含義。而在他以前，這些概念已被他的老師陶西格所利用[32]。然而，這些觀點的起源是古典的，考慮到瓦伊納模式的古典性質，有些事就不足為怪了。瓦伊納的模式沒有需求曲線，而且產業是在不變成本條件下進行生產的。儘管他們不曾忽視關稅同盟（1834年德國的「關稅同盟」即是他們討論的課題），但古典經濟學家主要關注的是具有差別待遇的商業條例。【359】1703年的梅休因條例（將英國貿易從法國轉向葡萄牙）就是被長期和廣泛討論的一個例子。

瓦伊納對關稅同盟的古典式研究並非唯一的研究。可以說，關稅同盟的某些重要方面由於忽略需求和假定不變成本而受到抑制。例如，即使生產不變，關稅的變動也能促使消費者用已變得較廉價的貨物代替變得相對昂貴的貨物，這會影響福利。儘管對瓦伊納理論的這種修改常同米德（1956b）、格雷斯（1956）、利普西（1957，1960b）和約翰遜（1964）聯繫在一起，但更早一些的例子也是有的，如德・比爾斯（1941）和拜伊（1950）。對瓦伊納著作的另一反應是指出，它未曾就寧要關稅同盟而不要自由貿易提出任何正當理由：如果沒有對外的關稅，則不以貿易轉向為代價也能獲得貿易創造的好處。庫珀和馬謝爾（1965a和b）、約翰遜（1965a）為保護主義辯護，他們認為福利不僅

取決於私人物品消費，而且有賴於公共物品的消費。這些包含民族主義和工業化的要求，這兩者能通過保護主義而增長。同瓦伊納的論證一樣，這些論證也能追溯到19世紀。例如，李斯特（1841）即曾以德國尚處於初級經濟發展階段為「關稅同盟」辯護。

更近期的作者中值得（因其同微觀經濟學近期發展的聯繫）指出者有肯普和沃（1976）。他們把關稅同盟的形成看作是在博弈論範圍內出現的各種聯合體的例證，並得出結論：對任何數量的國家來說，皆可能組成這樣的關稅同盟，即同盟內外的任何人的處境不比成立同盟前差。這個結論的含義是，總會存在著這樣的刺激，組成越來越大的關稅同盟直到自由貿易遍及全球。他們把這一過程實際上從未發生的事實歸因於組成各種聯合體的代價和困難。不過，指出這一點是重要的：上述結論假定總額（無代價）轉帳能夠實行，從而能以它補償關稅同盟所帶來的損失。這種補償把一種潛在的改善轉變為一種實際的改善。如無可能得到無償轉帳，他們的結論就非常脆弱了。

## 27.2 匯率和收支平衡

**凱恩斯理論的運用**

把凱恩斯的總需求論應用於國際收支調整（payment adjustment）論，在《通論》問世後幾個月就開始了：佩什（1936）[33]；【360】稍後一些時候又出現了比較透澈的解說，如羅濱遜的《就業論》（1937）[34]。一般人都接受了這個看法：出口變動對貿易平衡的影響取決於佩什所謂的進口邊際傾向[35]，貿易平衡對收入的影響類似於投資的影響[36]。20世紀40年代人們得出了各種（靜態和動態）聯繫著貿易和貿易國收入的乘數[37]。儘管這種收支—調節機構大大超出了古典的需求—轉帳結構，但在著重於同價格調節相對應的數量上是共同的。

**米德的《國際收支》**

米德在《國際收支》（1951）[38]中將上述收入研究方法同更傳統的強調價格調節作用的方法綜合起來。此外，他還把這同國際收支政策聯繫在一起。他指出，假定政策目標是達到國內和國外平衡（即已知國內就業水準和國際收支）[39]，則價格和收入調節都是需要的。假如只有一種機制可以實行，這兩種

目標可能發生衝突[40]。米德認為，政策問題的答案在於用一種政策措施（匯率）實現外貿平衡，用另一措施（金融政策）實現國內平衡[41]。

米德的分析為更進一步的分析提供了一個範圍。他的方法是丁伯根（1952）同時發展得更一般的目標和手段理論的一種特殊場合。即使在國內和國外平衡的範圍內，米德的方法也能被一般化（如約翰遜，1958），用於處理開支轉換政策（如貶值）以及開支增減政策（加金融政策）。進一步一般化是亞歷山大（1952）的吸收方法（absorption approach），通過強調貿易變動的收入效應來修補米德的以政策維持國內平衡的假定[42]。例如，從國民收入的特性可以得出結論：貿易的盈虧一定等於國內總吸收量（消費和投資）同國內生產量的差額，貶值不可能改善貿易差額，除非國內吸收量降低，或國內生產量增加。由此可見，如果已經存在充分就業且國內生產不可能增加，則貶值並不能改善貿易平衡，除非伴以降低國內吸收能力的政策。

沿著米德制定的路線做出的另一個重要發展是芒德爾（1962）。他指出了政策對資本項目的影響，認為國內和國外平衡可以通過將貨幣政策和金融政策結合起來加以維持。利息率作為金融政策的第二個政策工具，【361】儘管利息率和金融政策都不是收支轉換政策，這些政策對資本項目和經常性項目也會有不同影響，能夠以資本項目盈餘彌補貿易虧空。

### 國際收支的有價證券方法

20世紀70年代初，許多經濟學家（約翰遜是其中最主要者）開始強調一種不同的國際收支方法，即所謂貨幣方法[43]。此方法的特點在於，它所注意的不是貨物和服務的流量，而是資產**存量**的流量，特別重要的是國際收支同貨幣供應量變化之間的聯繫。例如，一筆國際收支盈餘暗含著貨幣供應的一定量增加[44]，假定貨幣市場是均衡的，這又暗示著貨幣需求的一定量增加。因此，國際收支可以依據貨幣需求的變化來分析，開支的流向可被視為對這一存量變化的反應。

雖然在貨幣方法上所用的這些較早的模式異常簡單，多半集中於貨幣數量論，但這種方法可以被普遍化。普遍化的辦法之一即是考察範圍廣泛得多的資產，而不限於貨幣和簡單的證券。另一種辦法則是更加慎重地區分長短期效應。例如，在短期中，可以認為匯率主要依賴於資本市場，投機性資本流動（根據預期）占支配地位。但在長期中，更加重要的是貨物市場的均衡和購買

力平價。在這種類型的模式中，最有影響者也許是多恩布希的模式（1976）。他以這種模式解釋 1972 年後某些劇烈的匯率波動。在他的模式中，購買力平價是一個長期均衡條件。而在短期中，匯率的運動則依據有效的外匯市場來解釋，在這種市場上，投資者具有合理預期，能對價格一類動向迅速做出反應。

## 27.3  20 世紀 60 年代中期以前的發展經濟學

**發展經濟學的形成**

發展經濟學就其現代形式而言在 20 世紀 40 年代以前是不存在的。發展經濟學所關切的——按現在對該術語的理解——是這樣一些國家或地區，它們同其他國家或地區相比是**不發達**或**欠**發達的，而且人們一般認為，假如它們不想（比發達國家）永遠窮下去，它們**應能**通過某種方式得到發展。【362】20 世紀 40 年代以前的經濟學家們，除了少數例外，一般都不抱有這種看法，他們專注於物質進步而不是更複雜的發展問題[45]。態度的變化發生在 20 世紀 40 年代，原因是多方面的，有些是政治和意識形態方面的，有些則與經濟學本身無關[46]。經濟發展原本是殖民政府一直關注的課題；當「免於匱乏」作為一個官方目標包括在羅斯福 1941 年的報告中，作為美國的四大和平目標之一而提出時，經濟發展便被突出起來了[47]。對發展的關注在 40 年代中期進一步受到這一時期建立的若干國際組織的鼓勵，特別是糧農組織（1943）和國際復興和開發銀行（1941）的成立。1945 年聯合國成立時，不發達國家的發展已成為普遍認可的課題了。聯合國的成立強化了這一點，因為它為窮國發表自己的看法提供了一個講壇[48]。

經濟學家們所看到的國家和集中計劃化作用的增長是發展經濟學形成的一個重要方面。戰爭時期所有的同盟國政府在一定程度上都捲入了計劃化，英國計劃化達到了很高的程度[49]。儘管對計劃化眾說紛紜，但它仍被看作是重建和平的一個必要組成部分，因為單有價格機構還不能達此目標。這種對計劃化必要性的信念也擴及發展經濟學，相當多的經濟學家對當時英國面臨的發展問題十分關注[50]。20 世紀 40 年代後期則出現了馬歇爾計劃以及歐洲經濟的成功的重建。

在經濟方面有兩個因素特別重要：①在克拉克的《經濟發展的條件》（1938）中第一次得出了國民收入統計數字，表明窮國和富國之間存在差距。

從20世紀50年代初期開始，這些數字逐漸由各國政府和殖民政府所提供，並經由聯合國而形成的統計資料所代替。②凱恩斯宏觀經濟學的興起。其意義是多方面的，它增強了這種可能性，即可能需要各種類型的經濟學：就像先進國家在衰退期間需要一種特殊類型的經濟學一樣，也需要一種特別類型的經濟學來研究不發達國家[51]。哈羅德—多馬模型作為凱恩斯思想在增長問題上的應用，提供了一種可以在其內提出各種發展問題的新結構。此外，凱恩斯宏觀經濟學的興起提高了總量經濟學的普及性，這促進了下述觀點的出現：發展可以被等同於增加人均收入。[52]對宏觀經濟管理的強調，加之接受先前「非正統的」金融措施，適應了強調計劃化的需要，也迎合了這樣的信念：富國對窮國的援助在窮國發展中可以起到重要作用。

在發展經濟學形成之時，不發達問題變得同兩個特定問題聯繫在一起：勞動的不發達（特別在農業中）；遲到的工業化。【363】羅森斯坦—羅丹（1943）對東南歐問題的討論影響特別大。他的前提是：「大約25%的人口處於完全或部分（『隱蔽性』）失業狀態」[53]。救治辦法在於工業化：「它是實現世界不同地區之間更平等的收入分配的途徑，以高於富裕地區的速度來提高落後地區的收入。」[54]這個觀點支配發展經濟學達20年之久[55]，發展經濟學的問題被看作如何實現已開始的工業化，以避免一個或更多的「惡性循環」：「存在著……這樣一種占支配地位的惡性循環：低度生產——無剩餘供經濟發展之需——無工具和裝備——低標準生產。不發達國家之所以貧窮的原因即在於貧窮。」[56]惡性循環的觀點在20世紀50年代和60年代被人們普遍接受[57]，因為它同發展要求計劃化的觀念聯繫著，而且對於發展即要求發達國家的外援的規則也是一種支持，如讓他們自我發展，則貧窮狀態無望改變。

### 發展與增長

為什麼難以實現增長？最早傾向於以外部性加以解釋。羅森斯坦—羅丹（1943）推測說，「外部經濟（在不發達國家中）同企業盈虧帳目中的利潤可能處於同一量級的地位」[58]。工人培訓是特別重要的一個環節[59]。此外，存在著緣於下述事實的互補性，即一個產業的擴展所帶來的收入會反過來引起對其他產業的需求。羅森斯坦—羅丹舉例說，一個鞋廠所產生的收入對鞋的需求不會增加到足以包含該廠產量的很大比例的程度。相反，如果生產擴張遍及許多產業部門，其所產生的需求可能足以包含新增產量的很大部分。這些外部因素，

以及源於一種產業要求以其他產業的產出作為投入的進一步互補性（這是西托夫斯基提出的，1954），終於使人看到了其中的含義：工業化只有通過一次「大推動」才能起動，「一點一滴地進行，就其效果來說抵不上單個行動之總和。最低限度的一筆投資是取得成功的必要條件，儘管不是充分條件。簡略地說，這就是大推動理論的內容」[60]。為使將外部性入帳的各企業達到平衡，必須對這樣一次大推動做出規劃，這是私人投資者所忽略的。

納克斯（1952）以不同方式得出類似看法。他強調了需求的創造。【364】……他依據薩伊定律指出：單個產業的產出絕不可能創造它自己的需求，因為該產業的人只希望在他們自己產品上花掉他們的一部分收入。另外，如果全部產業都擴展，這可能創造足夠的需求以維持擴展。納克斯說：「平衡的概念為薩伊定律所固有。穆勒對它的說法是：『生產每有增加，都會支配、創造，或寧可說構成它自己的需求，如果全部產品依照私人利益的比例計算，無誤地進行分配的話。』簡略地說，這就是平衡增長的情形。單有鞋產量的增加還不能創造它自己的需求。所有消費品生產的增加——同消費者偏好類型相適應地增加——則會創造它自己的需求。」[61]

哈羅德—多馬模式是在發展問題上被運用得最廣泛的增長模式，從中得出的結論強化了這個觀點：為了開始增長，需要新增大筆投資[62]。按照哈羅德—多馬模式，國民投入增長率由平均儲蓄傾向同邊際資本—產出率（ICOR）的比例得出。這可以用下述簡單公式表示。

$$dy/y = (dk/y)(dy/dk) = (s/y)(dy/dk) = s/v$$

上式中，y 代表國民收入，k 代表資本存量，S 表示平均儲蓄傾向，V 表示 ICOR。為加速增長率，必須增加儲蓄，ICOR 則由技術狀態決定。這對不發達國家來說，其含義是悲觀的。假定 ICOR 是 4[63]，這意味著增長率每提高 1%，就需要有 4% 的國民收入被儲蓄（投資）。如果人口年增長率為 3%，則必須有 12% 的國民收入轉為投資才能保持人均收入不降低。人所共知，20 世紀 50 年代初期不發達國家的儲蓄率大多接近 5%，這自然是一種悲慘的結果[64]。

對這種發展觀（發展要求大量增加投資）的又一重要貢獻是羅斯托的「起飛」論，他對這一理論的廣為人知的解釋包含在《經濟增長的階段：非共產黨宣言》（1960）一書中。羅斯托認為經濟發展經歷五個階段：傳統社會；為起飛準備條件；起飛到自行增長；推向成熟；高消費（羅斯托在 1971 年發

表的《政治和成長階段》一書中又增加了第六個階段：「追求生活質量階段」——譯者註）。其中第三個階段即起飛階段尤其重要，它必須具備三個特點：生產性投資在國民收入中的比重應從大約5%上升到大約10%；一個或多個「主導部門」的形成；改革政治和社會結構使之能利用來自產業部門的刺激，使增長得以持續。羅斯托將這個理論用於分析一系列國家，其中有些已經起飛，有些則還沒有；在沒有起飛的國家中包括一些尚處於前兩個階段的國家。【365】羅斯托對歷史的這種看法遭到眾多的批評，尤以格申克龍（1962）的批評為甚。他否認能用單一結構解釋即使是已經實現了工業化的歐洲國家。不過，儘管如此，羅斯托的起飛和自行維持增長的概念已在經濟文獻中扎了根，以致有位評論者稱20世紀60年代是經濟研究歷史上的「羅斯托時期」[65]。

### 二元發展

20世紀50年代和60年代關於不發達國家討論的一個重要方面，是試圖對許多不發達國家中現代部門（通常是工業）與落後部門（通常是農業）並存的現象做出解釋。在這種二元經濟（dual economy）模式中最有影響者當數劉易斯的「具有無限勞動供給的經濟發展」（1954）。這種經濟的根本特點是在農業部門存在剩餘勞動和隱蔽性失業[66]。為了從農業部門吸引勞動者，工業部門廠家只需提供稍高於農業中低水準勞動者平均工資即可。通過現代部門的擴展實現增長，資本家將其利潤再投資，現代部門即可逐漸吸收農業部門的勞動者，該過程會一直持續到農業中的剩餘勞動者消失為止。儘管實現增長的這種機制不同於通常的增長模式，但在強調資本累積和要求高儲蓄方面是相同的，高利潤是高儲蓄的結果，從而也是資本累積和增長的結果[67]。

埃克浩斯（1955）和希金斯（1956）對二元經濟提出了一種不同的解釋。他們發現二元性的根源在於兩個部門之間技術的差距。現代部門通常都是資本很密集的，以勞動代替資本的餘地很有限。但在農業部門勞動和資本彼此很容易替代。在這些假設條件下，現代部門的就業則取決於資本量，多餘的勞動力流入農業部門。農業中過剩的勞動供給壓低了工資率，結果是採用勞動很密集的技術，壓低了人均產量，其後果即是二元經濟，這裡兩大部門之間人均產量的差距顯著。同劉易斯的模式一樣，資本累積是擴展現代部門的關鍵，也是提高人均總產量的關鍵。

**貿易和發展**

發展還能在國際貿易背景下加以考察[68]。正統的貿易理論有兩個方面特別重要：①比較優勢論。按此理論，各國應專門生產具有比較優勢的商品。對許多不發達國家來說，這也就是說，【366】它們應當專門生產初級產品，用以交換發達國家的工業品。②要素價格平均化理論。按此理論，如果競爭有效，國際貿易會使不發達國家的要素收入同發達國家相應的要素收入趨於相等。正統理論認為，不發達國家同發達國家一起，都能從參與世界貿易中獲益。這種觀點在20世紀40年代末受到了挑戰，特別是辛格（1950）和普雷比奇（1949）的挑戰。他們斷言保護主義可用於激勵發展[69]。

辛格的論證依據：沿著比較優勢路線固然可以導致專業化，但不發達國家出口部門的許多投資（儘管有較高的生產率）對該國的收益要比其他投資形式小。一個理由是：許多出口工業同發達國家經濟的聯繫要比同它們所處的不發達國家經濟的聯繫密切得多，因而許多收益自然流向前者；資源反而轉向那些為技術進步以及內部和外部經濟提供較少餘地的產業[70]。另一個理由是，對發達國家和不發達國家產品的需求彈性不同，因而貿易條款將繼續朝著有利於發達國家的方向發展，使不發達國家繼續貧窮。

普雷比奇提出了類似觀點，這就是他同聯合國拉丁美洲經濟委員會（ECLA）在20世紀50年代所發現的一種可供選擇的發展觀[71]。普雷比奇和ECLA認為，一方面，不發達國家面對的貿易條件在不斷惡化。他們把這同工業國勞動者的討價還價能力聯繫起來。因為勞動者擁有討價還價的能力，所以工業國勞動生產率的提高不會導致產品價格下降，這一直使不發達國家受惠，但卻抬高了工資率。另一方面，不發達國家生產率的提高卻會使產品價格下降。此外，因為工業國的技術進步比農業國快，而儲蓄能力又同技術進步速度有關，所以不發達國家的資本累積比發達國家少[72]。這只能加劇「圓心」和「圓周」之間的不平衡。前者指工業國，它們支配著世界貿易，獲取了大部分利益。對處於「圓周」國家來說，救治之道在於工業化著重於實現進口替代，而不是為出口而生產，即使這意味著要以高於進口的成本來生產商品也罷。只有這樣才能使「圓心」和「圓周」的不平衡消失。為此，他們建議實行保護主義和進口替代工業化政策[73]。這種發展道路對於走向拉丁美洲國家一體化也是重要的；【367】這種一體化不僅被看作是避開由於實行進口替代戰略而造成的某些問題的手段，而且也是增強拉丁美洲國家在同發達國家打交道時討價

還價能力的一種手段。

**不平衡發展理論**

赫希曼（1958）和米爾達爾（1957）促進了研究經濟發展的另一種思路。這一思路也強調了發展的基本不平衡性，儘管該方式同普雷比奇和 ECLA 有所不同[74]。赫希曼集中攻擊了如下觀念：發展必須經由平衡增長。他認為增長恰是經由一種「不平衡鏈條」實現的：一個產業的擴展為其他產業開闢了機會；當這些產業的投資對某些新機會做出反應時，這又為更多產業開闢了機會，如此等等。在這個過程中有兩種作用是重要的：「後向連鎖」（backward linkages），即一個產業的發展增加了對其他產業產品的需求；「前向連鎖」（farward linkages），即一個產業增加了對其他部門的供給，或降低了供給其他部門產品的成本。這種方法對實行計劃是重要的，因為它意味著計劃人員不必將資源分散到所有產業，而應集中到同其他產業的連鎖效果特別強烈的少數幾個產業上[75]。這種方法在理論上是有意義的，因為它強調了不均衡以及用價格和利潤刺激經濟變動的過程。

米爾達爾（1957）以一種不甚精確但仍有影響的方式將類似觀點應用於收入分配問題。他區分了兩種效應：「擴展效應」（spread effects），有助於地區之間更大的平等；「回波效應」（backwash effects），加劇了不平等。資本和勞動從一個地區流向另一個地區（比方說），就是一種「回波」效應。經濟迅猛發展的地方將吸引移民和資本投資，會使地區之間的不平等加劇。同樣地，貿易對建立各種發展中心提供了更多的機會。至於「擴展」效應，它包含著這樣的意思：在富於前景的地區生產的發展會對前景較差地區的產品提出需求[76]。膨脹會強化擴展效應，衰退會強化回波效應，在衰退期間窮國比富國會遭受更大的打擊。發展問題應從擴展效應相對較弱於回波效應的角度來觀察[77]。

# 27.4　20世紀60年代中期以來的發展經濟學

**對發展的態度的變化**

發展經濟學在 20 世紀 50 年代和 60 年代有了巨大而明顯的進展。儘管有些經濟學家站在主流之外[78]，但占支配地位的方法仍是強調通過工業化實現經

濟增長，經濟增長又受到提高資本累積率的政策和詳細擬訂的計劃的鼓勵。許多國家採納發展計劃通常是為了從國際代理人獲得財源，而制訂計劃又是貸款的先決條件。然而20世紀60年代著重點開始發生變化，發展經濟的上述辦法受到了來自各種不同觀點的批評，其結果就是在70年代這個課題的著重點有了實質性改變。

這種變化的主因也許是不發達國家的增長行動總的來說並非不成功，因為許多國家和地區取得了迅速增長，而且窮國和富國之間的差距也未擴大[79]。然而貧困問題尚無消失的跡象，增長有時伴隨日益加劇的不平等。此外，不論其細節如何，增長有時可能包含著不受歡迎的政治含義，這種情形已經很明顯了[80]。下述情形在20世紀60年代特別是在70年代石油價格上升以後變得更加突出了，即把所有不發達國家籠統地放在一起是不適當的，各國和各地區間的差別是巨大的[81]。辛格在1964年把60年代的前景同50年代的悲觀主義作比較時曾經寫道：「在60年代，現實世界的複雜性對任何先入為主的普遍樂觀主義或悲觀主義態度都是一種嘲笑。」[82]對以往工業化經驗的研究進一步加強了這一觀點，這種研究表明實現工業化的道路是多種多樣的[83]。

這種情況的一個結果是改變了對資本累積和制訂計劃的態度。經濟發展應較少依靠資本累積，而是靠動員現有的資源用於投資，更多著眼於開闢新資源，特別是人力資源。認為不發達國家以農業存在嚴重隱蔽性失業為特徵的看法受到了質疑[84]。與此同時，對制訂計劃的看法也變化了，許多經濟學家在20世紀60年代即以批判的眼光看待計劃[85]。制訂計劃被認為已經失敗。

近20年來發展經濟學的另一重要課題，是對收入分配和食品及其他「基本需要」供應的不斷強調。對貧困問題本身的這種關注是由於認識到，不管傳統的發展政策在促進增長方面是否成功，增長並不必然帶來所希望的後果[86]。國際勞工組織一直是這一看法的正式支持者，它在70年代提出了基本需求方法，使各種不同集團的人們的基本需求與滿足這些需求的範圍一致起來[87]。

**新古典理論**

20世紀60年代和70年代發展經濟學的一個重要特徵是新古典理論的復興[88]，這意味著理論的建立以假定經濟中存在相當的靈活性為基礎：人們對不斷變化的機會和價格是適應的，儘管有時比較慢；【369】廠商力求風險和時

間貼現的利潤最大化,除了制度調整在不同對象上造成的結果以外;改變生產方法以適應價格變動,以及市場良好運行[89]。新古典學說的復活所採取的方式是多種多樣的。

隨著計算「影子價格」新方法的發展,在制訂計劃時愈益強調價格的作用[90]。這些影子價格包括所有的資源,對許多發展中國家來說特別重要的是外匯。機會成本亦包括在內,不過是依據福利,而不單是依據市場貨物和服務來計算。與此相聯繫的是以新的方法估價國內政策對貿易和資源配置的影響。「有效保護利率」「國內資源成本」[91]一類概念反應了對某些擬訂中的工業化戰略的懷疑。例如,某些收入替代工業化建議不過是一種不合理的代價高昂的節省外匯的方法。與此相關,對不發達國家擴大出口的可能性恢復了樂觀主義看法。20 世紀 50 年代對出口的悲觀論調不再占支配地位了[92]。政府希望糾正某些國內的扭曲(distortion),對此,理論家們一直建議政府最好以補貼而不是以引入保護主義辦法來治本[93]。可見,著重點已從保護主義和進口替代轉向更多地參與貿易。

把具有剩餘勞動以及不知對市場機會做出反應的農民的自給性農業作為不發達國家的特點,這種看法已不存在[94]。特別重要的是舒爾茨(1964),他指出農民力求使風險貼現利潤最大化。另一種研究則堅定了這種觀點:農業的產出會對價格刺激做出正面反應[95]。這一研究雖不無挑剔之處,但它的確改變了對農業的態度。

這一進展的一個重要部分可以歸因於愈益增多地使用有效的數學方法去研究不確定條件下的選擇,這一發展來源於經濟學其他分支對這一方法的使用。可見,從不同形式的土地所有權對風險負擔的影響[96],到價格穩定方案的效益[97],對所有這些問題進行有效的分析是可能的。

### 從屬理論

一條很不相同的發展路線乃是所謂「從屬理論」的出現[98]。該理論的一位倡導者多斯·桑托斯(1970)對從屬作了這樣的解說:「從屬指這樣的情況:
【370】某些國家的經濟受到它所依附的其他國家的發展和擴展的制約……某些國家(支配國)能夠擴展經濟和自立,而別的國家(從屬國)只有作為前類國家擴展的一種反應才能得到發展。」[99]從屬理論研究作為帝國主義擴張對象的那些國家內部發展的規律。多斯·桑托斯把這同資本主義發達國家的情形作

了對照。他說：「理論上的這一步超出了試圖解釋不發達國家狀況的發展論，這種狀況是它們的落後性或者不能採納發達國家各種類型的有效特點（或『現代化』或『發展』本身）的結果。儘管資本主義發展論承認某種『外部的』從屬性的存在，但它不能按我們現在的理論去理解不發達，即看作是世界資本主義擴張過程的結果和組成部分——是同它必然有機地聯繫的一部分。」[100]

從屬理論似乎首創於拉丁美洲經濟委員會（ECLA），但應當將它同普雷比奇/ECLA 的「中心—圓周二分法論」（centre-periphery dichotomy）加以區分[101]。與從屬理論不同，「ECLA 經濟理論和批評不以社會過程分析為基礎，也不要求注意各國間的帝國主義關係，也不考慮各階級間不對稱的關係」[102]。從屬理論具有更多的社會性和政治性[103]。從這個新觀點來看，普雷比奇和 ECLA 所主張的政策，例如發達國家貿易和金融政策的自由主義，對從屬性經濟就沒有實際價值。它們唯一的作用即在於使「中心—圓周二分法論」變得更為可行，而在上述新觀點看來，它們應當被克服掉。

從屬理論站在馬克思主義傳統一邊，儘管同馬克思本人的觀點相比，它與列寧對資本主義看法的共同點更多些（這在很大程度上是由於霍布森）[104]。從屬理論同本章所研討的大多數發展經濟學也大異其趣，原因之一就在於對這一學說的核心概念（從屬）難以做出令人滿意的解說。更糟糕的是，用一位比較正統（新古典）的發展經濟學家利特爾（1982）的話來說，從屬理論「是以一種通常同一般慣例（即所謂有說服力的定義）沒有多少關係的方式來說明具有豐富內涵的概念」[105]。例如，馬克思給「剝削」下定義的方式是：無論何時，任何企業謀取利潤即是剝削。他在這樣做時，暗示利潤存在本身就是不公平的。這就在定義中隱含了價值判斷。現代從屬論文獻中的一個例證是「不等價交換」。它被定義為不發達國家的工資低於發達國家的工資，以這種工資差別的存在來說明「不等價交換」的存在。這種工資差別對不發達國家的損害的全部重要含義卻是從未得到證實的一種觀點：它是由「不等價交換」的定義偷運進來的。【371】利特爾的結論（許多正統的發展經濟學家也持這種觀點）是：「這樣搖唇鼓舌的結果，使嚴肅認真分析的可能性大為減少。」[106]但是，如果把這些術語的價值內涵都中性化了，那麼對傳統發展經濟學的挑戰還剩下什麼呢？回答顯然是非常少的。從屬理論的極其重要的一個方面是認為同發達國家相比，不發達國家的狀況惡化了，而且還是發達國家繁榮的一個

不可避免的方面。這兩點都難以得到證實。例如，作為對於某些不發達國家生活水準已有所提高的證據的回答，便是求助於某種無法證實也無法證偽的違反實際的斷言，說什麼如果沒有帝國主義的干涉，不發達國家生活水準應當更高些。至於發達國家對從屬國的依賴，情況對從屬理論甚至更不妙。同不發達國家的貿易對發達國家來說是微不足道的；的確，這倒是為什麼不發達國家的境況改善得如此之少的原因之一。如果從屬國被定義為缺乏領土自治權，或依據同某些國家進行貿易這一事實定義從屬，那麼，從屬就變成同義反覆了：與從屬國進行貿易的這些國家也可以被簡單地**定義**為從屬國了。[15]

## 註釋：

① 關於1940年前的作者，參看第17章第3節。應當指出，國際貿易論的幾何圖式是一般均衡圖式，運用了埃杰沃斯的盒式法及類似方法。【453】

② 米德（1952），第12頁。

③ 同上，第10-26頁。

④ 參照戈登（1965），第29頁。值得指出的是，除了文中提到的發展以外，還有莫薩克（1945），他在希克斯《價值與資本》的範圍內討論了貿易理論。

⑤ 參看第336頁。

⑥ 參看第206頁。

⑦ 薩繆爾森（1952，1954b）、巴格威梯（1964），第190-192頁。

⑧ 例如瓊斯（1970）。

⑨ 瓊斯（1983）。

⑩ 參照德·馬奇（1976），第114頁。

⑪ 例如瓊斯（1956）。

⑫ 巴格威梯（1964），第175頁以下；德·馬奇（1976），第119頁。

⑬ 這寫於20世紀30年代初期；德·馬奇（1976），第115頁。

⑭ 這是對赫克歇爾最初成果的部分恢復。但指出下述情形是重要的：他引出這結果的方式不同於赫克歇爾，因為他不願使用一般均衡論。參看俄林（1933），第2版附錄，第306頁。又見奇普曼（1966）和薩繆爾森（1971）。薩繆爾森在此指出，如有一種要素不能流動，則俄林所說只有部分要素價格平均化就是正確的。

⑮ 芒德爾（1957）。

⑯ 例如庫恩（1959）。
⑰ 巴格威梯（1959），第 271 頁。
⑱ 皮爾斯（1970），第 16 章。
⑲ 科登（1965），第 31-34 頁；巴格威梯（1964），第 181-184 頁。
⑳ 參看迪克西特和斯蒂格利茨（1977）。
㉑ 參看凱夫和瓊斯（1977），第 137-141 頁。
㉒ 參看第 306 頁。
㉓ 薩繆爾森（1939a），第 204 頁。
㉔ 薩繆爾森（1938b），第 265 頁。
㉕ 巴格威梯（1964），第 214-217 頁。
㉖ 這些假設條件表述了戰後時期許多國家所面臨的問題。
㉗ 米德（1955a）。
㉘ 同上。
㉙ 例如弗列明（1951）所列舉的防止空想答案出現的障礙，包括不能貶值、不能實行出口補貼等。
㉚ 參看第 306 頁。
㉛ 奧布賴恩（1976a），第 540 頁；又見馬克洛普（1977）。
㉜ 瓦伊納（1924b，1931）；陶西格（1892）。參看奧布賴恩（1976a），第 556-558 頁。以下內容多半選自該書。
㉝ 國際收支自然是早期乘數論的特點。參看第 194 頁。
㉞ 戈登認為羅濱遜的著作是米德（1951）以前國際收支方面的主要教材。
㉟ 佩什（1936），第 46 頁。這個概念本身並不是新的。
㊱ 例如羅賓遜（1937），即 214 頁。
㊲ 梅茨勒（1942）：馬克洛普（第 1943）。欲知其詳，參看普里布蘭（1983），第 537-538 頁；哈伯勒（1955），第 44-48 頁。
㊳ 參看科登（1965），第 10-15 頁；艾倫和凱南（1978），第 13 頁以下。
㊴ 米德（1951）第 104-105 頁。
㊵ 同上，第 114 頁以下。
㊶ 同上，第 157-162 頁。
㊷ 科登（1965），第 15-21 頁。
㊸ 弗蘭克爾和約翰遜（1976）、約翰遜（1977）；惠特曼（1975）。
㊹ 在長期內，要使國際收支不平衡不起作用是不可能的。

㊺ 參看第 210 頁關於早期的觀點。

㊻ 除了下面討論的各種因素以外，還有顯而易見的一個事實，即許多不發達國家在 20 世紀 50 年代和 60 年代已經成為獨立國家。

㊼ 阿恩特（1972），第 24 頁。

㊽ 亞洲和遠東經濟委員會與拉丁美洲經濟委員會都建立於 20 世紀 40 年代。【454】

㊾ 利特爾（1982），第 35 頁以下各頁。

㊿ 利特爾（1982），第 35 頁註所列表。

(51) 赫希曼（1981），第 3、6 頁。

(52) 阿恩特（1981），第 465 頁。

(53) 羅森斯坦—羅丹（1943），第 245 頁。

(54) 同上。還應提到另一位有影響的作者：曼德爾鮑姆（1945）。

(55) 參照布魯克菲爾德（1975），第 71 頁 註 13。

(56) 辛格（1949），第 5 頁。

(57) 米爾達爾（1968）。

(58) 羅森斯坦—羅丹（1943），第 250 頁。

(59) 同上，第 248 頁。

(60) 羅森斯坦—羅丹（1961），引文見邁耶（1970），第 396 頁。

(61) 諾克斯（1953），第 257-258 頁，所引穆勒的話，見《政治經濟學若干未決問題》（1844）。

(62) 第 25 章，第 1 節曾在不同背景下討論過這一點。

(63) 克拉克（1953）。

(64) 參照辛格（1952），特別是第 396-399 頁。

(65) 布魯克菲爾德（1975）。

(66) 劉易斯（1954），第 402-403 頁。剩餘勞動是指勞動邊際產品為零的情形。

(67) 增長利益分配上自然有巨大差異，勞動者沒有完全受益。參看劉易斯（1954），第 448-449 頁。

(68) 參看第 28 章，第 1 節。

(69) 利特爾（1982），第 70 頁以下各頁。

(70) 辛格（1950），第 165 頁。

(71) 參看卡多索（1977）、布魯克菲爾德（1975），第 139-142 頁。

⑫ 卡多索（1977），第 12-13 頁。

⑬ 同上，第 26 頁。關於正統經濟家對此所作反應，參看卡多索（1977），第 16-24 頁，或利特爾（1982），第 70 頁以下各頁。

⑭ 赫希曼的論證多採自西托夫斯基（1954），特別是第 300 頁以下各頁。

⑮ 赫希曼（1958），第 6 章。

⑯ 赫希曼描述這些現象的術語是「滴入效應」和「兩極分化效應」。

⑰ 赫希曼和米爾達爾的觀點對發展的地理學方面有重要貢獻。關於這一問題在地理學家中的討論，見布魯克菲爾德（1975），第 4 章。

⑱ 例如弗里德曼（1958），鮑爾（1984）。

⑲ 欲知其詳，參看森（1983），布魯克菲爾德（1975），利特爾（1982）。

⑳ 赫希曼（1981），第 20 頁。

㉑ 利文斯頓（1981a），第 8-9 頁。他還增加了一條理由：為數日漸增多的發展經濟學家來自不發達國家。

㉒ 辛格（1964a），第 17 頁。

㉓ 格申克龍（1962）。參看赫希曼（1981），第 11 頁。

㉔ 利特爾（1982），第 149 頁。

㉕ 同上，第 125 頁以下。

㉖ 森（1983）有力地提出，傳統發展經濟學是管用的，但是並沒有產生減少饑餓的預期效果。

㉗ 里默（1981）指出這是恢復先前的觀點。

㉘ 利特爾（1982）第 123 頁關於新古典經濟學的復甦。這裡是指方法，而不是指特定的理論。

㉙ 這個定義引自利特爾（1982），第 25 頁。這裡還把這個定義同把世界看作是一種不可更改的「結構主義者」的觀點進行了對照（第 20 頁）。

㉚ 同上，第 126-129 頁。

㉛ 同上，第 128 頁以及第 136 頁以下。

㉜ 同上，第 138-139 頁。

㉝ 同上，第 40 頁。

㉞ 同上，第 149 頁。

㉟ 同上，第 160-161 頁。

㊱ 斯蒂格利茨（1974）。

㊲ 紐伯里和斯蒂格利茨（1981）。

⑱ 例如巴蘭（1957）、弗蘭克（1968）、伊曼紐爾（1974）、阿敏（1976）。

【455】

⑲ 多斯·桑托斯（1970），第 143 頁。

⑳ 同上。

㉑ 參看第 366 頁。

㉒ 卡多索和法爾托（1979），引文見利特爾（1982），第 409 頁註①。

㉓ 卡多索（1977），第 35 頁。

㉔ 對馬克思和列寧的帝國主義論的討論，見布魯爾（1981）。這裡討論了註⑲列舉的部分經濟學家。

㉕ 利特爾（1982），第 220 頁。

㉖ 同上，第 221 頁。

㉗ 里默（1984），第 228-229 頁；利特爾（1982），第 218 頁以下各頁。

# 28 各種非主流經濟學

## 28.1 引言【372】

戰後許多經濟學家指出，主流經濟學基本上失效了，需要以某種學說取而代之。從這種觀點來看，貨幣主義和凱恩斯主義之間的爭論屬於共同構架內的理論爭論，而不是對基本前提的爭論。庫恩關於範式變化的概念或關於科學革命的說法，一直被用來強調所需要的那種變化，還被用來鄭重其事地得出一種觀點，即我們現在所接受的大部分理論應予拋棄。此外，這種異議特別自20世紀60年代以來已變得具體化了，各種學術團體和學術刊物的創辦為經濟學家們在發出挑戰的範式中耕耘提供了園地。舉其要者：《經濟問題雜誌》致力於制度研究，《後凱恩斯主義經濟學雜誌》和《劍橋經濟學雜誌》代表了後凱恩斯定義經濟學，《激進政治經濟學評論》也是這樣。

考察這些非主流學說的意義在於：①它們對主流經濟學的基本前提或「硬核」提出了疑問。②有助於說明這些非主流與主流經濟學之間的分歧。例如，這些非主流的倡導者是僅僅改變了一點前提，還是遵循著一種完全不同的方法論？這些方法同庫恩的範式類似嗎？

這裡不擬詳細討論這些非主流學說，而是集中解說其中少數幾個，以著重表明它們如何衝擊了正統經濟學，以及正統經濟學對此挑戰作何反應。被認為是最重要的五種非主流學說，在其倡導者看來，對主流派提出了內容更廣泛的，基本上不同的方法。它們是制度主義、「奧地利」經濟學、後凱恩斯主義經濟學、馬克思主義和激進經濟學。還要考察一下芝加哥學派，該學派雖不是上述含義的非主流方法，但它與眾不同，十分重要，值得單獨加以研究。討論芝加哥學派提出的某些問題，同理解其他非主流學說也有關。

## 28.2 制度主義【373】

**艾爾斯**

克拉倫斯·艾爾斯的著作是凡勃侖的制度主義同戰後經濟學的制度主義之間的重要環節，儘管艾爾斯的第一部經濟學專著是《經濟發展理論》（1944），值得注意的是，1916年他即在芝加哥開始攻讀研究生，他的許多觀點以及對正統經濟學的批判在20世紀20年代和30年代就已經萌發了[①]。特別是，艾爾斯著作的某些最重要論題在1935年發表的兩篇文章中已露端倪[②]。

艾爾斯對正統新古典經濟學的批判基於三方面理由。

第一，他批判了均衡觀念，因為正統派要求它們包含比因果關係更多的東西。他說：「經濟學（即指新古典經濟學）的規律是一種顯而易見的神學觀念的『自然規律』，而這正是100多年來物理學家們努力奮鬥、設法逃脫的束西。即使它們完全有效，也是在各種力量的『自然』和諧或均衡（例如供求平衡）中起作用。」[③]他進而指出：「對現代科學稍加瞭解即可看出它（即自然秩序）是完全沒有根據的。我們所探索的親和力是文化的。」[④]他堅持以此為根據批判正統理論，儘管奈特回答說，均衡概念不過是一種機械的類比[⑤]。

第二，艾爾斯批判正統經濟學過分看重資本[⑥]。他指出，古典經濟學把某種創造潛力賦予資本，把它想像為獲取利息的基金是錯誤的。「基金，無論是作為利息還是作為資本，顯然什麼也創造不了。投資使無變有。『剩餘』必定具有某種客觀存在，資本家通過制度策略獲得（或保留）對其利息的控制。這種實際的剩餘是一種過剩的物質資料」[⑦]。針對有人認為制度主義者在批判正統經濟學時完全忽視了資本這一點，艾爾斯說，西方文化的技術效率應在「物質文化本身」中去尋求解釋[⑧]。資本主義制度是一種隨意的而不是創造性的制度。艾爾斯把技術演進看作是社會進化的動態力量。他看到了技術和制度之間的分歧，因為「技術的發展有其固有的特徵，而制度則不然」[⑨]。這種技術至上的論題貫穿於艾爾斯著作中，他鮮明地區分了技術行為和禮儀（ceremonial）行為，認為前者是基本的。

第三，技術對艾爾斯是重要的，還在於它提供了一種絕對的價值標準。【374】他指出，個人態度不能作為判斷經濟行為價值的基礎，因為它要受到個人生活於其中的社會的風俗習慣的影響。欲避開依據個人偏好從而依據風俗習慣的判斷的相對性，唯一的辦法就是尋求「某些其他的，不同於道德的，

因而也不同於文明的整個制度方面的判斷基礎，這就是技術。在這種意義上，我是一個唯物主義者。在我看來，技術過程的確提供了一種判斷基礎，這種判斷基礎在下述意義上是絕對的：它既不依存於任何道德的靈性，也不依存於任何道德傳統」[10]。可見艾爾斯提出的是一種工具價值理論：對一個共同體的謀生活動的任何貢獻都是有價值的，妨礙它的任何舉措都是有害的。「任何經濟判斷的標準都是『保持機器運轉』」[11]。

此外，艾爾斯否認「手段」和「目的」是截然分開的現象，他認為，每一項目的都是獲得某種其他東西的手段[12]。於是他拒絕運用個人社會福利函數的正統方法；他不僅否認需求是既定的，而且不認為消費是經濟活動的目的。

艾爾斯指責古典經濟理論在價格中發現經濟的意義。他認為「經濟學必定是一門價值的科學。如果經濟是無意義的，則經濟學科學便不會存在。如果它有意義，則經濟學的問題便會引申出這種意義」[13]。他指出價格理論是一種失誤，不僅由於它製造了價值能被精確衡量的幻覺，而且「當我們說對物品和服務『給定值』時，用的是另一種和較少數量的價值尺度，這種價格我們可以毫不含糊地說是『反社會的』」[14]。有可能提出關於價值的其他思路，而以拋掉正統的價格理論（從手段和目的之對立中引出價值）為條件。他說：「不得不排斥和拒絕迄今一切經濟觀點——當它假定『需求』和『基本的』需要並以『自然』來解說『稀缺』時，一切都在排除之列——我們今天對社會變化所知道的一切，包括實際塑造了產業革命的各種因素，所有這些已為吸收進現代經濟學做好了準備。唯一要防止的障礙是價格理論。」[15]

### 加爾布雷思

戰後制度主義學派最著名的代表無疑是 J. K. 加爾布雷思，其最主要著作也許是《美國資本主義》（1952）和《新工業國》（1967）。加爾布雷思認為一國的經濟不是受競爭而是受壟斷的支配。不過，他認為即使是壟斷者也不得不受他所謂的「抗衡力量」的約束[16]。加爾布雷思認為抗衡力量發揮作用的過程比正統理論的雙邊壟斷更稱得上是一種動態過程，因為抗衡力量是在對壟斷增長做出反應中形成的。【375】例如，工會的出現是為了限制大雇主權力，零售連鎖商業（retaling chains）是在對製造業的壟斷做出反應中發展起來的[17]。

在加爾布雷思對經濟運行的看法中，技術施加的強制是極為重要的。他指

出，隨著技術發展，投資規模日益增大，這意味著廠商不能再接受市場不確定性所帶來的各種風險。由於投資規模大，風險也大。在加爾布雷思看來，各種公司不得不制訂計劃並試圖對它們運作的環境加以控制。政府合同（在市場之外協商）的重要性提高了。廠商日益捲入政治活動。此外，為了保證新產品銷售的成功，操縱消費者口味與愛好成為必要的事情。在他看來，為了大公司的利益而操縱消費者以及做廣告已經不是資本主義的偶然特徵（accidental feature）了。

操縱消費者和大公司經濟有一定積極意義，否則就要冒過度投資的風險。儘管如此，加爾布雷思像凡勃侖一樣對它仍持批評態度。經濟活動方式被扭曲到各種不合需要的方向上。特別重要的是以犧牲公共開支為代價而鼓勵私人消費（「私人豐裕，公家貧窮」）。在對大公司的批評方面，在對廣大民眾的吸引力方面，加爾布雷思是現代唯一可與凡勃侖並駕齊驅的經濟學家，他的《豐裕社會》（1958）就其影響來說可與凡勃侖的《有閒階級經濟理論》媲美。

### 米爾達爾

米爾達爾的制度經濟觀點同艾爾斯和加爾布雷思的觀點有很大區別[18]。米爾達爾的早期著作[19]與制度主義大異其趣，在20世紀30年代對康門斯思想的第一篇解說中，米爾達爾不但未轉向制度主義，反而認為制度經濟學的興起是一種危險。他更為同情的是費希爾、弗里希以及計量經濟學協會的奠基者[20]。隨著對美國種族關係的研究〔這構成其《美國的困境》（1944年）的基礎〕，他對制度主義的態度發生了轉變。他發現自己由於需要採納一種更廣泛得多的方法而遠離傳統經濟學。強調各種因素而不是純經濟因素，強調需要將社會看作一個整體，一直貫穿在他戰後時期關於發展中國家問題的著作中[21]。

從米爾達爾為其《亞洲的夢想》（1968，對東南亞的研究）所寫序言中即可看出他的制度主義特點。「西方富裕國家今日的條件（廣義地說，社會模式）是允許經濟發展的；它也會逐步做出調整以減少前進途中的障礙。這就是為什麼抽象掉這些社會模式的『經濟』分析能夠得出確實而有用的結果的原因。但是，這個判斷不能完全適用於東南亞的條件。【376】不僅因為社會和制度結構不同於西方國家，更重要的是，東南亞發展所面臨的問題要求改變社會和制度結構。因為這些結構妨礙經濟發展，而它們又不會自發地改變，或者在任何較大範圍內對制約『經濟』領域的政策做出反應」[22]。米爾達爾認為，

人們即使在經濟選擇中也要「受他們的總智力」和「他們生活於其中的共同體」的制約，受到「各種方式的驅使」[23]。因此，他既拒絕「經濟人」也拒絕「科學人」的概念，因為「所有知識與所有無知都會是一種機會主義的東西」[24]。他認為，通過不斷對照經驗事實來檢驗理論，從而盡可能地減少這種偏見固然是重要的，但是完全的客觀性是不可能的；「在各種方法的選擇、問題的選擇、概念的定義以及資料搜集中都會摻進各種評價」[25]。

如果客觀性不可能通過公正無私的科學家得到，怎麼才能得到呢？米爾達爾的回答是，經濟學應當以「明確而具體的價值前提」為基礎[26]。正如他在大約40年前發表的《經濟理論發展中的政治因素》（1929）中所說的，「我們在理論分析中能夠得出客觀性的唯一辦法是將各種估價弄得十分明白，使之簡明，並以它來決定所運用的各種觀點、方法和概念」[27]。由此可見，米爾達爾在《亞洲的夢想》中最為關注的（在論述了研究範圍之後）是**詳細**討論所選擇的價值前提，他稱之為「現代化思想」[28]。

儘管米爾達爾的研究同本章及第18章所討論的制度主義很不相同，但還是有某些重要的共同之處。①米爾達爾對於影響經濟學家思考他們所面臨的各種問題的方式的社會因素賦予了很大意義。②他否認從經濟分析中搬掉價值判斷的可能性。③他認為經濟研究應比傳統經濟學關注更多的東西（至少在東南亞應當如此）。

### 制度主義

20世紀20年代末到30年代初，美國制度主義的影響達到了頂點，主張數學和理論經濟學者則處於守勢[29]。但是30年代後制度主義的影響迅速衰落了[30]。艾爾斯在《經濟發展理論》（1944）中描述了正統經濟學對制度主義在專業經濟學家中取得的完全勝利。【377】他指出，制度主義的功勞不過是「引起了人們對不應完全忽視的事物的注意，儘管這些事物由於不能以價格衡量而處於經濟分析範圍之外」[31]。薩繆爾森在1976年指出，40年前「制度主義作為經濟學中一種有效的抗衡力量衰落下去了」[32]。

然而制度主義仍然存在。演進經濟學協會及其《經濟問題雜誌》即是明證。其中有兩個觀點被確認下來。第一種是凡勃侖和艾爾斯強調的：技術的基本意義以及區分技術和禮儀制度。第二種更多地歸於康門斯，因為他對凡勃侖和艾爾斯區分技術和制度賦予較小的意義（如果有意義的話）[33]。於是在現代

制度主義內部就出現了各式各樣的變種。

**新制度經濟學**

與以上討論的制度主義迥然不同的是所謂「新制度經濟學」。新制度經濟學並不拒絕邊際主義，這不同於發源於凡勃侖的制度主義。新制度經濟學致力於擴大正統微觀經濟學的範圍，把經濟分析中先前忽視的各種特徵考慮在內[34]。更多的制度的詳情細節被引進理論模式，使後者不那麼抽象了。組織結構被看作影響動機與行動的因素，並被看作經濟分析的對象。在這種分析中，交易成本起著重要作用，因為它們能夠說明交易為什麼以這種方式而不以別的方式進行。科斯（1937）的廠商理論是這類理論的先例。近些年來這種方式得到了更廣泛的應用。例如，諾思（1981，1984）一直試圖根據政治和經濟組織的成本來解釋經濟史。

同凡勃侖理論一樣，新制度經濟學研究制度的變化，但是它關於構成制度基礎的各種力量的概念更接近於「奧地利人」，而不是更接近於凡勃侖。制度變化被認為多半來自市場力量，因為變化的方向要以交易成本為準。個人被認為追求其個人利益，競爭保證最有效制度得以存在。不過，康門斯著作的凝聚力更大。同康門斯一樣，新制度經濟學的擁護者們集中注意於交易[35]，而各種制度被看作是制約行為的法規和規則[36]。

## 28.3 「奧地利」經濟學

**現代「奧地利」經濟學**

奧地利學派來源於門格爾及其追隨者。門格爾的思想在很大程度上被同化於經濟理論的主流。【378】在這個過程中，門格爾的思想同瓦爾拉斯和杰文斯的思想結合在一起，如維克塞爾和熊彼特所做的那樣。結果，奧地利理論被認為在基本理論上與瓦爾拉斯的理論大體相同，差別只在於著重點和角度方面。米塞斯說：「經過若干年，奧地利學派的全部基本觀點多半被接受為經濟理論的一個有機組成部分。大約在門格爾去世時（1921），奧地利學派和其他經濟學之間的區別已不再存在了。『奧地利學派』成了經濟思想史中重要一章的名稱。」[37]然而，若干年間，經濟理論主流的發展道路與門格爾所期望的大相徑庭。後幾代的奧地利經濟學家（最著名的有米塞斯和哈耶克，他們的後繼

者中主要的有羅思巴德、柯茲納和拉赫曼）聲稱，奧地利和瓦爾拉斯的經濟學結合之時（例如，正如維克塞爾和熊彼特著作所做那樣），也就是門格爾的某些重要觀點消失之日。因此，現在所謂「奧地利」經濟學已不單純是從門格爾那裡發展來的經濟學了：從門格爾發起經由米塞斯和哈耶克所形成的傳統，同經由龐巴維克和熊彼特形成的傳統相對照[38]。

「奧地利」經濟學（與主流經濟學所共有）的首要特徵是個人主義，即把經濟活動看作是個人有目的活動的結果。這些人被設想活動於一個不斷變化的、前途未卜且信息有限的環境中。這對我們考察個人的方式有重要意義。在瓦爾拉斯理論中，對個人來說，最重要的是他或她的感受。例如，帕累托說：「個人如將其感受圖（即無差異曲線）留給我們，則這個人可以不出現。」[39]相反，「奧地利」理論則基於對個人性格的更豐富的觀察。個人對他們的感受的知識，對眼前事物的看法，對未來事件的預期以及對新機會的注意，都是相當重要的[40]。

然而，僅觀察個人行為是不夠的，因為人類行為的後果絕非當事人所能預料的。於是「奧地利人」注意到社會制度的演進，把它看作是對個人追求其目的的行為的反應[41]。貨幣和市場被視為最重要的制度。

「奧地利」經濟學始終注意時間。時間的意義不僅因為各種制度隨著時間而發展，而且因為對未來瞭解的不完全性以及獲取信息需付代價，這意味著經濟實際上不可能處於均衡中，而是不斷地趨向均衡。這就導致比一般均衡理論更強調企業經營的作用，強調發現有利可圖的新機會的過程[42]。因此，「奧地利」經濟學是對變化的解釋。【379】競爭的結果是一種動態過程，在該過程中，有利可圖的資源逐漸被消耗掉。它不是正統理論的完全競爭，因為當事人不能影響他們面臨的價格，而且利潤是零。

在奧地利經濟學內有這樣一種趨勢，即強調在適合於經濟研究的方法和自然科學的方法之間有一道鴻溝。柯茲納指出「奧地利人」對「試圖把某些可測定的程序應用於經濟學深表懷疑」，對「經濟原理的經驗性『證明』也持懷疑態度」[43]。理由有二：①按照米塞斯的「人類行為學」，[44]各種理論應從人類行為的邏輯中得出。例如，羅思巴德寫道：「除了這些結論不可能以經驗的或統計的方法『驗證』之外，也不需要驗證它們，因為它們的真理性已經得到確認。」[45]②與自然科學完全不能相容。按「奧地利人」的方法論，認識的不確定性和局限性為經濟學中的預期提出了種種問題。一方面，有各種理由可以說

明為什麼不可能最終地驗證經濟理論：有許多觀察不到的變量以及經濟理論的某些方面不可能驗證。另一方面，可以說人的選擇行為是自發的，富於想像力的，基本無法預測。柯茲納說：「不確定性和不可預測性是人類偏好、人類預期和人類知識所固有的。」[46]

### 哈耶克

對不確定性和知識的重要性的強調，多半要歸因於哈耶克的論文《經濟學和知識》（1937）[47]。他在文中一開始就說：「經濟學中正式的均衡分析基本上是由重複（tautology）構成的。從這些重複中能夠得出若干命題，告訴我們現實世界中有關的因果關係；但這只存在我們能以有關如何獲取和傳播知識的明確陳述充實這些命題的情況下才能做到。簡而言之，我堅持認為，**經濟理論中的經驗性成分是由關於獲取知識的命題構成的**。這種經驗性成分是經濟理論中唯一的不僅涉及內涵而且涉及因果從而能夠予以證實（無論如何在原則上如此）的部分。」[48]簡單地說，哈耶克的觀點是，均衡表示一種狀態，在這種狀態中，根據定義，所有當事者的計劃是彼此同步的，他們的預期是正確的。哈耶克說：「均衡概念不過表示社會各種成員的遠見在特定意義上是正確的，就是說，每個人的計劃都是關於對別人如何打算的預期，【380】都是基於同一種外部事實，所以在一定條件下誰也沒有理由改變他的計劃。」[49]在哈耶克看來，各種均衡關係不能從客觀事實中引申出來，因為人們的行為受制於他們的知識[50]。如果說均衡是一種以經驗為基礎的概念，那它還有什麼用處呢？哈耶克說，能為其用途辯解的唯一理由，「是應當有朝向均衡的趨勢。正因為斷定存在這種趨勢，經濟學才不再是純邏輯的游戲，而成為一種經驗科學」[51]。人們可能以為這是應當用傳統經濟學（例如瓦爾拉斯的「市場上短暫的供求平衡」）[52]回答的一個問題。但是哈耶克說，因為這些理論假定存在完全的市場，所以也就是以他們企圖證明的東西作為假定，從而對改變個人知識以使其行為同均衡相吻合的過程什麼也未說[53]。通常構成關於現實世界各種命題的經驗內容者，倒是「關於人們從經驗中學習以及他們如何獲取知識」的「令人反感和不完善的」假定[54]。

上述觀點多半仍保留在哈耶克後來的著作中。其他「奧地利人」的觀點也可回溯到這篇文章。在一個不確定的世界上，個人行為的中心地位是至高無上的，儘管經濟活動要在一種動態環境中加以觀察，在該環境中，還要繼續獲

取和利用新信息，不過，應當注意，儘管和米塞斯一樣把均衡看作是變化方向的表徵，但哈耶克所依據的方法論卻同米塞斯的人類行為學大不一樣。哈耶克始終關注的是經驗內容（在可以證偽的命題的意義上），這種關注在他戰後的著述中日益強烈[55]。正是出於對經驗內容的關注，促使他依據上面概述的理由而強調知識的獲取。在構建經濟理論時，儘管我們可以選擇這樣的假定，即我們的「完全市場」理論或選擇的邏輯是「先驗的真理」，但是這種做法並沒有向我們提供出「足以證明現實世界情形與我們所假定的情形相類似的理由」[56]。

### 沙克爾

另一位十分強調不確定性的作用，強調個人決策自發性的經濟學家是 G. L. S. 沙克爾。在強調人類事務中的不確定性以及無知的作用方面，沙克爾與凱恩斯和哈耶克是共同的。沙克爾全部著作的基本觀點，即是對真正不確定性的普遍性的強調。他指出，依靠概率來分析不確定性是不合適的，因為不確定性的突出特點（與風險相反）是我們沒有可以據以計算概率的信息[57]。概率從而預期效用最大化一類的決策法則，【381】只有在相同的「經驗」反覆出現並為計算概率提供出有關頻率的場合才是合用的。一旦出現了前所未有的嶄新事物，便不存在可以計算預期概率的根據了，即便是主觀的依據也罷。

沙克爾主張依據可能性和潛在意外性這兩個新概念重新表述不確定性。縱然我們不可能對某事物得出概率（因為類似事物從未發生過），但我們可以說它是否可能發生，以及果真發生時我們該怎樣感到驚奇[58]。

不過，在主張以一種可供選擇的表述來代替正統的概率論的同時，沙克爾並沒有輕率地以一種基於不確定性不同表述的最大化模式來代替預期效用最大化。這是因為他（以一種無人做過的方式）強調了人類活動的創造性和自發性[59]。常規的經濟理論以合理行為的假定為基礎，但是，在沙克爾看來，「對指導行動來說，理由（reason）是不充分的……經濟選擇並不在於將充分說明對手的一覽表（假定完全瞭解情況）中的項目同肯定可以得到的結果加以比較。它存在於第一創造力中，通過推測和有根據的想像來達到，而這種推測和想像的基礎不過是由可以觀察的或有據可查的環境條件所提供的命題，這才是希望所在。這些命題（為選擇而做出的）是一些想法，甚至是虛構……如果我們要求理由本身足以指導行動，我們所要求的就不是可以發現新奇事物的理由，而是可以發現**所有的**新奇事物從而可以**窮盡**新奇事物的理由」[60]。於是沙

克爾批評了他稱為「合理的思想」的東西，即根據合理行動來解釋經濟現象，因為他認為合理行動範圍必然受到諸多限制。

沙克爾像哈耶克和現代「奧地利人」一樣，把時間看作是經濟學的中心，認為正統理論一直沒有看到時間的某些重要方面。時間不可逆轉，未來事物具有不確定性，不僅因為人類行動是創造性的，而且因為它不是完全都可依靠過去的事物予以解釋的。因此，必須以一種動態過程來解釋經濟現象，在這種動態過程中，過去不可挽回，未來不可預測。他將這個過程比喻為「萬花筒」（kaleidics）。以投資決策所依據的預測為例。他說：「預測是**千變萬化的**。像萬花筒中各種相關圖案一樣，只需對預測者心目中的工具和證據稍加震動和扭曲，預測即可發生巨大而急遽的變化。『時間的延伸』是一種虛構，它是由存在於**現實的今日的**證據所引出的回憶或別的什麼想像。但是，對所謂『耐久的』工具或工廠所做的估價卻只能以對未來的延伸的想像為基礎。預期價值是在有據可查的可見證據基礎上，對停止在某一點的預測。當車輪向前滾動時，稍有不慎便可能使其受到損壞。投資估價的萬花筒的後果可能是可怕和深遠的。」[61]沙克爾爭辯說，凱恩斯關注的正是這個過程[62]。【382】

## 28.4 後凱恩斯主義經濟學

### 對《通論》的詮釋

《通論》問世後，希克斯、漢森和薩繆爾森等人依據一般均衡論提供的框架對凱恩斯思想進行了詮釋和發展[63]。不過，也出現了對這種傳統做法的批評[64]。批評者們是能從凱恩斯著作中找到根據的。①《通論》中就有這樣一些段落，表明凱恩斯對「古典經濟學」的若干命題進行了明確攻擊[65]。②更重要的是其中還有一些段落，表明凱恩斯很看重不確定性對未來事物進程的意義。

例如《通論》第12章討論資本邊際效率的決定時，凱恩斯注意到「我們估計未來產量時所必須依據的知識基礎的極端不確定性」[66]。因而他並不認為投資計劃之邊際效率是穩定的。更重要的是，不確定性的存在對凱恩斯貨幣理論是根本的。對未來利率行情的不同看法（其前提是不確定性）為凱恩斯所謂持有貨幣的投機動機奠定了基礎。正是對貨幣的投機性需求促使凱恩斯拒絕了「貨幣需求整個來說與收入成比例，或與收入具有某種確定的關係」的說法[67]。同收入有關的只是**一部分**公眾持有的現金。這樣，凱恩斯引進貨幣需求

函數的就不僅僅是利息率了：①他所說的投機性需求意味著他的貨幣需求函數不是同類的（收入變化與貨幣需求變化不成比例）[68]。②貨幣需求隨預期而變化，而影響貨幣量和預期的貨幣政策則經由貨幣的供給和需求影響利率[69]。此外，不確定性對凱恩斯關於貨幣是一種具有特殊性質的資產，而不僅僅是許多資產中普通一員的論斷也是重要的[70]。

在《經濟學季刊》（1937）回答批判意見的一篇文章中，凱恩斯在說明《通論》主題時強調指出，不確定性是他的理論有別於古典經濟學的一個因素[71]。他指出，古典經濟學只承認風險的可能性，並未承認真正的不確定性，但實際上，概率是不能計算的，因為「除了我們行動的最直接後果外，我們只能有一個模棱兩可的觀念」[72]。他得出結論：「古典經濟理論是這樣一種漂亮而優雅的理論，它試圖研究現在，卻不顧我們對未來知之甚少這一事實。這正是我對該理論有所責備之處。」[73]

正是依據這兩個論題，即建立在最大化行為基礎上的供求論的不適當，以及未來不確定性的重要性，其倡導者們才把他們的著作稱為「後凱恩斯主義」，後凱恩斯主義經濟學被稱為後凱恩斯主義，不僅表明編年的次序，或指它們接受凱恩斯體系的若干方面，而且有更深刻的含義，即承認（在一定程度上不適用於主流經濟學）凱恩斯對古典理論的基本批評。例如，後凱恩斯主義者認真地看待凱恩斯的這個論斷：貨幣的意義在於它是現在和不確定的未來之間的一個環節。由此可以得出結論，例如，貨幣經濟的一個重要特徵，比方說即在於以貨幣來進行工資交易：工資交易決定名義工資率而非實際工資率。[74]這個論斷在許多一般均衡模式中是沒有意義的。

儘管後凱恩斯主義以凱恩斯的《通論》為先導，但它也還是很依賴於資本理論方面的最新發展以及凱恩斯的其他著作。對新古典總生產函數的批判（始於羅濱遜的著作[75]）強化了這個論斷：新古典價格論基本上不可挽回地失效了。不僅因為不存在充分就業均衡趨向（如《通論》所指明者），而且即使有此趨向，也不能證實邊際生產率遞減的假定，而這個假定卻是新古典關於要素需求曲線的依據[76]。可見，新古典理論不能解釋收入在各要素間的分配，即使存在充分就業也罷。必須另覓新解。

在尋求新解過程中，後凱恩斯主義經濟學家們轉向了凱恩斯在其《貨幣論》（1930）和卡萊茨基（1933）提出的觀點，這些觀點後由羅濱遜、卡爾多和帕西內蒂作了發展[77]。儘管這種分配論有時被稱為「劍橋」理論，但它同從

新古典總生產函數得出的要素價格等於邊際生產率的觀點並無二致[78]，可是後凱恩斯主義者卻要以之代替新古典理論。

對新古典經濟學的這些批判由羅濱遜總合其成。後凱恩斯主義最堅持不懈的批判之一即是羅濱遜對「歷史時代」的討論。她區分了兩類論據：「一類論據是從詳細說明足夠決定未知數的方程式中，找出使其彼此符合的價值的程序得出來的……另一類論據則闡明得自某一時點的特定價值，它們一般來說彼此並不處在均衡之中；並說明它們預期的相互作用如何起作用。」[79]她認為這兩種模式有根本區別：「在一種模式中，所描述的各種均衡狀態沒有因果關係，它由一組聯立方程式構成，每一要素的價值皆由其他要素來限定。（相反地）在一個歷史模式中，必須闡明因果關係。」[80]在一個歷史模式中，過去是不可挽回的，未來是被確定的。因此，把資本視為可塑的東西，或忽視貨幣的重要性，都是不適當的。

### 新李嘉圖經濟學

後凱恩斯主義經濟學的一個重要方面是重新引起了對李嘉圖—馬克思價值論的興趣[81]。其主要貢獻是斯拉法的《用商品生產商品》（1960），副標題是「經濟理論批判緒論」。斯拉法體系的核心是一系列表明商品價格與其生產成本關係的方程式。生產成本包括生產那些在生產中用掉的商品的成本，還包括勞動的成本，這是一種非生產的投入。支付了這些必要的生產成本之後留下的就是剩餘。假定競爭會造成一般利潤率和一般工資率，於是斯拉法得出 $n$ 個方程式，$n$ 是被生產的商品數：

$$(1+r)\{P_1 a_{11} + P_2 a_{12} + \cdots + P_n a_{1n} + Wl_1\} = P_1$$

$$(1+r)\{P_1 a_{21} + P_2 a_{22} + \cdots + P_N a_{2N} + Wl_2\} = P_2$$

……

$$(1+r)\{P_1 a_{N1} + P_2 a_{n2} + \cdots + P_N a_{nn} + Wl_n\} = P_n$$

上式中，$P_i$ 是第 $i$ 個商品的價格、$W$ 是工資率、$r$ 是利潤率、$a_{ij}$ 是生產每單位商品 $i$ 所使用的商品 $j$ 的數量、$l_i$ 使生產商品 $i$ 所用的勞動[82]。

在這些方程式中有 $(n+2)$ 個價格：$n$ 個商品的價格、工資率和利潤率。我們可以用其中之一作為尺度，它表示有 $(n+1)$ 個價格待定。但只有 $n$ 個方程式，這意味著在價格完全決定之前還須引進別的東西。顯而易見的可能性是引進對收入分配的某種解釋，諸如實際工資率、馬克思的剝削率，或是凱恩斯

的利潤率理論，其中任何一個都可提供所需的額外方程式。

正是需要一個額外方程式這一點構成了多布斷定存在兩分法的基礎。多布說：「價格來自（或部分地取決於）分配條件，而不是分配來自價格結構，反過來被看作是需求的結果。」[83]在多布看來，【385】分配並非價格決定的一般過程的一部分：「分配**先於**交換具有極重要的意義：價格比例或交換價值只有在設定了影響總產品分配的原理**之後**才能得出。」[84]

**對新李嘉圖理論的新古典解釋**

在考察支持斯拉法方法的場合之前，瞭解一下如何從一般均衡論觀點來看待斯拉法體系是有益的。斯拉法方程式本身同新古典一般均衡理論是完全相容的，因為競爭均衡要求純利潤是零（各產業獲得正常利潤）。的確，正是因為斯拉法方程式能用來描述一般均衡模式的一個方面，所以它們也可用來批評新古典生產函數。斯拉法體系顯示了與卡塞爾、里昂惕夫或馮·諾伊曼的線性模式有關。因此，哈恩說：「沒有一個正確的新李嘉圖主義命題不包含在可由正統派所提的一系列命題之內。」[85]

由此看來，新李嘉圖主義方法似乎依據著某些重要的簡化原理。最明確的表述者是布利斯（1975），他指出，在他所謂的「劍橋模式」中，來自互相依賴的種種影響的刺激受到某些特定假設條件的制約，這些條件影響到一國經濟狀況。對此，可分三階段加以討論：

第一，利息率（在此等於利潤率）取決於經濟增長所要求的投資基金需求，同與利潤水準有關的這些基金的供給之間的比例，由此可得出利息（利潤）率[86]。

第二，如果利息率已知，則不管需求條件和增長率如何，所有物品的生產成本……以及該經濟所使用的生產技術皆可決定，由此得出相關價格。

第三，需求條件可以用來決定產出率，已知生產技術的話……

這無疑是個有吸引力的表述，因而經濟學家們發現它的吸引力也不足為奇。作為一個可以分解的結構，它具有簡化的優點；已知其中某一項的變化，人們便可確定解析過程的哪一步受到影響，從而不難得出結果……並得出確定的結論。[87]

不過，布利斯進而指出，「為支撐這個大廈所需的各種假設條件是如此受到限制，以致難以承擔此重負」[88]。這些假設條件包括：①儲蓄是利潤的不變

比例部分,且無其他儲蓄來源;②只有一種非生產的投入(勞動);③規模報酬不變[⑧]。於是布利斯對此方法進行了十分嚴厲的批判。【386】他說:「這裡我們有了一般分析方法的例證,即將欲知其大小的變量嵌進一個方程式,而方程式中所有其他各項被設想為不變的量。熊彼特稱這種方法是『李嘉圖的』[⑨],里昂惕夫則稱之為『隱含的論證』[⑩]。處理問題的這種方法的麻煩,不僅在於被假定為不變的東西肯定不是不變的,儘管只是一種趨勢;而且在於**對應被分析且構成經濟理論對象的各種要素,仍然未予以分析或只粗略地予以分析。**」[⑫]

### 維護新李嘉圖主義理論

如果說,斯拉法的方程式可以被看作是對簡化一般均衡體系某些方面的描述,那麼它何以能為**代替**新古典價值論提供依據呢?為回答這個問題,注意到下述情況是有用的,即斯拉法在20世紀20年代就開始著手撰寫日後出版的《用商品生產商品》一書的工作。因此儘管該書1960年才問世,但它不是出自50年代關於資本問題的爭論,而是出自20年代關於馬歇爾廠商理論的討論[⑬]。斯拉法對這場討論的主要貢獻是指出馬歇爾的局部均衡分析只適用於規模收益不變的情形。因為他認為規模收益遞增不符合於完全競爭的假定,所以他力主轉向壟斷理論(見他發表於1926年《經濟學雜誌》的文章)。

但是,在《用商品生產商品》中,斯拉法甚至更進一步遠離了馬歇爾的理論,拋開了有關規模收益的所有假定。他只集中發揮了這樣一些命題,這些命題不取決於有關規模收益的各種假定。為此,他放棄了供給和需求曲線的概念,放棄了價格與數量同時決定的觀點。斯拉法用他的方程式體系不是來決定均衡價格,而是決定同已知的產出水準相適應的生產價格。這意味著如果生產水準變動了,則投入—產出系數從而生產價格也要變動。既然以這種方式解釋他的方程式,所以斯拉法沒有就規模收益做出任何假定。

龍卡利亞(1977)對這種方法作了如下說明:「在理論分析上,可以把一定經濟體系的狀態看作是在某一定時刻所拍的『照片』。不是分析對象的所有經濟量可以看作是已知數……在《用商品生產商品》中,斯拉法所選取的是生產價格與分配變量(利潤率和工資率)之間的關係作為分析對象。所有其他變量(技術、產出水準、各產業的廠商結構等)皆作為已知數。【387】不過,應當強調指出,這種選擇並不暗示事先排除了分析技術發展、產出水準、

廠商策略等問題的可能性。這種選擇是出於逐個地在孤立狀態下分析不同問題的需要。各必要假定和分析方法並不必然對所有問題都一樣；只需將有關的包含在內，而將其餘的放在一邊；這樣做，如李嘉圖所說，只是『修改』了分析，但沒有改變其實質。」[94]

巴拉韋（1978）對李嘉圖主義方法提出了類似解說：「在古典政治經濟學價值論中，把社會產出和生產方法暫時地作為已知數，這是出於確認以下事實：這些問題的決定因素各不相同，而且不能以相對價格為基礎或者在研究價值問題採取的抽象計劃範圍內加以說明。」[95]這一說法的關鍵之點在於，巴拉韋認為研究不同問題要求不同抽象水準。她指出古典結構與供求結構相比限制較少，因為「它沒有通過自己的理論結構認可任何變化方向和形式；換句話說，不能強迫古典理論只認可許多可能變化中的某些特殊變化。因此，它也不必比決定相對價值（在經濟體系『被考察』時）這個有限目標做出更多的假定」[96]。她認為古典價值論的價值在於：①它強調了生產成本在價值決定中占首位。②當我們更仔細研究特殊場合發生交換的條件時，它沒有使我們誤入歧途，因為它沒有向我們隱瞞這個事實：為了分析特殊條件下的交換，必須超越這一理論的各種假設條件[97]。

這樣，龍卡利亞和巴拉韋看到了新古典和新李嘉圖主義經濟學之間方法論的重要差別。新李嘉圖主義論證——如他們二人所說——是沒有意義的，如要尋求一種完全一般理論的話。例如，龍卡利亞指出，邊際主義理論基於這樣的假定，即存在一種「可用來分析現實**所有**有關方面的方法」[98]。他援引薩繆爾森《經濟分析的基礎》中如下這段話證明這一點：「各種理論的基本特徵之間存在著類似性，這暗含著存在一種一般的理論，既為各種特殊理論打下基礎，又以這些基本特徵將它們統一起來……以下各項的目的即在於指出（經由抽象一般化的這些基本原理）對理論經濟學和應用經濟學暗含的意義。」[99]龍卡利亞指出，在邊際分析中，消費者嗜好、技術和資源條件是已知的。他認為，這些都是「複雜的社會現象的結果，不能撇開邊際主義者看作分析對象的經濟現象而加以考察」[100]。由此他得出結論，邊際主義理論並不像它顯示的那樣是一種普遍適用的理論。【388】

巴拉韋也批評了供求理論中所認可的互相依賴的性質。巴拉韋說：「**古典的**價值問題是在生產、消費、分配和交換之間相互依賴的經濟框架內進行研究的，這同均衡框架（在其內它們通過供求市場力量相互聯繫）是完全不同

的。」⁽¹⁰²⁾她還說，這個問題並不是局部均衡與一般均衡分析相對應的問題，寧可說是能否依據某個簡單模式對經濟問題的各個不同方面的互相依存性進行分析的問題。例如，巴拉韋步馬克思分析生產和消費關係的後塵，把「歷史上形成的各種生產關係」看作是消費的社會標準的決定者⁽¹⁰²⁾。這並不是邊際主義理論所認可的那種類型的互相依賴關係。

## 28.5 馬克思主義和激進經濟學

**馬克思主義經濟學**

在本章討論的時期，出現了眾多從現代非馬克思主義觀點解釋馬克思主義經濟學的嘗試。本章即集中討論這些嘗試，而對這個時期大多數馬克思主義文獻則略而不論，因為它對理解主流經濟學範圍內的發展關係不大。然而，1939年以後，非馬克思主義經濟學家們對馬克思極為注意，其中許多人還得出結論，認為馬克思提出了有意義的技術問題；指出馬克思想解決這些問題，他的嘗試儘管不總能令人滿意，但值得認真對待。熱衷於馬克思著作的情形在20世紀70年代初達到高潮，隨後便是同反對越南戰爭有關的激進思想的興起。重新估價馬克思主義經濟學的，不僅有接受馬克思主義思想的青年經濟學家，而且有堅持站在非馬克思主義主流經濟學立場的學者。薩繆爾森態度的變化可以作為上述變化的表徵。他在1962年說：「從純經濟理論的觀點來看，(馬克思是)一位次要的後李嘉圖主義者……是里昂惕夫投入—產出分析的一位不甚重要的先驅者。」⁽¹⁰³⁾到1974年，他的看法大不相同了。他說，依據馬克思的再生產圖表，「人們可以要求給馬克思加上不朽的名聲」⁽¹⁰⁴⁾。20世紀70年代中期以後，對馬克思經濟學的興趣減退了⁽¹⁰⁵⁾。

從現代經濟理論的角度嘗試評價馬克思，始於蘭格的《馬克思和現代經濟理論》(1935)。他在該文中指出，馬克思主義和資產階級經濟學各自適用於不同類型的問題：【389】「讓我們設想有這樣兩個人：一位就學於奧地利學派、帕累托和馬歇爾經濟學，而對馬克思及其門徒一無所知；另一位則專門就學於馬克思和馬克思主義者，甚至不認為在馬克思主義學派之外還有別的經濟學。他們中的哪一位能對資本主義發展的基本趨勢做出更好的說明呢？提出這個問題也就回答了它。

「但是馬克思主義經濟學的優勢只是局部的。在某些問題面前，馬克思主

義經濟學完全無能為力，而『資產階級』經濟學卻能輕易地予以解答。馬克思主義經濟學能對壟斷價格說些什麼呢？它對貨幣信貸論的基本問題又說過什麼呢？它為分析稅收的影響或某種技術發明對工資的影響提供了什麼工具呢？還有，對社會主義經濟中生產資源的最優配置問題，馬克思主義經濟學又能有何貢獻呢？

「顯然，馬克思主義經濟學和『資產階級』經濟理論在不同『領域』各有所長。」[109]

蘭格進而得出結論，馬克思主義經濟學的任何優越之處不是由於馬克思用過的那些經濟概念，而是由於「對將資本主義和一般交換經濟概念區分開來的各種制度的材料所作的確切而詳盡的解釋」。因此馬克思主義經濟學能夠解釋和預言資本主義的演進；即使勞動價值論由於不能解釋經濟處於非均衡狀態時的價格而不適用於馬克思的目標也罷。

兩年後，多布（1937）發表了維護古典的和馬克思主義價值理論的著作。他認為，在成本價值論（勞動價值論是其一例）和主觀價值論之間的選擇，涉及能否對經濟中的剩餘做出有意義的解說。在多布看來，剩餘概念對古典派和馬克思主義政治經濟學是至關重要的，因為它為區分不同類型的收入提供了依據。在古典派和馬克思主義經濟學中，某些收入符合於必要生產成本，其他收入則符合於超出這種成本的剩餘。然而，相反地，「在現代主觀價值論中，同成本相對照的剩餘這個概念本身失去了任何根本意義，也缺乏區分各不同階級的標準」[110]。

多布以馬克思主義措辭解釋從古典向主觀價值論的轉變。按照馬克思的意識形態理論，「從某個社會形成的各種抽象觀念，易於造成一種幻影或拜物教；因為把這些觀念看作現實的表現，所以它們對現實世界的刻畫是顛倒或歪曲的。它們不僅用來掩飾社會的實際性質，而且用來曲解它」[111]。因為步馬克思的後塵，以20世紀30年代以來的重要變化作為歷史證據的解釋（他因此而理所當然地受到猛烈批判[111]），【390】所以多布也就以這些措辭來說明向主觀價值論的運動。在多布看來，主觀價值論使剩餘概念變得毫無意義，從而有利於掩蓋資本主義的真相[112]。

1942年有兩部評述馬克思主義經濟學的著作問世：羅濱遜的《論馬克思主義經濟學》和斯威齊的《資本主義發展理論》[113]。斯威齊著作的意義在於它恢復了對轉化問題的興趣，使人們注意到馮·博克威茲對該問題的解答。羅濱

遜和斯威齊的書對馬克思主義經濟學抱著既同情又批評的態度,他們像蘭格一樣,從現代經濟理論的觀點對它進行了評價。例如,他們批評了馬克思的利潤率趨向下降理論。此外,他們又將凱恩斯的消費不足觀點加進了對馬克思的討論。

此後,對馬克思主義經濟學重新解說的嘗試沿著不同的路線進行,主要原因在於非馬克思主義經濟理論的發展。其中第一個發展即是里昂惕夫所使用的線性生產模式。第二個發展是戰後出現的增長理論。正是在這兩個領域有了這些發展之後,非馬克思主義經濟學家才有了一種可以對馬克思主義經濟學進行評價的框架。為使馬克思有關價值和增長的許多例證有意義,需要線性模式;為理解馬克思有關再生產圖式的含義,需要增長理論。只有從現代理論的觀點來看,馬克思提出的若干問題值得考慮才有了根據[114]。

例如,可以看出,馬克思的再生產圖式同馮·諾伊曼著作中發現的研究增長的思路就有許多共同之處[115]。接近馬克思的這種思路在莫里什馬的《馬克思的經濟學》(1973)中也許表述得最為明確。他認為馬克思的分析始於一種許多商品的模式,馬克思想對此予以加總,以便獲得一種只有兩個部類的宏觀經濟增長模式,即馬克思在《資本論》第2卷中所用的模式。如果沒有戰後有關增長以及宏觀經濟模式的加總問題的討論,對馬克思經濟學做此解說是難以接受的。為了說明這種新解說方式可能開闢了前所未有的各種可能性,值得指出莫里什馬的結論,即必須放棄勞動價值論不是因為任何意識形態方面的理由,而是出於若干技術性理由,即它對預定的目標是無用的。他認為,馬克思的模式可以用馮·諾伊曼著作中用來代替勞動價值的使用價格(use price)加以修正。這個特殊結論的意義遠非下述事實所能比擬,這個事實是,在一種新的框架內,對馬克思所做的這種或任何其他解釋可能適合於非常不同的各種態度。

另一個廣泛討論的方面是轉形問題,以及同勞動價值論、剝削論和利潤論有關的種種問題。【391】馮·博克威茲對轉形問題的解答(斯威齊已經注意到它)為所有這些問題的討論奠定了基礎。不過,他的解答只是就存在三個部類的情形而言的。對熟知里昂惕夫和馮·諾伊曼模式的經濟學家來說,分析馬克思的問題只是簡單的一步。1957年西頓把馮·博克威茲的答案加以普遍化,包括了一般的(n部類)場合。

斯拉法對上述問題的討論有獨特的影響。這不僅因為斯拉法使用了里昂惕

夫式的方法，而且因為他所關注的問題同馬克思關注的問題相類似，儘管他對用商品而不是用勞動生產商品的強調是非馬克思主義的。斯拉法對分配與價格關係的關注的方式是里昂惕夫未曾採用的。理由很簡單。馬克思和斯拉法在一個重要場合是李嘉圖主義者。馬克思在討論他的勞動價值論時選取了這樣一個產業，其資本有機構成等於整個經濟的平均值；在馬克思這樣做的地方，斯拉法可以用他的「標準商品」[116]。

與從馮·諾伊曼出發的人一樣，以斯拉法作為出發點的經濟學家也可得出對馬克思經濟學體系的重新評價。例如，斯蒂德曼（1977）即得出下述結論：「利潤率、累積率、生產價格和勞動的社會配置等的近似值，都是生產、實際工資和資本家要求累積的物質條件。」[117]他進而指出，為了給資本主義社會提出一個實質性說明，有必要對這些近似值的因子做出研究。這個綱領就其思路而言完全是馬克思主義的而非新古典主義的，但它「同馬克思所說的價值量並不相干」[118]。斯蒂德曼認為，剝削和利潤的關係無須溯至勞動價值論才可理解。

儘管對馬克思的態度各異，但莫里什馬和斯蒂德曼都試圖通過放棄馬克思理論中過去認為是重要的某些方面，而堅持他們認為重要的方面。

### 激進經濟學

上面討論的問題都同馬克思主義經濟學體系的某些技術性方面、它的李嘉圖主義成分有關。但這並不是說馬克思學說的其他部分和對資本主義制度不公正的警告（來自他的早期著作[119]）在近幾十年內被忽視。在這方面具有重要意義的是其批判者和支持者經常所稱的「激進經濟學」[120]。儘管激進經濟學並不就是馬克思主義經濟學，【392】它由一些馬克思主義者、後凱恩斯主義者以及其他不屬於該範疇的人們所構成，但激進經濟學家所關注的問題同馬克思主義，特別同馬克思早期思想十分相似[121]。激進經濟學是20世紀60年代的產物，特別是反對美國在越南戰爭中的作用的保守運動的產物[122]。許多激進經濟學家是因相似的政治立場而走到一起的，這在一定程度上說明了為什麼在經濟理論的技術方面他們的觀點往往相左。儘管激進經濟學遠遠越出經濟理論的圈子，但它還是可以由成立於1968年的「激進政治經濟學聯盟」為代表。

激進經濟學不是狹隘的學術運動，它強調政治活動的意義，反對技術過分專門化，力圖廣泛參與經濟討論[123]。重要的是激進經濟學家對流行的經濟理論提出了一系列批評。林德貝克（1971）是一位著名的局外觀察家，他列舉了

激進經濟學對正統經濟理論的五方面的批評：①避而不談收入、財富和經濟權利的分配。②把偏好和資源作為已知的條件，而對它們的前景施加了太多的限制。③分析小的邊際的變動，而不分析可能根本改變經濟制度性質的大的變動。④太不重視生活「質量」問題。⑤忽視經濟因素同社會的政治的因素的相互影響[12]。市場和最優化行為的作用自然不利於過多強調制度的發展和作用。以各種均衡模式建立的靜態理論遭到輕視。

激進經濟學強調資本主義制度的不平等及其他不盡如人意的特徵，這決定了它的研究方向。種族和性別歧視、發展中國家在開發第三世界中的作用，都是激進經濟學看重的課題。不過，儘管激進經濟學對主流經濟學研究內容提出了若干重要意見，對經濟理論的若干假設提出了有分量的質疑，可是他們究竟在多大程度上動搖了主流派的基礎，這一點還遠不清楚。在分析各種可供選擇假定下最大化行為含義的許多領域，能對激進經濟學家提出的各種問題的解答以啟發的，仍是正統的方法。對勞動契約的不完善同失業和通貨膨脹之間聯繫的機制做出分析的經濟學家多半居於主流派；被分割的勞動市場是多數制度主義勞動經濟學的基礎；歧視性待遇一定是由芝加哥經濟學家們進行分析的，等等[125]。某些最富有成果的研究的興起，是在正統的、新古典方法被應用於激進經濟學提出的問題上而不是拋棄這種方法的時候。

## 28.6 芝加哥學派

【393】同以上考察的任何一種「可供替代的方法」相比，芝加哥學派在許多方面都更明確地屬於經濟思想的主流。之所以放在這裡敘述是出於兩點理由：①為了強調芝加哥經濟學與其他主流經濟學分支的區別。②為了指出芝加哥經濟學派與「奧地利學派」的區別，指明這種區別是必要的。它們都具有強烈的自由主義立場和主張自由市場制度，這使人很容易將它們歸為一類。

「芝加哥學派」通常是指這樣一個學派，其基地在芝加哥（雖然沒有包括所有有關經濟學家），以弗里德曼和斯蒂格勒為首，在他們以前是奈特、瓦伊納和西蒙斯。弗里德曼對芝加哥學派觀點作過簡要的表述。他說：「在討論經濟政策時，芝加哥學派堅信自由市場是組織資源的有效方式，懷疑政府的作用，強調貨幣數量是引起通貨膨脹的關鍵因素。」

「在討論經濟科學時，芝加哥學派主張把經濟理論作為一種分析包羅萬象

的具體問題的工具，而不是搞成一種華而不實的抽象數學結構；主張堅持對理論概括進行經驗性驗證，而拒絕無理論的事實和無事實的理論之類的現象。」[13]

為理解芝加哥學派觀點同其他各種可供替代理論的區別時，我們需要更貼近地考察一下該理論的特點。霍德（1982）指出，芝加哥經濟學是以下述假定為依據的：「決策者會將他所支配的資源作這樣的配置，在該配置之下，不會再有可供選擇的其他辦法能使任何決策者能使其所期望的效用不斷增加，卻至少不會使其他任一決策者所期望的效用減少。」[127]換句話說，芝加哥學派是以假定資源配置的帕累托效應的存在為特徵的。為由此出發得到可以經驗驗證的假定，需要補充四條假定：①大多數（雖然不是全部）代理人所定的價格與他們欲購或欲售的數量無關。②代理人商定的交易價格就是市場結算價。③信息交易量恰使其價格等於邊際成本。④政府干預和壟斷均不會使價格的變動足以妨礙同一資源的價格與邊際產品相等[128]。

這些假定被認為與現實十分接近，以它們為基礎的精確模式（即不包含任何偶然的變量）的預言可以對預期價格行為和現實世界中的數量做出適當解釋[129]。【394】芝加哥經濟學家們一直在分析諸如不完全競爭和市場失敗（market failure）一類現象，但是，在存在此類現象之處，對它們的分析並不要求將著重點從基本的競爭模式移開[130]。這種方法可用於各種各樣的課題。弗里德曼用它分析通貨膨脹和失業。斯蒂格勒用它分析各種信息不完備的調查研究模式（例如工人找工作）[132]。貝克爾以之研究時間配置[133]，以及似乎遠離經濟學的各種現象（如結婚和離婚）[134]。盧卡斯以之說明預期的形成[135]。

芝加哥經濟學向來被看作是「新古典主義的急先鋒」[136]。但是，芝加哥學派的方法論與許多主流經濟學家的方法論有著根本區別。其中之一是：新近關於一般均衡論的許多理論著作在芝加哥經濟學的結構中是沒有地位的。阿羅、德布勒及其追隨者們所面對的抽象理論課題（涉及均衡的存在、唯一性和穩定性等），同芝加哥學派的經驗性的標準是衝突的。被弗里德曼作為「華而不實」的抽象數學結構而主張予以摒棄的，也許正是這種理論[137]。

不過，更重要的是芝加哥經濟學家們極不情願改變其理論以適合所觀察的行為——這些行為同個人樂於屈從於各種壓力的假定是格格不入的，如果經驗材料周全，而理論又不可能被擴展到適應所觀察的行為（在最優先結構範圍內），那麼，擺到研究日程上的問題似乎就是一種可以探索的反常現象了[138]。可見，芝加哥經濟學家「比其他人更不願意就其表面價值接受不合理或無效

的行為的各種議論……而且總是試圖對這類議論表示懷疑或重加解釋，以維護他們的基本理論」[9]。相反，許多非芝加哥經濟學家則不會僅僅因某種論證未暗含最優先假定而予以抛棄。對他們來說，市場可能出清，也可能沒有；個人行為可能完全合理，也可能不如此，等等[10]。

因為它們都強調競爭市場，都對通過國家干預來改善市場資源配置的可能性表示懷疑，所以似乎可以認為芝加哥的政策主張同「奧地利人」的主張很類似，其實不然。最重要的是，「奧地利人」強調經濟絕不可能真正地處於均衡之中，它只不過是朝著這種狀態運動而已。可見「奧地利人」並不以連續均衡來處理模式行為。對經驗性檢驗理論的態度也很不一樣，【395】芝加哥經濟學家並不讚成「奧地利人」對經驗性檢驗所抱的懷疑態度[11]。即使是接受波珀方法論的哈耶克，對經濟理論實際上能被檢驗的程度也持懷疑態度。這同芝加哥人的下述信念形成了對照：儘管存在強有力的理由來反對接受同上述「硬核」相衝突的經驗性證據，但是經濟理論的預言仍然會繼續同經驗性證據相對抗。同米塞斯的方法論的分歧甚至更尖銳。芝加哥人在利用總量分析上與「奧地利人」也不同，後者反對這樣做。例如，弗里德曼著重單一模式的優點，這自然使他把高度總量分析法作為他研究貨幣經濟學的特徵。

註釋：

① 參看布賴特和卡伯特森（1976a），多夫曼（1946—1959），第4卷，第126-129頁。

② 艾爾斯（1935a，b），該文將同奈特（1935）一起閱讀。

③ 艾爾斯（1935a），第175頁。

④ 同上，176頁。

⑤ 艾爾斯（1935b），第356-357頁。

⑥ 艾爾斯（1935a），第181頁。

⑦ 同上，第186頁。

⑧ 同上，第189頁。

⑨ 艾爾斯（1935b），第358頁。

⑩ 同上。

⑪ 艾爾斯（1944），第223頁。

⑫ 同上，第 224 頁。

⑬ 同上，第 85 頁。

⑭ 同上，第 226 頁。

⑮ 同上，第 85 頁。

⑯《美國資本主義》的副標題是「抗衡力量論」。

⑰ 它在一定程度上接近於「奧地利人」的競爭概念。

⑱ 米爾達爾（1978）。

⑲ 參看第 192 頁。

⑳ 米爾達爾（1978）。

㉑ 參看第 367 頁。

㉒ 米爾達爾（1968），第 26 頁。

㉓ 同上，第 7 頁。

㉔ 同上，第 25 頁；參看他有關偏好的討論，第 8-24 頁。

㉕ 同上，第 32 頁。

㉖ 米爾達爾（1929），第 128 頁；參照第 169 頁。

㉗ 米爾達爾（1968），第 33 頁。

㉘ 同上，第 49-125 頁。

㉙ 參看第 238 頁以下；參看米爾達爾（1978），第 772 頁。

㉚ 同上。米爾達爾把制度主義的衰退歸因於經濟衰退，因為制度主義未能對治理衰退提出有效建議。

㉛ 艾爾斯（1944），第 12 頁。

㉜ 薩繆爾森（1970），第 10 版。引文見克萊因（1978），第 252-253 頁。

㉝ 參看薩繆爾森（1977，1978）。

㉞ 此段多半採自弗洛頓和里奇特（1984）。

㉟ 參看威廉姆森（1977），第 191 頁。

㊱ 參看諾思（1984），第 8 頁。

㊲ 米塞斯（1969），第 10 頁。他在此將他自己的著作排除在這一概括之外。引文見利特爾蔡爾德（1978），第 14 頁。下面的論證多採自此文。

㊳ 這並不暗示哈耶克和米塞斯有相同看法，如下所述。哈欽森（1981），第 210 頁以下指出，哈耶克態度的根本變化出現在他 1937 年的論文中，他早期的觀點接近米塞斯。

㊴ 引文見利特爾蔡爾德（1978），第 20 頁。

㊵ 該表引自利特爾蔡爾德（1978），第 20 頁。

㊶ 參看第 89 頁。

㊷ 這並不完全是缺乏瓦爾拉斯著作所涉及的理論。參看第 108 和 157 頁。

㊸ 柯兹納（1976），第 40 頁。

㊹ 參看第 266 頁。

㊺ 羅斯巴德（1976），第 21 頁；參看第 267 頁。

㊻ 柯兹納（1976），第 42 頁。

㊼ 以下論述大半來自哈欽森（1981），第 214 頁以下各頁，由此可見這篇論文同他的早期觀點決裂了。

㊽ 哈耶克（1937），第 33 頁。在這個段落的一個脚註中哈耶克以證僞主義解釋證實，引證波珀（1934）。

㊾ 同上，第 42 頁；參照有關推測變化（第 143 頁）和合理預期（第 345 頁）的討論。

㊿ 同上，第 44 頁。

(51) 同上。

(52) 參看第 79 和 291 頁。

(53) 同上，第 45 頁。

(54) 同上，第 46 頁。

(55) 哈欽森（第 1981），第 216 頁以下發揮了這一論證。

(56) 哈耶克（1937），第 48 頁。

(57) 參看奈特的觀點；參看第 157 頁。

(58) 參看福特（1983）。

(59) 沙克爾（1972）。

(60) 同上，第 96 頁。

(61) 同上，第 183 頁；參照第 428 頁。

(62) 同上，第 429 頁以下；沙克爾（1967）。

(63) 參看第 336 頁以下。

(64) S. 溫特勞布最早對希克斯和漢森關於凱恩斯的解釋提出懷疑。

(65) 凱恩斯（1936），第 V 頁，第 4 頁以下各頁。

(66) 同上，第 149 頁。

(67) 同上，第 194 頁。

(68) 凱恩斯對貨幣的需求寫作 $Md=L_1(y)+L_2(r)$。

㉖ 同上，第 15 章。
⑦⓪ 同上，第 17 章。
㉑ 凱恩斯所說的「古典派」包括通常認為的古典經濟學以及新古典經濟學。
㉒ 凱恩斯（1937），第 216 頁。
㉓ 同上，第 218 頁。
㉔ 參看克里格爾（1973）。
㉕ 參看第 325 頁以下各頁。
㉖ 例如加里納格尼（1970）；哈考特（1972）。
㉗ 參看第 324 頁。
㉘ 參看哈恩和馬休斯（1964）。
㉙ 羅濱遜（1962b），第 23 頁。
㉚ 同上，第 26 頁。
㉛ 在第 266 頁以下各頁還討論過斯拉法。
㉜ 該方程式的簡化式見第 327 頁。
㉝ 多布（1973），第 261 頁。
㉞ 同上，第 169 頁。
㉟ 哈恩（1982b），第 353 頁。
㊱ 這是卡爾多的分配論。已知增長率，則利潤（利息）率是 $r=g/s_p$.
㊲ 布利斯（1975），第 121 頁。
㊳ 同上。
㊴ 同上，第 122-123、276 頁。
㊵ 參看第 32 頁。
㊶ 參看第 334 頁。
㊷ 布利斯（1975），第 125 頁。著重點是新加的。
㊸ 參看第 140 頁。
㊹ 龍卡利亞（1977），第 172 頁。
㊺ 巴拉韋（1978），第 41 頁，著重點是新加的。
㊻ 同上，第 67 頁。
㊼ 同上，第 66 頁。
㊽ 龍卡利亞（1978），第 120 頁。
㊾ 薩繆爾森（1947），引文見龍卡利亞（1978），第 120 頁。
⑩⓪ 同上。援引的這句話涉及技術，還有一些類似的說法涉及偏好。

⑩ 巴拉韋（1978），第 60 頁。

⑩ 同上，第 60-62 頁。

⑩ 薩繆爾森（1962），引文見薩繆爾森（1974），第 270 頁。

⑩ 薩繆爾森（1974），第 270 頁。

⑩ 參看克萊馬（1984），第 7 頁，引索洛的話見第 130 頁。

⑩ 蘭格（1935），第 191 頁。

⑩ 同上，第 201 頁。

⑩ 同上，第 196 頁。

⑩ 多布（1937），第 22 頁。

⑪ 同上，第 135 頁。

⑪ 同上，第 136 頁；參看哈欽森（1981）在這點上對多布的批評。【458】

⑪ 繼續發表了類似看法，例如 1973 年。

⑪ 熊彼特（1942）也有對馬克思的廣泛討論。

⑪ 許多經濟學家樂於說，馬克思像現代增長論一樣，應受重視，因為對兩者的價值有懷疑。

⑪ 參看第 321 頁以下。

⑪ 米克（1967），第 176 頁；參看第 327 頁。

⑪ 斯蒂德曼（1977），第 207 頁。

⑪ 同上。

⑪ 參看第 112 頁。

⑫ 布倫芬布倫諾（1970），林德貝克（1971）。

⑫ 布勞格（1983），第 750 頁。

⑫ 布倫芬布倫諾（1970），第 748 頁列出各種理由。

⑫ 同上，第 753 頁。

⑫ 林德貝克（1971），第 9 頁以下各頁。

⑫ 參看布勞格（1983）。

⑫ 弗里德曼（1974），引文見塞繆爾斯（1976）。

⑫ 雷德（1982），第 11 頁；以下觀點多來自該處。

⑫ 同上。

⑫ 這類看法要求對所涉及的各種擾亂因素有很強的假設。

⑬ 同上，第 16 頁。

⑬ 參看第 341 頁。

⑬² 斯蒂格勒（1961，1962）。

⑬³ 貝克爾（1965）；參看第 294 頁。

⑬⁴ 貝克爾（1970）。要注意的是，貝克爾通篇假定各種偏好不發生變動。

⑬⁵ 參看第 345 頁以下。

⑬⁶ 塞繆爾斯（1976），第 4 頁。

⑬⁷ 參看以上引文。

⑬⁸ 雷德（1982），第 13 頁。

⑬⁹ 同上，第 15 頁。

⑭⁰ 同上，第 17 頁。

⑭¹ 利特爾蔡爾德（1978），第 23-24 頁。

# 29 1939—1980 年英國的經濟學和經濟政策

## 29.1 引言【396】

本章論述戰後經濟政策研討中提出的許多問題。頭兩個涉及對宏觀經濟政策態度的變化：20 世紀 40 年代的「凱恩斯革命」和 70 年代凱恩斯主義的衰落。還要非常扼要地考察一下匯率政策、歐洲共同體以及提高增長率的政策。應當著重指出，這樣選擇論題沒有也無必要包括所有重要的課題，但所選的課題還是足以說明經濟理論和經濟政策之間關係的。

## 29.2 採納凱恩斯主義政策

採納凱恩斯主義關於管制經濟的觀點的最重要特點，也許是它表現為一種緩慢而漸進的過程。它既受到新觀點的影響，又涉及各種環境條件的壓力和政治壓力。凱恩斯的《通論》並沒有立即引起官方看法的轉變；接受凱恩斯主義觀點大體經歷了四個階段：從《通論》問世到戰爭爆發、戰時財政問題、關於就業政策的討論，以及戰後首屆政府的政策。

### 財政部和經濟復甦

20 世紀 30 年代末期，在凱恩斯和財政部顧問班子中的經濟學家之間，存在著明顯的意見分歧。特別重要的是理查德・霍普金斯爵士，他對 1927—1945 年財政政策和政府開支負有顧問之責。一位歷史學者這樣說：「如果他認為某種觀點完全正確，那麼官方就應當接受它。」[1] 此人 20 世紀 30 年代末期的思想同他 1929 年討論勞埃德・喬治方案時所持觀點有相當的連續性。[2] 其中有兩個

方面值得注意：①他認為「好的」方案，應是能獲得支付其成本收益的方案，否則政治家們就無力應對開支不斷增長的壓力[3]。但這樣的「好」方案難得一見。②他認為基本的政策問題是提高工業效率問題，【397】特別是出口工業，失業就集中在這些工業中。凱恩斯的膨脹政策會抬高價格，使出口工業處境更糟[4]。不過，這些理由尚不足以證明排斥凱恩斯主義政策是有道理的，而凱恩斯主義政策也不是完全沒有長處。在一定程度上，凱恩斯與霍普金斯之間的分歧，既來自對經濟如何運行的不同看法，又來自對政治和行政問題賦予不同的分量。此外，他們還有重要的理論分歧。凱恩斯認為存在嚴重失業時，決定儲蓄水準的是投資，而財政部則堅持相反的論點。可見，分歧就出在米德所說的凱恩斯革命的核心問題上[5]。

儘管同凱恩斯有這些分歧，財政部還是提出了反循環公共工程（connter cyclical public works）的建議。特別是政府官員和內閣在 1937 年接受了延緩某些資本開支項目的意見[6]。這樣做的意圖在於：①減緩發展之後的膨脹規模；②弄清失業何時開始上升，以便著手合適的投資計劃[7]。儘管採納了這些政策，但如果以為財政部就此倒向了凱恩斯主義，那就錯了[8]。這些方案並不是在凱恩斯主義的國民收入、總需求、儲蓄和投資的框架內提出來的[9]。此外，可以認為它們秉承著皇家濟貧法委員會少數派報告（1909）的傳統立場[10]。可見，即使存在著朝向「凱恩斯主義」政策運動的跡象，也不能把這看作轉向凱恩斯主義思考經濟的方式。

### 戰時財政

戰時政策討論對理解經濟理論中的「凱恩斯主義革命」的性質是很重要的。戰時凱恩斯思想首先被用於如何籌措戰時經費問題是很自然的。凱恩斯在 1939 年發表在《泰晤士報》上的兩篇文章中提出了他的觀點，其後擴寫為《如何籌措戰爭經費》（1940）。在這部著作中他把《通論》的方法用於分析過度需求問題。他不以貨幣膨脹解釋通貨膨脹，而是依據通貨膨脹缺口（即所要求的儲蓄和投資的差距）說明問題。假定存在充分就業，如果政府欲購數額超過公眾願意儲蓄的數額，則**在沒有提高價格的**情況下也會發生通貨膨脹。因此，政策問題被認為是如何提高儲蓄水準，使國家能在不發生通貨膨脹情況下籌足戰時所需經費。凱恩斯建議實行「延期支付」方案，實行強制儲蓄制度；而不主張為減少需求向工薪人員徵稅。稍後，凱恩斯又以其未公開的

「國家資源預算案」（鼓勵擴大通貨膨脹缺口）對上述論證作了補充[11]。

與此同時，凱恩斯曾試圖使行政當局認識到，【398】該預算案不僅是對公共財政的一種概算，而且是應付通貨膨脹壓力的一種工具。他在這方面是成功的[12]。1941年預算案「在原則上是凱恩斯主義的，如果不是拘泥於細節的話」[13]。但該預算案並不標誌著觀念上的根本轉變，不過是試圖以凱恩斯思想解決一個新的暫時性問題。傳統的預算標準並不被認為已經過時，只是說它對解決例外的戰時問題不合用而已。

### 戰時關於就業政策的討論

有限度的接受凱恩斯思想表現在財政部在討論和平前景時對就業政策的態度上。戰時的討論開始於米德1941年的建議[14]，該建議包括下列措施：①從主辦公開市場業務和公共工程，擴大到社會服務以維持和控制需求水準。②取消產業限制，使產業更具流動性。③在不同國家試行相互協調的貨幣、預算和投資政策。④工資政策應能防止通貨膨脹在失業下降時加劇[15]。這些建議同霍普金斯的主張形成對比，後者批評以公共工程和減稅來刺激需求，對循環期間平衡預算的政治可行性表示懷疑，他主張以償還債務的年利率的變動作為完善循環的措施。低稅收和低利息率可用來減緩衰退，但不能使預算失衡[16]。凱恩斯主義和財政部態度形成了鮮明對比。

貝弗里奇的著作又是一個刺激。貝弗里奇於1941年應約研究社會保障制度。他在《關於社會保障和聯合服務的報告》（1942）中建議實行一種廣泛的社會保障制度，在這個制度下，以各種福利（特別是保健服務、兒童補貼和失業補助）作為實行統一費率的條件。該報告贏得了公眾廣泛的讚同和支持[17]。

貝弗里奇報告本身並不是談失業政策的，但就業政策對它卻至關重要，因為只有失業被維持在相當低水準時該報告所提方案在財政上才是可行的。他對社會保障費用的計算是基於假定平均失業率為8.5%，這對財政部官員來說顯然是不切實際的，因為他們是以對戰前經驗的預期為根據的。

貝弗里奇接著研究了就業政策，發表了他的《自由社會中的充分就業》（1944）[18]。他建議將3%作為「一種保守的、而非過度期望的目標，作為未來充分就業條件下的平均率」[19]。達此目的機制是凱恩斯主義預算政策機制。【399】該預算方案的新穎之處在於：①它所處理的是作為一個整體的共同體

的收入與開支。②把勞動力作為已知數,據此(而不是從財政考慮的角度)規劃國家開支[20]。可見,貝弗里奇把凱恩斯主義方法作為一種就業政策工具包括在需求管理之中。他認為這是對他早先提出的鼓勵勞動流動方案的一種補充[21]。

貝弗里奇1942年報告的見解激勵了經濟處的凱恩斯主義者,使他們對戰後世界有了更明確的想法[22]。例如,米德提出一種計劃,變更「國家保險」的納稅人作為反循環(cunter cyclical)的一項措施。相反,財政部則集中注意於貝弗里奇方案的代價,他們以戰前經驗為依據,認為他假定8.5%的失業率是不現實的[23]。1944年發表的就業政策白皮書即出於1943年的這場討論,在這場討論中,米德的觀點受到凱恩斯支持,卻受到財政部官員的強烈反對[24]。

儘管該白皮書可以說表明政府許諾要把充分就業作為經濟政策目標,但它在某些方面也表現了政府做出的妥協[25]。一方面,它同意把維持一種較高的穩定的就業水準作為政府的主要目標,它指出,通過改變投資和公共工程開支以及改變「國家保險」納稅水準來控制總需求,可以達此目標。另一方面,對產業配置和結構性失業問題也給予了重要地位,同時也重申了長期中平衡預算的原則。

以上概述表明,不存在政府突然向凱恩斯主義政策的轉變。凱恩斯主義政策是作為對若干特殊事物和政治壓力的反響一步一步被接受的。作為財政部主要官員,霍普金斯所做的,是把凱恩斯主義思想同傳統的公共財政揉到一起。「在他心目中,至高無上的是公共當局的政治和實際考慮,而不是經濟理論」[26]。此外,即使他開始接受凱恩斯主義關於需求管理的思想,他還是把工業效率和出口看作繁榮的關鍵。有關對從前凱恩斯主義到凱恩斯主義思想轉變的任何簡單化的描述都是一種誤解。

### 最後階段

凱恩斯主義思想的進展隨著1945年工黨政府的出現而減緩下來,這是因為工黨政府儘管許諾對整個經濟實行計劃化,但他們所主張的計劃化同凱恩斯的主張相去甚遠[27]。因為將重點放在微觀經濟計劃方面,所以財政措施在計劃結構中沒有地位。這種分離在下述事實中也表現出來:經濟計劃、國民收入和開支統計以日曆記年為基準,而預算則以財政年度為基準[28]。此外,1945年起任財政大臣的達爾頓採取了一種非常正統的預算政策,他不認為通貨膨脹是過

度需求的表徵，而看作充分就業的不可避免的結果，因而不能通過控制價格和增加生產而改變[29]。這種看法，加上需要刺激生產（特別在出口工業上），甚至以通貨膨脹為代價，自然忽視了凱恩斯主義方法。

出於各種原因，轉向接受凱恩斯主義政策的最後階段在 1947 年才來到。主要原因是出現了嚴重的通貨膨脹和國際收支危機[30]。主要麻煩之一是食品補貼費用不斷升高，它是由於面對不斷上升的世界價格而試圖保持國內較低食品價格引起的。米德建議聽任食品價格上漲以便減少需求和減輕通貨膨脹壓力。這個政策基本上被採用了。一位歷史學者說：「《通論》的主張在 1947 年終被白廳（應該是政府）所接受。變化從來不是革命性的；整個過程不下 10 年；最後的勝利不過是奪回了 1940—1941 年顯然已贏得的陣地。」[31]他接著指出的一點，從後來認為凱恩斯主義不曾關心通貨膨脹的觀點來看是重要的，即「和平時期預算出現的這些變化因**凱恩斯主義者擔憂通貨膨脹**而被固定下來」，需要遏制通貨膨脹是他們向財政大臣所提建議的核心[32]。

## 29.3　凱恩斯主義政策的衰落

對管制需求的信心在 20 世紀 50 年代和 60 年代初期達到高峰。戰後初期，即使凱恩斯主義者也認為貝弗里奇 3% 失業率的目標過分野心勃勃了[33]，但是 1950—1960 年失業率卻不足 2%。不管成功與否，各次預算就其對總需求的效果來說是令人滿意和妥當的[34]。然而從 60 年代起，在很大程度上到 70 年代，對這種宏觀經濟政策的信心減弱以至最終喪失了。

在 20 世紀 60 年代曾屢次試圖將更大幅度的計劃引進經濟。這在一定意義上是工黨贏得 1964 年大選的結果，但也不完全如此，因為保守黨政府在 1961 年已成立了「國家經濟發展委員會」。這些發展表現了向微觀經濟計劃的運動，而不單純是凱恩斯主義式的需求管制。不過，更重要的是政府對 60 年代末國際收支明顯疲軟的反應。【401】儘管沒有放棄充分就業的許諾，但更受注意的是國際收支以及與此相關的競爭性和通貨膨脹率，著重點稍有轉變。

特別重要的是隨著 1972—1973 年景氣（通常稱為巴伯景氣）崩潰和 1973—1974 年石油危機到來的衰退。1974 年末年通貨膨脹率達到 20%（工資增長引起的通貨膨脹已高過 25%），經常項目赤字佔 GDP（國內生產總值）的 4%，公營部門要求借貸額達到 GDP 的 8%。實際產量在下降，失業開始上升，

凱恩斯主義政策被排除了。儘管失業問題不斷惡化，政府還必須對付通貨膨脹和國際收支[35]。

在這些條件下，發生了從「凱恩斯主義」到「貨幣主義」的政策轉變，這一轉變與保守黨在 1979 年大選取勝有關。關鍵的變化不是在 1979 年才出現的，早在若干年前工黨執政時就已經有了：「1980 年 3 月以中期財政戰略知名的政策的所有基本點，在 1976 年 12 月丹尼斯·希利致國際貨幣基金組織的意向書中都已經有了。許諾逐步減少公營部門（the public sector）占用資源的份額，並遏止公營部門的借貸以限制貨幣增長。」[36]同年（1976）首相指出（這與以往 25 年凱恩斯主義正統看法相反）英國不可能擺脫衰退；國務秘書對公共開支能否增長不太快深表懷疑[37]。

貨幣主義不是對凱恩斯主義權威的唯一可替代方法。「新劍橋」方法在 1974 年也有影響。為理解這一方法的根本特徵（甚至在其早期形式上），指出下述一點是重要的，即依據定義，公營部門赤字必然等於私人部門剩餘額和國際收支赤字額這一說法肯定是對的。[38]根據有限的和局部的經驗性證據，可以說私人部門剩餘大體不變。因此，公營部門赤字直接同國際收支赤字相聯繫。如果公營部門赤字能夠減少，則國際收支赤字也會相應減少[39]。換句話說，財政政策可用來達到國際收支的目標，而不是像凱恩斯主義理論所說的總需求水準的目標。與此相對的是匯率的變化，它能用來控制總需求水準。如，匯率下降會提高出口，減少進口從而刺激需求。

新劍橋理論的部分吸引力（貨幣主義亦然）是它不必對日常預測做出反應[40]。一方面，一旦確定了公共開支水準，調整了國際收支目標，即可直接計算出為產生預期的公營部門赤字所需要的稅收水準。【402】另一方面，如用凱恩斯主義理論得出所需要的稅收水準，就必須有相對複雜的乘數計算以及「自發性」開支的其他因素的預期。20 世紀 70 年代突發事件迭起，預期變得相當困難，在這種條件下，新劍橋理論就很有吸引力了。不過，作為貨幣主義的一個有影響的對手，新劍橋理論的影響是短暫的。從 1974 年起新劍橋方程式趨於失靈了，因為私人部門剩餘出現了急遽變動，通貨膨脹也使儲蓄傾向大為改觀了。隨著新劍橋理論的失靈，貨幣主義成為對凱恩斯主義權威唯一的挑戰者。

保守黨在 1979 年大選取勝後，貨幣目標和 PSBR（公營部門借貸需求條件）成了經濟理論的中心。凱恩斯主義經濟政策，以及堅信擴大需求可增加

就業的信條被拋在一邊。這在 1981 年預算中有明顯表現，該預算在戰後最嚴重的衰退處於深重之時提高了稅收，這同凱恩斯主義原理是背道而馳的。除了政策的這些變化之外，還可以有把握地說，一般公眾對失業的態度也改變了，對利用擴張性措施刺激就業的可能性抱有更大的悲觀態度。

在解釋這些事件時，不要忘記制定經濟政策所面臨的背景。

第一，儘管 20 世紀 50 年代和 60 年代初期是管制需求時期，儘管當時產出波動和就業波動較小，平均失業率較低，但是一般人絕沒有接受需求管制是這種穩定性的原因這一說法。最知名的評價之一是道（1965）的評價。談及出口和投資波動時，他說：「非但沒有抵消不穩定性的這些基本原因，政策的影響可以說反而加重了它們的後果。」[41]「英國和其他西方國家戰後之所以一直保持充分就業，乃是因為政府作了許諾，而且知道怎樣實現它。」這種說法無疑更正確些。

第二，政府內外的經濟學家人數大為增加。「政府經濟服務局」人數的增加尤其顯著：1964—1979 年它的規模從大約 20 人擴至接近 400 人[43]。統計資料日漸增加（中央統計局 1941 年建立），經濟學家們不斷利用數學工具和數量方法，意味著經濟建議和告誡的範圍和性質有了重要變化。統計學和經濟學之間的各種聯繫當然不是單一方向了。一方面，例如，因為經濟學家們在以往10 年或更長時期對貨幣供給的興趣日濃，所以這方面的統計資料大為增加；【403】另一方面，如果沒有貨幣統計資料，而且如果注意到中央統計局的貨幣統計資料只回溯到 1963 年這一情況，則對近期經濟政策的思考就會是很不相同的了。

第三，需要提到國際環境。20 世紀 50 年代的繁榮伴以貿易的巨增，特別是發達國家之間的貿易；與此有關的是國際經濟合作的增進。特別重要的是國際貨幣基金，關稅和貿易總協定以及歐洲共同體[44]。此外，相互依賴性更大了，這表現在出口在國內生產總值（GDP）中的比重大為增加，英國和許多其他工業國家都是如此。

重要的是勿忘記在大多數其他西方國家經濟中發生的類似變化：大約這個時候通過經濟合作與發展組織引進了貨幣目標，其部分原因是浮動匯率的實施。實行固定匯率，貨幣當局的貨幣政策受到更多限制，獨立的目標在浮動匯率下更有意義。不過，除此以外，各國面臨的條件各不相同，需要新的救治方法。

另一因素是，儘管1974年危機突然來臨，但局勢在一直在發生變化。如上所述，1964年以來為了改善國際收支，已在控制通貨膨脹方面下了很大功夫。儘管通貨膨脹在1974年急遽惡化，但它自20世紀60年代以來就在逐漸上升。隨著通貨膨脹率上升，在制定經濟政策中為制止它所花的力氣也增加了。

無論如何，經濟政策在1979年出現了變化。一位評論者指出：「丹尼斯·希利的貨幣主義是經過修改的，而且在工黨運動內部也絕無根基。他是一位精明而又固執的人，對戰後在經濟管制方面意見一致局面的崩潰，以及外部各種壓力所作的一種反應。相反，保守黨的做法顯得信心十足。鑒於在希利先生治下，貨幣政策遭到曲解，收入政策和旨在降低失業的各項措施也都混沌不清，所以保守黨早期的做法更為明確和肯定。出現了一種關於經濟如何（或應當如何）運行的意見，而且被採納了。」[45]這些變化還要放到這樣的背景之下來看，即無論是公眾還是專家學者對經濟的看法，自20世紀60年代中期以來都已有重大變化。除非想要描述大多數學術性觀點（作為貨幣主義者），否則，經濟理論的各種變化和70年代的經驗已經使回到60年代的理論立場成為不可能的事了。公眾對政府治理失業的能力所抱的甚為悲觀的態度可部分地歸因於經濟論證，以及貨幣主義對通貨膨脹的過於簡單化的解釋，使人們相信它在很大程度上不也歸因於過去10年的經驗是不太可能的。

## 29.4 貶值、歐洲共同體和增長

【404】數量方法的大量利用和資料的日益增加提出了一個問題：這些變化在多大程度上能縮小經濟學家們的意見分歧？戰後制定政策方面的兩個插曲暗示，進展沒有期待的那麼大。第一個是貶值問題，特別是1964年和1967年的貶值問題。工黨在1964年掌權時所面臨的正是當時出現的巨大的國際收支問題[46]。因為主要的麻煩似乎在於往來帳戶，所以貶值看來是一個補救方法。然而經濟學家在這個問題上眾說紛紜[47]。

初看起來這個問題是能夠由計量經濟學家們加以解決的：進出口的需求和供給彈性能使貶值改進國際收支狀況嗎？但實際上涉及的問題更複雜。例如，出口的供給彈性將取決於國內節餘能力、國內需求狀況以及成本（特別是工資成本）支出。此外還存在這樣一個問題：由於貿易流量相對於GDP來說較

大，進出口的變動會暗含收入的變化。計算貶值對國際收支的影響不單是估價馬歇爾主義的彈性，即短期局部均衡的供求曲線的彈性問題，它要複雜得多。此外，它還涉及兩次大戰期間金本位討論中的一些問題[48]。一些人對貶值的道德與否表示懷疑，另一些人則對貶值給英國在國際銀行與金融領域帶來的利益深表疑慮。據說，貶值會破壞英國在世界金融體系中的作用。

歐洲共同體是另一個問題，在歐洲共同體內，運用數量方法在減少經濟學家的分歧方面沒有多大作用。計量經濟學家當然可以研究它們，但無力解決。部分原因在於（如70年前關於稅制改革爭論所顯示的那樣）不同類型因素必須擺平。例如食品價格和生活標準問題：完全加入歐共體（帶著不同的農業供養制度）在長期和短期中是有利還是有害？更重要的問題是：英國與歐共體更緊密的聯繫對工業有何影響，是市場的擴大為英國提供了英國工業主義者所需要的機會，還是增加了歐洲人在英國國內市場的競爭力從而使事情變得更糟？關稅同盟理論[49]不過是為討論其中某些問題提供了一個框架和一些術語而已，【405】對解決問題沒有直接幫助，這至少是因為它對長期生產率增長問題的決定什麼也沒有說。

對生產率低速增長問題的討論，自20世紀50年代以來肯定有了進展。這個問題是討論所有宏觀經濟政策的基礎。更重要的是為戰後重建提供了不同的前景。英國相對衰落的問題（當然是長期而言的）因法國和德國經濟在50年代的增長變得更為突出了，因為這時期兩國的收入超過英國。嘗試過各種補救措施，60年代先是保守黨政府後是工黨政府實行過計劃化。但計劃化無助於提高生產率，也不知道怎樣提高。工黨政府還試圖實行「選擇性就業稅」（Selective Employment Tax）。即欲將就業稅從勞工轉向產業。當生產率提高在產業部門比在服務行業中較快時，這將提高經濟增長率；當增加規模收益的可能性在產業中更大時，產業中就業的增加會使那裡的生產率提高得更快。

1972—1973年的「巴伯景氣」是一次嘗試，想通過創造一種膨脹的氣氛提高生產率；通過政府公開表示的意願使匯率向下浮動，擺脫曾使以往的膨脹中止下來的國際收支的壓力。通過創造一種膨脹氣氛，會使廠商願意增加投資，提高生產率增長速度，從而使膨脹得以持續[50]。但是這種嘗試由於1973年商品價格上漲和1973—1974年石油危機而碰了壁。70年代末著重點愈益轉向作為生產率降低原因的公營部門的規模。培根和埃爾蒂斯（1976）的下述論題受到注意：在生產「未被注意的」產品中所僱傭的勞動力的比例過高，

損害了生產率的增長。1979年以來，保守黨政府成員屢次強調保持公營部門低的規模以及維持刺激的重要性。

關於低增長的原因及救治辦法的思想並沒有什麼缺點。但在這個領域中經濟理論一直沒有提供什麼幫助，這不僅僅因為它提出的課題多到難以從數量上加以確定：企業家和工人的態度，各種限制性措施的效果；教育制度的性質等。有關增長理論的大部分文獻（說明怎樣使增長步伐同外源的已知的技術進步比率相平衡）對解決問題什麼實際幫助也沒有。關於生產率增長的理論也許比其他任何經濟學領域都更多地依據經驗性概括，【406】可是這種概括充其量只顯示出一些暫時性傾向。

## 29.5　結論

本章討論的插曲顯示出在經濟政策制定中存在著很大的連續性。這種連續性有兩個方面。一方面是改變制定政策的態度需要時間，至少在我們考察的這些插曲中，引起這種改變所需要的就不單是出現一種新理論。凱恩斯主義思想在20世紀40年代緩慢地被接受和70年代對它的信心逐漸喪失就是明證[51]。在這些場合，環境的力量（如政府想提出新的不熟悉的問題）就是態度變化背後的重要因素，假如不是主要因素的話。經濟理論的變化在上述場合當然是重要的，但同樣也可以說環境的變化是採取新政策的直接原因。

這種連續性的另一個方面是某些想法在不同時間重複出現。戰後關於匯率的討論所提出的課題在兩次大戰之間關於金本位的討論中提出過。有關貿易和增長可否結合的討論，或者說歐洲共同體20世紀70年代提出的問題，在20世紀初的關稅改革運動中就討論過。這至少部分地因為，儘管環境不斷變化，但英國經濟的基本問題仍然相同：生產率低速增長。

為了確切地說明某些問題，需要更透澈地研究。遠未清楚的是，經濟學家們是否能夠掌握和利用方法上的巨大進步以減少他們在政策問題上的分歧。造成這種情況的原因有三：①由於經濟學本身的性質，使其預期極端冒險。經濟學家們幾乎沒有（如果有的話）提出什麼經驗性法則（作為預期的根據）可與自然科學中的法則相比擬[52]。②在處理某些最重大問題時經濟理論是最靠不住的，特別是在如何推動經濟增長這類問題上。③因為檢驗經濟理論是極為困難的，所以經濟學家們常常過分自信[53]。

哈欽森在考察了經濟學家們所做的極端的論斷之後指出，瞭解經濟知識的**局限性**是特別重要的。他說：「20 世紀初關於從自然科學發展中可以得到上帝賜福的天真幻想和科學預言早已消失了……」但是能從經濟知識的進步中得到福利的天真預言依然存在[54]。即使經濟知識出現了一次大飛躍（他認為沒有理由這樣說），【407】這類天真預言也會被證明是虛妄的。因此他得出結論說：「弄清楚經濟知識和無知的範圍和局限性，會大大有益於減少對現行經濟政策及其後果的不滿，也會減少在政策問題上所存在的混淆不清和缺乏訓練的各種爭論和爭執。」[55]研究方法論和經濟思想史的理由之一，即在於瞭解經濟分析的某些局限性。瓦伊納說：「只在某一個學科領域內思考的人，或者只從某一學科看問題的人，即使在這個學科上也絕不會成為一個具有大學水準的好教員。他們對本學科的瞭解可能非常多，但他們絕不會意識到它的局限性，即使意識到了，也絕不會有一種適當的動機和良好的基礎對其後果或範圍做出判斷。」[56]

註釋：

① 佩登（1983），第 282 頁。
② 參看第 254 頁。
③ 同上，第 283 頁；米德爾頓（1982）。
④ 佩登（1983），第 284 頁。
⑤ 米德（1975）。
⑥ 豪森（1975），第 127-128 頁。
⑦ 但是，這項政策被同意時，經濟衰退已經開始，實施這項政策為時已晚。
⑧ 佩登（1980）。
⑨ 佩登（1983），第 285 頁。
⑩ 參看第 248 頁。
⑪ 哈羅德（1951），第 579 頁以下各頁。
⑫ 布思（1983），第 106-107 頁。
⑬ 同上，第 107 頁。
⑭ 米德是戰時內閣秘書處經濟部的經濟學家之一。
⑮ 布思（1983），第 107-10B 頁。

⑯ 同上，第 108-109 頁。

⑰ 貝弗里奇（1953）。

⑱ 與他先前的報告形成對照的是，他的這一建議未獲得官方認可。參看貝弗里奇（1953），第 15 章。

⑲ 貝弗里奇（1944），策 128 頁。

⑳ 同上，第 30-31 頁。

㉑ 同上，第 106 頁；參看第 247 頁以下。

㉒ 布思（1983），第 109 頁。

㉓ 同上，第 110 頁。

㉔ 同上，第 114 頁。

㉕ 凱恩斯未參與這個白皮書的寫作。

㉖ 佩登（1983），第 295 頁。

㉗ 布思（1983），第 119 頁以下各頁。

㉘ 同上，第 119-120 頁。

㉙ 同上。達爾頓的權威未擴及貨幣政策，他在這方面試圖使利息率盡可能地低。



㉚ 其他理由見第 120 頁，同上。

㉛ 同上，第 122 頁。

㉜ 同上。

㉝ 佩登（1963），第 295 頁，參看哈羅德（1968）。

㉞ 道（1965），第 278 頁以下各頁；參照馬休斯（1968）。

㉟ 關於英國經濟的詳情，參看巴克豪斯（1983），第 1、12 章。

㊱ 里德爾（1983），第 59 頁。

㊲ 同上，第 28、59 頁。

㊳ 這是從一國經濟只有三個部門（公營、私營和海外部門）這一點得出來的，因為一個部門的赤字一定同其他一個或兩個部門的剩餘在量上相等。

㊴ 參看對李嘉圖主義缺陷的討論，第 32、386 頁。【460】

㊵ 斯圖爾特（1977）。

㊶ 道（1965），第 391-392 頁。

㊷ 斯圖爾特（1972），第 188 頁。

㊸ 科茨（1981），第 33 頁。討論了人數增加的原因。

㊹ 此前是歐洲自由貿易區，而不是歐共體成員國。

㊺ 里德爾（1983），第 59-60 頁。

㊻ 這裡說的是表面的赤字；按後來的統計復查，這些年赤字低得多。巴克豪斯（1983），第 242 頁。

㊼ 哈欽森（1977），第 5 章。

㊽ 參考第 250 頁以下各頁。

㊾ 參看第 358 頁以下。

㊿ OECD（1971），第 24-31 頁。

(51) 說的是態度轉變的持久和緩慢，而不是說不會再出現相同的事。

(52) 哈欽森（1977），第 2 章。

(53) 同上，第 6 頁。參看附錄「知識和無知的作用」中的例證。

(54) 同上，第 4 頁。

(55) 同上，第 5 頁。原文中這句有著重點。

(56) 瓦伊納（1958），引文見哈欽森（1977），第 7 頁。

# 30 當代經濟學

## 30.1 經濟學及其過去【408】

從本書論述得出的基本結論之一是經濟分析的發展有著驚人的連續性。杰文斯的價值論同古典派的決裂也許是最重要的，但即使這裡也有重要的連續性因素。在經濟學其他方面（國際貿易論、貨幣經濟學和循環論）也不難發現連續性。這種說法同樣適用於凱恩斯主義革命，即使在宏觀經濟學領域也有重要的連續性因素。

然而，變化是巨大而深刻的，以至於可用「革命」一詞來描述19世紀70年代和20世紀30年代的變化。應當指出，這些革命所涉及的不單是一種新理論或理論結構的出現。在論及斯密的、杰文斯的和凱恩斯的革命時，哈欽森區分了四種不同類型的變化：①比以往更重視和更優先地研究新政策問題。②研究興趣或研究次序的改變。③引進新方法或理論結構。④在可以驗證和反駁的經驗性內容上的變化[①]。這些變化當然是相互聯繫的。除此以外，我們還可以增加一種智力的標準：大約在「邊際主義」革命出現的同時，經濟學愈益變成一種學術性學科，這也許就是潛藏於越來越愛好更正規（多少有點窄）分析背後的東西[②]。同樣，凱恩斯主義革命也難以同大約同時出現的數量革命截然分開。由此可見，19世紀70年代和20世紀30年代所發生的變化並不能完全包括在庫恩的或拉卡托斯理論的結構之內。

儘管它們不能完全解釋19世紀70年代和20世紀30年代的全部發展，但庫恩和拉卡托斯的理論還是有用的。這些革命的許多方面可以根據他們的理論加以解釋。例如，杰文斯和凱恩斯革命以及19世紀70年代貨幣主義興起，就顯示了庫恩所謂革命的許多特徵：經驗性反常現象非常重要，不可忽視；

【409】在可以察覺到危機之時，對方法論問題的興趣不斷增加；經濟學家們從一種「範式」（paradigm）轉向另一種「範式」時有得也有失，等等。此外，很容易確定「常規科學」的階段：研究直接朝著解決庫恩的「難題」。同樣，19世紀70年代和20世紀30年代的變化也顯示了拉卡托斯所謂研究綱領的許多特徵。邊際主義經濟學在19世紀70年代的擴展，凱恩斯經濟學在20世紀30年代和40年代的擴展，便可依據經濟學家們從一種被認為退化（degenerating）的研究綱領轉變到一種進步的研究綱領來加以說明。

## 30.2　當代經濟學狀況

**對當代經濟學的批評**

經濟理論特別從20世紀70年代以來一直處於批評的火網之下，以至於某些評論家稱之為經濟理論的「危機」[3]。經濟學（通常指主流派、「新古典」經濟學）所受批評是說它缺乏經驗性內容，過於抽象，無非是一種智力遊戲[4]。不過，在回答這些批評時，應當把兩個不同的問題區別開來：主流派方法是誤入歧途，需要以其他方法取而代之？還是說它的著重點（在它的研究綱領之內智力資源分配）不當從而需要改進？這是兩個很不相同、應當分別考慮的問題。

**評價標準**

為了回答這些問題，我們需要一種判斷標準。可以設想經濟學家們面臨的任務是提出若干經驗性命題；這些命題可以被證偽，但它們經得起證偽。可以進行證偽的範圍可能有限但它仍是一個基本目標。

然而，如第1章所指出，方法論問題不止於此[5]。特別重要的一點是：各種理論命題不是彼此孤立的，它是一個更大的理論結構的一部分。評價的單位必定同拉卡托斯的科學研究綱領相類似：一套假設和用於概括經驗性命題的程序規則。如果經濟分析旨在概括出經驗性命題，一種研究綱領就應依據它是進步的還是退步的來加以判斷。

拉卡托斯對證偽主義方法論的發展對經濟學特別重要，原因是多方面的。證偽在任一學科都是疑難問題，而在經濟學中特別困難。

第一，各種可控制的試驗鮮有可能，所以也極少可能對一種理論的各個組成

部分進行單獨檢驗。【410】實際上對許多命題不得不進行「間接地」驗證：經濟學家會發現，如果不利用某些概念，他們便既不能理解經濟現象，也不能解釋經驗材料[6]。這種「間接地」檢驗可能被認為是不妥當的，但沒有更好的辦法。

第二，經濟學的對象本身是變化的，我們甚至不能設想人們總以一種方式對經濟刺激做出反應。例如，可以斷定人們今天對通貨膨脹的反應同 20 年前就大不相同。這有兩方面含義：①這限制了經濟學家們像（例如）整理若干世紀以來的天文學資料那樣整理經濟資料，用以檢驗他們的理論。例如，戰前的資料對檢驗關於人們今天如何行動的假定就沒有用處。②更重要的是經濟的變化。這意味著經濟理論在新形勢下被繼續利用，但絕不會被驗證。可見，經濟學家們對任何經驗性概括絕不會（或不應）抱有信任，除非這種概括是從他們相信的理論中引申出來的。經濟理論絕不單是做出預測的一種方式[7]。出於這些理由，值得將當代經濟學評價為拉卡托斯的研究綱領。

## 「新古典」研究綱領[8]

在運用拉卡托斯標準時，一個有力的事實可用來維護新古典研究綱領。在任何研究綱領的假定條件中都不可避免地存在一種以往被認為是不可反駁的硬核。在經濟學中，這種硬核無疑比其他學科的硬核更加重要。上面已經提到了檢驗假定所遇到的種種困難。此外，經濟學家所研究的是社會，而社會是複雜的，這意味著經濟學理論必須（必然）要略去某些現象。因此經濟學許多假定所涉及的問題不是它們對不對，而是它們能否提供一種有效的方式，把對所研究的問題具有重要意義的現象抽象出來[9]。存在不可證偽的（甚或描寫虛假的）假定並**不一定**說明研究綱領不能令人滿意，假如該研究綱領是進步的話[10]。

在考察新古典研究綱領是否進步時，我們將假定它在解釋經濟中發生的現象時一直是成功的（不久就會看到，我們對此假定並不很滿意）。關於解釋經濟現象的方式可以提出兩個問題。

第一，經濟事件能在**事前**預測，還是只能在事後予以解釋？事前預測顯然是遂願的，但它並不像初看上去那樣重要。【411】試看在菲利普斯曲線中包含通貨膨脹預期的例子。當菲利普斯曲線從大約 1960 年起初次被估計時，它是有效的，儘管它們並沒有包含任何通貨膨脹預期。但更重要的是，如果經濟學家們在其計量經濟學著作中試圖承認通貨膨脹預期，那麼，他們得出的結果在經驗上可能是不重要的，這是因為公眾不會像他們今天那樣瞭解以往的通貨

膨脹，或者不過因為存在著更為重要的影響通貨膨脹的因素。

第二，（也是更重要的）各種新因素是以保持研究綱領完整性的方式解釋，還是單以對理論的特定修改來解釋。在這方面主流經濟學的記錄是有利的，因為各種反常現象的解決不是通過對理論做出特定修改，而是通過把基本的最大化行為模式運用到越來越多的問題上。各種特別的假定已被**取消**而不是引進來。試看幾例：①庫茲涅茨有關長期消費方式的資料同凱恩斯主義的消費函數是不吻合的[11]。遷就這一反常現象的方法是將有關消費傾向的特定命題用一種消費者最大化效用理論取而代之：持久收入和生命週期理論[12]。20世紀70年代儲蓄率急遽上升提出了進一步的問題。解決的辦法也不是通過任何特定的權宜之計，而是通過更謹慎地運用理論以及正確地說明收入（估計到通貨膨脹對資產價值的影響）[13]。②弗里德曼（1968）把通貨膨脹預期引進菲利普斯曲線時，他未作任何特定修改，而是使該理論同基本價格理論更加**一致**。與此相關的是：新近有關失業微觀經濟學的文獻一直致力於把最大化行為理論運用到新形勢中，以找出導致長期失業的新因素[14]。

上述各例屬於宏觀經濟學，同樣的例子也存在於經濟學其他領域。由此可能得出結論說，主流經濟學一直在合乎情理地前進[15]。但這只是問題的一方面，因為如要放棄一種研究綱領，有必要找出更好的一種來替代它，而對許多經濟學家來說，似乎沒有任何一個更好的可供替代的研究綱領了。例如，讓我們看一下溫特勞布怎樣說明要他支持後凱恩斯主義研究綱領的條件。

溫特勞布說：「我可能被兩條有區別又有聯繫的論證路線所折服。第一條路線必須包含對新瓦爾拉斯綱領退步的證明，第二條則應當包含對（後）凱恩斯主義綱領進步的證明。

「證明前者所要求的論證充其量是反覆地對新瓦爾拉斯硬核進行特定的調整以吸收各種反常現象。它還要求在相對缺乏新經驗事即時，可以根據從該硬核引申出的理論加以解釋。

「我也不知道該綱領範圍在縮小。【412】寧可說它隨時間推移而擴大了。這在近年來一直有助於解釋種種新現象，從婦女就業率到移民增多、從種族和收入的關係到英國土地肥力的減退。

「證明（後）凱恩斯主義綱領的進步性所要求的，至少是該綱領的硬核的清晰度和綱領的啓發意義。反覆證明後凱恩斯主義不相信的東西是構不成一種研究邏輯的。此外，該綱領的成功之處何在？它的範圍可有多大延伸？它能解

釋哪些以往不能解釋或未被認識的經濟生活特徵?」[36]

布勞格在談及它的缺點時也指出:「只有正統的不合時宜的均衡理論——簡言之,新古典的 SPR——才一直自稱願以其預言作為判斷的根據。」[37]

**研究的方向**

如果接受上述論述,則當代經濟學的許多方面應被理所當然地看作是一種進步的研究綱領的有機組成部分。不過,儘管如此,如以此為由而漠視對當代經濟學的各種批評就不對了。即使有理由沿同一方向繼續進行,也可能對這種研究是否朝著回答各種最重要問題這一點提出疑問。

理由之一是:經濟類職業中的報酬結構本身會導致對經濟學所關注的不同活動做出不適當的評價。①鼓勵研究得出新奇結果而不是真知灼見[18];②過分看重經濟理論和正規的計量經濟學,而不重視現實的經驗性工作(如掌握新資料)[19];③有追求理論的證實而不是證偽的傾向[20]。

粗略地說,上述理由表明,一個人學術生涯前途取決於能否發表作品。因此對學者來說至關緊要的是搞出能有機會發表的著作,但這會得出相反的結果。為了合乎編輯和裁判者的心意,便不宜使著作同新古典經濟學相抵觸,因為他們正是依據作者是否符合這種經濟學來判斷的。此外,更保險的做法是對眾所周知的或時髦的理論稍作富有一定新意的發揮,而不是去研究真正的新問題。後者不僅要冒失敗的風險,而且即使成功了也未必能得到欣賞。

相反的理由當然是說這種做法有助於保持學術的或科學的標準。然而,即使報酬同學術研究的價值成比例,對風險的嫌惡和反感也會使人不去選擇可望取得最大成果的研究方案。【413】為減少他們面臨的風險,他們寧可放棄一部分可望獲得的報酬。話雖這樣說,還得承認理論著作相對於經驗性著作來說仍然較為看重。不過,到底有多看重就不好說了。

同樣的道理也可用於說明為什麼不注重證偽理論卻偏重理論的證實。刊物所要求的是有意義的迴歸的結果,因而否定性結果就得不到出版。儘管如此,還是值得指出取得同某種理論相符合的結果是重要的,因為經濟學的任務不僅在於檢驗理論,而且在於發現各種經驗性法則。

儘管用在抽象理論著作上的精力確實過多了,但應當指出,即使最抽象的理論也不是必然沒有價值。20 世紀 50 年代論述存在一種競爭均衡的著作即是例證。這類工具是高度抽象的,但是,如果競爭均衡模式被完全利用,它還是重要

的。這類工具的功能「在於使理論家們確認這種模式不是空洞無物的。而且**他有權視其為理所當然之事**」[22]。因此，不能因為這些理論著作十分抽象而受批評。可以批評的是，他們認為競爭均衡模式不值得認真對待。但這是另一回事了。

還可以說，經濟理論過於抽象是指經濟學家們追求過分的普遍化。儘管這並不錯，但是應當指出只有在進行了值得重視的研究之後，才能弄清楚能否得到一般性結論。此外，如果模式過分簡化，就有這樣的危險：應當被分析且構成經濟理論對象的某些因素被遺漏而未被分析，而在某些本不存在之處卻暗含了若干確定的理論關係[23]。在研究更多的一般性模式之前，不可能搞清楚哪些簡化是重要的，哪些則無關緊要。

## 30.3 結論

看來，要使經濟分析取得進步，最有可能的做法是：經濟學家們對特定的各種問題進行研究，而他們運用的最為常見的方法，是提出可以檢驗的以及檢驗過的各種假設，而不是以某些極為不同的學說取代主流經濟學。這有兩點理由：①儘管主流經濟學有許多缺點，但它看來還沒有遭到根本破壞，無須替代。它至少像出現的任何一種可供選擇的學說一樣，看來也在不斷進步。②雖然經濟分析的進步遠非整齊劃一，但是看來這種進步多是通過知識的逐漸累積實現的，【414】而知識的累積又是由於經濟學中的多次革命性轉變。這並不是說不會形成一種新型的「範式」，而是說這至少看來像是（如果形成新範式的話）出於試圖解決某些特定的經驗性問題一樣，出自對當代經濟學方法論的批評。

接受這些論述，並不意味著完全拒絕主張取代主流經濟學的人的論證。一個理由是，新古典經濟分析儘管取得了巨大成功，但仍然有些重大課題是它無力解答的，它不能解釋為什麼有的國家總比其他國家的經濟增長得快，這也許就是一個最重要的例子。當課題可能涉及變量之間的簡單函數關係時，新古典理論顯得很有力；而在其他場合，它就顯得軟弱無力了。另一個理由是，經濟學家們在批評主流經濟學時提出了許多不容忽視的問題。奧地利人和後凱恩斯主義者關於不確定性含義的論述，制度主義者關於主流經濟學所用福利標準的論述，以及西蒙關於滿足的論述等，看來都是特別重要的。完全可能在承認這些課題重要性的同時，不接受認為主流經濟學已從根本上被摧毀的看法。儘管

有這些局限性，但在過去100多年間新古典經濟學仍然被多次成功地運用於各種問題的闡釋，其中包括過去一直被認為超出了正規經濟分析的問題。

註釋：

① 哈欽森（1978），第291頁以下各頁。
② 參看第125頁以下各頁。
③ 參看科茨（1977）、艾科諾（1983）和尼勒（1975）。
④ 里昂惕夫（1971）、哈欽森（1977）。
⑤ 參看第1、2節。
⑥ 參看第279頁以下。
⑦ 參看第280頁。
⑧ 參照布勞格（1980a）。
⑨ 參看第278頁。
⑩ 參看第6頁。
⑪ 參看（例如）布蘭森（1979）。
⑫ 參看第335頁。
⑬ 至少從費希爾（1906）以來，收入一直被定義為某人能夠消費的數量，而沒有減去他或她的財富。如果通貨膨脹降低了金融資產的實際價值，則有必要儲蓄一部分以便防止實際價值下跌。因此，已知可衡量收入的水準，則較高的通貨膨脹水準意味著較低的收入水準。
⑭ 參看第300頁以下。
⑮ 也許值得指出拉卡托斯對研究綱領的區分：一種是經驗上的進步，另一種只是理論上的進步（參看第1章及該處所引資料）。
⑯ 溫特勞布（1982），第302-303頁。
⑰ 布勞格（1980a）。
⑱ 參看卡多澤（1980）。
⑲ 里昂惕夫（1971）。
⑳ 坎特伯雷和伯哈特（1983）、布勞格（1980），第261頁。
㉑ 參看第289頁以下各頁。
㉒ 哈恩（1984），第961頁。
㉓ 參看第386頁。

# 參考文獻說明

【461】大部分重要的參考文獻已包括在正文或註釋中。此外，富於啟發性的優秀參考文獻還見於布勞格（1978）、施皮格爾（1983），以及奧布賴恩（1975）關於古典經濟學的著述。《政治經濟學史》是一部有關經濟思想史的主要刊物，其發表的論文很值得查閱。該刊物1983年冬季號刊載了1~15卷（1969—1983）的索引。

這個說明旨在：①為進一步閱讀指出若干出發點；②提供寫作本書時用過的若干材料，它們在別處未曾被提到；③指出正文篇幅所限而省略的課題。正文討論過的那些著作在後面的參考書目中很容易找到，所以這裡著重介紹第二手材料。

## 第一章（緒論）

如何探討經濟學說史，在有關著作中多有涉及。特別重要的是布勞格（1978）和熊彼特（1954）著作的緒論。還可看普里布蘭（1983）著作附錄。很不同的觀點見於羅金（1956）和斯塔克（1944）。斯蒂格勒（1960）和哈欽森（1978，第9章）的書是基本讀物。

在方法論上，布勞格（1980a）和考德威爾（1982）採取了歷史方法。斯圖爾特則集中於支撐經濟論證的邏輯，儘管結果不如其他兩本那麼激動人心，但仍值得一讀。博蘭（1982）和科茨（1982）也有用。還可參閱第20和22章的有關資料。

關於由非經濟學家撰寫的科學哲學著作，拉卡托斯和馬斯格雷夫（1970）的論文都值得一讀。拉卡托斯（1971）解釋了他自己關於如何把他的科學研究綱領法用於評價科學史的觀點；他的「合理重組」法。這種方法的一個極

好例證見於拉卡托斯的著作（1976）。儘管這裡研究的是數學史而不是經濟學史，仍非常值得閱讀。

## 第一篇

對這一篇各章來說，最好的出發點是奧布賴恩（1975）、布勞格（1978），以及熊彼特（1954）和普里布蘭（1983）有關各章。【462】還很值得閱讀的是布勞格（1958）（布勞格後來的著作不能代替這本）、溫奇（1973）和埃爾蒂斯（1984）的著作。關於各位經濟學家，見奧布賴恩（1970）、鮑利（1937）、羅賓斯（1958）和施瓦茨（1972）的著作。更近些的著作有霍蘭德關於斯密（1973）和李嘉圖（霍蘭德，1979）的著作。關於李嘉圖，值得一讀的有奧布賴恩（1981b）和霍蘭德（1982）的著作。最後，坎南（1893）的書雖已出版很久，仍值得閱讀。

薩繆爾森（1978）對古典價值論和分配論作了一個簡明陳述，儘管這應同雷蘭鎔（1980）的著述聯繫起來閱讀。後者認為斯密的理論與薩繆爾森的「典型的」模式不一樣。斯密全部著作的新版已於近期由格拉斯哥大學出版社出版，外加兩卷有關斯密的論文集。這套書的編者是斯金諾和威爾遜，他們又是《國富論》格拉斯哥版的編者。斯金諾關於斯密的若干論文包括在1976年的版本中。

李嘉圖的著作見斯拉法編《李嘉圖著作和通信集》。斯拉法對李嘉圖《原理》（第I卷）所做緒言，對研習李嘉圖經濟學的學生而言是基本讀物。哈欽森（1952）的論文儘管在消除李嘉圖的影響方面走得太遠，但對於過分估價李嘉圖的著作來說不啻是一針解毒劑。還可見哈欽森（1978）第2章。

關於第4-6章的內容，必須提到的著作有瓦伊納（1937）（在貨幣和貿易方面的論述是有用的）、費特（1965）、溫奇（1965）、格蘭普（1960，1965）、戈登（1979）和羅賓斯（1952）。關於愛爾蘭問題（只在第6章略為提及），可見布萊克（1960）。關於古典派對政策和殖民地的態度，見科茨（1971）和肖（1970）。泰勒（1972）對19世紀英國有關自由放任的文獻作了一個有價值的評論。對所有這些問題的進一步參考資料，可見奧布賴恩（1975）、布勞格（1978）和戈登（1979）。

## 第二篇

哈欽森（1953）著作論述杰文斯、瓦爾拉斯、門格爾、馬歇爾和克拉克

的各章，都值得一讀。賈菲（1976）對前三人之間的差別作了簡明討論。又見豪伊（1960）。

凱恩斯 1933 年的論文對杰文斯的著作提供了一個仍然有用的評介。關於杰文斯的最重要論文也許是 R. D. C. 布萊克（1962、1972、1973、1981）的文章。布萊克是杰文斯通信集的編者。又見鮑利（1972）、R. M. 羅伯遜（1951）和切克蘭德（1951）的著作。關於瓦爾拉斯、賈菲的論文是基本讀物，還有熊彼特（1954）著作的有關章節。也可見皮若（1938）、里奇（1933）、科勒德（1973）和梅納德（1980）。對門格爾著作的有益討論，見哈欽森（1981，第 6 章）、考德（1957）和奧爾特（1982）。又見《大西洋經濟雜誌》6（3），1978。【463】

論述馬歇爾的經典作品是凱恩斯（1925）的著作。該書包括了馬歇爾關於經濟學的最重要論文。此外，馬歇爾的許多思想是在為政府準備的各種報告中提出來的，未出版書。對此，可見馬歇爾（1926）。馬歇爾思想的演進，可見惠特克（1975）。惠特克（1974）對馬歇爾（未發表）試圖建立一種數學的增長模式作了有意義的解說。近期論述馬歇爾的著作中，特別有用的是奧布賴恩的著作（1981a）。帕森斯（1931、1932）的書雖較舊，仍值得一讀。又見珀爾曼（1977）、肖夫（1942）、吉爾博（1952）和瓦伊納（1941）、惠特克（1977）、科茨（1968）、科斯（1975）。

關於約翰·貝茲·克拉克，見多夫曼（1946—1959，第 3 卷）、米契爾（1969）、賈拉杜（1975）和亨利（1982）。

對馬克思經濟學的最好介紹之一是布勞格（1978）。布勞格從方法論角度評論了馬克思（1980b）。對《資本論》內容簡明而有益的指南，見布魯爾（1984）。莫里什馬（1973）試圖對馬克思經濟學作一數學解釋，很值得一讀。又見莫里什馬和凱特弗爾（1978）、熊彼特（1942）和羅濱遜（1942）。

關於第 13 章的資料，見布萊克等人（1973）、布勞格（1978）、哈欽森（1955 和 1978，第 3、4 章）、科茨（1967a 和 1980）、斯彭格勒（1968）、珀爾曼（1977）。

## 第三篇

關於新古典時期的經濟學，最有用的著作之一仍是哈欽森（1953），該書第一部分各章為研究各個經濟學家的著作提供了一個很好的出發點。維克塞

爾、帕累托、威斯迪德和霍布森，在哈欽森上述著作中均有論述，但不充分。對這些人的進一步論述見霍曼（1952）、奧布賴恩、普曼斯利（1981）和米契爾（1969）。最後這一本迷人的書是以多年前講課的學生筆記為基礎寫成的，它顯示了20世紀初期經濟學的各種變形，也顯示了米契爾對經濟學的態度。關於帕累托，值得一讀的有皮若（1938）和里奇（1933）。里馬（1933）提供了一個很簡要的評述。

布勞格（1978）、熊彼特（1954）和普里布蘭（1983）提供了一個論題式研究，並得到高度評價。熊彼特的上述著作目錄和索引很有用，一看即知他對某個經濟學家或問題要說些什麼。布勞格用現代理論解釋早期理論，因而有時必須謹慎區分兩者，不過，他的主題研究特別有價值，因為他詳盡討論了第二部分未經深究的一些技術性問題。

關於消費理論，見斯蒂格勒（1950）、熊彼特（1954）和沙克爾（1967），雖然要注意沙克爾完全忽略了費希爾。【464】在不完全競爭理論方面，沙克爾（1967）像希克斯（1935）、奧布賴恩（1983a和1984a）、莫斯（1984）一樣有用。關於競爭均衡的早期討論，見阿羅和哈恩（1971）。斯蒂格勒（1941）的著述對邊際生產率論和分配論是一份經典性資料。又見戈登（1973）的重要論文。

福利經濟學在哈欽森（1953）、布勞格（1978）和熊彼特（1954）的著作中有討論。又見施皮格爾（1952）關於庇古的一章，以及科勒德（1981）和邁因特（1948）。對本書第15章未討論到的一個問題的討論，見拉格爾曼（1949和1950）。

哈伯勒（1936）被許多人看作是對前凱恩斯商業循環論的經典性考察。關於1929年前時期，哈欽森（1953）的兩章是非常寶貴的。漢森（1964）也極有用，因為，要瞭解各個經濟學家，看他的書比哈伯勒的書更容易。對早期著作的考察，見米契爾（1913和1927）。關於20世紀30年代早期的發展（凱恩斯的《貨幣論》和哈耶克），見漢森和陶特（1933）。熊彼特（1954）的著作像普里布蘭（1983）的一樣值得參考。本書第16章未討論到的關於早期美國人的貢獻，見帕里尼和斯克拉（1983）。福斯特和卡欽斯（1923、1925、1927和1928）二人曾被廣泛徵引，雖然常常是帶批判性地徵引。福斯特和卡欽斯（1926）有對他們著作的簡短介紹。關於同時代人對他們的消費不足論的批判，見哈伯勒（1936）第5章。對他們觀點的近期解說，見格利森

（1959）和卡爾森（1962）。關於貨幣理論，見馬吉特（1930）、奧布賴恩（1984b）。

論述凱恩斯的文獻是浩繁的。對凱恩斯的一些早期反應，見哈里斯（1947）。近期討論中特別值得一提的有帕廷金（1976a 和 1982）、溫奇（1969）、M. 凱恩斯（1975）。《經濟學家》1983 年 6 月號有薩繆爾森、希克斯、哈耶克和托賓對凱恩斯的評價。凱恩斯的一部分著作很有助於說明他的思想演進。見《約·梅·凱恩斯著作集》（1971—1983），又見第 26 章參考材料。

對國際貿易論的標準論述是瓦伊納（1937），還有奇普曼的論文（1965 和 1966）、哈伯勒（1933 和 1955）、梅茨勒對埃里斯（1948）、艾弗森（1935）和安杰爾（1926）的貢獻。在閱讀後兩者關於古典派轉帳結構理論時有必要保持慎重。關於這點，可見上面徵引的梅森的文章。關於 1945 年前經濟學發展，可見阿恩特（1972 和 1981）和里默（1981）。

關於英國的歷史主義經濟學，見科茨（1954b）、庫特（1975 和 1980）、卡迪什（1982）、哈特韋爾（1973）和哈特（1971）。又見科茨（1982a）和庫特（1982）。最後這一篇是為一本書寫的緒論，這本書收集了許多英國經濟史教授的就職講演，其中許多講演反應了對這個學科狀況的看法。【465】在米契爾（1969）、哈欽森（1953）、埃克隆和赫伯特（1983）以及普里布蘭（1983）著作中都有對英國歷史主義經濟學的有益討論。

對凡勃侖、康門斯和米契爾的制度主義的討論，見多夫曼等人 1963 年的著述，以及多夫曼（1946—1959，第 3-4 卷）。道德（1958）有凡勃侖著作書目以及論述凡勃侖的廣泛文獻。關於凡勃侖，又見米契爾（1969）、科茨（1954a）、阿羅（1975）和拉瑟福德（1984）。對康門斯思想的有益討論，見格魯奇（1940）、帕森斯（1950）、岡斯（1971 和 1976）、達格爾（1980）和拉瑟福德（1983）。又見帕森斯為康門斯（1950）著作 1970 年版所做序言。第 18 章沒有提到的美國制度主義者中最重要者無疑是 J. M. 克拉克，例如，克拉克（1923，1926，1957 和 1961）。

馬克思主義絕非這一時期討論的社會主義的唯一變形。特別重要的是亨利·喬治。關於美國的討論，見多夫曼（1946—1959）。關於英國的社會主義，見斯蒂格勒（1965）、麥克布賴爾（1962）和里奇（1969）對費邊主義的討論。關於霍布森的社會主義，見艾利特（1981）。20 世紀 20 年代和 30 年代關於社會

主義經濟組織的討論，見哈耶克（1935）和伯格森為艾利斯（194B）所寫的論文。

對英國經濟學和政策的討論見哈欽森（1953）、哈里斯（1972）、溫奇（1969）以及收集在霍蘭德（1970）的論文。對關稅改革運動的討論，見科茨（1964和1968）、凱恩斯（1979b），又見湯姆林森（1981）。考德威爾（1982）和布勞格（1980）都討論了本書第20和22章所涉及的方法論爭論。此外，豪斯曼（1984）和考德威爾（1984）重印了最重要材料，至少是它們的摘錄。豪斯曼所選擇者側重於早期討論，考德威爾的選擇側重於近期討論。儘管兩書有些重複，但主要還是相互補充。兩本書都得到高度評價和推薦。

**第四篇**

在AEA收集的論文中，只有一部分附在書目表中。此外，企鵝出版社出版的許多讀物（大多缺售）包含有非常重要的資料。在AEA/RES（1965）和《經濟文獻雜誌》中有論文索引。一些當代經濟學家已出版了文集，最重要的有希克斯和薩繆爾森的文集。希克斯的文集特別有益，因為其中有他後期對早期著作的反應。對單個經濟學家的討論，見施皮格爾和薩繆爾森（1984）。

關於第23章和26章的有關資料，除強調溫特勞布（1979）、布勞格（1980a，第3部分）和普里布蘭（1983）著述有用外，我在該腳註中沒有再增加什麼。【466】盧卡斯（1980）對宏觀經濟學發展道路的評論是有幫助的。阿羅和英特里蓋特（1981和1982）的著作中雖然多半是非常技術性的內容，但對第23章仍是有用的。德拉澤（1980）批閱了非均衡模式的文獻。關於福利經濟學，森（1970a）的著作比初看上去要好理解得多，整個來說，不讀數學部分也能讀懂非數學部分。森（1982）的許多論文也是完全可理解的。

關於資本理論的文獻異常豐富，也許是因為許多（如果不是大多數）經濟學家發現，要說明在這個問題上的分歧為什麼會如此之大是困難的。從不同觀點的考察，見哈考特（1972）和布利斯（1975）。森（1974）對資本爭論作了總的考察，不過只涉及若干要點。關於爭論的結果，見哈考特（1976）和迪克西特（1977）很不相同的評價。大部分重要的材料收在森（1970c）以及哈考特和萊恩（1971）著作中。沃（1971）關於增長理論的論述，還附有內容廣泛的書目。

對發展經濟學的最好介紹是利特爾（1982）和布魯克菲爾德（1975）的

著述。又見西爾斯（1979）、利文斯頓（1981a）、基利克（1978，第 2 章）、萊爾（1983）和里默（1984，第 6 章）。不要忽略赫希曼（1981）。關於國際貿易，哈伯勒（1955）、科登（1965）和普里布蘭（1983）提供了極好的出發點。

關於艾爾斯和制度主義，見布賴特和卡伯特森（1976a），以及《經濟問題雜誌》1977 年第 11 期第 635-665 頁的評論討論文章。發表在 JEI 上的不同的制度主義觀點，見克萊因（1978）和塞繆爾斯（1977 和 1978）。關於制度主義方法論，見威爾伯和哈里森（1978），又見科茨（1982b）。哈欽森（1984）對制度主義進行了全景觀察。關於新制度主義經濟學，見弗洛頓和里奇特的介紹（1984）。達格爾認為，這兩種制度主義沒有共同之處。

對「奧地利」經濟學的介紹，見利特蔡爾德（1978 和 1982）、多蘭（1976）和尚德（1984）。哈欽森（1981，第 7 章）對現代「奧地利人」的方法論作了批判性說明。科茨（1983c）試圖說明近來對主觀主義興趣的復活。對後凱恩斯主義經濟學的介紹，見克里格爾（1973 和 1983）、艾科諾和克里格爾（1975）。又見龍卡利亞（1977 和 1978）、布拉韋（1978）。對激進經濟學的最好評述是布勞格（1983）。關於芝加哥學派，不僅要看里德（1982），而且要看布倫芬布倫諾（1962）、科茨（1963）和里馬（1967，第 19 章）。

對凱恩斯主義經濟學被接受的討論，見佩登（1980 和 1983）、布思（1983）、米德爾頓（1982），以及溫奇（1969）和 M. 凱恩斯（1975）。關於隨後若干年的經濟學和政策，見哈欽森（1968）。

近年來出現了大批評論經濟學現狀的文章和著作。赫勒（1975）和科茨（1977）的兩篇商榷文章。兩人都列出了一份長長的參考材料表。【467】更晚近的著作有貝爾和克里斯托爾（1981），該書收入了許多有用的作品，並不全是批評主流派理論：艾科諾（1983）、卡多澤（1980）、瑟羅（1983）、卡馬克（1983）、沃德（1972）、威爾伯和詹姆森（1983）。為正確保持這一狀況，值得一讀的有熊彼特（1982）和哈欽森（1983）。哈恩（1984）扼要闡述了現代經濟理論的若干優點。

# 參考文獻縮寫表

**AAA** Annals of the American Academy of political and social science (《美國政治和社會科學院年刊》)

**AEA** American Economic Association (美國經濟協會)

**AE** American Economist (《美國經濟學家》)

**AER** Atlantic Economic Review (《大西洋經濟評論》)

**AEJ** Atlantic Econoomc Journal (大西洋經濟雜誌)

**BA** British Association for the Advancement of Science, Section F (英國科學促進會，F組)

**CJE** Cambridge Journal of Economics (《劍橋經濟學雜誌》)

**CJEPS** Canadian Journal of Economic and political Science (《加拿大經濟和政治科學雜誌》)

**EA** Economie Appliguee (《應用經濟學》)

**ECa** Economica (《經濟學》)

**ECta** Econometrica (《計量經濟學》)

**EDCC** Economic Development and Cultural Change (《經濟發展和文化變遷》)

**HER** Economic History Review (《經濟史評論》)

**EJ** Economic Journal (《經濟雜誌》)

**FR** Fortnightly Review (《雙周評論》)

**GdE** Giorgnale degli Economisti (《經濟學家雜誌》)

**HOPE** History of Political Economy (《政治經濟學史》)

**IER** International Economic Review (《國際經濟評論》)

**IMFSP**　　International Monetary Fund Staff Papers（《國際貨幣基金成員公報》）

**JEH**　　Journal of Economic History（《經濟史雜誌》）

**JEL** Journal of Economic Literature（《經濟文獻雜誌》）

**JES** Journal of Economic Studies（《經濟研究雜誌》）

**JET**　　Journal of Economic Theory（《經濟理論雜誌》）

**JIE** Journal of International Economics（《國際經濟學雜誌》）

**JLE**　　Journal of Law and Economics（《法學和經濟學雜誌》）

**JPKE**　　Journal of post keynesian Economics（《後凱恩斯主義經濟學雜誌》）

**Kyk**　　Kyklos（《國際社會科學評論》）

**LBR** Lloyds Bank Review（《勞埃德銀行評論》）

**MS**　　Manchester School（《曼徹斯特學派》）

**REP**　　Revue'd Economie Politique（《政治經濟學評論》）

**RES** Review of Economic Studies（《經濟研究評論》）

**REStats**　　Review of Economic and Statistics（《經濟學和統計學評論》）

**SEJ**　　Southern Economic Journal（《南方經濟雜誌》）

**SJE** Swedish/Scandinavian Journal of Economics（《瑞典/斯堪的納維亞經濟學雜誌》）

**SJPE**　　Scottish Journal of Political Economy（《蘇格蘭政治經濟學雜誌》）

**WA**　　Weltwirtchaftliches Archiv（《世界經濟文獻》）

**YLJ**　　Yale Law Journal（《耶魯法學雜誌》）

**YR**　　YaLe Review（《耶魯評論》）

**Zgs**　　Zeitschrift fur die Gesamte Staatswissenchft（《一般政治學雜誌》）

**ZN**　　Zeitschrift fur Nationalokonomie（《國民經濟學雜誌》）

# 參考文獻

說明：

1. 本參考文獻按漢字筆畫數由少到多的次序排列。
2. 筆畫數相同的，按起筆點、橫、直、撇、折次序排列。
3. 書寫次序：①著作：作者姓名（著作初版時間）著作名稱（編者或譯者姓名），著作出版地點：出版社。②論文：作者姓名（論文初次發表時間）論文題目、雜誌名稱、卷數、頁數。

原說明：

作者姓名後的年份為著作初版時間。如具體標出後續版本時間或雜誌論文重印時間，引文頁碼出處即指此後續版本或重印本。

## 二畫

丁伯根，J.（1935）經濟政策的數量考察，WA42，316-399。

丁伯根，J.（1939）《美國商業循環》（1919—1932）。

丁伯根，J.（1952）《經濟政策理論》，阿姆斯特丹。

## 三畫

門格爾，C.（1871）《經濟學原理》，J. 丁格威爾和 B. F. 霍斯利茲譯，1950 年，格倫科：伊利諾斯。

門格爾，C.（1883）《經濟學與社會學問題》，F. J. 諾克譯，1963 年，烏巴納。

下議院（1981）《財政和公民服務委員會，貨幣政策》，第 1 卷：報告，

1980—1981年，HC163-I。

凡勃侖，T. B.（1898）為什麼經濟學不是一門進化科學？*QJE* 12，373-397。收入凡勃侖（1919）。

凡勃侖，T. B.（1899）《有閒階級論》，紐約。

凡勃侖，T. B. （1899—1900）《經濟科學的前提》，*QJE* 13，121-150，396-426；14，240-269。收入凡勃侖（1919）。

凡勃侖，T. B.（1906）《克拉克教授的經濟學》。*QJE* 22，147-195。收入凡勃侖（1919）。

凡勃侖，T. B.（1906—1907）《馬克思及其追隨者的社會主義經濟學》，*QJE* 20，575-595；21，299-322。

凡勃侖，T. B.（1914）《手藝見識和工藝狀況》。

凡勃侖，T. B.（1915）《德意志帝國與產業革命》，倫敦。

凡勃侖，T. B.（1910）《科學在現代文明中的地位及其他》，紐約。

凡勃侖，T. B.（1921）《工程師和價格體系》，紐約。

馬塞厄斯，P.（1983）《第一工業國》，第2版，倫敦，梅休因。

馬塞特，J.（1816）《關於政治經濟學的對話》，第2版，1817本；第3版，1839年。

馬吉特，A. W.（1930）《價格理論》，2卷本，倫敦。

馬斯格雷夫，R. A,（1939）《公共經濟的無償交換理論》，*QJE* 53，213頁以下各頁。

馬斯格雷夫，R. A.（1959）《公共財政理論》，倫敦：麥克勞-希爾。

馬林沃德，E.（1953）《資本累積和資源有效配置》，*ECta* 21，233-268。

馬林沃德，E.（1980）《贏利可能性和失業》，劍橋：劍橋大學出版社。

馬奇，N. 德（1973）《穆勒、凱恩斯和邊際主義在英國的形成》。收入布萊克等（1973）。

馬奇，N. 德（1976）《反常與經濟學的發展：里昂惕夫悖論》。收入拉希斯（1976）。

馬里斯，R.（1964）《管理資本主義的經濟理論》，倫敦，麥克米倫。

馬歇爾，A.（1879）《對外貿易和國內價值純理論》，LSE 重印叢書，倫敦，JSE。

馬歇爾，A.（1885）《經濟學現狀》。收入馬歇爾（1925）。

馬歇爾，A.（1887）《一般價格波動之補救辦法》，《當代評論》。收入馬歇爾（1925）。

馬歇爾，A.（1890）《經濟學原理》，第8版，1920年。C. W. 吉爾博編的不同版本，1961年，倫敦，麥克米倫。

馬歇爾，A.（1892）《經濟史的濫用：一個答復》，*BJ*2，507-519。

馬歇爾，A.（1897）《新老經濟學家》，*QJE*11。收入馬歇爾（1925）。

馬歇爾，A.（1907）《經濟騎士精神的社會可能性》，*EJ*17，收入馬歇爾（1925）。

馬歇爾，A.（1919）《工業和貿易》，倫敦。

馬歇爾，A.（1923）《貨幣，信用和商業》，倫敦。

馬歇爾，A.（1925）《阿爾弗雷德·馬歇爾紀念文集》，A. C. 庇古編，倫敦。

馬歇爾，A.（1926）《馬歇爾的官方報告》，J. M. 凱恩斯編，倫敦。

馬歇爾，A. 和馬歇爾，M. P.（1879）《工業經濟學》。

馬克思，K.（1867—1894）《資本論》，3卷本，S. 莫爾和S. 艾維靈譯，倫敦：勞倫斯和威沙特。

馬科維茨，H. M.（1859）《著作選集》，紐約。

馬休斯，R. C. O.（1968）《為什麼英國在戰後保持了充分就業？》*EJ*78，555頁以下各頁。

馬爾薩斯，T. R.（1798）《人口原理及其對社會未來發展的影響》，第2版，1803年。

馬爾薩斯，T. R.（1815）《地租的性質及發展之研究》。

**四畫**

威斯特，E.（1815）《論資本用於土地》

韋克菲爾德，E. G.（1833）《英國和美國》，載於《E. G. 韋克菲爾德著作選》，M. F. 勞埃德-普里查德編，1968年，格拉斯哥。

韋伯，M.（1904）《新教倫理和資本主義精神》。T. 帕森斯譯，1930年，倫敦：艾倫和昂溫。

切克蘭德，S. G.（1951）《杰文斯所見之英國經濟觀點》，*MS*19，143-169。

瓦拉德，D.（1948）《貨幣理論》。收入埃里斯（1948）。

瓦伊納，J.（1924a）《加拿大國際債務平衡》。劍橋，麻省。

瓦伊納，J.（1924b）《美國貿易條約中的最惠國條款》，*JPE*32，101-129。

瓦伊納，J.（1931）《最惠國條款》，索引6，2-17。

瓦伊納，J.（1937）《國際貿易理論研究》，倫敦。

瓦伊納，J.（1941）《關於人及其時代關係的馬歇爾經濟學》，*AER*31，223-235。

瓦伊納，J.（1950）《關稅同盟問題》，倫敦。

瓦伊納，J.（1958）《關於在研究生培養中著重於講座的最適當建議》。收入《長短期觀點》，格倫索，伊利諾斯。

瓦爾拉斯，L.（1874）《純經濟學要義》，W. 賈菲譯，1954年，倫敦：喬治-艾倫和昂溫。

瓦爾拉斯，L.（1896）《應用經濟學研究》，巴黎。

瓦爾拉斯，L.（1898）《社會經濟學研究》，巴黎。

瓦爾拉斯，L.（1965）《里昂·瓦爾拉斯的通信及有關文獻》，W. 賈菲編，阿姆斯特丹：北荷蘭。

戈森，H，H.（1854）《人類行為法則》。

戈什，K. N.（1964）《殖民化爭論：R. J. 威爾蒙特-霍頓和古典經濟學家》，*ECa*31，385-400。收入科茨（1970）。

戈爾曼，W. M.（1953）《集體偏好的領域》，*ECta*21，63-80。

戈爾曼，w. M.（1980）《分析雞蛋市場上質量差別的一種可行辦法》，*RES*47，843-856。

戈登，B.（1979）《經濟理論和保守黨的自由主義（1824—1830）》，倫敦：麥克米倫。

戈登，D. F.（1965）《經濟思想史在理解當代經濟理論中的作用》，*AER*55，增補，119-127。

戈登，R. J.（1976）《通貨膨脹和失業理論的新發展》，*JME*2，185-219。收入科里拉斯和桑（1979）。

戈登，R. J. 編（1974）《弗里德曼的貨幣構架》，芝加哥：芝加哥大學出版社。

戈登，S.（1973）《工資基金爭論：第二輪》，*HOPE*5，19-35。

岡斯，R. A.（1971）《約翰·R. 康門斯的立法經濟理論》，*JEL*5，

80-95。

岡斯，R. A.（1976）《新財產權研究和康門斯的資本主義之法律基礎》，*JEL*10，765-797。

貝格，D. C. K（1982） 《宏觀經濟學的合理預期革命》，牛津：菲利浦·艾倫。

貝克爾，G. A.（1964）《人力資本》，紐約。

貝克爾，G. A.（1965）《時間分配論》，*EJ*75，493-517。

貝克爾，G. A.（1976）《人類行為的經濟研究》。芝加哥：芝加哥大學出版社。

貝里，A.（1891）《分配純理論》，重印於鮑莫爾和戈德菲爾德（1968）編著的文集中。

貝恩，G. S.（1947）《對壟斷和寡頭壟斷下價格形成的解說》，*AER*39，448-464。

貝恩，J. S.（1956）《新競爭的障礙》，劍橋，麻省。

貝利，S.（1925）《對價值尺度、性質和原因的批判考察》，LSE 重印叢書，7，倫敦：LSE。

貝爾. D. 和克里斯托爾，I. 編（1981）《經濟理論的危機》，紐約：基本圖書公司。

貝弗里奇，W.（1909）《失業，一個產業問題》，倫敦。

貝弗里奇，W.（1942）《關於社會服務和聯合服務的報告》，CMND6404。

貝弗里奇，W.（1944）《自由世界的充分就業》，倫敦。

貝弗里奇，W.（1953）《權力與影響：自傳》，倫敦。

貝納希，J. P.（1975） 《貨幣經濟的新凱恩斯主義不均衡》，*RES*42，502-523。

貝納希. J. P.（1976）《對壟斷價格調整和一般壟斷均衡的不均衡研究》，*RES*43，69-81。

丹齊克，G. B.（1951）《線性不等式條件下，各變量線性方程的最大化》，載於庫普曼斯（1951）。

巴洛，R. J. 和格羅斯羅，H. I.（1971）《收入和就業的一般不均衡模式》，*AER*61，82-93。

巴蘭，P.（1957）《增長的政治經濟學》，紐約。

巴斯塔布爾，C. F.（1889）《國際貿易理論的若干應用》，*QJE*4，第 1 頁以下各頁。

巴斯塔布爾，C. F.（1897）《國際貿易理論》，第 3 版，1900 年，倫敦。

巴斯塔布爾等人（1903）《致泰晤士報的信》，8 月 12 日。重印於 *EJ*13，446-449。

巴格浩特，W.（1970）《英國古典政治經濟學的幾個問題》，FR，按 1885 年同名著作重印。

巴格威梯，J.（1959）《保護主義、實際工資和實際收入》，*EJ*69，733-744。重印於巴格威梯（1969）。

巴格威梯，J.（1964）《國際貿易純理論：一個觀察》，*BJ*74。收入 *AEA/RES*（1965），第 2 卷。

巴格威梯，J. 編（1969）《國際貿易文選》，哈芒茨伍思：企鵝出版社。

巴格威梯，J. 編（1981）《國際貿易文選》，劍橋，麻省：麻省理工學院出版社。

巴克豪斯，R. E（1983）《宏觀經濟學與英國經濟》，牛津：馬丁-羅伯遜。

巴拉韋，K.（1978）《古典政治經濟學和供求論支配地位的興起》，RCDutt 講座，加爾各答：東方朗曼出版社。

巴托，F. M.（1957）《福利最大化的簡單分析》，*AER*47，22-59。

巴倫，E.（1908）《集體主義國家的生產部門》，譯文見哈耶克（1935）。

鄧洛普，J. T.（1938）《實際工資率和貨幣工資率的運動》，*EJ*48，413 頁以下各頁。

比爾斯，J. S.（1941）《聯邦同盟的稅收狀況》，*QJE*56，49-92。

## 五畫

漢森，A，H.（1941）《財政政策和商業循環》，倫敦。

漢森，A. H.（1964）《商業循環和國民收入》，第 3 版，倫敦。

漢森，A. H. 和克萊門斯，R. V.（1953）《商業循環和國民收入讀物》，倫敦：喬治-艾倫和昂溫。

漢森，A. H. 和陶特，H.（1953）《商業循環理論例年評述：商業循環理論中的投資和儲蓄》，*ECtal*，119-147。

漢森，B.（1951）《通貨膨脹理論研究》，倫敦：麥克米倫。

漢森，B.（1982）《斯德哥爾摩學派和動態方法的發展》，倫敦：克魯姆-赫爾姆。

安杰爾，J. W.（1926）《國際價格理論》，劍橋，麻省。

安托內利，E.（1953）《里昂・瓦爾拉斯和卡爾・門格爾的通信》，*EA*6，第 269 頁以下各頁。

安德森，B. M.（1920）《對卡塞爾報告的若干觀察》，*AAA* 89，268-273。

安德森，J.（1777）《穀物法性質研究》。

安多，A. 和莫迪格里安尼，F.（1965）《貨幣週轉率相對穩定性和投資乘數》，*AER*55，693-728。

蘭開斯特，K.（1957）《評希克斯》（1956）*ECa*24，第 351 頁以下各頁。

蘭開斯特，K.（1966a）《消費品生產技術的變化及革新》，*AER*56，14-23。

蘭開斯特，K.（1966b）《研究消費者理論的新思路》，*JPE*74，132-157。

蘭格，O.（1935）《馬克思和當代經濟理論》，*RES*2，189-201。

艾波亞德，D. R. 和英格拉姆，J. C.（1979）《對穆勒的「偉大的一章」增補內容的再考察》，*HOPE*ll，459-476。

艾恩芒格，D. S.（1972）《新商品和消費者行為》，劍橋：劍橋大學出版社。

艾科諾，A. S. 編（1983）《為什麼經濟學還不是一門科學》，倫敦：麥克米倫出版社。

艾科諾，A. S. 和克里格爾，J. A.（1975）《論後凱恩斯主義經濟理論：經濟學的一種新範式》，*JEL*13，1293-1314。

艾利特，J.（1981）《新自由主義：J. A. 霍布森的政治經濟學》，多倫多：多倫多大學出版社。

艾倫，P. R. 和凱南，P. B.（1978）《收支平衡，匯率和經濟政策》，《國際金融》，19，1979，普林斯頓大學重印。

艾爾斯，C. E.（1935a）《經濟學的道德混亂》，*CJE*45，170-199。

艾爾斯，C. E.（1935b）《被打破的混亂》，*CJE*45，356-358。

艾爾斯，C. E.（1944）《經濟進步理論》，查普-希爾。

艾爾德克羅弗特，D. H.（1984）《充分就業：難以捉摸的目標》，布萊頓，哈弗斯特出版社。

艾弗森，C.（1935）《國際資本運動理論的若干方面》，第2版，1936年，哥本哈根。

古爾諾，A. A.（1838）《財富理論數學原理之研究》，I. 費希爾譯，1927年，紐約。

布蘭森，W. H.（1979）《宏觀經濟理論與政策》，第2版，紐約，哈珀和勞。

布勞格，M.（1958）《李嘉圖主義經濟學》，紐黑文。

布勞格，M.（1975）《劍橋革命：成功還是失敗？》，倫敦：經濟管理學院。

布勞格，M.（1978）《經濟理論回顧》，第3版，劍橋：劍橋大學出版社。

布勞格，M.（1980）《經濟學方法論》，劍橋：劍橋大學出版社。

布勞格，M.（1980b）《馬克思主義經濟學方法論評價》，阿姆斯特丹：北荷蘭。

布勞格，M.（1983）《激進經濟學方法論評價》，載於科茨（1983a）。

布萊克，R. D. C.，科茨，A. W. H.，古德溫，C.（1973）《經濟學的邊際革命》，北卡羅來納，達勒姆：杜克大學出版社。

布萊克，D.（1948）《論集團決策的合理性》，$JPE$，23-34。

布萊克，J.（1962）《技術進步函數與生產函數》，$ECa$29，第106頁以下各頁。

布萊克，B. D. C. 編（1971）《經濟分析發展讀物：1776—1848》，牛頓-阿伯特，大衛和查爾斯。

布萊克，R. D. C.（1960）《杰文斯和凱恩斯》，$ECa$27，214-232。

布萊克，R. D. C.（1960）《經濟思想與愛爾蘭問題》，劍橋：劍橋大學出版社。

布萊克，B. D. C.（1962）《杰文斯和同時代的經濟學家》，$MS$，203-221。

布萊克，R. D. C.（1970）杰文斯（1871）《政治經濟學理論》1970年版序言。

布萊克，R. D. C.（1972）《杰文斯、邊際主義和曼徹斯特》，$MS$40，2-8。

布萊克，R. D. C.（1973）《杰文斯和當代經濟學的基礎》。收入布萊克等編的文集（1973）。

布萊克，R, D. C.（1981）《杰文斯（1835—1882）》，載於奧布賴恩和普雷斯利（1981）。

布賴特，W. 和卡伯特森 W. P.（1976b）《克拉倫斯·埃德溫·艾爾斯：一位知識分子的肖像》，載於布賴特和卡伯特森（1976a）。

布賴特，W. 和卡伯特森. W. P. 編（1976a）《科學與禮儀》，得克薩斯大學出版社。

布賴特，W. 和霍克曼，H. M.（1968）《微觀經濟學讀物》，倫敦：霍爾特，蘭恩哈特和溫斯頓。

布里斯曼，S.（1933）《對外匯理論的若干看法》，載於卡塞爾（1933）。

布里西阿尼-特洛尼，C.（1934）《「購買力平價」理論》，《現代埃及》（L'Eggpt contemporaine）25，433-464。

布里奇曼. P.（1927）《現代物理學的邏輯》，紐約。

布恩，A.（1983）《經濟決策中的「凱恩斯革命」》，$EHR$34，103-123。

布羅貝克，M.（1982）《社會科學的哲學讀物》，倫敦：麥克米倫出版社。

布利斯，C. J.（1975）《資本理論與收入分配》，阿姆斯特丹：北荷蘭。

布倫芬布倫諾，M.（1962）《對「芝加哥學派」的某些觀察》，$JPE$70，72-75。

布倫芬布倫諾，M.（1970）《美國激進經濟學：1970年的調查》，$JEL$8，747-766。

布倫芬布倫諾，M.（1971）《經濟思想「科學革命的結構」》，$HOPE$3，136-151。

布倫芬布倫諾，M. 和福爾茲曼，F. D.（1963）《通貨膨脹理論觀察》，$AER$43，593-661，重印於 $AEA/RES$（1965），第1卷。

布魯諾，M.，伯梅斯特，E. 和謝申斯基，E.（1966）《技術再轉轍的性質及含義》，$QJE$80，526-553。

布魯克菲爾德，H.（1975）《相互依存的發展》，倫敦：梅休因。

布魯爾，A. A.（1981）《馬克思主義的帝國主義論》，倫敦：勞特利奇和基根—保羅。

布魯爾，A. A.（1984）《〈資本論〉指南》，劍橋：劍橋大學出版社。

龍卡利亞，A.（1977）《斯拉法革命》。收入溫特勞布（1977）。

龍卡利亞，A.（1978）《斯拉法和價格理論》，紐約：威利。

卡塞爾，G.（1899）《價格理論大綱》，$Zgs$55。

卡塞爾，G.（1901）《利息的性質和必要性》，倫敦。

卡塞爾，G.（1916）《外匯現狀》，*EJ*26，第62頁以下各頁和319頁以下各頁。

卡塞爾，G.（1918a）《社會經濟理論》，J. 麥克卡比譯，1923年，倫敦。

卡塞爾，G.（1918b）《國際交換中的異常偏差》，*EJ*28，第413頁以下各頁。

卡塞爾，G.（1919）《德國馬克的貶值》，*EJ*29，492-496。

卡塞爾，G.（1920）《對世界貨幣問題國際討論的若干建議》，*AAA*29，259-267.

卡塞爾，G.（1922）《1914年後的貨幣和外匯》，倫敦。

卡塞爾，G.（1933）《經濟文集》，倫敦：喬治-艾倫和昂溫。

卡萊斯基，M.（1933）《論商業循環理論》。譯文見《商業循環理論研究（1933—1939）》，牛津：巴茲爾-布萊克威爾，1969年。

卡森，M.（1982）《失業經濟學》，牛津：馬丁-羅伯遜。

卡迪什，A.（1982）《19世紀後半期牛津經濟學家》，牛津：牛津大學出版社。

卡恩，R. F.（1931）《家庭投資與失業之關係》，*EJ*42，第173頁以下各頁。

卡多澤，H.（1980）《經濟學的思想體系和方法》，倫敦：麥克米倫。

卡多索，F. H.（1977）《一份複製品的獨創性：CEPAL與發展的思想》，CEPAL評論，2、7-40。

卡多索，F. H. 和法爾托，L.（1979）《拉丁美洲的依附性與發展》，伯克利：加利福尼亞大學出版社。

卡爾森，J. A.（1962）《福斯特和卡欽斯：數學的評價》，*JPE*70，第400頁以下各頁。

卡爾多，N.（1937）《經濟理論的例年觀察，近期有關資本理論的爭論》，*ECta*5，201-233。

卡爾多，N.（1938）《答復奈特教授》，*ECta*6，63-82。收入《價值與分配文集》，倫敦：杜克沃思。

卡爾多，N.（1939）《經濟學的福利命題和個人之間的效用比較》，*EJ*49，549-551。收入AEA（1969）。

卡爾多，N.（1956）《可供選擇的分配理論》，*RES*23。收入森（1970c）。

卡爾多，N.（1957）《經濟增長模型》，*EJ*67，591-624。

卡爾多，N. 和米利斯，J. A.（1962）《一個新的經濟增長模式》，*BES*29，174-190。收入森（1970c）。

卡弗，T. N.（1903）《關於工業蕭條理論的一項建議》，*QJE*17，第497頁以下各頁。

卡馬克，A. M.（1983）《經濟學與現實世界》，牛津：巴茲爾-布萊克威爾。

盧卡斯，R. E.（1972）《預期和貨幣之中性》，*JET*4，103-124。

盧卡斯，R. E.（1975）《商業循環的均衡模式》，*JPE*83，1113-1144。

盧卡斯，R. E.（1976）《經濟政策評價》。收入《菲利浦斯曲線和勞動市場》，《卡內基-羅切斯特基金會論公共政策叢書》第1卷，阿姆斯特丹：北荷蘭。

盧卡斯，R. E.（1977）《理解商業循環》。收入 K. 布魯諾和 A. H. 梅爾策編《國內和國際經濟的穩定》，阿姆斯特丹，北荷蘭。

盧卡斯，R. E.（1978）《失業政策》，*AER*68，353-357。

盧卡斯，R. E.（1980）《商業循環理論的方法與問題》，*JMCB*12，696-715。

史密斯，L. 編（1962）《經濟方法論文集》，倫敦：杜克伍思。

史潘斯，M.（1974）《市場信號》，劍橋，麻省：哈佛大學出版社。

史潘斯，M.（1976）《市場結構的信息問題：導論》，*QJE*90，591-597。

皮斯，I.（1970）《國際貿易》，倫敦：麥克米倫。

庇古，A. C.（1908）《經濟科學同實踐的關係》，就職演說，劍橋大學。

庇古，A. C.（1912）《財富和福利》。

庇古，A. C.（1917）《合法貨幣的交換價值》，*QJE*32。收入庇古（1923）。

庇古，A. C.（1920）《福利經濟學》，第4版，1932年，倫敦。

庇古，A. C.（1922）《外匯》，*QJE*。收入庇古（1923）。

庇古，A. C.（1923）《應用經濟學文集》，倫敦。

庇古，A. C.（1927）《工業波動》，倫敦。

庇古，A. C.（1928a）《公共財政研究》第3版，1947年，倫敦。

庇古，A. C.（1928b）《供給分析》，*BJ*38，238-257。

庇古，A. C.（1933）《就業理論》，倫敦。

庇古，A. C.（1938）《經濟均衡論：瓦爾拉斯和帕累托》，巴黎。

尼塞，A. C.（1932）《市場均衡條件下的工資額和就業率》，*WA*36，413-455。

尼文，E. T.（1955）《貨幣貶值的機制》，卡迪夫。

尼基希，T.（1960）《壟斷競爭和一般均衡》，*RES*28，196-201。

尼勒，W.（1975）《什麼樣的經濟學是正確的?》*AER*65，1-26。

尼科爾，A. J.（1941）《需求、純收入和價格理論中的概率分析》，*JPE*49，637-661。

尼科爾森，J. S.（1893）《政治經濟學原理》，第3版，1901年，倫敦。

尼爾，B. J.（1967）《增長論和價值論》，*EDCC*16，15-26。收入哈考特和萊恩（1971）。

弗洛頓，E. G. 和里奇特，B.（1984）《新制度經濟學》，*Zgs*140，1-6。

弗蘭克，A. G.（1968）《拉丁美洲的發達與不發達》，紐約：每月評論出版社。

弗蘭克爾，J. A. 和約翰遜，H. G. 編（1976）《收支平衡的貨幣方法》，倫敦：艾倫和昂溫。

弗農，R.（1966）國際投資和產品循環的國際貿易，*QJE*80，190-207。

弗勞德，R. 和麥克勞斯基，D.（1981）《1700年以來的英國經濟史》，劍橋：劍橋大學出版社。

弗萊明，J. M.（1951）《論充分利用收支平衡限制進口》，*EJ*61，48-71。

弗勒克斯，A. W.（1894）《評威斯迪德》（1894），*EJ*4，305-313.

弗里希，R.（1933）《動態經濟學中的增殖和衝擊問題》。收入卡塞爾（1933）和 *AEA*（1965）。

弗里希，R.（1930）《一般經濟理論例年考察：指數問題》，*ECta*4，1-38。

弗里德曼，M. 和邁澤爾曼，D.（1963）《貨幣速度的相對穩定性和美國的投資乘數，1897—1958》。收入《穩定化政策》。

弗里德曼，M. 和施瓦茨，A. J.（1963a）《1861—1960美國貨幣史》，普林斯頓：普林斯頓大學出版社。

弗里德曼，M. 和施瓦茨，A. J.（1963b）《貨幣與商業循環》，*REStats*45。收入弗里德曼（1969）。

弗里德曼，M.（1953）《實證經濟學方法論》。收入《實證經濟學論集》，重印於布賴特和霍克曼（1968）。

弗里德曼，M.（1956）《貨幣數量論：重新表述》，載於弗里德曼（編）《貨幣數量論研究》，重印於弗里德曼（1969）。

弗里德曼，M.（1957）《消費函數理論》，普林斯頓。

弗里德曼，M.（1958）《外援：途徑與目標》，my，24-38。

弗里德曼，M.（1968）《貨幣政策的作用》，AER58。收入弗里德曼（1969）。

弗里德曼，M.（1969）《最適度貨幣量及其他論文集》，倫敦：麥克米倫。

弗里德曼，M.（1970）《貨幣分析的理論構架》，JPE78，193-228。收入戈登（1974）。

弗里德曼，M.（1974）《對批評的評論》。收入戈登（1974）。

邊沁，L.（1789）《道德與立法原理導論》J. H. 伯恩斯和 H. L 哈特編，1982 年，倫敦：麥克米倫。

邊沁，J.（1818）《立法理論》，R. 赫德利斯譯，1874 年，倫敦。

加里格納尼，P.（1970）異質資本、生產函數和分配理論，RES37，407-436。收入亨特和施瓦茨（1972）。

加爾布雷思，J. K.（1952）《美國資本主義》，哈芒茨伍思：企鵝出版社，1963 年。

加爾布雷思，J. K.（1955）《大崩潰，1920》，哈芒茨伍思：企鵝出版社，1961 年。

加爾布雷思，J. K.（1958）《豐裕社會》，哈芒茨伍思：企鵝出版社。

加爾布雷思，J. K.（1967）《新工業國》，哈芒茨伍思：企鵝出版社，1969 年。

**六畫**

宇澤，H.（1961）《兩部門的經濟增長模式》，RES20，40-47。

宇澤，H.（1962）《埃杰沃斯交易過程的穩定性》，IER3，第 218 頁以下各頁。

宇澤，H.（1973）《關於凱恩斯的貨幣增長模式》。收入米利斯和斯特恩（1973）。

劉易斯，W. A.（1954）《勞動供給無限條件下的經濟發展》，MS22。收入阿戈瓦拉和森（1958）。

米塞斯，L. V.（1912）《貨幣與信用理論》，H. E. 巴特桑譯，1934 年，倫敦：約翰森-凱普。

米塞斯，L. V.（1933）《經濟學的認識論問題》，G. 萊斯曼譯，1960 年，普林斯頓。

米塞斯，L. V.（1969）《奧地利學派的歷史背景》。

米商，E. J.（1965）《福利經濟學觀察》（1939—1959）。收入 AEA/RES（1965）。

米契爾，W. C.（1910）《經濟活動的合理性》，*JPE*l8。

米契爾，W. C.（1912）《商業循環》，紐約：伯特-弗蘭克林。

米契爾，W. C.（1925）《經濟理論中的數量分析》，*AER*15，1-12，重印於米契爾（1937）。

米契爾，W. C.（1927）《商業循環及其調整》，紐約。

米契爾，W. C.（1935）《康門斯論制度經濟學》，*AER*25，635-652。收入米契爾（1937）。

米契爾，W. C.（1937）《延期支付貨幣的技巧及其他論文集》，紐約。

米契爾，W. C.（1969）《經濟理論的類型》，紐約：凱利。

米契爾，W. C. 和伯恩斯，A. F.（1946）《測定商業循環》，紐約。

米勒，M. O.（1971）《宏觀經濟學讀物》，第 2 版，倫敦：霍爾特，萊因哈特和溫斯頓。

米克，R. L.（1967）《經濟學、意識形態及其他》，倫敦：查普曼和霍爾。

米因斯，B. S.（1962）《同類生產函數、要素強度變更和赫克歇爾-俄林原理》，*JPE*70，238-156。

米利斯，J. A.（1971）《最適度收入稅理論的解說》，*RES*38，175-208。

米利斯，J. A. 和斯特恩，N. H.（1973）《經濟增長模式》，國際經濟協會。

米德，J. E.（1951）《收支平衡、國際經濟政策理論》，第 1 卷，倫敦。

米德，J. E.（1952）《國際貿易幾何學》，倫敦。

米德，J. E.（1955a）《貿易與福利、國際經濟政策理論》，第 2 卷，倫敦。

米德，J. E.（1955b）《關稅同盟理論》，阿姆斯特丹。

米德，J. E.（1961）《新古典經濟成長論》，倫敦，喬治-艾倫和昂溫。

米德，J. E.（1975）《凱恩斯革命》。收入凱恩斯（1975）。

米爾達爾，G.（1939）《經濟理論發展中的政治因素》，倫敦。

米爾達爾，G.（1939）《貨幣均衡》，瑞典版，1931 年。倫敦。

米爾達爾，G.，斯特納，R. 和羅斯，A.（1944）《美國的困境》，紐約。

米爾達爾，G.（1957）《經濟理論和不發達地區》，倫敦。

米爾達爾，G.（1968）《亞洲人的戲劇》，哈芒茨伍思：企鵝出版社。

米爾達爾，G.（1973）《反潮流》，1974 年譯本，倫敦：麥克米倫。

米爾達爾，G.（1978）《制度經濟學》，*JEL*12，771-783。

米德爾頓，R.（1982）《20 世紀 30 年代的國庫：接受一種「新」經濟學的政治和行政壓力》，*OEP*34，48-78。

米爾納，J.（1954）《博弈對抗自然》。收入《決策過程》和 M. 舒比克編《博弈論和研究社會行為的有關方法》，1964 年，紐約。

麥克洛普，F.（1943）《國際貿易和國民收入乘數》，費城。

麥克洛普，F.（1955）《經濟學的實證問題》，*SEJ*22，1-21。

麥克洛普，F.（1956）《T. 哈欽森的勉強的極端經驗主義》，*SEJ*22，483-493。

麥克洛普，F.（1964）《保羅·薩繆爾森論理論和交際》，*AER*54，733-736。

麥克洛普，F.（1977）《經濟綜合的思想史》，哥倫比亞大學出版社。

麥克米倫委員會（1913）《委員會關於財政和工業的報告》，CMND3897。

麥克考爾，J. J.（1971）《概率論微觀經濟學》，《貝爾經濟學和管理科學雜誌》2，403-433。

麥克勞德，H, D.（1872）《經濟哲學原理》，倫敦。

麥克布賴爾，A. M.（1962）《費邊社會主義和英國政治學（1884—1918）》劍橋。

吉伯德，R.（1973）《操縱選舉計劃：一般後果》。*ECta*11，587-601。

吉得，C. 和利斯特，C.（1909）《經濟學說史》，R. 里查茲譯，1917 年，倫敦，哈拉普。

吉爾博，C. W.（1952）《從現代經濟思想角度看馬歇爾的經濟學原理》，*ECa*10，111-130。

考德，E.（1957）《奧地利學派的思想和政治根源》。*ZN*17，411-425。

考德威爾，B.（1982）《超出實證主義》，倫敦：喬治-艾倫和昂溫。

考德威爾，B.（1984）《對經濟學的讚揚與批評》，倫敦：喬治-艾倫和昂溫。

芒德爾，R. A.（1957）《國際貿易和要素流動性》，*AER*47，321-337。

芒德爾，R. A.（1962）《為國內外穩定而慎用貨幣與財政政策》，*IMFSP*9，70-79。

亞歷山大，S. S.（1952）《貨幣貶值對貿易平衡的影響》，*IMFSPl*，379-396。

西蒙，H.（1956）《行政管理行為》，紐約。

西蒙，H.（1957）《人的模式》，紐約。

西蒙，H.（1976）《從實質的合理性到程序的合理性》。收入拉希斯（1976）。

西蒙，H.（1978）《合理性是思想的過程和產物》，*AER*68，增補1-16。

西蒙斯，H. C.（1942）漢森論財政政策，*LPE*54，161-196。收入漢森和克萊門斯（1953）。

西勒斯-萊比尼，P.（1962）《寡頭壟斷和技術進步》，劍橋，麻省。

西奇威克，H.（1874）《倫理學方法》，第2版，1884年，倫敦。

西奇威克，H.（1879）《工資基金理論》，FR，9月1日。

西奇威克，H.（1883）《政治經濟學原理》，第2版，1887年，倫敦。

西托夫斯基，T.（1941）《對經濟學的福利前提的說明》，*RES*9，77-88。收入*AEA*（1909）。

西托夫斯基，T.（1954）《外部經濟的兩個概念》，*JPE*62。收入阿戈瓦拉和森（1958）。

西頓，F.（1957）《轉形問題》，*RES*25，149-160。

西德芬斯基，W.（1967）《通貨膨脹和失業》，*JPE*75，第796頁以下各頁。

西爾斯，D.（1979）《發展經濟學的產生、發展和死亡》，載於《發展與變化》10，707-719。

西爾特，R. M.和馬奇，J. G.（1963）《廠商行為理論》，紐約：普林蒂斯-希爾。

西尼爾，N.（1836）《科學政治經濟學大綱》，LSE重印叢書，倫敦：LSE。

達格爾，W. M.（1980）《財產權、法律和康門斯》，《經濟學和社會學評論》38，41-53。

達格爾，W. M.（1983）《O. R. 威廉姆森的交易成本分析：一種新綜合》，*JEL*l7，95-114。

達內爾，A. C.（1984）《經濟統計學與經濟計量學》，載於克里迪和奧布賴恩（1684）。

邁耶，G. M. 編（1970）《經濟發展的主要問題》，牛津：牛津大學出版社。

邁因特，H.（1948）《福利經濟學理論》，倫敦。

托賓，J.（1952）《配給理論考察》，*ECta*20，521-553。

托賓，J.（1958）《具有風險的流動偏好行為》，*RES*25，65-86。

托賓，J.（1960）《卡爾多的一般配理論》，*RES*27，119-120。

托賓，J.（1963）《商業銀行是貨幣的創造者》。收入 D. 卡森編《銀行和貨幣研究》，霍姆伍德，伊利諾伊。

托賓，J.（1965）《貨幣與經濟增長》，*ECta*33，671-684。

托賓，J.（1969）《貨幣理論的一般均衡研究》，*JMCB*1，15-29。

托賓，J. 和霍撒克，H.（1951）《配給制對需求彈性的影響》，*RES*18，1-14.

托因比，A.（1908）《英國18世紀產業革命講義》。

托倫斯，R.（1821）《財富生產論》。

揚，A. A.（1925）《經濟學之趨勢、若干年輕的美國經濟學家的看法》，*QJE*39，155-183。

喬治，H.（1879）《進步和財產》，紐約。

休謨，D.（1752）《〈休謨經濟著作〉中關於貨幣、利率、貿易平衡問題》，E. 羅特文編，1955年，愛丁堡。

伍德，J. C.（1983）《英國經濟學家和英帝國》，倫敦：克魯姆-赫爾姆。

伍德，S.（1888）《工資理論的新觀點：1》，*QJE*3，60-86。

伍德，S.（1889）《工資理論的新觀點：2》，*QJE*3，462-480。

倫德伯格，E,（1937）《經濟膨脹理論研究》，斯德哥爾摩。

自由黨（1929）《我們能控制失業》。

伊曼紐爾，A.（1974）《不等價交換，貿易帝國主義研究》，倫紐：新左派圖書公司。

多蘭，E. G. 編（1976）《當代奧地利經濟學的基礎》。

多夫曼，J.（1946—1959）《美國文明中的經濟思想》5卷本，紐約：瓦伊金。

多夫曼，J. 等人（1963）《制度經濟學：凡勃侖、康門斯和米契爾的再考察》，伯克利：加利福尼亞大學出版社。

多夫曼，R. 薩繆爾森，P. A. 和索洛，K. W.（1958）《線性規劃和經濟分析》，紐約。

多恩布希，R.（1976）《預期和匯率變動》，*JPE*84，第1161頁以下各頁。

多馬，E.（1946）《資本擴張、增長率和就業》，*ECtal*4，137-147，載於森（1970c）。

約翰森，N.（1908）《危機中被忽視之點》。

約翰遜，H. G.（1958）《一般收支均衡論》。收入《國際貿易和經濟增長》，重印於庫珀（1969）。

約翰遜，H. G.（1964）《貨幣，貿易和經濟增長》，第2版，倫敦。

約翰遜，H. G.（1965a）《保護主義經濟理論、關稅壁壘和關稅同盟之形成》，*JPE*73，256-282。

約翰遜，H. G.（1965b）《貨幣理論和政策》。收入 *AEA/RES*（1965）。

約翰遜，H. G.（1971）《凱恩斯革命和貨幣主義反革命》，*AER*61，1-14。

約翰遜，H. G.（1977）《使收支平衡的貨幣方法：一種非技術性指南》，*JIE*7，第251頁以下各頁。

約翰遜，W. E.（1913）《純效用曲線理論》，*EJ*23，483-513。

## 七畫

沙克爾，G. L. S.（1949）《經濟學的預期》，第2版，1952年，劍橋：劍橋大學出版社。

沙克爾，G. L. S.（1961）《人類事務中的決策秩序和時間》，第2版，1969年，劍橋：劍橋大學出版社。

沙克爾，G. L. S.（1967）《高級理論的年代》，劍橋：劍橋大學出版社。

沙克爾，G. L. S.（1972）《認識論和經濟學》，劍橋：劍橋大學出版社。

沙伊波，H. N.，瓦特，H. G. 和福克路，H. U.（1976）《美國經濟史》，倫敦，哈伯和勞。

沃克，F. A.（1876）《工資問題》，倫敦。

沃德，B.（1972）《經濟學出什麼毛病啦?》紐約：基本圖書公司。

沃爾德，A.（1933—1934）《關於新生產方程式的唯一非負解》，譯文見鮑莫爾和戈德菲爾德（1968）。

辛格，H. W.（1949）《不發達國家的經濟進步》，《社會研究》16，1-11。

辛格，H. W.（1950）《投資國與債務國之間收益的分配》，$AER$11，增補。收入辛格（1964）。

辛格，H. W.（1952）《經濟發展的機制》，《印度經濟評論》。收入阿戈瓦拉和森（1958）。

辛格，H. W.（1964a）《關於不發達國家的經濟思想的新發展》。收入辛格（1964b）和辛格（1975）。

辛格，H. W.（1964b）《國際發展：增長和變化》，紐約。

辛格，H. W.（1975）《國際發展戰略》，倫敦，麥克米倫。

亨利，J. F.（1982）《J. B. 克拉克的轉變，一種解釋》，$HOPE$14，166-177。

亨特，E. K. 和施瓦茨，J. G. 編（1972）《經濟理論批判》，哈芒茨伍思：企鵝出版社。

庫寧，L. 和韋弗 F. S.（1971）《論經濟學的科學革命結構》，$HOPE$3，391-397。

庫普曼斯，T. C.（1974a）《運輸系統的最適度效用》，《國際統計會議公報》，5。重印於 $ECtal$7，增補 1949 年，136 頁以下各頁。

庫普曼斯，T. C.（197b）《沒有理論的衡量》，$REStats$。收入 $AEA$（1965）。

庫普曼斯，T. C.（1957）《三論經濟科學狀況》，紐約。

庫普曼斯，T. C. 編（1951）《資源配置和生產的能動分析》，紐約。

庫茲，M.（1974）《具有交易成本的有限序列市場之均衡》，$ECta$42，1-20。

庫珀，C. A. 和梅謝爾，B. F.（1965a）《對關稅同盟理論的新觀點》，$EJ$75，742-747。

庫珀，C. A. 和梅謝爾，B. F.（1965b）《發展中國家關稅同盟的一般理論》，$JPE$73，461-476。

庫珀，R. N. 編（1969）《國際金融讀物選》，哈芒茨伍思：企鵝出版社。

庫恩，H. W.（1959）《要素貢獻和要素價格：數學附錄》，$ECa$26，142-144。

庫恩，T. S.（1929）《科學革命的結構》，第 2 版，1970 年，芝加哥：芝加哥大學出版社。

庫特，O.（1975）克利夫·萊斯利，《愛爾蘭社會改革以及英國歷史學派經濟學的起源》，$HOPE$7，312-336。

庫特，G. W.（1980）《英國歷史主義經濟學和英國經濟史的形成》，$HOPE$12，174-205。

庫特，G. W.（1982）《替代馬歇爾：LSE 早期的歷史和應用經濟學》，$AEJ$10，3-17。

芬，J.（1705）《貨幣與貿易研究，供給國家貨幣的建議》

勞，K. H.（1826—1837）《政治經濟學概論》。

克洛爾，R. W.（1965）《凱恩斯主義反革命：理論評價》，載於 F. H. 哈恩和 F. 布里克林編《利息率理論》，重印於克洛爾（1969）。

克洛爾，R. W. 編（1969）《貨幣理論》，哈芒茨伍思：企鵝出版社。

克勞塞，F.（1982）《維多利亞時代的經濟》，倫敦，梅休因。

克勞斯，M. B.（1972）《關稅同盟理論的新發展：解釋性觀察》，$JEL$10，413-436。

克萊因，L. R. 和戈德堡，A，（1955）《1929—1952 年美國經濟計量模式》，牛津。

克萊因，P. A.（1978）《美國制度主義：過早地死亡，永恆地復活》，$JEL$12，251-276。

克萊因，P. A.（1983）《米契爾的被遺忘的制度主義：商業循環指示器的理論依據》，$JELl$7，867-899。

克拉潘，J. H.（1922）《論空的經濟盒子》，$EJ$32，305-314，重印於 $AEA$（1952）。

克拉克，C.（1938）《經濟發展的條件》，倫敦。

克拉克，C.（1953）《人口增長與生活標準》，《國際勞工評論》，重印於阿戈瓦拉和森（1958）。

克拉克，J. B.（1886）《財富的哲學》，第 2 版，1887 年，紐約：A. M. 凱利。

克拉克，J. B.（1891）《根據地租法則決定分配》，*QJE*5，289-318

克拉克，J. B.（1893）《資本的起源》。*YR*2，302-315。

克拉克，J. B.（1896）《經濟進步理論》，AEA 經濟研究 1，5-22.

克拉克，J. B.（1899）《財富的分配》，第 2 版，1902 年，紐約。

克拉克，J. M.（1923）《間接成本經濟學研究》，芝加哥。

克拉克，J. M.（1926）《企業的社會控制》，芝加哥。

克拉克，J. M.（1957）《經濟制度與人類福利》，紐約：博佐伊圖書公司。

克拉克，J. M.（1961）《作為動態過程的競爭》，華盛頓：布魯金斯。

克拉克，P. F.（1981）《霍布森、自由貿易和帝國主義》，*BHR*34，308-312。

克拉默，A.（1984）《新古典宏觀經濟學》，布雷頓：哈弗斯特出版社。

克拉維斯，I. B.（1956）《有效性和對貿易的商品構成之影響》，*JPE*64，143-155。

克里格爾，J. A.（1973）《重建政治經濟學：後凱恩斯主義經濟學導論》，麥克米倫。

克里格爾，J, A.（1983）《後凱恩斯主義理論：評論》，《經濟教育雜誌》，秋季號，32-43。

克里迪，J.（1981）《埃杰沃斯（1845—1926）》，載於奧布賴恩和普雷斯利（1981）。

克里迪，J. 和奧布賴恩；D. P. 編（1984）《從歷史觀點看經濟分析》，倫敦：布特沃恩。

克利夫·萊斯利，T. E.（1870）《亞當·斯密的政治經濟學》，*FR*。載於克利夫·萊斯利（1879a）。

克利夫·萊斯利，T. E.（1879）《論政治經濟學的哲學方法》，載於「Hermathena」4。收入克利夫·萊斯利（1879a）。

克利夫·萊斯利，T. E.（1879）《經濟世界中已知和未知之物》，載於克利夫·萊斯利（1879a）。

克利夫·萊斯利，T. E.（1879a）《政治和道德哲學文選》，都柏林。

克魯格曼，P. R.（1979）《遞增報酬：壟斷競爭和國際貿易》，*JIE*9，469-479。收入巴格威蒂（1981）。

克尼斯，K.（1853）《歷史方法的政治經濟學》，第 2 版，1883 年。

坎寧安，W.（1882）《英國工商業之成長》，劍橋。

坎寧安，W.（1889）《對經濟科學的孔德主義批評》，*BA*，載於史密斯（1962）。

坎寧安，W.（1892a）《經濟理論之相對性》，*EJ2*，1–16。

坎寧安，W.（1892b）《經濟史的歪曲》，*EJ2*，491–506。

坎梯隆，R.（1730）《商業的一般性質》。

坎特伯雷，E. R. 和伯哈特，R. J.（1983）《我們問經濟學是不是一門科學的意義何在?》，載於艾科諾（1983）。

杜干—巴拉諾夫斯基，M.（1894）《英國工業危機》俄文版，德文譯本1901年，法文譯本1913年。

杜森伯里，J. S.（1948）《收入—消費關係及其含義》，載於 L. A. 梅茨勒編《收入、就業和公共政策：漢森紀念文集》，紐約。

杜能，J. H. V.（1826）《孤立國》。

李嘉圖，D.（1810）《金塊高價是銀行券貶值的證明》。

李嘉圖，D.（1815）《論穀物低價對證券利潤的影響》。

李嘉圖，D.（1817）《政治經濟學及賦稅原理》，哈芒茨伍思：企鵝出版社，1971年。

李斯特，F.（1841）《政治經濟學的國民體系》，S. S. 勞埃德譯，1904年，紐約：朗曼—格林。

肖，A. G. L. 編（1970）《大不列顛和殖民地》，倫敦。

肖夫，G. F.（1933）《市場之不完全性》，*EJ43*，113–124。

肖夫，G. F.（1942）《馬歇爾〈原理〉在經濟理論發展中的地位》，*EJ52*，第294頁以下各頁。

里奇，D. M.（1969）《費邊社會主義：租金剝削論》，《英國研究雜誌》9（1），105–121。

里奇，U.（1933）《帕累托和純經濟學》，*RES1*，第3頁以下各頁。

里默，D.（1981）《「基本需求」和發展的社會精神的起源》，《發展中地區雜誌》15，215–238。

里默，D.（1984）《西非經濟學》，倫敦：威登菲爾德。

里昂惕夫，W. A.（1933）《無差異曲線在外貿分析中的運用》，*QJE47*。收入 *AEA*（1949）。

里昂惕夫，W. A.（1936）《複合商品和指數問題》，*ECta*4。收入里昂惕夫（1968）。

里昂惕夫，W. A.（1937）《內含理論化：對新劍橋學派的方法論批評》，*QJE*51。收入里昂惕夫（1966）。

里昂惕夫，W. A.（1941）《美國經濟結構（1924—1941）》。

里昂惕夫，W. A.（1947）《函數關係內部結構理論導論》，*ECta*15。收入里昂惕夫（1966）。

里昂惕夫，W. A.（1953）《國內生產與外貿：美國資本狀況再考察》，《美國哲學會學報》97。收入巴格威梯（1969）。

里昂惕夫，W. A.（1966）《經濟學論文集》，牛津：巴茲爾-布萊克威爾。

里昂惕夫，W. A.（1971）《理論假設和非觀察的因素》，*AER*61。收入里昂惕夫（1976）。

里昂惕夫，W. A.（1976）《經濟學論文集》，第2卷，牛津，巴茲爾-布萊克威爾。

里德爾，P.（1983）《撒切爾經驗》，牛津：馬丁-羅伯遜。

里馬，I.（1967）《經濟分析的發展》，霍姆伍德，伊利諾斯：R. D. 歐文。

里馬，I.（1977）《新古典主義及其異議（1870—1925）》。收入溫特勞布（1977）。

希克斯，J. R.（1932）《工資理論》，倫敦：麥克米倫。

希克斯，J. R.（1935a）《簡化貨幣理論之我見》，*ECa*2。收入希克斯（1967）。

希克斯，J. R.（1935b）《壟斷理論》，*ECta*3。收入希克斯（1983）。

希克斯，J. R.（1936）《凱恩斯先生的就業理論》，*EJ*46，第238頁以下。收入希克斯（1982）。

希克斯，J. R.（1937）《試析：凱恩斯先生和古典學派》，*ECta*5，147-159。收入希克斯（1967）。

希克斯，J. R.（1939a）《價值和資本》，牛津：牛津大學出版社。

希克斯，J. R.（1939b）《福利經濟學基礎》，*EJ*49，696-712。

希克斯，J. R.（1940）《社會收入評價》，*ECta*7。收入希克斯（1981）。

希克斯，J. R.（1941）《消費者剩餘的恢復》，*RES*8。收入希克斯（1981）。

希克斯，J. R.（1950）《商業循環論》，牛津：牛津大學出版社。

希克斯，J. R.（1956）《需求理論的修正》，牛津：牛津大學出版社。

希克斯，J. R.（1960）《線性理論》，$EJ70$。收入 $AEA/RES$（1965）第3卷。

希克斯，J. R.（1965）《資本和增長》，牛津，牛津大學出版社。

希克斯，J. R.（1967）《需求理論的修正》，牛津：牛津大學出版社

希克斯，J. R.（1967）《貨幣理論評述》，牛津：牛津大學出版社。

希克斯，J. R.（1975）《福利經濟學的範圍和地位》，$REP27$。收入希克斯（1981）。

希克斯，J. R.（1977）《經濟學前景》，牛津：牛津大學出版社。

希克斯，J. R.（1981）《財富和福利》，牛津：巴茲爾-希萊克威爾。

希克斯，J. R.（1982）《貨幣，利息和工資》，牛津：巴茲爾-布萊克威爾。

希克斯，J. R.（1983）《古典學者和現代學者》，牛津：巴茲爾-布萊克威爾。

希克斯，J. R.（1984）《希克斯的經濟學》，牛津：巴茲爾-布萊克威爾。

希克斯，J. R. 和艾倫，R. G. D.（1934）《價值理論研究》，$ECa1$。收入希克斯（1981）。

希金斯，B.（1956）《不發達地區二元論》，$EDCC99$ 頁以下。收入邁耶（1970）。

希爾德布蘭德，B.（1848）《當代和未來的國民經濟學》。

利文斯頓，I.（1981）《發展經濟學的發展》，ODI 評論，1-19。

利文斯頓，I. 編（1981b）《現行發展經濟學》，倫敦：喬治-艾倫和昂溫。

利普西，R. G.（1957）《關稅同盟理論：貿易轉讓和福利》，$ECa24$。

利普西，R. G.（1960a）《1862—1957年英國失業和貨幣工資率變動的關係，進一步分析》，$ECa27$，1-31。收入 $AEA$（1965）。

利普西，R. G.（1980b）《關稅同盟理論：一般的觀察》，$EJ70$，496-513。

利普西，R. G. 和蘭開斯特，K.（1956）《次優的一般理論》，$RES24$，11-32。

利普西，R. G. 和帕金，M.（1975）《通貨膨脹：一個觀察》，$EJ85$，741-809。收入科里拉斯和桑（1979）。

利特爾，I. M. D.（1950）《福利經濟學評述》，牛津。

利特爾，I. M. D.（1982）《經濟發展》，基本圖書公司。

利特爾蔡爾德，S.（1978）《混合經濟的謬誤》，霍伯特論文80，倫敦：經濟事務研究院。

利特爾蔡爾德，S. C.（1982）《均衡和市場過程》。收入I. M. 柯茲納編《方法、過程和奧地利經濟學：米塞斯紀念文集》，萊克森頓圖書公司。

佐森，（1933）《短缺、技術組合和經濟質量原理》，$ZN7$，1-24。

伯梅斯特，E.（1980）《資本理論和動態學》，劍橋：劍橋大學出版社。

伯格森，A.（1938）《福利經濟學某些方面再考察》，$QJE52$，310-334。

伯利，A. A. 和米因斯，G. C.（1932）《現代公司和私有財產》，紐約。

張伯倫，N. R.（1963）《康門斯的制度經濟學》，載於多夫曼等（1963）。

張伯倫，E. H.（1933）《壟斷競爭理論》，劍橋，麻省：哈佛大學出版社。

張伯倫，E. H.（1937）《壟斷競爭與「不完全」競爭的差別》，QJE，重印於張伯倫（1933）第6版（1948）。

阿夫達林，A.（1909）《一般生產過剩的現實性》，REP。

阿克洛夫，G. A.（1970）《「檸檬」市場：質量不穩定和市場機制》，$QJE84$，48B-500。

阿克利，G.（1961）《宏觀經濟理論》，紐約。

阿扎賴亞迪，C. 和斯蒂格利茨，J. E.（1983）《暗含緊縮和固定價格均衡》。$QJE98$，增補，1-22. 阿奇博爾德，G. C.（1959）經濟科學狀況，$BJPS10$，58-69。

阿戈瓦拉，A. N. 和森，S. P. 編（1958）《不發達經濟學》，牛津：牛津大學出版社。

阿恩特，H. W.（1972）《1945年前的發展經濟學》，載於J. 巴格威梯和R. S. 埃克蒙斯編《發展和計劃，保羅·羅森斯廷-羅丹紀念文集》，倫敦：艾倫和昂溫。

阿恩特，H. W.（1981）《經濟發展：詞義演變史》，$EDCC29$，456-466。

阿羅，K. J.（1951a）《社會選擇與個人價值》，第2版，1963年，紐約：懷利。

阿羅，K. J.（1951b）《對風險選擇論的又一研究》，$ECta19$，404-437。

阿羅，K. J.（1952c）《古典福利經濟學基本原理的延伸》，載於J. 內曼

編《第二次伯克利數理統計與概率討論會文集》。

阿羅，K. J.（1953）《保險在風險負擔最優分配中的作用》，譯文載於 *RES*31，91-96。

阿羅，K. J.（1975）《作為經濟理論家的凡勃侖》，*AE*19，6-9。

阿羅，K. J. 和德布勒，G.（1954）《競爭經濟中均衡的存在》，*ECta*22，265-290。

阿羅，K. J. 和哈恩，F. H.（1971）《一般均衡分析》，愛丁堡：奧利弗和鮑伊德。

阿羅，K. J，和赫維茲，L.（1972）《不知情時決策的最佳標準》，載於 C. F. 卡特和 J. L. 福特編《不確定性與經濟學中的預測》，牛津：巴茲爾-布萊克威爾。

阿羅，K. J. 和英特利蓋特，M. D.（1981）《數理經濟學手冊》，第Ⅰ卷，阿姆斯特丹：北荷蘭。

阿羅，K. J. 和英特利蓋特，M. D.（1982）《數理經濟學手冊》，第Ⅱ卷，阿姆斯特丹：北荷蘭。

阿敏，S.（1976）《不平等的發展》，布萊頓：哈佛斯特出版社。

阿特金森，A. B.（1975）《不平等的經濟學》，牛津：牛津大學出版社。

阿特金森，A. B. 和斯蒂格利茨，J. E.（1980）《公共經濟學講義》，倫敦：麥克勞-希爾。

阿什利，W. J.（1889）《阿諾德·托因比》，見阿什利（1900）。

阿什利，W. J.（1893）《論經濟史研究》，見阿什利（1900）和哈特（1971）。

阿什利，W. J.（1900）《歷史和經濟的觀察》，倫敦：朗曼斯格林。

阿什利，W. J.（1888）《英國經濟史與理論導論》，第3版，1894年，倫敦。

阿德爾曼，I. 和阿德爾曼 F. L.（1959）《克萊因-戈德堡模式的動態性質》，*ECta*27。收入 *AEA*（1965）。

阿爾弗德，B. W. E.（1972）《蕭條還是復甦?》，倫敦：麥克米倫。

納克斯，R.（1952）經濟發展的若干國際問題，*AER*42。收入阿戈瓦拉和森（1958）。

納什，J. F.（1950）在有 n 個人博弈中的均衡點，《美國國家科學院學報》，48-49。

納什，J. F.（1953）《雙人合作博弈》，*ECta*21，128-140。

紐科姆，S.（1885）《政治經濟學原理》。

紐伯里，D. M. G. 和斯蒂格利茨，J. E.（1981）《商品價格穩定化理論》，牛津：牛津大學出版社。

**八畫**

波珀，K. R.（1934）《科學發現的邏輯》，1959年譯本，倫敦。

波珀，K. R.（1972）《宏觀知識》，牛津：牛津大學出版社。

波拉德，S. 編（1970）《兩次大戰之間的金本位和就業政策》，編者序，倫敦。

龐巴維克，E. V.（1884）《利息理論史及批判》，G. D. 亨克和 H. F. 森浩爾譯（1959），南荷蘭，伊利諾斯：自由出版社。

龐巴維克，E. V.（1889）《資本實證論》，G. D. 亨克和 H. F. 森浩爾譯（1959），南荷蘭，伊利諾斯，自由出版社。

英格拉姆，J. K.（1878）《政治經濟學的現狀及前景》，*BA*。收入斯密斯（1962）。

英格拉姆，J. K.（1893）《政治經濟學史》，愛丁堡。

杰文斯，W. S.（1862）《政治經濟學一般數學理論簡化》，*BA*。收入杰文斯（1871）第4版。

杰文斯，W. S.（1863）《黃金定價嚴重下跌及其社會後果》。收入杰文斯（1884）。

杰文斯，W. S.（1865）《煤的問題》，倫敦。

杰文斯，W. S.（1871）《政治經濟學理論》，第2版，1979年，哈芒茨伍思：企鵝出版社。

杰文斯，W. S.（1875）《太陽週期與穀物價格》。收入杰文斯（1884）。

杰文斯，W. S.（1878）《商業危機週期性及其物質原因》。收入杰文斯（1884）。

杰文斯，W. S.（1879）《科學原理》，倫敦。

杰文斯，W. S.（1882）《國家與勞動者的關係》，第3版，1894，倫敦。

杰文斯，W. S.（1883）《社會改革方法》，倫敦。

杰文斯，W. S.（1884）《通貨與財政研究》，倫敦。

杰文斯，W. S.（1972—1981）《論文與通信》，R. D. C. 布萊克編，倫敦：麥克米倫。

林達爾，E.（1930）《利息率和價格水準》。收入《貨幣與資本理論研究》，1939。

林德，S. B.（1961）《論商業和貿易》，紐約。

林德貝克，A.（1971）《新左派政治經濟學》，紐約：哈伯和羅。

希奇曼，J.（1979）《穆勒的「上層建築」，它能站得住腳嗎？》，HOPEll，477-500。

奇普曼，J. S. L.（1965）《對國際貿易理論的觀察，第一部分：古典理論》，ECta33，477-519。

奇普曼，J. S. L.（1965）《對國際貿易理論的觀察，第二部分：新古典理論》，ECta33，685-760。

奇普曼，J. S. L.（1966）《對國際貿易理論的觀察，第三部分：當代理論》，ECta34，18-76。

奇普曼，J. S. L.（1976）《帕累托的遺產》，載於《帕累托手冊，歐洲社會科學評論》，14，65-171。

奈特，F. H.（1921）《風險，不確定性和利潤》，LSE 重印稀有版本，倫敦：LSE。

奈特，F. H.（1933）《資本主義生產、時間和報酬率》。收入卡塞爾（1933）。

奈特，F. H.（1935）《道德與經濟學的混淆》，JPE45，200-220。

奈特，F. H.（1940）《經濟學中「什麼是真理」？》，JPE48，1-32。

奈特，F. H.（1941）《經濟理論的意義和基本前提：答復》，JPE49，750-753。

拉瑟福德，M.（1983）《康門斯的制度經濟學》，JEL17，721-744。

拉瑟福德，M.（1984）《凡勃侖和制度化過程》，HOPEl6，331-348。

拉格爾斯，N.（1949a）《邊際成本定價原理的新發展》，RES17，29-46。

拉格爾斯，N.（1949b）《邊際成本定價原理的新發展》，RES17，107-126。

拉卡托斯，I.（1970）《證偽和科學研究綱領方法論》，載於拉卡托斯和馬斯格雷夫（1970）和拉卡托斯（1978）。

拉卡托斯，I.（1971）《科學史及其合理重建》，載於《波士頓科學哲學研究》8，91-135。收入拉卡托斯（1978）。

拉卡托斯，I.（1974a）《科學與偽科學》。收入拉卡托斯（1978）。

拉卡托斯，I.（1974b）《波普爾論劃界和歸納》。收入拉卡托斯（1978）。

拉卡托斯，I.（1976）《證據與反駁》，劍橋：劍橋大學出版社。

拉卡托斯，I.（1978）《科學研究綱領方法論：哲學論文》，第1卷，劍橋：劍橋大學出版社。

拉卡托斯，I.和馬斯格雷夫，A.編（1970）《知識的批評和成長》，劍橋：劍橋大學出版社。

拉希斯，S. J.（1976）《經濟學的方法論評價》，劍橋：劍橋大學出版社。

拉德納，R.（1968）《不確定條件下的競爭均衡》，*ECta*36，31-58。

拉姆齊，F. P.（1927）《關於稅收論》，*EJ*37，47-61。

拉姆齊，P. P.（1928）《儲蓄的數學模式》，*EJ*38，543-559。

尚德，A. H.（1984）《資本家的選擇》，布賴頓：威特西夫。

肯普，M. C.（1962）《得自外貿的利益》，*EJ*72，第803頁以下各頁。

肯普，M. C.和旺，H. Y.（1976）《組成關稅同盟的基本前提》，*JIE*6，95-97。

迪克西特，A. K.（1977）《資本累積理論》，*REP*29，3-20。

迪克西特，A. K.（197B）《暫時均衡模式（具有配給制）中的貿易平衡》，*RES*45，293-404。

迪克西特，A. K.和斯蒂格利茨，J. E.（1977）《壟斷競爭和最適度產品差別》，*AER*67，297-308。

迪頓，A. S.和米爾鮑爾，J.（1980）《經濟學和消費者行為》，劍橋：劍橋大學出版社。

迪恩，P.（1978）《經濟思想之演進》，劍橋：劍橋大學出版社。

旺，H. Y.（1977）《經濟增長》，紐約：哈考特·布拉斯·朱諾維治。

羅濱遜，J.（1932）《不完全競爭和下降的供給價格》，*BJ*42，544-554。

羅濱遜，J.（1933a）《不完全競爭經濟學》，倫敦：麥克米倫。

羅濱遜，J.（1933b）《市場的不完全性——評論》，*EJ*43，124-125。

羅濱遜，J.（1933c）《儲蓄和投資的寓言》，*ECa*，75-84。

羅濱遜，J.（1937）《就業論文集》。收入羅濱遜（1973a）。

羅濱遜，J.（1942）《論馬克思主義經濟學》，倫敦。

羅濱遜，J.（1953）《生產函數和資本理論》，*RES*21，81-106。

羅濱遜，J.（1956）《資本累積論》，倫敦：麥克米倫。

羅濱遜，J.（1962a）《經濟哲學》，哈芒茨伍思：企鵝出版社。

羅濱遜，J.（1962b）《經濟增長論文集》，倫敦：麥克米倫。

羅濱遜，J.（1973a）《經濟學論文選》第 4 卷，牛津：巴茲爾-布萊克威爾。

羅濱遜，J.（1973b）《為克里格爾（1973）所作序言》。

羅賓斯，L.（1928）《代表性廠商》，*EJ*38，387-404。

羅賓斯，L.（1932）《經濟科學的性質和意義》，第 2 版，1935 年，倫敦。

羅賓斯，L.（1952）《英國古典政治經濟學的經濟政策理論》。

羅賓斯，L.（1958）《托倫斯和古典經濟學的演進》，倫敦。

羅斯，H.（1973）《長期有效需求》。收入米利斯和斯特恩（1973）。

羅斯托，W. W.（1960）《經濟成長的 DY 段，非共產黨宣言》，劍橋。

羅杰斯，J. E. T.（1866—1902）《英國農業和價格史》，牛津。

羅杰斯，J. E. T.（1884）《勞動和工資六百年》，倫敦。

羅森斯坦-羅丹，P. N.（1943）《東歐和東南歐的工業化問題》，*EJ*53。收入阿戈瓦拉和森（1958）。

羅森斯坦-羅丹，P. N.（1961）《對「巨大推力」理論的解說》。收入《拉丁美洲的經濟發展》，H. S. 埃利斯編，重印於邁耶（1970）。

羅思柴爾德，M. 和斯蒂格利茨，J. B.（1976）《競爭性保險市場的均衡：以及論不完全信息經濟學》，*QJE*90，629-649。

羅思巴德，M. N.（1976）《人類行為學：奧地利經濟學的方法》。收入多蘭（1976）。

羅伯遜，D. H.（1915）《工業波動研究》，倫敦。

羅伯遜，D. H.（1926）《銀行政策和價格水準》，倫敦。

羅伯遜，D. H.（1933）《儲蓄與囤積》，*EJ*43，399-413。

羅伯遜，D. H.（1936）《對凱恩斯〈通論〉的若干解說》，*QJE*51，168-191。

羅伯遜，D. H.（1951）《效用等諸如此類》，倫敦。

羅伯遜，R. M.（1951）《杰文斯及其先驅者》，*ECta*19，229-249。

羅金，L.（1956）《經濟理論的方法和有效性》，紐約。

羅爾，E.（1973）《經濟思想史》，倫敦，費伯。

羅爾斯，J.（1958）《正義如同合理》，《哲學評論》67，第 164 頁以下各頁。

羅爾斯，J.（1971）《正義論》，劍橋，麻省：哈佛大學出版社。

帕森斯，K.（1950）《為康門斯（1950）作序》。

帕森斯，T.（1931）《馬歇爾著作中的需求和行動》，*QJE* 46，第 101 頁以下各頁。

帕森斯，T.（1932）《經濟學和社會學：馬歇爾同時代思想的關係》，*QJE* 46，第 316 頁以下各頁。

帕西內蒂，L.（1969）《技術的轉轍和資本理論中的「報酬率」》，*BJ* 79，508-531。收入哈考特和萊恩（1971）。

帕里尼，C. P. 和斯克拉，M. J.（1983）《關於市場的新思考（1896—1904）：一些美國經濟學家和剩餘資本理論》，*JEH* 43，559-578。

帕累托，V.（1894）《自由競爭條件下效用的最大化》，*GdE* 9，48-66。

帕累托，V.（1896）《政治經濟學講義》，日內瓦。

帕累托，V.（1908）《政治經濟學教程》。

帕廷金，D.（1949）《古典經濟理論的絕對價格之不確定》，*ECta* 17，1-27。

帕廷金，D.（1965）《貨幣、利息和價格》，第 2 版，倫敦：哈伯和羅。

帕廷金，D.（1969）《芝加哥傳統數量論和弗里德曼》，*JMCB* 1，46-70。收入 D. 帕廷金《貨幣經濟學研究》，1972 年，倫敦：哈伯和羅。

帕廷金，D.（1976）《凱恩斯和計量經濟學：兩次大戰之間各種宏觀經濟學革命的互相作用》，*ECta* 44，1091-1123。

帕廷金，D.（1976b）《凱恩斯的貨幣思想對其發展的研究》，*HOPE* 8，1-10。

帕廷金，D.（1982）《〈通論〉的預期？》，牛津：巴茲爾-布萊克威爾。

圖克，T.（1838）《價格史》，倫敦。

圖克，T.（1844）《通貨原理研究》，倫敦。

圖爾明，S.（1972）《人類理解力》，牛津：克拉倫多出版社。

凱夫，R. E. 和瓊斯，R. W.（1977）《世界貿易與收支》，第 2 版，波士頓：利特爾-布朗。

凱南，E.（1893）《1776—1948 年英國政治經濟學的生產與分配理論史》，第 3 版，1917 年，倫敦。

凱恩，P. J.（1978）《霍布森、科布登主義和經濟帝國主義的激進理論（1898—1914）》，*EHR* 31，565-584。

凱恩，P. J.（1979a）《1914年前霍布森著作中的國際貿易與經濟發展論》，HOPE 11，第406頁以下各頁。

凱恩，P. J.（1979b）《愛德華時代英國的政治經濟學：關稅改革運動》，載於A. 奧代伊編《愛德華時代：衝突與穩定（1900—1914）》，倫敦：麥克米倫。

凱恩，P. J.（1981）《霍布森的帝國主義發展論》，EHR34，313-316。

凱恩斯，J. M.（1913）《印度的通貨與財政》，倫敦。

凱恩斯，J. M.（1923）《論貨幣改革》，倫敦。有關資料重印於凱恩斯（1971—1983）。

凱恩斯，J. M.（1925）《丘吉爾先生的經濟政策結果》，倫敦。

凱恩斯，J. M.（1925）《馬歇爾（1842—1924）》，EJ35。收入馬歇爾（1925）和凱恩斯（1933）。

凱恩斯，J. M.（1926）《自由主義的終結》，倫敦。有關資料重印於凱恩斯（1971—1983）。

凱恩斯，J. M.（1929a）《德國的移交問題》，EJ39，1-7。收入AEA（1949）。

凱恩斯，J. M.（1929b）《賠償問題：答復》，BJ39，179-182。有關資料重印於凱恩斯（1971—1982）。

凱恩斯，J. M.（1930）《貨幣論》，倫敦。有關資料重印於凱恩斯（1971—1983）。

凱恩斯，J. M.（1933）《傳記論文集》，倫敦。

凱恩斯，J. M.（1936）《就業、利息和貨幣通論》，倫敦：麥克米倫。

凱恩斯，J. M.（1957）通論：基本概念和思想，QJE51，209-222。收入克洛爾（1969）。

凱恩斯，J. M.（1940）《如何支付戰爭費用》，倫敦。

凱恩斯，J. M.（1971—1983）《凱恩斯著作集》，倫敦：麥克米倫。

凱恩斯，J. M.（1891）《政治經濟學的範圍和方法》，倫敦。

凱爾恩斯，J. E. 編（1975）《論凱恩斯》，倫敦：麥克米倫。

凱爾恩斯，J. E.（1874）《政治經濟學基本原理》，倫敦。

佩什，F. W.（1936）《銀行政策和國際收支平衡》，Eca3，404-422。收入AEA（1949）。

佩登，G. C.（1980）《凱恩斯和 20 世紀 30 年代後期的國庫、失業》，*OEP*32，*1-18*。

佩登，G. C.（1983）《理查·霍普金斯和就業理論的「凱恩斯革命」（1929—1945）》，*EHR*34，281-296。

經濟合作與發展組織（1971）《經濟報告：聯合王國》，*OECD*。

**九畫**

洛斯比，B. J.（1976）《選擇、複雜性和無知》，劍橋：劍橋大學出版社。

洛克，J.（1961）《降低利息和提高貨幣價值的後果之考察》。

施萊辛格，K.（1933）《論經濟價值論的生產方程式》，譯文見鮑莫爾和戈德菲爾德（1968）。

施莫勒，G.（1900）《國民經濟學概論》。

施瓦茨，P.（1972）《J. S. 穆勒的新政治經濟學》。

施皮格爾，H. W.（1983）《經濟思想的成長》，第 2 版，達勒姆：杜克大學出版社。

施皮格爾，H. W. 編（1952）《經濟思想的發展》，紐約。

施皮格爾，H. W. 和塞繆爾斯，W. J. 編（1984）《當代經濟學家前瞻》，2 卷本，格林尼治，康涅狄格：JAIU 出版社。

*AEA/RES*（1965）《經濟理論考察》，倫敦：麥克米倫。

*AEA*（1949）《國際貿易理論讀物》，費城。

*AEA*（1953）《價格理論讀物》，G. J. 斯蒂格勒和 K. E. 鮑丁編，倫敦。

*AEA*（1965）《商業循環讀物》，R. A. 戈登和 L. R. 克萊因編，霍姆伍德，伊利諾斯。

*AEA*（1969）《福利經濟學讀物》，K. J. 阿羅和 T. 西托夫斯基編。

拜伊，M.（1950）《關稅同盟和國家利益》，*EA*，譯文見 *JES*，1953，208-234.

珀爾曼，M.（1977）《經濟學的正統與異端：對英美經驗的回顧》，*ZN*37，153-164。

柯茲納，I. M.（1976）《論奧地利經濟學的方法論》。收入多蘭（1965）。

威廉姆斯，J. H.（1920）《不可兌換通貨制度下阿根廷的國際貿易》，劍橋，麻省。

威廉姆森，O. E.（1977）《廠商和市場》。收入溫特勞布（1977）。

威斯迪德，P.（1894）《論分配規律之協調》，LSE 重印叢書，倫敦：LSE。

威斯曼，J.（1983）《實證經濟學以外》，*BA*. 1981 年會刊，倫敦：麥克米倫。

威爾伯，C. K. 和哈里森，R. S.（1978）《制度經濟學的方法基礎》，*JEL* 12，61-89。

威爾伯，C. K. 和詹姆森，K. P.（1983）《經濟學貧困之研究》，倫敦：諾特里-德穆大學出版社。

哈耶克，F. A.（1929）《貨幣理論與商業循環》，N. 卡爾多和 R. M. 克魯姆譯，1933 年，倫敦。

哈耶克，F. A.（1931）《價格與生產》，倫敦。

哈耶克，F. A. 編（1935）《集體經濟計劃》，倫敦：勞特里奇。

哈耶克，F. A.（1937）《經濟學與知識》，*ECa*4，33-54。收入哈耶克（1949）。

哈耶克，F. A.（1949）《個人主義與經濟秩序》，倫敦。

哈格爾，E.（1961）《科學的結構》，倫敦：勞特里奇和基根-保羅。

哈格爾，E.（1963）《經濟理論中的假定》，*AER*，211-219。收入布賴特和霍克曼（1969）。

哈森伊，J. C.（1955）《基數效用、個人倫理學和個人之間效用比較》，*JPE*63，第 309 頁以下各頁。

哈里斯，J.（1972）《失業和政治學（1866—1914）》，牛津：牛津大學出版社。

哈里斯，S. E. 編（1947）《新經濟學》，紐約。

哈恩，F. H.（1962）《關於非探索的穩定性原理》，*ECta*3，463-469。

哈恩，F. H.（1966）《異質資本品的均衡動態學》，*QJE*80，133-146。

哈恩，F. H.（1971）《具有交易成本的均衡》，*ECta*93，417-439。

哈恩，F. H.（1978）《論非瓦爾拉斯均衡》，*RES*45，1-17。

哈恩，F. H.（1982a）《貨幣和通貨膨脹》，牛津：巴茲爾-布萊克威爾。

哈恩，F. H.（1982b）《新李嘉圖主義》，*CJE*6，353-374。

哈恩，F. H.（1982c）《對看不見的手的思考》，*LBR*，4 月，1-21。

哈恩，F. H.（1982d）《穩定性》。收入阿羅和英特利蓋特（1982）。

哈恩，F. H.（1983）《論一般均衡和穩定性》，載於《薩繆爾森和現代經濟理論》，E. C. 布朗和R. M. 索洛編，紐約：麥克勞-赫爾。

哈恩，F. H.（1984）《評希克斯（1983）》，*EJ*94，960-962。

哈恩，F. H. 和馬休斯，B. C. O.（1964）《經濟成長論：一個觀察》，*EJ*74。收入 AEA/RES（1965），第2卷。

哈羅德，R. F.（1930）《論供給》，*EJ*40，第2頁以下各頁。

哈羅德，R. F.（1936）《商業循環》，牛津。

哈羅德，R. F.（1939）《論動態理論》，*EJ*49，14-33。收入森（1970c）。

哈羅德，R. F.（1951）《凱恩斯生平》，哈芒茨伍思：企鵝出版社，1972年。

哈羅德，R. F.（1956）《瓦爾拉斯：一篇重新評價的文章》，*EJ*66，第307頁以下各頁。

哈欽森，T. W.（1937）《預期和合理行為》，*ZN*8。

哈欽森，T. W.（1938）《經濟理論的意義和基本前提》，倫敦。

哈欽森，T. W.（1941）《經濟理論的意義和基本前提：答奈特教授》，*JPE*19，732-749。

哈欽森，T. W.（1952）《關於李嘉圖的若干問題》，*ECa*l9，第415頁以下各頁。

哈欽森，T. W.（1953）《經濟理論評論（1870—1929）》。格林伍德出版社。

哈欽森，T. W.（1955）《經濟思想中的偏狹性和世界主義（1870—1914）》，*AER*45，增補，1-16。

哈欽森，T. W.（1956a）《麥克洛普教授論經濟學中的證實》，*SEJ*22，476-483。

哈欽森，T. W.（1968）《英國經濟學及經濟政策1946—1966》，倫敦。

哈欽森，T. W.（1977）《關於經濟學的知識與無知》，牛津：巴茲爾-布萊克威爾。

哈欽森，T. W.（1978）《經濟知識的革命與進步》，劍橋：劍橋大學出版社。

哈欽森，T. W.（1981）《政治學與經濟學的哲學》牛津：巴茲爾-布萊克威爾。

哈欽森，T. W.（1983）《從「沉悶的」科學到「實證經濟學」：一個半世紀的進步?》。收入威斯曼（1983）。

哈欽森，T. W.（1984）《新老制度經濟學》，*Zgs*40，20-29。

哈科特，G. C.（1972）《兩個劍橋的資本論爭》，劍橋大學出版社。

哈科特，G. C.（1976）《劍橋爭論：老方法和新眼界還是死胡同》，*REP*28，25-65。

哈科特，G. C.（1982）《斯拉法的貢獻：評價》。收入 I. 布萊德利和 M. 霍華德編《古典政治經濟學和馬克思主義政治經濟學，紀念 R. L. 米克文集》，倫敦：麥克米倫。

哈科特，G. C.（1984）《哈科特論羅賓斯》。收入斯皮格爾和塞繆爾斯（1984）。

哈科特，G. C. 和萊恩，N. F. 編（1971）《資本和成長》，哈芒茨伍思：企鵝出版社。

哈利，B. F. 編（1952）《當地經濟學概論》，第 2 卷，霍姆伍德，伊利諾斯：R. D. 歐文。

哈特，N. B.（1971）《經濟史的研究》，載於哈特編《經濟史研究》，倫敦：弗蘭克-凱斯。

哈特威爾，R. M.（1973）《可靠的悠久的經濟史》，*JEH*33，28-40。

哈伯勒，G.（1930）《比較成本論》，*WA*32，356-360。

哈伯勒，G.（1933）《國際貿易論》，A. 斯托尼爾和 F. 貝納姆譯，1936年，倫敦。

哈伯勒，G.（1936）《繁榮與蕭條》，第 3 版，1943 年，日內瓦：各國聯盟。

哈伯勒，G.（1955）《國際貿易理論觀察》，普林斯頓關於國際經濟學的特別報告，I。

哈伯勒，G.（1956）《影響經濟穩定性的貨幣與實際因素：對經濟理論中某些傾向的批評》，BNLQR。收入 *AEA*（1956）。

科茨，A. W.（1954）《凡勃侖方法的影響》，*JPE*62，529-537。

科茨，A. W.（1954b）《英國政治經濟學中歷史主義的反應（1870—1890）》，*ECa*，143-153。

科茨，A. W.（1963）《「芝加哥學派」的起源?》，*JPE*71，487-493。

科茨，A. W.（1964）英國經濟學發展中權威的作用，*JLE*7，85-106。

科茨，A. W.（1967a）《英國經濟思想中社會學的若干方面（1880—1930）》，*JPE*75，706-729。

科茨，A. W.（1967b）《馬歇爾和倫敦經濟學派的早期發展：一些未發表的信件》，*ECa*34，408-417。

科茨，A. W.（1968）《政治經濟學和1903年的稅制改革運動》，*JLE*11，181-229。

科茨，A. W.（1969）《經濟學中有沒有「科學革命的結構」?》，*KyK*22，289-296。

科茨，A. W.（1977）《從歷史觀點看目前經濟學的「危機」》，《內布拉斯加經濟學和商業雜誌》16，3-16。

科茨，A. W.（1980）《文化和經濟學家：對英美差異的若干思考》，*HOPE*12，588-609。

科茨，A. W.（1981）《英國：專業化者的興起》，*HOPE*13，365-404，載於《政府中的經濟學家》，北卡羅來納：杜克大學出版社。

科茨，A. W.（1982a）《兩次大戰之間年代與眾不同的 L. S. E. 氣質》，*ABJ*10，18-34。

科茨，A. W.（1982b）《經濟學方法論，最近的若干貢獻》，*KyK*35，310-321。

科茨，A. W.（1983b）《經濟學方法論爭論半世紀：在 T. W. 哈欽森（1983a）著作中的反應》。

科茨，A. W.（1983c）《經濟學中主觀主義的復活》，載於威斯曼（1983）。

科茨，A. W. 編（1971）《古典經濟學家和經濟政策》，倫敦。

科茨，A. W. 編（1983a）《經濟學方法論爭論：紀念 T. W. 哈欽森歷史論文集》，格林尼治，康恩：JAL 出版社。

科斯，R. H.（1937）《廠商的性質》，*ECa*4，386-405。

科斯，R. H.（1960）《社會成本問題》，*JLE*，1-44。收入布賴特和霍克曼（1968）。

科斯，R. H.（1972）《庇古被選作馬歇爾的後繼者》，*JLE*15，473-485。

科斯，R. H.（1975）《馬歇爾論方法》，*JLE*18，第25頁以下各頁。

科斯，R. H. 和斯蒂格勒，G. J.（1969）《馬歇爾關於進步與財產的講

義》，JLE12，181-226。

科勒德，D. A.（1973）《里昂·瓦爾拉斯和劍橋笨拙的模仿》，EJ83，465-476。

科勒德，D. A.（1981）《A. C. 庇古（1877—1959）》，載於奧布賴恩和普雷斯利（1981）。

科拉科沃斯基，L.（1978）《馬克思主義主要流派》，3卷本，牛津：牛津大學出版社。

科里拉斯，P. G. 和桑，R. S. 編（1979）《現代宏觀經濟學》，倫敦：哈伯和羅。

科登，W. M.（1965）《國際貿易理論的新發展》，普林斯頓關於國際經濟學方面的特別報告，7。

俄林，B.（1929）《轉形的困難：實際的與想像的》，EJ39，17-178。

俄林，B.（1933）《論貨幣理論的形成》，譯文見HOPE10，353-388。

俄林，B.（1933）《區間和國際貿易》，第2版，1967年，劍橋，麻省。

俄林，B.（1937）《對斯德哥爾摩學派儲蓄論和投資論的若干解說》，EJ47，第53頁以下和221頁以下各頁。

費希爾，D. M.（1969）《總生產函數的存在》。ECta37，552-577。

費希爾，I.（1892）《價格理論的數學研究》，載於《康捏狄克學院學報》9。

費希爾，I.（1896）《增值和利息》。

費希爾，I.（1906）《資本與收入的性質》，紐約。

費希爾，I.（1907）《利息率》，紐約。

費希爾，I.（1911）《貨幣購買力》，紐約。

費希爾，I.（1920）《對卡塞爾教授論文的討論》，AAA89，276-279。

費希爾，I.（1930）《利息理論》，紐約。

費希爾，I.（1933）《大蕭條的債務貶值理論》，ECta1，第337頁以下各頁。

費特，F. W.（1965）《英國正統貨幣觀念的發展（1797—1875）》，劍橋，麻省。

費特，F. W.（1968）《轉匯問題：形式的雅致或歷史的現實主義?》，載於C. R. 惠特爾西和J. S. G. 威爾森編：《貨幣和銀行文集：紀念R. S. 薩伊

爾斯》，牛津。

菲爾普斯，E.（1961）《累積的黃金法則、寓言》，AER51，638-643。收入森（1970c）。

菲爾普斯，E. S.（1967）《菲利普斯曲線、預期通貨膨脹和最適度失業》，Eca34，254-281。

菲爾普斯，E. S. 編（1970）《就業和通貨膨脹理論的微觀經濟基礎》，倫敦：麥克米倫。

費爾拉班德，P.（1975）《逆方法》，倫敦：新左派圖書公司。

維克塞爾，K.（1893）《價值、資本和租金》，E. 弗洛溫譯，1954年，倫敦。

維克塞爾，K.（1898）《利息和價格》，R. F. 凱恩譯，1936年，倫敦。

維克塞爾，K.（1906）《政治經濟學講義》，2卷本，E. 卡森譯，1934年，倫敦。

維克塞爾，K.（1918）《國際運費和價格》，QJE32。

**十畫**

海因斯，A. G.（1964）《英國的產業聯盟和工資膨脹1893—1961年》，RES31，221-252。

海伊，J. D.（1979）《微觀經濟學中的不確定性》，牛津：馬丁-羅伯遜。

海伊，J. D.（1981a）《不均衡經濟學》，牛津：馬丁-羅伯遜。

海伊，J. D.（1981b）《利潤最大化行為、勞動管理和在不確定性下活動的合股廠商的一體化理論》，EJ91，第364頁以下各頁。

朗菲爾德，M.（1834）《政治經濟學講義》，LSE重印稀有叢書，倫敦：LSE。

諾思，D. C.（1981）《經濟史的結構及變化》，紐約：諾頓。

諾思，D. C.（1984）《交易成本、制度和經濟史》，Zgs140，7-17。

諾伊曼，J. V.（1938）《一般經濟均衡範式》，譯文見RES13，1-19。

諾伊曼，J. V. 和摩甘斯頓，O.（1944）《博弈論和經濟行為》，紐約。

諾爾斯，L.（1924—1936）《不列顛海外帝國的經濟發展》，3卷本，倫敦。

泰勒，A. J.（1972）《19世紀英國的自由放任和國家干預》，倫敦，麥克米倫。

索洛，R. M.（1956）《關於經濟增長論》，*QJE*70，65-94。收入森（1970c）。

索洛，R. M.（1957）《技術進步和總生產函數》，REStats39，312-320。收入森（1970c）。

索洛，R. M.（1961）《對尤扎瓦的兩部門經濟增長模式的解說》，*RES*29，48-50。

索洛，R. M.（1963）《資本理論和報酬率》，部分重印於哈考特和萊恩（1971）。

索洛，R. M.（1980）《論失業》，*AER*70，1-10。

索洛，R. M. 和斯蒂格利茨，J. E.（1968）《定期的產量、就業和工資》，*QLE*82，537-560。

索恩菲爾斯，J. V.（1965）《政治、行為和財政學原理》。

索恩夏因，H.（1983）《集約經濟學：導論》，1983年南希·施瓦茨講義，西北大學。收入R. 薩多和M. J. 貝克曼編《技術，組織和經濟結構》，斯普林格。

埃克浩斯，R. S.（1955）《發展中國家的要素比例問題》，AER45。收入阿戈瓦拉和森（1958）。

埃克隆，R. B. 和赫伯特，R. F.（1983）《經濟理論與方法史》，第2版，倫敦，麥克勞-希爾。

埃杰沃斯，F. Y.（1881）《數學物理學》，倫敦。

埃杰沃斯，F. Y.（1889）《論數學應用於政治經濟學》，*BA*，載於埃杰沃斯（1925）第2卷。

埃杰沃斯，F. Y.（1894）《國際價值純理論》，*EJ*4，載於埃杰沃斯（1925），第2卷。

埃杰沃斯，F. Y.（1925）《政治經濟學文集》，3卷本，倫敦。

埃利斯，H. S.（1948）《當代經濟學觀察》，霍姆伍德，伊利諾斯：R. D. 歐文。

埃利奧特，J. E.（1978）《制度主義是研究政治經濟學的一種思路》，*JEL*12，91頁以下各頁。

埃爾蒂斯，W. A.（1975）《魁奈：再解說，經濟表》。2.《成長論》，*DEP*27，167-200，327-351。

埃爾蒂斯，W. A.（1984）《古典的經濟成長論》，倫敦：麥克米倫。

埃爾西加，K. E.（1984）《埃爾西加論科斯》。收入斯皮格爾和塞繆爾斯（1984）。

萊榮霍夫德，A.（1968）《論凱恩斯主義經濟學和凱恩斯的經濟學》，牛津：牛津大學出版社。

萊榮霍夫德，A.（1976）《經濟理論中的學派、「革命」和研究綱領》，載於拉希斯（1976）。

萊恩，N. F.（1971）《導言》，第 2 部分，載於哈考特和萊恩（1971）。

萊德勒，D.（1974）《宏觀經濟學導論》，牛津：菲利浦—艾倫。

萊爾，D.（1983）《「發展經濟學」的貧困》，霍巴特平裝本 16，倫敦：經濟事務研究院。

莫斯，S.（1984）《廠商理論史：從馬歇爾到羅賓斯和張伯倫：經濟學中實證主義的來源》，ECa51，第 8 頁以下各頁。

莫薩克，J. L.（1945）《國際貿易中的一般均衡理論》，布魯明頓。

莫格里奇，D.（1972）《1924—1931 年英國貨幣政策：諾爾曼人贏得 4.86 美元》，劍橋：劍橋大學出版社。

莫格里奇，D.（1975）《凱恩斯對其時代的經濟學之影響》。收入凱恩斯（1975）。

莫里什馬，M.（1973）《馬克思的經濟學》，劍橋：劍橋大學出版社。

莫里什馬，M.（1977）《瓦爾拉斯的經濟學》，劍橋：劍橋大學出版社。

莫里什馬，M.（1980）《W. 賈菲論里昂·瓦爾拉斯：評論》，*JEL*18，550-558。

莫里什馬，M. 和凱特弗爾，G.（1978）《價值開發和增長》，倫敦：麥克勞-希爾。

莫迪格里安尼，F. 和布倫伯格 R. E.（1954）《效用分析和消費函數：橫斷面資料解說》。收入 K. K. 庫里哈拉編《後凱恩斯主義經濟學》，倫敦：喬治-艾倫和昂溫。

湯姆林森，J.（1981）《英國經濟政策問題（1870—1945）》，倫敦：梅休因。

格蘭普，W. D.（1960）《經濟學的曼徹斯特學派》，倫敦：牛津大學出版社。

格蘭普，W. D.（1965）《經濟自由主義》，2 卷本，紐約：蘭登公司。

格蘭芒特，J. M. 和拉羅克，G.（1976）《論凱恩斯主義暫時均衡》，*RES*43，53-67。

格雷斯，F.（1956）《從單獨一國來看關稅同盟》，*RES*24，第 61 頁以下各頁。

格雷厄姆，F. D.（1923）《國際價值理論再探討》，*QJE*37。收入 *AEA*（1949）。

格雷厄姆，F. D.（1932）《國際價值論》，*QJE*46，第 581 頁以下各頁。

格林，H. A. J.（1964）《經濟分析的總和》，普林斯頓。

格林，H. A. J.（1976）《消費者理論》，第 2 版，倫敦：麥克米倫。

格萬，N.（1973）《加勒比和拉丁美洲依附性經濟學的發展：評論和比較》，《社會與經濟研究》22，第 1 頁以下各頁。

格拉夫，J. V.（1957）《理論福利經濟學》，劍橋。

格盧斯多夫，E.（1968）《論凱恩斯主義均衡的存在》，*RES*35，327-334。

格申克龍，A.（1962）《從歷史眼光來看經濟的落後性》，劍橋，麻省，哈佛大學出版社。

格羅斯曼，H.（1969）《沒有重新收縮條件下的市場理論》。*JET*4，476-479。

格羅斯曼，S. 和斯蒂格利茨，J. E.（1980）《不可能存在情報式的高效率市場》，*AER*70，393-408。

格利森，A. H.（1959）《福斯特和卡欽斯：再評價》，*JPE*67，第 156 頁以下各頁。

格魯奇，A. G.（1940）《康門斯的 20 世紀經濟學觀念》，*JPE*48，823-849。

賈菲，W.（1975）《里昂·瓦爾拉斯：一位已故的經濟顧問》，*EJ*85，810-823。

賈菲，W.（1976）《門格爾、杰文斯和瓦爾拉斯學說是不同質的》，《經濟研究》14，511-524。

賈菲，W.（1977）《瓦爾拉斯模式的正常傾向：瓦爾拉斯與戈森》，*QJE*91，371-387。

賈菲，W.（1978）《評莫里什馬（1977）》，*BJ*88，574-576。

賈菲，W.（1980）《人們眼中的瓦爾拉斯經濟學》，*JEL*18，528-549。

賈拉杜，J.（1975）《J. B. 克拉克方法上的變換》，HOPB7，200-226。

特里芬，R.（1940）《壟斷競爭和一般均衡論》，劍橋，麻省。

培根，R. W. 和埃爾蒂斯，W. A.（1976）《英國經濟問題》，倫敦：麥克米倫。

桑托斯，T.（1970）《依存的結構》，AER60，231-236。收入利文斯通（1981b）。

桑頓，H.（1802）《不列顛紙幣信用券的性質》，F. A. 哈耶克編，1939年，倫敦。

桑德莫，A.（1976）《最適度稅收——導論》，JPKE6，37-54。

桑巴特，W.（1922）《現代資本主義》，柏林。

陶西格，F. W.（1892）《可逆性》，QJE7，26-39。

陶西格，F. W.（1911）《經濟學原理》，紐約。

陶西格，F. W.（1917）《紙幣貶值下的國際貿易》，QJE31，第280頁以下各頁。

陶西格，F. W.（1924）《馬歇爾》，QJE39，1-14。

陶西格，F. W.（1927）《國際貿易》，紐約。


## 十一畫

康門斯，J. R.（1924）《資本主義的法律基礎》，紐約。

康門斯，J. R.（1925）《法律和經濟學》，YLJ34，371-382。

康門斯，J. R.（1931）《制度經濟學》，AER21，648-657。

康門斯，J. R.（1934a）《制度經濟學》，威斯康星大學出版社。

康門斯，J. R.（1924b）《自我》，威斯康星大學出版社。

康門斯，J. R.（1936）《制度經濟學》，AER26，237-254。

康門斯，J. R.（1950）《集體行動經濟學》，威斯康星大學出版社。

蓋爾，D. 庫恩，H. W. 和圖克 A. W.（1951）《線性規劃和博弈論》。收入庫普曼（1951）。

蓋約特，Y.（1892）《社會經濟原理》。

基利克，T.（1978）《現行發展經濟學》，倫敦：麥克米倫。

基特黑爾，E. R.（1965）《英國古典政治經濟學中殖民理論的發展》，SEJ31。收入肖（1970）。

勒納，A. P.（1932）《國際貿易中成本條件的圖解》，*ECa*12（舊叢刊）。收入勒納（1953）。

勒納，A. P.（1934）《國際貿易中需求條件的圖解》，*ECa*1。收入勒納（1953）。

勒納，A. P.（1952）《要素價格和國際貿易》，*ECa*19。收入勒納（1953）。

勒納，A. P.（1953）《經濟分析論文集》，倫敦。

菲利普斯，A. W.（1958）《1861—1957年英國的失業和貨幣工資率變動之間的關係》，*ECa*25，283-299。收入米勒（1971）。

薩普，F.（1977）《科學理論的結構》，伊利諾斯大學出版社。

薩拜因，B. E. V.（1970）《1937—1945年和平與戰爭期間英國預算》，倫敦。

薩特思韋特，M.（1975）《戰略試驗和阿羅的條件：選擇過程和社會福利函數的存在及相應的原理》，*JET*10，187-217。

薩伊，J. B.（1803）《政治經濟學概論》，C. R. 普標塞普譯，1821年，倫敦。

薩金特，T. J. 和瓦拉斯，N.（1975）《合理預期、最適度貨幣工具和最適度貨幣供給法則》，*JPE*83，241-254。

薩金特，T. J. 和瓦拉斯，N.（1976）《合理預期和經濟政策理論》，*JME*52，第169頁以下各頁。重印於科里拉斯和桑（1979）。

薩金特，T. J. 和瓦拉斯，N.（1982）《實際證券理論和數量理論：再考察》，*JPE*90，1212-1236。

薩維奇，L. J.（1954）《統計學基礎》，紐約：威利。

薩繆爾森，P. A.（1938a）《對消費者行為的純理論的解說》，*ECa*5，61頁以下各頁。

薩繆爾森，P. A.（1938b）《福利經濟學和國際貿易》，*AER*28，261-266。收入薩繆爾森（1966a）。

薩繆爾森，P. A.（1939a）《得自國際貿易的利益》，*CJEPS*5，195-205。收入薩繆爾森（1966a）。

薩繆爾森，P. A.（1939b）《乘數分析和加速原理之間的相互作用》，*REStats*21，75頁以下各頁。

薩繆爾森，P. A.（1946）《凱恩斯爵士和通論》，*ECta*14，187-200。

薩繆爾森，P. A.（1947）《經濟分析的基礎》，劍橋，麻省：哈佛大學出版社。

薩繆爾森，P. A.（1948a）《經濟學》，第10版，1976年，倫敦：麥克勞-希爾。

薩繆爾森，P. A.（1948b）《國際貿易和要素價格的均等化》，EJ58，163-184。收入薩繆爾森（1966a）。

薩繆爾森，P. A.（1949）《再論國際要素價格均等化》，EJ59，181-197。收入薩繆爾森（1966a）。

薩繆爾森，P. A.（1950）《實際國民收入估算》，OEP2，1-29。收入 AEA（1969）。

薩繆爾森，P. A.（1952）《轉形問題和運輸成本：沒有障礙時的貿易條款》，EJ62，278-304。收入薩繆爾森（1966a）。

薩繆爾森，P. A.（1953）《一般均衡下的要素及貨物價格》，RES21，1-20。薩繆爾森（1966a）。

薩繆爾森，P. A.（1954a）《公共開支純理論》，REStats36，387-389。收入 R. W. 霍夫頓編《公共財政》，哈芒茲伍思：企鵝出版社，1970年。

薩繆爾森，P. A.（1954b）《轉形問題和運輸成本：Ⅱ：對貿易障礙影響之分析》，EJ64，204-289。收入薩繆爾森（1966a）。

薩繆爾森，P. A.（1955）《對公共開支理論的圖解》，REStats37，350-356。收入 R. W. 霍夫頓編《公共財政》，1970年，哈芒茲伍思：企鵝出版社。

薩繆爾森，P. A.（1962）《經濟學家和思想史》，AEA52，1-18。

薩繆爾森，P. A.（1963）《方法論問題：討論》，AER53，231-236。

薩繆爾森，P. A.（1966a）《薩繆爾森科學論文選》，第2卷，劍橋，麻省理工學院出版社。

薩繆爾森，P. A.（1966b）《一個總結》，QJE80，568-583。收入哈考特和萊恩（1971）。

薩繆爾森，P. A.（1967a）《壟斷競爭革命》，載於 R. E. 庫恩編《壟斷競爭理論研究》，紐約。

薩繆爾森. P. A.（1967b）《作為經濟學的馬克思主義經濟學》，AER57，884頁以下各頁。

薩繆爾森，P. A.（1968）《古典和新古典貨幣論到底是什麼?》，CJEPS1，

1-15。收入克洛爾（1970）。

薩繆爾森，P. A.（1971）《俄林是對的》，*SJE*73，365-384。收入薩繆爾森（1977）。

薩繆爾森，P. A.（1974）《作為數理經濟學家的馬克思》。收入 G. 霍威奇和 P. A. 薩繆爾森編《貿易穩定性和宏觀經濟學，L. A. 梅茨勒紀念文集》，紐約：學院出版社。

薩繆爾森，P. A.（1977）《薩繆爾森科學論文選》，第 4 卷，劍橋，麻省理工學院。

薩繆爾森，P. A.（1978）《典型的古典政治經濟學模式》，*JEL*16，1415-1434。

薩繆爾森，P. A.（1980）《古典經濟學家爭論中的噪音和信號：答復》，*JEL*18，575-578。

薩繆爾森，P. A. 和索洛，R. M.（1960）《反通貨膨脹政策的某些分析》，*AER*50，177-194。收入米勒（1971）。

梅茨勒，L. A.（1941）《存貨週轉的性質及穩定性》，*REStats*23，第 113 頁以下各頁。

梅茨勒，L. A.（1942）《國際貿易中就業不足之均衡》，*ECta*10，第 97 頁以下各頁。

梅茨勒，L. A.（1945）《多重市場的穩定性：希克斯條件》，*ECta*13，277-292。

梅森，W. E.（1955）《對國際匯兌理論的若干被遺忘的貢獻》，*JPE*63，529-535。

梅森，W. E.（1957）《李嘉圖的匯兌機制理論》，*QJE*71，107-115。

梅納德，C.（1980）《抵制統計學的三種方式：薩伊、古爾諾和瓦爾拉斯》，*HOPE*12，524-541。

曼戈爾茨，H. V.（1863）《國民經濟學原理》。

曼德爾鮑姆，K.（1945）《落後地區工業化》。

維塞爾，F. V.（1893）《自然價值》，1893 年譯，紐約：A. M. 凱利，1971 年。

維塞爾，F. V.（1931）《社會經濟學》，A. F. 亨利希斯譯，1927 年，倫敦。

維塞爾，F. V.（1929）《論文集》。

## 十二畫

溫奇，D.（1963）《古典經濟學和殖民地》，*ECa*30。收入肖（1970）。

溫奇，D.（1965）《古典經濟學和殖民地》，倫敦。

溫濟，D.（1969）《經濟學和政策》，倫敦。

溫奇，D.（1973）《經濟學之形成（1750—1870）》。收入 C. M. 西波拉編《方塔納歐洲經濟史》，第 3 卷，倫敦：方塔納。

溫奇，D.（1983）《科學和立法者：亞當·斯密及其以後》，*EJ*93，第 501 頁以下各頁。

溫特勞布，E. R.（1979）《微觀基礎》，劍橋：劍橋大學出版社。

溫特勞布，E. R.（1982）《巨大的山脈和方法論上的小丘》，*JPKE*5，295-303。收入卡德威爾（1984）。

溫特勞布，S. 編（1977）《現代經濟思想》，牛津：巴茲爾-布萊克威爾。

普雷比奇，R.（1949）《拉丁美洲的經濟發展及其主要問題》，譯文見聯合國經濟事務部，同名書刊，1950 年，又見《拉丁美洲經濟評論》7，1962 年，第 I 部分。

普里布蘭，K.（1983）《經濟理論史》，巴爾的摩：約翰·霍普金斯大學出版社。

道，J. C. R.（1965）《1945—1960 年英國經濟管理》，劍橋：劍橋大學出版社。

道格拉斯，P. H.（1934）《工資理論》，紐約。

道布，M.（1937）《政治經濟學和資本主義》，倫敦。

道布，M.（1973）《亞當·斯密以來的價值和分配理論》，劍橋：劍橋大學出版社。

道德，D. F. 編（1958）《凡勃侖：批判地評價》，伊薩卡，紐約。

謝夫林，S. M.（1983）《合理預期》，劍橋：劍橋大學出版社。

謝爾，K.（1971）《對無限性經濟學之解說》，*JPE*79，1002-1011。

瓊斯，R.（1833）《論財富的分配》，紐約：凱利和米爾曼，1956 年。

瓊斯，R.（1859）《遺稿》，休厄爾編，倫敦。

瓊斯，R. W.（1956）《要素比例和赫克歇爾-俄林原理》，*RES*24，1-10。收入巴克威奇（1969）和瓊斯（1979）。

瓊斯，R. W.（1970）《轉形問題再議》，*ECa*37，178-184。收入瓊斯

（1979）。

瓊斯，R. W.（1979）《國際貿易論文集》，阿姆斯特丹，北荷蘭。

瓊斯，R. W.（1983）《國際貿易》，載於 E. C. 布朗和 R. M. 索洛編：《薩繆爾森和當代經濟理論》紐約；麥克勞－希爾。

瓊斯，R. W.（1978）《庇古作為馬歇爾的繼任者：硬幣的另一面》，*JJE*21，第 235 頁以下各頁。塔希斯，L.（1939）實際工資和貨幣工資的變動，*EJ*49，第 150 頁以下各頁。

彭羅斯，E.（1959）《廠商理論》，牛津：巴茲爾－布萊克威爾。

博蘭，L.（1979）《對弗里德曼評論的評論》，*JEL*17，503-522。

博蘭，L.（1982）《經濟方法的基礎》，倫敦：喬治－艾倫和昂溫。

博克，J. H.（1953）《二元社會的經濟學與經濟政策》。摘錄收入邁耶（1970）。

博克威茲，L. W.（1907）《馬克思基本理論結構在〈資本論〉第 3 卷中的修正》，譯文載於龐巴維克（1896）。

博納，J.（1888）《奧地利經濟學家及其價值觀點》，*QJE*3，第 1 頁以下各頁。

斯派瑟夫，A.（1932）《作為歷史理論的一般國民經濟學》，《施莫勒年鑒》56，891-624。

斯密，A.（1759）《道德情操論》，格拉斯哥版，1976 年，牛津：克拉侖多出版社。

斯密，A.（1776）《國民財富的性質和原因的研究》，芝加哥：芝加哥大學出版社，1976 年。

斯密塞斯，A.（1942）《競爭均衡的穩定性》，*ECta*10，258-274。

斯泰格爾，O.（1978）《貨幣經濟理論的前奏：俄林 1933 年研究的起源和意義》，*HOPE*10，420-446。

斯塔克，W.（1944）《同社會發展相關的經濟學史》，倫敦。

斯塔克伯格，H. V.（1933）《卡塞爾價格理論評述》，*ZN*4，456-472。

斯塔克伯格，H. V.（1934）《市場形式和均衡》。

斯塔拉特，D.（1973）《在一種相關經濟中的無效率和對「貨幣」的需求》，*RES*40，437-448。

斯彭格勒，J. J.（1968）《外生和內生因素在 1870 年後經濟思想形成中

的影響》。收入 R. v. 伊格利編《事件，意識形態和經濟思想》。

斯蒂格勒，G. J.（1941）《生產和分配理論（形成時期）》，紐約。

斯蒂格勒，G. J.（1943）《折拗的寡頭需求曲線和剛性價格》，JPE55，432-449。

斯蒂格勒，G. J.（1947）《價格理論》，紐約。

斯蒂格勒，G. J.（1950）《效用理論的發展》，JPE58。收入斯蒂格勒（1965）。

斯蒂格勒，G. J.（1954）《早期消費者行為研究史》，JPE42。收入斯蒂格勒（1965）。

斯蒂格勒，G. J.（1960）《事件和政策對經濟理論的影響》，AER50，36-45。收入斯蒂格勒（1965a）。

斯蒂格勒，G. J.（1961）《信息經濟學》，JPE69，213-225。

斯蒂格勒，G. L.（1962）《勞動市場的信息》，JPE70，94-105。

斯蒂格勒，G. J.（1905）《經濟史文集》，芝加哥大學出版社。

斯蒂格勒，G. J.（1965b）《作為一個科學問題的註釋》，ECa32。收入斯蒂格勒（1982）。

斯蒂格勒，G. J.（1976）《斯密教授的成功和失敗》，JPE84。收入斯蒂格勒（1982）。

斯蒂格勒，G. J.（1982）《作為說教者的經濟學家》，牛津：巴茲爾-布萊克威爾。

斯蒂格勒，G. J.（1984）《經濟學是莊嚴的科學嗎？》，SJE86，301-313。

斯蒂格利茨，J. E.（1974）《交谷租種制中的集約化和風險分擔》，RES41，219-255。

斯蒂格利茨，J. E.（1947）《信息經濟學討論會：導言》，RES44，389-392。

斯蒂德曼，I.（1977）《斯拉法以後的馬克思》，倫敦，新左派圖書公司。

斯基德爾斯基，R.（1983）《凱恩斯》，倫敦：麥克米倫。

斯威齊，P.（1933）《寡頭壟斷下的需求》，JPE47，568-573。

斯威齊，P.（1942）《資本主義發展論》，倫敦。

斯威齊，P.（1949）《為龐巴維克（1896）一書1949年版所作導言》。

斯拉法，P.（1926）《競爭條件下的報酬率》，EJ36，535-550。收入AEA（1952）。

斯拉法，P.（1960）《用商品生產商品》，劍橋：劍橋大學出版社。

斯托爾波，W. F. 和薩繆爾森，P. A.（1941）《保護貿易制度和實際工資》，*RES*9，58-73。收入薩繆爾森（1966a）。

斯卡夫，H.（1960）《競爭均衡全球不穩定性的若干例證》，*IERI*，157-173。

斯卡夫，H.（1962）《對有眾多參加者市場的分析》。收入《博弈論的新進展》，普林斯頓大學出版社。

斯盧茨基，E.（1915）《關於消費者預算的理論》，*GdE*。譯文見 *AEA*（1953）。

斯旺，T.（1956）《經濟增長和資本累積》，《經濟記錄》32，334-361。部分收入哈考特和萊恩（1971）。

斯圖爾特，I.（1977）《經濟學理論及方法》，倫敦：麥克勞-希爾。

斯圖爾特，M. J.（1972）《凱恩斯及其以後》，第2版，哈芒茲伍思：企鵝出版社。

斯圖爾特，M. J.（1977）《好運和惡運年代：1964年以來的政治學和經濟政策》，倫敦：鄧特。

斯廷，J. L.（1971）《貨幣和生產能力增長》，哥倫比亞。

斯金納，A.（1979）《社會科學體系》，牛津：牛津大學出版社。

森，A. K.（1970a）《集體選擇和社會福利》，劍橋：雷爾頓-戴伊。

森，A. K.（1970b）《帕累托自由度的不可能性》，*JPE*78。收入森（1982）。

森，A. K.（1974）《資本理論的若干爭論》，*ECa*41，328-335。

森，A. K.（1982）《社會選擇和福利》，牛津：巴茲爾-布萊克威爾。

森，A. K.（1983）發展：現在走哪條道路?》，*EJ*93，745-762。

森，A. K.（1985）《社會選擇理論》。收入 K. J. 阿羅和 M. J. 英特里蓋特編《數理經濟學手冊》，第3卷。阿姆斯特丹，北荷蘭。

森，A. K. 編（1970c）《增長經濟學》，哈芒茲伍思：企鵝出版社。

惠特克，J. K.（1974）《1881年的馬歇爾體系：分配與增長》，*EJ*84，第1頁以下各頁。

惠特克，J. K. 編（1975）《馬歇爾的早期著作（1867—1890）》，編者序言，倫敦：麥克米倫。

惠特克，J. K.（1977）《馬歇爾經濟學和社會思想的若干被忽略的方面》，*HOPE*9，161-197。

惠特曼，M. N.（1975）《全球性貨幣主義和對收支平衡的貨幣研究》，《布魯金斯經濟活動論文集》，第 491 頁以下各頁。

惠特利，J.（1907）《論貨幣》，第 1 卷。

舒爾茨，P. W.（1964）《轉變中的傳統農業》，紐黑文：耶魯大學出版社。

舒比克，M.（1959）《埃杰沃斯市場過程》。收入 A. W. 塔克和 B. O. 盧斯編《博弈論文集》，第 4 卷，普林斯頓。

舒比克，M.（1981）《博弈論模式和政治經濟學方法》。收入阿羅和英特里蓋特（1981）。

奧康，A. M.（1981）《價格與數量》，牛津：巴茲爾-布萊克威爾。

奧茲加，S. A.（1955）《論關稅》，$JPE$63，第 489 頁以下各頁。

奧斯皮茨，R. 和里賓，R.（1889）《價格理論研究》。

奧菲瑟，L. H.（1976）《匯率的購買力平價理論：評論》，$IMFSP$23，1-60。

奧布賴恩，D. P.（1970）《麥克庫洛赫：古典經濟學研究》，倫敦。

奧布賴恩，D. P.（1975）《古典經濟學家》，牛津：牛津大學出版社。

奧布賴恩，D. P.（1976a）《關稅同盟：貿易創造和貿易轉移》，$HOPE$8，540-563。

奧布賴恩，D. P.（1976b）《亞當·斯密觀點的持久性：經濟思想史的範式、研究綱領和證偽》，$SJPE$23，第 133 頁以下各頁。

奧布賴恩，D. P.（1981a）《馬歇爾（1842—1924）》。收入奧布賴恩和普雷斯利（1981）。

奧布賴恩，D. P.（1981b）《李嘉圖主義經濟學和李嘉圖的經濟學》，$0EP$33，352-389。

奧布賴恩，D. P.（1983a）《競爭結構的研究綱領》，$JES$10，29-51。

奧布賴恩，D. P.（1983b）《科學史論：檢驗》。收入科茨（1983a）。

奧布賴恩，D. P.（1984a）《廠商理論的發展》。收入 F. H. 斯特芬編《廠商、組織和勞動：勞動組織經濟學研究》，倫敦：麥克米倫。

奧布賴恩，D. P.（1984b）《貨幣經濟學》。收入克里迪和奧布賴恩（1984）。

奧布賴恩，D. P. 和普雷斯利，J. R. 編（1981）《英國現代經濟學的先鋒》，倫敦：麥克米倫。

奧曼，R. J.（1964）《具有連續統一貿易者的市場》，$ECta$32，39-50。

奧爾特，M.（1982）《卡爾·門格爾和人類經濟：對奧地利人理論和方法的若干思考》，JEL16，149-160。

奧弗斯頓爵士，（1837a）《精讀 J. H. 帕爾默論對貨幣市場的壓力之原因和後果的小冊子所引起的思考》。收入奧弗斯頓（1857），倫敦。

奧弗斯頓爵士，（1837b）《對通貨狀況和英格蘭銀行作用的再思考》。收入奧弗斯頓（1857），倫敦。

奧弗斯頓爵士，（1857）《金屬幣和紙幣論集》，倫敦。

登伯格，T. F. 和麥克道格爾，D. M.（1960）《宏觀經濟學》，第 4 版，1972 年，倫敦：麥克勞-希爾。

## 十三畫

塞繆爾斯，W. J.（1976）《芝加哥政治經濟學派：一個建設性批評》，載於《芝加哥政治經濟學派》，塞繆爾斯編，演進經濟學聯合會/密歇根州立大學。

塞繆爾斯，W. J.（1977）《同 JEL 的各種制度相對的工藝學：一個建設性解說》，JEL11，871-895。

塞繆爾斯，W. J.（1978）《信息體系、資料及 JEI 的經濟》，JEL12，1-41。

塞利格曼，B. B.（1962）《當代經濟學主要流派》，紐約：自由出版社。

福斯特，J. L.（1804）《論商業交換原理以及大不列顛和愛爾蘭之間交換的更多特殊性》。

福斯特，W. T. 和卡欽斯，W.（1923）《貨幣》，劍橋，麻省。

福斯特，W. T. 和卡欽斯，W.（1925）《利潤》，波士頓和紐約。

福斯特，W. T. 和卡欽斯，W.（1926）《老大王科爾陷於困境》，《大西洋月刊》，1962 年 7 月。重印於同名小冊子。

福斯特，W. T. 和卡欽斯，W.（1927）《無買者的商業》，波士頓。

福斯特，W. T. 和卡欽斯，W.（1928）《通向富裕之路》，波士頓。

福古森，C. E.（1969）《新古典的生產和分配論》，劍橋：劍橋大學出版社。

福克斯威爾. H. S.（1886）《就業的不規則性和價格波動》。

福克斯威爾，H. S.（1887）《英國的經濟運動》，QJE2，第 84 頁以下各頁。

福特，J. L.（1983）《選擇、預期和不確定性》，牛津：巴茲爾-布萊克威爾。

雷克，M. W.（1982）《芝加哥經濟學：持久性和變化》，*JEL*20，1-38。

瑟羅，L. C.（1983）《危險的通貨、經濟學狀況》。牛津大學出版社。

鮑莫爾，W. J.（1965）《福利經濟學與國家理論》，第 2 版，倫敦，*LSE*。

鮑莫爾，W. J.（1952）《交易對現金的需求》，*QJE*66，第 545 頁以下各頁。

鮑莫爾，W. J.（1959）《商業行為、價值和增長》，第 2 版，紐約。

鮑莫爾，W. J.（1984）《鮑莫爾論西蒙》。載於斯皮格爾和塞繆爾斯（1984）。

鮑莫爾，W. J. 和戈德菲爾德，S. M.（1968）《數理經濟學的先驅：文集》，*LSE* 重印叢書，19，倫敦，*LSE*。

鮑丁，K. E. 1952)《福利經濟學》。收入哈利（1952）。

鮑丁，K. E.（1957）《對制度主義的新觀察》，*AER*47，增補，1-12。

鮑利，A. L.（1924）《經濟學的數學基礎》，牛津。

鮑利，M.（1937）《拿騷·西尼爾和古典經濟學》，倫敦。

鮑利，M.（1972）《杰文斯的先驅者——不是革命的革命》，*MS*40，9-29。

鮑利，M.（1973）《1870 年前價值論研究》，倫敦：麥克米倫。

鮑爾，P. T.（1984）《現實與修辭學》，倫敦，威登菲爾德。

**十四畫**

豪斯曼，D. 編（1984）《經濟學之哲學》，劍橋：劍橋大學出版社。

豪森，S.（1975）《1919—1938 年英國國內貨幣管理》。劍橋：劍橋大學出版社。

豪伊，R. S.（1960）《邊際效用學派的興起》，堪薩斯。

赫克歇爾，E.（1919）《對外貿易對收入分配的影響》，譯文 *AEA*（1949）。

赫希曼，A. O.（1958）《經濟發展戰略》，紐黑文。

赫希曼，A. O.（1981）《發展經濟學的興衰》。收入《論侵占》，劍橋：劍橋大學出版社。

赫什萊弗，J.（1976）《價格理論及其應用》，倫敦：普林蒂斯-霍爾。

熊彼特，J. A.（1908）《國民經濟學理論的性質及概要》。

熊彼特，J. A.（1910）《經濟危機的性質》，《國民經濟雜誌》，271-325。

熊彼特，J. A.（1912）《經濟發展理論》，R. 奧佩譯，1934 年，劍橋：麻省。

熊彼特，J. A.（1939）《商業循環》，紐約。

熊彼特，J. A.（1942）《資本主義、社會主義和民主》，倫敦。

熊彼特，J. A.（1954）《經濟分析史》，紐約：牛津大學出版社。

熊彼特，J. A.（1982）《經濟學的「危機」——五十年前》，JEL20，1049-1059。

## 十五畫

潘達里奧尼，M.（1889）《純經濟學》，T. B. 布魯斯譯，1957 年，紐約。

德雷茲，J.（1975）《價格剛性和數量配給條件下均衡的存在》，JJER16，301-320。

德布勒，G.（1951）《資源配置系數》，ECta19，273-292。

德布勒，G.（1959）《價值理論》，紐約：威利。

德布勒，G.（1982）《競爭均衡的存在》，載於阿羅和英特利蓋特（1982）。

德拉澤，A.（1980）《宏觀非均衡理論的最新發展》，ECta48，283-306。

## 十六畫

霍蘭德，J. H.（1918）《紙幣貶值下的國際貿易》，QJE32，第 674 頁以下。

霍蘭德，S.（1973）《亞當·斯密的經濟學》，倫敦：海因曼。

霍蘭德，S.（1979）《大衛·李嘉圖的經濟學》，倫敦，海因曼。

霍蘭德，S.（1980）《論薩繆爾森教授典型的古典政治經濟學模式》，JEL18，559-574。

霍蘭德，S.（1982）《大衛·李嘉圖的經濟學：對奧布賴恩教授的答復》，REP34，224-252。

霍布森，J. A.（1891）《三種租金法則》，QJE5，第 263 頁以下各頁。

霍布森，J. A.（1896）《失業問題》，倫敦。

霍布森，J. A.（1902）《帝國主義研究》，倫敦。

霍布森，J. A.（1911）《對投資的經濟解說》。

霍布森，J. A. 和馬默里，A. F.（1889）《工業物理學》，倫敦。

霍曼，P. T.（1928）《當代經濟思想》，紐約。

霍利，F. B.（1882）《資本和人口》。

霍特里，R. G.（1913）《優劣貿易論》，倫敦。

霍特里，R. G.（1919）《通貨與信貸》，倫敦。

霍爾，R. E.（1982）《美國與英國的貨幣趨勢：從貨幣經濟學新發展的角度進行的評論》，*JEL*20，1552—1556。

霍爾，R. L. 和希契，C. J.（1939）《價格理論和商業行為》，*OEP*2，12-45。

默頓，R. K.（1961）《科學發現中的單一性和重複性：科學社會學的一章》，《美國哲學會學報》，105，471-486。收入默頓（1973）。

默頓，R. K.（1963）《對科學中重複發現系統研究的抵制》，《歐洲社會學文獻》237-280。收入默頓（1973）。

默頓，R. K.（1973）《科學社會學》，芝加哥：芝加哥大學出版社。

穆勒，J.（1808）《維護商業》。收入《經濟著作選》，D. 溫奇編，1966年，愛丁堡。

穆勒，J.（1821）《政治經濟學綱要》，倫敦。

穆勒，J. S.（1814）《政治經濟學若干未決問題》。

穆勒，J. S.（1848）《政治經濟學原理》，參看1873年版。

穆勒，J. S.（1869）《評 W. 桑頓，論勞動……》，*FR*。重印於穆勒（1848），W. J. 阿什利編，1909年。

穆思，J. F.（1961）《合理預期和價格運動理論》，*ECta*29，第315頁以下各頁。

穆爾，H. L.（1914）《經濟循環：規律及原因》。

## 十七畫

戴維斯，E. G.（1981）《霍特里（1879—1975）》，載於奧布賴恩和普雷斯利（1981）。

# 人名索引

1. 本索引和事項索引按漢字筆畫數由少到多的次序排列。
2. 筆畫數相同的,按起筆點、橫、豎、撇、折排列。
3. 頁碼系原書頁碼,即本書標在【 】中的數字。

**二畫**

丁伯根（Tinbergen, J.）276, 360

**三畫**

門格爾（Menger, C.）41, 69, 78, 84, 85-93, 94, 105, 106, 111, 123-124, 131, 136, 146, 152, 159, 171, 220, 262, 378

凡勃侖（Veblen, T. B.）104, 109, 123, 132, 182-183, 221-228, 229, 234-235, 239-240, 275, 375, 377

馬塞特（Marcet, J.）36, 334

馬謝爾（Massell, B. F.）359

馬克思（Marx, K.）19, 33, 69, 84, 111-122, 178, 221, 224, 230, 236-239, 265, 527, 370, 388-392

馬林沃德（Malinvaud, E.）322, 338

馬奇（March, J. G.）300

馬里斯（Mrris, R.）299

馬歇爾（Marshall, A.）33, 35, 41, 69, 79, 80, 83, 93, 94-104, 111, 123, 125-126, 132, 133-142, 145, 147, 149, 154-155, 159, 160, 163, 164-165, 166, 169, 171, 175-177, 182, 188, 200, 203, 216, 217,

228-229, 239, 244-245, 264, 275, 302, 305, 333, 357, 386, 389, 404

馬科維茨（Morkovitz, H. M.）287

馬爾薩斯（Malthus, T. R.）25, 26, 36, 39, 51-52, 56, 125, 212

**四畫**

韋布（Webb, B.）247

韋布（Webb, S.）247

韋伯（Weber, M.）221

戈森（Gossen, H. H.）40-41, 124, 132

戈德堡（Goldber, A.）349

戈爾曼（Gorman, W. M.）388, 454

瓦伊納（Viner, J.）203, 205, 206, 343, 358-359, 393, 407

瓦爾拉斯（Walras, A.）78, 79, 228

瓦爾拉斯（Walras, L.）33, 35, 41, 69, 77-84, 85-86, 88-89, 91, 94, 105, 111, 123-125, 131, 133, 136-138, 146, 159-168, 171, 182, 240, 282, 291, 378

貝文（Bevin, E.）256

貝克爾（Becker, G. A.）294, 394

貝里（Berry, A.）148

貝恩（Bain. J. S.）299

貝利（Bailey, S.）36-38, 41, 43

貝弗里奇（Beveridge, W.）247-248, 398-399, 400

貝納希（Benassy, J. P.）293

牛頓（Newton, I.）3, 33, 70

丹齊克（Dantzig, O. S.）285

巴洛（Barro, K. J.）338, 345

巴斯塔布爾（Bastable, C. F.）199, 203-204

巴斯夏（Bastiat, F.）160

巴格浩特（Bagehot, W.）178, 214-215, 245

巴拉韋（Baradwai, K.）387-388

巴伯（Barber, A.）401

巴倫（Barone, E.）125，135，149，302

孔德（Comte, A.）213，215，218

比爾斯（Beers, J. S. de）359

## 五畫

漢森（Hansen, A. H.）348，382

漢森（Hansen, B.）339

蘭開斯特（Lancaster, K.）294，306，358

蘭格（Lange, O.）388-389

艾倫（Allen, R. D. G.）133-136，145，275，354

艾爾斯（Ayres, C. E.）373-374

古爾諾（Cournot, A. A.）41，78-79，94-95，103，137，138，143，145，286

布勞格（Blaug, M.）9，33，139

布里斯曼（Brisman, S.）209

布里奇曼（Bridgman, P.）277

布思（Booth, C.）247

布哈林（Bukharin, N.）235

布利斯（Bliss, C. J.）330-332，385-386

布倫伯格（Brumberg, R. E.）335

龍卡利亞（Roncaglia, A.）386-387

卡塞爾（Cassel, G.）135，137，144，154-155，173，177，183-184，202，206-208，385

卡萊茨基（Kalezki, M.）324，383

卡恩（Kahn, R. F.）194-195

卡爾多（Kaldor, N.）302，324，383

卡弗（Carver, T. N.）180

盧卡斯（Lucas, R. E.）345，346，350-351，394

庇古（Pigou, A. C.）140-142，144，160，165-166，169-170，175-177，181，183，187-188，193，208，222，244-246，249，252，253，259，302，304-305，308，311，315，317，333，336

皮特（Pitt, W.）64

尼塞（Neisser, H.）144

尼凱多（Nikado, H.）289

尼科爾森（Nicholson, J. S.）203-204

弗農（Vernon, R.）356

弗萊明（Fleming, J. M.）357-358

弗勒克斯（Flux, A. W.）149

弗里希（Frish, R.）276, 348-349, 375

弗里德曼（Friedman, M.）277-279, 335, 340-344, 346, 347, 349-350, 393-394, 411

邊沁（Bentham, J.）61, 70, 132, 161-162, 163, 257, 308

加利阿尼（Galiani, F.）13

加爾布雷思（Galbraith, J. K.）374-375

## 六畫

宇澤（Uzawa, H.）289, 291, 320, 321

安德森（Anderson, J.）26

安多（Ando, A.）344

劉易斯（Lewis, W. A,）365

米塞斯（Mises, L. V.）93, 173, 184, 266-268, 378-379, 395

米契爾（Mitchell, W. C.）172, 181-183, 187, 220, 228-230, 235, 239-240, 269, 349

米斯爾頓（Misslden, E.）13

米因斯（Minhas, B. S.）355

米德（Meade, J. E.）195, 201, 276, 320, 333, 352-354, 357, 358-359, 360, 397-399

米爾達爾（Myrdal, G.）145-146, 169, 191, 192-193, 275, 302, 308, 334, 336, 367, 375-376

麥克洛普（Machlup, P.）279-280, 282

麥克庫洛赫（McCulloch, J. R.）13, 36, 56, 61, 63, 65, 204

麥克唐納（Macdonald, J. R.）254

麥克勞德（McLeod, H. D.）199-200

麥克凱齊（Mckenzie）289

吉利斯（Gillies, D. B.）286

吉伯德（Gibbard, A.）308

芒（Mun, T.）13

芒德爾（Mundell, R. A.）360

亞歷山大（Alexander, S. S.）360

亞里士多德（Aristotle）3，85，90

西蒙（Simon, H.）123，299-300

西蒙斯（Simons, H. C.）243，393

西勒斯-萊比尼（Sylos Labini, P.）299

西季威克（Sidgwick, H.）14，146，160，162-167，169，199-200，216，242，308，313-314，317

西托夫斯基（Scitovsky, T.）303，363

西德勞斯基（Sidrauski, M.）321

西爾特（Cyert, R. M.）300

西尼爾（Senior, N.）38，39-40，41-43，59，65，123，215，246，262，266

列寧（Lenin, V. I.）235，370

邁澤爾曼（Meiselman, D.）344

托賓（Tobin, J.）287，294，321，335，344-345，347

托因比（Toynbee, A.）216-217

托倫斯（Torrens, R.）36，49

楊（Young, A. A.）239-240

盧埃林-斯密（Llewellyn-Smith, H.）247

朱格勒（Juglar, C.）171-172，178

喬治（George, H.）105，147

休謨（Hume, D.）45，59

休因斯（Hewins, W. A. S.）244

倫德伯格（Lundberg, E.）191，348

伍德（Wood, S.）147

華萊士（Wallace, N.）345

多夫曼（Dorfman, R.）284, 322

多布（Dobb, M.）384-385, 389-390

多恩布希（Dornbusch, R.）361

多馬（Domar, E.）318-319, 320, 332；又見哈羅德-多馬模型

約翰森（Johannsen, N.）180-191

約翰遜（Johnson, H. G.）359, 361-362

約翰遜（Johnson, W. E.）133-134

**七畫**

沙克爾（Shackll, G. L. S.）275, 380-382

旺（Wan, H. Y.）359

沃克（Walker, F. A.）146

沃爾德（Waldd, A.）144, 289

辛格（Singer, W. H.）366, 368

庫普曼斯（Koopmans, T. C.）281, 285

庫茲涅茨（Kuznets, S.）276, 411

庫珀（Cooper, C. A.）359

庫恩（Kuhn, H. W.）285

庫恩（Kuhn, T. S.）3-5, 8, 124, 281-282, 317

坎寧安（Cunnigham, W.）23, 216-217

坎梯隆（Catillon, R.）13

勞（Law, J.）13

勞埃德-喬治（Lloyd, George, D.）245, 253-254, 396

克洛爾（Clower, R. W.）337-338

克萊因（Klein, L. R.）349

克拉潘（Clapham, J. H.）218, 244, 264

克拉克（Clark, C.）276, 362

克拉克（Clark, J. B.）69, 95, 105-110, 127, 147, 151, 154, 155, 15,7-159, 225, 275

克拉克（Clark, J. M.）348, 419

克拉維斯（Kravis, I. B.）356

克拉克（Crocker, U.）178

克利夫-萊斯利（Cliffe Leslie, T. E.）199-200, 213-214, 215

克魯格曼（Krugman, P. R.）356

克尼斯（Knies, K.）105, 218-219

杜普特（Dupuit）36, 160

杜干-巴拉諾夫斯基（Tugan-Baranovsky, M.）178-179, 180, 236

杜森伯里（Duisenberry, F. S.）335

杜爾閣（Turgot, A. R. J.）14

杜能（Thunen, H. V.）32, 40-41, 94, 146

李嘉圖（Ricardo, D.）13, 23, 25-33, 34, 36-38, 41-42, 48, 52, 56-57, 60, 65, 73, 76, 81, 82, 84, 85, 95, 107, 113, 125, 136, 172, 177, 198-203, 212, 218, 236, 239, 240, 249, 262, 327；又見李嘉圖經濟學；新李嘉圖經濟學

李斯特（List, F.）58, 359

肖夫（Shove, G. F.）142

里昂惕夫（Leontief, W.）203, 284, 287, 333, 334, 352, 355, 385-386, 388, 391

希法亭（Hilferding, R.）121, 235, 236-238

希契（Hitch, C. J.）143-144

希克斯（Hicks, J. R.）47, 93, 133-136, 145-146, 150, 159, 169, 170, 186, 275, 285, 287, 291, 292, 293, 294, 301, 302-305, 320, 325, 333, 336-337, 344, 248-349, 351, 354, 382

希利（Healey, D.）403

希金斯（Higgins, B.）365

希爾德布蘭德（Hildenbrand, B.）218-219

利普西（Lips, R. G.）306, 340, 358-359

利本（Lieben, R.）125, 134

利特爾（Little, I. M. D.）302, 370-371

丘吉爾（Churchill, W. S.）245, 251

佐森（Zeuthen, F.）144

伯格森（Bergson，A.）305-306，307，310，312；又見社會福利函數

尼基希（Negishi，T.）291，293

阿夫達林（Aftalion，M，A.）180，186，348

阿克洛夫（Akerlof，G. A.）296

阿羅（Arrow，K. J.）228，287，289-291，292，295，307-308，310-311，394

阿特金森（Atkinson，A. B.）312-314

阿什利（Ashley，W. J.）216-218，220，239，244-246

阿德爾曼（Adelman，F. L.）349

阿德爾曼（Adelman，I.）349

納塞（Nasse，S.）177

納克斯（Nurkse，R.）303

紐科姆（Newcomb，S.）174

納什（Nash，J. F.）286

**八畫**

波珀（Popper，K. R.）2-6，282，395

龐巴維克（Bohm-Bawerk，E. V.）91，92-93，108，125，136，147，151-154，155-158，172，189，220，236-238，240，265-266，275，278，328

英格拉姆（Ingram，J. K.）215

林達爾（Lindahl，E.）145-146，191-192，334

林德（Linder，S. B.）356

林德貝克（Lindbeck，A.）392

杰文斯（Jevons，W. S.）41，43，69-76，77-79，83-86，88-89，91，94-95，101，105，111，121，123-125，131，136，146，151，154，159，161-162，166-167，171，172，178，229，241-242，262，263-264，323，378，408

奈特（Knight，F. H.）151，157-158，271，294，333，343，373，393

拉赫曼（Lachman，L.）378

拉卡托斯（Lakatos，I.）6-7，8，281-283，408-410

拉羅克（Laroque，J. M.）293

拉德納（Radner, R.）292

拉姆齊（Ramsey, F. P.）322-323

肯普（Kemp, M. C.）357, 359

明茨（Mints, L.）343

迪克西特（Dixit, A. K.）338

羅濱遜（Robinson, J.）123, 135, 138, 140-142, 143, 145, 264-265, 275, 323, 324, 325-326, 333, 336, 360, 383, 390

羅賓斯（Robbins, L.）140-142, 169, 252, 268-269, 270, 275, 302, 308

羅雪爾（Roscher, W. G. F.）218-219

羅斯（Rose, H.）321

羅斯托（Rostow, W. W.）364

羅杰斯（Rogers, J. E. T.）216-217

羅森斯坦—羅丹（Rosenstein-Rodan, P. N.）295, 296-297

羅思柴爾德（Rothschild, M.）295, 296-297

羅思巴德（Rothbard, M.）378

羅伯遜（Robertson, D. H.）181, 183, 1860-187, 249, 252, 348

羅爾斯（Rawls, J.）310, 314

帕西內蒂（Pasinetti, L.）324, 329, 383

帕累托（Pareto, V.）94, 104, 125, 132-138, 145, 149, 160, 168-169, 170, 200, 202, 275, 302, 378, 389

帕廷金（Patinkin, D.）337

圖克（Tooke, T.）49-50, 53-55, 172-173

圖爾明（Toulmin, S.）281

凱南（Cannan, R, E.）242, 253

凱恩斯（Keynes, J. M.）17, 51-52, 69, 93, 145-146, 157, 173, 176-177, 178, 186, 188, 190-191. 193, 194-197, 205-206, 207-209, 251-258, 259-260, 275, 318, 324, 333-339, 342-344, 348-351, 354, 359-360, 380, 382-383, 390, 396-399, 408

凱恩斯（Keynes, J. N.）216, 262-265, 266-267

凱爾恩斯（Cnirnes, J. E.）42, 59, 65, 70, 74, 136, 146, 198-199,

204，241，265-266 佩什（Paish, F.）360

張伯倫（Chamberlain, J.）243-245

張伯倫（Chamberlain, E. H.）138-139，140，143，144，145

## 九畫

洛克（Locke, J.）13

施萊辛格（Schlesinger, K.）141

施莫勒（Schmoller, G. V.）90-91，218，219-220，221，240

施瓦茨（Schwarz, A. J.）343，349-350

拜伊（Bye, M.）359

柯茲納（Kirzner, I. M.）378-379

威廉姆斯（Williams, J. H.）205

威斯迪德（Wicksteed, P. H.）125，133，148-150，235

威斯特（West, E. G.）26

維克塞爾（Wicksell, K.）23，33，46，93-94，104，123，125，133，136-137，149-150，153-154，158，171，172-173，175，177，184，187，189，190-192，197，201，204，206，275，328，336，378

威克菲爾德（Wakefield, E. G.）62-63，209

哈耶克（Hayek, F. A.）93，151，157-158，173，184，188-190，252，343，378，379-380，395

哈森伊（Harsanyi, J. C.）310

哈奇森（Hutchson, P.）13，18

哈恩（Hohn, F. H.）291，293，320，385

哈羅德（Harrod, R. F.）81，140-141，318-319，320，332，333，335，347

哈欽森（Hutchison, T. W.）101，124，125，126，269-271，277，279-280，281，232，406-407，408

哈伯勒（Haberler, G.）201，202-203，352

哈馬斯喬爾德（Hammarskjold, D.）191，193

科茨（Coats, A. W.）282

科斯（Coase, R. H.）298，312，315-316，377

科布登（Cobden, R.）65，209-210

科拉科沃斯基（Kolakowski, L.）111

俄林（Ohlin, B.）192，193，201-202，205-206，334-335

費希爾（Fisher, F. M.）288

費希爾（Fisher, I.）81，94，104，125，132-135，152，155-157，158，171，173-175，176，186，196-197，208，275，329，375

菲爾普斯（Phelps, E. S.）300，323，340-341，346

費爾拉班德（Feyerabend, P.）281

## 十畫

海因斯（Hines, A. G.）340

朗菲爾德（Longfield, M.）38-39，40，123

諾思（Nonrth, D. C.）377

諾思爵士（Korth, Lord）64

諾伊曼（Neumann, J. r）286，287，289，294，321-322，323，385，390-391

諾爾斯（Knowles, L.）210

索洛（Solow, R. M.）284，319-320，322，326，329，340-341，347

埃克洛斯（Eckhaus, R. S.）365

埃杰沃斯（Edgeworth, F. Y.）100，126，132，133，134，137，138，143，149-150，162，166-168，169，200-201，235，242，244，286，291-294，313-314

埃爾蒂斯（Eltis, W. A.）405

萊榮霍夫德（Leijonhufvud, A.）337-338，351

莫里什馬（Morishima, M.）84，390

莫迪格里安尼（Modigliani, F.）335，344，347

格蘭芒特（Grandmont, J. M.）293

格雷斯（Gehrels, F.）359

格雷厄姆（Graham, F. D.）200-201，354

格盧斯多夫（Glustoff, E.）292

格申克龍（Gerschenkron, A.）365

格羅斯曼（Grossman, H. I.）338

格羅斯曼（Grossman, S.）297

賈菲（Jaffe, W.）78, 84

配第（Petty, W.）13

恩格斯（Engels, F.）112

特里芬（Triffin, R,）139

俾斯麥（Bismarck, O. v）219

桑托斯（Sontos, T.）369–370

桑頓（Thornton, H.）46–49, 59, 123, 171, 173, 205

森巴特（Sombart, W.）221

陶西格（Taussig, F.）104, 204–205, 206, 209, 358

## 十一畫

康門斯（Commons, J. R.）230–235, 298, 375, 377

蓋爾（Gale, D.）285, 289

蓋約特（Guyot, Y.）178

培根（Bacon, R. W.）405

勒納（Lerner, A. P.）135, 203, 333, 352, 355

菲利普斯（Phillips, A. W.）340, 411

薩特思韋特（Satterthwaite, M.）308

薩伊（Say, J. B.）34–35, 38, 43, 50–51

薩金特（Sargent, I. J.）345

薩維奇（Savage, L . J.）287

薩繆爾森（Samuelson, P. A.）103, 135–136, 143, 275, 277, 279–280, 284, 288–289, 291, 294, 301, 303, 304, 305–306, 307, 310, 312, 315, 322, 328–329, 333, 339, 340–341, 348, 352, 354–355, 357–358, 376, 382, 387, 388

梅茨勒（Metzler, L. A.）291, 348

梅因（Maine, H.）213

曼戈爾茨（Mangoldt, H. K. E.）40

維塞爾（Wieser,, F. v）91–93, 125, 265–266, 267

## 十二畫

溫特勞布（Weintraub, E. R.）411-412

普雷比奇（Prebisch, R.）366, 370

普芬道夫（Pufendorf, S. v）13, 18

普林塞普（Prinsep, C. R.）36

普賴斯（Price, L. L.）177, 244

普拉特（Prett, J. W.）295

道（Dow, J. C. R.）402

道格拉斯（Douglas, P. H.）150

瓊斯（Jones, R.）23, 212-213, 215

塔克（Tucker, A. W.）285

彭寧頓（Pennington, J.）49

彭羅斯（Penrose, E.）299

博克（Boeke, J. H.）211

博克威茲（Bortkiewicz, L.）238, 390-391

博納（Bonar, J.）132

斯潘塞（Spencer, H.）65, 95

斯派瑟夫（Speithoff, A.）179-180, 184, 220-221, 348

斯密（Smith, A.）1, 8, 9, 13-24, 25, 26, 28-29, 32, 41-43, 45, 56, 60-61, 64-65, 85, 90, 94, 102, 125, 136, 178, 209, 213-214, 226, 2386, 408

斯密塞斯（Smithies, A.）291

斯塔克伯格（Stokelberg, H. v）143, 144

斯蒂格勒（Stigler, G. L.）295, 394

斯蒂格利茨（Stiglitz, J. E.）295, 296-297, 312-314

斯蒂德曼（Steedman, I.）391

斯威齊（Sweezy, P.）143, 390

斯拉法（Sraffa, P.）30, 140-141, 326-328, 384-386, 391

斯托爾波（Stolper, W. F.）355

斯卡夫（Scarf, H.）291

斯盧茨基（Slutsky, E.）133-134

斯旺（Swan, T.）329-320, 326

斯廷（Stein, J. L.）321

斯通（Stone, J. R. S.）276

森（Sen, A. K.）310

惠特利（Wheatley, J.）59

黑格爾（Hegel, G. W. F.）95, 211-112, 224

舒爾茨（Schultz, T. W.）369

舒比克（Shubik, M.）286

奧茲加（Ozga, S. A.）358

奧斯皮茨（Auspits, R.）125

奧弗斯頓爵士（Overstone, Lord；S, J. Lloyd）49, 53-54, 171

## 十三畫

福斯特（Foster）59

福古森（Ferguson, C. E.）329

福克斯威爾（Foxwell, H. S.）246

雷德（Reder, M. W.）393

魁奈（Quesnay, F.）14, 115-117

鮑莫爾（Baumol, W. J.）299, 335

鮑利（Bowley, A. L）248

鮑爾弗（Balfour, A. J.）243

## 十四畫

赫克歇爾（Heckscher, E.）201-202, 344；又見國際貿易

赫希曼（Hirschman, A. O.）367

赫爾曼（Hermann, F. W. B. v）40

熊彼特（Schumpeter, J. A.）1, 9, 14, 32, 41, 81, 93, 137, 157, 165, 180, 186, 189, 265, 282, 333, 334, 348, 378, 386

## 十五畫

潘達里奧尼（Pandaleoni, M.）200

摩根斯頓（Morgesyern, O.）286, 287, 294

德雷茲（Dreze, J.）293

德布勒（Debreu, O.）289-291, 292, 311, 394

**十六畫**

霍蘭德（Hollander, J. M.）204

霍普金斯（Ropkins, R.）396-397, 398-399

霍布森（Hobson, J. A.）147, 178, 209-210, 246-247

霍撒克（Houthaker, H.）294

霍頓（Horton, R. J. W.）62

霍利（Hawley, F. B.）178

霍特里（Hawtrey, R. G.）181, 184-186, 193, 194, 249, 252, 333

霍爾（Hall, R. L.）143-144

默頓（Merton, R. K.）7-8, 124

穆勒（Mill, J.）13, 26, 51

穆勒（Mill, J. S.）13, 14, 25, 41-44, 52-53, 54-55, 57-58, 59, 63, 65, 70, 73, 76, 82, 94, 98, 102, 111, 123, 136, 146, 161-162, 163, 178, 198-201, 203, 205, 262, 264

穆思（Muth, J. F.）345

穆爾（Moore, H. L.）135, 276

# 事項索引

## 一畫

一般競爭均衡（Equlibrium, Gneral Competition），阿羅—德布勒模式，289-291；卡塞爾，135，芝加哥觀點及其核心，394，286-287；古爾諾，36；埃杰沃斯，137；弗里德曼，341；和增長理論，320；和國際貿易，200，202-203，352；和凱恩斯主義經濟學，336；馬歇爾，95-96；和米契爾，182，230；1939年前的，144-146；熊彼特，93，265；斯密，23，29；它的穩定，291-292；瓦爾拉斯，78-82，83-84，136

一般結合（General Combination），62

一般經濟分析史（History of economic analysis, general），1-2，282，408-409

## 二畫

二元社會（Dual Society），見：二元經濟

二元經濟（Dual economy），211，365

二重性（Duality），284-285

廠商（Firm），科斯，298；古爾諾，35；馬歇爾，97-98；目標，299-300；庇古，141；羅濱遜，141

人類行為學（praxeology）267

## 三畫

三大簡化物（Simplifiers, three great），334

工資（Wages），實際運動，335，黏性，176，185，188，196-197，337-

338；生活資料理論，24，35，31，39-40，42；又見分配

工資基金（Wage fund），龐巴維克，93，153；加尼斯，42-44；和殖民地，62；杰文斯，76；李嘉圖，31-32；第二次爭論，146-147；斯密，20；瓦爾拉斯，82

土地（Land），和殖民地，63；土地稅，83-84

工藝（Technology），373-374

工廠立法（Factory Legislation），66

工業革命（Industrial revolution），15，120，217

工業化（Industrialization），見：發展

工會權力（Union pover），341

尤勒原理（Euler's Theorem），見：產品分盡

大推動（Big push），363

馬克思主義（Marxism），和邊際主義，127；馬克思主義經濟學，335-338，340，372，388-392；和波珀，83；和瓦爾拉斯，83；又見：馬克思

馬歇爾計劃（Marshall Plan），362

馬爾薩斯人口論（Population, Malthusian theory），25，62，241

## 四畫

方法（Method），159，275，338-340；貝利，37；巴格浩特，214-215；龐巴維克，265；芝加哥學派，393-395；萊斯利·克利夫，213-214；當代經濟學，409-414；決定論，370-371；希法亭，236-238；哈奇森，270-271；英格拉姆，215；杰文斯，70；瓊斯，212-213；凱恩斯，262-265；奈特，271；里昂惕夫，334；馬歇爾，101-104，216；馬克思，111；門格爾，90-91；米塞斯，266-268；米契爾，182，228-230；米德爾，169；新李嘉圖主義，385-388；激進經濟學，392；李嘉圖，26，32-33；羅濱遜，142-143；羅賓斯，169，268-269；熊彼特，265；西季威克，216；斯密，23；凡勃侖，225-228；瓦爾拉斯，77；維塞爾，265-266；揚，239-240

方法論（Methodology），1，2-9；又見：方法

計劃化（planning），362-363，368-369，399-400

計量經濟學（Econometrics），275-276，329，404，411；又見：商業循環；經濟計量模式

計量經濟學會（Econometric Society），279，375

天差異曲線（Indifference Curve），133，134-135；貿易，353-354

無附加條款問題（Free-rider problem），315

五月委員會（May Committee），254

不完全競爭（Imperfect Competition），見：競爭，不完全

不平等交換（Unequal exchange），370-371

不均衡模式（Disequilibrium models），337-339

不可完善性（Implementability），見：社會選擇法則

不可能性原理（Impossibility theorem），見：阿羅的一般可能性原理

不確定性（Uncertainty），和奧地利經濟學，379-382；選擇，287，294-295；費希爾，156-457；凱恩斯，196，258，382-383；奈特，158；和合理預期，345；沙克爾，380-382；又見：知識之局限；信息

歷史學派（Historical School），85，90，218-221，262

歷史學派經濟學（Hisorical economics），212-221，240，262，442

互惠需求（Reciprocal demand），見：國際貿易

中心圓周模式（Centre-periphery model），366-367，370

中央統計局（Central statistical office），402

內在觀察（Inner observation），見：內省

內含契約（Implicit Contracts），300-301

內含理論（Implicit Theorizing），334，386

牛津（Oxford），126

反常（Anomalies），4，335，411

反省（Introspection），哈奇森，270；凱恩斯，263；羅賓斯，268；維塞爾，91，266

分類論證（Taxonomic reasoning），225-226

分析命題（Analytic proposition），269-270

分配（Distribution），和需求，179，209-210；和定價，29-32，328，384；和福利，303

分配論（Theory of Distribution），克拉克，107-109；凱恩斯主義，324-325，383，馬歇爾，98；穆勒，42-43；李嘉圖，26-28；斯密，19-22，瓦爾拉斯，79；又見：生產函數；邊際生產率；利潤

分界標準（Demarcation Criterion），2

分別均衡（Equilibrium separation），297

公共部門（Public sector），402，405

公共工程（Public works），193，248，249，252-254，256-257，396-397

公共物品（Public goods），75，314-315

風險（Risk），見：不確定性

風險躲避（Risk avertion），294-295，412-413

風險擴散（Risk spreading），300-301

尺度（Numeraire），84

雙頭壟斷（Duopoly），見：壟斷

雙重託管（Dual mandate），211

比較靜態學（Comparative Statics），107，288-289

比較優勢（Comparative advantage），見：國際貿易

**五畫**

市場法則（Law of markets），見：薩伊定律

市場暫時供求平衡（Tâtonnement），79，84，291，380

訓練模式（Disciplinary matrix），4

平均變量模式（Mean-variance model），287

正義（Justice），現代理論，309-310，斯密，14，23；瓦爾拉斯，77，82-83

功利主義（Utilitarianism），77，132，135，225，305，314，317，357；傑文斯，70，75，162；1939年前的，161-168，227；1939年後的，309；凡勃侖，227

古典派（Classics），和凱恩斯，336-337

古典模式（Vintage model），320

古典的立場（Classical situations），282

古典的兩分法（Classical dichotomy），342

古典經濟學（Classical economics），13-65，199，200，它的衰落，124；和傑文斯，70，76，和馬歇爾，94，216；和馬克思，121；和瓦爾拉斯，81-82；又見：李嘉圖經濟學

節約（Bconomizing），奈特，271；門格爾，86；米塞斯，267；凡勃侖，226

本能（Instincts），227

可分解性（Decomposability），385

布拉德伯里委員會（Bradbury Committee），251，448

凸集（Convex sets），285

凸集性（Convexity），329，332

歸算（Imputation），維塞爾，91

歸納（Induction），2；又見：方法

中間貿易（Trade，internal），56

生活資料曲線（Substitution Curve），見：生產可能性邊界

生活基金（Substitution fund），見：工資基金

生活標準（Standard of life），99

生產率增長（Productivity growth），405

生產期間（Period of production），151-154，157-158，189-190

生產可能性曲線（Production possibility Curve），203，352-354

生產過剩（Overpriduction），45；馬爾薩斯，51-519；馬克思，120-121；杜干-巴拉諾夫斯基，178-179

生產與分配的分離（Production and distribution, Separation of），304

生產領域（Field of production），63

生產函數（production function），出現，148-150；批評，325326，383；家庭的，294

生命週期（life-cycle），見：持久收入，產品生命週期

失業（Unemployment），249，252，261；貝弗里奇，247-248，398-399；問題的出現，246-247；哈耶克，189-190；凱恩斯，190-191，194-197，253-258，383；和通貨膨脹，340-342，345-347；微觀經濟學，300-301，341；自然率，341；又見：商業循環，非自願失業；經濟政策

失業工人法（Unemployed Workmen'Act），248

失業保險（Unemployment insurance），248

失業保險法（Unemployment insurance Act），249

外差因素（Externalities）科斯，315-316；和發展，363；杰文斯，75；庇

古，266；西季威克，163-164

外援（Foreign aid），363

弗里德曼扭曲（F-twist），279

邊際成本定價（Marginal Cost pricing），306

邊際生產率（Productivity, marginal），克拉克，106，107-109；出現，146-150；和增長理論，320；杰文斯，72；利凱恩斯體系，335；朗菲爾德，40；門格爾，87-88；後凱恩斯經濟學，383；羅濱遜，140；杜能，41；瓦爾拉斯，81-82；又見：資本

邊際收入（Marginal revenue），138-143，435

加速原理（Acceleration principle），180，347-348

加速器（Accelerator），見：加速原理

發明（Inventions），卡塞爾，184；克拉克，108-109；羅伯遜，186；熊彼特，180；斯派瑟夫，179

發展（Development），218，222；1939年前，209-211，1939年後，316-317

**六畫**

產品差別（Product differentiation），138，140

產品生命週期（Product life cycle），356

產品分盡（Product exhaustion），149-150

交換方程式（Equation of exchange），劍橋，175-176；費希爾，81，173-175；瓦爾拉斯，81

交換率（Exchange rate），和期待，361；購買力平價，206-209；先令，404；又見：金本位制

交易（Bargaining），埃杰沃斯，137，167

交易成本（Transactions Costs），292，298，316，377

關稅同盟（Customs Unions），358-359，404-405

關稅同盟（Zollverein），358-359；又見：關稅同盟（Customs Unions）

關稅改革運動（Tariff reform compaign），243-246，329，404，406

次優狀態（Second best），306，313，358

麥克米倫缺口（Macmillan gap），449

麥克米倫委員會（Macmillan Committee），194，253，255-256，260

動態學（Dynamics），克拉克，108；薩繆爾森，289；又見：增長

吉伯德-薩特里韋特原理（Gibbard-Satterthwaite theorem），30B

地租（Rent），貝利，38；瓊斯，212；李嘉圖，25-29；斯密，21-22；又見：分配理論

芝加哥（Chicagoo），343，373，393-395

共同破產（Co-ordination failures），238

機械化（Mechanization），31，120

機器過程（Machine process），223-224

機會成本（Opportunity Costs），維塞爾，91；和貿易，202-203

再轉轍（Reswitching）328-332

再生產（Reproduction），117以下各頁

達到收支平衡的貨幣方法（Monetary approach to balance of payments），見：收支平衡

有保障的增長率（Warranted rate of growth），318

過渡時期（Trasition periods），174

過剩（Gluts），見：生產過剩、薩伊定律

擴散與回流（Spread and backwash），368

吸收（absorption），見：國際收支

同情（Sympathy），14

網眼（Screening），297，300

先令（Sterling），46

優勢（Dominance），286

仲裁（Arbitration），231

價格（price），見價值；價格水準；價格-硬幣-流動機制

價格—硬幣—流動機構（price-specie-flow-machanism），古典轉帳理論，59-60，203，休謨，45；李嘉圖，56；陶西格，204-205

價格體系的關聯（Connectedness, of price system），331

價格水準（price level），波動，82，171；黏性193；又見：通貨膨脹；工資黏性；合理均衡

價值（Value），古典的討論，34-39，43；道布，389-390；不變尺度，29-30，37；穆勒，41-42；自然的，91-92；正式的，103；有根據的，234；

斯密，13，18-20；社會的，106，432；技術標準，373；又見：競爭均衡，供給與需求，效用；勞動價值論，龐巴維克對勞動價值論的討論，236-237；現代的討論，390-391；蘭格，389；馬克思，113-115；李嘉圖，29-32；斯密，19，24；斯拉法，326-328，384-386

價值判斷（Value Judgements），169，306，307，313，376

倫敦經濟學派（London School of Economics），126，343

倫理學（Ethics），14，231，306-307；又見：價值判斷

自由主義（Liberalism），310

自由放任（Laissez faire），44，85，341；古典經濟學家，64-66；杰文斯，75；凱恩斯，257-258；西季威克，163-164；斯密，15-22；瓦爾拉斯，82-83；又見：國家干預

自由貿易（Free trade），見：自由放任，保護主義

自然法哲學（Nature law philosophy），77，80，83

自然增長率（Natural rate of growth），318-319

自然科學（Science natural），1，8，266，268，271

自然利息率（Natural rate of interest），見：利息

自然利息率（Interest natural rate of），172，192，336，439；又見：利潤，分配理論

向前和向後的連鎖（Linkage, forward and backward），367

向殖民地移民（Migration, to colonies），62

後凱恩斯經濟學（Post Keynesian Economocs），382-384，414

合理性（Rationality），程序的和實質的，299-300；沙克爾，381；又見：最大化行為

合理性理論（Rationing, theory of），294；又見：合理均衡

合理重建（Rational reconstructions），415

合理預期（Ratinal xpectations），345-347

危機（Crises），商業危機，見：商業循環；經濟理論的危機，226；正規科學的危仇，4

雜誌（Journals），125，372

收益對成本之比率（Rate of retun to cost），費希爾，157，196

收入（Income），調整機制，193，441；又見：分配；國民收入，轉帳

機制

　　交易（Transaction），232

**七畫**

　　宏觀經濟學（Macroeconomics），275，333-351；又見：增長，通貨膨脹，貨幣，失業

　　應急商品（Contingent commodities），287，290

　　庫恩式損失（Kuhnian losses），317

　　序列經濟（Sequence economy），292

　　間接可檢驗性（Testability indirect），279，410；又見：證偽

　　社會主義（Socialism）160，224，241；克拉克，105，110；馬克思，111；門格爾，92；米塞斯，267-268；瓦爾拉斯，82-83

　　社會福利函數（Social welfare function），313，374；阿羅，307-308，310；伯格森—薩繆爾森，305-306，310

　　社會政策協會（Verein fur sozialpolitik），219，221

　　社會成本與私人成本的偏離（Costs, divergence of social and private），163-164，166，303，314-316

　　社會選擇理論（Social choice theory），307-311

　　社會選擇價值之應用（Social choice rules, implementability of），308

　　社會保險（Social security），398

　　社會改革（Social Reform），見：國家干預

　　社會經濟學（Social economics），77

　　補足（Complementary），門格爾，86-87；定義，133-134；投入—產出，285-363

　　補償（Reparations），205-206

　　補償試驗（Compensation tests），帕累托，169；新福利經濟學，302-305

　　抵消力量（Countervailing power），374

　　證偽（Falsificatuin），芝加哥，395；當代經濟學中的證偽，283，409，412-413；弗里德曼，277-279；哈奇森，270-271，279-280；波珀，3-8，282；實證主義，269；薩繆爾森，277，280，268-289

　　進口替代（Import substitution），366

進化（Evolution），艾爾斯，373；馬歇爾，95，102，104；馬克思，111-112；凡勃侖，222-228

運籌主義（Operationalism），277，288-289

坎里夫委員會（Cunliffe Committee），251

均衡（Equilibrium），奧地利人的，378-379；艾爾斯，373，378-379；克拉克，108-109；哈耶克，379-380；後凱恩斯的，324，385，388；薩繆爾森，288

均衡與合理化（Equilibrium, with rationing），292，337-338

勞動（Labourl），日勞動，30-31,；流動，22，56，215，247-248；生產性和非生產性，16-17，42，224；勞動供給，293-294，341

勞動交換（Labour exchanges），248

勞動規章（working rules），231

勞動分工（Division of labour），斯密，16，61；韋克菲爾德，62

李嘉圖主義缺陷（Ricardian vice），32，386

李嘉圖的穀物模式（Corn model in R1cardo），28

李嘉圖經濟學（Ricardian economics），25-35，36-37，43-44，60，85，212，218，384；杰文斯，76；穆勒，41；馬克思，112-113，121，240

報酬遞增（Increasing returens），馬歇爾，97-98，100；斯拉法，140-141，356，386

投資過剩（Overinvesment），178，183

投入—產出分析（Input-output analysis），285，385，388

蕭條（Stagnation），348

間接檢驗（Indirect testing），279，410

時期分析（Period analysis），191-193

時間（Time），378-379，381，383-384；又見：資本；工資基金

財富（Riches），34

財富（Wealth），105-106，155-156，160，163

財富（Treasury），252-253，396-399

財產（Property），89，112，231

財貨（Goods），門格爾的定義，85

穀物（Corn），22，25；又見：穀物法，穀物模式

穀物法（Corn Laws），65，73

利潤（Profits），和資本，151-158；和殖民地，61，63；朗菲爾德，40；穆勒，42；李嘉圖，27-30；西尼爾，39-40；斯密，20-22；瓦爾拉斯，79-80，又見：分配理論

低級物品（Inferior goods），134

局部均衡（Partial equilibrium），95，第96頁以下各頁，102-103

改革法案（Reform Acts），241

忍欲（Abstinence），西尼爾，39-40；L. S. 穆勒，42

阿羅的一般可能性原理（Arrow's general possibility theorem），307-308

阿特金森的不平等指數（Lnequality, Atkinson's index of），312

純粹經濟學（Pure economics），瓦爾拉斯，77

納什交易條件（Nash bargain），287，453

納什均衡（Nash enquilibrium），286，453

紙幣（Paer Carrency），17，46-48；又見：貨幣理論

形式（Styles），221

## 八畫

學派（School），226

法國人的生產觀點（Production, French view of），34，79

波動（Pluctuations），見：商業循環

實證主義（Positivism），269-270，279，又見實證經濟學

實證啟發式研究（Positive heuristic），6

實證和規範的區分（Positive and Normative distinction），103，262-263，267-268

實證經濟學（Positive economics），275，277-279

物物交換（Barter），57

實際平衡效應（Real balance effect），337

實際利息率（Interest, real rate of），155，173

定價和分配的二分法（Dichotomy between pricing and distribution），384，385-388

空白經濟箱（Empty economic boxes），218

享樂（Pleasure），見：效用

享樂主義（Hedonism），見：功利主義；效用

享樂偏好（Revealed preforence），135-136

現代化思想（Moderization ideals），376

現金支付方程式（Cash balance equation），劍橋，81，175-176；馬歇爾，99；瓦爾拉斯，81

規模經濟（Economies of scale），見：報酬遞增

範例（Poradigm），4-5，124，372，408-409，414

英格蘭銀行（Bank of England），46-50，254

事前/事後（Ex ante/ex post），192

刺激和傳播問題（Impulse and propagation problem），187

歐洲共同體（European Community），404

壟斷競爭（Monopolistic Competition），見：競爭

壟斷理論（Monopoly, theory of），貝利，37；古爾諾，35；杜普特，36；馬歇爾，103；門格爾，88；西尼爾，38

壟斷問題（Monopoly, problem of），克拉克，110；和帝國，61；加爾布雷思，374-375，杰文斯，75；瓦爾拉斯，82-83

拉丁美洲經濟委員會（Economic commission for Latin America, ECLA），366-367，370

抽象（Abstraction），301，409，412-413

拍賣人（Auctioneer），338

轉遞機制（Transmission mechanism），見：貨幣理論

轉帳機制（Trasfer mechanism），59-60，193，201-206，354；又見：價格—硬幣—流動機制

轉化問題（Transformation prob1em），114-115，236-238，390

明確的解說（Persuasive definition），370

國家干預（State intervention），64-65，160，241-243，298；杰文斯，74-75；凱恩斯，257-258；馬歇爾，100-101；西季威克，242；瓦爾拉斯，82-83；又見：自由放任；經濟政策；公共工程；稅收

國家偏好理論（State Prefernce theory），287

國家保險法案（National Insurance Act），348

國家經濟研究局（National Bureau of Economic Research, NBER）, 181, 193, 228, 276, 349

國有化（Nationalization）, 75

國債（National debt）, 73

國民收入（National income）, 馬克思, 118; 庇古, 165; 斯密, 15-16; 統計學, 276, 362; 和福利, 304

國民經濟發展委員會（National Economic Development Council, HEDC）, 400

國際勞動組織（International Labour Organization, ILO）, 368

國際復興及發展銀行（International Bank for Reconstruction and Development, IBRD）, 362

國際貨幣基金（International Monetary Fund, IMF）, 401

國際貿易（International trade）, 又見, 轉帳機制

國際貿易, 絕對優勢（International trade, absolute advantage）, 18, 56, 60

國際貿易, 比較優勢（International trade, comparative advantage）, 巴斯塔布爾, 199; 凱恩斯, 198-199; 對它的批評, 199-200; 和發展, 365-366; 格雷厄姆, 200-201; 杰文斯的運用, 73; 李嘉圖, 56-57

國際貿易, 赫克歇爾-俄林理論（International trade, Heckscher-Ohlin theory）, 赫克歇爾, 201-202; 現代討論, 355; 奧林, 202; 薩繆爾森, 354-355

國際貿易, 互惠需求（International trade, reciprocal demand）格雷厄姆, 200-201; 馬歇爾, 98-99, 200, 440, 441; 米德, 352-354; 穆勒, 57-58

國際收支（Balance of payment）, 吸收方法, 360; 和古典的轉帳理論, 59; 米德, 360-361; 新劍橋方法, 401-402; 有價證券方法, 361; 和金屬塊價格, 46-47, 和貨幣供給, 49

帕累托有效性（Pareto efficiency）見：帕累托最適度

帕累托標準（Pareto criterion）, 307, 310-311, 455; 又見：帕累托最適度

帕累托最適度（Pareto optimality）, 80, 291, 429; 芝加哥, 393; 和現代理論, 311-315; 和新福利經濟學, 302; 帕累托, 168-169; 和次優狀態, 306-307; 和社會福利函數, 306

凱恩斯經濟學（Keynesian economics）, 和商業循環, 347-349; 和發展,

362；對它的討論，333-339，347，350-351，354，372，382；增長論，318，323-325；和英國的政策，396-404；和貿易，359-360；又見：貨幣，失業；後凱恩斯經濟學

非競爭集團（Non-Competing groups），42，198-199

制度（Institutions），康門斯，230-235；馬歇爾，102；門格爾，89；新制度經濟學，377；斯密，18；凡勃侖，222；又見：制度主義

制度主義（Institutionalism），221-235，240，275，372-377，414

知識（Knowledge），它的增長，第2頁以下各頁，270，281-283；黑格爾的觀點，111；局限性：克利夫-萊斯利，214；和廠商，142；弗里德曼，343；哈耶克，379-380；哈奇森，406-407；

凱恩斯，382-383；門格爾，89

物理學（Physics），3，70，77

物品的特性（Characyeristics, goods'），294

依存理論（Dependency theory），369-371

供給與需求（Supply and demamnd），巴倫，440；朗菲爾德，39；和邊際革命，141-142；馬歇爾，第95頁以下各頁；穆勒，41，和保護主義，244；又見：國際貿易中的互惠需求

供給曲線（Offer curve）．見：國際貿易，互惠需求

貨幣主義（Monetarism），347，372，401-403，459；又見：貨幣，弗里德曼

貨幣需求（Money, demand fof），190-191，196，335，342-343；又見：交換方程式

貨幣理論（Money, theory of），通貨學派，49；費希爾，173-175；弗里德曼，342-344，傑文斯，73-74；凱恩斯，176-177，382；馬歇爾，99，176-177；米契爾，183；庇古，175-177；李嘉圖，48；羅濱遜，383；桑頓，47-48；托賓，344-345；圖克，49-50；瓦爾拉斯，81；維克塞爾，172-173；又見：商業循環；紙幣

貨幣均衡（Equilibrium monetary），192

貨幣指標（Monetary target），403

貨幣和匯率（Money and exchange rate），207-208；又見：匯率，購買力平

價，價格及黃金流動機制

貨幣和商業循環（Money and Business cycle），古典經濟學家，53-55；卡塞爾，183-184；霍特里，184-186；米塞斯，184；又見：商業循環

貨幣和增長（Money and growth），321

貨幣和貿易（Money and trade），57，403；又見：轉帳機制，價格及黃金流動機制

貨幣的價值（Money, value of），40，74；又見：通貨膨脹

貨幣利息率（Interest, money rate of），凱恩斯，190-191，196；穆勒，54；李嘉圖，48；斯密，21；桑頓，47；圖克，50；瓦爾拉斯，79-80；維克塞爾，172-173；又見：貨幣理論

金本位制（Gold standard），206，245，250-252，254-258，259，406；又見：先令，可兌換性

金屬塊（Bullion）45頁以下各頁

金塊爭論（Buliion debates），46-49

股票（Stock），16-18

經濟學專業（Economics profession），125-127，246，412

經濟學季刊（Quarterly Journal of Economics），125，147，333

經濟表（Tableau Eoenomique），115-117

經濟增長階段（Stages of economic growth），58，219，364-365

經濟政策（Policy economic），43，258-261；收支平衡，360-361；英國的，241-261，396-407；古典經濟學，64-65；康門斯，233；宏觀經濟的，333-351；362；又見：自由放任，國家干預

經濟史（Economic history），它的產生，216-218；新經濟史，444

《經濟雜誌》（Economic Journal），125

經濟騎士制度（Chivalry, economic），101

線性齊次（Linear homogeneity），436

線性規劃（Linear programming），285

線性模式（Linear models），284-285，385；又見：斯拉法；里昂惕夫；諾伊曼

經驗主義（Empiricism），見：實證主義

函數關係（Functional relationship），32，259，414

## 九畫

濟貧法（Poor Laws），65

帝國（Empire），古典派觀點，60-63，帝國的發展，210-211；帝國自由貿易，243；霍布森，243

帝國主義（Imperialism），209-210，235-236

美國經濟學會（American Economic Association），219，221，341

逆向選擇（Adverse selection），296-297

總需求（Aggregate demand），194，334；和馬歇爾，98

革命（Revolutions），408-409；張伯倫，139；凱恩斯，139，408-409；邊際的，69，72，408-409；科學的，4-5，282

標準商品（Standard Commodity），30，327，391

標誌（Signaffing），297，300

柯布-道格拉斯（Cobb-Douglas），見：生產函數

相互依存（Interdependence），見：一般競爭均衡

相對主義（Relatirism），9，219，337

要素豐裕（Factor abundance），見：國際貿易；赫克歇爾—俄林理論

要素價格（Factor price, protection and），和保護貿易，355；又見：分配，利潤，地租；工資

要素價格平均化（Factor price equalization），202，355，459-460

研究規劃（Research programme），見：科學研究規劃

研究模式（Search models），295，300

揮霍浪費（Consuption, Conspicuous），227

持久收入（Permanent income），335，349

指數（Index numbers），46，304

戰爭（War），革命戰爭和拿破侖戰爭，25，45-46 越南戰爭，388

思想類型（Ideal type），221，278

思維習慣（Habits of mind），222-223

哈恩問題（Hohn Problem），320-321

哈羅德-多馬模式（Harrod-Domar model），318-319，362，364

劍橋（Cambridge），126

劍橋模式（Cambridge dedel），385

劍橋經濟學雜誌（Cambridge Journal of Economics），372

看不見的手（Invisible hand），現代理論，291；斯密，14

選擇理論（Choice, theory of），135，287，288，293-295；又見：消費者理論；最大化行為；效用；合理性

科學共同體（Scientific Community），4-5，124，125 頁以下各頁

科學研究綱領（Scientific research program），5-7，282-283，408-412，467

重商體系（Mercantile system），22

重農主義（Physiocracy），14，22，115-117，225-226

重農主義者（Physiocrats），見：重農主義

重複（Tautologies），269-270

復本位制（Bimetallism），81

複合發現（Multiple discovery），7-8，124

信息（Informationj），不對稱的，296-297，301；有限的，295，300，341；效用，310-311

保護主義（Protection），58，60，64，241，243-246，359，366，369；又見：自由放任；關稅同盟

保護地帶（Protective belt），6

保險（Insurauce），290，295-297

皇家濟貧法委員會（Royal commission on the poor Laws），248，397

追求個人利益（Selfinterest, pursuit of），14，23，100-101，105，377；又見：最大化行為

貿易同盟（Trade Unions），75，260，301

貿易同盟大會（Trade Union Congress），75

貿易創造和轉向（Trade creation and diversion），358

貿易體（Trade bodies），71

貿易條款和發展（Terms of trade, and development），396

統計方法（Statistical technigues），見：計量經濟學

絕對優勢（Absolute advantage），見：國際貿易

**十畫**

流動偏好（Liquidity Preference），47，196

流通速度（Velocity of circulation），173，342-344，349-350；又見：交換方程式；貨幣理論

消費者理論（Theory of Consumer），131-136，293-295，302

消費者剩餘（Consumens Surplus），杜皮特，36，160；希克斯，305；馬歇爾，95，163，165

消費不足（Underconsumtion），178，180，209

消費過剩（Overconsumption），177

消費函數（Consumption function），195，275，334-335，411，440；又見，乘數

競爭（Competition），芝加哥，393-394；克拉克，106-107，110；古爾諾，35；和分配，148，完全競爭的形成，144-145；不完全競爭，138，140-142；杰文斯，71；馬歇爾，97-98，103；穆勒，42；壟斷競爭，138-139；庇古，188；斯密，20；瓦爾拉斯，77；又見：均衡；一般競爭；供給與需求

衰退（Depression），19世紀80年代的衰退，241；20世紀30年代的衰退，254-255，333

效用（Utility），56，123，200，265；克拉克，69，105-106；古典經濟學，43；杜普特，36；戈森，41；個人之間的比較，161-168，169-170，302，308-309，317；杰文斯，69-72；朗菲爾德，39；馬歇爾，95；收入的，135，165；它的度量，160-170，308；1939年前的，132-135；薩伊，34-35；西尼爾，38；斯密，18-19，24；瓦爾拉斯，78-79，188；又見：功利主義

效用可能性邊界（utility possibility frontier），303-304，306

效用程度（Degree of utility），71

資本主義（Capitalism），112，120-121，211，236，389

資本理論（Capital Theory of），艾爾斯，373；龐巴維克，151-154；和一般均衡，328-329；杰文斯，72；門格爾，87-88；1939年前的，154-158；李嘉圖，27-32；羅濱遜，325-326，332；斯拉法，326-328；瓦爾拉斯，81；凡勃侖，222

資本和增長（Capital and growth），斯密，15-18；馬克思，第113頁以下各頁。

資本的競爭（Competition of capitals），22

起飛（Take-off），364-365

惡性循環（Vicious circles），36

核心（Core），286；又見：交易

真實票據學說（Real bills doctrines），24，45，48-49，317

原因和結果（Cause and effect），艾爾斯，373；門格爾，90-91；凡勃侖，224-225

愛爾蘭（Ireland），59-60，442

乘數（Multiplier），60，203，319，402，414；霍特里，186，193-194；約翰森，180-181；卡恩-米德，194；凱恩斯，195；林達爾，191-192；貨幣和凱恩斯主義，344；米德爾，193；庇古，188，439；魁奈，115

累積過程（Accumulative process），173，184，189，192

累積的黃金法則（Golden rule of accumulation），323，456

航海法（Navigative Acts），94

通貨可兌換性（Convertibility of currency），45-50；又見：金本位制

通貨原理（Currency princiles），49-50，53-55

通貨膨脹（Inflation），需求拉動、成本推動，340；和預期，341-342，344，411；收入和利潤，190；通貨膨脹缺口，339，397；凱恩斯的觀點，257；菲利普斯曲線，340-341，411；又見：失業和通貨膨脹，經濟政策

預期（Expectations），和交換率，361；希克斯，145-146；凱恩斯，196，382-383；和通貨膨脹，341-342，411；利潤的預期，187-188；合理預期，345-347。

預測（Predictions），277-279，406，410

預算約束（Budget Constraint），293-294

剝削（Exploitation），依存論，370-371；希法亭，237；馬克思，第112頁以下各頁，384，羅賓遜，140

難題（Puzzles），4，334，355，409

流動性陷阱（Liquidity trap），337

## 十一畫

商業循環（Business cycle），阿夫達林，180；卡塞爾，183-184；經濟計量學理論，349；論均衡理論，350；費希爾，174；弗里德曼，349-350；霍特里，184-186；哈耶克，157-158，189；杰文斯，74；朱格勒，171-172；凱恩斯，190-191；馬歇爾，176-177；馬克思，120-121；米契爾，181-183；229；乘數—加速理論，347-348；奧弗斯頓，53-54；庇古，187；1900年前，177-178；羅伯遜，186-187；斯派瑟夫，179-180；杜干-巴拉諾夫斯基，178-179

商業企業（Business enterprise），183，223-224，226，228-229；康門斯，234

商人（Dealers），185

理論術語（Theoretical terms），279-280

理論的現實主義（Realism of theory），278-281

營業發達的商行（Going concerns），231

基本方程式（Fundamental equations），194

基本需求（Basic needs），368

菲利普斯曲線（Philips curve），見：通貨膨脹

薩伊定律（Say's Law），34，50-53，61，363-364

梅休因條約（Methuen Treaty），359

檢驗（Verification），2

推測變化（Conjectural variation），143

虛假失業（Disguised unemployment），363

曼徹斯特學派（Manchester School），65

常規科學（Normal Science），

銀（Silver），260

銀行原理（Banking Principles），50，54

銀行特許法案（Bank Charter Act），46，49-50，54-55

偏差，傾向（Bias），263，376

假定（Assumptions），277-281

假定其他條件不變（Ceteris parius），8，102-103，264，270，279

綜合（Aggregation），150，287-288，335，395

綜合命題（Synthetic Propositions），269-270

**十二畫**

就業（Employment），見：失業

道德游戲（Moral hazard），296

替代彈性（Elasticity of substitution），135

趨勢規律（Tendency, Laws of），264

博弈（Game playing），409

博弈論（Game theory），286，298-299

斯德哥爾摩學派（Stockholm School），191

殖民地發展法（Colonial Development Act），442

殖民地發展和福利法（Colonial Development and Welfare Act），442

暫時均衡（Equilibruim tempoary），145，292，336

最大化滿足（Maximum satisfaction），160,；馬歇爾，100，165；瓦爾拉斯，80，168

最大化行為（Maximizing bevavior），288-289，335，347，368-369，380-381，394

最優增長（Growth, Optimal），321-323

剩餘（Surplus），113頁以下各頁，373，389

剩餘出口（Vent for Surplus），18，63

稅收（Taxation），阿特金森和斯蒂格利茨，312-314；埃杰沃思，167-168，242；喬治，147；杰文斯，75；馬歇爾，101；瓦爾拉斯，83；又見：稅收改革

稀缺（Scarcity），康門斯，230-231；哈奇森，271；門格爾，86；羅賓斯，267

稀少性（Rarete），79

集體行為（Collective Action），230-232

儲蓄（Saving），霍布森，178；約翰森，181；凱恩斯，190-194；林達爾，191-192；羅伯遜，186-187；斯密，17，24，45

儲蓄過剩和資本輸出（Oversaving and capital export），61，63，209-210

奧地利經濟學（Austrian economics），377-382；又見：龐巴維克；門格

爾；米塞斯，維塞爾

微觀經濟理論（Microeconomic theory），284-301；又見：競爭，消費者，均衡；價值等

循環（Cycles），見：商業循環

## 十三畫

滿足慾望的能力（Ophelimity），133

新福利經濟學（New Welfare Economics），170，302-305，311

新政（New Deal），233

新古典宏觀經濟學（New Classical Macroeconomics），346-347

新李嘉圖經濟學（Neo-Ricardian Economics），384-388

新劍橋理論（New Cambridge theory），401-402

新制度經濟學（New institutional economics），377

新經濟史（New economic history），444

意識形態（Ideology），389；又見：傾向

糧食與農業組織（Food and Agriculture Organization），（FAO），362

數學（Mathematics），123，252，275-276，284，311，369，415；杰文斯，76；馬歇爾，102；門格爾，91；薩繆爾森，288；瓦爾拉斯，78

數量理論（Quantity theory），見：貨幣理論；交換方程式

煤（Coal），杰文斯，73

福利（Welfare），艾爾斯，374，福利經濟學，160-170，302-317；和貿易，356-359，414，凡勃侖，223-224；衡量，357；又見：帕累托最適度；功利主義

簡化法（Simplex mathod），285

## 十四畫

演繹（Deduction），見：方法

寡頭壟斷（Oligopoly），張伯倫，129；古爾諾，35；哈奇森，71；1939年前的情形，138，143-144；現代理論，298-299

寡婦的壇子（Widows Cruse），190，321，339

精確規律（Exact laws），90-91

需求（Demand），和效用，132-134；和價值，35，38，39，141；又見：總需求，消費者需求理論；供給與需求

需求曲線（Demand Curve），3，135；折拗的需求曲線，143-144

赫克歇爾-俄林模式（Heckscher-Ohlin Model），見：國際貿易

IS-LM 模式（IS-LM Model），336-337，344-345

影子價格（Shadow price），369

管理者（Managers），299

## 十五畫

增長理論（Growth Theory），131；克拉克，108-109；馬歇爾，94，99；馬克思，118-121；門格爾，89-90；穆勒，42；現代的，218-325，332；和合理模式，338；李嘉圖，26，28，32；斯密，14-18，423；瓦爾拉斯，81-84

增長的黃金年代（Golden age growth），324

## 十六畫

激進政治經濟學評論（Review of Radical Political Economy），372

激進政治經濟學聯盟（Union of Radical Political economy），392

激進經濟學（Radical economics），391-392

辯證法學（Dialectics），111-112

國家圖書館出版品預行編目（CIP）資料

現代經濟分析史 / 晏智傑 著. -- 第一版.
-- 臺北市：財經錢線文化，2020.05
　　面；　　公分
POD版

ISBN 978-957-680-407-6(平裝)

1.經濟分析 2.經濟史

550.9　　　　　　　　　　　　109005514

書　　名：現代經濟分析史
作　　者：晏智傑 著
發 行 人：黃振庭
出 版 者：財經錢線文化事業有限公司
發 行 者：財經錢線文化事業有限公司
E - m a i l：sonbookservice@gmail.com
粉 絲 頁：　　　　　　網　址：
地　　址：台北市中正區重慶南路一段六十一號八樓 815 室
8F.-815, No.61, Sec. 1, Chongqing S. Rd., Zhongzheng Dist., Taipei City 100, Taiwan (R.O.C.)
電　　話：(02)2370-3310　傳　真：(02) 2388-1990
總 經 銷：紅螞蟻圖書有限公司
地　　址：台北市內湖區舊宗路二段 121 巷 19 號
電　　話:02-2795-3656 傳真:02-2795-4100　　網址：
印　　刷：京峯彩色印刷有限公司（京峰數位）

　　本書版權為西南財經大學出版社所有授權崧博出版事業股份有限公司獨家發行電子書及繁體書繁體字版。若有其他相關權利及授權需求請與本公司聯繫。

定　　價：780元

發行日期：2020 年 05 月第一版

◎ 本書以 POD 印製發行